Houdini

EDUARDO CAAMAÑO

Houdini

La biografía definitiva del mago más célebre de todos los tiempos

SEGUNDA EDICIÓN

ALMUZARA

Fotografía de portada: *Houghton Library. Harvard University*, MS Thr 33. Coloreada por Jaime Geas Ortigas
Fotografía de portadilla: *Library of Congress* (LC-DIG-ppmsca-15521)

Primera edición: junio de 2016
Segunda edición: noviembre de 2024

EDITORIAL ALMUZARA • COLECCIÓN MEMORIAS & BIOGRAFÍAS
Edición al cuidado de: Carlos Arco
Director editorial: Antonio Cuesta
Revisión del texto: Uriel Pascual
www.editorialalmuzara.com
pedidos@editorialalmuzara.com - info@editorialalmuzara.com

Imprime: CPI BLACK PRINT
IBIC: BGF; ASZG
ISBN: 978-84-10525-33-7
Depósito Legal: CO-1717-2024

Editorial Almuzara
Carretera de Palma del Río, km 4
Parque Logístico de Córdoba
14005, Córdoba

Hecho e impreso en España - *Made and printed in Spain*

«Mi mente es la llave que me libera».

Harry Houdini

Índice

¿Qué vas a encontrar en este libro?

Conceptualmente, una biografía es definida como «la narración escrita de la vida de un individuo». Sin embargo, este género literario puede alcanzar otro sentido si le cambiamos el enfoque para algo más amplio como «la historia de un personaje bajo la visión del autor que la escribe». Podemos decir, por lo tanto, que una biografía constituye una historia que puede ser contada desde distintos ángulos e interpretaciones, así que ninguna obra biográfica posee la capacidad de agotar un personaje, puesto que las posibilidades de narrar su trayectoria son infinitas. Este libro tiene la intención de proporcionar al lector una biografía moderna, pero sobre todo verídica y, para ello, el autor ha realizado una pormenorizada investigación documental para la elaboración de este proyecto, uno de los más completos jamás escritos en español. La fórmula para publicar una biografía consistente se encuentra en las fuentes de consulta utilizadas por el autor, que deben tener su credibilidad comprobada. De lo contrario, la veracidad de los hechos narrados podría no corresponder exactamente con la realidad vivida por el biografiado, sobre todo tratándose de un personaje tan presuntuoso como Houdini, quien, en el afán de promocionar su nombre, no tuvo escrúpulos en exagerar la realidad de sus indudables hazañas. Este libro ha sido desarrollado fundamentalmente a partir de los escritos personales del propio Houdini y de autores especializados, de los cuales quisiera destacar a Walter B. Gibson, autor de más de un centenar de títulos sobre magia, fenómenos paranormales y misterio, además de una extensa bibliografía sobre Houdini y su trayectoria artística; Kenneth Silverman, autor de *Houdini!!! The Career of Ehrich Weiss*, obra que ha logrado retratar —mejor que ninguna otra del género— la vida de artista detrás de los escenarios, y finalmente —pero no menos importante— Milbourne Christopher, ilusionista, mago y autor de obras clásicas como *Houdini: The Untold Story*, *The Illustrated History Of Magic* y *Mediums, Mystics, & The Occult: New*

Revelations About Psychics And Their Secrets. Este libro no habría sido posible sin el alentador apoyo de mi esposa, Eleonora Garbayo, y de personas que han dedicado décadas de sus vidas a la investigación de la historia de Houdini, como John Cox, el creador del blog *Wild About Harry*, una fuente de inagotable información fiable y precisa sobre su vida y obra. Su magnífico trabajo me ha permitido crear una biografía moderna y actualizada; Patrick Culliton, actor, escritor, coleccionista y uno de los mayores especialistas en Houdini, quien tuvo la generosidad de compartir informaciones poco conocidas sobre sus hazañas, y Dale Stinchcomb, asistente de la curaduría de la colección de obras de teatro de la biblioteca Houghton de la Universidad de Harvard, por sus orientaciones sobre el uso legal de algunas de las imágenes presentes en esta obra. Quisiera agradecer además a mi lector número uno, Víctor Sánchez, y a un equipo de profesionales y colaboradores que son verdaderos magos en sus áreas de actuación: mis editores, mi revisor, Uriel Pascual, y el experto en restauración fotográfica, Jaime Ortigas.

Houdini, invocamos tu presencia

31 de octubre de 2013

La fiesta de Halloween, contracción de *All Hallow's Eve* (o víspera de Todos los Santos), es una de las fechas de mayor popularidad en Estados Unidos y viene extendiéndose gradualmente por casi todo el mundo occidental. Sus raíces se remontan a la celebración celta del *Samhain*, el evento más importante del periodo pagano que dominó el continente europeo hasta su conversión al cristianismo. Acorde con la creencia popular de la época, en el *Samhain* era posible establecer una conexión directa con las ánimas de los muertos, quienes —este día— tenían el permiso de descender al mundo de los vivos. Para apaciguar los malos espíritus y alejarlos de su entorno, las personas solían dejar alimentos en las puertas de sus casas, tradición que sigue vigente hasta la actualidad, cuando los niños —que hacen el papel de las almas en pena— piden dulces de puerta en puerta a cambio de no realizar una travesura.

Mientras una legión de niños circulaba por las calles de la vecindad en busca de golosinas, yo me encontraba reunido con un grupo de amigos en la *suite* presidencial de un conocido hotel de Barcelona. Habíamos sido invitados a formar parte de una peculiar sesión espiritista, cuyo objetivo era nada menos que intentar invocar la presencia de Houdini, fallecido hacía ya ochenta y siete años. Desde entonces, sus seguidores en todo el mundo establecieron una tradición —iniciada por la mujer del propio mago— de intentar contactar con su espíritu en Halloween y siempre antes de la medianoche. Yo me sentía especialmente orgulloso por haber sido invitado a una sesión cerrada, restringida a un grupo perteneciente a un conocido club de fans del artista. Eran personas serias y de mente abierta, que tenían interés por el contacto con el mundo espiritual. Solían estudiar juntos los fines de semana, intercambiaban ideas y compartían libros y experiencias. Con el paso del tiempo, habían formado un círculo de amistad propicio para llevar a cabo una reunión de aquel tipo, bajo una atmósfera acogedora. Yo era el único novato de la noche; sin embargo, mis profundos conocimientos de la vida y obra de Houdini servirían de gran ayuda a la hora de invocar su presencia. Por supuesto, no había lugar ni sentido para el escepticismo; personas incrédulas podrían, mediante su actitud arrogante, bloquear la comunicación espectral y echar por tierra la honrosa misión de aquella noche.

Para evitar atropellos o imprevistos de última hora, el patrocinador del encuentro, un fanático seguidor de Houdini llamado Jean Justini, decidió organizar una cena a las nueve de la noche en el restaurante del hotel para todos los invitados. El menú, elegido por Paco Flórez, el médium encargado de dirigir la sesión, incluía platos ligeros y de fácil digestión, como pollo a la plancha, pescado, ensaladas y zumos naturales. No es recomendable comer copiosamente o tomar bebidas alcohólicas antes del inicio de una sesión espiritista, imprudencia que podría causar ciertas molestias físicas. El elevado incremento del consumo energético resultante de una difícil digestión podría perjudicar la fluidez del pensamiento del individuo, dificultando la concentración del espiritista, que actúa como vehículo para el intercambio de mensajes de los espíritus y que a veces es usado físicamente por la entidad espiritual a través de sus cuerdas vocales. No solo la comida debería ser amena, sino también los temas de conversación entre los presentes. Intentamos evitar abordar temas polémicos que pudiesen interferir en el ambiente sereno que reinaba sobre la mesa, puesto que era un hecho conocido que ciertas entidades sombrías podrían intentar crear situaciones embarazosas. Al principio, tuve la sensación de que había demasiados pasos y reglas, pero pronto entendí que para garantizar que se lograra una sesión correcta había que seguir ciertos procedimientos.

Terminada la cena, alrededor de las once, fuimos conducidos a la última planta del hotel, donde se realizaría la sesión, precisamente la habitación 3110, una gran *suite* de decoración sobria y discreta de unos noventa metros cuadrados. Sentados uno al lado del otro en un sofá de piel en formato de «u», hablábamos con discreción, intentando disimular la ansiedad provocada por la experiencia que estábamos a punto de vivir. Mientras tanto, Paco extendía cuidadosamente un bonito mantel de seda blanco sobre una gran mesa ovalada de madera de cerezo pulida y sólida, de estas que ya no se fabrican debido a la escasez y el elevado precio de las maderas nobles que componen su estructura. Sobre la mesa había una caja sombrerera repleta de cachivaches que, de algún modo, guardaban relación con el escapista: un par de esposas antiguas, una curiosa colección de candados, una robusta cadena oxidada y una pequeña campana de latón dorado. Justo en el centro de la mesa se podía apreciar un elegante marco de marfil con una foto antigua de Houdini. Me llamó la atención el hecho de que las esposas y candados estaban cerrados, pero al pensarlo mejor, aquello tenía todo el sentido. El escapista había dedicado buena parte de su vida a desbloquear toda clase de cierres y aquellos objetos podrían servir como una especie de «cebo» para llamar su atención. Si en la sesión aquellas esposas se abriesen solas, tendríamos una evidencia irrefutable de su presencia entre nosotros. Quedaban poco menos de cuarenta minutos para la medianoche y yo no era capaz de disimular mi nerviosismo. Como ya habíamos agotado todos los temas de conversación posible, pasamos a intercambiar tímidas miradas mientras el médium se dirigía a una mesita ubicada al lado de la cama, donde se encontraba el teléfono. Podíamos oírlo hablando con la recepción del hotel, que recibía órdenes expresas de no permitir que nadie más subiera a la habitación. «La llegada inesperada de cualquier persona después de la hora establecida para el inicio de la reunión, a veces agitada e inquieta, podría perjudicar la armonía del ambiente», nos explicaba, después de desconectar el teléfono de la roseta.

«Ustedes ya pueden acercarse a la mesas y tomar sus asientos», nos dijo. «Les ruego a todos, por favor, que apaguen sus teléfonos móviles o cualquier otro dispositivo electrónico. Absténganse de hablar, reír o producir cualquier tipo de ruido», rogaba educadamente, buscando apaciguar el recinto en vez de conturbarlo. No obstante, y pese a sus nobles intenciones, la tensión que se respiraba entre los participantes era patente. Nuestro grupo estaba formado en su mayoría por gente que nunca había participado de una experiencia similar y, por ello, no se hacía la más mínima idea de lo que podría suceder. Una de las mujeres, de hecho, se quejaba de un ligero dolor de cabeza, síntoma común en ocasiones como la que estábamos viviendo, cuando los nervios quedan a flor de piel. Para los espiritistas, sin embargo, un malestar podría significar la presencia de espíritus en búsqueda de auxilio, que todavía sienten los mismos dolores y molestias que los llevaron a la muerte.

Uno a uno fuimos tomando asiento alrededor de la mesa. Con premura me senté en la silla más próxima, frente a los objetos de Houdini. Algunos cerraban los ojos buscando relajarse mediante una respiración lenta y profunda, mientras que otros, más inquietos, se frotaban las manos o movían involuntariamente los pies. Aunque las sensaciones eran variopintas, todos teníamos nuestra atención puesta en el médium, concentrado en la lectura de un pequeño libro de oraciones. Los minutos pasaban lentamente y el silencio se hizo; solo fue interrumpido ocasionalmente por alguna que otra tos. «Por lo menos, hace una noche tranquila», susurraba uno de los integrantes de la mesa a un compañero que se encontraba a mi lado. «El año pasado, la noche de Halloween fue terrible, con mucho viento, rayos y truenos», recordó, interrumpido súbitamente por un siseo salido de los labios de Paco, sin que él mismo se diese cuenta, pues tenía la atención muy puesta en su libreto. Al terminar la silenciosa lectura, nuestro líder se levantó en dirección al cuarto de baño sin decir palabra y, de repente, se apagaron todas las luces de la estancia, un suceso inesperado que provocó una enorme inquietud alrededor de la mesa. «¿Qué ha sido eso? ¡Dios mío!, ¿justo ahora?», se quejaba uno de los presentes. Sorprendido y sin saber qué hacer, sentí una oleada de vértigo, hasta conseguir reorientarme en medio de las tinieblas, confiado en que la luz volvería enseguida. Sin embargo, no pasó mucho tiempo hasta que nos enteramos de que el inesperado apagón no había sido producido por un fallo eléctrico, ni tampoco era el resultado de una broma pesada de un espíritu maligno de Halloween. Las luces se habían ido por obra del espiritista, que regresaba a la mesa conducido por la luz de una vela de cera encarnada, apoyada sobre un bonito candelero de bronce antiguo, que fue posicionado justo en el centro de la mesa, delante de la foto de Houdini. La luz proveniente de la emitida por la llama era tan escasa que apenas nos permitía distinguir los muebles de la *suite*, y la sensación que yo tenía era la de que tanto la mesa como nosotros estábamos flotando sobre una oscuridad infinita. La llama chispeante e inestable de la vela solo tenía fuerza suficiente para iluminar los objetos dispuestos sobre la mesa, sobre todo el marco con la foto del mago, cuyo rostro parecía sonreír para los presentes. Los efectos psicológicos producidos por el lúgubre escenario en el cual estábamos envueltos acabaron generando una sensación de gran tensión e inquietud, delatada por la tímida tos de uno u otro participante. Yo tampoco me sentía cómodo. Me mordisqueaba los labios mientras tamborileaba discretamente con los dedos sobre la mesa, una costumbre personal que se manifiesta siempre que me siento incómodo. Comencé a notar un molesto hormigueo en las plantas de los pies y me puse a pensar en cómo aquella sesión me estaba provocando una experiencia multisensorial, donde una sensación sucedía a la otra sin previo aviso. Pese a la ansiedad que sentía en aquel momento, me di cuenta de lo interesante que era notar cómo se incrementaba la agudeza de los otros sentidos en ausencia de luz. Empecé a percibir el olor a quemado desprendido por la llama de la vela y noté que el aire se iba viciando poco a poco.

Sin quitarle ojo a la foto del gran mago, Paco sacó del bolsillo de su chaqueta una pequeña grabadora. Con una discreta e inquietante sonrisa, encendió el aparato y entonces pidió que el grupo pusiera las palmas de la mano hacia abajo, apoyándolas sobre la mesa y con los dedos meñiques tocando los de las personas de al lado. Acto seguido, cerró los ojos y se mantuvo callado casi un interminable minuto. Un profundo silencio se apoderó de la *suite*. El único ruido que se escuchaba era el perturbador tictac del reloj de la pared, que elevaba aún más la sensación de aprensión que reinaba sobre el recinto. En nuestro grupo, ahora claramente más inquietos, intercambiábamos miradas como si quisiéramos preguntar qué deberíamos hacer. De pronto, y sin previo aviso, el médium abrió los ojos como si hubiese sido despertado súbitamente, inspiró con fuerza y retuvo el aliento algunos segundos. Entonces, fue bajando lentamente sus párpados mientras expulsaba gradualmente el oxígeno que había retenido. Con los ojos cerrados, pidió a todos que inclinasen ligeramente sus cabezas hacia abajo y centrasen sus pensamientos en el mago. Con la voz firme e impostada, hizo una breve oración de apertura, y entonces dio inicio a su plegaria:

> Estamos aquí reunidos para un encuentro sublime con la espiritualidad superior. Por favor, Houdini, preséntate esta noche. Demuéstranos a los reunidos en este círculo que esta hazaña es posible. Esta es la oportunidad que buscabas para realizar el número más importante de todos los

> tiempos. Intenta hacer sonar la campana, sabemos que tienes este poder. Todos los que estamos aquí presentes somos fieles admiradores de tu obra y trayectoria. Tú has sido la persona responsable de haber elevado la magia a un nivel jamás visto antes y por ello estamos aquí, para recibirte con los brazos abiertos. Aparece, Houdini, esta es tu hora, este es tu momento de probar al mundo que tu determinación es superior a la de todos los mortales; por favor, demuestra que también puedes liberarte de las ligaduras de la muerte.

Mientras el espiritista intentaba invocar la presencia del gran mago, noté que uno de los participantes abría discretamente los ojos, intentando captar mejor el ambiente que se respiraba alrededor de la mesa. En aquel momento, la curiosidad superaba cualquier miedo. Mi atención, sin embargo, estaba dirigida a la vela, cuya llama parecía estar más agitada que antes. «Quizá sea producto de mi imaginación», intentaba convencerme mentalmente. Después de haber leído tantos libros sobre el mundo sobrenatural, era capaz de reconocer las señales que podrían delatar la presencia de algún espíritu en la habitación. Normalmente, cuando eso ocurre, podemos percibir algunos detalles muy sutiles, como una extraña sensación de frío repentino o la llegada de una brisa inexplicable levantando suavemente el mantel extendido sobre la mesa. En algunas ocasiones, la llama puede incluso llegar a cambiar su color, ardiendo bajo un brillo azulado. Pero nada de eso había ocurrido. «¡Cómo me encantaría oír la campana sonando sola! Seguro que eso coparía todos los titulares de los periódicos mañana», pensé conmigo. Durante el cuarto de hora siguiente, centré mi atención exclusivamente en la sesión, pendiente de cada tos amplificada o de cualquier ruido inesperado. Prestaba tanta atención que podía oír el tictac de mi reloj de pulsera, así como el de la pared y todos los demás. El señor que se encontraba a mi lado no tenía reloj, puesto que no escuchaba ruido alguno desde su asiento. Sin embargo, podía percibir su respiración profunda y su rápido pulso, tan fuerte que notaba el bombeo contra la palma de mi mano.

Paco emprendió todas sus fuerzas en su misión personal de traer a Houdini de vuelta al plano terrenal. En su invocación, mencionó sus trucos más célebres, habló de su fama por el mundo y transmitió su sincero deseo de sentir su presencia en aquella *suite*. Pero la campana no sonó, las esposas siguieron bloqueadas y la llama continuó iluminando escasamente la mesa, mientras que el imparable mecanismo que empujaba las manecillas del reloj avanzaba lentamente hacia la medianoche. Consciente de que el mago no podía (o no quería) manifestar su presencia, el médium finalizó su invocación con una oración y permaneció en silencio a la espera de que el antiguo reloj que decoraba la pared de la sala indicase el último segundo de la noche de Halloween. En medio del insistente silencio que se había apoderado del local, el reloj finalmente dio las doce campanadas de la medianoche, dando paso al primer minuto de la madrugada del día 1 de noviembre. La fiesta de Halloween había llegado a su fin y con ella todas las esperanzas de contactar con el famoso mago escapista. Claramente decepcionado, Paco abrió los ojos y pidió que los presentes se soltasen las manos. Entonces, apagó la vela con los dedos, se levantó en dirección al interruptor y encendió las luces de la habitación.

Algunos participantes demostraron cierto alivio con la luminosidad emitida por la lámpara del techo. Otros, claramente decepcionados, intentaban buscar una explicación para el fracaso de aquella noche, hablando discretamente en un rincón más alejado. Me sentía cansado y, por qué no decirlo, un poco frustrado también. Me despedí cariñosamente de todos, abrazando a cada uno de los presentes, cogí mis cosas y me retiré. Notaba un ligero mareo mientras recorría el estrecho pasillo hacia el ascensor. La tensión de los últimos minutos y la expectación de un posible contacto con una figura tan extraordinaria como Houdini habían consumido toda mi energía. Al abandonar el hotel, crucé la calle y tomé el camino de casa. En vez de coger un taxi, decidí volver caminando, buscando respirar el aire fresco de la madrugada mientras ordenaba los pensamientos en mi mente.

Para los seguidores de Houdini, la fiesta de Halloween tiene un significado especial: además de celebrar el aniversario de su muerte, sesiones espiritistas como la descrita en este capítulo son organizadas en varias ciudades de los Estados Unidos con la misión de traer de vuelta a la Tierra al mayor escapista de todos los tiempos. Una curiosa ironía, puesto que, durante años, el artista decidió emprender una verdadera cruzada contra el espiritismo, después de haber recibido de las manos de una vidente una supuesta carta escrita por su fallecida madre (por quien profesaba una devoción incondicional), un gesto que Houdini tomó como una gran ofensa. Antes incluso de este terrible episodio, el mago ya consideraba que los médiums eran verdaderos charlatanes, gentuza sin escrúpulos que se aprovechaba de la fragilidad de las personas en momentos de angustia. Comparto con Houdini la terrible experiencia de perder a los padres precozmente (con quince años, yo ya era huérfano de padre y madre) y hasta hoy nadie me ha convencido de que la comunicación con nuestros seres queridos sea realmente posible. En estos momentos, suelo acordarme del famoso póster fijado en la pared del despacho de Fox Mulder, el crédulo agente del FBI de la serie *Expediente X*, que decía «I Want to Believe» (Yo quiero creer). Y Houdini también quería. Su escepticismo, como el mío, no era radical: Houdini consideraba factible la continuidad de la vida tras la muerte y, por ello, creía que sería posible establecer una conexión con el mundo de los espíritus, utilizando los medios adecuados y la intermediación de personas idóneas, como solía aclarar.

Houdini es recordado como un hombre que se ganó la vida coqueteando con el peligro. Sus números de escapismo representan para muchos de sus fans un escenario de nacimiento-muerte-resurrección. Sin embargo, sus descomunales proezas eran planificadas y probadas al límite, buscando asegurar el mayor nivel de seguridad posible. Aun así, el factor riesgo estaba siempre presente y las posibilidades de salir gravemente herido (o incluso morir) eran reales. Consciente de que había asumido una profesión arriesgada, juró a su esposa Bess que, si moría antes, intentaría contactar con ella. Para un hombre osado como él no parecía una tarea imposible de conseguir. En esta biografía, cuyo contenido es íntegramente verídico, descubriremos si el mago escapista más importante de todos los tiempos logró superar el desafío más importante de la humanidad: vencer a la muerte.

Una médium hace levitar una mesa ante la abrumadora mirada de los presentes en una sesión espiritista.

CAPÍTULO 1

EL SUEÑO AMERICANO

«Si no tuviéramos invierno, la primavera no sería tan agradable; si no tuviéramos a veces adversidades, la prosperidad no sería tan bienvenida». ANNE BRADSTREET, escritora americana

1874-1887

Desde los primeros años de su colonización, el continente americano fue el principal destino de millones de aventureros provenientes de diferentes puntos del planeta, la gran mayoría en búsqueda de un factor denominado por los historiadores como las «tres ges» (*God, Gold and Glory*). Cuando Cristóbal Colón zarpó con su flota en dirección al entonces desconocido «Nuevo Mundo» en 1492, la inquisición española vivía su auge. El temido Tribunal del Santo Oficio de la Inquisición —institución fundada en 1478 por los Reyes Católicos Fernando II de Aragón e Isabel de Castilla— ejecutaba una siniestra campaña de persecución por toda Europa, que llevaría a la hoguera a miles de inocentes, causando un éxodo masivo de judíos al norte de África y Oriente Próximo. En la primera mitad del siglo XVII, algunos de sus descendentes, casi todos sefardíes —nombre dado a los judíos provenientes de la península ibérica— decidieron probar suerte en comunidades recién asentadas en el nuevo continente, la más importante situada en la ciudad brasileña de Recife, capital del estado de Pernambuco, controlada por aquel entonces por los holandeses. En 1654, los portugueses consiguieron reconquistar los territorios ocupados por las tropas invasoras, expulsando a los colonos judíos allí establecidos. Algunos decidieron regresar a Holanda o rehacer su vida en algunas de las colonias protestantes del Caribe, pero hubo un grupo de veintitrés personas, incluidas mujeres y niños, que tomó la decisión de probar suerte en Nueva Ámsterdam, un asentamiento fortificado holandés localizado en el valle fluvial del río Hudson, donde hoy se encuentra la ciudad de Nueva York. Ellos fueron los pioneros de una nueva comunidad judaica que allí se establecería definitivamente. Haciéndose más presente con el paso del tiempo, sus representantes comenzaron a presionar a las autoridades locales con el fin de obtener los mismos derechos que otros colonos ya tenían desde hacía muchos años, como el derecho al comercio y la prosperidad, la construcción de sus propios cementerios y de un recinto destinado al culto. [N1] Para los judíos, el *American Dream* debería estar profundamente comprometido con la libertad religiosa, según lo establecido en la Primera Enmienda de la Constitución de los Estados Unidos de 1791, que establece que: «El Congreso no podrá promulgar ninguna ley con respecto al establecimiento de la religión, ni prohibiendo la libre práctica de la misma; ni limitando la libertad de expresión, ni de prensa; ni el derecho a la asamblea pacífica de las personas, ni de solicitar al gobierno una compensación de agravios». [N2]

Las conquistas obtenidas por las primeras colonias afincadas en suelo americano atrajeron la atención de millones de judíos en todo el mundo, sobre todo en el este europeo, donde las dificultades financieras, la falta de oportunidades y cierta persecución política eran más patentes que en otras zonas del planeta. Por consiguiente, la migración judía rumbo a Estados Unidos sufrió un incremento considerable entre 1820 y 1900, periodo en el cual la población de judíos se incrementó en casi cien veces (de 3000 en 1820 a 300 000 a finales del siglo XIX). Además de establecerse en los grandes centros urbanos de la costa este americana, como Nueva York, Filadelfia y Baltimore, algunos grupos de origen germánico decidieron adoptar como nuevo hogar las ciudades de Cincinnati, Albany, Cleveland, Minneapolis, Nueva Orleans y San Francisco, donde crearon importantes organizaciones culturales, sociales y religiosas. [N3]

Nota del autor

En 1883, la poetisa americana de origen judía, Emma Lazarus, escribió el soneto «El nuevo coloso», cuya letra está grabada en una placa de bronce localizada en el pedestal de la Estatua de la Libertad, en Nueva York. El manuscrito original de su soneto fue vendido en una subasta benéfica, organizada en aquel entonces para recoger fondos para la construcción de la estatua neoyorquina. Hija de una tradicional familia de judíos sefardíes portugueses, Emma fue una de las principales colaboradoras de la Hebrew Emigrant Aid Society (Sociedad de Ayuda al Inmigrante Judío). Su soneto trasmitía la esperanza de días mejores para un pueblo que, desde hacía milenios, buscaba incansablemente una tierra de acogida y de paz.

> No como el mítico gigante griego de bronce, de miembros conquistadores a horcajadas de tierra a tierra. Aquí en nuestras puertas del ocaso bañadas por el mar se erguirá una poderosa mujer con una antorcha cuya llama es el relámpago aprisionado, y su nombre, Madre de los Desterrados. Desde el faro de su mano brilla la bienvenida para todo el mundo; sus templados ojos dominan las ciudades gemelas que enmarcan el puerto de aéreos puentes. «¡Guardaos, tierras antiguas, vuestra pompa legendaria!», grita ella. «¡Dadme a vuestros rendidos, a vuestros pobres, vuestras masas hacinadas anhelando respirar en libertad el desamparado desecho de vuestras rebosantes playas. Enviadme a estos, los desamparados, sacudidos por las tempestades a mí. Yo elevo mi faro detrás de la puerta dorada![N4]

Erik Weisz, nombre de bautizo de Houdini, nació el 24 de marzo de 1874 en Budapest (Hungría), aunque en posteriores versiones, por conveniencia, decía haber nacido en la ciudad americana de Appleton (Wisconsin). Quizá fue la manera que encontró para reafirmar el amor que sentía por la nación que había acogido a su familia. Muchos de sus seguidores solo supieron que su ídolo era húngaro treinta y tres años después de su muerte, tras la publicación de una de las primeras biografías sobre el mago escapista, *The Man Who Walked Through Walls*, escrita por William Lindsay Gresham en 1959. [N5]

Cuando Erik nació, Budapest era una capital recién formada, tras la unificación de las ciudades de Buda y Pest, situadas respectivamente en las orillas occidental y oriental del río Danubio. Con su creación, Budapest se convirtió en la segunda ciudad más importante del Imperio austrohúngaro después de Viena. Las importantes trasformaciones

Bajo el blasón del Imperio ruso, un grupo de inmigrantes judíos se posiciona en el litoral del viejo continente con la mirada puesta en el océano Atlántico. Del otro lado están sus parientes con los brazos abiertos esperando su llegada. Sobre ellos, el águila americana sostiene una faja donde se puede apreciar el salmo 17:8 de la Torá: «Guárdame como a la niña de tus ojos; escóndeme bajo la sombra de tus alas».

socioeconómicas que se estaban produciendo en todo el continente europeo en las últimas décadas del siglo XIX también repercutieron en la capital húngara, que experimentó una importante explosión demográfica en los albores del siglo XX. Su población, que rondaba los 60 000 habitantes a finales de 1790, se situaba en 300 000 en el año de su unificación en 1873, llegando a casi un millón de habitantes en 1910. [N6]

Erik fue el cuarto hijo de un matrimonio judío profundamente apegado a sus tradiciones. Su padre, Samuel Weisz, era hijo de un rabino de Keszthely, un pequeño pueblo localizado a las orillas del lago Balatón, en Hungría. Determinado en convertirse en un renombrado abogado, Samuel decidió probar suerte en Budapest, una ciudad próspera y cosmopolita que se estaba convirtiendo en uno de los principales centros culturales del continente. Pocos días después de haber llegado, tuvo que posponer sus planes cuando se enteró de que no contaba con la formación necesaria para ejercer la profesión en la capital. Decepcionado por su primer fracaso, el padre de Erik decidió abandonar temporalmente sus objetivos académicos para trabajar como profesor de Religión, ejerciendo eventualmente de rabino en una pequeña congregación. En realidad, no se sabe a ciencia cierta si Samuel llegó a ser ordenado como alegaba haber sido. Al casarse, cumplimentó el certificado de matrimonio con un oficio completamente distinto, el de fabricante de jabones, un producto relativamente escaso en la época, cuyo elevado precio le convertía en un artículo de lujo, restringido a las clases más favorecidas. [N7] Su primer matrimonio fue con Rosa Szillag, una popular cantante de ópera, con quien tuvo su primer hijo, Armin en 1863. Rosa sufrió complicaciones en el posparto y falleció pocos días después.

Viudo y con un hijo a su cargo, Samuel siguió celebrando oficios esporádicos en la congregación. Un día, un amigo, de carácter tímido e inseguro, le pidió que le ayudara a acercarse a una joven soltera llamada Cecilia Steiner. El rabino, que conocía a la madre de la chica, no tuvo dificultades para reunirse con ella, pero algo inesperado ocurrió en el encuentro: mientras hablaban, Samuel fue embargado por una sensación distinta a la que esperaba y se dio cuenta de que sentía algo especial por la muchacha, quien demostraba sentir el mismo chispazo. En pocos días, Samuel la pidió en matrimonio a través de una propuesta escrita, cuyo contenido, según la leyenda, contaba toda la historia de su vida, evitando de esta forma que nadie se le acercara en el futuro contando una versión distinta de los hechos relatados por él en su misiva. A pesar de ser trece años más viejo, Samuel no encontró resistencia por parte de la familia de Cecilia y siguió adelante con sus planes de compartir una vida con su novia bajo el mismo techo. En aquella época, las familias hacían todo lo posible —y un poco más— para conseguir un matrimonio para sus hijas, llegando a ofrecer generosas dotes a cambio de sacarlas de casa, puesto que una joven soltera de veinte años ya era considerada una carga indeseable. Samuel, por otro lado, con treinta y cuatro años y un hijo pequeño, necesitaba urgentemente una esposa, así que, con la bendición de la familia Steiner, Cecilia aceptó casarse con el rabino en una ceremonia celebrada el 27 de mayo de 1864, días antes de que la novia cumpliese los veintitrés años de edad. [N8] El primer hijo de la pareja recién formada murió poco tiempo después de su nacimiento, en 1865. El segundo, Natan, nació cinco años después, en mayo de 1870, seguido de una extensa prole: Vilmos, en 1872; nuestro protagonista, Erik, en 1874; Dezo, en 1876; Leopold, en 1877; y una niña, Gladys, en 1885, los dos últimos nacidos en los Estados Unidos. [N9]

Samuel y Cecilia Weisz (convertidos en Weiss en los Estados Unidos). Algunas biografías antiguas indican equivocadamente que Samuel aparece en esta foto (la única que se conoce) con la indumentaria de un rabino, cuando en realidad se trata de una típica toga utilizada por los abogados de algunos países del este europeo a finales del siglo XIX.

El crecimiento de la familia Weisz coincidía con un periodo de particular prosperidad en Budapest, considerada por aquel entonces como una de las capitales más pujantes de Europa, con una de las mayores colonias judías del mundo. Su tasa de ocupación creció de tal forma (el 25 % de la población local) que el alcalde de Viena —un antisemita asumido— solía referirse a la capital húngara como «Judapest». [N10] Para las familias residentes en la ciudad, la llegada del nuevo siglo representaba un periodo de esperanza, tras décadas de discriminación y prejuicios. En los albores del siglo XIX, los judíos estaban considerados como «ciudadanos de segunda», condición que les impedía progresar socialmente. Incluso en los breves periodos de mayor tolerancia, los ciudadanos judíos tenían prohibido poseer propiedades, con lo que estaban obligados a vivir en áreas restringidas, una situación embarazosa que fue cambiando gradualmente con el paso de los años. En 1860, gran parte de las restricciones habían sido abolidas, permitiendo que muchos judíos pudiesen ejercer el oficio que deseasen. En 1869, un proyecto de ley de emancipación fue aprobado y proporcionó a la comunidad judía la condición de ciudadanos de pleno derecho. Los cambios sociales que se producían en todo el Imperio austrohúngaro acabaron atrayendo la atención de las comunidades judías establecidas en países vecinos, provocando un masivo éxodo en dirección a Budapest. La llegada de estos inmigrantes contribuyó al desarrollo económico y cultural de la ciudad, al contrario de lo previsto por los más escépticos, que esperaban una etapa de profunda depresión económica. [N11]

Pese a las perspectivas favorables, Samuel decidió abandonar el país en 1876, a los cuarenta y siete años —una edad considerada tardía para una aventura de semejante calado—, dejando atrás a su esposa embarazada y los cuatro hijos para emigrar a los Estados Unidos. Le seguía una interminable corriente de emigrantes que se marchaban al nuevo mundo en busca de su *American Dream* particular. La inesperada decisión tomada por Samuel se demuestra en cierto punto contradictoria, puesto que su perfil se alejaba del estereotipo de un inmigrante del este europeo. Extremadamente culto, había demostrado ser un brillante estudiante de Derecho. Además, poseía buenos contactos en la ciudad, algo que le ayudaría a arrancar su carrera de abogado recién formado. Su repentina y arriesgadísima decisión de emigrar a un país tan lejano es sorprendente, teniendo en cuenta el prometedor futuro que le esperaba en Budapest, y tampoco era propia de su carácter conservador. Sin embargo, existe una leyenda —corroborada por la propia familia Weiss— que afirma que Samuel habría sido obligado a huir de Hungría después de haber matado a un noble en un duelo. Se trata del primero de los muchos mitos que forjaron la increíble biografía de Harry Houdini. [N12]

Esta anécdota vio la luz por primera vez tras la publicación de una biografía escrita por Harold Kellock, *Houdini, His Life Story* (1928), la primera del mago escapista publicada después de su muerte, y que contó con la colaboración de Bess, viuda de Harry. La misma historia es descrita con ligeras modificaciones en *Houdini, The Untold History*, de Milbourne Christopher, y en *The Life and Many Deaths of Harry Houdini*, cuyo autor, Ruth Brandon, revela un supuesto testimonio de Theo Weiss, uno de los hermanos del mago, confirmando con detalles lo ocurrido. En otras biografías, sin embargo, este episodio es completamente ignorado —incluso en algunos casos es tratado como una fantasía aberrante—. Por otro lado, se trata de un hecho relativamente bien documentado y por lo tanto merece ser tenido en cuenta, por lo menos para ilustrar la epopeya de la familia Weisz en su aventura americana, aunque el sentido común nos lleve a pensar que se trataba más de un mito creado por Houdini. Desde luego, se trata de un suceso mucho más llamativo que una simple emigración forzada por el antisemitismo.

Después de (supuestamente) haber matado a su contrincante, Samuel —que por aquel entonces prestaba servicios como abogado para el gobierno— era consciente de que se encontraba ante un hecho grave que podría acarrearle peligrosas consecuencias. Era inadmisible que un judío matase a un noble, sobre todo en un evento tan fútil como un duelo. Además de perder su puesto, Samuel sabía que acabaría encarcelado por un largo periodo de tiempo y que además cabía la posibilidad de sufrir represalias por parte de la familia de su adversario muerto. Éstas serían, por lo tanto, las razones que le obligaron a abandonar una vida formada en Budapest para aventurarse en tierras lejanas y desconocidas. Poco tiempo después de lo ocurrido, el padre de Erik se trasladó a Londres, de donde zarpó en un navío con destino a Nueva York.

Nota del autor

El blog *The Houdini File*, que reúne una relevante documentación de la vida y la carrera del mago escapista, publicó un post con la foto de la portada del diario húngaro *Vasárnapi Ujság*, del día 27 de febrero de 1876, que trae entre los titulares un curioso suceso que relataba la muerte de un duque a manos de un joven abogado después de un duelo cuyo móvil era una mujer de la aristocracia. Desafortunadamente, la noticia no revela los nombres de los involucrados, lo que nos impide saber si el joven abogado en cuestión era, de hecho, Samuel Weisz. [N13]

1876 fue un año especial para los americanos. El país celebraba el primer centenario de su independencia, se fundó la liga nacional de béisbol profesional y Alexander Graham Bell obtenía la patente de su invento más importante, el teléfono. Fue en aquel año cuando el navío que traía a Samuel Weisz —con sus cubiertas atestadas de gente— atracó en Nueva York, que por aquel entonces aún no contaba con la Estatua de la Libertad para recibirlo (el monumento solo sería inaugurado diez años después). Entre 1890 y 1920, alrededor de diez millones de personas llegaron a Estados Unidos procedentes de todos los rincones del mundo en busca de una vida mejor. Al desembarcar, eran conducidos a Ellis Island, una diminuta isla de once hectáreas localizada al sur de Manhattan, dotada de un complejo de edificios de ladrillos rojos y piedra gris que servía de aduana y de consulta médica. Allí se realizaban las inspecciones médicas y legales de los recién llegados, un procedimiento que se llevaba a cabo en una sala de registros conocida como Great Hall. Aquellos que presentasen signos o síntomas de alguna enfermedad contagiosa eran rápidamente puestos en cuarentena, para después ser enviados de vuelta a sus países. Los demás se alojaban en pensiones o en casa de familiares hasta conseguir algo diferente y mejor que lo que tenían en su lugar de origen. Había quienes preferían reanudar sus vidas en una comunidad rural, lejos de las grandes y hostiles urbes de la costa este. Aquellos que podían pagar por un billete de tren se dirigían al lejano Oeste americano, región que se había convertido en una zona prometedora para la inversión agrícola después del fin de la Guerra Civil. Muchos inmigrantes que invirtieron sus ahorros en ciudades como Wisconsin, Minnesota, Illinois o Missouri se convirtieron en importantes terratenientes años más tarde. En cuanto a los inmigrantes sin recursos —la inmensa mayoría—, probaban suerte en Nueva York, casi todos trabajando como obreros en las docenas de fábricas allí instaladas. Los neoyorquinos los despreciaban. Decían que vivían mugrientos, que apestaban a pescado y no cuidaban sus heridas, siempre abiertas. Entre los más menospreciados se encontraban los irlandeses de segunda generación cuyos padres podrían haber cometido una serie de delitos en su tierra natal. Los niños irlandeses solían jugar en las abarrotadas calles del centro tirando de la barba a los ancianos judíos y saliendo al encuentro de los vendedores ambulantes italianos volcándoles los puestos. [N14]

Samuel tardó dos largos años en lograr reunir las condiciones necesarias para traer a su familia a América. Mucho se especuló sobre las actividades emprendidas por el rabino en este periodo, pero los datos disponibles son muy escasos. Cecilia preparó las maletas de los cinco hijos y con lo poco que tenían se dirigieron al puerto de Hamburgo, en Alemania, de donde embarcaron en el navío SS Fresia con destino a Nueva York, un viaje largo y con muy pocas comodidades. Las condiciones sanitarias no eran las mejores, y la comida era escasa. Los malos recuerdos de aquel periplo harían que Erik odiara los viajes en barco de por vida. [N15] Llegaron el 3 de julio de 1878 y tuvieron que pasar, como todos, por Ellis Island, donde fueron debidamente fichados. Cecilia no hablaba inglés y contestaba en alemán a todas las preguntas hechas por los funcionarios de inmigración, que solían cambiar los nombres que no sabían pronunciar. Como resultado, el

La ciudad de Buda en la Edad Media.

registro de llegada de la familia Weisz fue adaptada a la ortografía inglesa. A Armin se le nombró Herman; a su hermano de ocho años, Natan, le añadieron la letra «h» a su nombre; Gottfried Vilmos pasó a llamarse William; Erik, por su parte, Ehrich; Ferencz Dezo se convirtió en Theo y toda la familia en Weiss. [N16] El reencuentro de Samuel con su mujer y la prole fue una de las escenas más enternecedoras registradas en el muelle neoyorquino aquel día, sobre todo para el rabino, que no conocía al más pequeño, nacido después de su partida. Los niños corrieron hacia su dirección nada más verlo y se fundieron en un fuerte y conmovedor abrazo.

Tras una brevísima estancia en Nueva York, la familia se reubicó en Appleton, un pequeño pueblo agrícola de siete mil habitantes situado en el estado de Wisconsin. Su llegada coincidió con la celebración del 30° aniversario de su fundación, cuando el primer colono blanco llegó en 1846 para dar inicio al cultivo de una semilla hasta entonces desconocida en la región: el trigo. En 1874, Appleton ya era una comunidad agrícola próspera, aunque no guardaba la mínima semejanza con Budapest, una de las capitales más cosmopolitas del continente europeo. Sin embargo, el pueblo ofrecía otro tipo de atractivos. Ubicado en el medio de granjas, prados y bosques, Appleton era el típico pueblecito norteamericano que ofrecía la paz y la tranquilidad que los Weiss tanto añoraban. Samuel, Cecilia y los hijos vivían en la segunda planta de una casa situada en la principal calle del centro. Pese a las diferencias culturales y las dificultades naturalmente impuestas a un extranjero, los Weiss eran felices. «Mis padres vivieron los mejores días de sus vidas en aquella casa», reveló Houdini, en una entrevista, años más tarde. [N17] El nuevo hogar de los Weiss también ofrecía una vida profesional prometedora para Samuel, o, al menos, eso parecía. La tolerante Appleton abarcaba congregaciones de distintas denominaciones: episcopales, metodistas, baptistas y católicos, además de una pequeña comunidad de setenta judíos que no disponía de los servicios de un rabino hasta la llegada de Samuel, quien, a pesar de su escaso dominio de la lengua inglesa, acabó siendo invitado para asumir la congregación local, cobrando dos dólares diarios. Mientras la sinagoga era construida, la comunidad se reunía todos los viernes y sábados por la noche en un local comercial ubicado en una céntrica avenida de la ciudad, la College Avenue. En poco tiempo, Samuel se ganó el respeto de la comunidad y era frecuentemente elogiado por su elocuencia, buen sentido del humor y su fluidez en hebreo, húngaro y alemán. Cecilia se sentaba junto a la ventana con un montón de tela cortada y le daba al pedal de la máquina de coser desde que se levantaba hasta que se iba a la cama, mientras que algunos de los niños se ganaban la vida en la calle. En aquel mismo año de 1882, la familia adquirió la nacionalidad americana, un importante hito que animó al rabino a escribir a sus amigos de Budapest tras largos meses de silencio. «He aprendido a sentarme, gatear y finalmente a caminar sin ayuda en el nuevo mundo». Pero su optimismo se demostró prematuro. A pesar de su reconocida erudición y dotes culturales, Samuel perdió su puesto de rabino seis meses después de haberlo asumido. Decidieron sustituirlo por otro más joven, aunque, al parecer, no les gustaba en parte porque utilizaba mucho el alemán en sus alocuciones, algo que no agradaba a la congregación.

> Mi padre, el rabino Samuel Weiss, recibía por aquel entonces, un sueldo anual de setecientos cincuenta dólares. Un día, dos líderes de la congregación concluyeron que era demasiado mayor para el puesto y decidieron sustituirlo por un rabino más joven, así que, de repente, mi padre despertó sin rumbo. Con su melena gris y siete hijos a los que dar de comer, estaba en el paro y sin ninguna perspectiva de futuro.
> HARRY HOUDINI [N18]

Preocupado por el futuro de su familia —que incluso había aumentado en Estados Unidos—, Samuel decidió llevar a su esposa e hijos a Milwaukee, también en el estado de Wisconsin, una ciudad que observaba el crecimiento de una nueva comunidad judaica de origen ruso. Sin embargo, las familias judías de Milwaukee no eran practicantes y por ello necesitaban de la figura de un rabino en su congregación. Samuel se vio obligado a trasladarse con su familia constantemente, en función de los servicios religiosos esporádicos que conseguía, como bodas o funerales. Entre 1883 y 1887, la familia Weiss cambió de dirección por lo menos en cinco ocasiones, lo que acabó perjudicando seriamente la formación escolar de los niños, sobre todo la de Ehrich, que apenas fue a la escuela (asistió solo hasta el sexto curso), aunque pudo recibir una inmejorable formación básica gracias a la dedicación demostrada por sus eruditos padres, que poseían un nivel cultural bastante superior al promedio de los inmigrantes provenientes del este europeo. Cecilia hablaba varios idiomas y Samuel era el orgulloso propietario de una interesante biblioteca, con obras de temáticas tan variopintas como religión, filosofía, historia y arte. Para Ehrich, Milwaukee se convirtió en un lugar por el que no tenía el más mínimo cariño. En 1912, cuando tenía treinta y ocho años de edad y ya gozaba de fama internacional, fue contratado por un teatro local para una corta temporada. «No fue una semana agradable», confesó a un amigo, «y tengo muchas razones para decirlo; algunas prefiero no comentarlas». [N19]

Sin una renta fija que pudiese asegurar por lo menos los gastos familiares, los Weiss tuvieron que enfrentarse a momentos de extrema pobreza. Algunos de los niños se vieron obligados a abandonar los estudios precozmente para ayudar en la renta familiar, como ocurrió con el propio Ehrich, que trabajó repartiendo periódicos, lustrando botas y entregando recados. La situación llegó a un extremo que Cecilia tuvo que acudir a la Hebrew Relief Society, una institución creada para ayudar a familias judías desamparadas. A pesar de las dificultades, Ehrich vivió muchos episodios divertidos en esta fase de su vida. Uno de los pasajes más señalados de su biografía ocurrió en una fría mañana de diciembre, trabajando como mensajero en las calles atestadas de Nueva York. En un determinado momento, se le ocurrió pegar un gracioso texto en la visera de su gorra para acaparar la atención de los peatones: «La Navidad se acerca y dura hasta enero. Por favor, tire una moneda al gorro del mensajero». A la gente le hacía gracia y le iban dejando algo de calderilla. De vuelta a casa, Harry repartió las monedas por toda la ropa y al acercarse a Cecilia le dijo: «Madre, le voy a enseñar un truco; por favor, agíteme. Vamos, ¡agíteme!». Y cuando ella lo hizo, el dinero comenzó a caer sobre el suelo. «¿Ve? —le dijo el niño—, hago magia». [N20]

Otro episodio curioso que demuestra el talento de Ehrich para ganar dinero fue el día en el que él y su hermano pequeño, Theo, perdieron todo el montante recaudado en una jornada de trabajo —alrededor de dos dólares—. Se le ocurrió a Ehrich coger el único níquel que tenía para comprar una rosa en una floristería. Entonces, fue circulando entre las terrazas de los bares hasta conseguir venderla por diez centavos —cifra equivalente al doble de la inversión realizada—. Con estas monedas, los dos hermanos volvieron a la floristería y repitieron la operación hasta recuperar los dólares perdidos. Parece una estrategia sencilla y casi ingenua, pero estamos hablando de dos críos que podrían simplemente haber vuelto a casa tristes y frustrados, una reacción natural de cualquier niño de su edad. Sin embargo, tuvieron el valor de intentar revertir la situación a su favor y recuperar el dinero que aseguraría la comida de la familia un par de días, una actuación que solo una persona que vive en extremas condiciones de pobreza lo podría entender. [N21]

Nota del autor

En 1912, Houdini volvió a hacer el truco de las monedas para su madre, cuando ya era mundialmente conocido. Después de completar la primera semana de su gira en el teatro Hammerstein's Roof Garden de Nueva York, el mago pidió su paga en monedas de oro. «¿Qué pasa? ¿Cobrar en dólares ya no es suficiente?», le contestó el director del teatro, demostrando cierta indignación. «No se trata de eso, señor Hammerstein —le dijo con una sonrisa—, pero tengo en mente una loable intención y me encantaría que usted me ayudase a llevarla a cabo». [N22] Como no estaba dispuesto a seguir discutiendo con el artista que más ganancias le generaba, Hammerstein le acabó pagando según lo solicitado. Al terminar su presentación, el artista estuvo casi dos horas encerrado en su camerino puliendo cuidadosamente cada una de las monedas hasta obtener el precioso brillo que las caracteriza. «¿Madre, usted se acuerda del truco de las monedas que le hice cuando era niño?», preguntó a Cecilia, que respondió afirmativamente con la cabeza. «Entonces, hagamos una cosa. Usted podría dejarme su delantal, voy a repetir el número». Houdini cogió el delantal de Cecilia, lo extendió sobre la mesa y allí depositó mil dólares en monedas de oro. Cecilia le sonrió tímidamente mientras las lágrimas le humedecían los ojos al recordar aquella vez, hacía ya unos años. En aquellos duros años, las monedas que su hijo había traído a casa eran suficientes para comprar la comida de tan solo dos días. Ahora, la cifra que acababa de arrojar sobre su delantal era lo equivalente al sueldo anual de un obrero común.

Son muchas las versiones —algunas contradictorias— que describen el primer encuentro de Ehrich con la magia. Aunque ya la hubiese conocido a través de los circos ambulantes que iban a la ciudad, existe un consenso establecido entre los biógrafos de Houdini que determina el momento clave que acabaría despertándole un interés obsesivo por este arte. Cuando tenía once años de edad, Ehrich fue llevado por su padre a la función de un mago famoso, llamado doctor Lynn, cuyo acto estrella hacía referencia a las terribles torturas llevadas a cabo en la Edad Media, pero con la única intención de hacer las delicias del espectador. Se llamaba *Palingenesia*, y solía causar una fuerte impresión entre aquellos que se atrevían a verlo en directo. «Les presento a este joven que viene haciéndome compañía desde Inglaterra —decía el artista al público presente—; sinceramente, no creo que me pueda ser útil, así que pienso realizar un experimento con él que podrá contribuir al conocimiento de la ciencia moderna». Sin mediar palabras con su asistente, el mago cogió una cimitarra y le cortó uno de los brazos, provocando una ola de pánico entre los presentes, que solían reaccionar tapándose los ojos, entre gritos. La siniestra carnicería siguió sin piedad hasta dejar el pobre joven completamente descuartizado. «¿A alguna de las damas presentes le gustaría quedarse con la cabeza de mi amigo como recuerdo de esta animada velada?», preguntó a las mujeres que se encontraban en las primeras filas, llevándolas a una crisis de histeria. Al no obtener ninguna respuesta, el doctor Lynn encogió los hombros y dijo: «Pues entonces la tiraré al cubo de la basura». El torso del asistente aún se movía, y con el único brazo que le restaba, indicó el lugar donde debería estar su cabeza, llamando la atención del mago. «Parece que mi amigo quiere su cabeza de vuelta», dedujo con una cínica sonrisa. Acto seguido, el doctor Lynn se acercó lentamente al asistente y le puso la cabeza en su sitio. «Bueno, ya que estamos aquí, le voy a restaurar todo lo demás». Con este número, el ilusionista demostraba su control sobre la vida y la muerte, uniendo otra vez todos los miembros «mutilados» de su asistente. *Palingenesia* solía sembrar cierto pánico, pero también arrancaba risas de la concurrencia. Para alivio de todos los presentes, el número terminaba con el asistente reapareciendo detrás del telón con todos los miembros en su sitio. «Aquel día, yo creí que sus piernas, brazos y cabeza habían sido cortados de verdad», confesó Houdini años más tarde, al recordarlo en su diario. [N23]

Nota del autor

Un post publicado en el blog *Houdini File* afirma que el artista que se presentaba como doctor Lynn en Milwaukee era en realidad un impostor, tesis ratificada por el historiador británico Dean Arnold, responsable de la elaboración de una exhaustiva investigación sobre la carrera del ilusionista británico. Acorde con Arnold, el famoso ilusionista no actuó en Estados Unidos entre 1882 y 1886. Además, no existe ningún registro escrito o evidencia material que confirme su presencia en la ciudad en 1885, año en el cual Houdini afirma haber visto su espectáculo por primera vez. Su tesis no es descabellada. *Palingenesia* fue un número que se hizo muy famoso por aquel entonces, atrayendo no solo a las multitudes que llenaban los teatros, sino también a una legión de imitadores que se aprovechaban de su fama para reproducir una versión más económica y pobre de su número más conocido. [N24]

Este grabado presenta a Dr. Lynn (1831-1899), el mago creador de *Palingenesia*, un número de ilusionismo que, según muchos biógrafos, llevó al joven Ehrich a interesarse por el mundo de la magia. Años más tarde, Houdini le compraría a su hijo y heredero, J. Wellesley Lynn, gran parte de su colección.

A partir de aquella noche, Ehrich comenzó a estudiar con avidez todo lo que podía acerca del mundo de la magia y pasó a acudir a todas las presentaciones ofrecidas por los circos itinerantes que paraban en la ciudad en verano. Le atraían especialmente los magos especializados en rutinas de ilusionismo con cartas, monedas y otros objetos y los acróbatas que realizaban maniobras imposibles, números que incluso hoy fascinan el imaginario colectivo de los niños. Con mucha dedicación e incontables horas de entrenamiento, el joven Ehrich empezó a reproducir aquellos números casi a la perfección. Este nuevo mundo le mostraba una alternativa frente a la miserable condición en la que vivía con su familia y la dureza de tener que buscarse la vida cada día, privándole de una infancia sana y feliz. En poco tiempo ya era lo bastante hábil como para montar su propia función. Un día, un amigo llamado Jack Hoefler le invitó a presentarse en un pequeño circo montado en un terreno del barrio en el que cobraba cinco centavos por entrada. Ilusionado con la oportunidad ofrecida, Ehrich logró convencer a su madre para que le confeccionara unas calcetas rojas para simular las medias utilizadas por los acróbatas profesionales, y con el nombre artístico de «Ehrich, el Príncipe del Aire», presentó una secuencia de contorsiones, volatines y acrobacias en un trapecio improvisado, montado entre las ramas de un árbol. Aquel día —28 de octubre de 1883— permanecería registrado para siempre en su memoria como la fecha oficial de su entrada en el *show business*. El joven acróbata regresó a casa con dos pagas: los treinta y cinco centavos de su caché y la ilusión que necesitaba para seguir entrenando sus habilidades para, quién sabe un día, probar la suerte en el universo de la magia de los adultos. [N25]

Pero Ehrich no contaba con los planes de sus padres, que le enviaron de vuelta a Appleton para que aprendiera un oficio que le permitiera ganarse el pan de cada día de forma digna y poder mantener a una familia en el futuro. Su destino era la cerrajería del señor Hanauer, una feliz casualidad, puesto que al joven siempre le había fascinado el mundo de los cierres. Uno de sus juegos favoritos consistía en intentar abrir con una ganzúa cualquier puerta o cajón que estuviera cerrado en casa. Ahora, bajo la supervisión de un llavero profesional, Ehrich aprendería los secretos ocultos de los cierres. Fue en su tienda donde el joven aprendió que muchas esposas podrían ser desbloqueadas con un simple golpe y que alrededor del setenta por ciento de las cerraduras se abrían utilizando una única llave maestra. Un día, el *sheriff* de la ciudad se acercó con un hombre esposado. De barba hirsuta y aspecto siniestro, el detenido acababa de salir de un juicio del cual había sido declarado inocente y cuando el juez dio la orden para quitarle las esposas, la llave se rompió en el interior de la cerradura. «¿Crees que puedes arreglarlo?», le preguntó el *sheriff* a Hanauer. El cerrajero pidió al prisionero que pusiera sus muñecas sobre el mostrador para que pudiera comprobar el estado de las esposas. Al cabo de un largo minuto observando detenidamente cada una de sus partes, el señor Hanauer volvió los ojos hacia su aprendiz y le dijo: «Ehrich, me apetece tomar una copa con el *sheriff*, así que te encargarás de desbloquearlas. Ten cuidado con lo que vas a hacer. No quiero hallar desperfectos o arañazos en ninguna parte». A solas con un hombre que le superaba ampliamente en tamaño y peso, Ehrich se puso a estudiar detenidamente el diseño de la cerradura y el estado de la llave rota en su interior. «No va a ser una tarea fácil», masculló. «Lo mejor sería serrar la cadena que une los grilletes, un procedimiento sencillo que liberaría al prisionero al instante», pensó. Si así lo hiciera, habría cumplido su objetivo, pero su trabajo sería considerado una verdadera chapuza por el señor Hanauer, un hombre meticuloso, un artista de los cierres y un profesional que sabía apreciar un trabajo bien ejecutado. El aprendiz de cerrajero decidió entonces probar su ganzúa personal, la misma que había abierto tantas veces las puertas de casa o el armario donde su madre solía guardar los pasteles recién horneados. «¿Le importaría mirar a otro lado durante un segundo, señor?», le rogó al detenido cortésmente. Lo último que quería era que el hombre se enterara del secreto de sus métodos. «De eso nada. A ver si espabilas, que estoy perdiendo la paciencia», le contestó. Consciente de que era una prueba de fuego, Ehrich pensó que lo mejor sería ignorar la presencia de aquel fornido malhumorado y concentrarse en el desafío propuesto por su jefe. Empezó introduciendo en el ojo de la cerradura una ganzúa de un espesor muy pequeño, dado que no disponía de mucho hueco, hasta conseguir dar con el trozo de llave que se encontraba atascado en su interior. Acto seguido deslizó la ganzúa en distintas direcciones y profundidades, realizando movimientos giratorios mientras intentaba visualizar mentalmente sus trinquetes y muelles internos. Ehrich estaba tan concentrado en superar el desafío del señor Hanauer que no tenía ojos más que para lo que estaba haciendo. Cuando el señor Hanauer y el *sheriff* regresaron de la taberna quince minutos después, las esposas estaban dispuestas sobre el mostrador, desbloqueadas. El veterano cerrajero apenas consiguió disimular la sonrisa de satisfacción. Él sabía que aquellas esposas no poseían bloqueos tan complejos y que su pupilo disponía de una amplia gama de herramientas que facilitarían su trabajo. Sin embargo, había un importante escollo que superar: el trozo de llave que bloqueaba el ojo de la cerradura, lo que incrementaba sustancialmente el nivel de dificultad. «¡Buen trabajo, Ehrich! Estoy sinceramente impresionado», le felicitó. Un individuo común, sin conocimientos en materia de cierres, hubiera dejado las esposas en un estado lamentable, pero su joven aprendiz había logrado desbloquearlas de forma limpia, sin romperlas o ni siquiera rayarlas. Houdini recordó su «bautizo de fuego» años más tarde en una entrevista. [N26]

> Aquellas esposas eran de excelente calidad, y ninguno de los procedimientos que solíamos emplear en la tienda funcionaron, así que probé una técnica personal que nadie conocía y con ello logré desbloquearlas, aunque, al hacerlo, acabé revelando el secreto al prisionero. Este hombre es la única persona del mundo, aparte de Bess, que sabe cómo puedo abrir las cerraduras. Afortunadamente, desde entonces no he vuelto a saber más de él. [N27]

Su paso por la tienda del señor Hanauer duró algunos meses más hasta que Ehrich decidió regresar a su casa en Milwaukee. En diciembre de 1885, la familia recibió un duro golpe con la noticia de que Herman, el hijo del primer matrimonio de Samuel, había muerto en un hospital de Nueva York, víctima de tuberculosis con tan solo veintidós años de edad. Aquella tragedia hundió especialmente a Houdini, abatido durante varios meses. Se especula que la muerte de su medio hermano representó uno de los episodios más impactantes de su infancia. De hecho, solo tres meses después del aquel trágico suceso, Ehrich realizó su primer número de escapismo (literalmente) al huir de casa en búsqueda del famoso «sueño americano» del que tanto hablaban. Hubiera podido elegir una decisión menos drástica, pero no quería seguir siendo una carga para sus padres. «Querida madre, me voy a Galveston, Texas. Estaré de vuelta dentro de un año. Recuerdos a todos. De su hijo, Ehrich». Tras dejar escritas estas palabras —en un viejo folio que actualmente forma parte de la colección del Congreso americano—, el joven abandonó su hogar llevando consigo una muda de ropa y unos cuantos centavos y se dirigió a la estación ferroviaria de Milwaukee. Allí, compró un billete solo de ida con destino a Galveston, pero se equivocó de tren y acabó en Kansas City (Missouri). Allí, pasó a vivir en albergues para personas sin recursos y llegó incluso a dormir en los suelos de los soportales del ayuntamiento, hasta que un matrimonio de mediana edad y sin hijos, los Flitcrofts, le rescató en una situación límite y le hicieron hueco para vivir en su casa en Delavan (Wisconsin). Su aventura duró casi dos años, periodo en el cual intentó ganar algún dinero repartiendo periódicos y haciendo recados. La mitad de su escasa renta era enviada rigurosamente a su familia todos los meses. Poco se sabe acerca de estos dos años en los que estuvo fuera de casa. Fue un periodo muy duro de su infancia, del cual nunca le apeteció hablar, quizá por vergüenza o simplemente por no querer revivir el sufrimiento que el destino le reservó en una fase tan temprana de su vida. Houdini jamás se olvidó de la generosidad demostrada por los Flitcrofts. Cuando se instaló en Nueva York un año más tarde y consiguió su primer trabajo remunerado, les envió una hermosa blusa con un billete de un dólar en cada uno de sus cuatro bolsillos. Años más tarde, cuando ya era famoso, les hacía llegar regalos caros y preguntaba si necesitaban de alguna ayuda económica, oferta que los Flitcrofts solían rechazar amablemente.

La decisión de marcharse de la casa de los Flitcrofts vino motivada por la noticia de que su padre se había trasladado a Nueva York, una gran metrópoli que ofrecía muchas posibilidades —y donde había más sinagogas que vacas—. Estimulado por las oportunidades que podría tener en la gran ciudad, Ehrich se unió a su padre en algún momento de 1887 y pasaron a compartir el dormitorio de una pensión barata en la calle 79 Este. Samuel obtenía escasos ingresos como tutor de estudiantes de hebreo mientras Ehrich se las apañaba trabajando como mensajero. Un año después, padre e hijo ya habían ahorrado lo suficiente como para reunir a la familia otra vez y trasladarse al Lower East Side, en el sudeste de Nueva York, uno de los barrios más antiguos de la ciudad, lugar de acogida de inmigrantes irlandeses, italianos y sobre todo del este europeo, donde prevalecía una fuerte presencia judaica. Los Weiss se sumaron a las miles de familias que malvivían en viejos bloques de viviendas compuestos por *tenement houses*, un minúsculo y precario apartamento con una diminuta cocina que olía a aceite reciclado y con temperaturas que solían desplomarse en invierno y ser extremadamente bochornosas en verano. Durante el día, los niños jugaban a cielo abierto, en plena calle, compartiendo espacio con la muchedumbre, los tranvías y sus estridentes campanas, los bocinazos de las carrozas de reparto y el ir y venir de los coches de caballos con su olor a excrementos de equino. Por la noche, sin agua caliente, la familia intentaba dormir en camas hechas con dos sillas de cocina juntas, bajo el ferrocarril elevado, donde cada cuarto de hora pasaba un tren rugiendo junto a sus minúsculas ventanas. En aquel ambiente insalubre, húmedo y constantemente invadido por la ceniza y el humo, Cecilia temía que sus hijos pudieran ser víctimas de los peligros de la clase baja presente en el vecindario y trató de alejarlos de las malas compañías. También había una preocupación constante con la tuberculosis, combatida con altas dosis de agua con gas, cuyo efecto era tan inocuo como los tratamientos indicados por los médicos de aquellos tiempos. [N28]

Tan pronto como se establecieron en la ciudad, Cecilia y Samuel trataron de matricular a todos los hijos en el colegio, aunque inicial-

Mientras esperaban días mejores, la familia Weiss vivió de forma precaria en bloques residenciales como el que aparece en esta foto, donde compartían su día a día con la clase más desfavorecida de la sociedad neoyorquina de comienzos del siglo XX.

mente tuvieron que lidiar con cierta resistencia por parte de Ehrich, que prefería reunir algún dinero en la calle haciendo pequeños trabajos mientras su padre buscaba una congregación que le contratara como rabino, pero lo único que conseguía eran invitaciones esporádicas para oficiar un *Bar Mitzvah* o un funeral. Como medida desesperada para pagar el alquiler, Samuel decidió vender su biblioteca personal a un rabino local, quien acabó consiguiéndole un puesto en un taller de costura confección, pero su precario estado de salud le impedía acudir diariamente al trabajo. Preocupado con el futuro de la familia, Samuel reunió a sus hijos y les hizo prometer que se ayudarían mutuamente y que si él falleciera, jamás dejarían a su madre desasistida. Los críos, aún muy jóvenes, no dieron mucha importancia a las palabras de su padre. Tal y como suele ocurrir en la gente de su edad, la pérdida de los padres es una tragedia lejana que, en sus mentes, jamás llegaría a ocurrir.

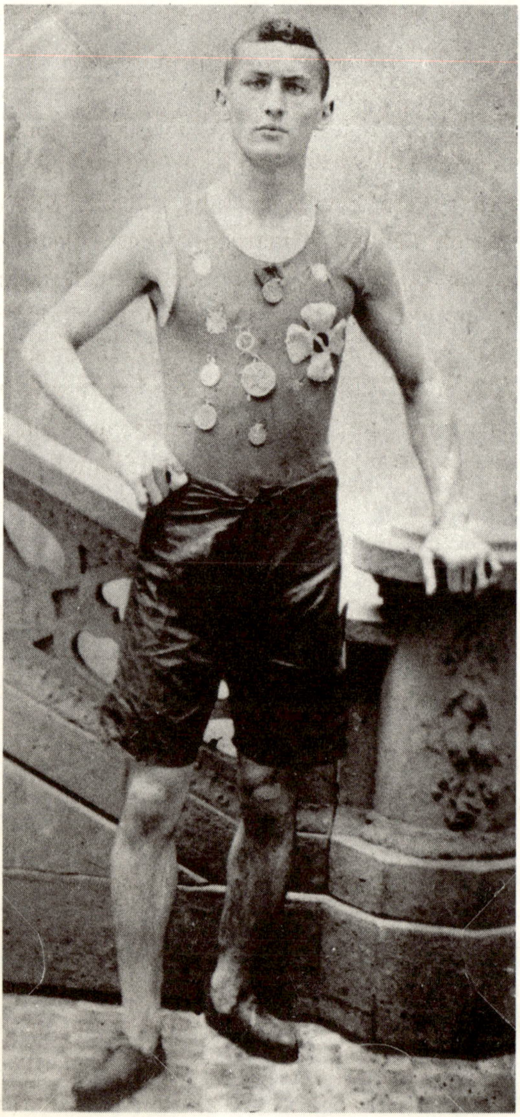

El joven Ehrich Weiss presumiendo de sus medallas.

Nota del autor

El deporte representa —incluso actualmente— una opción viable para muchos jóvenes pertenecientes a familias de clases menos favorecidas y tiene como principal ventaja el hecho de poder ser practicado con poco o ningún recurso. Ehrich dedicó muchas horas de su tiempo libre a ciertas actividades físicas con el objetivo de participar en competiciones, ganar premios y, quién sabe, integrarse en una sociedad que insistía en mantenerlo al margen. Su fase juvenil estuvo intensamente marcada por el deporte, donde logró destacar en diversas modalidades como la natación y las carreras de fondo. El joven Houdini solía nadar en el río East y corría dieciséis kilómetros diarios por Central Park. Se afilió a un club deportivo llamado Pastime Athletic Club, donde participó en muchas competiciones. Con dieciséis años de edad, ganó el American Amateur Athletic Union One Mile Race y a los dieciocho estableció el récord de tiempo en una carrera alrededor de Central Park, derrotando a un corredor británico, el favorito de la competición.

También practicó gimnasia y boxeo, modalidad que le permitió participar en un torneo nacional en la categoría de cincuenta kilos, evento que podría haberle llevado a iniciar una carrera profesional si no hubiera sido por una infección que le impidió llegar a la final. Fue su excelente condición física la que le permitió ejecutar sus extraordinarios escapes y que le aportó una importante ventaja frente a la competencia, que no era capaz de seguirle el ritmo. Houdini comenzó a obsesionarse con fortalecer su físico desde muy joven hasta adquirir la pose desafiante con la que aparecería en los llamativos carteles que darían la vuelta al mundo anunciando sus funciones. El mago nunca fumó y era abstemio, quizá por la imposición no solo de su padre rabino, sino también de su entrenador, quien ya había presenciado la decadencia de muchos atletas prometedores que perdieron el rumbo tras caer en diferentes vicios. [N29] El escapismo no es una profesión fácil, y nuestro protagonista invirtió incontables horas intentando escapar de grilletes y toda clase de artilugios que lo apresaban. Se preparaba física y mentalmente a conciencia porque sabía que su vida dependía de ello y estaba muy orgulloso de que su cuerpo fuera capaz de hacer cosas inimaginables para la mayoría de las personas.

B
A

CAPÍTULO 2

EL PELDAÑO MÁS BAJO

«A lo largo de mi vida, hice escapes increíbles, pero el mayor de todos fue escaparme de Appleton».
HARRY HOUDINI

1888-1898

Ehrich no consiguió un trabajo fijo hasta cumplir los quince años, cuando surgió la oportunidad de trabajar en la H. Richter & Sons, una conocida fábrica de corbatas de Manhattan. Muchos de sus biógrafos cuentan que al llegar a la entrada del local, el joven húngaro se encontró con una enorme cola de candidatos que se disputaban la única plaza disponible. Al caer en la cuenta de que no tenía ninguna posibilidad de quedarse con el puesto, y desesperado por ayudar su familia, Ehrich tomó una inesperada y atrevida decisión: se dirigió al comienzo de la cola, retiró el cartel que anunciaba la vacante y con una voz impostada reveló que el candidato ya había sido elegido. Cuando la muchedumbre se dispersó, Ehrich se presentó como el único aspirante y fue contratado. En su nuevo empleo, conoció a un joven llamado Jacob Hyman, que también comenzaba su andadura en el mundo de la magia. Además de dedicar sus ratos libres a estudiar nuevos e impactantes trucos, Jacob intentaba parecerse a un mago profesional —conservaba un bigote bien recortado y el pelo moldeado cuidadosamente con gel—. Los dos nuevos amigos pasaron a intercambiarse ideas y entrenar juntos una serie de números. Los trucos de magia eran populares entre los jóvenes de la época, pero al contrario de lo que solía ocurrir con la mayoría de los chavales —que con el tiempo se cansaban del tema, yendo a buscar una nueva actividad— el dúo siguió invirtiendo su tiempo libre, buscando mejorar su destreza. Un día, Ehrich tuvo una revelación después de encontrarse con un libro lleno de proezas extraordinarias titulado *Confidencias de un prestidigitador*, de Robert-Houdin; tras leerlo de un tirón, comenzó a obsesionarse con la idea de convertirse en un ilusionista tan grande como el autor.

Nacido en 1805 en la ciudad francesa de Blois, Robert-Houdin es considerado un mago moderno que logró sacar la magia del mundo de lo efímero, lo espiritual y lo religioso, haciendo uso de la tecnología disponible de la época para potenciar sus efectos. En uno de sus números más célebres, el artista francés impresionaba al espectador moviendo pesados objetos en el escenario mediante imanes ocultos. Robert-Houdin también se hizo conocido por una característica muy señalada de su personalidad: sabía promocionarse mejor que nadie —virtud que sería imitada con rotundo éxito por Houdini—. Su autobiografía posee un divertido tono de entretenimiento y está repleta de pasajes exagerados e historias inverosímiles, lo que hace difícil diferenciar la realidad de la ficción (otra característica que se repetiría en la vida de Houdini). Además de sus evidentes cualidades, Robert-Houdin destacó por conquistar algo que favorecería principalmente a las generaciones venideras: en su época, un mago era considerado un artista menor, que solía presentarse en verbenas y ferias de barrio. Robert-Houdin pronto se dio cuenta de que para atraer un público más sofisticado, los espectáculos deberían ser elaborados y contar con un formato similar a una obra teatral. Houdin consideraba que todos los magos eran «embajadores del misterio» y que deberían demostrar una actitud imponente y un porte elegante. Para ello, comenzó a ensayar exhaustivamente la forma adecuada de dirigirse a la audiencia, y pasó a presentarse en frac y con sombrero de copa, indumentaria que acabó forjando la imagen clásica del mago y que logró desvincularlos del peyorativo rótulo de «brujos», tal y como eran vistos por el espectador de la época. Sus actuaciones en los teatros erradicaron los decorados destartalados, los estereotipos estrambóticos, la vulgaridad en todos sus aspectos, conquistando a la élite de la sociedad, que hasta entonces se resistía a formar parte de lo que consideraban «un entretenimiento para los pobres». Con Robert-Houdin, la magia pudo, por fin, ganarse el respeto que merecía.

Después de retirarse de los escenarios, Robert-Houdin siguió ligado al mundo de la magia como administrador de su propio teatro en París. En 1856, el mago fue convocado por Napoleón III para que le ayudara a sofocar una rebelión en Argelia, en aquella época colonia francesa. Su misión, desalentar a un grupo de sacerdotes, conocido como Morabitos, que incitaban al pueblo contra las tropas colonizadoras. Las autoridades francesas estaban convencidas de que si Houdin era capaz de demostrar que su magia era más fuerte que los supuestos poderes de los jefes morabitos, su capacidad de persuasión ante la tribu se derrumbaría. En lo que se convirtió en la actuación más relevante de su carrera, Robert-Houdin se reunió con los rebeldes morabitos y pidió al más fuerte de ellos que levantara una pequeña caja, lo que hizo desdeñosamente, sin esfuerzo alguno, con su dedo meñique. Houdin, entonces, cogió la caja y la colocó encima de un electroimán que se hallaba oculto debajo de una mesa y, acto seguido, hizo un gesto teatralizado delante del rebelde, diciendo: «Soy un mago poderoso y te lo demostraré arrebatándote la fuerza. ¡Venga, intenta levantarla ahora!». Sonriendo, el fornido hombre agarró la caja e intentó levantarla con todas sus fuerzas; el sudor le corría por la frente, pero no pudo alzarla ni un milímetro. Aquello intrigó a los líderes morabitos, pero no lo suficiente como para hacerlos retroceder. Entonces, Houdin fue un paso más allá, desafiándoles a un duelo de pistolas que tendría lugar a las ocho de la mañana del día siguiente, alegando que pasaría la noche rezando para que los dioses blindasen su cuerpo, de modo que nada pudiera hacerle daño. En realidad, lo que Houdin necesitaba era un intervalo de tiempo para preparar un pasmoso número de prestidigitación.

Al día siguiente, a las ocho en punto, ambos contrincantes estaban listos para el duelo. Puesto que el mago francés se había autoproclamado como invencible, el líder morabito se ganó el derecho a realizar el primer disparo. Un asistente cargó las pistolas con pólvora, sacó un puñado de balas y pidió que escogiese dos. El morabito, que había vigilado cuidadosamente cómo se cargaban las armas, estaba seguro de la muerte de su rival. Los adversarios abrieron una distancia de alrededor de veinte metros y se pusieron frente a frente. Entonces, el líder apuntó a Houdin, le engatilló, esperó un par de segundos y disparó. El ilusionista respondió al disparo con una sonrisa. Había atrapado la bala con los dientes. El líder morabito, sin entender lo que acababa de presenciar, tiró la pistola al suelo y salió corriendo como una centella. Sin que pasara mucho tiempo, los insurgentes se desconcentraron. En menos de un año, las tropas francesas tenían a todas las tribus locales bajo control, confirmándose la conquista de Argelia. Robert-Houdin reveló el secreto en sus memorias, publicadas en 1859. Momentos antes del duelo y mediante un imperceptible pase, el ilusionista francés cambió las balas reales por otras de cera frotadas en grafito —en eso invirtió las ocho horas que pidió para rezar—. Como su interior estaba hueco, al introducir con la baqueta la bala dirigida a él, se rompió, y en el disparo solo se oyó el estallido de la pólvora. [N1]

Aunque la combinación entre magia e intereses políticos parezca incompatible, Robert-Houdin no fue el único ilusionista de la historia en colaborar con un gobierno, como se ve en recientes revelaciones publicadas en *The Secret Life of Houdini*, escrita por William Kalush y Larry Sloman en 2006 en conmemoración del ochenta aniversario de la muerte del mago escapista. La obra, que muestra a un artista

En esta ilustración, el célebre prestidigitador francés Robert-Houdin presenta uno de sus numerosos artilugios escénicos, el reloj misterioso, cuyas manillas parecen moverse sin ningún tipo de mecanismo visible.

con una doble identidad, afirma que su extraordinario ascenso en el *show business* se debió a la cercana relación que tenía con los servicios secretos de Estados Unidos y Reino Unido, a quienes facilitaba toda la información que obtenía en sus múltiples giras europeas. Todo ello a cambio de que le ayudasen a lanzar su carrera a nivel internacional, una tesis considerada por muchos de sus biógrafos como «fantasiosa». Kalush y Sloman defienden su trabajo en el estudio de 700 000 páginas de documentación y, sobre todo, en el diario de William Melville, un destacado espía británico que cita a Houdini en múltiples pasajes.

En 1890, la familia Weiss ya disponía de ingresos suficientes para poder trasladarse a un piso más grande en calle 69 Este. Ehrich siguió profundamente interesado en la magia, pero su falta constante de fondos le impedía practicar números más allá de las cartas y monedas. Después de dos años y medio trabajando en la fábrica de corbatas a tiempo completo, Ehrich y Jacob optaron por dejarlo todo para dedicarse plenamente al oficio de la magia, una decisión osada que hizo saltar todas las alarmas en casa. Uno de sus exentrenadores del Pastime Athletic club, Joseph R. Rinn, le aconsejó regresar al trabajo y olvidarse de la idea de convertirse en mago, una apuesta demasiado arriesgada que podría conllevar grandes frustraciones. «Esto puede parecer una locura para un hombre de negocios como usted, señor Joseph, pero yo llevo en la sangre esta vocación y nada podrá detenerme», le contestó Ehrich, amablemente. [N2]

El joven húngaro había dado el primer paso en dirección a un camino sin retorno, que le conduciría a un mundo completamente distinto al que estaba acostumbrado. Ehrich ya ejecutaba a la perfección un par de números clásicos y empezaba a despertar cierta atención en su barrio. Faltaba, sin embargo, un nombre artístico, de preferencia sonoro y llamativo, una marca que pudiera distinguirle en el difícil mundo del espectáculo. [N3] El joven concluyó, sabiamente, que debería adoptar un nombre que no fuera solo sencillo de pronunciar, sino que además fuera fácilmente recordado. Harry salió de una mutación de su nombre real. Su familia solía llamarle cariñosamente «Ehrie» (diminutivo de Ehrich), nombre que para muchos americanos sonaba como «Harry». Le faltaba todavía un complemento fuerte, que hiciera referencia al mundo de la magia. Inspirado por el extraordinario libro de Robert-Houdin que acababa de leer, el joven Harry tomó prestado la segunda parte de su nombre, «Houdin», añadiéndole la letra «i» (su amigo Hayman le explicó, erróneamente, que el agregado de la «i» al final del nombre equivalía a escribir en francés «igual que»). A los diecisiete años de edad, Ehrich Weiss desapareció definitivamente para dar lugar a Harry Houdini.

> Mi interés por la magia y mi entusiasmo por Robert-Houdin nacieron de forma simultánea. Desde el momento en el que empecé a estudiar este arte, Houdin se convirtió en mi guía y héroe. Sus escritos tienen para mí el mismo valor que los de Bismarck tienen para un aspirante a estadista. En mi humilde concepción, sus memorias proporcionaron una importante dignidad a una profesión que todavía sufre muchos prejuicios por parte de determinados sectores de la sociedad. Cuando necesité crear un nombre artístico, un compañero de gran nivel cultural me sugirió añadirle la letra «i» al apellido de mi ídolo, es decir, «Houdini». Acepté la sugerencia con entusiasmo. Personalmente, lo mejor que podría ocurrir en mi vida es «ser igual» que Houdin. [N4]

Se especula que el nombre, Harry Houdini, no había sido creado por Ehrich solamente con la intención de tener un nombre artístico. Había, aunque de forma inconsciente, la necesidad de crear un *alter ego* que tuviera el poder de sacarlo del estado de pobreza que había marcado su infancia. Su nuevo «yo» estaría dotado de un carácter fuerte y osado, capaz de escapar no solo de las ataduras de las esposas, sino también de las amarras de una vida miserable. [N5] Históricamente, el mundo de la magia suele atraer la atención de jóvenes pertenecientes a minorías marginadas, como una opción para ganarse la vida presentando números sencillos en las calzadas de las grandes capitales, tal y como solemos ver incluso hoy en día. Los grandes magos americanos del siglo XX pertenecen a familias inmigrantes —casi todas de origen judío del este europeo— como es el caso de Herrmann el Grande, el propio Houdini y más recientemente David Blaine y David Copperfield. [N6]

Harry se asoció con su amigo Jacob y se hicieron llamar Los Hermanos Houdini y pasaron a dedicar todo su tiempo a mejorar los números que formarían parte de su exhibición. «La magia es como un deporte, es necesario practicar y mucho», insistía Harry. Y ambos practicaban, realizando ejercicios especiales con las manos para hacerlas más rápidas y flexibles e intentando hacer desaparecer y reaparecer objetos directamente de las manos del espectador. Inspirados en la obra de Robert-Houdin, los dos jóvenes anhelaban convertirse en maestros de la prestidigitación (popularmente conocida como ilusionismo), tipo de arte escénico que consiste en producir una acción considerada ilógica —o científicamente inexplicable— como, por ejemplo, sacar una moneda de una oreja o transformar una bola de papel arrugada en una paloma. Aunque los grandes prestidigitadores aparenten desafiar las leyes de la física o invocar poderes sobrenaturales, sus trucos son realizados mediante medios naturales. Parece una afirmación obvia hoy en día, que la gente lee más y tiene más acceso a la información, pero durante muchos siglos los efectos del ilusionismo solían provocar una gran conmoción entre la audiencia. El nivel de escolaridad de la población era extremadamente escaso, al mismo tiempo que predominaba una fuerte cultura de superstición y religiosidad, lo que ayudó a aumentar el poder de los magos, que se movían entre misteriosas nubes de humo y objetos que desaparecían y reaparecían sin una explicación racional. Se puede decir que el arte de la ilusión no es más que mera psicología aplicada. Básicamente, consiste en desviar la atención del espectador, de modo que no perciba el movimiento tramposo, una habilidad conocida en inglés como *misdirection* (en español, cancamusa).

> Para que un espectáculo de magia se convierta en un éxito, es primordial añadirle cierta dosis de exhibicionismo. Tienes que presentar tus trucos sacando lo mejor que puedas, entreteniendo al público y desviando su atención para que el efecto final sea impactante. Asimismo, el programa debe ser organizado, de modo que pueda obtener un ambiente favorable. Es decir, tienes que empezar tu exhibición con efectos sencillos —o que parezcan sencillos—, evolucionando a números más complejos hasta llegar al final de tu presentación, que deberá concluir con el mejor y más impactante efecto que conozcas. HARRY HOUDINI

Cuando los aspirantes se convencieron de que ya disponían de un buen repertorio de efectos clásicos y buenas ilusiones para montar un espectáculo completo, se pusieron a buscar un local que les permitiera presentarse, pero las opciones eran escasas. Empezaron actuando en pequeños circos itinerantes y verbenas, pero en ningún caso conseguían permanecer más de una noche. A fin de cuentas, se trataba de dos chavales que transmitían muy poca confianza y escasa experiencia. «¡Ánimo, chavalotes!» era lo único que conseguían arrancar de los empresarios, que dudaban de su talento. Desmotivado por los constantes rechazos, Jacob tomó una decisión drástica: abandonar el dúo y volver a la estabilidad que su empleo en la fábrica de corbatas le proporcionaba. Su sitio fue ocupado por su hermano menor, Joe Hyman, quien tampoco aguantó mucho tiempo. Sin opciones, Harry decidió invitar a otro hermano, Theo (o Dash, como era conocido en casa) —quien años más tarde también lograría establecer una carrera exitosa como mago bajo el nombre artístico de Hardeen—. Los dos pasaron a presentarse en cualquier sitio que les abriera una puerta: cervecerías, ferias de ganado e incluso burdeles, con sus alfombras persas, sillones de diseño Luis XV y paredes forradas de un mugriento terciopelo afelpado. Con lo poco que ganaban, intentaban pagar los costes de alojamiento, dietas y transporte. Lo restante era enviado a la casa de la familia en Nueva York.

Nota del autor

La historia de Jacob Hyman no termina con la disolución de Los Hermanos Houdini. En 1900, mientras Harry intentaba establecerse en Europa, Jacob buscaba reanudar su carrera actuando como «J. H. Houdini, el rey de las esposas». Su función incluía un amplio abanico de trucos clásicos y números de escapismo, entre ellos *El misterio del barril* y *Sustitución*, una copia idéntica a *Metamorfosis*, principal número que Jacob solía presentar con su excompañero. Cuestionado por un periódico de Nueva York sobre la decisión de adoptar el nombre de un mago ya consagrado, Hyman se defendió argumentando que, en realidad, el nombre «Houdini» era creación suya y, por lo tanto, creía gozar de los mismos derechos. Convencido de que no había espacio suficiente para dos Houdinis, Harry contrató a un abogado para hacerle renunciar a su nombre artístico. Cuando se enteró de la resistencia de Jacob, el joven húngaro decidió responder con sus propias armas. Pidió a su hermano Leo que acudiera al teatro donde Jacob se presentaba y que le desafiara a intentar liberarse de un par de esposas que llevaba consigo.

Confiado en sus capacidades, Jacob aceptó, pero no fue capaz de liberarse, generando una gran decepción entre el público, que comenzó a abuchearlo y a gritar: «¡Vergüenza!». Al terminar su espectáculo, Jacob fue alertado de que Houdini podría denunciarlo por uso indebido de su nombre, y tras una breve reunión de conciliación, acordaron que el joven húngaro compraría los derechos de uso del nombre «Houdini» y del número del barril misterioso. Pese a la disputa emprendida entre ambos, la amistad perduró hasta su muerte. Jacob abandonó definitivamente el mundo de la magia e ingresó en la Universidad de Ohio, donde se formó en Medicina —años después se convertiría en uno de los médicos más solicitados de Beverly Hills—. Murió en 1942, dejando viuda a su esposa, la famosa actriz del cine mudo, Dorothy Dale. [N7]

En 1892, mientras Harry seguía con su lucha personal para convertirse en un mago profesional, su padre cayó gravemente enfermo. El rabino sufría de cáncer y su muerte era inminente. Un día, llamó al hijo a su habitación y le hizo prometer que cuidaría de su progenitora. Harry ya había hecho la misma promesa a su padre cuando tenía doce años, pero ahora era distinto. Aquella conversación acabaría formando parte de uno de los episodios más señalados de la vida de Houdini, pero existe una cuestión que siempre ha intrigado a los biógrafos del escapista. ¿Por qué Samuel —que era plenamente consciente de su estado terminal— quiso dejar toda la responsabilidad de cuidar de su mujer sobre un hijo que se ganaba la vida desbloqueando esposas y haciendo efectos con cartas, sabiendo que podía contar con otros hijos que, además de mayores, tenían carreras con mejores salidas profesionales, como Leo, que estudiaba medicina? Lo más probable es que Samuel les pidiera lo mismo a todos sus hijos por separado, pero Houdini sabía que una petición en el lecho de muerte tiene un significado transcendental y por ello quiso tomar para sí toda la responsabilidad. [N8]

En octubre de 1892, Harry fue contratado para actuar en un circo que estaba de gira por la ciudad, cumpliendo con una extenuante rutina de veinte presentaciones diarias. Un día, mientras se preparaba en el camerino para salir a escena, recibió la noticia de que su padre estaba muriendo. El joven mago fue corriendo al hospital presbiteriano de Nueva York, pero ya era demasiado tarde. Los tristes e infructíferos dieciséis años que Samuel llevaba viviendo en los Estados Unidos terminaron el 5 de octubre de 1892, dejando a su esposa viuda y seis hijos huérfanos, tres de ellos menores de edad. «Weiss, Weiss, *du hast mich verlassen mit keinder? Was hast du gethan?*» (Weiss, Weiss, me has dejado sola con nuestros hijos. ¿Por qué me has hecho eso?) fueron las palabras que Houdini escuchó de su progenitora tras enterarse de la muerte de Samuel. [N9] A pesar del duro golpe, su muerte trajo consecuencias relativamente positivas para Harry, al proporcionarle la determinación y el empuje que necesitaba para «conquistar América», proeza que su padre no logró. Esta ambición vendría reforzada además por la petición de su padre de que la cuidara a toda costa, algo que supo cumplir con creces. [N10] Si existió una persona por quien Houdini se desviviera para hacerla feliz —y cuya aprobación buscaba desesperadamente— fue su madre. En varias ocasiones, el artista intentó demostrar su amor por su Cecilia a través de gestos exagerados: joyas, dinero e incluso un vestido que había sido hecho especialmente para la reina Victoria de Inglaterra. Houdini era la clase de hijo que solía apoyar la cabeza contra el pecho de su progenitora mientras dormía para comprobar que su corazón seguía funcionando y aquello le tranquilizaba. (Psicológicamente hablando, el latido del corazón de la madre suele producir un efecto calmante en los bebes pequeños que están en fase de lactancia). El mago se dedicó plenamente a ella hasta el día de su muerte, dejando a Bess siempre en segundo plano, postura que él mismo reconoció que había molestado profundamente a su mujer. [N11]

Con la muerte de Samuel, Cecilia trató de asegurar el sustento de la familia cosiendo para toda la gente que pudo, mientras sus hijos compaginaban los estudios con pequeños trabajos por el barrio, con excepción de Harry y Theo, que seguían insistiendo en sus intentos por hacerse un hueco en el difícil mundo de la magia, sobre todo porque en aquella época no existía una escuela profesional de magia, una profesión que, a pesar de estar considerada por la sociedad de la época como «extravagante», parecía tener futuro: en la última década del siglo XIX, las exhibiciones de magia eran extremadamente asequibles. El bajo precio de las entradas —comparado con otras opciones como los conciertos de música clásica y la ópera— aseguraba el entretenimiento de las grandes masas. Miles de artistas se disputaban un espacio en el cartel de los circos y teatros en todo el país, pero solamente unos pocos lograban destacar. En aquellos años, solamente dos nombres reinaban en los escenarios norteamericanos: el parisiense Alexander Herrmann, miembro de una tradicional familia de prestidigitadores francesa, y Harry Kellar, quien se autodenominaba el «decano de los magos norteamericanos». Sus efectos estaban elaborados y exigían cierta estructura; el resultado era impresionante. El público se sorprendía con sus espectaculares números escénicos, que incluían levitaciones milagrosas, decapitaciones y cabezas flotantes. Herrmann, más popular que su rival, montaba presentaciones improvisadas en bares o incluso en la calle, donde ejecutaba números que exigían equipos más simples, pero igualmente extraordinarios. Con diferentes estilos, ambos dividieron el monopolio del escenario americano de la magia americano durante muchos años e hicieron fortuna. Herrmann vivía en una lujosa mansión en Whitestone, Long Island, tenía su propio yate, el Fra Divolo, un vagón de tren privado y una suntuosa yeguada. Se estima que los ingresos anuales de Herrmann podrían superar la espeluznante cifra de 90 000 dólares, una verdadera fortuna para la época. Kellar también disfrutaba de una vida cómoda, pero menos ostentosa y tenía predilección por invertir sus ingresos en bienes inmuebles y acciones. [N12]

Nota del autor

El mundo de la magia habita en el imaginario colectivo desde hace siglos a través de innumerables —e inevitables— clichés que casi nunca se corresponden a la realidad. Es el caso del viejo número de sacar un conejo de la chistera, un truco que nunca fue muy habitual y solo tuvo una breve etapa de efervescencia en la época en que se usaban sombreros de copa. Lo mismo ocurre con su tradicional imagen: altos, esbeltos y con sonrisa desafiante acentuada por un bigote bien recortado y una barba de chivo, a imagen y semejanza de Mefistófeles, personaje satánico de la Edad Media. El francés Herrmann el Grande popularizó este estereotipo. En su época, la idea de sugerir la presencia del diablo en el escenario de un teatro era muy llamativa y atraía a la audiencia. [N13] No obstante, la imagen de los ilusionistas oculta a menudo un cierto engaño, pues ciertos artistas se suelen representar en sus carteles con un aspecto más atractivo y seductor.

La altura, por ejemplo, siempre fue un tema sensible para Houdini, que tenía cierto complejo por considerarse demasiado bajo, a pesar de contradecirse a veces, como ocurrió en una declaración concedida al diario australiano *The Adelaide Herald* (reproducida en el párrafo siguiente). Otros artistas de su época, como Harry Kellar o Howard Thurston, eran altos y transmitían una imagen imponente. El mago escapista medía 1,64 m, pero parecía más alto cuando se presentaba al lado de Bess, su mujer, cuya estatura era de metro y medio. Cuando se sacó su primer pasaporte en 1900 para viajar a Europa, Harry mintió sobre su altura, añadiéndole dos centímetros, y cada vez que renovaba el pasaporte iba añadiendo otros dos centímetros. En la foto, Harry aparece al lado de su amigo y prestidigitador T. Nelson Downs (El rey de las monedas). Para compensar la diferencia de estatura, Houdini aparece en la foto estratégicamente posicionado en la parte superior de una ladera y apoyando la punta de los pies.

Herrmann el Grande.

T. Nelson Downs y Houdini.

Considero positivo el hecho de no ser un hombre muy alto, porque necesito ser ágil, y un hombre alto, normalmente, es lento. Los mejores hombres no suelen ser los más altos. Estos se dejan llevar fácilmente y tienen buen sentido de humor, al contrario que los bajos, que a pesar de también tener un sentido del humor afilado, suelen ser más serios. Todos los hombres astutos que he conocido eran bajos. Todos los trabajadores, ambiciosos y perseverantes, ¡bajos! Además, un hombre alto suele tener ciertas dificultades en determinados trabajos. Al tener la cabeza más alejada del suelo, suelen perder el equilibrio fácilmente, al contrario que los bajos, que se equilibran con soltura. [N15]

En sus primeros años, antes de convertirse en una estrella mediática del escapismo, Houdini tuvo que abrirse paso como todo mago primerizo. En esta foto, considerada su primer registro fotográfico como profesional, el artista aparece rodeado por su equipo de magia, compuesto por una utilería pequeña y modesta: naipes, pañuelos, cubiletes, flores y cubertería.

Los museos de diez centavos

La época comprendida entre mediados del siglo XIX y principios del XX es conocida como la era dorada de la magia. Nunca antes se había exhibido en los escenarios tal derroche de talento e innovación con el único propósito de sorprender al público. Esta época trajo al mundo del espectáculo nombres que hoy están escritos con letras doradas en los anales de la magia, como Harry Kellar, Herrmann el Grande o el propio Robert-Houdin. La fama de estos grandes magos sirvió de inspiración para muchos jóvenes como Harry, que buscaban el reconocimiento de algún agente o empresario que les proporcionara los medios suficientes para arrancar sus carreras. Los hermanos Houdini recorrieron decenas de teatros por toda la ciudad de Nueva York buscando un hueco en sus carteles, pero eran recibidos con ironía por los empresarios. «Esto que me enseñáis no vale nada; el teatro es para profesionales», les decían; «tenéis que mirar hacia abajo». No hubo más remedio que tragarse el orgullo y mirar «hacia abajo», es decir, probar suerte en locales menos prestigiosos, como los *Dime Museums* (museos de diez centavos), una opción económica de entretenimiento creada en 1841 por el empresario circense P. T. Barnum, y que tenía como objetivo llevar entretenimiento y diversión a las clases menos favorecidas. Barnum comenzó su carrera en el *show business* exhibiendo las habilidades de una anciana ciega llamada Joyce Heth, presentada al público como una antigua esclava de ciento sesenta años de edad que había trabajado como enfermera para George Washington. En realidad, Joyce tenía ochenta años, pero eso era un detalle sin importancia. Barnum sabía que la audiencia pagaría para ver cosas increíbles y fue exactamente este nicho en el que decidió invertir sus ahorros al montar un pequeño museo en Nueva York, que en poco tiempo se multiplicaría en diferentes locales esparcidos por la ciudad, creando una cadena de casas de funciones populares llamada American Museum. Por el precio módico de diez centavos, el visitante podía recorrer un espacio que concentraba diferentes escenarios con exhibiciones y atracciones de todo tipo, como tragasables, escupidores de fuego y levantadores de peso. También se solía organizar un tipo de feria que hoy sería considerado políticamente incorrecta, e incluso antiética: la exhibición de individuos con graves anomalías genéticas, personas deformadas, con mutaciones, gigantes, enanos y otros personajes de aspecto curioso.

Pagar para ver personas de apariencia singular fue una costumbre que tuvo su inicio en Europa en la Edad Media, cuando estos individuos —para poder comer y sobrevivir— aceptaban mostrar sus discapacidades en público en ferias por todo el país. En las colonias americanas, algunos empresarios viajaban de pueblo en pueblo exhibiendo personas extraordinarias o animales exóticos nunca vistos por la población local, como leones, jirafas o elefantes. Estas atracciones eran anunciadas como *curiosities* y los individuos de una condición física rara eran llamados *human curiosities.* Estos espectáculos también solían tener un espacio para ciertos charlatanes, como un artista llamado Sacco, que se autodenominaba «El rey de la inanición». Su número consistía en permanecer cincuenta y dos días sin comer; de lo contrario, no recibiría la paga acordada. Su carrera por lo visto no fue exitosa, puesto que apenas existen referencias en los libros de magia. Fue una época en la que a mucha gente no le importaba maltratar su cuerpo a cambio de una fama dudosa y un caché que solo pagaba el alquiler de una habitación en una pensión cutre. La combinación de museo y circo fue una fórmula rápidamente copiada por otros empresarios y se extendió por muchos pueblos americanos. Solo en la ciudad de Nueva York, había más de cincuenta casas de este tipo, donde las *human curiosities* tenían el papel protagonista, atrayendo públicos de todas las edades. Tal fue la demanda que algunos empresarios encontraron dificultades para encontrar personas con discapacidad para sus exhibiciones, propiciando el surgimiento de muchos fraudes: gemelos siameses que en realidad eran gemelos normales unidos por sus ropas, mujeres gordas que usaban prendas acolchadas para aumentar aún más su tamaño o supuestos hombres salvajes que se portaban como animales dentro de una jaula. Fue en esta época cuando surgió el término *freak show.*

Nota del autor

En 1932, el cineasta americano Tod Browning llevó al cine la película *Freaks* (*La parada de los monstruos*), que retrataba la vida cotidiana de un circo similar a los museos de diez centavos americanos. Su elenco estaba formado por actores con anomalías y enfermedades reales, como las gemelas siamesas bailarinas, un equilibrista sin pierna, una mujer barbuda y un individuo sin brazos ni piernas que interpretaba el papel de «hombre gusano». Prohibida muchos años en Estados Unidos y en el Reino Unido, *Freaks* fue un fracaso de taquilla y representó el inicio del declive de la carrera de Tod Browning. El largometraje recibió de la crítica adjetivos como «repugnante», «degradante» y «chocante». Actualmente, es considerada una obra del género *cult*.

Con el objetivo de atraer al mayor público posible, fue creado un tipo de espectáculo que exhibía personas de aspecto extravagante, que fueron conocidas como *human curiosities*. Varias compañías circenses se hicieron famosas con este tipo de entretenimiento, como la compañía Barnum & Bailey.

Fue en ambientes como el retratado en *Freaks* donde Harry y Theo presentaban sus números, centrándose en los efectos con cartas —Houdini llegó incluso a publicitarse como «The king of cards» (El rey de las cartas)—. El poco dinero que cobraban iba para el sustento de la familia; en realidad, el único dinero que conseguían eran las monedas que los peatones amablemente arrojaban en su gorra. Los museos de diez centavos representaban el nivel más bajo de la cadena del entretenimiento y para muchos artistas podría significar su primera (o última) oportunidad en el mundo del *show business*. Los cachés eran insignificantes y la estructura precaria, pero se trataba del único local que abría las puertas a cualquier individuo que quisiera exhibir sus habilidades, sin discriminación. Por sugerencia de un amigo, Houdini trató de mejorar su comunicación con la audiencia, evitando jergas, hablando correctamente y utilizando un tono más formal. Eran pocos los artistas que lograban salir de estas exhibiciones secundarias y convertirse en estrellas en su oficio. Pero la madre de Harry y Theo confiaba en el talento de sus hijos y no escatimó esfuerzos para ayudarles en su duro comienzo. Fue ella quien confeccionó sus trajes y les apoyó en la decisión de ganarse la vida en este oficio. [N16]

Nota del autor

La extraordinaria soltura demostrada por Houdini en sus escapes es el resultado no solo de las extenuantes horas dedicadas a un intenso entrenamiento físico, sino también de su curiosidad por emular las habilidades poco comunes de sus compañeros. De un contorsionista, Houdini aprendió que no era necesario dislocar las articulaciones de sus miembros para retorcerlos. Muchas veces se trata de una ilusión creada por un cuerpo en movimiento preparado a conciencia. Otro de sus compañeros de circo compensaba su falta de brazos manejando los pies mejor que la mayoría de la gente las manos. Al comprobar que esta aptitud podría ser útil en sus números, el artista dio inicio a una exhaustiva rutina de ejercicios. Tras semanas de entrenamiento, logró escribir, pintar y manejar cualquier objeto con los pies sin ninguna dificultad; incluso desatar complicados nudos de cuerdas y abrir candados. Houdini conocía los atributos y las limitaciones de cada músculo de sus brazos y piernas, controlaba perfectamente su respiración y su abdomen era tan sólido como una tabla de madera de ley. De un artista japonés que se presentaba como tragasables, aprendió a tragar toda clase de objetos y regurgitarlos sin dificultades, una técnica que le fue extremadamente útil en sus números de escapismo. [N17] Se trataba de un método común en la época, aprender a no sentir arcadas al tragarse algo. En el mundo circense hay profesionales que pueden tragarse cualquier cosa, incluso pequeños animales, como hámsteres o peces y regurgitarlos vivos. En los albores del siglo XX, un prestidigitador francés llamado Norton se hizo famoso por tragarse varias ranas a la vez, regurgitándolas todas vivas. [N18] Los tragasables hacen exactamente lo mismo. No hay ningún truco. Todo es resultado de entrenamiento físico, sobre todo los reflejos que pueden ser perfectamente controlados mientras una espada zigzaguea entre los órganos. Cualquier movimiento accidental o una simple tos podrían causar una tragedia. Los tragasables surgieron aproximadamente hace cuatro mil años en la India. Sus maestros eran los famosos faquires, que por aquel entonces ya andaban sobre las brasas, jugaban con serpientes venenosas y dormían en camas de clavos, prácticas peligrosas que exhibían en público como demostración de invulnerabilidad y conexión con la divinidad. En la actualidad, los tragasables siguen siendo muy populares en la India, donde incluso se afirma que existe una tribu en el estado de Andrah Pradesh en que se encuentran los verdaderos maestros, que vienen transmitiendo este «arte» de padres a hijos. [N19]

> Durante el período en el que me presenté en el circo de los Hermanos Welsh en 1895, trabé amistad con un anciano japonés de la *troupe* de San Kitchy Akimoto y de él aprendí el método de tragar y regurgitar toda clase de objetos sin mayores dificultades. Para empezar a practicar este número se suelen emplear patatas pequeñas con el fin de evitar accidentes, y a medida que el artista mejora su técnica, el tamaño podrá incrementarse gradualmente hasta conseguir tragar y regurgitar objetos más grandes. Para tragar sables es necesario superar las posibles náuseas provocadas por el contacto del metal con la membrana mucosa de la faringe. Desde la boca hasta la base del estómago existe un camino lo suficientemente ancho para soportar varias hojas a la vez. Cuando se utiliza una espada de punta afilada, el artista suele encajar discretamente una punta de goma para evitar accidentes. [N20] Harry Houdini

Houdini describe su particular habilidad de tragar sables como una tarea fácil de ejecutar —lógicamente, después de mucha práctica—. Sin embargo, el entrenamiento suele ser muy doloroso e incluso cuando el practicante logra burlar las leyes de la anatomía, el peligro sigue presente, hasta para los artistas veteranos. Cliquot, uno de los más reconocidos tragasables de su tiempo, sufrió importantes cortes en la garganta a lo largo de su carrera. En cierta ocasión, después de tragarse una espada, se dio cuenta de que la hoja se había doblado dentro de su cuerpo en un peligroso ángulo. En un acto de puro reflejo, el mago retiró la espada rápidamente, provocándole graves heridas. Son incontables los sucesos de tragasables y otros especialistas en engullir objetos peligrosos como clavos o vidrios. No obstante, Cliquot aseguraba que tenía control absoluto de su cuerpo, incluso los reflejos más internos. [N21]

> Es difícil decir cuánto se preparó Houdini o cómo lo hizo, porque recordemos que estaba en el mundo del espectáculo y sabía que una buena historia podía superar un poco a la realidad. [N22] JAMES RANDI, ILUSIONISTA

Aparte de tragar objetos y otras habilidades exóticas, «los Houdini» contaban con un efecto impactante protagonizado por un viejo baúl, comprado por veinticinco dólares de un prestidigitador jubilado, una gran inversión en aquella época, sobre todo para Houdini, que solía cobrar menos de un dólar por función. La inversión, sin embargo, valió cada centavo: el truco era original y cautivaba al espectador, convirtiéndose en poco tiempo en una marca registrada de sus funciones. Se llamaba *Metamorfosis*, un llamativo efecto de ilusionismo creado por el mago británico John Nevil Maskelyne en el siglo XIX que consistía en encerrar a una persona dentro de un baúl, haciéndola reaparecer en otro sitio. Para lograr este efecto, los ilusionistas solían contar con un colaborador de apariencia similar o casi idéntica, de modo que el espectador se convenciera de que se trataba de la misma persona. Mientras era encerrado en el baúl, su doble ya estaba posicionado estratégicamente en el otro extremo del teatro a la espera del momento oportuno para salir de su escondite. Houdini creía que este artificio no producía el impacto esperado por el simple hecho de que en muchas ocasiones el colaborador no se parecía en nada al artista principal, y el público —que no era tan ingenuo como parecía— se daba cuenta de que se trataba de otra persona. Para lograr el efecto deseado, decidieron adaptar el efecto, dándole otro enfoque completamente distinto, pero extremadamente impactante.

«¡Acérquense, damas y caballeros! —voceó estirando el cuello al estilo de los charlatanes de feria—. Esta noche les ofreceré una demostración de mis extraordinarias facultades». Antes de dar inicio al número, Houdini reclutaba voluntarios elegidos al azar para subir al escenario y comprobar los objetos que serían utilizados en *Metamorfosis*: el baúl, un saco de lona con cabida suficiente para una persona adulta y un juego de robustas cuerdas. El mago sabía que a la audiencia le encantaba hacer de inspectores. Además de sentirse parte del acto, también tenían la oportunidad de comprobar la calidad de los candados y de las cuerdas utilizadas en el número, además de cerciorarse de que en el interior del baúl no hubiera ninguna trampilla escondida. Para Houdini, estos escrutinios le aportaban dos ventajas inmediatas: aumentaban su carisma y transmitían credibilidad, factores indispensables en la carrera de cualquier artista. Houdini no tardó en caer en la cuenta de que la forma en que se presentaba una hazaña era quizá más importante que la propia hazaña en sí misma. El joven artista pasó a establecer una comunicación directa con el espectador, intentando captar sus emociones y buscando cumplir con las expectativas esperadas. Hablaba con frases cortas y ametralladas que volaban sobre la platea. [N23]

Concluida la inspección, los voluntarios volvían a sus butacas mientras Houdini se posicionaba en el centro del escenario. Houdini era atado e introducido dentro de un saco y después dentro del baúl. Todos los elementos eran atados y sujetados con un candado. Theo se subía encima del baúl, desplegaba una cortina y decía al público: «Ahora voy a dar tres palmadas, y les pido a ustedes que a la tercera y última observen el milagro». Dicho lo cual, cerraba rápidamente la cortina, daba tres palmadas y volvía a abrirla al instante. Para la sorpresa de todos, Theo había desaparecido y en su lugar emergía un Houdini totalmente liberado mientras que el baúl continuaba cerrado, ceñido por las mismas cuerdas y con los candados intactos. Se procedía a desligar las cuerdas, coger las llaves —que estuvieron a la vista del público durante toda la ejecución del número— para abrir los candados y levantar la tapa del baúl. En su interior, estaba el saco de lona, que se contorsionaba como si un gran pez estuviera en su interior. Al abrirlo, surgía Theo, maniatado con las mismas cuerdas que habían retenido a Houdini segundos antes. [N24]

> Houdini nos ha brindado una presentación increíble, donde fue introducido en el interior de una bolsa y encerrado en un baúl atado con cuerdas y candados para reaparecer en pocos segundos. Este número le ha convertido en el mayor ilusionista del mundo, y este es su mejor truco. [N25] ARTHUR CONAN DOYLE

El impacto de *Metamorfosis* depende básicamente de la destreza y de la velocidad de los artistas implicados. Para producir el efecto esperado, el cambio debe producirse en escasos segundos, algo que los hermanos Houdini consiguieron al cabo de muchas horas de duro entrenamiento, convirtiendo un simple truco en un pequeño milagro.

Con la incorporación de su esposa Bess, el tiempo de ejecución de *Metamorfosis* fue reducido a unos increíbles tres segundos. Este curioso número, que mezclaba conceptos de ilusionismo y escapismo, llegó a ser presentado hasta dieciocho veces al día al comienzo de su carrera. Tras años fuera del programa, Houdini decidió traerlo de vuelta al escenario en Europa, donde fue uno de los protagonistas de su última gira de 1926, siempre con la participación de su mujer. En cierto modo, *Metamorfosis* contó la historia de un matrimonio que duró treinta y tres años. [N27]

El público —lo describía un periódico local— se quedaba paralizado hasta tal punto que apenas eran capaces de aplaudir. Se cree que nuestro protagonista ejecutó este número más de diez mil veces en toda su carrera. [N26]

En 1893, Harry y Theo se sorprendieron al ser invitados a incorporarse al elenco de la compañía del circo Kohl and Middleton, que estaba montando un espectáculo de variedades para la Feria Mundial de Chicago, que celebraba el 400° aniversario de la llegada de Cristóbal Colón al nuevo mundo. La Expo de Chicago —como se conoció posteriormente— se convertiría en el mayor evento jamás realizado en los Estados Unidos hasta entonces. Fueron vendidas más de veinticinco millones de entradas, en una época en que la población americana rondaba los cincuenta y cinco millones de personas, es decir, prácticamente la mitad del país recorrió durante los seis meses que duró el evento los 2,4 km^2 de atracciones distribuidos a lo largo del Jackson Park. [N28] Los visitantes tuvieron la oportunidad de conocer las últimas novedades tecnológicas en distintos campos y pudieron ver en directo cómo sería el mundo del siglo XX a través de exposiciones esparcidas por decenas de pabellones. El evento atrajo la curiosidad de mucha gente proveniente de zonas rurales que nunca había tenido contacto con la luz eléctrica y que jamás había visto una construcción más alta que una granja de dos plantas. Y si la feria de Chicago se hizo famosa fue justamente por sus grandiosas construcciones, como la Ferris Weels, una noria gigante de 80,4 metros de altura, la más grande construida hasta entonces y que rivalizaría con la torre Eiffel, inaugurada en 1899 en la Exposición Universal de París.

Para los Houdini se trataba de una inmejorable oportunidad de promocionar su trabajo a una audiencia mucho más amplia de la que estaban acostumbrados, aunque su presentación no ocurriría exactamente dentro del recinto ferial, sino en una pequeña tienda adyacente, montada en la Midway Plaisance, una calle cercana al evento, tomada por vendedores ambulantes, escenarios montados sobre carromatos y atracciones de todo tipo. El dúo realizaba veinte funciones al día, presentando pequeños números de ilusionismo, trucos con cuerdas, cartas y otros objetos a cambio de un caché de doce dólares semanales. En un determinado momento, Houdini surgía en el escenario con atuendos orientales, como si se tratara de un exótico sabio, electrizando el espectador con un llamativo efecto: plantaba un pequeño brote en una maceta y lo cubría con un cilindro de papel. A los pocos minutos, el brote se convertía en un bonito rosal. Sin embargo, el momento cumbre del dúo en su paso por la feria mundial de Chicago fue el protagonismo cobrado por las esposas en su espectáculo, un elemento que hasta entonces no formaba parte del equipo tradicional de un mago. Harry sabía que la mayoría de las esposas eran relativamente sencillas de desbloquear, al contrario del imaginario popular, que creía que un par de robustas esposas eran suficientes para aprisionar a la más peligrosa de las criaturas. Fue en Chicago donde Harry se adjudicó el imponente título de «*King of Handcuffs*» (rey de las esposas).

Amor a primera vista

Tras la clausura de la Feria Mundial de Chicago en octubre de 1893, los hermanos Houdini volvieron a Nueva York con propuestas para presentar su función en pequeños teatros de la ciudad. Cierta noche, Theo cometió un error en la ejecución de *Metamorfosis* al no conseguir salir del baúl en el tiempo determinado. El número no pudo ser concluido, la presentación se convirtió en un fiasco y los hermanos fueron despedidos con abucheos. El temperamento de Harry no admitía errores, sobre todo delante del público. Cada uno de los pasos tenía que salir a la perfección; de lo contrario, el dúo correría el serio riesgo de perder su credibilidad, lo que representaría el fin prematuro de sus carreras en el mundo de la magia. Harry perdonó el fallo de su hermano y ambos siguieron juntos hasta el verano del año siguiente, cuando fueron invitados para presentarse en Coney Island, una estrecha franja de tierra localizada al lado del puerto de Nueva York. Allí se había instalado un gran complejo de entretenimiento que encontró su cima en la década de 1890 cuando los primeros parques de atracciones comenzaron a ser construidos en los Estados Unidos. En los meses de julio y agosto, Coney Island se convertía en el refugio veraniego de la clase obrera de Nueva York, que intentaba escapar del sofocante calor de la ciudad para bañarse en las frías aguas del Atlántico Norte en el litoral del Estado. Entre una presentación y otra, Harry conoció a Wilhelmina Beatrice Rahner —o simplemente Bess—, una menuda joven de dieciocho años del Brooklyn, de rasgos finos, sonrisa tímida y las cejas pintadas de tal modo que le daban a su rostro un aire coqueto de asombro. Nacida en el seno de una estricta familia católica de origen alemán, Bess y sus hermanas se quedaron huérfanas de su padre a una edad temprana, lo que les obligó a abandonar los estudios para ayudar en la economía doméstica. Bess fue a trabajar a una sastrería de un cuñado, pero su pasión por una vida errante y una inclinación natural hacia el canto y el baile le hicieron permanecer muy poco tiempo en el puesto. Al cumplir dieciséis años, consiguió un trabajo como costurera de un circo ambulante, donde se hizo amiga de un dúo de cantantes. Juntas, las tres crearon un grupo vocal y de baile llamado The Floral Sisters, que presentaba un repertorio de canciones populares en las salas de baile de la época. La más conocida era *Rosabelle*, un tema que cobrará suma importancia en la biografía de Houdini. [N29]

Los Hermanos Houdini y Las Hermanas Florales compartían el mismo escenario, y no pasó mucho tiempo hasta que los integrantes de ambos grupos se hiciesen amigos. Una noche, al terminar una presentación, Theo las invitó a un paseo por la playa en compañía de su hermano. Harry y Bess se enamoraron aquella misma noche, un clásico caso de amor a primera vista. Esta es la versión contada por Theo, pero hay contradicciones. De acuerdo con Bess, la pareja se conoció en la presentación del mago en una escuela en Brooklyn. Ella se encontraba en la primera fila y, en un determinado momento, Harry rompió accidentalmente un vaso de cristal vertiendo un líquido corrosivo sobre su vestido, provocando la ira de la madre de la joven, que amenazó con denunciarlo. [N30] Harry afirmaba haberla conocido en un tranvía. El artista se dirigía a una fiesta privada y al dejar caer su equipo en el suelo, una joven de vestido blanco se acercó para ayudarle. Al enterarse de que Bess era una de las invitadas de la fiesta, Harry le pidió que lo acompañara y durante la ejecución de uno de sus números, acabó vertiendo accidentalmente el ácido sobre su vestido. Dispuesto a recompensarla por el accidente, el artista encargó a su madre un vestido nuevo que sería regalado a Bess en una cita que ambos habían concretado en Coney Island, donde pasaron la tarde juntos. Aquella noche, Bess le hizo una confidencia: no deseaba volver a casa a raíz de una seria discusión con su progenitora, un inesperado suceso que le motivó a pedirla en matrimonio, propuesta que ella aceptó sin parpadear. El mago compró un par de alianzas baratas y la medianoche del mismo día, 22 de junio de 1894, se casaron en secreto.

Existe todavía una tercera versión de los hechos, revelada en la biografía de William Lindsay Gresham, *The Man Who Walked Through Walls*, de 1959. Acorde con Gresham, Theo conoció a Bess primero, pero cometió la imprudencia de presentarla a su hermano, quien no perdió ocasión de conquistarla. Los dos desaparecieron tres semanas sin dar noticias y cuando finalmente reaparecieron, ya estaban casados. Aunque las circunstancias que llevaron al encuentro entre Harry y Bess todavía son una incógnita, todos los biógrafos son unánimes con respecto a la reacción de ambas familias tras la noticia de su unión. A la señora Rahner no le sentó nada bien enterarse de que su hija se había casado con un desconocido sin al menos avisarla y se negó a conocer a su nuevo yerno. Además, era inadmisible que su hija, de arraigada tradición católica, se enamorara de un pobre aspirante a mago —y aún más importante, judío—. Familias tradicionales como los Rahner solían oponerse duramente a la unión de personas de diferentes creencias, una costumbre muy rara en aquella época, que no era vista con buenos ojos. Suegra y yerno solo se conocerían doce años después, cuando Bess se puso muy enferma y Harry le imploró que fuera a visitarla. Finalmente, la señora Rahner accedió a sus apelaciones, siendo recibida por Bess entre lágrimas, incapaz de creer que su madre pudiera venir a visitarla, sobre todo acompañada de Harry. El esperado reencuentro culminó con una larga y reconciliadora charla y a partir de entonces Harry fue aceptado como integrante de la familia, dando inicio a una sincera y cariñosa relación (algunos relatos de la época —quizá maliciosos— afirmaban que la señora Rahner solía rociar con agua bendita su casa siempre que su yerno venía a visitarla). [N31]

Cecilia, por otro lado, demostró ser más receptiva y aceptó acoger a los recién casados en su casa, pese a los temores de que su hijo pudiese estar relacionándose con una *shiksa* (palabra ídiche utilizada como un término peyorativo para designar mujeres no judías —y atractivas— que solían seducir a hombres judíos para alejarles de mujeres de su propia fe). Bess era guapa, poseía trazos delicados y un par de ojos capaces de enamorar a cualquier joven incauto. Pero no era el caso. Cecilia se dio cuenta de que Bess era una chica luchadora, honesta y, lo más importante, aparentaba tener buenas intenciones. Además, los Weiss eran una familia de seis hijos varones y una única hija, y por lo tanto, había una necesidad imperante de incrementar la presencia femenina en la casa. En el excelente libro *The Great Houdinis*, el autor Melville Shavelson recrea el posible diálogo que Cecilia y Bess tuvieron al conocerse y que podría perfectamente ilustrar este delicado momento:

—¿Tu familia goza de buenas condiciones financieras? —preguntó Cecilia sin rodeos.

—No, señora. Mi madre es viuda —contestó Bess, resignada.

—Entonces, me imagino que vosotros os vais a vivir a casa de tu madre.

—Desgraciadamente no, señora. Mi madre me echó de casa.

—¿En serio? ¿Y qué has hecho para que ella te tratase de esta forma?

—Me enamoré de su hijo, señora. [N32]

Para reconciliar a ambas familias, Harry y Bess se casaron en dos ceremonias distintas —en la iglesia católica y en la sinagoga—. «No conozco a nadie al que le guste las bodas como a mí, que me casé tres veces (la primera fue en secreto), afortunadamente con el mismo hombre», escribió Bess años más tarde. [N33] Harry y Bess fueron un matrimonio sólido y vivieron uno en función del otro. Eran muy buenos amigos y se gastaban muchas bromas entre ellos. El mago escapista otorgaba todo su éxito a Bess, creencia que reafirmaba frecuentemente a los amigos «Bess es mi amuleto; mi vida solo despegó después de que me casara con ella».

> No tuve miedo hasta llegar al pasillo del piso donde Harry vivía. Después de tocar al timbre, apareció una señora con trazos delicados y el porte de una reina. «¡Mama, querida! ¡Esta es mi mujer, la quiero con locura!», le dijo en alemán, mi idioma materno. Harry aún no lo sabía, pero yo era capaz de entender lo que ellos decían. Por un momento, pude sentir cómo los ojos negros de la señora Weiss me analizaban de los pies a la cabeza. «Por lo que veo, vosotros os amáis profundamente uno al otro», concluyó. «Sí, madre», respondió Harry con una voz firme. «Entonces, creo que perdí un hijo y gané una hija». Dicho esto, ella me agarró por la cadera y me condujo a sus brazos. Bess Houdini [N34]

Bess abandonó todos sus proyectos para casarse con Harry, sobre todo su sueño de convertirse en cantante. A partir de entonces, su vida estuvo completamente dedicada a la carrera y a las ambiciones de su marido. Harry, naturalmente, asumió el papel de líder del dúo, y ella, el de su asistente, encargándose de todos los aspectos relacionados con el montaje del espectáculo. Fuera de los escenarios, planchaba todas sus prendas —incluidos calcetines y calzoncillos— e incluso cuidaba de algunos aspectos de la higiene personal de su marido, como, por ejemplo, comprobar que sus orejas estaban limpias, rutina que se repitió durante los treinta y tres años en los que estuvieron juntos. El cuidado extremo que tenía por el marido prácticamente le convirtió en un niño. En cierta ocasión, Houdini confesó que su concepto de comodidad era sentarse en la butaca de su biblioteca y quedarse allí leyendo hasta llegar la hora en que Bess le decía: «Joven, la comida está en la mesa».[N35] Harry y Bess vivieron como nómadas durante un largo periodo de tiempo, sin residencia fija. Sus primeros años fueron tan duros que, en algunas ocasiones, Bess se negó a salir a escena. Tanta era su desilusión que a veces su marido se veía obligado a contratar a asistentes esporádicas. Para intentar animarla en los momentos difíciles, Harry solía dedicarle pequeñas notas tiernas y divertidas, donde se dirigía a ella con apodos cariñosos como *champán* o *coquette*. Su matrimonio duró hasta la muerte del artista en octubre de 1926. Fue una relación estable y feliz —con altibajos, tal y como suele ocurrir con la gran mayoría de las parejas—. Cuando discutían, el mago solía salir de casa y daba una vuelta a la manzana para calmar los ánimos.

Los tenderetes del circo ilustrados al fondo de esta bonita postal de Coney Island era el espacio ideal para que los magos primerizos se fogueasen. Houdini fue uno de los pocos que logró elevarse a lo más alto de la profesión.

Al regresar, siempre arrojaba su sombrero a la habitación de la pareja. Si Bess lo lanzaba de vuelta, era una señal de que aún seguía furiosa.

Pese a la loable estabilidad de su relación, el mago no pudo librarse de una serie de rumores acerca de su infidelidad. El caso más conocido —y mejor documentado— fue una supuesta relación con Charmian London, viuda del famoso escritor estadounidense Jack London. Charmian dejó varios registros de sus encuentros en su diario, cuyos detalles salieron a la luz por primera vez en el libro, *Houdini, The Career of Ehrich Weiss,* de Ken Silverman. La relación habría comenzado en el invierno de 1918 —un año después de la muerte de Jack London—, cuando Charmian decidió pasar una temporada de vacaciones en Nueva York. Cuando se enteró de su presencia en la ciudad, Harry la habría invitado a asistir en el teatro Hippodrome a *Cheer Up!*, un *show* patriótico en el cual el mago escapista era cabeza de cartel. A partir de entonces, ambos comenzaron a intercambiarse cartas cariñosas, descubiertas por Bess tras la muerte del esposo. La esposa de Houdini era extremadamente celosa y solía quejarse de los papeles que él interpretaba en sus películas —el viejo cliché de héroe de la trama que salva a una bella joven—. Algunos cotilleos de la época indicaban que el artista habría mantenido un breve romance con la actriz Lila Lee durante el rodaje de la película *Terror Island*, donde Lee interpretaba un papel romántico con el protagonista. La actriz murió en 1973 a los setenta y dos años de edad sin nunca haberse pronunciado sobre dichos rumores. Ningún biógrafo tampoco se interesó en entrevistarla, lo que refuerza la hipótesis de que la relación entre ambos era, de hecho, un rumor infundado. [N36] Otra mujer apuntada como amante del artista fue Daisy White, cuyo supuesto romance fue tema recurrente entre la comunidad de ilusionistas. White trabajó como dependienta de la tienda de magia Martinka (que perteneció a Houdini durante un breve periodo de tiempo). Maurice Zolotow, biógrafo especializado en celebridades y colaborador de revistas de reconocido prestigio como *Life, Reader's Digest* y *Look,* publicó en 1954 el libro *The Great Balsamo,* una novela biográfica que cuenta las aventuras de un mago (implícitamente basado en la vida de Houdini). En este libro, Zolotow insinúa maliciosamente que el célebre escapista solo amó a dos mujeres en la vida: su madre y Daisy White. [N37] Otra supuesta amante surgió de una historia contada por Gary Gilmore, un condenado a muerte por dos asesinatos cometidos en la ciudad de Orem (Utah). Gilmore afirmó que durante el periodo en el que su abuela trabajó en el vodevil que tenía por nombre artístico Fay la Foe, habría mantenido una breve relación con Houdini, y que de esta relación nació su padre, Frank Gilmore. Algunos biógrafos llegaron a investigar el tema por curiosidad y descubrieron que, realmente, la abuela de Gary había actuado en el vodevil en la ciudad de Sacramento, pero su hijo nació en 1890, cuando Houdini contaba tan solo dieciséis años de edad y aún no había comenzado su carrera artística. Esta historia —plagada de contradicciones— no debe ser tenida en cuenta, sobre todo porque Frank Gilmore era un conocido embustero. [N38]

En la biografía *The Secret Life of Houdini*, los autores Kalush y Sloman revelan que, en 1903, el mago escapista habría contado a un amigo que mantenía una relación con la cantante y actriz Milla Barry y que ella estaría intentando arruinar su matrimonio. «Estoy viviendo un infierno y creo que las cosas irán a peor». Sin embargo, muchos biógrafos creen que los supuestos casos amorosos de Houdini solo habrían empezado tras la muerte de su progenitora —en 1913—, cuando ya era internacionalmente conocido y había entrado en la famosa «crisis de los cuarenta». [N39]

Son dignas de mención dos anécdotas curiosas; en realidad, dos «pequeñas venganzas» perpetradas por Bess. En cierta ocasión, en una fiesta, uno de los invitados —un coronel amigo de la pareja— invitó a Bess a sentarse en su regazo para acompañarle a tomar una copa de champán. Para burlarse del marido, Bess aceptó la invitación y entabló una animada charla con el coronel, a quien miraba con disimulada picardía. El mago, por su parte, no era capaz de asimilar bromas como aquella y cuando entró en el salón y se encontró con tan inesperada escena, se detuvo bruscamente bajo el marco de la puerta con una expresión de terror e incredulidad que su esposa jamás olvidó. Sus rodillas se hundieron como si hubiera recibido un golpe de gracia, de tal modo que tuvo que apoyarse en un mueble adyacente. Al darse cuenta del error que acababa de cometer, Bess se levantó rápidamente, le cogió por el brazo y le condujo hacia la zona exterior de la estancia, donde cogieron un taxi y volvieron al hotel. Ninguna de sus explicaciones fue capaz de sacarle del terrible estado de *shock* en el que se encontraba, y Houdini lloró amargamente hasta bien entrada la noche. Durante años, la sola mención de la palabra *coronel* le hacía sentir los más profundos temblores. [N40] Bess tenía un espíritu aventurero y, aunque no exista ninguna pista de que le hubiera sido infiel, la excantante disfrutaba de ciertos coqueteos. «Cuando éramos jóvenes, salíamos a bailar de vez en cuando, y Bess solía decir a los hombres que éramos solteras», recordaba una de sus hermanas en una entrevista grabada. «Después de haber logrado la atención que anhelaba, se excusaba diciendo que necesitaba ir al baño, cogía mi mano y poníamos pies en polvorosa rumbo a la calle. Mi cuñado jamás se enteró de sus travesuras —añadió riéndose—; mi hermana era un demonio». Sin embargo, su jugada más osada ocurrió pocos meses después de la muerte de Houdini. En cierta ocasión, mientras organizaba los efectos personales del recién fallecido marido en su casa de Nueva York, Bess encontró un fajo de cartas guardadas secretamente en una caja fuerte. Intrigada con el inesperado descubrimiento, se acomodó en una butaca y se puso a leer detenidamente cada una de las misivas, todas cariñosas y adornadas con expresiones dulces y, en algunos casos, muy atrevidas. Al terminar la lectura, Bess tuvo la idea de organizar una merienda para todas las remitentes, evento que tuvo lugar semanas más tarde. Para la ocasión, encargó varias botellas de champán y una generosa mesa compuesta de canapés, bizcochos y pastas. Las mujeres hablaron sobre aspectos fútiles de la actualidad, jugaron a las cartas y se divirtieron como si fueran amigas de toda la vida. Terminada la velada, Bess las acompañó a la puerta y se despidió de cada una de sus «nuevas amigas», entregándoles una hermosa cajita de cartón envuelta con un elegante lazo de satén. En su interior estaban las cartas de amor enviadas a su marido. [N41]

Nota del autor

Harry y Bess no tuvieron hijos, y durante mucho tiempo se creyó que Harry era impotente, un rumor corregido por primera vez en la biografía de Ruth Brandon, *The Life and Many Deaths of Harry Houdini* (si consideramos la lista de sus supuestas amantes, los rumores de su impotencia no podrían tener el mínimo fundamento). El 30 de julio de 2001, el blog *Wild About Harry*, considerada una de las fuentes más fiables de consulta en Internet sobre el mago, divulgó una entrevista realizada en 1995 con Marie Blood, la única sobrina de Bess que aún seguía viva. La entrevista abordó varios temas de interés relacionados con la vida de la pareja y la pregunta sobre la ausencia de descendencia era inevitable. Marie reveló que, a pesar de su vitalidad sobre los escenarios, su tía tenía una salud frágil y estaba constantemente enferma. Acorde con investigaciones realizadas por el administrador del blog, John Cox —respetado especialista de Houdini—, Bess podría haber padecido los síntomas de una amenorrea primaria, disfunción generalmente diagnosticada en jóvenes con por lo menos dieciséis años que aún no han tenido la regla y que tiene origen en el sistema endocrino, en los ovarios o, en casos más frecuentes, en la madurez tardía de la glándula pituitaria. Para rellenar el vacío provocado por la ausencia de niños, la pareja se inventó un hijo ficticio y siempre que el artista se ausentaba muchos días, solía escribir cartas a la esposa preguntando por la salud de Samuel, nombre dado al vástago imaginario. Bess siempre contestaba a las misivas, hablándole sobre su evolución en la escuela y otros temas relacionados con su educación. Durante muchos años, la pareja mantuvo esta correspondencia fantasiosa hasta que un día el hijo que jamás existió ganó las elecciones a la presidencia de los Estados Unidos. A partir de entonces, Samuel dejó de existir. [N42]

El matrimonio con Bess puso punto final a la cortísima e infructífera trayectoria de Los Hermanos Houdini. Harry pronto la incorporó a los números de ilusionismo que hasta entonces había compartido con su hermano Theo y cambió el nombre del dúo a Los Houdinis, una elección que evocaba los grandes espectáculos del circuito del *music-hall* británico. La presencia en el escenario de una joven con los trazos delicados y de mirada inocente aportó más ligereza a la función de Houdini. Su pequeña estatura permitió reducir drásticamente el tiempo de ejecución de *Metamorfosis*, haciéndolo más impactante. La pareja comenzó su andadura en los «infames» museos de diez centavos, donde compartían cartel con monos adiestrados y exhibiciones variopintas de *human curiosities*. Terminada la función, los dos salían a la calle para vender una baraja acompañada de un pequeño manual de trucos simples para impresionar a los amigos en veladas. [N43] La extenuante rutina exigida en los museos de diez centavos les ayudaba a mejorar su actuación sobre el escenario, aunque Bess solía quejarse con frecuencia de las míseras condiciones en las que trabajaban. A finales de 1894, la pareja consiguió firmar un contrato con dos casas de espectáculo de mejor nivel: el teatro Barton, en Newport News, y el teatro Tony Pastor, situado en un punto privilegiado de la calle 14 Este de Nueva York. Su función era la que abría la noche, lo que ocurre normalmente con el artista menos conocido. La gran estrella del cartel aquella noche era Maggie Cline, una famosa cantante de la época, conocida como «The Irish Queen». Su voz se ganó al país con su interpretación de *Mary Ann Kehoe*, una canción que contaba la historia de una joven irlandesa dividida entre el amor de dos hombres. La presentación de Harry empezó con un juego de cartas al que siguió otro con pequeños objetos que aparecían y desaparecían mientras ofrecía un ocurrente monólogo en el que también hubo momentos para la improvisación. La última parte estuvo dedicada al escapismo, donde el mago demostró toda su habilidad con cuerdas y esposas, culminando el acto con *Metamorfosis*, un número que entusiasmó a la concurrencia que hasta entonces se había manifestado con tímidos aplausos. Antes de que se bajara el telón, Harry y Bess se inclinaron hacia el palco de butacas, agradeciendo los efusivos aplausos de todo el teatro. Impresionado con la reacción de la audiencia, Tony Pastor les asignó como la cuarta función del cartel, una promoción obtenida en tiempo récord. La pareja, por fin, empezaba a subir algunos peldaños en el mundo del *show business*. [N44] Sin embargo, la esperada renovación de contrato no se concretó y la pareja tuvo que echarse otra vez a la calle, donde esperaba una dura competencia. Un día tras otro, Los Houdini se presentaban a los mánager de diferentes teatros, que les miraban con desprecio. Bess parecía una niña malnutrida de pantalones viejos y Harry un don nadie de traje arrugado. Los números que la pareja exhibía estaban bien ejecutados y exentos de fallos, pero la respuesta que recibían era siempre la misma: «Su número es bueno para Coney Island o para un circo, pero aquí en Nueva York la gente solo acude a *shows* de alto nivel». En realidad, el dúo transmitía muy poca confianza. Harry era demasiado bajo para encarnar el imaginario popular del mago, alto, imponente y elegantemente vestido, y Bess no poseía las curvas suficientes para hacer justicia al maillot provocativo que exhibía sobre el escenario.

Había además un problema conceptual con el dúo, que se presentaba como Los Houdini, cuando, en realidad, el espectáculo era protagonizado solo por Harry, que copaba todas las atenciones. Históricamente, el mundo de la magia siempre relegó a la mujer a un papel secundario y servil —tenían sus cuerpos divididos por la mitad por una sierra reluciente, eran exprimidas en diminutos baúles o simplemente adornaban el escenario sonriendo al público—. La presencia de mujeres como protagonistas en el mundo de la magia era vista con cierta extrañeza, sobre todo por tener su imagen fuertemente asociada con la brujería y el culto a divinidades oscuras. En el periodo más revuelto de la Inquisición en Europa (1560-1760), el ochenta y cinco por ciento de los condenados a la hoguera bajo la acusación de brujería eran mujeres, porcentaje que alcanzó un espeluznante noventa y cinco por ciento en el obispado de Basilea. [N45] En esta época, las mujeres eran consideradas sexualmente insaciables y débiles de carácter, siendo, por lo tanto, vulnerables a las seducciones del demonio. Irónicamente, algunas mujeres destacaron en el mundo de los espectáculos de magia como «sacerdotisas psíquicas», actuando en números donde eran capaces de leer los pensamientos de los presentes. Fue el caso de Maudeena Heller, esposa del prestidigitador australiano George Waldo Heller. En su *show*, Maudeena interpretaba el papel de un oráculo moderno, contestando a las preguntas formuladas por los espectadores. Los Polowsky, una pareja de magos polacos, escenificaban un tradicional número de telepatía. La médium, con los ojos vendados, era capaz de adivinar las palabras dispuestas dentro de un sobre precintado. Se trataba de números que provocaban gran interés en la audiencia, fascinada por lo oculto y por los fenómenos sobrenaturales. [N46] Fueron pocas las que lograron imponerse a la tradicional hegemonía masculina, protagonizando un espacio exclusivo en los carteles de los teatros, como fue el caso de Signora Girardelli, conocida como «la Incombustible» —una ilusionista italiana que acariciaba sus brazos con velas encendidas, bailaba descalza sobre la hoguera y la revolvía con sus manos, se sentaba sobre hierros que humeaban al rojo vivo, se bañaba en llamas e incluso hacía buches con aceite hirviendo [N47]— o Adelaide Herrmann, que comenzó su andadura como asistente de su marido, el famosísimo Herrmann el Grande. Tras su muerte, Adelaide decidió dar continuidad a su espectáculo con trucos sofisticados y efectistas, convirtiéndose en una estrella por méritos propios, siendo considerada hasta hoy como «la ilusionista más sensacional de la historia». [N48]

Wilhelmina Beatrice Rahner, o simplemente Bess, formaba parte de un grupo vocal llamado The Floral Sisters antes de convertirse en partenaire (y esposa) de Houdini. La simpática joven aportó frescor a la función, coprotagonizando el número más llamativo de la pareja hasta entonces: *Metamorfosis*.

En 1895, Harry y Bess firmaron un contrato de veintiséis semanas para presentar su espectáculo en el circo de los hermanos Welsh en Lancaster (Pensilvania). [N49] En su diario, Bess recuerda con tristeza el día que llegaron a Lancaster completamente desmotivados.

> Llegamos en una noche de lluvia torrencial y vientos fuertes y tuvimos que caminar varios kilómetros en la oscuridad con lodo hasta los tobillos hasta dar con la tienda del circo. Una voz nos condujo hasta el local donde dormiríamos, que en mi opinión parecía más bien una gruta, pero se trataba de un viejo tráiler, corroído por la humedad y que olía como suelen oler los viejos camerinos, a maquillaje y a talento en decadencia. Completamente empapada y consternada por toda la desilusión que padecía en aquel momento, me derrumbé en la cama llorando completamente desconsolada. [N50]

Tras superar una noche difícil, la pareja se despertó temprano para preparar los números que presentarían horas más tarde. Su incorporación a la compañía de los hermanos Welsh coincidía con uno de los eventos más importantes para los niños de aquella época, «el día del circo», fecha en la que una gran compañía circense llegaba a la ciudad. En algunos pueblos americanos —donde las opciones de entretenimiento eran escasas—, la llegada del circo solía causar un gran alboroto. Algunos locales cerraban y las escuelas llegaban a suspender las clases. Por la mañana, horas antes de la función, las familias se reunían alrededor del circo para ver a los animales exóticos allí expuestos, como cebras, camellos, tigres y elefantes siendo alimentados por sus creadores, mientras algunos operarios trataban de levantar la gran tienda que albergaría las principales atracciones de la noche. Una de las estrellas del circo Welsh era «el hombre salvaje de México», exhibido delante de la audiencia, bajo el nombre de Projea, una peligrosa bestia que intenta desesperadamente reventar los barrotes que le retienen desde hace muchos años. Cierta noche, el artista que interpretaba a Projea cayó enfermo. La muchedumbre empezó a reclamar su presencia y Houdini fue elegido para asumir el puesto. «Ponte un poco de esta tinta en la cara y vete para la jaula. La gente quiere ver al hombre salvaje», le ordenó el empresario. Houdini se despeinó, se dio unas cuantas pinceladas sobre el rostro y se pintó unas profundas ojeras negras. Acto seguido, se cubrió con retazos de cuero —como si tratara de un auténtico hombre de las cavernas— y se encerró en la gayola. Cuando el telón se abría, el mago comenzó a aullar como un animal, mientras un domador se acercaba cautelosamente con un trozo de carne cruda. Houdini supo encarnar a la perfección su nuevo papel, golpeando el propio pecho y destrozando la carne con los dientes como si de un gorila se tratara. Para asustar el público, sacudía la jaula como se quisiera libertarse con la intención de atacar a la audiencia, que reaccionaba aterrorizada, pensando que si aquella criatura lograse escapar, la noche podría convertirse en una auténtica tragedia. Afortunadamente, el domador supo controlar a la fiera, que, poco a poco, se fue tranquilizando, hasta sentarse en un rincón de la jaula. Su estreno como cavernícola fue considerado un éxito, no solo por los aplausos recibidos, sino también por la gran cantidad de tabaco que le lanzaron a la jaula. Como Houdini no fumaba, sus compañeros pudieron disfrutar de una placentera noche entre mucho humo y cervezas heladas. Aquella insólita noche le empujó a taciturnas reflexiones. Aunque su papel como hombre de las cavernas había sido un éxito, sentía que su trabajo se estaba degradando, alejándole del modelo de elegancia y respeto ideado por Robert-Houdin.

Houdini y Bess (sentados a la derecha) posan con la *troupe* del circo de los hermanos Welsh, en una fotografía tomada en 1895. El mago presentaba trucos simples mientras Bess interpretaba temas musicales de la época. El caché era miserable, pero les proporcionaba la oportunidad de mejorar su actuación y mejorar muchos de sus números.

La temporada con la *troupe* del circo Welsh terminó en 1896, y con ella los ingresos fijos que la pareja cobraba por sus presentaciones. La inquietud y la incertidumbre sobre su futuro motivaron a Houdini a intentar montar su propia compañía itinerante, un proyecto que puso en marcha con la ayuda de su primo, Harry Newman, un hombre que poseía la formación y la paciencia necesarias para asumir la parte burocrática y administrativa del negocio. Bautizado con el simpático nombre de American Gaiety Girls, su recién formada compañía presentaría un abanico de atracciones que incluirían magia, música y un *show* del tipo burlesco, que a finales del siglo XIX estaba influenciado por el teatro de variedades del Reino Unido, caracterizado por presentar escenarios paródicos, al contrario de la connotación actual, de naturaleza erótica. El único número que exhibía los cuerpos de los artistas era protagonizado por May Morgan, un rechoncho practicante de lucha libre que ejecutaba increíbles acrobacias en un cuadrilátero improvisado sobre el escenario. Para intentar atraer a la audiencia a su nuevo espectáculo, Harry trató de utilizar sus propios métodos. En Manchester (New Hampshire), anunció que sería encerrado dentro de una caja de embalaje y maniatado por un par de esposas llevadas por un voluntario de la audiencia. Las esposas eran un elemento raramente visto en una función de magia y Houdini creía que podrían tener un gran potencial comercial. Se había dado cuenta de que en cuanto siguiera actuando como un mago sería uno más del montón y no destacaría, así que decidió apostar por algo que se le daba bien, el escapismo. El público suele confundir los términos de magia y escapismo, pero se trata de dos conceptos muy distintos, aunque se pueden complementar sobre un escenario. El escapismo es el arte de evadirse de una situación determinada: un encarcelamiento, cadena, esposas u otros amarres, mientras que la magia es un arte con el que se pretenden conseguir resultados contrarios a las leyes naturales; en otras palabras, hacer lo imposible.

> Puedo desbloquear una esposa común simplemente golpeándola contra el suelo. Conozco cada detalle de sus mecanismos y por lo tanto sé exactamente cómo hacer para abrirlas sin dificultades. No me molesta ejecutar ciertos trucos a la vista del espectador, pero cuando tengo que afrontar un desafío más complejo, prefiero refugiarme detrás de mi cabina para preservar el secreto de mis hazañas. Claro, que siempre surge alguien que se manifiesta gritando: «Eres un

fraude», pero siendo verdaderamente sincero, no hay fraude ninguno. Soy capaz de abrir cualquier cierre; así de sencillo.

El público que solía acudir a sus presentaciones era gente de una clase social sufrida, sometida a trabajos casi esclavos, pobreza y desesperanza. Eran tiempos difíciles en los que todo el mundo necesitaba escapar de sus problemas, y allí se encontraba un hombre que podía con todo, era capaz de escabullirse de cualquier atadura y plantaba cara a los desafíos. Houdini era la antropomorfización del escape; era capaz de demostrar sobre un escenario que incluso él, un joven de piernas arqueadas, con acento raro y modales sencillos, podía escabullirse de cualquier cosa. Y si él podía hacerlo, cualquiera podría; se trataba de un anhelo universal, el de no tener nada que te aprisione. Todo el espectáculo que atraiga y capte la imaginación de los espectadores les dice algo sobre ellos mismos. Es decir, sostiene un espejo gigante y lo refleja. [N51] Houdini estaba convirtiéndose, aunque inconscientemente, en un héroe para las clases menos favorecidas de la sociedad. «Cuando Houdini se liberaba, todos nos liberábamos», filosofó el mago Teller (del dúo Penn & Teller) en cierta ocasión.

> Abundan las teorías sobre cómo Houdini consiguió semejante conocimiento del mundo de las cerraduras. Unos dicen que trabajó como aprendiz de un cerrajero; otros, que lo aprendió todo en una ferretería. Lo que sí se sabe es que Houdini conocía perfectamente el interior de las cerraduras y sus mecanismos. El secreto para liberarse de esposas y cerraduras es saber cómo son por dentro y él era capaz de visualizar su interior de modo que sabía exactamente qué hacer. El hecho de que se liberaba de las esposas era real. No había truco. El truco estaba en dónde escondía la llave. A principios del siglo XX, había tan solo un centenar de llaves para todas las cerraduras del mundo y, tras muchas andaduras por el mundo de la cerrajería, Houdini logró reunir todas las llaves existentes y viajaba con ellas a todas partes. En muchos carteles se le ve con ocho y diez cerraduras y tenía llaves para todas ellas. Cuando murió, entre sus cosas había muchas bolsitas de piel, unas cuarenta o cincuenta. Las utilizaba como un sistema de clasificación para sus ganzúas y llaves y, así, ante cualquier cerradura, podía escoger la correcta. ¿Cómo sabía la llave exacta que necesitaba si un

sargento le colocaba determinado tipo de esposas? Nadie lo sabe realmente y quizá estos misterios son lo que le hicieron ser tan grande. PATRICK CULLITON, MAGO Y ACTOR

Las esposas

La necesidad de inmovilizar a un individuo se remonta al surgimiento de las primeras civilizaciones, milenios antes del nacimiento del cristianismo. Las personas eran atadas o encerradas como castigo por conductas consideradas ilegales o para formar parte de una fuerza de trabajo barata que sería utilizada indiscriminadamente en la construcción de ciudades, en el desarrollo de la agricultura o en la extracción de metales valiosos. Innumerables hallazgos arqueológicos en diferentes regiones del planeta revelaron la existencia de objetos hechos con piel o lianas cuyos formatos y dimensiones nos llevan a creer que podían haber sido utilizados para retener a un individuo por sus muñecas o tobillos. Muchos siglos más tarde, los esclavos del Imperio romano ya eran retenidos con esposas, cadenas y grilletes bastante similares a los utilizados por los señores esclavistas americanos de los siglos XVIII y XIX.

En esta ilustración norteamericana del siglo XIX, se puede apreciar a un grupo de esclavos atados a pesados grilletes y esposas, siendo exhibidos como mercancía.

La «edad dorada de las esposas» tuvo su auge en la Revolución Industrial. Con una producción en cadena y costes reducidos, centenas de fabricantes esparcidos por Estados Unidos y Europa empezaron a comercializar una extensa gama de estos dispositivos, con calidad incomparable a la de sus antecesores. En esta época, surgieron los fabricantes especializados, responsables de la producción de todo tipo de esposas y grilletes, cuyos diseños fueron copiados o alterados, dando origen a incontables modelos y variaciones. Su aparición en el mundo de la magia surgió a finales del siglo XIX y desde entonces viene ocupando un importante lugar en los números de escapismo, causando gran impacto entre los espectadores, incapaces de comprender cómo un individuo que tiene sus piernas y brazos inmovilizados es capaz de liberarse en un tiempo inferior al necesario para atarlo. El público consideraba estas proezas imposibles y para muchos la única explicación era la intervención de una fuerza sobrenatural. Al contrario de la creencia popular, no fue Houdini quien introdujo las esposas en los espectáculos de escapismo, sino un artista de principios del siglo XVII llamado La Tude. Otro ilusionista, Harry Pinetti, se hizo conocido en 1780 por sus escapes de cadenas y tras él surgieron muchos otros magos escapistas a lo largo del siglo XIX. El mérito de Houdini reside en la manera espectacular con la que ingenió sus números, elevando las esposas a un nivel de popularidad jamás visto. Houdini logró liberarse de las esposas más complicadas del mundo; algunas tenían doble o triple cerradura y eran tan complejas como seguras. En las distintas etapas de su carrera —desde sus primeros trucos con cartas hasta los aparatosos y llamativos números de escapismo—, las esposas siempre estuvieron presentes, siendo, por lo tanto, uno de los elementos más importantes —si no el más importante— de su trayectoria artística. Pasados casi cien años de su fallecimiento, las esposas siguen fuertemente asociadas a su imagen. «Mi nombre es Harry Houdini, soy el rey de las esposas», solía presumir dondequiera que estuviese. «Desafío a cualquier de ustedes a que me detengan. Arréstenme, aprisiónenme con cualquiera de sus esposas y les aseguro que escaparé de todas formas», se jactaba delante de los agentes de policía sin temer las consecuencias. Una nota publicada en el diario *Gloucester Daily Times* de Massachusetts el 22 de noviembre de 1895 reveló que el mago había sido maniatado con seis pares de grilletes, logrando liberarse en menos de un minuto. «Como no disponía de medios financieros para promocionar mi función, me vi obligado a acudir a la prensa». [N52]

Cuando Houdini comenzó a desafiar a los cuerpos de seguridad a mediados de los años noventa del siglo XIX, su nombre aún era desconocido, así que aquel hombre que se autodenominaba «El rey de las esposas» era visto como un lunático, quizá borracho, que acabaría pasando la noche entre rejas para reflexionar acerca de sus inconsecuentes actos. En muchas comisarías del país, donde casi no registraban ningún suceso importante, el escapista aparecía en el momento oportuno para entretener a los agentes, que solían aceptar su reto con tal de darle un escarmiento al presuntuoso retador, siempre con la condición de cachearlo antes para comprobar que no llevaba oculta alguna herramienta que pudiera ayudarle. Una vez realizadas todas las comprobaciones, Harry tenía sus muñecas y tobillos esposados con esposas y grilletes y estaba dentro del calabozo. «Pueden venir, ya estoy libre», decía Harry escasos minutos después de haber sido encerrado. Los agentes reaccionaban con asombro. ¿Cómo es posible que un individuo pudiera zafarse tan rápidamente? Tan rápidos y extraordinarios eran sus escapes que hasta a aquellos que tuvieron la oportunidad de verlo en directo les resultaba difícil creérselo. Su predicción de que aquella estrategia sería la mejor forma de publicitarse resultó correcta. Sus proezas eran ampliamente recogidas en la prensa local, provocando un conveniente «efecto llamada» a los teatros. Su nombre ocupaba los temas de conversación en las tabernas y hacían saltar rumores de todo tipo. Y de eso se trataba su estrategia publicitaria: proponer un reto, hacerse un hueco en los periódicos locales y, por consiguiente, convertirse en el asunto del día en la ciudad.

Retar al espectador sugiriéndole que llevara sus propias esposas fue un hábito que conservó toda su carrera. Se trataba de una excelente estrategia de *marketing* y de un desafío justo, puesto que las esposas no formaban parte de su colección privada y por ello no estaban trucadas. Houdini jamás perdió un desafío, con excepción de un extraño suceso ocurrido cuando aún empezaba su andadura por el mundo artístico. El mago se presentaba en un pequeño circo montado en una feria popular y al lanzar un reto al público, un hombre levantó el brazo, exhibiendo un par de esposas, un hecho no muy común si tenemos en cuenta que normalmente nadie sale de casa llevando un par de esposas consigo, pero el desafiante era un sargento de la policía, de nombre Waldron. El agente subió al escenario y le esposó, exhibiendo una sonrisa sospechosa, actitud que no le pasó desapercibida a Houdini, que se dirigió detrás de su cabina, intrigado. «Aquí pasa algo», masculló. Y sus sospechas tenían fundamento. Justo cuando comenzaba su lucha personal contra las esposas, se dio cuenta de que no sería capaz de zafarse de ellas: el dispositivo de bloqueo había sido manipulado deliberadamente, de modo que no podría ser abierto. [N53] Tras una hora de una lucha perdida, el escapista abandonó su cabina, dispuesto a denunciarle en público, pero la audiencia ya se había ido y solo quedaban Bess y Waldron, ambos con semblantes opuestos —su mujer tenía los ojos hinchados de tanto llorar mientras Waldron exhibía una sonrisa triunfante—. El mago había caído en una trampa ejecutada deliberadamente por un individuo sin escrúpulos, pero le valió como lección. A partir de entonces, Houdini no aceptó ningún desafío sin antes comprobar que el mecanismo de las esposas ofrecidas funcionaba perfectamente. Y la concurrencia no escatimó esfuerzos para humillarle. A lo largo de su carrera, tuvo que enfrentarse con personas que aparecían con grilletes que presentaban toda la clase de imperfectos, incluido un par de esposas oxidadas, que habían sido sumergidas con el propósito de dañar su mecanismo interno. Cuando esto ocurría, solía reaccionar con indignación, denunciando las malas intenciones de su contrincante. [N54]

Nota del autor

¿Quién ha sido el creador de la palabra *escapista* (*escapologist* en inglés)? Hace muy poco tiempo se pensaba que la persona que acuñó este término fue un artista australiano de las fugas imposibles llamado Murray, el Escapista. Nacido en Melbourne, Murray Carrington Walters saltó a la fama en la década de los treinta tras realizar escapes espectaculares, incluyendo un salto en paracaídas esposado, un número que Houdini se propuso ejecutar, pero nunca lo hizo. Murray solía otorgarse el título de creador del término, que aparece no solo en sus carteles publicitarios, sino también en su propia lápida. Sin embargo, Houdini menciona esta palabra durante una entrevista concedida al diario australiano *The Argus* el 18 de febrero de 1910, cuando Murray solo tenía ocho años de edad: «Si tuviera que elegir un término que me definiera, elegiría *escapista*, que es lo que realmente soy». Así que fue Houdini, no Murray, quien acuñó el término. Por otro lado, fue Murray el responsable de popularizar mundialmente el término, puesto que Houdini apenas lo usó durante su dilatada carrera.

Técnicamente hablando, existen tres tipos de números de escapismo: el «escapismo oculto», que consiste en esconderse esposado o encadenado detrás de un telón o en el interior de un compartimento para regresar al escenario poco tiempo después, libre de cualquier atadura. En esta modalidad están los números *Metamorfosis* y *La fuga del bidón de leche*. El segundo tipo es el «escapismo a la vista», cuando la audiencia tiene la posibilidad de asistir a la ejecución del número desde el comienzo hasta el fin sin tapujos o trampillas, como ocurría en los escapes de la camisa de fuerza realizados por Houdini a modo de exhibición en plena calle, colgado bocabajo por una grúa. Y por último, el más peligroso, «escapar o morir», una modalidad restringida a muy pocos especialistas, como Houdini, y que se suele llevar a cabo en ambientes no controlados. En este tipo de escapismo, no hay margen para la mínima distracción y cualquier fallo puede significar muerte por ahogamiento, asfixia, congelamiento, caída, electrocución o quemaduras. En esta clase se encuentran los números *Enterrado en vida* y *La celda de tortura acuática*, aunque en este último, Houdini se encontraba en un ambiente controlado, pero no exento de riesgos.

A pesar de la bienvenida —y gratuita publicidad generada por los periódicos—, Harry no fue capaz de llevar su compañía adelante y se vio obligado a prescindir de todo el personal. Sin embargo, la llegada del año nuevo de 1896 trajo un nuevo aire de esperanza para el siempre perseverante Harry, al contrario que su «media naranja», Bess, cuya desilusión era patente. Los dos últimos años habían sido muy duros para la pareja —todos sus intentos de promocionar su nombre en el *show business* fallaron y no había perspectiva de nuevos contratos, ni siquiera en las verbenas de barrio—. En mayo, Harry y Bess se unieron a la *troupe* de Marco el Mago, una compañía creada por Edward J. Cooley, un prestidigitador aficionado que se había ganado cierta notoriedad presentando algunos números del famoso Hermann el Grande. *Metamorfosis* era un número que aportaría cierto frescor a su compañía y los llamativos trucos con las esposas de Harry atraerían la atención de la prensa, pero el resultado no fue el esperado y Marco decidió deshacerse de la compañía para regresar a su ciudad natal, Connecticut, y reasumir su antiguo puesto de organista de una iglesia.

> La compañía demostró ser un total desastre, porque otro artista se apoderó del nombre de Marco y empezó una gira ofreciendo un espectáculo tan malo que lo único que recibió fueron protestas y estridentes abucheos. Cuando nuestra compañía dio inicio a su gira, la gente nos recibió con total frialdad, aunque muchos estaban confundidos. «¿Este no es el mismo Marco que estuvo aquí la última vez?», se preguntaban. El nombre del falso Marco si no me equivoco era Skinner y por su culpa nuestra compañía no tuvo el empuje que necesitaba para salir adelante. HARRY HOUDINI

Harry cogió prestado el equipo de escenario de Marco y montó un espectáculo nuevo en Canadá, pero administrar una compañía por cuenta propia no es una tarea fácil. Además de contratar y publicitar cada actuación, el mago y su mujer tenían que embalar y despachar el atrezo y, además, había imprevistos. En un determinado pueblo, su *show* era acogido como un gran evento, pero en la siguiente parada actuaban delante de patios de butacas semivacíos. Desde el verano de 1896 hasta el otoño de 1897, Harry y Bess deambularon de ciudad en ciudad haciendo pequeñas presentaciones en lugares tan variopintos como estaciones de trenes, bares y fiestas parroquiales. «Mientras sigamos actuando como anónimos, nadie nos va a prestar la atención y mucho menos dar la oportunidad que buscamos», reflexionó. En su afán de sobresalir, Harry decidió apelar una vez más a la prensa, invitando a dos reporteros a asistir a un arriesgado número de escapismo que consistía en montar a un caballo con las muñecas y los tobillos atados, una locura que solo podría ser fruto de una mente osada como la de Houdini, aunque es probable que se inspirase en el poema narrativo *Mazeppa*, publicado en 1819 por el poeta inglés Lord Byron (1788-1824), considerado uno de los escritores más versátiles e importantes del romanticismo. [N55] La obra de Byron cuenta la leyenda de Ivan Stepanóvich Mazeppa, un caballero ucraniano que servía en la corte del rey de Polonia Juan II Casimiro. Mazeppa se enamoró perdidamente de Theresa, una dama de la aristocracia casada con un conde treinta años mayor. Incapaz de resistir a sus deseos carnales, la pareja pasó a encontrarse a escondidas por las noches, dando inicio a una pasión desenfrenada y, por supuesto, prohibida. No tardó mucho tiempo y el conde se enteró de la traición de su esposa con un sirviente. Ultrajado por semejante osadía, el conde ordenó que Mazeppa fuera atado desnudo a un caballo salvaje que cabalgaría sin rumbo por toda Europa Oriental, hasta que ambos muriesen de hambre y fatiga. Byron, sin embargo, le proporcionó un final dulce para su protagonista: Mazeppa fue liberado por los cosacos que le convirtieron en su *hetman*, un alto grado militar del gran ducado de Lituania.

Para recrear el poema de Lord Byron, Harry se reunió con los reporteros en un camino secundario en las afueras de la ciudad. Pidió a uno de ellos que le atara las manos mientras el otro utilizaría una cuerda para sujetar su cuerpo al caballo. «Ahora, quiero que presten atención —dijo Harry—, me liberaré de todas estas ataduras con el

Mazeppa bajo el castigo impuesto por el conde traicionado.
Brema, óleo sobre lienzo, 35x42 cm.

caballo en movimiento». Todo parecía estar bajo control, pero cuando el mago escapista comenzó a contorsionarse para liberarse de las cuerdas, el animal se asustó y salió disparado, galopando por el camino hasta que los reporteros le perdieron de vista. Cuando finalmente la criatura se cansó, kilómetros más adelante, Harry pudo liberarse, pero su exhibición ya se había convertido en un auténtico fiasco. Si hubiera dependido de la prensa local, Harry y Bess se habrían sumado a una larga lista de artistas que cada día se perdían en el anonimato. Afortunadamente, el suceso resultó tan insignificante para los reporteros que ni se plantearon publicar una sola línea acerca de lo ocurrido. [N56]

Al encontrarse sin más opciones en Canadá, la pareja decidió emprender su regreso a los Estados Unidos. El sol de primera hora de la mañana ya empezaba a calentar cuando la pareja llegó al muelle donde saldría un barco con destino a Boston y, tras una conmovedora charla con el capitán, consiguieron convencerle para que les dejara viajar gratis a cambio de una exhibición para los pasajeros; bastó que el buque efectuara la primera maniobra para que Harry empezara a sentir fuertes mareos. Aquella travesía representó su primera experiencia de mareo en viajes marítimos, un mal que padecería toda su vida (una simple ida a la taquilla de la compañía marítima para comprar los billetes ya era suficiente para verse confinado en la cama durante todo el resto del día). Como se habían comprometido con el capitán, Bess intentó presentar un espectáculo sola, pero tuvo poco éxito. Ella conocía los secretos del marido y sabía cómo se hacían los trucos, pero eso no significaba que poseyera la destreza necesaria para ejecutarlos a la perfección. Uno de los pasajeros se apiadó de la joven y pasó el sombrero entre los presentes, permitiéndoles llegar a Boston con algo de calderilla en los bolsillos. [N57]

El regreso a Estados Unidos no mejoró su situación y llegaron tiempos más difíciles todavía. El dúo viajaba de un pueblo a otro para cumplir los escasos y precarios contratos que lograban firmar a duras penas. En Saint Louis, todo su equipaje —incluido su precioso baúl de *Metamorfosis*, que les diferenciaba de la competencia— quedó retenido en la estación hasta que fuese abonada una tasa de veinte dólares. La pareja, que ya encontraba serias dificultades para conseguir un contrato, tuvo aún más problemas al no poder contar con su equipo. Alquilaron por 1,50 dólares semanales un dormitorio con una cama vieja y una estufa oxidada, donde cocían las patatas que robaban de las fincas vecinas. Justo un día antes de la fecha acordada para pagar el primer alquiler, la pareja consiguió firmar un contrato de una semana en el Escher's Music Hall con otro nombre artístico: «Los Rahners -Harry y Bess- El espectáculo de comedia más grande de América». Su presentación, compuesta básicamente por una recopilación de chistes viejos, tuvo una sorprendente e inesperada acogida por parte de la audiencia. Cuando el mánager decidió ampliarles el contrato una semana más, Harry le reveló que ellos eran en realidad Los Houdinis y que el dinero sería utilizado para recuperar su equipo, retenido en la estación. El dúo se presentó una tercera semana, lo que les permitió contar con un cierto respiro financiero, pero aquel contrato era una excepción. La lucha continuaba. Durante meses, la incansable pareja vagó por el noreste y medio oeste americano en búsqueda de trabajo. Escasos registros de sus actividades sobreviven en un puñado de recortes de periódicos locales, programas sin fecha y algunas notas lacónicas escritas a mano, que nos revelan que Harry y Bess presentaban una función muy sencilla, que mezclaba rutinas de magia convencional, números con esposas y el omnipresente *Metamorfosis.*

La situación financiera de la pareja fue tan complicada que Harry decidió escribir una carta al mago John Nevil Maskelyne solicitando su incorporación al elenco del Egyptian Hall de Londres. La respuesta de Maskelyne no tardó en llegar y, por la forma en que fue escrita, seguramente se trataba de una respuesta tipo que el artista debería utilizar en todas las solicitudes de trabajo que recibía: «En este momento, no estamos admitiendo personal nuevo en nuestra compañía. Raramente contratamos nuevos artistas». [N58] Después de semanas de infructíferas reuniones con diferentes empresarios y sin ningún contrato asegurado, la pareja acabó incorporándose a una compañía itinerante de variedades llamada Dr. Hill's California Concert, cobrando veinticinco dólares semanales, importe que les permitiría vivir sin grandes apuros durante un tiempo. El espectáculo había sido ideado por un vendedor ambulante que comercializaba medicinas milagrosas que, supuestamente, curaban todos los males. Tenían nombres singulares como «aceite de serpiente» o «exterminador de gusanos», aunque en realidad se trataba de productos inocuos que no producían ningún efecto, pero atraían la curiosidad de las personas por la forma en que eran comercializados. En aquella época, no existía un reglamento que obligase al fabricante a decir la verdad sobre los atributos de sus productos, así que podían escribir lo que quisiesen y la gente compraba por pura ingenuidad. Es curioso imaginar como en aquel entonces el consumidor podía creer en las palabras de un vendedor desconocido, una realidad muy bien retratada en un dicho popular de la época: «Hay gente que prefiere ser envenenado por un hombre exótico que curado por uno de bata blanca». Pese a los avances socioculturales, muchos de estos productos siguen vigentes hoy en día, aunque modernizados y adaptados a la legislación vigente. Es común ver en la tele o en revistas anuncios de productos extraordinarios como aparatos de gimnasia en casa que tonifican el cuerpo en un par de semanas o batidos que prometen quemar grasas del organismo a una velocidad asombrosa. Si nos detenemos un momento a pensar, los extraordinarios poderes de los productos televisivos de la actualidad poco difieren de los tónicos milagrosos comercializados en el siglo XIX.

Los llamados «espectáculos de medicina» poseen una larga historia y se remontan al siglo XVIII en Europa, una época en la que los médicos solían contratar a artistas para atraer la atención de la muchedumbre, que se acercaba alrededor de su carromato, para asistir a una interesante charla sobre las bondades de sus tónicos milagrosos. A pesar de su dudosa eficacia, estos productos lograron sobrevivir durante siglos, cruzaron el Atlántico y se hicieron extremadamente populares en los Estados Unidos del siglo XIX, donde las poblaciones de las extensas áreas rurales apenas tenían acceso a un médico y los pocos que había no poseían una formación adecuada. En aquella época, los remedios solían quemar la garganta, las pomadas ardían más que la propia herida y el yodo que solía ser utilizado para acabar con los gérmenes dejaba al paciente peor de lo que estaba. Estos terribles efectos secundarios eran naturalmente aceptados porque la sabiduría popular de aquel entonces creía que la cura solo era posible a través de remedios intragables y dolorosos.

En este escenario, la población no tenía otra opción que apelar a estos tónicos milagrosos que curaban todos los males y cuya capacidad sanadora era comparable a las reliquias de los santos. Estos remedios, además, reunían muchas ventajas: prometían una cura rápida, eran baratos, accesibles y quizá lo más importante: contenían una generosa dosis de alcohol en su fórmula. Los vendedores solían bautizar estos productos con nombres creativos como «El rey de la tos», «Bálsamo de la cólera» o «Aceite de payé». Muchos eran vendidos como si fuesen originarios de las tribus nativas americanas, que tenían la fama —verdadera en este caso— de conocer el complejo mundo de las hierbas y plantas medicinales, un campo que los colonos recién llegados no dominaban. En muchos espectáculos de medicina, era común encontrar un hombre blanco disfrazado de indio americano vendiendo tónicos con nombres indígenas. Los médicos que formaban parte de la *troupe* que promocionaba estos productos solían utilizar prendas llamativas y muchos tenían grandes melenas (especialmente aquellos que vendían tónicos capilares). Para convertirse en productos populares, estas medicinas no podrían transmitir una imagen común. Tenían que estar conectadas con algún lugar exótico y distante o deberían estar elaborados con una receta secreta misteriosa.

Nota del autor

Fue la falta de una legislación que reglamentase la fabricación y comercialización de géneros alimenticios y farmacéuticos en los Estados Unidos la causa principal de la proliferación de productos milagrosos que supuestamente curaban cualquier tipo de enfermedades sin la necesidad de ofrecer evidencias. El 30 de junio de 1906, el presidente Theodore Roosevelt aprobó la ley de pureza de alimentos y medicinas (*Pure Food and Drug Act*), que establecía una serie de obligaciones por parte de los fabricantes, como, por ejemplo, la inclusión de etiquetas y rótulos con la descripción de los ingredientes contenidos en su fórmula, modo de uso y advertencias generales. La ley también establecía duras sanciones contra la propaganda engañosa, multando a los fabricantes que anunciaban beneficios o resultados no comprobados. Actualmente, el organismo responsable de este control en los Estados Unidos es el FDA (*Food and Drug Administration*). En su libro *The Right Way to do Wrong*, publicado en 1906, Houdini expone su indignación con los falsos curanderos:

> Existe una clase de hombres, y de mujeres también, que aun no siendo criminales en el sentido estricto de la palabra, rayan tanto el límite de sus prácticas que merecen una mención especial en este libro. Tómese, por ejemplo, los que se proclaman curanderos mentales o «divinos», que dicen ser capaces de curar toda clase de enfermedades con la imposición de sus

> manos o con simples tratamientos a distancia. También existen aquellos vendedores de jarabes milagrosos a la vieja usanza que, en realidad, no pasaban de agua azucarada y coloreada y de nombre rimbombante, como el elixir o tónico del doctor no sé quién, vendidos en la parte trasera de un carromato, después de haber atraído a una multitud de curiosos con una exhibición pintoresca al aire libre. No es mi intención denunciar las propiedades sanadoras de los medicamentos —que en su mayoría han sido elaborados correctamente y cumplen con su función—, pero entre los buenos los hay, y muchos, que no sirven absolutamente para nada, y es mi deber advertir a los lectores que solo consuman remedios con prescripción de su médico de cabecera.[N59] HARRY HOUDINI.

Los Houdini se adaptaron rápidamente al formato de la compañía del doctor Hill, aunque su líder no era médico, pero tenía don de gentes y poseía una especial capacidad de involucrar al público. Solía presentarse acompañado de su fiel escudero y asistente, el doctor Pratt, un hombre canoso, de mirada seria y pocas palabras, y anunciaba su llegada a la ciudad a bombo y platillo, tocando un órgano dispuesto sobre su carromato. Una vez que los vecinos del pueblo se reunían a su alrededor, el doctor Pratt empezaba a describir los atributos de sus productos, capaces de curar todos los males. Mientras tanto, Bess enseñaba los frascos a cada uno de los presentes, acompañada de Harry, que les pasaba el sombrero. Al final de la charla, el doctor Pratt anunciaba la presentación de un espectáculo que tendría lugar en esa misma plaza aquella misma noche. «Aquellos que compren las entradas anticipadas recibirán una muestra de nuestra maravillosa crema antiarrugas», proclamaba a los cuatro vientos. La exhibición estaba compuesta por una mezcla de cantantes, bailarines, comediantes y la escenificación del conocido melodrama *Ten Nights in a Baroom*. Los Houdini cerraban la noche presentando números simples de magia e ilusionismo. Harry intentaba mejorar sus técnicas de escapismo con las esposas y su capacidad de dramatizar el acto para tornarlo más impactante cara al público.

> Hay muchos magos que no logran alcanzar el estrellato porque se contentan solamente con la correcta ejecución de sus rutinas y creen que su actuación se limita a eso y nada más; creen que todo lo que tienen que hacer es disponer sus artilu-

gios sobre el escenario y saltar de un truco al siguiente hasta concluir su función. La realidad, sin embargo, es distinta. El experimento y los artilugios de un mago son elementos secundarios. [N60] HARRY HOUDINI

Fue en esta compañía donde Harry y Bess conocieron a la pareja de artistas Joe y Mira Keaton, cuyo número principal incluía la participación de su hijo de dos años de edad, Joseph, que actuaba en el escenario interpretando el papel de un muñeco de trapo. Una noche, después de terminar su actuación, Joseph cayó accidentalmente de lo alto de una escalera situada detrás del escenario, siendo socorrido inmediatamente por Houdini. Al comprobar que el niño no había sufrido un solo arañazo, el mago exclamó, sonriendo: «*What a buster!*» (¡Vaya porrazo!). A partir de entonces, otros compañeros de la compañía pasaron a llamarle Buster Keaton, quien años más tarde se convertiría en una de las mayores estrellas del cine mundo, al lado de Charles Chaplin, Harold Lloyd y Rodolfo Valentino.

En los albores del siglo XX, muchos vendedores ambulantes contrataban los servicios de un mago para vender toda clase de remedios sanadores y bálsamos. La foto de arriba ilustra un carromato utilizado por la compañía Bromo-Seltzer para promocionar sus productos.

Con la llegada del invierno, el *show* de Dr. Hill comenzó a perder fuelle, obligándole a realizar una serie de cambios y renovaciones para atraer a la audiencia. Una de sus estrategias fue crear una presentación inspirada en un terrible suceso en Cuba el 15 de febrero de 1898, cuando una explosión a bordo del navío acorazado USS Maine acabó con la vida de 266 hombres, una tragedia que conmocionó al país entero y acabó empujando a los Estados Unidos a un sangriento conflicto militar contra España, produciendo un incesante goteo diario de muertes en ambos bandos, dejando a miles de familias de luto. Buscando ganancias rápidas, algunas compañías circenses pasaron a ofrecer sesiones espiritistas en sus espectáculos, con la promesa de conseguir contactar con los espíritus de sus seres queridos a través de la intervención de un médium. La compañía del Dr. Hill organizó una sesión espiritista como parte de su espectáculo-promoción, y ofreció el puesto de médium a Houdini. Ansioso por ver su nombre en la cabecera del cartel, el mago aseguró que podría desempeñar el papel a la perfección, ya que, al final, no se trataba de un mundo completamente desconocido para él, que ya había leído muchos libros relacionados con el tema y, además, sabía que algunos de sus trucos de ilusionismo podían ser adaptados para funcionar en una sesión espiritista, haciéndola aún más convincente. El acto recibió el sugestivo nombre de *Hablando con los muertos* y, para presentarlo, Harry creó los personajes «Profesor Houdini» y la clarividente «Mademoiselle Beatrice Houdini», papel que ella se negó a aceptar en un primer momento. Extremadamente supersticiosa, Bess tenía por ciertas una infinidad de creencias populares, como el mal del ojo, y temía estar coqueteando con fuerzas diabólicas. «Toda mi familia creía en fantasmas, brujas y cosas del género y solíamos vivir atemorizados ante la más mínima manifestación sobrenatural», confesó. Sin embargo, cuando Harry le explicó que no pasaba de ser una escenificación artística y había que comer (quizá lo más importante), ella acabó dejándose convencer. Con el nuevo acto ideado por la pareja, lo único que separaría el público de un encuentro con los espíritus era el precio de una entrada.

Cuando el telón se abría, el único elemento presente sobre el escenario era una silla, colocada en el centro. Tras un breve silencio, Harry surgía bajo los tímidos aplausos de una audiencia intrigada, que no sabía exactamente lo que ocurriría aquella noche. Se presentaba como Profesor Houdini y ofrecía una breve introducción, donde exponía su historia personal: «Existen personas que nacieron con el don de la comunicación con el más allá, y mi amada esposa forma parte de este privilegiado grupo», revelaba a los presentes. «Esta noche, ustedes tendrán la oportunidad de recibir un mensaje de sus seres queridos. No soy un aventurero ni un timador desvergonzado que promete más de lo que puede ofrecer —aseguró—; les voy a presentar a mi esposa, una persona especial que posee un don divino que se manifestará aquí, esta noche, delante de todos ustedes». Y para asombro de todos, el profesor Houdini no les estaba mintiendo. «Quisiera que respiraras hondo para relajarte... Muy bien... Sabrás que estás lista cuando tus ojos empiecen a pesar». Al principio, la vidente se resistió, pero al cabo de un instante, sus parpados se cerraron. Empezó a sumirse en un profundo trance y, en medio de un sobrecogedor silencio, empezó a murmurar palabras ininteligibles, supuestamente oriundas de otra dimensión. De pronto, se puso a decir nombres, fechas y secretos familiares, dictados por un ente que le había poseído, provocando escalofríos en las personas que identificaban los datos informados por la médium, que correspondían con sus familiares fallecidos. ¿Cómo hacía para hablar con los muertos? La respuesta es tan simple como inquietante: con mucha investigación y un poco de picardía. Pocas horas después de llegar a un nuevo pueblo, Houdini se encargaba de visitar el cementerio local, donde apuntaba nombres, fechas o cualquier información útil escrita en las lápidas, sobre todo las más recientes. No desatendía ningún titular sobre crímenes y escándalos y completaba los datos que necesitaba consultando los periódicos locales. La idea era utilizar toda esta información en el espectáculo y, de esta forma, convencer a la audiencia de que la conversación con los espíritus era, de hecho, real. [N61]

Cierta noche, Houdini anunció que haría una gran revelación acerca de un crimen que había ocurrido recientemente en la ciudad. «Damas y caballeros, hoy nos hemos enterado de la gran tragedia que se abatió sobre este pueblo. Esta noche, con la ayuda de mi querida esposa, una importante y sensitiva médium, intentaremos descubrir la identidad del hombre que acabó con la vida de una joven, nacida y criada en este hermoso lugar». El público no daba crédito a lo que acabara de escuchar. ¿Cómo podrían conseguir semejante información? Mientras se miraban unos a los otros, Bess entró en el escenario conducida por su marido con los ojos vendados. El mago entonces la indujo a un estado de trance profundo y esperó que se estableciera alguna comunicación. «Danos una señal desde el más allá, confírmanos tu presencia», insistió, pidiéndole directamente que revelara el nombre de su asesino. «Tengo miedo», contestó el espíritu, dejando a los espectadores boquiabiertos. «No tengas miedo, tu colaboración podrá ayudarnos a hacer justicia», le tranquilizó. El cuerpo de Bess se contorsionaba sobre la silla mientras sus ojos giraban a un ritmo alucinante hasta que finalmente la médium se desplomó en el suelo, desmayada. Harry pidió la presencia de un médico mientras que los espectadores, alborotados con lo que acababan de presenciar, exigían al *sheriff* que encontrase al culpable.

Aquella fue una noche de tremendo éxito para el dúo, sobre todo para Houdini, que pudo comprobar la importancia de saber teatralizar sus números, conduciendo la emoción de la audiencia a su antojo. Su éxito se repitió en otros pueblos y le permitió ampliar su repertorio, aunque no todas las noches fueron de aplausos para la pareja. En una de las funciones, Houdini entregó una carta a una mujer que había sido dictada por su hijo recién fallecido. La misiva, plagada de frases cariñosas, rogaba a la madre que parara de sufrir porque su hijo se encontraba bien y su espíritu estaba en paz. Sin embargo, el último párrafo del escrito traía una revelación sorprendente: «En breve, mamá, usted será bendecida con la llegada de otro niño». Semejante exposición la dejó extremadamente sonrojada, provocando la ira del marido que corrió furiosamente hacia el camerino de Houdini con la intención de propinarle una paliza. El mago intentó defenderse, revelándole un antiguo y embarazoso incidente que le implicaba directamente y del cual su mujer no podría jamás enterarse. La revelación de aquel secreto, hacía mucho tiempo olvidado, le impactó de tal manera que el fornido hombre decidió abandonar el recinto, aunque echando humo por las orejas. «Al investigar el pasado de aquella mujer, acabé enterándome de algunas historias infames de su marido y me aproveché de ello para escapar de una brutal paliza —confesó—, aunque debo admitir que en aquella época me lo merecía». Y no faltaron candidatos dispuestos a castigarle. En otra ocasión, al pasear por una plaza, Houdini vio a una madre reprendiendo al hijo pequeño por montar en una bicicleta de manera imprudente. Horas más tarde, durante la presentación de su número de clarividencia, el artista reconoció a la mujer entre los presentes y decidió improvisar, afirmando haber recibido un mensaje que revelaba que un niño de aquel pueblo se rompería el brazo a raíz de un aparatoso accidente de bicicleta. Al día siguiente, la madre, histérica, invadió su camerino acusándole de magia negra.

Su hijo acababa de caerse de la bicicleta, rompiéndose el brazo. Rezumando vergüenza por todos los poros, Houdini y Bess recogieron sus utensilios y partieron rumbo al siguiente pueblo, sin mirar atrás. El éxito del espectáculo continuó en otros lugares y le permitió ampliar su repertorio. La práctica lo llevó a dominar destrezas tan singulares como la escritura en pizarras con los pies y la levitación de mesas. [N62]

A pesar de los incidentes, Houdini y Bess lograron convencer a la audiencia de sus capacidades psíquicas y llenaron todos los teatros por donde pasaron. Incluso los más escépticos se desconcertaban con la precisión de las revelaciones hechas por la pareja. *Hablando con los muertos* se hizo tan popular que los números de magia y escapismo

En este bonito cartel del siglo XIX, la pareja de médiums Samri S. y Kittie Baldwin presenta su espectáculo de preguntas y respuestas. El público escribía sus preguntas y las introducían en sobres. Acto seguido, Kittie elegía un sobre al azar y con los ojos vendados adivinaba la pregunta —la gran mayoría relacionada con cuestiones de un futuro próximo— y ofrecía una respuesta reconfortante, un número idéntico al presentado por Houdini y Bess en su pasaje por la compañía del Dr. Hill.

fueron relegados a un segundo plano. Cuando la temporada terminó, Houdini y su esposa siguieron ofreciendo funciones por cuenta propia, pero empezaron a sentirse molestos al darse cuenta de que estaban jugando con un tema extremadamente sensible. Por otro lado, la experiencia adquirida les permitió aprender a manipular a sus espectadores, que, sin el menor sentido crítico, aceptaban como verdaderas las manifestaciones espiritistas y otros supuestos fenómenos paranormales que se materializaban sobre el escenario sin cuestionamientos.[N63]

> En aquel tiempo, apreciaba mi capacidad de sorprender a la gente y, aunque era consciente de que les engañaba, no veía ni entendía la gravedad de trivializar tal sentimiento sagrado (el duelo) y el resultado funesto que inevitablemente se producía. Para mí, todo aquello no era más que una broma. Soy mago y como tal tengo la obligación de entretener el público. Sin embargo, cuando pasé a sentir en mi propia piel el terrible dolor de la pérdida, vi que era culpable de haber sido tan frívolo. Me di cuenta de que rayaba lo criminal. [N64]

Nota del autor

La primera experiencia de Houdini con el espiritismo ocurrió después de un espectáculo en la ciudad de Milwaukee, al comienzo de su carrera. El mago fue presentado a un médico alemán llamado Josef Gregorowich, conocido en la región por sus dones de cura espiritual e hipnosis. Gregorowich le invitó a formar parte de una sesión de cura espiritista que sería realizada aquella misma noche. Movido por la curiosidad, Harry aceptó la invitación y fue llevado por el médium a la casa de una anciana que se encontraba postrada en la cama desde hacía varios días y cuyo pronóstico era bastante grave. Recibidos por el marido de la anciana, los dos hombres fueron conducidos a la habitación en donde se encontraba. Al entrar, Gregorowich se quitó el sombrero, se acercó a la cama y la saludó. La mujer había llegado a un estado de demacración tal que prácticamente parecía una efigie egipcia. Su rostro estaba muy arrugado por el padecimiento de una prolongada enfermedad, tenía los ojos desmesuradamente abiertos y su respiración emitía un ronquido estrepitoso y perturbador. El médico espiritual volvió la mirada hacia su marido y gentilmente le pidió un vaso vacío. Lo sostuvo firmemente sobre la cabeza de la paciente, cerró los ojos y dio inicio a una oración, rogando en voz baja a los espíritus que llevasen energía sana hacia el vaso y curasen a la mujer, que ya no tenía a nadie más a quien recurrir. Transcurridos algunos minutos, Gregorowich pidió que las luces fuesen encendidas, se dirigió a la anciana y le explicó: «Este vaso ahora está lleno de medicina espiritual. Cuando necesite tomar algún líquido, utilice siempre este vaso y usted se verá curada en breve». Aquella noche fue la primera de muchas sesiones en las que Houdini convivió con médiums charlatanes. Años más tarde, al recordar el episodio de cura de Gregorowich, reflexionó: «Pensaba que un hombre que vivía tan cerca de una comisaría de policía debería ser más honesto». [N65]

La decisión de abandonar su número más rentable les hizo volver a una situación de crisis financiera. La pareja se vio obligada a unirse a un grupo itinerante especializado en melodramas cursis, llevando su espectáculo a cuestas, de población en población, cargado en un viejo carromato. Al igual que Bess, Harry se sentía tan avergonzado de formar parte de una función tan mala que decidió presentarse disfrazado y con otro nombre para evitar ser reconocido. Finalmente, lograron firmar un nuevo contrato en el circo de los hermanos Welsh por un periodo que les permitió pasar una temporada sin aprietos. Pero los años en carretera, la falta de una vivienda fija y la distancia de la familia comenzaron a hacer mella en la pareja. «Peor temporada en años», lo registró en su diario al pasar por Norristown (Pensilvania). «Demasiado calor en el tráiler, he dormido esta noche en la calle», escribió en Paw Paw. En octubre, Harry ya estaba completamente saturado: «Las dos últimas semanas parecieron una eternidad». Al terminar la temporada, se reunió con el dueño del circo para hablarles de las dificultades que encontraban para conseguir nuevos contratos. «Lo único que puedo hacer por vosotros —le contestó el señor Welsh— es redactarte una carta de recomendación». Y así lo hizo:

> Me complace presentarle y recomendar el número realizado por Harry y Beatrice Houdini, que se llama *Metamorfosis*. La actuación de este dúo es completamente diferente de un espectáculo común de ilusionismo y suele provocar la más profunda de las impresiones entre el público. Hemos tenido la satisfacción de tenerlos en nuestra compañía durante dos temporadas y le puedo asegurar que son artistas muy respetados. [N66]

Después de siete años actuando en diferentes escenarios por incontables ciudades americanas, Harry y Bess regresaron a Nueva York embargados por un sentimiento de profunda desilusión. Con veinticinco años de edad recién cumplidos y sin haber logrado ocupar el lugar que le gustaría, Houdini comenzaba a considerar la hipótesis de trabajar en una fábrica de cierres, donde podría aplicar sus conocimientos y contar con un sueldo fijo. «Las cosas se pusieron tan complicadas que llegué a valorar la idea de abandonar el mundo del espectáculo para dedicarme a una vida privada, trabajando como empleado o montando mi propio negocio, como una escuela de magia». [N67] Houdini llegó a preparar un catálogo de trucos titulado *Magic Made Easy*, donde puso a la venta su colección de esposas, el equipo completo para la ejecución de *Metamorfosis*, además de algunos artículos de magia. «El comprador —anunció— recibiría instrucciones completas para ejecutar correctamente los trucos y sería el propietario de los derechos de exhibición en público». Es decir, Harry acababa de poner a venta no solo un par de objetos, sino toda la inversión de una vida. Felizmente, nadie se interesó en comprar sus secretos, lo que le proporcionó el tiempo necesario para reflexionar mejor y volver a intentar reanudar su carrera. Actualmente, su catálogo *Magic Made Easy* es considerado poco común. Su precio en una subasta puede superar fácilmente varios miles de dólares.

CAPÍTULO 3

EL REY DE LAS ESPOSAS

«El hecho de que un truco haya sido presentado muchas veces no es motivo para descartarlo. Un viejo truco en buenas manos siempre parecerá original». HARRY HOUDINI

1899-1900

El 5 de enero de 1899, un insólito suceso ocupó la portada del *Chicago Journal*. El reportero que firmó la noticia relató que se encontraba de guardia en una comisaría de la ciudad, a la espera de sucesos para su crónica policial, cuando en un determinado momento un hombre se acercó preguntando por el comisario. El joven, de baja estatura pero de llamativo porte físico, se autoproclamaba «El rey de las esposas» y afirmaba estar allí para desafiar a la policía de la ciudad. Decía ser capaz de liberarse de cualquier esposa en pocos minutos y que nadie podría retenerle. «Solo encierro a la gente que infringe la ley», le contestó el comisario, pero el joven insistió: «Quizá no se fíe de sus celdas». Indignado con su petulancia y dispuesto a dejarlo dormir en los calabozos para que aprendiera a no jugar con los cuerpos policiales, el comisario aceptó el desafío, pero bajo algunas condiciones. Encerró al artista en la celda desnudo y le tapó la boca para evitar que regurgitara alguna llave o ganzúa. Pero el inesperado visitante no solo escapó, sino que también se quitó los grilletes de las muñecas y los tobillos con extremada facilidad. Cuando el comisario volvió a su despacho, el joven apareció sin previo aviso, libre de cualquier atadura. El reportero asintió positivamente con la cabeza y, tratando de ocultar la sonrisa, pensó: «Tengo una historia espectacular para publicar».

A la mañana siguiente, Houdini fue a toda prisa al quiosco más cercano para comprar el diario y regresó triunfante a la habitación del hotel. «Detectives asombrados», decía el titular. «Ahora soy famoso. ¡Mira! Mi foto aparece en el periódico», exclamó exultante a su mujer. Con los pocos ahorros que aún tenía, Harry compró todos los diarios que pudo y envió la noticia por correo a sus contactos. Aquella exhibición de escapismo se convirtió en su principal herramienta de autopromoción y se llamaría *El desafío*. A partir de entonces, Houdini viajaría por multitud de pueblos retando a los vecinos a que le encerraran donde quisieran o le encadenaran con sus grilletes más resistentes. Como consecuencia, a la gente se le ocurrían ideas poco convencionales, como esposarlo y atarlo a una escalera, meterlo en una cámara acorazada o incluso en una doncella de hierro, un instrumento de tortura utilizado en la Edad Media. Consistía en una caja de metal con la forma de una figura humana femenina y un cuerpo dotado de dos puertas que lo asemejaban a un ataúd. Su curioso reto logró atraer la atención de la prensa y se aseguró un lugar destacado en los diarios locales al día siguiente.

> Y siempre había prensa para hacerse eco, porque Houdini era un agente publicitario extraordinario. No tenía reparos cuando vislumbraba la posibilidad de promocionar su *show*. Cuando iba a depositar flores en las tumbas de los magos muertos, solicitaba de antemano la presencia de fotógrafos. Lo único que tenía que decirle a un editor era «Deme un reportero y yo le daré una historia», y ellos le atendían porque sabían que siempre conseguía generar contenido explosivo para sus periódicos. ARTHUR CONAN DOYLE [N1]

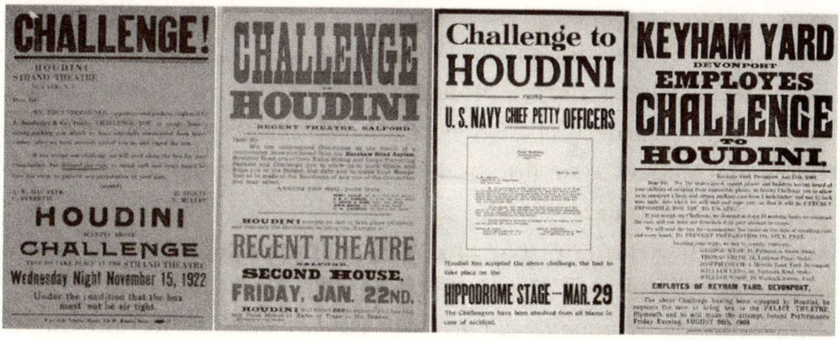

Mediante una creativa campaña basada en carteles, Houdini animaba a comerciantes, constructores, llaveros e incluso a la policía a retenerle con sus esposas o grilletes. Se trataba de un atractivo reclamo que demostró ser altamente eficaz en la promoción de su espectáculo.

Giro de 180 grados

Cuando llegó la primavera de 1899, Harry estaba decidido a abandonar definitivamente los escenarios. En los últimos años, había viajado por todo el país actuando en casas de espectáculo de dudosa reputación, compartiendo el escenario con artistas de poca monta y siendo explotado por empresarios sin escrúpulos a cambio de un puñado de dólares que apenas les permitía comer. En todo este periodo, la pareja intentó encontrar una fórmula que los llevara al éxito; probaron toda clase de arriesgados números y atrevidos golpes publicitarios, pero nada parecía funcionar, hasta que un día todo cambió. En marzo, Houdini tenía una cita en el The Palm Garden, una conocida cervecería de Saint Paul (Minnesota), y entre la audiencia estaba Martin Beck, magnate y gerente de una importante red de teatros que se extendía desde Chicago hasta la costa del Pacífico. De origen eslovaco, Beck emigró muy joven a los Estados Unidos con la ilusión de probar suerte en el mundo artístico, pero sus primeros años en el territorio americano no fueron fáciles y tuvo que ganarse la vida como camarero en un bar de Illinois hasta conseguir un trabajo en una compañía teatral de San Francisco, donde conoció al empresario alemán Morris Meyerfield, dueño de la red de teatros Orpheum, quien le invitó a ayudarlo en la administración de sus locales. Su nueva posición y su empeño le convirtieron rápidamente en uno de los grandes nombres del entretenimiento estadounidense.

La actuación de Houdini no llamó especialmente la atención del empresario, con excepción del número de escapismo con las esposas. Para Beck, la osadía del artista de retar al espectador, pidiéndole que se llevara sus propias esposas, era una idea original que podría encajar perfectamente con el nuevo programa que estaba preparando. Pero había que aclarar una cuestión importante: ¿las esposas que el escapista utilizaba en su exhibición eran reales? Beck no era ingenuo y sabía que muchos artistas contaban con compinches que se presentaban como voluntarios, una estrategia que no tenía cabida en su espectáculo. Para salir de dudas, el mismísimo Beck se hizo con tres pares de esposas y le hizo una visita al camerino. «Quisiera comprobar si sus habilidades son de hecho, legítimas. ¿Sería tan amable de permitirme maniatarle con mis esposas?», preguntó. Houdini asintió con la cabeza y antes de que el mánager se sentara para asistir en directo a su exhibición, las esposas ya estaban desbloqueadas. El día 14 de marzo, el artista recibió un telegrama cuyo contenido representó —según sus palabras— «un antes y un después en mi trayectoria».

> Me complace felicitarle por su presentación. Es realmente fascinante. Permítame hacerle una propuesta. Pese a su incuestionable talento, creo que no es un buen *showman*. Hace todas esas cosas con las palomas y las cartas, pero no interesan. Céntrese en montar un espectáculo de veinte minutos con números de escapismo, incluido aquel truco del baúl que hace con su mujer, y le aseguro que le convertiré en un artista de verdad, incorporándole al cartel de Omaha, que estrenará nueva temporada el 26 de marzo. Le veremos actuando y quizá podamos ofrecerle una propuesta más atractiva. [N2]

Vodevil

Houdini leyó la misiva de Beck en silencio, tratando de disimular cuán abrumadora le resultaba semejante propuesta. Beck tenía en mente incorporar al mago y a su esposa al extendido catálogo de artistas que actuaban en su vodevil, un género extremadamente relevante en el mundo del entretenimiento americano en los albores del siglo XX. La palabra es el resultado de la fusión entre dos términos existentes dentro de la tradición musical y teatral francesa, los de *Vau-de-Vire* y *Voix de Ville*. Por una parte, el *Vau-de-Vire* era un tipo de sátira que se presentaba de forma cantada en Normandía en el siglo XV en Calvados, una región conocida por sus animadas tabernas e intensa vida nocturna. Por otra parte, la *Voix de Ville* era un tipo de composición vocal popular de París. [N3] En España, esta clase de *shows* tuvo gran acogida a partir del final del siglo XIX y fue más conocido como revista musical o espectáculo de variedades. Llegó al apogeo en los cuarenta y cincuenta, teniendo como protagonistas a las vedetes Celia Gámez, Carmen de Lirio y un gran número de intérpretes de distintas modalidades. [N4]

En Estados Unidos, el vodevil comenzó su andadura con Tony Pastor, un productor neoyorquino que buscaba ofrecer a la clase media americana una opción de entretenimiento de nivel, con una programación adecuada para todas las edades y en locales libres de la presencia inoportuna de alcohol, tabaco y del ambiente de baja estofa de los bares y tabernas. Pastor había sido cantante en teatros vulgares y había intentado rebajar la obscenidad de estos locales cambiando el comportamiento poco loable de la audiencia —mayoritariamente masculina—, que solía tirar huevos, tomates y toda clase de objetos a la tarima cuando la función no cumplía con las expectativas. Ajenos a la calidad de sus atracciones o al rudo comportamiento de sus clientes, los dueños de estos locales solo tenían un objetivo que cumplir: vender todo el alcohol posible y procurar que los clientes prolongasen sus estancias lo máximo posible. La llegada del nuevo siglo, sin embargo, coincidió con un cúmulo de circunstancias sin precedentes y con el inicio de cambios a nivel sociocultural que exigían posturas más pulidas y educadas. Los números fueron adquiriendo complejidad, se fueron refinando y los artistas pasaron a adoptar una postura más formal sobre el escenario. Como resultado de la industrialización, muchos residentes de las grandes urbes comenzaban a tener tiempo libre. Sus vidas ya no estaban dedicadas única y exclusivamente al trabajo. La sociedad había comenzado a dividirse en clases y la burguesía necesitaba entretenimientos con los que llenar sus momentos de ocio. La creciente demanda provocó la apertura de grandes locales y la creación de nuevos espectáculos con los que cubrir la necesidad de entretenimiento. Había quien prefería a los cantantes, bailarines y acróbatas, mientras otros se decantaban por humoristas y magos.

El vodevil era una plataforma magnífica para la magia y sacó de la pobreza a muchos artistas anónimos que deambulaban de pueblo en pueblo, presentándose en carpas viejas con una tarima en un extremo y unas cuantas banquetas de madera en el otro. El advenimiento del vodevil convirtió en profesionales a los que eran capaces de reunir una cierta cantidad de trucos y perfeccionarlos al máximo gracias a la continua práctica que constituían las funciones semanales que tenían que cumplir. A Houdini, este formato le casaba a la perfección; le per-

Grandes nombres del entretenimiento americano de los albores del siglo XX pasaron por el vodevil, como el propio Houdini, cuya carrera transcurrió casi íntegramente como cabeza de cartel. Sus grandes escenarios eran perfectos para la presentación de trucos de ilusionismo, sobre todo los más complejos, que necesitaban grandes escenarios para acomodar su parafernalia y espacios ocultos entre bastidores donde esconder los mecanismos utilizados para producir las ilusiones.

mitió convertirse rápidamente en un gran éxito, pasando a cobrar sesenta dólares semanales con incrementos graduales a lo largo de la temporada. Martin Beck no solo le proporcionó el salario más alto que jamás había cobrado, sino también un escaparate perfecto para sus ambiciones. Harry abdicó del título de «El rey de las cartas», abandonando gran parte de sus efectos básicos de magia para concentrarse en números de escapismo con esposas y en su número estrella, *Metamorfosis.* A través de las orientaciones de Beck, Houdini aprendió que menos es más. En vez de saturar al espectador con una larga variedad de trucos tontos, el mago concentró su exhibición en proezas originales, creativas y adornadas con gestos dramáticos.

Su primera presentación bajo la tutela de Beck fue el 26 de marzo en el elegante Creighton-Orpheum de Omaha (Nebrasca), un suntuoso teatro de ochocientas plazas, cuya arquitectura recordaba un *chateau* francés, decorado con imponentes lámparas y suelo de mármol, un contraste impactante comparado con los precarios circos itinerantes donde solía actuar. La magnitud del teatro engrandecía el espectáculo de Houdini, quien no se dejó intimidar, realizando sus escapes con la misma eficacia de siempre. El artista continuó con su eficiente fórmula de desafiar el público y obtuvo una buena acogida de la crítica, que le nombró «The Wizard of Shackles, A Man of Marvels», un título que añadió orgullosamente a su currículum. Él, que había sido el rey de las cartas, ahora intentaba comerse el mundo como el rey de las esposas. Vestido con las mejores galas, el debutante respiró profundamente en el camerino y salió al escenario caminando lentamente hacia el proscenio, confiado en que su estreno sería un éxito. Mientras tanto, la audiencia —ansiosa por el comienzo de la función— tenía la mirada puesta en el escenario, donde había seis sillas alrededor de una mesa atestada de esposas, mientras que en una esquina al fondo era posible ver el baúl de *Metamorfosis.* De pronto, las luces del teatro se apagaron para dar paso a un gran foco que emitía todo su esplendor en el centro del escenario. Houdini surgió de la oscuridad, acaparando los aplausos de una abarrotada sala. El escapista lo agradeció inclinándose hacia los presentes, avanzó hasta el proscenio y dio inicio a su función con un breve discurso para alardear de sus habilidades. En realidad, se trataba de un gancho, una palabrería deliberada para preparar el terreno a un número impactante.

> Damas y caballeros, esta noche seré encadenado, esposado y maniatado de distintas maneras. Intentaré escapar de todo esto en tiempo récord. Me complace invitar a algunos voluntarios de entre ustedes para que examinen los objetos dispuestos en el escenario y cerciorarse de que todo es correcto. Si hay alguien entre los presentes que por casualidad haya traído su par de esposas, le invito a acercarse.

Algunos voluntarios subieron al escenario para examinar su cabina y, al comprobar que no había nada oculto en su interior, se dirigieron a la mesa donde se encontraban las esposas, todas de uso policial, utilizadas para retener criminales de alta peligrosidad. Uno de ellos le esposó y guardó la llave en su bolsillo, siguiendo las orientaciones recibidas. Houdini, entonces, entró en su cabina mientras la música iba *in crescendo* y, en menos de treinta segundos, apareció en el escenario. Las esposas estaban desbloqueadas. La audiencia le rindió un largo aplauso, impresionada por la proeza que acababa de presenciar. Acto seguido, se acercó a la mesa para exhibir las esposas restantes. Los voluntarios, que aún se encontraban sobre el escenario, las inspeccionaban mientras Houdini les explicaba el nombre de cada una de ellas y su origen. Esta vez, fue maniatado con cinco pares de esposas, no solo en los brazos, sino también en los tobillos. Se dirigió a la cabina caminando con dificultad y con una expresión de preocupación atípica. En el foso, la orquesta comenzó a tocar una música a un ritmo lento y suave, y según el tiempo avanzaba, el ritmo aumentaba de intensidad, manteniendo en vilo a sus espectadores, cuyo silencio permitía incluso oír el vuelo de una mosca. De repente, el telón se abrió y Houdini saltó al escenario. Su estado indicaba que había tenido un arduo trabajo dentro de la cabina. Sus brazos estaban marcados por los grilletes, y había ampollas en las manos, pero se había liberado en un tiempo inferior a lo esperado. Su función terminó con la ejecución de *Metamorfosis*, un número que provocó un gran impacto en el público, que no se cansó de aplaudirlo. Martin Beck quedó tan satisfecho con el éxito de su estreno en Omaha que decidió aumentar su sueldo a noventa dólares semanales, una suma considerable en una época en la que aún no existía el impuesto sobre la renta.

Houdini fue un éxito también en Kansas City, su siguiente parada en la gira Orpheum. Una noche, fue desafiado por un espectador que tenía un par de esposas de doble cierre. En vez de tener las muñecas maniatadas por delante, sugirió que sus brazos fuesen esposados a la espalda. El comité aceptó su sugerencia y Houdini se dirigió a su cabina, pero, al contrario que en actuaciones anteriores, no cerró el telón, prefiriendo zafarse de las esposas a la vista del público. Durante un largo minuto permaneció inmóvil, hasta que, de repente, las esposas cayeron sobre la tarima del escenario, ante la mirada asombrada de la audiencia. El teatro se vino abajo. Su número era tan original que pronto se convirtió en un fenómeno, de tal manera que los comerciantes locales empezaron a manifestar el deseo de patrocinar su espectáculo, algo raro por aquel entonces.

Nota del autor

A lo largo de su carrera, Houdini se liberó de esposas muy complicadas, algunas con cierres triples y dispositivos muy complejos. En diversas ocasiones, sus asistentes llegaban a atarle los brazos con hasta seis pares de esposas además de algunos grilletes en los tobillos, dejándole completamente inmovilizado. Para liberarse, solía buscar refugio en una cabina similar a la ilustrada en la figura, oculta por un telón,

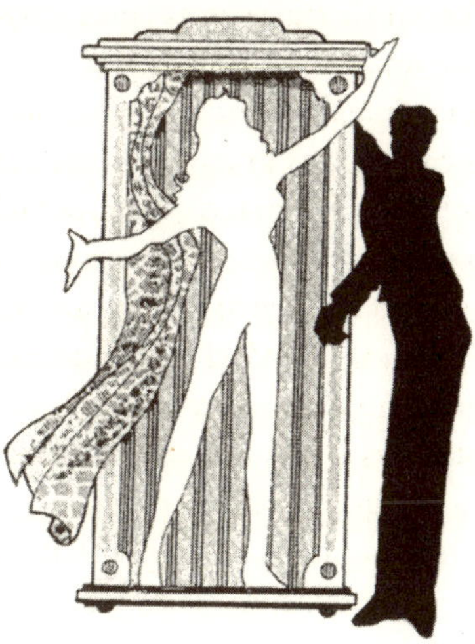

Cabina de escenario.

y que tenía una doble función: ocultar el secreto de sus trucos y crear una sensación de tensión. A veces, salía de la cabina en pocos minutos, pero en algunas ocasiones llegó a permanecer allí casi una hora. La audiencia, paciente, solía esperar el desenlace de sus números porque, en el fondo, deseaba estar presente por si fallaba.

En San Francisco, la policía exigió que Houdini se quitase toda la ropa y fuese examinado por un médico para comprobar que no había trampa. Por motivos obvios, Harry no podía desnudarse en los teatros y, por ello, se dirigía a la comisaría de policía, donde sabía que les encantaría mantenerlo retenido. Tras un exhaustivo examen, el escapista fue encerrado en el interior de una celda vacía. Pocos minutos después, hizo una señal para que le abriesen la puerta. Estaba libre de nada menos que diez pares de esposas y de un cinturón de piel utilizado para sujetar a prisioneros peligrosos, una proeza que se ganó los titulares de los periódicos locales. Al día siguiente, se dirigió a la redacción de una conocida publicación sobre magia y encargó un anuncio, lo que demostró que su ego adormecido comenzaba a entrar en erupción. «¿Quien ha puesto a nuestra querida California otra vez en evidencia desde el descubrimiento de oro en 1849? La respuesta solo podría ser una: el profesor Houdini». Su anuncio reflejaba la necesidad de autoafirmación y eso quedaba patente al firmar el anuncio asumiendo una posición académica, un hábito recurrente entre los magos, que solían denominarse profesores o doctores, cuando en realidad casi todos eran prácticamente analfabetos. Sin embargo, era notorio su deseo de obtener el respeto de la sociedad a través de un título profesional, tal y como había sido su padre en vida.

A finales de 1899, pocos meses después de su estreno, Houdini ya se había consagrado como una de las estrellas pujantes del vodevil, al menos en el circuito Orpheum. El siguiente paso sería irrumpir en las casas de la costa este, controladas por los hermanos Keith y su empresario, E. F. Albee. El artista comenzó en Boston, haciendo una visita a la sede de la policía de la ciudad, donde su presencia ya era esperada por el inspector William Watts, uno de los principales impulsores de la IACP (Asociación Internacional de Jefes de Policía). Conocido por su seriedad y pocas palabras, Watts estaba empecinado en acabar con su chulería. «Es un placer conocerle, señor Houdini, pero supongo que nuestro encuentro será menos agradable de lo que usted espera», le advirtió Watts, con un par de esposas centenarias en las manos, cuyo cierre solo se podría abrir con una llave especial. «Si le digo la verdad, este par de esposas me dan mala espina, espero no defraudar», le contestó, mientras miraba hacia un rincón de la comisaría, donde algunos periodistas esperaban el desenlace de este reto tan peculiar. Houdini se acercó hacia ellos, le hicieron una fotografía dando la mano al inspector Watts y posando sonriente entre los fornidos agentes e intercambiaron algunas frases, sin olvidarse, lógicamente, de recordarles el lugar y horario de su función. El inspector, sin embargo, no estaba para diálogos superfluos y trató de que las cosas volvieran a su cauce: «Quiero asegurarle que no llevo ninguna llave o herramienta encima, así que, si a usted no le importa, prefiero desnudarme», le sugirió el mago. Le quitaron toda la ropa y le examinaron detenidamente el interior de la boca, que fue debidamente tapada. Acto seguido, se le ataron las muñecas y los tobillos y fue conducido a una celda, donde le pusieron un segundo grillete en el tobillo, encadenado a los barrotes, mientras que su ropa se quedó amontonada al otro lado del corredor, fuera de su alcance. Tras comprobar que todo estaba bajo control, los guardias y reporteros que le acompañaba se retiraron y, tal como habían acordado, regresaron a la oficina del inspector lentamente; mientras se alejaban de la celda, su ocupante empezaba a poner en marcha el plan de fuga. Pasó la mano entre los barrotes, insertó en la cerradura una pequeñísima ganzúa que tenía oculta en la hendidura del encallecido talón de uno de sus pies y la giró lentamente. El cierre hizo un clic casi imperceptible y la puerta se abrió, dándole pleno acceso al corredor. Cogió su ropa y se vistió sin prisa, aunque le interesaba demostrar lo rápido que podía escapar de un calabozo. Cuando se presentó al cabo de pocos minutos, vestido y libre de cualquier atadura, se sorprendieron hasta quedar estupefactos. «Nunca he fallado —les dijo el mago— y tengo la certeza de que ninguna celda en este mundo es capaz de retenerme». [N5] Su duro pasado en los museos de diez centavos y circos itinerantes había quedado atrás. Ahora, formaba parte del elenco de una importante cadena teatral y su audiencia le esperaba en los grandes escenarios de Chicago, Denver y San Francisco. En poco tiempo, Houdini se convirtió en la atracción principal del circuito Orpheum, cuyo espectáculo se publicitaba empapelando pueblos enteros con grandes pósteres luciendo su imagen. A pesar de que su vida había mejorado sustancialmente —sobre todo en el terreno económico—, la pareja Houdini siguió trabajando de manera intensa, presentando dos funciones completas al día, viajando en tren de ciudad en ciudad y viviendo en hoteles. Esta realidad formaba parte del día a día de muchos artistas de vodevil —la mayoría no tenía residencia fija y solía viajar acompañada de su familia—. Era común la presencia de carritos de bebés y muchos niños en los camerinos. A pesar de la dura rutina, Houdini no tenía de qué quejarse. Había logrado incorporarse a un circuito muy concurrido, su nombre ayudaba a elevar las recaudaciones en taquilla y sus funciones finalizaban siempre con efusivos aplausos por parte del público. Tal y como intuyó Beck, el desafío con las esposas solía ser la función más esperada de noche.

> Normalmente, la audiencia no lleva esposas a un teatro; de hecho, pocas personas tienen este artilugio en casa. Para evitar decepciones, dado que la gente compra su entrada con la expectativa de que alguien me desafíe, suelo contar con la ayuda de algunos cómplices entre los espectadores. Un número bien ejecutado, capaz de crear una atmósfera de tensión, siempre logrará el efecto deseado, independientemente de quién posea las esposas».[N6]

CAPÍTULO 4

PRÓXIMA PARADA, EUROPA

«Nunca le diga al público lo bueno que es. Pronto lo descubrirán ellos por sí mismos». HARRY HOUDINI

1900-1905

La primera gira de Houdini en el circuito Orpheum terminó en diciembre de 1899 y, a pesar de haber sido un indudable éxito de público y crítica, algunas divergencias salieron a flote entre el artista y su mánager, quien demostró una incómoda postura intervencionista. El mago reivindicaba un control absoluto de su presentación, lejos de los mandos de su empresario, quien, en su defensa, le recordaba que «ningún otro empresario apostaría por sus números para presentarlos en el vodevil. La mayoría diría que eran trucos de museos baratos». Le molestaba reconocerlo, pero Houdini sabía que Beck tenía razón. El vodevil poseía gran fuerza en el show business, y tenía una difusión y presencia nacional muy difícil de ser superada por un artista autónomo. Esta dependencia, sin embargo, le dejaba completamente a merced de Beck, responsable único de sus contratos, itinerarios e ingresos. Al llevar su propio espectáculo, Houdini retomaría las riendas de su carrera y se embolsaría íntegramente los beneficios, pero también tendría que asumir todos los costes y eventuales pérdidas. Se trataba de una decisión complicada, principalmente para Houdini, quien había sido «rescatado» de tierra de nadie por Beck y aún tenía muy vivas todas las desilusiones y angustias sufridas en la carretera por él y su mujer. Había que buscar una solución intermedia, que le permitiese gozar de alguna autonomía sin la necesidad de arruinar su relación con Martin Beck. [N1]

Hablando en los camerinos con sus compañeros, Houdini supo que varios ilusionistas americanos estaban haciendo fortunas en Europa, un continente donde la audiencia era muy exigente y estaba ávida de novedades. En 1899, T. Nelson Downs, un prestidigitador de Iowa que se hacía llamar «El rey de las monedas», había conseguido obtener un contrato en el Palace Theather de Londres simplemente enviando al gerente algunas críticas positivas de la prensa acerca de su función. Sus números de manipulación de monedas eran divertidos, y Down se convirtió en cabeza de cartel, realizando giras por todas las islas británicas y gran parte del continente europeo, cobrando el «sueldo de un embajador». [N2] Otros magos americanos también habían tenido una buena acogida en Londres, como Howard Thurston, Billy Robinson —que interpretaba el papel de un ilusionista chino llamado Chung Ling Soo— o Horace Goldin, especialista en números de ilusionismo con fuego. Todos estos ejemplos eran el impulso que necesitaba para librarse definitivamente de las garras de su empresario, con quien tuvo una conversación directa y sincera, revelando sus planos de probar suerte del otro lado del Atlántico. Sorprendido con la determinación de su contratado y viendo que no sería capaz de retenerlo por mucho tiempo, Beck contrató a un representante internacional para organizarle una agenda europea como «El rey de las esposas». Su primera parada sería la capital del Reino Unido: Londres.

El 30 de mayo, Houdini y Bess se lanzaron a una gira europea, a bordo del SS Kensington, un imponente navío de vapor de la Red Star Line, una de las principales compañías marítimas que cruzaban el Atlántico transportando turistas, inmigrantes, empresarios y artistas como Harry. La familia Weiss, encabezada por Cecilia, compareció por completo en el puerto de Nueva York para despedirse de la pareja. Entre lágrimas, la matriarca de los Weiss le entregó un cesto con pan, frutas y algunos dulces, recelosa de que la comida a bordo no fuese suficiente. Harry llegó a abandonar el navío en por lo menos tres ocasiones para volver a abrazar a su madre, mientras Bess permanecía a bordo observándoles, inmutable. Finalmente, la bocina del navío anunció su salida inminente y una hora más tarde, tras emprender una lenta maniobra, ganaba el océano para emprender una travesía de dos semanas, una eternidad para Houdini, que padecía fuertes mareos en alta mar. Mientras buena parte de los pasajeros se disputaba un sitio privilegiado en el balcón del navío para despedirse de la Estatua de la Libertad por última vez, Harry permanecía encerrado en su apretada cabina, consciente de que su sufrimiento no había hecho más que empezar. Bess intentó aliviar su malestar con hielo y generosas dosis de zumo de limón, pero sus esfuerzos fueron poco eficaces. Su desesperación era tal que, en un momento dado, Bess decidió atarlo a la cama, temiendo que se lanzara al mar a causa de un repentino brote de locura. Consciente de las facultades de escapismo de su marido, Bess tuvo la astucia de poner los nudos que le ataban debajo del colchón, lejos del alcance de sus hábiles manos. Harry nunca fue capaz de superar su malestar a bordo de un navío y sufrió en todos los viajes que realizó alrededor del mundo. El sacrificio, sin embargo, merecía la pena. A comienzos del siglo XX, Londres era considerada la capital mundial de la magia. La oferta de teatros era inagotable y la competencia entre los magos era feroz, lo que acabó generando una sana proliferación de ideas nuevas y la creación de números originales y audaces, presentados para un público cada vez más exigente.

Días antes de embarcar, Houdini había recibido un telegrama de Martin Beck, informando que un representante llamado Richard Pitrot le estaría esperando en el puerto con una agenda acordada con teatros de varias ciudades británicas y europeas. Sin embargo, después de llegar a su destino el 30 de mayo, se enteró de que Pitrot se encontraba fuera de la ciudad y que no había contrato alguno. En su lugar, le esperaba Harry Day, un joven que comenzaba sus andaduras en el *show business* y apenas tenía contactos. Después de un año de rotundo éxito en América, el artista se encontró una vez más sin trabajo y sin rumbo, en una ciudad desconocida, donde era un anónimo más entre la multitud que circulaba por el muelle. Por si fuera poco, su llegada a la capital británica coincidió con una temporada de espectáculos de pésima calidad —protagonizados por artistas americanos— que recibieron críticas bastante duras en los diarios londinenses. Días antes, un mago se expuso al ridículo delante de la audiencia tras fallar descaradamente en uno de sus números, revelando sin querer el secreto de su ejecución, y otro había muerto en el escenario cuando intentaba ejecutar un peligroso número que implicaba el uso de armas de fuego. Ni la famosa artista Annie Abbott, conocida como «The Little Georgia Magnet», logró escapar de la furia de los críticos cuando el secreto de sus números fue filtrado por la prensa (sus trucos eran posibles gracias a la simple ley de la física y no a través de los poderes sobrenaturales que la artista afirmaba poseer). Ante esta situación calamitosa, Houdini tuvo que esforzarse para convencer a los empresarios locales de que su exhibición era auténtica y agradaría a la audiencia, pero nadie se dispuso a ofrecerle propuestas ni tampoco pagarían para contratar un número de escapismo con esposas —el número estaba obsoleto en parte debido a las presentaciones de un artista local, «El Gran Cirnoc», que también se hacía llamar «El rey de las esposas»—. El artista, sin embargo, solo usaba sus propias esposas en el escenario y se libraba de ellas en pocos segundos, sin generar la sensación de tensión que Houdini tanto valoraba. El público, lógicamente, no se impresionaba.

Mientras esperaba firmar su primer contrato, Harry se pasaba el día visitando llaveros y cerrajeros para aprender todo lo que podía sobre esposas, cajas fuertes y los diferentes tipos de cierres fabricados en el Reino Unido. Durante este tiempo, supo que las esposas utilizadas por la policía de Londres eran formidables, pero su mecanismo podría ser fácilmente desbloqueado a través de un golpe certero en un determinado punto de su cuerpo. Lo más difícil para Harry fue conseguir una cita con Dundas Slater, el gerente del teatro Alhambra, el principal escaparate del vodevil de aquel entonces. Diariamente, Harry y Bess aparecían en su despacho, donde eran recibidos por dos amables secretarias, pero extremadamente protectoras. «El señor Slater está reunido», decían. «El señor Slater fue a una conferencia»; «El señor Slater está fuera de la ciudad hasta la semana que viene». No importaba cuánto tenían que esperar, la pareja siempre volvía. Su persistencia rindió los frutos esperados y Slater decidió apostar por el artista americano con la condición de que fuera capaz de demostrarle que su número de escapismo con las esposas era, de hecho, auténtico y poseía el potencial necesario para atraer al espectador. Para ello, le propuso un desafío singular: tendría que escapar de las esposas de Scotland Yard, la mítica Policía Metropolitana de Londres. Sus ojos brillaron. Parte de su fama en América vino de los desafíos a la Policía local, pero Scotland Yard era otro nivel. Si tuviera éxito, su nombre ocuparía los titulares de todos los periódicos londinenses. El 14 de junio, Slater y Houdini fueron al encuentro del mandamás de Scotland Yard, el superintendente Melville.

Houdini versus Scotland Yard

Al llegar a la sede de Scotland Yard, Houdini se presentó como «El rey de las esposas», lanzando una mirada desafiante al superintendente Melville, quien le apretó las manos desconfiado, aunque ya preveía el fiasco que estaba a punto de presenciar. El superintendente hizo una señal con las manos para que un agente se acercara con un par de esposas británicas y enseguida lo ató a una columna. «Volveremos a por usted dentro de una hora, joven. Es lo que solemos hacer con los americanos que se meten en líos por aquí». Sin embargo, antes de que Melville pudiera abandonar el recinto, Houdini se apartó de la columna y con las esposas en las manos llamó al superintendente: «¡Espere! Iré con usted. ¡Así es como nos liberamos los americanos!». Melville y su asistente apenas podían creer lo que veían, mientras Slater asentía con la cabeza positivamente, intentando disimular la sonrisa, ya que imaginaba la repercusión que este episodio podría suponer para atraer al público a su teatro. «¡Extra, extra, un mago se burla de Scotland Yard!», decían los periódicos al día siguiente, que no solo le dieron un espacio ilimitado, sino que también publicaron caricaturas políticas con la figura del artista como elemento central. [N3] Con esta hazaña, Houdini acababa de abrir su primera gran puerta en tierras británicas.

Nota del autor

Aunque su visita a Scotland Yard se haya convertido en uno de los episodios más emblemáticos de su carrera, no existen evidencias claras de que esta historia ocurriera tal y como lo relató Houdini. Las biografías más antiguas se basaban fundamentalmente en los únicos dos registros existentes para dar crédito a los hechos. El primero es una firma de Houdini en el Museo de Scotland Yard, el 14 de junio de 1900, una irrefutable evidencia de que él, de hecho, estuvo allí. El segundo es un telegrama felicitándole por su estreno en el teatro Alhambra. En su anverso, Houdini escribió: *Este fue el día en que visité Scotland Yard y escapé de sus esposas.* Pero nadie nunca ha logrado encontrar evidencias más contundentes, como una de las muchas notas supuestamente publicadas en los periódicos de Londres. Lo más intrigante es el hecho de que el propio Houdini no alardeara de su proeza, que en la época habría sido la exhibición más importante de su carrera. Ante las pocas evidencias existentes, lo más prudente es considerar que la versión más cercana a la realidad fuera la siguiente: el artista estuvo en Scotland Yard y quizá conociera a algún agente; quizá, el propio Melville. Es posible además que hiciera algún truco sencillo, utilizando cartas o pañuelos, pero es muy poco probable que le permitiesen ofrecer una exhibición de escapismo con el simple objetivo de obtener publicidad para su espectáculo. Este tipo de acción no es propia de Scotland Yard. [N4] Patrick Culliton, uno de los más importantes especialistas en Houdini, cree que el desafío de Scotland Yard ocurrió tal y como se describió en sus primeras biografías, pero habría sido una acción previamente acordada. Acorde con sus tesis, Houdini habría convencido a Melville de participar en una «broma inocente», para engañar a Slater, y de esta forma conseguir un contrato para presentarse en el Alhambra. Personalmente, no creo que un superintendente de Scotland Yard pusiera en riesgo su reputación para ayudar a un artista extranjero y desconocido. De todas formas, verdad o no, el episodio de Scotland Yard se ha unido a la lista de los grandes mitos de Houdini y todavía se destaca en la mayoría de sus biografías.

Houdini versus Cirnoc

Mito o realidad, la supuesta proeza le rindió el prometido contrato y, durante dos semanas, Houdini tenía cita en el Alhambra, un tradicional teatro situado en el lado este de Leicester Square, en el West End londinense. Conocido por su decoración morisca, su nombre pretendía invocar el esplendor árabe del Palacio de la Alhambra, situado en la ciudad española de Granada, y fue el lugar más impresionante en el que había actuado hasta la fecha. Con capacidad para albergar cómodamente hasta cuatro mil espectadores, distribuidos en dos plantas, siendo, por lo tanto, un espacio de dimensiones que superaba con creces los grandes salones de vodeviles americanos. Su estreno, programado para el día 2 de julio, era esperado con gran expectativa por el público londinense, ansioso por conocer al nuevo «rey de las esposas», el hombre que había vencido a la todopoderosa Scotland Yard.

En los Estados Unidos, su espectáculo había recibido algunas críticas negativas, debido a su traje raído y la forma tosca con la que se dirigía al público. En Londres, tuvo el cuidado de presentarse con un elegante traje de *tweed* y una pajarita blanca impoluta. Procuró hablar despacio, buscando las palabras correctas, pero siempre con un tono cargado de intensidad. El maestro del escapismo montó una exhibición que combinaba prestidigitación, algunos trucos clásicos, números musicales y su célebre *Metamorfosis,* que fue recibido por largos y retumbantes aplausos del público presente. Su estreno solo fue ligeramente empañado por un pequeño incidente: en un momento dado, un hombre se apoderó del centro del escenario gritando: «¡Yo soy el verdadero rey de las esposas! ¡Este hombre es un impostor!». El invasor era nada menos que el Gran Cirnoc, el rey de las esposas londinense, que había sido despedido por Slater semanas antes. Ante la inesperada intervención de Cirnoc, un espectador se levantó de su butaca y le contestó: «Eso que estás diciendo no es verdad. Yo conozco a este hombre (Houdini) y estuve en su función hace pocos meses en Estados Unidos». El hombre que contestaba a Cirnoc era Chauncey M. Depew, senador americano del estado de Nueva York. A pesar de haber sido refutado por un importante político, el frustrado escapista insistió en defender su honor reafirmando que aquel recién llegado era un embaucador. Determinado por acabar definitivamente con la reputación de su rival, Houdini le desafió a liberarse de la «Bean Giant», un conocido modelo de esposas inventado por un cierto capitán Bean de Boston, que en la época había declarado que nadie podía desbloquearlas. Fueron muchos los que lo intentaron, pero solamente Houdini fue capaz de conseguirlo, ganándose para sí el derecho de utilizarlas en su espectáculo. «Esta es una de las mejores esposas fabricadas en Estados Unidos. Le daré un premio de quinientos dólares americanos si logra quitárselas de las muñecas», le propuso. «Permítame antes comprobar que usted es capaz de desbloquearlas», le contestó, desconfiado. «Perfectamente, por favor; le ruego que me ayude a ponérmelas». Cirnoc le esposó las muñecas y Houdini se dirigió a su cabina, de donde salió un par de minutos después, con el dispositivo desbloqueado en las manos. Sin salida, Cirnoc tuvo que aceptar el desafío. «Seré generoso y le permitiré que se quede incluso con las llaves. Aquí las tiene. Son suyas», le dijo el artista americano, ante un pasmado Cirnoc. Sin embargo, la llave por sí sola era inútil. Para desbloquear aquellas esposas especiales, era necesario acoplar un extensor a la llave, información que Cirnoc, naturalmente, desconocía. Transcurridos más de quince minutos e incapaz de desbloquearlas, el escapista británico se vio obligado a admitir la derrota. En vez de destruir la carrera de su contrincante, como era su intención, Cirnoc acabó fortaleciéndole. Houdini, por su parte, no sentía la mínima gratitud por esta ayuda involuntaria. El mago odiaba a los competidores desleales y nunca le perdonó haber intentado manchar su nombre justo en su estreno en Inglaterra. Tres años después de este episodio, Houdini se presentaba en el teatro Pavilion, en la Leicester Square de Londres, cuando fue sorprendido por un telegrama de su hermano, Theo: *Cirnoc ha muerto.* El primer rival de Houdini en Europa había muerto a bordo de un navío rumbo a Australia. En el anverso del telegrama, Houdini escribió: *Fue el rival con menos escrúpulos de todos los que me he encontrado. Intentó arruinar mi exhibición, pero lo único que consiguió fue convertir mi estreno en la sensación de la ciudad.* [N5]

Los meses siguientes, ya no quedaban entradas para ver la función de Houdini en el Alhambra. El público compareció en masa, muchos acompañados de sus esposas, con la esperanza de ser elegidos para el desafío publicitado por el artista en sus llamativos carteles, pero ningún voluntario fue capaz de retenerlo. Después de cerrar su temporada en septiembre, Houdini debería coger el primer navío de regreso a los Estados Unidos para cumplir una agenda acordada previamente con Beck, pero, en vez de ello, decidió permanecer en Gran Bretaña para emprender una gira, escapando de los calabozos de diferentes comisarías de día y actuando en los teatros por las noches. Las noticias sobre el «fenómeno americano» acapararon los titulares de varios periódicos europeos, provocando un alud de pedidos para contratar su espectáculo. Para organizar su agenda, el artista decidió contratar los servicios de Harry Day, que se convirtió en su representante en Europa. [N6] «Tienes que conseguir firmar contratos por temporadas superiores a treinta días», le ordenó. «Estoy seguro de que seré capaz de arrasar con la taquilla, de modo que podamos hallarnos en disposición de reiniciar el ciclo nuevamente, hasta que la gente se canse de mi presencia».

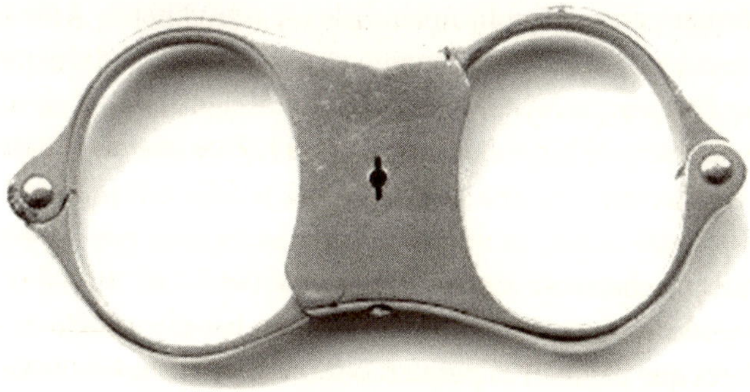

Las «Bean Giant» fueron las esposas elegidas por Houdini para derrotar a Cirnoc. Su peculiar diseño impide que un individuo pueda abrirlas por cuenta propia, aunque esté en posesión de la llave. Houdini fue la única persona capaz de lograrlo sin la ayuda de terceros.

En Dresde, Houdini fue contratado para actuar durante todo el mes de septiembre en el teatro Central. Su director, Gustav Kammsetzer, demostraba cierto escepticismo con respeto al potencial de su espectáculo a pesar del incontestable éxito en Londres. En una reunión previa a su estreno, Kammsetzer quiso dejar claro que el espectador alemán tenía la costumbre de silbar sin clemencia cuando una actuación no cumplía con las expectativas. «En el caso de que mi audiencia se manifieste de esta manera, estaré obligado a despedirle», sentenció. «Nadie puede imaginar cómo me he sentido» —escribió Houdini en su diario—. «Este director me llevó al continente con la condición de echarme en el caso de que mi estreno fuera un fracaso. Lo peor es que yo no me enteré de dicha cláusula hasta llegar a Alemania». [N7] Cinco minutos antes del horario previsto para el comienzo de su función, Houdini cerró la puerta de su camerino, recorrió un estrecho pasillo que daba acceso al escenario y se posicionó detrás del telón, esperando que anunciaran su nombre. La orquesta empezó a tocar los primeros acordes en tono bajo hasta que rápidamente fue *in crescendo* cuando, de repente, la imponente voz del presentador se impuso sobre los instrumentos: «*Damen und Herren*... ¡¡¡¡HOUDINI!!!!». Se abrió el telón en el teatro Central y surgió en el escenario la menuda figura del rey de las esposas, el hombre que venció a Scotland Yard. Pero su extraordinario historial no fue suficiente para animar a la audiencia, que simplemente no se manifestó ante su presencia, al contrario que el público americano, que solía aplaudirle incesantemente. Ante las luces de las candilejas, el escapista comenzó a sudar y, a medida que transcurría su función, su nerviosismo iba en aumento por el inexplicable silencio del patio de butacas. Durante una hora y media, Houdini repitió a la perfección la rutina de trucos que le hizo triunfar en Londres y con ello logró captar la atención de la audiencia, que ya empezaba a demostrar señales de simpatía por el artista. Los números fueron prosiguiendo; su función se convirtió en un conglomerado de escapes trepidantes que dejaban al público boquiabierto. Cuando Bess salió al escenario empujando el baúl de *Metamorfosis* y la pareja cambió de posición en tres espeluznantes segundos, el teatro se vino abajo con gritos y aplausos.

> Cuando la gente se levantó para aplaudirme, supe que acababa de asegurarme la temporada. Y por encima de los gritos de la audiencia, oí la voz del *Herr* Direktor Kammsetzer, que, gritando como un loco, corrió hacia el centro del escenario solo para saludarme. Me atrevo a decir que he sido uno de los mejores artistas que jamás tuvo en su teatro. [N7]

Houdini se ganó al público de Dresde por haber repetido la misma fórmula que le convirtió en un éxito en los Estados Unidos. Sus escapes contenían una dosis de dramatismo escénico que generaba una gran tensión entre la audiencia. Al ocultarse dentro de su cabina para intentar liberarse de las esposas, a veces permanecía deliberadamente más tiempo del necesario para que el público pensara que su número era más complejo de lo que realmente era. En incontables ocasiones, antes de salir triunfante de su cabina, un asistente solía empaparle con agua para transmitir una imagen de fatiga física. Su capacidad de llevar el espectador al límite de la tensión acabó convirtiendo números ordinarios en eventos dramáticos.

> El tiempo es un factor primordial en la ejecución de mis escapes. Si yo me libro de mis ataduras rápidamente, el espectador pensará que la fuga fue demasiado fácil, así que cada segundo añadido aumenta el clímax de tensión. Cuando la audiencia lleva más tiempo esperando del previsto y cree que he fracasado, entonces ha llegado el momento de resurgir victorioso. La tensión reprimida entre la audiencia acaba explotando en una gran ovación. [N8]

Herr Kammsetzer intentó ampliar el contrato de Houdini treinta días más, pero el Wintergarten de Berlín, que ya le había contratado para presentar su función en octubre, rechazó categóricamente su solicitud. La ciudad ya estaba empapelada con centenares de carteles que decían *Wintergarten Houdini im Oktober.* Su estreno en Berlín fue aún más dulce. La demanda de entradas era tal que el ayuntamiento decidió enviar una dotación especial de policías para garantizar la seguridad de la audiencia. El director del Wintergarten se puso en contacto con la administración del teatro Ronacher de Viena —que había reservado el mes de noviembre para el *show* de Houdini— solicitando que retrasase su estreno. El gerente del Ronacher solo asentiría con la condición de que el Alhambra —que tenía programado su retorno para diciembre— estuviera de acuerdo con el retraso, pero Dudan Slater se negó rotundamente. Ante la negativa del Alhambra, la gerencia del Wintergarten propuso pagar una indemnización al teatro Ronacher a cambio de tenerlo más tiempo en su cartel. Después del éxito americano y británico, Houdini conquistaba las tierras germánicas. Su espectáculo cruzó todo el país, desde Hamburgo a Múnich, desde Colonia al Ruhr, además de Dresde, Frankfurt, Hannover, Leipzig y más de una docena de pueblos. Los alemanes le llamaban *Ausbrecherkönig* (rey del escapismo), *Das Unaufgeklärte Räthsel* (El enigma inexplicable), *Der Unfesselbare* (El inquebrantable) o simplemente *König der Handschellen* (rey de las esposas), como le gustaba ser conocido. [N9]

Nota del autor

En su gira por Alemania, Harry decidió promocionar su espectáculo con una exhibición bastante atrevida: saltar de un puente con las muñecas atadas, una osadía que implicaba dos peligros inmediatos: la ruptura de algún que otro hueso y la cárcel. En aquellos años, desafiar a la policía en Alemania era igual que desafiar al mismísimo imperio. Durante los treinta años de reinado del káiser Guillermo II, la policía impuso una dura política de represión a ciertos artistas que supuestamente habrían estafado a las personas en la vía pública. Algunos casos, que implicaron a artistas conocidos, ocuparon los titulares de los periódicos y muchos fueron condenados a pagar duras sanciones e incluso pasar una temporada en prisión. El ciudadano común, temeroso y controlado, se sentía confiado con la audacia de Houdini, que comenzaba a ser visto por las autoridades como un pésimo ejemplo. Al llegar a Berlín en octubre de 1900, la policía ya estaba avisada. El artista fue obligado a acudir a una comisaría para exhibir sus trucos y con ello conseguir el permiso para presentarse en la ciudad. «Cada cantante o comediante del vodevil» —escribió— «debe presentar su actuación completa por escrito a la policía catorce días antes de la fecha de su estreno. Es la policía quien tiene la última palabra y, si hay algo que no les gusta, el artista tiene prohibido presentarse». [N10] Houdini se presentó en la nueva sede de la Polizeipräsidium en Alexanderplatz, donde fue desnudado delante de un equipo de policías liderados por Meerscheidt-Hüllessem, el jefe de la policía berlinesa. Sus brazos fueron firmemente sujetados a la espalda por algunos grilletes y sus manos quedaron maniatadas por un «aplasta pulgares», un artilugio muy utilizado en las sesiones de tortura de la Edad Media. Después de ser completamente inmovilizado, el jefe de la policía ordenó que también le tapasen la boca, de modo que no pudiera regurgitar alguna herramienta previamente tragada. El mago fue encerrado en el calabozo, de donde salió seis minutos después, completamente liberado. Encandilado con sus habilidades y sin saber cómo explicar su proeza, el *Amerikanischer Ausbrecherkönig* obtuvo el permiso que necesitaba para actuar en el Wintergarten.

> Me parece curioso constatar que las personas en Europa, especialmente en Alemania, Francia, Sajonia y Bohemia, sientan tanto temor por la policía. Reconozco que se trata de un organismo muy poderoso, y por ello me enorgullece saber que he sido el primero que osó enfrentarse a ellos; y eso me dio fama. [N11]

La fama le abrió muchas puertas en Europa, pero también atrajo a una horda indeseable de imitadores que empezaban a brotar como setas. Cirnoc, su rival derrotado en el Alhambra, intentó seguirle los pasos debutando en Dresde en la misma semana que Houdini, pero sin lograr el éxito esperado. Otro aspirante a escapista internacional, un tal Hermann, intentó hacer nombre en el circo Bush de Berlín, pero chocó de frente con Houdini, quien no admitía rivales directos actuando en la misma zona. En un determinado momento de su función, Hermann invitó a un comité de voluntarios a subir al escenario para comprobar sus esposas sin saber que Houdini se encontraba entre el grupo. Al entrar en escena, el rey de las esposas americano le hizo una propuesta que le ponía en una situación incómoda ante su audiencia. «Le ofrezco un premio de cinco mil marcos si usted es capaz de zafarse de mis esposas. Le daré otros cinco mil marcos si usted conseguir inmovilizarme con cualquiera de sus artilugios. Y si le parece bien, también le daré otros cinco mil marcos adicionales si usted es capaz de escapar de los grilletes de la jefatura de policía de Berlín». Indignado, Hermann rechazó la propuesta, acusándole de intentar manipular a la audiencia en su contra.

Houdini podría arruinar la carrera de media docena de rivales, pero era incapaz de ponerle freno al imparable surgimiento de nuevos artistas del escapismo, género que se puso de moda en Europa, quizá por su propia influencia. No todos eran buenos, mejor dicho, nadie podía rivalizar con el maestro americano, pero pocos teatros podían darse el lujo de apuntarse a una lista de meses de espera para contratar su espectáculo, así que se arreglaban con lo mejor que podían conseguir. Consciente de que había un déficit de buenos artistas, Houdini envió un telegrama a su hermano Theo invitándole a actuar en Europa. «Si aceptas la propuesta, tendrás tu propio asistente de escenario, todo el equipo que necesites y lo más importante: gozarás de total libertad para ejecutar mis números». Confiado en sus capacidades y seguro de que podía cumplir con las expectativas de su hermano mayor, Theo no lo pensó dos veces, compró un billete para el siguiente navío disponible y zarpó rumbo a Alemania, donde fue recibido con los brazos abiertos por Houdini, que ya le había reservado un equipo de magia completo, incluida una réplica del baúl de *Metamorfosis*, una amplia colección de esposas, camisas de fuerza y otros artilugios. Las semanas siguientes, Theo fue sometido a intensas horas de entrenamiento hasta conseguir ejecutar los números a la perfección. Para evitar que se enteraran de sus lazos familiares, Houdini sugirió que Theo adoptase un nombre artístico y así nació Hardeen, una especie de franquiciado de su hermano (sin el componente financiero, puesto que Theo nunca pagó por los derechos de autor de los números).

Esta práctica no era inusual en la edad dorada de la magia. Harry Jansen, conocido artísticamente como «Dante», trabajo durante muchos años bajo la tutela del consagrado prestidigitador Thurston, con la diferencia de que la gente lo sabía. En el cartel que anunciaba su espectáculo, había un gran titular que decía *Thurston presenta a Dante.* [N12] En 1925, el mismísimo Thurston repitió la fórmula con otra joven promesa, Raymond Sugden, que supo sacar partido de ver su nombre, «Tampa», compartiendo cartel con una estrella de la magia americana. Houdini, sin embargo, optó por conservar la franquicia de su hermano en secreto, puesto que su estrategia era completamente distinta a la de otros magos. [N13] Su plan era en realidad, bastante atrevido: la agenda de ambos era prácticamente la misma y sus espectáculos se estrenaban al mismo tiempo en la misma ciudad, compitiendo entre ellos y dando lo mejor de sí mismos en sus respectivos escenarios, aunque el público no sabía que estaban compinchados. Con este ambicioso planteamiento, los dos hermanos pasarían a ocupar un espacio que podría haber sido destinado a otros artistas, monopolizando los escenarios de los principales teatros y disminuyendo notablemente la competencia. La estrategia funcionó y no pasó mucho tiempo hasta que Hardeen empezara a llamar la atención de la prensa especializada. Sus trucos con esposas eran perfectos y su desenvoltura para liberarse de camisas de fuerza, grilletes y todo tipo de ataduras era comparable a la de su «rival», el gran Houdini. Un diario llegó a publicar una nota diciendo que Hardeen «era la mejor copia de Houdini en exhibición en la actualidad». Su incuestionable habilidad, sin embargo, no fue suficiente para compensar la falta de un importante atributo que su hermano mayor tenía de sobra: el carisma. Hardeen no conectaba tan bien con la audiencia, y esta es una de las muchas razones por las cuales casi nadie le conoce actualmente, al contrario que su hermano, cuya fama perdura inalterable pasados noventa años desde su muerte.

Pese a todo, Hardeen nunca se sintió ninguneado por vivir a la sombra del hermano, sobre todo porque no tenía de qué quejarse. Su caché era muy bueno y nunca le faltaron invitaciones para actuar. Para Hardeen, ganarse el título de «rival número uno de Houdini», era un privilegio que nadie consiguió. Además, la relación entre los dos acabó volviéndose simbiótica. Hardeen sugirió varias mejorías para el espectáculo del hermano, la más importante con respecto al número de escapismo de la camisa de fuerza. Houdini solía ocultarse detrás de la cortina para regresar al escenario quince minutos después, triunfante, pero no le aplaudían lo suficiente. La audiencia creía en la existencia de una trampilla por la que salía un asistente para ayudarle. «Este es uno de los pocos trucos que puedes ejecutar ante los ojos del público.

Y los resultados que esperas no llegarán mientras sigas haciéndolo detrás del telón —le aseguró Hardeen—; tienes que demostrar que has sufrido y que todo tu esfuerzo fue real».

> La teatralidad es muy importante en este número. Houdini lo hacía de manera que pareciese mucho más difícil de lo que era, pero eso es bueno, forma parte del espectáculo. Tenías que sentir el sudor, sentir la sangre, tenías que sentir la idea de que hicieras lo que hicieras en el escenario, lo hacía con el fin de entretener. Iba a salir de aquello aunque fuera casi muerto. Además, cuando veías el resultado, el cuello con marcas, a veces con las manos sangrando, tambaleándose y sin poder hablar, sentías que aquel tipo se había ganado su dinero. DAVID COPPERFIELD [N14]

A partir de entonces, Houdini pasó a presentar algunos de sus números de escapismo sin tapujos, pero solamente aquellos que no revelasen los secretos de su ejecución o que no dependiesen de dispositivos mecánicos de los que nadie podría jamás sospechar de su existencia. De esta forma, tuvo la oportunidad de demostrar no solo al público, sino también a sus rivales, que sus habilidades como escapista eran legítimas y que sería muy difícil superarle en un hipotético desafío. De acuerdo con Ken Silverman, autor de *Houdini!!! The Career of The Ehrich Weiss*, el mago intentó ampliar «su sistema de franquicias» entrenando a una mujer llamada Wanda Timm para convertirla en artista de escapismo. Tenía el objetivo de montar un equipo bajo su dirección para actuar de forma independiente en diferentes teatros, alejando la competencia indeseable. Wanda Timm habría firmado un contrato de un año cobrando ciento cincuenta marcos al mes para protagonizar un espectáculo propio bajo el nombre artístico «Miss Trixy», presentando algunos de los números más importantes de Houdini. Pero el plan no siguió adelante debido a los frecuentes episodios de crisis nerviosas que se producían siempre que la actriz se preparaba para ejecutar números de alto riesgo. [N15]

En cuanto Hardeen cumplió su agenda en Berlín, su hermano cerró una temporada exitosa en Magdeburgo, de donde partió rumbo a Londres para su segundo estreno en el Alhambra, programado para el 3 de diciembre. El público se mostraba entusiasmado, y los periódicos le dedicaban mucho espacio. Una de las noches más celebradas de su espectáculo —que permaneció en cartelera hasta el 2 de febrero— incluyó la presencia de dos marineros del navío HMS Powerfull,

Mientras Houdini se presentaba en un determinado circuito de teatros, su hermano ocupaba el escenario de la competencia, disminuyendo las opciones de otros artistas. La imagen arriba muestra dos vallas publicitarias anunciando el show de los «rivales» en la ciudad de Oakland el 21 de noviembre de 1915. Houdini estrenaba en el teatro Orpheum mientras que su hermano menor debutaba en el Pantages.

que subieron al escenario con cuerdas de la marina británica. «Los marineros dicen a menudo que si algo no se puede hacer con cuerdas, entonces no merece la pena ser hecho», explicó el mago, quien horas más tarde acabó sobre el escenario de rodillas, completamente inmovilizado con fuertes nudos náuticos, «como un insecto atrapado en una telaraña», recordó. Cuando consiguió liberarse del último nudo, estaba tan agotado que apenas pudo agradecer los efusivos aplausos. El 3 de febrero, Houdini empaquetó todo su equipo y se trasladó al interior de las islas británicas, donde encontró cierta resistencia por parte de algunos gerentes que consideraban su exhibición demasiado exótica para sus conservadores teatros, cuya cartelera consistía básicamente en atracciones escénicas a la vieja usanza, con canciones populares y chistes locales. El único que aceptó contratarle fue el jefe de uno de los circuitos provinciales, Frank McNaughton, quien le ofreció una temporada de una semana en el teatro Palace de Bradford, la capital textil de Yorkshire, distante trescientos cincuenta kilómetros de Londres. [N16] Su estreno, programado para un viernes, 8 de febrero de 1901, obtuvo una importante cobertura de la prensa local y acabó convirtiéndose en uno de los eventos más relevantes de los últimos años en la ciudad. La demanda de entradas fue tan grande que la dirección de la casa tuvo que acomodar sillas extra por todos los pasillos y laterales del teatro. [N17]

Mientras tanto, al otro lado del Atlántico, Martin Beck planificaba la temporada de 1901/1902 con la mirada puesta en Houdini, pero el mago escapista tenía sobre la mesa varias ofertas para realizar giras por toda Europa y aún estaba resentido por la manera en que se había gestado su viaje a Inglaterra. En un telegrama enviado a su exempresario, Houdini lo deja claro: «Tuve que presentarme a decenas de audiencias para demostrar la calidad de mi espectáculo; y si hubieras cumplido con tu compromiso de conseguirme un representante, las cosas habrían sido más fáciles y, además, saldríamos todos ganando». [N18] Al dejar claro que no tenía intenciones de regresar a Estados Unidos antes del verano, Beck decidió posponer tres meses su estreno, casi a finales del otoño. Luego se vio obligado a aplazarlo para Navidades hasta darse cuenta de que no podría contar con su extutelado. Para intentar convencerlo, Beck le propuso montar una obra de teatro basada en sus números, ofreciéndole el papel de protagonista, pero Houdini se resistía. En julio de 1901, el artista le envió un telegrama solicitando la cancelación de todos sus contratos: *Quisiera saber cuál es el importe que tengo que pagar para abandonar su compañía*. Houdini calculó que le debía cerca de cuatrocientos veinte dólares en concepto de indemnización, pero estaba dispuesto a ofrecer una aportación más generosa a cambio de su independencia. «Me parece justo pagarle más de lo debido por todas las molestias que le he causado en América». Quinientos dólares (en torno a los quince mil dólares actuales) fue el importe finalmente acordado para su liberación, abonado en seis prestaciones semanales. Harry y Beck siguieron siendo amigos, aunque el mago trató de borrarlo de su biografía profesional. «En la historia de la magia, la ascensión de un artista depende bastante del empeño de su empresario» —escribió Houdini más tarde—. «No tengo de qué quejarme, he tenido mucho apoyo, pero necesitaba ser mi propio jefe».

Una vez resueltas las cuestiones contractuales con Beck, Houdini reanudó su gira, ahora como artista independiente; pasaría los siguientes cinco años viviendo entre las islas británicas y el continente europeo, donde mantendría una ruta más o menos fija de ciudades y teatros en diferentes temporadas. Esta nueva fase de su carrera tuvo inicio en el teatro Crystal Palast en Leipzig y en el Apollo de Düsseldorf (Alemania). Una crítica publicada en el *Düsseldorf Burger-Zeitung* llamó la atención por lo absurdo. El periodista que la firmó dijo que, después de asistir a varias de sus presentaciones, llegó a la conclusión de que Houdini no podría ser mortal y que sus extraordinarios dotes como escapista solo eran posibles porque poseía poderes sobrenaturales. «Si te digo la verdad, me encantaría poder desmaterializarme», escribió en su diario. A pesar de su extravagancia, afirmaciones como la del periodista alemán pasaron a ser recurrentes en los diarios de toda Europa, y por mucho que lo intentara desmentir, la verdad es que le encantaban dichos rumores. Houdini era tan sensible a la adulación en lo referente a sus portentos como podría serlo cualquier muchacha en lo referente a sus encantos.

De vuelta a Londres, Houdini y Bess solían pasar la tarde caminando por Picadilly Circus, probablemente la zona más concurrida de la capital. Hacía frío y el sol brillaba en todo su esplendor. A la pareja le gustaba observar a la gente, detenerse frente a los escaparates de las tiendas, contemplar la ropa que llevaban puesta los maniquíes y sobre todo mirar a través de unas largas vitrinas donde se podía ver todo tipo de dulces, bombones y chocolates de licor. En un momento dado, el mago fue atraído por la vitrina de una conocida sastrería londinense, que exhibía un magnífico vestido hecho por encargo para la reina Victoria, fallecida poco antes de tener la oportunidad de usarlo. Envuelta en un profundo luto tras el fallecimiento del príncipe Alberto, la reina Victoria se negó a llevar adornos; usaría exclusivamente el color negro, el mismo color de la prenda que se encontraba en exposición, con la diferencia de que este poseía encajes brillantes y lentejuelas. [N19] Sin mediar palabra con Bess, Houdini entró en la tienda con la firme intención de comprar la codiciada indumentaria, pillando por sorpresa al propietario de la sastrería, que, al principio, no tenía intención de venderlo. Tras una dura negociación, el artista logró convencerle de que aquel majestuoso atuendo merecía ser lucido en una glamurosa fiesta en vez de estar condenado a permanecer de por vida encerrado en un escaparate, y por cincuenta libras (importe equivalente a tres mil dólares actuales) se lo llevó envuelto en un precioso papel de regalo y con cinta roja de seda. «¡Este vestido ya tiene dueña!», masculló, y no era precisamente Bess, sino su madre. Con la agenda llena de presentaciones y sin previsión de regresar a los Estados Unidos, la compra del vestido le motivó a escribir una carta a Cecilia invitándola a venir a verle actuar en Alemania. Aunque no lo esperaba, ella contestó afirmativamente en un telegrama; llegaría pocas semanas después, coincidiendo con su estreno en el teatro Hansa de Hamburgo. El prohibitivo precio de las entradas no impidió que el teatro se llenara por completo; además, muchas personas se quedaron de pie al fondo y en los costados del recinto. El más sorprendido fue Houdini, cuando se enteró de que su madre y Bess tendrían que asistir a su función desde los bastidores. Su indignación fue tan grande que amenazó con no presentarse aquella noche si la dirección no conseguía un lugar digno para acomodarlas a las dos. Hasta hoy no se ha sabido cómo lo hicieron, pero Cecilia y Bess pudieron disfrutar de la presentación del rey de las esposas confortablemente instaladas en la tribuna del Hansa.

Al día siguiente, Houdini, Bess y Cecilia cogieron un tren con destino a Budapest. Su sueldo todavía no permitía grandes lujos y los tres tuvieron que viajar en el vagón de segunda clase. Harry llegó a la capital húngara determinado a proporcionar a su madre un regreso rimbombante, contrastando con la época en la que ellos inmigraron a América. El escenario elegido para celebrar el triunfo de la familia Weiss fue el Palm Garden, el salón de fiestas del hotel más lujoso de Budapest, decorado con tapicería oriental, fuentes magníficas, palmeras exuberantes, mobiliario rococó y una imponente escalera de mármol que nacía de ambos lados del salón, cuyas dimensiones podrían fácilmente albergar una ceremonia de coronación, con sus techos de terrazo y sus magníficas lámparas de cristal de Baccarat. Pero su intento de reservar el local por una noche fue rechazado por la gerencia del hotel, puesto que el recinto no estaba disponible para fiestas privadas. Lejos de resignarse, el mago escapista reveló al gerente el origen de su familia, la dura travesía oceánica que tuvieron que hacer y las penurias que habían padecido en América. La fortuna, sin embargo, les había sonreído y ahora quería convertir a su progenitora en la reina Victoria por una noche. Tras mucho insistir, consiguió reservar el salón, e incluso gratis. «Joven, su causa es tan noble que me ha dejado sin argumentos», le contestó el gerente del hotel.

Cecilia hizo una entrada triunfal en el Palm Garden, bajando lentamente cada uno de los peldaños de la impresionante escalera de mármol que daba acceso al salón principal. Luciendo el elegante vestido de la reina Victoria y conducida por la mano de su hijo, la matriarca de los Weiss en América se convirtió —como quería Houdini— en el centro de atención de sus parientes, que la veían un poco esnob y con aires de grandeza, una postura muy distinta a la demostrada años atrás, cuando se había casado con un rabino sin posesiones. Entre los más impresionados se encontraba el aristocrático tío Heller, que, cotilleando con su mujer, se preguntaba si toda aquella ostentación era real o si Harry se había endeudado más allá de sus posibilidades con la única intención de presumir. El gerente del hotel decidió entrar en el juego orquestado por Houdini y se presentó en la fiesta con un traje de gala especialmente reservado para las fiestas de la realeza. Houdini no dejaba de mirarla a cada paso. Estaba preciosa y tenía un porte elegante por naturaleza. Escribió en su diario: «Mi corazón se llenó de felicidad al reencontrar a tantos amigos y parientes, todos dispuestos a homenajear a mi amada madre, la protagonista absoluta de la noche. Al verla disfrutar de su noche de reina, tuve la certeza de que, por primera vez en la vida, estaba experimentando la felicidad en su plenitud». «La gran noche de mi madre», como solía decir, jamás salió de su memoria, y prueba de ello fue que, con el tiempo, acabó dándose cuenta de lo difícil que era vivir lejos de su progenitora. El mago escapista se encontraba de gira con el circo Corty-Althoff y durante su temporada en el teatro Roanacher de Viena, tuvo la idea de hacer un rápido viaje a los Estados Unidos. Houdini llevaba diez meses sin ver a Cecilia y dos años lejos de sus hermanos, y la idea de un reencuentro invadía su mente de una manera cada vez más obsesiva; de tal manera que decidió escribir un telegrama a Beck para saber su opinión acerca de un posible regreso definitivo a los escenarios estadounidenses. «Quizá fuese un buen momento para capitalizar mi fama europea en el circuito Orpheum», pensó el mago. La respuesta de Beck no tardó en llegar: *Mientras tengas propuestas de trabajo, quédate donde estás. Aún no eres lo suficientemente conocido para cobrar aquí lo mismo que te están pagando en Europa.* [N20]

Houdini versus Kleppini

Al conocer la posición de Beck, Houdini decidió permanecer más tiempo en Europa. Renovó su contrato una temporada en el circo Corty-Althoff, con un estreno previsto en Holanda, país donde vivió un curioso episodio, narrado por el propio mago en su libro *Handcuff Secrets*. Pocos días después de su llegada a Ámsterdam, el mago recibió una carta de un amigo acompañada de un recorte de periódico anunciando el espectáculo escapista de Kleppini —de quien nunca había oído hablar— en el circo Sidoli de Dortmund (Alemania). Al principio, se trataba de un anuncio publicitario común, que buscaba promocionar el espectáculo de un artista circense. Sin embargo, lo que Houdini encontró en el párrafo siguiente hizo saltar todas las alarmas: la nota afirmaba que Kleppini acababa de regresar triunfante de Holanda, tras derrotar al gran Houdini en su número más conocido: el escapismo con esposas, un hecho que jamás ocurrió. Además de tratarse de una estrategia cutre y calumniosa para llamar la atención de la audiencia, semejante atrevimiento ponía en peligro su reputación de invencibilidad. Había que actuar deprisa, porque su osadía podía servir como un peligroso precedente para otros artistas sin escrúpulos. «Explicaré la situación al gerente del Althoff y le pediré una semana de permiso para tomar las medidas que considere oportunas», pensó Houdini, pero su solicitud fue denegada de inmediato. Empecinado en defender su honor a toda costa, amenazó con irse de cualquier modo, aunque para ello tuviera que indemnizar a la compañía. Tras una furibunda discusión, el gerente finalmente accedió, concediéndole cinco días de licencia. El artista embarcó en el primer tren con destino a Alemania, portando una maleta con sus mejores esposas y un amplio juego de herramientas.

Al llegar a Dortmund, Houdini procuró saber dónde estaba instalado el circo Sidoli y se sorprendió al constatar que la demanda de entradas para asistir al espectáculo de Kleppini era pequeña para un circo relativamente grande. El mago se dirigió a la taquilla, adquirió su entrada y se infiltró entre los presentes, ansioso por poner en marcha su plan. Horas antes, había pasado por un barbero e hizo que le pegase un bigote falso y le arreglase el pelo, de modo que se pareciera a un anciano. Kleppini no tardó en aparecer y dio inicio a su función con un breve discurso, exaltando sus habilidades y repitiendo la misma falacia de su victoria frente al gran escapista americano. Apenas capaz de contener su furia, Houdini se levantó de su asiento y gritó «*Nicht Wahr, Nicht Wahr*» (¡No es verdad, no es verdad!), gritaba en alemán, exaltado, aunque teniendo el cuidado de conservar su identidad protegida bajo el disfraz de anciano. «¿Cómo lo sabe?», preguntó Kleppini, visiblemente desconcertado. «Ante esto, di un salto espectacular de siete metros hasta el centro de la pista y le dije: "¡Yo sé que es mentira, porque YO soy Houdini!"».

Kleppini no podía creer lo que estaba viendo. Cuando decidió inventarse la historia de que había vencido al rey de las esposas americano, jamás pudo imaginar que el propio Houdini se enteraría de su estrategia fraudulenta por tratarse de una celebridad internacional que no malgastaría su precioso tiempo con rivales provenientes de lo más hondo del escalafón. Pero, para su sorpresa, el mayor escapista de todos los tiempos se encontraba allí presente, listo para un desafío real. No es necesario decir que un alboroto se produjo entre los presentes. «Te ofrezco un premio de cinco mil marcos si eres capaz de escapar de una de mis esposas», le desafió, pero Kleppini —previendo un fiasco— trató de evadirse, alegando que el desafío no estaba previsto y, por lo tanto, no podría producirse aquella noche. Bajo un aluvión de silbidos y epítetos poco amables, Houdini bajó del escenario y regresó a su asiento, mientras la audiencia abandonaba la carpa, indignada y con la sensación de haber sido estafada. Los ánimos solo se calmaron cuando la dirección anunció que devolvería el dinero de las entradas.

A la mañana siguiente, el mago fue despertado por el teléfono de su habitación. «Señor Houdini, un conocido suyo le espera en el vestíbulo». Se trataba de *Herr* Heuter, el gerente del circo Sidoli, que vino a su encuentro dispuesto a patrocinar un desafío entre los dos reyes de las esposas. Houdini rechazó la oferta, pero Heuter era uno de aquellos hombres que no aceptaba un «no» por respuesta. Tras una larga negociación y algunas condiciones acordadas, Heuter abandonó el hotel y ordenó a sus asistentes que empapelasen toda la ciudad de Dortmund con carteles anunciando una épica contienda entre Houdini y Kleppini, los dos mayores escapistas de la actualidad. *¿Quién vencerá en el desafío?*, anunciaba el cartel. El propio *Herr* Heuter tenía sus dudas y era consciente de que se enfrentaba a un dilema que podría comprometer el futuro de su compañía. El desafío de aquella noche agotaría las entradas puestas a la venta, pero si quería mantener el teatro lleno toda la temporada, tendría que contratar al vencedor y Houdini cobraba unos honorarios que su modesto circo no podría permitirse pagar, así que Kleppini tendría que vencer, fuese como fuese.

En una acción desesperada, Heuter regresó horas más tarde al hotel donde Houdini se encontraba hospedado y le hizo una petición peculiar: «¿Le importaría enseñarme las esposas que utilizará en el desafío?». El mago abrió un maletín de donde sacó una colección compuesta por doce pares de diferentes esposas, todas muy parecidas con excepción de un modelo cuyo diseño era completamente diferente a los demás. Se trataba de un curioso ejemplar de esposas francesas cuya apertura solo era posible mediante una combinación predefinida de letras. «¿Cuál es la combinación que desbloquea estas esposas?», le preguntó sin rodeos el gerente del Sidoli. Houdini captó la treta al instante y con una sonrisa tan cínica como la pregunta de Heuter le dijo: «Mire, no hay inconveniente alguno en revelarle el secreto, pero usted tendrá que prometer que no se lo contará a Kleppini. Este desafío no es una broma y mi reputación está en juego», le advirtió. «Tiene mi palabra de honor», le aseguró Heuter, mirándole fijamente a los ojos. Houdini comenzó a girar las ruedecitas de las esposas hasta formar la palabra «C-L-E-F-S» (*llaves* en francés). Entonces, se escuchó un clic y las esposas se abrieron. «Perdóneme la osadía —le dijo Heuter—, pero ¿le importaría dejármelas un par de horas para que el dueño del circo, *Herr* Sidoli, las pueda examinar? Ya sabe, estos directores son muy rigurosos y quieren tenerlo todo bajo control». Casi sin poder creer que existiese alguien con semejante desfachatez, Houdini le contestó: «De acuerdo, pero con la condición de que Kleppini no las vea». La extraña ingenuidad demostrada por él en aquel momento era completamente atípica de su carácter; sin embargo, Houdini guardaba una carta en la manga, que sería convenientemente utilizada en el momento oportuno. Heuter abandonó el hotel exultante, llevándose las esposas francesas en el bolsillo. Cuatro horas más tarde, Houdini las recibió de vuelta, sin saber si el gerente del Sidoli había cumplido con su palabra de no enseñárselas a su rival.

Al llegar la gran noche, los dos contrincantes se encontraron frente a frente en la pista del Sidoli ante una multitud ávida de asistir a un combate grandioso. Houdini abrió su maletín y puso, una a una, las doce esposas de su colección sobre una mesa y las ofreció a su rival. «Estas son mis esposas, le ofrezco la posibilidad de elegir el modelo que quiera». Kleppini cogió cada una de ellas y las estudió con detenimiento durante algunos minutos. Tal y como lo esperaba, se lanzó sobre las esposas francesas. «Creo que voy a coger este par, el que se abre con la combinación de letras», le contestó cínicamente. «Me parece una elección estupenda», hizo notar Houdini, que ya sabía de antemano que su rival las escogería. Con las muñecas maniatadas y sin saber que acababa de caer en una trampa de la cual no sería capaz de zafarse, Kleppini se ocultó plácidamente detrás del telón. Estaba tan confiado de su triunfo, que aun tuvo la osadía de decirle a su rival: «Abriré estas esposas en menos tiempo de lo que puedas imaginar», le susurró al oído. El mago se rio por lo bajo. «Eso lo veremos», le contestó mentalmente, y antes de volver a su asiento, tomó la palabra y se dirigió al público diciendo: «Damas y caballeros, si lo consideran oportuno, les recomiendo irse a todos a sus casas, porque este señor no saldrá del interior de la cabina. Les puedo asegurar que llegará el día del juicio final y mi adversario aún estará intentando liberarse». Mientras Houdini profetizaba el trágico destino de su contrincante, Kleppini comenzaba a girar rápidamente las ruedas para formar la palabra «C-L-E-F-S», combinación que le abriría no solo las esposas, sino también las puertas de la fama, una oportunidad que incluiría su nombre en la historia del escapismo como el hombre que derrotó al gran Houdini, pero había algo que no encajaba. «¿Q-q-q-qué pasa con estas esposas?», tartamudeó un intrigado Kleppini, que no entendía por qué no abrían, después de haber usado la combinación correcta. En un intento a la desesperada, el hombre que había osado desafiar al mayor escapista del mundo, giraba aleatoriamente los cilindros formando una vez tras otra la palabra «C-L-E-F-S», pensando que podría tener alguna posibilidad de funcionar, pero las esposas seguían bloqueadas. Estaba haciendo de tripas corazón, mientras las primeras gotas de sudor le corrían por la frente, delatando su patente estado de nerviosismo. Mientras tanto, las agujas del gran reloj dispuesto sobre el escenario alcanzaban la marca de diez minutos y la audiencia empezaba a mostrar señales de inquietud. Su corazón se aceleraba a medida que los segundos pasaban, mientras que su rostro palidecía. «No puede ser, no puede ser —decía con las manos temblando—, las he desbloqueado varias veces con esta combinación, no entiendo lo que está pasando».

A las nueve y media de la noche, las bailarinas del ballet del circo Sidoli ya estaban listas para salir al escenario, pero Kleppini seguía arrinconado dentro de su cabina, girando ya las letras de las esposas de manera aleatoria, intentando cambiar la situación desesperadamente mediante un improbable golpe de suerte. Mientras tanto, las agujas del reloj seguían avanzando fríamente, hasta que llegaron las once de la noche y gran parte del público ya había abandonado el recinto. La profecía de Houdini se estaba cumpliendo; probablemente, el día del juicio final llegaría antes de que su rival saliese victorioso de aquel duelo. Ante el fiasco que se avecinaba, *Herr* Sidoli ordenó a dos asistentes que sacasen a Kleppini de la cabina, de donde salió prácticamente a rastras hacia su camerino, donde siguió intentando zafarse del castigo impuesto por su rival. «A la una de la madrugada, me rogó desesperadamente que le liberase, petición que me negué a atender sin la presencia de testigos». Su rival tenía un aspecto deplorable, estaba pálido, con el pelo revuelto, los ojos hinchados y sentía una agobiante sensación de frío subiéndole por el cuerpo, resultado del nerviosismo acumulado tras horas emprendiendo una lucha inútil contra un artilugio de metal que parecía invencible. Le habían propinado una verdadera paliza sin siquiera tocarle. Houdini pidió que llamasen a *Herr* Sidoli, *Herr* Reuter y un reportero. Acto seguido, se acercó a su rival, le cogió de las manos y trató de liberarle, girando las ruedecitas para formar el código que desbloqueaba las esposas. Kleppini, que observaba atentamente los movimientos de su contrincante, se quedó asombrado cuando vio que la primera letra del código era una «F» y no la «C» de «C-L-E-F-S». Después de seleccionar la «F», Houdini siguió buscando las letras que faltaban, una «R», luego una «A», seguida de una «U» y finalmente una «D». Se escuchó un vibrante clic y las esposas se abrieron. «¿*Fraud*? ¿La palabra clave que desbloqueaba las esposas era *Fraud*?», preguntó Kleppini sin poder creer lo que estaban viendo sus enrojecidos ojos. «¡Efectivamente!», le contestó. «La palabra clave representa justo lo que usted es: un fraude». La combinación era, por lo tanto, modificable, y Houdini solo necesitó de un momento de distracción de su contrincante para cambiar la palabra. El fracaso del presunto escapista le escoció tanto al director del circo que juró que jamás volvería a contratarle ni tampoco recomendarle a otras compañías.

A pesar de la abrumadora derrota, Kleppini no cambió su postura y siguió siendo el mismo artista fanfarrón y petulante que siempre había sido; comenzó a propagar una serie de rumores acerca de victorias que nunca ocurrieron y de portentos que nunca llevó a cabo. Pero su lamentable estrategia publicitaria ya no convencía a los empresarios y en pocas semanas nadie en Dortmund recordaba su nombre. Kleppini estaba, como se suele decir en el mundillo del espectáculo, acabado.

No tengo tiempo ni paciencia para discutir con imitadores y eso se aplica especialmente a Kleppini, que tuvo la osadía de utilizar mi nombre para promocionar el suyo a través del engaño. Felizmente, me enteré de sus artimañas y pude intervenir a tiempo. A partir de ahora, estaré pendiente de los anuncios publicados por este hombre y haré lo que esté a mi alcance para evitar que no solo mi nombre, sino también mi reputación sean perjudicados con engaños. [N21] HARRY HOUDINI

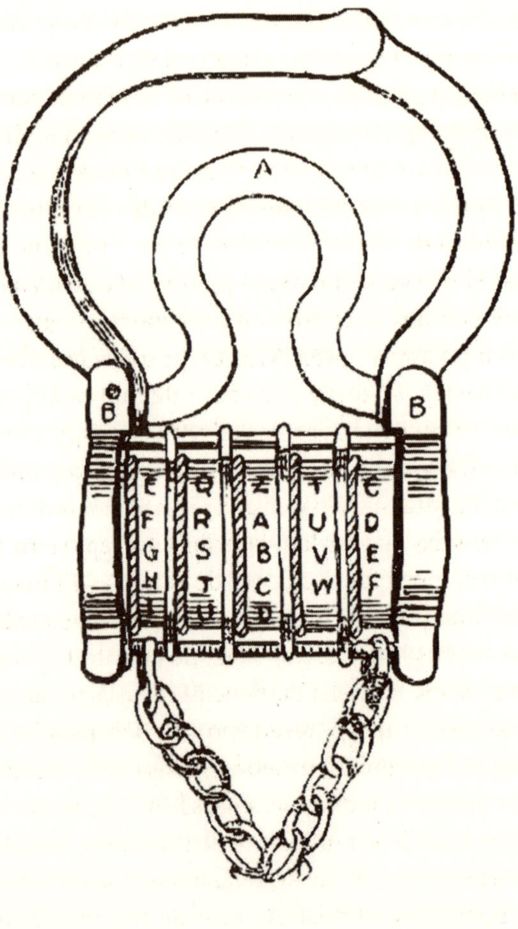

Bloqueadas por una combinación predefinida de letras, las esposas francesas protagonizaron el duelo entre Houdini y su desleal adversario, Engelberto Kleppini.

Houdini versus Kinsky

Tras vencer a Kleppini en el desafío de las esposas francesas, Houdini se reincorporó al elenco del Corty-Althoff, tal y como lo había acordado con el gerente de la compañía. Algunos días después, el mago encargó a un mecánico de la ciudad de Essen, llamado Josef Kinsky, la producción de algunos artilugios para su función. Confiado en que acabaría convirtiéndose en proveedor oficial del artista —quien por aquel entonces ya gozaba de una tremenda fama en Alemania—, Kinsky empezó a realizar inversiones en su taller muy por encima de sus posibilidades. Pero Houdini no le hizo nuevos encargos y las deudas casi llevaron su negocio a la quiebra. Empecinado en recuperar el dinero mal invertido, Kinsky pasó a acosarle y le retó a un desafío de escapismo, pero su excliente decidió mantenerse ajeno a sus embestidas, hasta que un día el mecánico alemán le difamó públicamente. «Si buscas un reto, te propongo uno muy interesante —le dijo el mago—. Yo pondré quinientos marcos de mi parte y, como sé que no estás viviendo tu mejor momento, te permitiré aportar solamente cien marcos. El que gane donará el premio a la caridad». El desafío se hizo público y ambos se citaron en un conocido teatro de Essen, que se abarrotó en pocos minutos. Kinsky quiso lavar su honor lanzando una diatriba contra Houdini, pero fue interrumpido por los gritos de los presentes, impacientes por ver al rey del escapismo en acción. El mecánico accedió y durante catorce largos minutos comenzó a atar su rival con una cuerda. «Me parecía repugnante e indigno el modo en que Kinsky tensaba la cuerda —escribió un reportero local—, Houdini fue atado como si fuera una res de ganado». El mago escapista se retiró a su cabina y volvió diecisiete minutos más tarde, ensangrentado, con las manos hinchadas y rasguños por toda la extensión de la espalda, pero estaba libre. La audiencia, entusiasmada, rompió en un largo aplauso, que el mago agradeció con sobriedad. «El americano ganó una disputa que puso a prueba su sensacional destreza. La forma amena en la que supo conducir las cosas le hizo ganarse la simpatía del público, que reconoció estar delante de un artista en toda regla», concluyó el reportero en su nota. Aquella noche fue tan emblemática que acabó incorporándose al folclore local de la ciudad. Poemas fueron escritos al respecto y canciones fueron compuestas homenajeando al gran artista americano. Pero Kinsky no había terminado con su rival todavía. El mecánico se ofreció como testigo en una denuncia que la policía de Colonia interpondría contra el mago meses más tarde. «Me quedé sorprendido cuando me enteré de que Kinsky había sido convocado a testificar contra mi persona —escribió Houdini en su diario—, pero su testimonio fue tan confuso que los jueces tuvieron que interrumpirlo varias veces. Cuando le preguntaron bajo juramento si yo le había derrotado, él tuvo que reconocer que yo era su maestro y mentor». [N22]

París

Después de concluir su agenda en Alemania, Houdini y Bess cogieron un tren hacia París, donde finalmente pudieron tener su anhelada, aunque corta, luna de miel. El matrimonio desembarcó en la bulliciosa estación central, donde les hubiera entusiasmado haber podido disfrutar de una llegada más romántica; por el contrario, el lugar parecía una catedral de hierro, sus locomotoras escupiendo humo y los mozos de la estación yendo de un lado a otro. En resumen, un lugar abarrotado de gente, agobiante y ruidoso. Después de abrirse paso a codazos entre el gentío que atestaba los andenes que les separaban de la calle, la pareja pudo por fin disfrutar de un merecido descanso en un acogedor apartamento de la rue Bellefond, para al día siguiente perderse entre los encantos de la ciudad de la luz, probar su *haute cuisine* y dar innumerables paseos románticos a orillas del río Sena o en el campo de Marte, donde pudieron apreciar de cerca una gran torre de hierro construida por Gustave Eiffel para la Exposición Universal de 1889. En aquella época, la Torre Eiffel aún era un objeto de controversia y dividía las opiniones de los parisienses. Mientras algunos la consideraban un marco de la modernidad, otros solamente veían una inmensa torre de chatarra que debería ser desmontada inmediatamente. El monumento aún no había logrado establecerse como punto turístico y mucho menos como símbolo de la ciudad —un objetivo complicadísimo de alcanzar si tenemos en cuenta otros edificios parisinos de esplendor incomparable, como son el Museo del Louvre, la catedral de Notre Dame o el Arco del Triunfo.

Houdini había sido contratado para presentarse en el Folies Bergère, un conocido cabaré de la ciudad que ofrecía atracciones muy similares a las presentadas en el circuito americano del vodevil. Pero tal y como ocurrió en Londres y Berlín, el mago tuvo un mal comienzo en París. «Señor Houdini, siento informarle de que su contrato ha sido cancelado», le reveló *Monsieur* Galenzie, su representante francés y el encargado de su agenda en el país galo. El teatro estaba cerrado temporalmente a raíz de los graves problemas de salud de su propietario, Édouard Marchand, que acabó falleciendo. Su viuda, *Madame* Marchand, decidió deshacerse de la casa de espectáculos, vendiéndola a los hermanos Émile y Vicent Isola, dos exmagos que se habían hecho con varios locales de ocio de la capital francesa. Preocupado de que su viaje hasta París hubiese sido en vano, Houdini pidió a su representante que intentara negociar un nuevo contrato con los hermanos Isola. Las dos partes no tardaron en alcanzar un acuerdo, y el escapista acabó siendo fichado para una corta temporada en el teatro Olympia, con estreno previsto para el inicio del mes de diciembre.

Su nombre fue anunciado por toda la ciudad a bombo y platillo como cabeza de cartel, un logro poco común en la carrera de Houdini hasta entonces. Su alegría, sin embargo, duró poco. La policía francesa negó su petición de intentar escabullirse de sus cárceles, impidiéndole promocionar su función como le gustaría. El director del Olympia, no convencido de sus habilidades, decidió rebajarle a telonero. Al contrario que en los Estados Unidos, donde eran artilugios extremadamente populares, las esposas en Francia eran consideradas objetos raros; los gendarmes aún empleaban cadenas y candados para inmovilizar a sus prisioneros. Como los franceses no estaban familiarizados con las esposas modernas, Houdini tuvo dificultades para encontrar a alguien que le desafiara. Para rellenar este hueco, decidió abrir su número con trucos de cartas, materia que dominaba desde niño y que fue aplaudida fervorosamente por el público. El éxito fue tan mayúsculo que su actuación permaneció en el Olympia más de cuatro semanas. [N23] Aunque su nombre se destacó en *L'Illusioniste* —la principal revista francesa dedicada a la magia—, el «*roi dês menottes*», como era llamado, no obtuvo el éxito que esperaba en París. Sus críticas fueron superlativas, pero escasas y muy breves. A fin de promocionar su nombre a la desesperada, el mago llegó a ofrecerse para intentar escapar de la isla del Diablo, un asentamiento penal frente a las costas de la Guayana francesa, un lugar inhóspito de calor insoportable y con clima tormentoso. Su recluso más famoso fue el capitán Alfred Dreyfuss, un militar francés acusado de espionaje, que estuvo allí más de cuatro años. Una hipotética fuga de un lugar tan exótico supondría una importante publicidad, pero las autoridades francesas se negaron rotundamente a aceptar semejante propuesta. «Ellos temían que mi hazaña provocara conflictos sociales —explicó Houdini—, se trataba de un tema delicado y no cabía convertirlo en algo chismoso».

Cuando Houdini llegó a París en 1902, Robert-Houdin había muerto hacía treinta y un años, aunque la mayoría de los parisienses lo ignorasen. De hecho, muchos pensaban que el famoso prestidigitador francés administraba un teatro que llevaba su nombre en el Boulevard des Italiens, pero en realidad su dueño era el reconocido ilusionista George Méliès, que lo adquirió ya en decadencia y lo remodeló por completo. Allí dio rienda suelta a su desbordante imaginación, ofreciendo espectáculos de ilusionismo y actuaciones teatrales. Un día, mientras planificaba la ampliación de la oferta cultural de su revitalizado teatro, Méliès decidió acudir al Gran Café de Volpini, donde el inventor Louis Lumière ofrecería una demostración de una máquina futurista para la época, el cinematógrafo. Ante los asombrados ojos de los espectadores desfilaban las primeras imágenes en movimiento proyectadas sobre una pantalla: se trataba de dos cortometrajes, los primeros de la historia del cine: *Salida de los obreros de la fábrica Lumière en Lyon* y *Llegada del tren*. El desconcierto general solía ser tal que los congregados temían que el tren traspasase los límites de la pantalla y les arrollase. Fascinado con aquel divertido artilugio, Méliès le hizo una oferta de mil francos para incluirlo en su función, pero Lumière no estaba dispuesto a deshacerse de su precioso invento. Su contestación fue tan áspera como equivocada: «El cinematógrafo es una máquina que podrá ser explotada durante algún tiempo como curiosidad científica, pero no tiene ningún porvenir comercial». [N24]

Ante la inesperada negativa, Méliès trató de comprar un proyector de similares características de otro inventor, el británico Robert William Paul, un prestigioso óptico y miembro de la Escuela de Brighton, que le vendió un modelo de bioscopio. Su deseo de crear sus propias películas le llevó a adaptar el mecanismo del artilugio de William Paul en una cámara con la que rodó su primer cortometraje en 1896, *Une partie de cartes* (*Una partida de naipes*), que consistía en una sola escena donde aparecen tres hombres jugando a las cartas y duraba menos de un minuto. La experiencia le resultó satisfactoria y, a partir de entonces, Méliès empezó a producir sus primeras películas para exhibirlas en su teatro; eran pequeñas escenas al aire libre, documentales y cortometrajes escritos, dirigidos y producidos por él mismo. Méliès también intervino en casi todas sus producciones como protagonista, actuando en los papeles más heterogéneos. Entre 1896 y 1912, el ilusionista francés rodó cerca de quinientas películas (de las cuales sobrevive una pequeña parte), convirtiéndose en uno de los más importantes pioneros de la historia del cine. El encuentro de Houdini con Méliès tocó su vida de manera tangencial. Fue en el teatro Robert Houdin donde el mago escapista se dio cuenta de que la magia de escena podría acabar convirtiéndose en una opción de entretenimiento secundaria para dar paso al cine, una novedad moderna, atractiva y apta para todas las edades y gustos. Semejante previsión le proporcionó un nuevo objetivo profesional: nada más y nada menos que la conquista de la industria cinematográfica, un ambicioso proyecto que pondría en marcha pocos años más tarde. [N25]

Nota del autor

En 1902, George Méliès creó la que está considerada su obra capital y tal vez la primera superproducción de la historia de cine: *Le voyage dans la Lune* (*Viaje a la Luna*). Inspirada en la conocida novela de Julio Verne, *De la Tierra a la Luna*, y *Los primeros hombres en la Luna*, de H. G. Wells, el cortometraje dura catorce minutos y doce segundos, está dividido en once secuencias, todas rodadas en un solo plano general con una cámara fija, una decisión que se ha criticado mucho, puesto que habiendo innovado tanto en el terreno del montaje, no se le ocurrió mover la cámara. Es cierto que la técnica es primitiva y que hoy resulta algo tedioso, pero para Méliès su obra tiene un claro origen teatral y, por lo tanto, el objetivo de la cámara era ser como los ojos del espectador, que, en sus espectáculos, no se levanta de la butaca. El corto cuenta la historia de un grupo de astrónomos (liderados por el propio Méliès en el papel del profesor Barbenfouillis) que decide emprender una expedición a la Luna a bordo de una cápsula disparada por un cañón gigante. La secuencia quinta de *Le voyage dans la Lune* contiene una de las escenas más emblemáticas del cine mudo, cuando la cápsula se incrusta en el ojo de luna, representada como una cara cubierta con lo que parece ser una tarta. Tras el alunizaje, los científicos comprueban que el satélite es habitado por selenitas, que los apresan y les conducen a la presencia de su rey. Al constatar que estos seres se convierten en una nube de polvo al recibir un golpe de paraguas, aprovechan su desconcierto para huir y, a duras penas, alcanzar el cohete que les espera al borde de un acantilado lunar, desde donde caen a las profundidades marinas y son rescatados en medio del regocijo de sus compatriotas. *Viaje a la Luna* es una creación pionera. Constituye la primera obra de ciencia ficción, con elementos tan característicos del género como las cápsulas espaciales, los viajes fuera de la atmósfera, la exploración de astros nunca vistos, descubrimientos sorprendentes y los amerizajes. A diferencia de los hermanos Lumiére, George Méliès desarrolló argumentos narrativos más complejos (con planteamiento, nudo y desenlace) y una escenografía rica en elaborados decorados barrocos y enormes maquetas hechas con cartones, forillos y telares. Es llamativo además el empleo constante de efectos visuales muy imaginativos, obtenidos mediante transiciones, sobreimpresiones, transparencias, yuxtaposición de planos y desapariciones.

Durante el encuentro que mantuvo con Méliès, Houdini se enteró de que Émile, la nuera de Robert-Houdin, aún vivía. Aquello le hizo sentir un emocionante impulso por conocer a un integrante legítimo de la familia Houdin y, para convertirlo en realidad, intentó concertar una visita a través de una carta enviada a su residencia en Blois: «Mi estimada señora Robert-Houdin: Como representante de los prestidigitadores de Estados Unidos, solicito por la presente que me permita en nombre de nuestra asociación colocar una ofrenda floral en la tumba de Robert-Houdin, así como concederme unos minutos con usted, de modo que pueda tener el placer de agradecerle personalmente su extrema generosidad». La amabilidad expresada en su escrito no fue suficiente para convencer a Émile, que se negó a recibirlo, gesto que le ofendió profundamente. Dispuesto a cumplir con su deseo de conocer a un familiar del fallecido mago francés, Houdini decidió ignorar la

Cartel de *Le voyage dans la Lune*, de Méliès.

desagradable respuesta y cogió el primer tren con destino a Blois, ciudad natal de Robert-Houdin. [N26]

> Fui tratado de forma bastante poco delicada por *Madame* W. Emile Robert-Houdin, que viene a ser la viuda de Émile Houdin. Sinceramente, creo que ella debería haber demostrado un poco más de cortesía, aunque solo fuese para honrar la memoria de Robert-Houdin, sobre todo ahora que está viviendo una tranquila vejez gracias a los treinta y cinco francos que cobró del teatro Robert-Houdin tras el fallecimiento de su marido. *Madame* Émile tuvo la osadía de prohibirme visitar el nicho de su suegro, pero no existe ninguna ley que me impida hacerlo, así que fui tranquilamente al cementerio para ofrecerle todas las reverencias que su memoria merece, porque yo aún le sigo admirando, independientemente de considerar justo que se sepa toda la verdad (sobre ciertos detalles que Houdin habría inventado en sus memorias). Me dirigí a la mayor floristería de Blois y compré un enorme centro de flores con la inscripción *Honor y respeto a Robert-Houdin, de parte de los magos de América.* [N27]

Y así lo hizo. Acompañado de un fotógrafo, Houdini depositó una corona de flores en la tumba de uno de sus principales inspiradores. Pero aunque su deseo se había hecho realidad, el trato dispensado por la familia del prestidigitador francés le había dolido. Aquella inesperada recepción se sumó a otros hechos que aumentaron su repudio al clan de los Houdin. Un año después de su visita a Blois, Houdini llevó su espectáculo a Rusia y allí conoció a M. Bolin, un ingeniero francés especializado en la construcción de equipos de ilusionismo. Bolin era un profundo conocedor de la historia de la magia y, durante una charla, le reveló que Robert-Houdin, al que había conocido en persona, no era en absoluto tan gran innovador como presumía en sus memorias, y era un hecho que ya había sido relatado por Frikell, conocido como el primer mago moderno, un puesto generalmente adjudicado a Robert-Houdin. Estas revelaciones cambiarían definitivamente la imagen que Houdini tenía de su ídolo. Años más tarde, nuestro protagonista daría inicio a un proyecto literario cuyo único objetivo era nada menos que crucificar a Houdin y destruir su reputación. [N28]

Houdini versus Werner Graff

Después de finalizar su corta temporada en el Olympia de París, Houdini cogió el tren con destino a la ciudad alemana de Colonia a comienzos de febrero. Pocos días después de su llegada, el influyente periódico Rheinische Zeitung publicó un artículo titulado «Die Entlarvung Houdinis» («Desenmascaramiento de Houdini»), donde acusaba gravemente al artista. La nota afirmaba que el mago habría intentado sobornar a un agente para ayudarle a escapar de una celda, además de haber pagado a un hombre para hacerse pasar por voluntario en su función en el Corty-Althoff y desafiarle con un par de esposas previamente manipuladas. Para el artista, aquella nota no pasaba de ser una conspiración orquestada por la propia policía, un intento de desmoralizar al hombre que había tenido la osadía de desafiarlos. Su conclusión era bastante cercana a la realidad. Se trataba de una falsa historia creada por un Schutzmann (el rango más bajo de la policía germánica) llamado Werner Graff, como represalia por una exitosa fuga que el escapista habría emprendido de una comisaría y que le habría humillado. Sintiéndose difamado, Houdini contrató al mejor letrado de la ciudad, Herr Rechtsantwalt Dr. Schreiber, para defender su honor en los tribunales alemanes. Presentó una demanda contra el diario y el agente Graff por calumnia y difamación, además de exigir una retratación pública, un acto extremadamente atrevido para un extranjero recién llegado.

> Como extranjero, parecía complicado que pudiera llevar a juicio a la policía; aun así, lo hice y llevé el caso adelante. Creía que al conseguir un veredicto firme de calumnia y difamación estaría haciendo un favor al tribunal alemán, puesto que aquello representaría una elocuente señal de la incorruptible justicia de las leyes de aquel país. [N29]

Werner Graff acabó siendo condenado, con imposición de costas y una multa, después de perder un delirante juicio en primera instancia. No satisfecho con el veredicto, el agente decidió recurrir al tribunal supremo, que aceptó la demanda. Esta vez, Graff estaba mejor preparado: tenía en sus manos un documento firmado por treinta agentes que declaraban que era imposible desbloquear un candado de la policía y además se llevó al tribunal una caja fuerte especialmente fabricada por un maestro mecánico llamado Kroch. Su objetivo: desafiarle a intentar escabullirse de su interior ante el jurado. El astuto artista, viendo la magnífica oportunidad publicitaria que se le brindaba, aceptó el reto y fue conducido a un despacho elegido por el juez, donde podría actuar sin artimañas. Pero Graff, en su mezquino intento de humillar a su rival, se olvidó de un detalle importante: las cajas fuertes son diseñadas para impedir el acceso de un individuo y no para retenerlo en su interior. Houdini no tenía la experiencia de abrir una caja fuerte como un ladrón especializado, pero sabía perfectamente cómo abrirla desde su interior, donde se encontraban todos los engranajes que conocía a la perfección. Lo único que tenía que hacer era remover la placa que protegía el mecanismo de bloqueo y destrabarlo. Tras cuatro minutos a solas, con una media sonrisa, y para pasmo de la audiencia, abarrotada de policías, hizo su reentrada triunfante en la sala de vistas. Se habló de ganzúas ocultas en su cuerpo, pero nada fue encontrado. Además, el mecánico que construyó el cofre admitió públicamente, desconcertado, que ninguna ganzúa podría desbloquear su puerta blindada. [N30] El veredicto final, anunciado el 24 de octubre de 1902, absolvió al artista de todos los cargos y Graff fue condenado a pagar los costes del juicio que incluía los traslados y dietas de los testigos, además de una indemnización.

> En todos estos años, los únicos hombres que conocí que no fueron capaces de reconocer sus derrotas fueron aquellos que utilizaron medios desleales. En este caso, el tribunal ordenó que la otra parte pidiera disculpas públicamente, que deberían aparecer en todos los periódicos de Colonia. Más tarde, supe que el agente dimitió del cuerpo de Policía. [N31]

«Las personas aquí temen mucho a la policía, y yo fui el primero en desafiarla», dejó registrado en su diario, días antes de abandonar el país. Para los alemanes —que vivían constreñidos y atados hasta cierto punto—, aquel tipo bajito y fornido representó mucho más librándose de la autoridad policial que escapando de sus grilletes. Su atrevido portento le convirtió simbólicamente en un héroe capaz de liberarse de una fuerza autoritaria que ataba a la mayoría de las personas, y eso le permitió soñar a la gente. Durante un largo periodo de tiempo, antes del estallido de la Primera Guerra Mundial, muchos alemanes se sentían particularmente reprimidos por circunstancias políticas y económicas. De algún modo, Houdini representó la personificación de la libertad y su gira por el país durante aquellos duros años no pudo ser más conveniente. Su paso como reo por la suprema corte alemana fue una excelente prueba de habilidad. Otros escapistas seguramente habrían fallado o hubieran perdido los nervios, pero Houdini supo conservar la calma, consiguiendo superar todas las pruebas a las que había sido retado.

Houdini celebró su victoria ante la corte germánica con la producción de una litografía titulada Retratación pública en nombre del rey Guillermo II, káiser de Alemania. El cartel muestra al mago esposado ante el juez y, en la esquina inferior derecha, se puede apreciar la petición formal de disculpas del agente Graff y el veredicto final del juez, que le obligó a pagar una indemnización al mago, además de todos los costes del proceso.

Houdini versus Hodgson

El 13 de octubre, Houdini dio inicio a su segunda gira por Reino Unido estrenando en el teatro Palace, en Halifax. Como parte de su campaña para promocionar su función, el artista ofreció un generoso premio para aquel que trajera un par de esposas de las que no pudiera zafarse. En sus anuncios resaltaba que las esposas deberían ser reglamentarias y no podrían tener ningún indicio de manipulación. Un fabricante de la ciudad llamado T. M. Culpan le desafió a escapar de uno de sus robustos cestos de mimbre. El mago aceptó el reto, liberándose en tan solo tres minutos.

Su siguiente parada estaba programada en Blackburn, un gran centro de producción de algodón y una de las principales ciudades del condado de Lancashire, situada a treinta y cuatro kilómetros de Manchester. Su estreno fue el 20 de octubre y, en todas las sesiones, repetía su estrategia publicitaria —presumía de haberse liberado de las esposas de los principales cuerpos policiales de Estados Unidos y Europa y desafiaba a la gente a que se llevaran sus propias esposas—. «Quiero esposas de policías, esposas antiguas, tráiganme lo que tengan», decía. Si no lograse liberarse, el afortunado recibiría un buen premio en efectivo, además de convertirse en el primer desafiante que logró derrotar al gran Houdini. Nadie había conseguido vencerle hasta que el 24 de octubre —víspera de su última presentación en la ciudad— recibió una carta de un tal William Hodgson, director de la escuela de culturismo de Blackburn, un conocido gimnasio que tenía como alumnos a algunos integrantes de la Policía Local. En la misiva, Hodgson le desafió a liberarse de sus esposas.

> Señor Houdini, le escribo para transmitirle mi admiración por su curiosa facultad de liberarse de cualesquiera esposas. Asimismo, me complace informarle de que me gustaría participar en el desafío propuesto por usted, siempre y cuando se cumplan las siguientes condiciones: 1) Las esposas utilizadas en el desafío serán las mías; 2) Yo mismo me encargaré de esposarlo; y 3) Si usted no fuera capaz de liberarse, el premio de veinticinco libras irá para el hospital de Blackburn. Si salgo victorioso, seré el primero en felicitarle; en caso contrario, el hospital será el beneficiario. [N32]

La respuesta no tardó en llegar.

> Yo, Harry Houdini, acepto el desafío propuesto y le informo de que ingresaré el importe de veinticinco libras en la oficina del *Telegraph*. Nuestro encuentro tendrá lugar hoy por la noche. [N33]

El evento recibió amplia cobertura de la prensa, copando los titulares de diarios de gran relevancia como el *Northern Daily Telegraph* y el *Daily Star*. Nada quedó al azar y las expectativas del público que aquella noche colmó las instalaciones del teatro Palace fueron ampliamente cubiertas. Sin embargo, ni la prensa ni los espectadores podrían imaginar que aquella noche asistirían a uno de los episodios más extraordinarios de la historia de aquella casa de espectáculos. Houdini ofreció dos sesiones, aquella noche del 24 de octubre, la primera a las siete y la segunda a las nueve, con un corto intervalo entre las dos. Pocos minutos después del cierre de la última sesión, sobre las diez de la noche, el desafío fue anunciado. Hodgson subió al escenario, pero para su sorpresa, su contrincante no solo vino con su par de esposas, sino con una verdadera parafernalia medieval compuesta de brazaletes de hierro forjado, pesadas cadenas y una colección variopinta de candados antiguos y cierres, algunos cedidos por el departamento de policía de Blackburn, de cuyo calabozo Houdini habría logrado escapar en un desafío anterior. Tras examinar detenidamente cada una de las piezas, Houdini pronto se dio cuenta de que había algo raro precisamente con el par de esposas. Las zonas de alrededor de sus orificios estaban rayadas, una evidente señal de manipulación. En aquel momento, el artista se acordó del incidente sufrido en Chicago cuando un voluntario le había desafiado con un par de esposas adulteradas, episodio lamentable que casi le arruinó la carrera. Aquello era una recurrente pesadilla hecha realidad, pero al menos esta vez tendría la oportunidad de recular. «Me gustaría informarle de que mi desafío consiste en liberarme de dispositivos reglamentarios, sin manipulación previa», se defendió ante su desafiante. La audiencia —que había demostrado desde el principio estar al lado de Hodgson— respondió con sonoros abucheos. En realidad, la gente de Blackburn estaba sedienta de venganza. Houdini había tenido la petulancia de desafiar a toda la ciudad, presumiendo de sus habilidades, y ahora que finalmente contaban con un contrincante empecinado en humillarlo, el mago daba señales de retroceder. Hodgson, por su parte, se defendió alegando que el desafío propuesto no especificaba el tipo de esposas, así que no había trampa. Houdini se encontraba en un callejón sin salida. Una vez más, se había metido en un enredo en el que estaba en juego su reputación, y si optaba por desistir, los periódicos locales se encargarían de echarle una pesada pala de tierra a su carrera.

> Aunque me había dado cuenta desde el principio de que Hodgson gozaba de todas las ventajas, las circunstancias acabaron obligándome a aceptar el desafío. Sus esposas habían sido claramente adulteradas de varias maneras, un hecho que ni siquiera tuvo la decencia de negar. En vez de eso, prefirió respaldarse en los términos del desafío, que daban margen a este tipo de maniobras. Es decir, mi contrincante eligió seguir con el desafío al pie de la letra y dejar de lado todo el espíritu del deportista leal y de buena fe. Lo que Hodgson buscaba, en realidad, era un combate a ultranza. [N34]

Hodgson no podía negar que sus grilletes tenían numerosos desperfectos, pero se trataba de un simple detalle al que no pareció dar mucha importancia. «Puede que simplemente sea una impresión mía, pero me parece que usted tiene miedo». Con este comentario arrogante, Houdini consiguió lo que necesitaba para aceptar el desafío. Su orgullo —y sobre todo su inflado ego— le impedirían echarlo todo a perder. «El desafío está yendo más allá de lo habitualmente pactado, pero estoy de acuerdo en seguir adelante. Lo único que les pido es que sean pacientes», le rogó al público, consciente de que el reto implicaba la superación de importantes escollos. No solo los objetos adulterados le preocupaban, sino también la pericia de su contrincante. Hodgson era un especialista en culturismo, dominaba el campo de las articulaciones y de los músculos y aquella noche había entrado en el teatro dispuesto a sacar partido de sus conocimientos con el fin de dominar a su adversario. En primer lugar, fijó un par de grilletes en la parte superior de su brazo, le pasó una cadena por la espalda y la apretó al límite, lo máximo que su fuerza le permitía. Repitió la operación con otro par de esposas y las unió con un candado. Tal fue la fuerza empleada que Houdini le suplicó que fuese más cuidadoso; de lo contrario, podría llegar a romperle algún hueso. Pero Hodgson ignoró las apelaciones de su rival y siguió con su labor, dejándole en una posición de absoluta impotencia, obligándole a arrodillarse para pasar los grilletes a través de otra cadena que unía sus codos con la espalda. Esta cadena era también doble y estaba dispuesta de forma que le obligara a permanecer arrodillado. Completamente inmovilizado, el mago fue llevado en brazos a su cabina y allí dio inicio a su lucha personal contra aquel entretejido de hierros. Transcurridos quince minutos, un asistente abrió el telón que le ocultaba de la audiencia y la visión que se apreciaba era sobrecogedora. El invencible escapista estaba tumbado sobre el suelo, aún atado y con una terrible expresión de angustia, casi de muerte. Parecía desfallecer, pero, en realidad, las gruesas cadenas que envolvían sus piernas le impedían permanecer de pie. Houdini pidió que le levantaran, pero Hodgson se negó a atenderlo, un tratamiento inhumano que le supuso los primeros abucheos del público que, en un primero momento, estaba a su favor. Theo —que estaba presente en el escenario— se acercó al hermano, le puso de rodillas y cerró el telón para preservar su imagen.

Transcurridos veinte minutos, el telón se abrió otra vez. Con un aspecto deplorable, Houdini reveló que sus brazos y manos estaban dormidos debido a la falta de circulación provocada por los apretados brazaletes. El médico del teatro, doctor Bradley, se acercó para examinarle y comprobó que sus miembros habían adquirido una coloración azulada y que era peligroso dejarlos encadenados durante más tiempo. Aquel desafío se había convertido en una sesión de tortura, pero Hodgson —dispuesto a no perder la apuesta— no accedió a las apelaciones del sanitario, obligando su rival a seguir luchando contra sus grilletes, «hasta que se pudran todas las partes de su cuerpo», vaticinó.

> En aquel momento, no tuve otra opción que ponerme de rodillas. Aquellas cadenas y grilletes estaban apretadas al máximo. Sentía un dolor insoportable en las articulaciones y no era capaz de mover los brazos. Pedí que me liberaran las manos un instante hasta que mi circulación volviera a la normalidad, pero mi oponente se puso a reír. «Esto no es un juego. Es un combate. Reconoce la derrota y te liberaré», me contestó. [N35]

Durante dos horas y media, Houdini trabó una lucha contra un coloso de hierro al que no podía vencer. Pero su reputación estaba en juego y desistir no era una opción. Mientras tanto, la audiencia, impaciente, gritaba: «¡Déjalo ya!», mientras otros le apoyaban: «Sigue, ¡eres capaz!». La excitación se adueñó del teatro mientras el roce de las cadenas y grilletes provocaba graves heridas, con lo que empezó a desangrarse. De pronto, y sin previo aviso, pocos minutos después de la medianoche, el telón se abrió mostrando a un hombre triunfante, libre de cualquier atadura, aunque su aspecto era lamentable. Herido y con la ropa hecha añicos, el mago parecía haber escapado de la jaula de un león, pero en aquel momento eso poco le importaba. Después del vapuleo sufrido en el desafío más difícil de su carrera, el artista abandonaba el escenario aclamado por el público, que le aplaudía incesantemente, lanzando sus sombreros al aire y alzando las manos para alabar a un artista que —literalmente— se había dejado la piel en el escenario. El que estuvo presente en el teatro Palace aquella noche fue testigo de un gran alboroto que duró más de media hora. Cuando los ánimos se calmaron, el escapista se acercó al proscenio y dijo: «Damas y caballeros, yo llevo a cabo este desafío desde hace catorce años y debo confesarles que jamás había sido sometido a semejante brutalidad. Solo me gustaría resaltar, una vez más, que las esposas traídas por este señor han sido manipuladas de manera criminal». [N36]

En una entrevista concedida pocos días después, Hodgson intentó defenderse de las acusaciones de su rival: «Mi estrategia se centró en aplicar mi conocimiento sobre la anatomía humana para inmovilizarle de forma calculada, de modo que no había la necesidad de disponer de trampas de ningún tipo». Aunque su incontestable victoria le sirvió para reforzar su mítica aura de invencibilidad, aquella fue la última vez que el mago se dejó llevar por la emoción ante un reto cuyos riesgos habían sido infravalorados. [N37] Hodgson fue el desafiante más cruel al que se había enfrentado en toda su carrera y tuvo que cruzar los límites de su cuerpo para vencerle, un sacrificio que le dejó marcas y cicatrices que el tiempo jamás pudo borrar. [N38] Dos años más tarde, en noviembre de 1904, el mago escapista fue entrevistado por un reportero del *Halifax Evening Courier*, que se llevó una fuerte impresión al comprobar la cantidad de marcas que tenía por todo el cuerpo. «Me di cuenta de que Houdini tenía varias cicatrices en los brazos, como si un tiburón le hubiese arrancado la piel —escribió el reportero—, pero él simplemente me explicó que aquello era el resultado de un desafío que tuvo lugar en Blackburn, cuyo contrincante demostró ser un verdadero verdugo, dotado de una fuerza descomunal». [N39] En aquel mismo año, Hodgson decidió cerrar su escuela de culturismo para adentrarse en el mundo de la escritura, una decisión que le rindió excelentes resultados. Su trabajo culminó en una brillante producción de ensayos, cuentos y novelas que abarcaban desde ficción científica a cuentos de terror ambientados en alta mar, un género prácticamente inexplorado. Por lo menos, dos de sus obras están consideradas como referente de la literatura británica, *House of the Bordeland* (1908) y *Night Land* (1912), trabajos que recibieron excelentes críticas de autores de renombre como H. P. Lovecraft y Clark Smith, y contaron incluso con reediciones recientes en formato de cómic. Su carrera como escritor fue bruscamente interrumpida con el estallido de la Primera Guerra Mundial. Hodgson se alistó en el Cuerpo Real de Artillería británico y murió en abril de 1918, durante un bombardeo alemán en la batalla de Ypres. Tenía cuarenta y un años de edad.

Nota del autor

Las trayectorias de Hodgson y Houdini poseen coincidencias asombrosas. Ambos eran hijos de clérigos —el padre de Hodgson también se llamaba Samuel— y los dos tuvieron una difícil infancia. Para dar de comer a la familia, el padre de Hodgson tuvo que atender a once parroquias durante veintiún años, una lucha diaria que nos hace recordar las penurias que el padre de Houdini sufrió en Wisconsin, Milwaukee y Nueva York. Houdini y Hodgson se fueron de casa prácticamente a la misma edad, alrededor de a los trece años. El mago escapista intentaba encontrar un trabajo que pudiera mejorar los ingresos de su familia mientras Hodgson —que admiraba la vida de los marineros— intentó colarse en un navío en el puerto de Essex, con la intención de vivir una inolvidable aventura en altamar. El reverendo Hodgson murió de cáncer de garganta, otro paralelismo con la muerte de Samuel Weiss, que falleció después de una cirugía para extirparle un cáncer de lengua. El interés demostrado por Hodgson por el condicionamiento físico se compara a los tiempos de atleta de Houdini. Para completar el cúmulo de casualidades, las esposas de ambos se llamaban Bess. [N40]

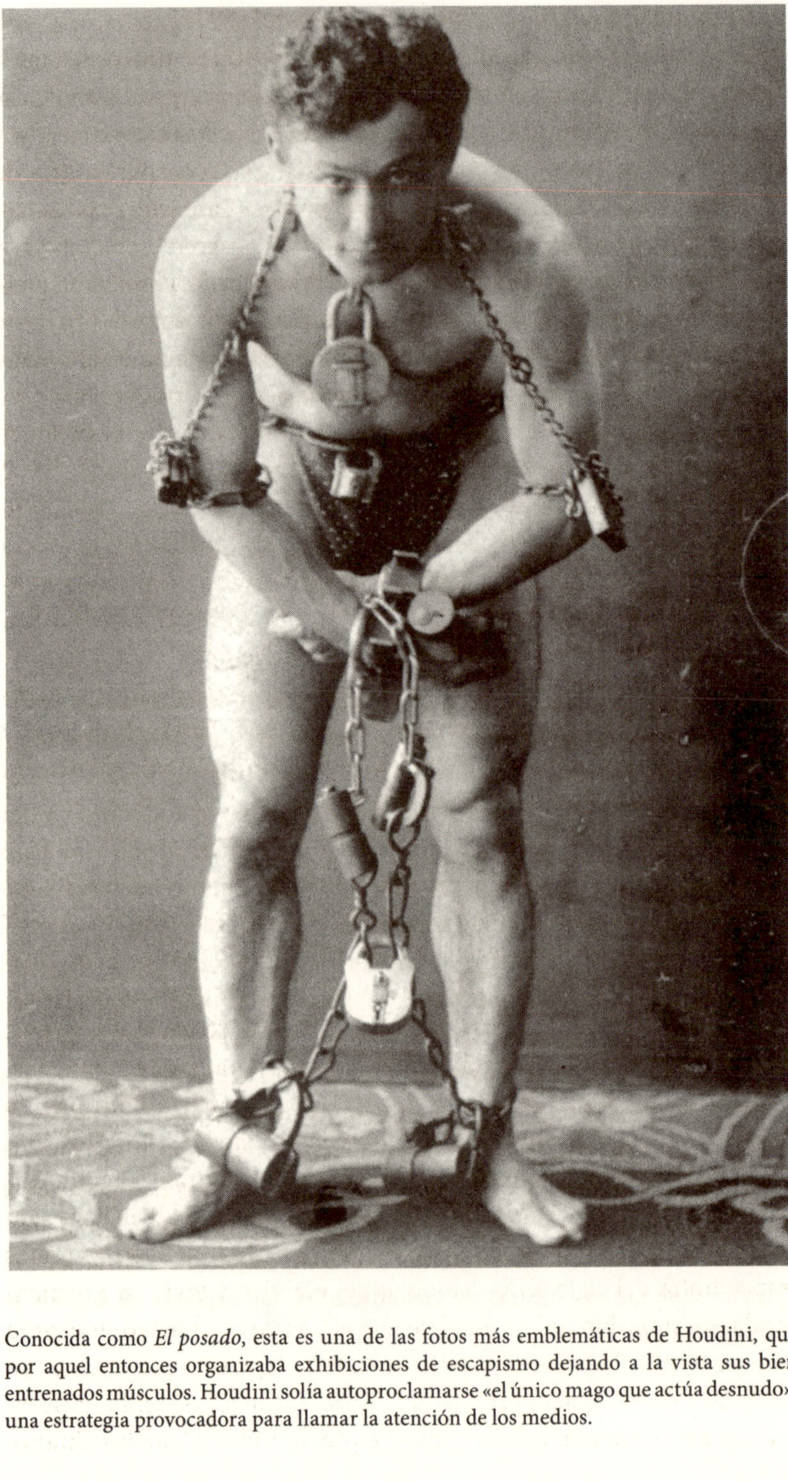

Conocida como *El posado*, esta es una de las fotos más emblemáticas de Houdini, que por aquel entonces organizaba exhibiciones de escapismo dejando a la vista sus bien entrenados músculos. Houdini solía autoproclamarse «el único mago que actúa desnudo», una estrategia provocadora para llamar la atención de los medios.

En los pueblos británicos, los teatros no solían ofrecer la misma función más de una semana, al contrario que las casas londinenses, cuyas temporadas de modo general se extendían, por lo menos, durante un mes. Houdini cerró el año de 1902 ofreciendo cortas temporadas de una semana en diferentes teatros británicos, pasando por Bradford, Halifax y Leicester. Sus constantes giras por las islas británicas acabarían llevándole de vuelta a la «ciudad condenada», como solía referirse a Blackburn, donde frecuentemente se vería obligado a lidiar con grupos de seguidores de Hodgson, que solían comprar entradas para su exhibición con la única intención de abuchearle. Para Houdini, Blackburn se había convertido en una ciudad indeseable, donde solía permanecer el tiempo justo y necesario para cumplir con sus obligaciones contractuales. El mago escapista dio por terminada su gira de 1902 en Leeds, donde presentó su último espectáculo del año en el City of Varieties, del 15 al 20 de diciembre. [N41] Tras una larga temporada fuera del circuito británico, la afluencia de público resultó mejor de lo esperado, llegando a registrarse algunos altercados en Bradford y Halifax, donde las entradas se agotaron en poquísimo tiempo.

En enero de 1903, Houdini fue cabeza de cartel en el teatro Rembrandt de Ámsterdam. En febrero, actuó en el Mellini de Hannover y en marzo hizo su regreso triunfal en la ciudad de Colonia, donde era conocido como el hombre que había recibido disculpas por parte de la policía del káiser, proeza de la que sacó partido para negociar mejores contratos. Fue en Colonia donde conoció a Franz Kukol, un exoficial austriaco que tenía un llamativo bigote prusiano —irónicamente muy similar al del káiser Guillermo II—. Hacía tiempo que Houdini buscaba un asistente de escenario y Kukol parecía reunir todos los requisitos para ocupar el puesto. Políglota y con don de gentes, ejecutaba las tareas que le eran asignadas con precisión y transmitía confianza. El 2 de marzo, decidió contratarlo, haciéndole firmar un documento donde juraba guardar secreto absoluto de los métodos utilizados para llevar a cabo sus números de magia y escapismo. Durante su gira germánica, Houdini se enteró de que Wiljalba Frikell, también conocido como «Profesor Frikell» —uno de los prestidigitadores alemanes más importantes del siglo XIX—, todavía seguía vivo y vivía en Kötchenbroda, un suburbio de la ciudad de Dresde. Frikell comenzó su carrera cuando tenía solamente dieciséis años de edad, pero en poco tiempo ya había recorrido buena parte del territorio europeo, presentándose en teatros de países tan lejanos como Egipto, la India y Estados Unidos.

Justo cuando estaba en el auge de su carrera y se convirtió en un referente de la magia alemana, un incendio arrasó con todo su instrumental de escenario, obligándole a comenzar desde cero otra vez y confiar en su ingenio y dotes como prestidigitador para entretener al público. Desarrolló una función completa sin ningún equipo, llevando todo lo que necesitaba en un fardo que cargaba consigo a todas partes. Sus esfuerzos culminaron con un brillante, aunque modesto, espectáculo de ilusionismo, que desgraciadamente no obtuvo el reconocimiento esperado de la crítica. Con su compañía al borde de la bancarrota, Frikell se vio obligado a posponer su jubilación hasta 1896, cuando ofreció su última función.

Frikell vivía como un ermitaño, aislado de los amigos y familiares, y nunca recibía visitas. Empecinado en conocerle, Houdini intentó concertar una cita, pero recibió como respuesta «*Herr verreist*» (El maestro está de gira); en realidad, el retirado prestidigitador se había negado a recibirlo, creyendo que se trataba de algún hijo ilegítimo intentando encontrarle. Pero Houdini fue perseverante y siguió enviando cartas al viejo mago, relatando detalles de su trayectoria y de las dificultades a las que tuvo que enfrentarse en el comienzo de su carrera. Escribió en su diario: «Seguí bombardeando a *Herr* Frikell con cartas, recortes de prensa y octavillas de mis espectáculos hasta que finalmente recibí una carta suya, cuando me encontraba de gira en Rusia. En su misiva, *Herr* Frikell me preguntó si sería posible enviarle un determinado tipo de té ruso que le gustaba mucho. No hace faltar decir que no he perdido un solo minuto en enviarle su encargo; y en poco tiempo mi buena voluntad fue recompensada». Al constatar que el escapista americano se preocupaba por él más que sus propios parientes, *Herr* Frikell acabó accediendo a sus súplicas y aceptó recibirle en su residencia de Kötchenbroda. El mago debería hacer acto de presencia el 8 de octubre de 1903, a las dos de la tarde, en punto.

> Como el tren había llegado a su destino antes del horario previsto, decidí ir caminando lentamente hacia Villa Frikell para no llegar antes de lo acordado y molestar a mi anciano anfitrión. Al llegar, llamé al timbre una vez y esperé. Resonó un violento campanillazo y al poco me abrió la puerta una señora con una mirada que demostraba cierta resignación. Me hizo la señal para que entrara y dijo: «Le estábamos esperando». Empecé a notar el aire un tanto cargado y pensé que aquella sensación podría estar asociada a la ansiedad

> que sentía por estar tan cerca de un mago de la talla de Frikell, quien además había aceptado recibirme después de haberse prometido a sí mismo que jamás volvería a cruzarse la mirada con un extraño. Harry Houdini

Pero el destino trató de impedir que ambos magos se conocieran. Puede que el encuentro hubiese sido demasiado para el corazón de Frikell, que acabó sufriendo un infarto fulminante dos horas antes de la llegada de Houdini. «Su rostro aún exhalaba la fragancia de una fuerte colonia que su esposa había utilizado como un intento desesperado para reanimarle», lo recordó semanas después. [N42]

> Wiljalba Frikell estaba muerto. El mago se había puesto su mejor traje para celebrar nuestro encuentro y había dispuesto sobre una mesa sus objetos más preciados para enseñármelos, llegando a separar algunas piezas para regalármelas. Al coger su mano, comprobé, consternado, que todavía no estaba fría; una insuficiencia cardiaca le provocó la muerte súbitamente, sin aviso previo. Mirando alrededor de su salón, no pude dejar de fijarme en una pared que exhibía todas sus medallas de oro, fotos amarillentas que retrataban varias fases de su carrera y algunas órdenes concedidas por la realeza; evidencias materiales de una vida vigorosa, activa y exitosa, una vida que él ansiaba contarme al detalle si yo hubiese llegado antes de su muerte. Nunca acabaré de lamentar semejante tragedia, justo en un momento que él parecía haber superado su aversión por los extraños, y los viejos instintos de hospitalidad habían renacido. Su esposa le había notado una felicidad poco común hasta que en un determinado momento empezó a quejarse de un fuerte dolor en el pecho. «¡Mi corazón! ¿Qué está pasando con mi corazón?». Y eso ha sido todo. [N43]

Houdini registró detalladamente aquel infausto encuentro en su diario, un episodio que siempre lamentó. Frikell fue uno de los muchos artistas jubilados que intentó conocer en persona. Otros nombres como Evanion o Heinberger fueron rescatados del olvido como una forma —quizá inconsciente— de hacer renacer la memoria de su padre. El mago escapista recibió de las manos de la señora Frikell la varita que su marido utilizaba en su espectáculo, aunque el regalo más grande que esperaba encontrar, la charla con Frikell, no se pudo concretar.

Houdini dedicó el resto del año de 1902 a repartir su tiempo entre Alemania e Inglaterra, y a pesar de haber mejorado sustancialmente sus ingresos, el éxito no se le había subido a la cabeza y solía decir que trabajaba duro para «intentar ganar honestamente su primer millón». El mago escapista poseía una personalidad campechana, de la cual nunca se avergonzó. Solía desplazarse con su mujer de una ciudad a otra en el vagón de tercera clase, se hospedaban en hoteles corrientes y nunca tuvieron hábitos gastronómicos refinados —aunque a Bess le encantaba tomarse, de vez en cuando, una copa del mejor champán—. Cobrase lo que cobrase, enviaba semanalmente la mitad de sus ingresos a Cecilia, cumpliendo con ello la promesa hecha a su padre días antes de su muerte. En respuesta a un amigo que se quejaba del aumento del precio del carbón, le contestó: «Yo sé todo sobre la cotización del carbón. De hecho, me enorgullece decir que tengo a mi anciana madre a mi cargo, quien hace poco me había hablado del aumento del coste de la vida en América». Houdini le compró un pequeño piso en Nueva York, «pequeño pero muy hermoso»; solía decir que esperaba volver a vivir con ella cuando regresara a Estados Unidos. Los días de hambruna e incertidumbre, afortunadamente, habían quedado hacia atrás. [N44]

Rusia

El 2 de mayo de 1903, Houdini embarcó en un tren en Berlín con destino a Rusia, un poderoso imperio de veintidós millones de kilómetros cuadrados —o casi un sexto de la superficie del planeta— y ciento veinte millones de habitantes de ochenta nacionalidades muy poco integradas, desde polacos a uzbekos, con escasa formación y poca cosa en común —aproximadamente dos tercios de los hombres y casi el noventa por ciento de las mujeres no sabía ni leer ni escribir—. El imperio también albergaba una importante colonia de veintitrés millones de musulmanes y cinco millones de judíos, etnia que sufría constantes persecuciones por parte de las autoridades rusas, que gozaban de permiso para tratarles como animales (de modo general, el ganado estaba mejor alimentado que gran parte de la colonia judaica). «La entrada de judíos está prohibida en Rusia, pero eso puede ser fácilmente superado si omites tu religión a la hora de cumplimentar el formulario de solicitud de visado», explicó Houdini. «También existe la posibilidad de solicitar un permiso especial para entrar en el país, pero para ello tienes que ser un perro», ironizó. [N45] Bess optó por rellenar los papeles de entrada al país declarando que ambos eran católicos y rogó a su marido —conociendo como era— que intentara adoptar un comportamiento cauteloso y discreto, a fin de no llamar la atención —advertencia imposible de ser cumplida si consideramos su carácter exhibicionista—. A pesar de haber nacido en Hungría, en su pasaporte ponía que había nacido en Appleton, Wisconsin, un hecho que se repitió en todas sus posteriores solicitudes de pasaporte. Como muchos otros, intentó renovarse, dejando atrás su pasado de inmigrante.

> La dificultad para entrar en este país es enorme y, en mi caso, se trataba de una tarea casi imposible, puesto que yo siempre llevo conmigo mis «herramientas de ladrón». También son un incordio los dichosos certificados de religión. No quiero negar mi origen judío, pero a raíz de sus particularidades con la cuestión religiosa, me vi obligado a omitir esta información para poder entrar en el país. HARRY HOUDINI [N46]

El viaje de tren hasta Moscú duró una eternidad, durante el cual Houdini se echó alguna cabezadita, puntualizó algunas ideas para su función, puso al día su correspondencia y apreció las vistas que ofrecía la gran ventana de su cabina. Llegaron a la terminal de la estación central exhaustos y estaban ansiosos por llegar cuanto antes al hotel, pero aún tenían que pasar por inmigración y por el control de aduanas. Houdini y Bess fueron fotografiados por la policía aduanera e, inevitablemente, su equipaje tuvo que ser registrado, puesto que su contenido era bastante distinto al de un equipaje convencional. Los policías encontraron una gran cantidad de herramientas, esposas, cadenas y llaves de todo tipo, hallazgo que levantó la sospecha de que el mago escapista era en realidad, un criminal, haciendo saltar todas las alarmas en el puesto de frontera ruso.

> Un agente examinó minuciosamente cada uno de mis objetos, buscando hallar la más mínima evidencia que me impi-

> diese entrar en el país. Ni siquiera Sherlock Holmes hubiera sido capaz de realizar semejante escrutinio. Me llamó especialmente la atención el hecho de que primero te retiran el pasaporte y después revisan el equipaje, un procedimiento muy extraño que además es realizado de una forma irritantemente lenta. [N47] HARRY HOUDINI.

En Rusia, Harry comprobó que el pueblo sufría un constante acoso, no solo de las autoridades, sino también por una parte importante de la sociedad. Su llegada se produjo pocas semanas después de una terrible masacre en la ciudad de Kishinev (hoy llamada Chisinau, en la República de Moldavia), durante el fin de semana de la Pascua. El episodio, conocido como «El primer pogromo de Kishinev», tuvo lugar el 6 de febrero de 1903, cuando el niño de una familia cristiana fue hallado muerto en la ciudad de Dubossary, a unos treinta y cinco kilómetros al norte de Kishinev. En pocas horas, se supo que el muchacho había sido asesinado por un familiar cercano, pero un diario antisemita publicó una noticia afirmando que el crimen había sido planificado y ejecutado por judíos. El falso titular hizo estallar una revuelta en la ciudad que acabó culminando con un verdadero pogromo que se extendió durante tres días con un terrible saldo de cuarenta y siete judíos muertos y quinientos heridos, además de centenares de casas saqueadas y destruidas. Las autoridades locales, por su parte, no intentaron contener el terror que se instaló en la ciudad. [N48] Houdini visitó el lugar de la masacre y se escandalizó con lo que vio. Semanas más tarde, declaró que «semejante absurdo no podría haber ocurrido en ningún otro país que no fuera Rusia», afirmación que coincidía con los registros hechos en su diario, donde expresó que el pueblo ruso era, en general, «demasiado supersticioso y retrasado». Pese a su indignación con las autoridades del país eslavo, no pudo evitar encontrarse con algunos de sus integrantes. Al finalizar una de sus presentaciones, el escapista fue informado de que el gran duque —el mismo que había ordenado la expulsión de dos mil judíos de Moscú pocas semanas antes— deseaba saludarme en el camerino. Sin saber de su origen judío, el noble entabló una animada conversación con el mago con la ayuda de un intérprete, aunque Houdini se limitaba a asentir con la cabeza cordialmente a todo lo que le decían. Antes de despedirse, el gran duque le regaló a Bess un cachorro de Spitz alemán blanco, a quien Houdini le puso el nombre de *Charlie*.

Charlie estuvo presente en toda la gira europea de Houdini y hubo ocasiones en las que la mascota tuvo que entrar de forma clandestina en algunos países —para engañar a las autoridades aduaneras solía incluso apelar a viejos trucos de magia. *Charlie* convivió con los Houdinis durante ocho años y recibió un amor incondicional por parte de la pareja, con quien incluso llegó a compartir espacio en muchas de las fotos que se hacían. Cuando la criatura murió en 1911, Houdini y Bess quedaron destrozados. «*Charlie*, nuestro querido perro, se está muriendo», escribió en su diario. «Acabo de traerlo del veterinario para que pudiera morir en paz aquí en casa, junto a nosotros. Bess no para de llorar y yo no me encuentro nada bien». [N49] El sucesor de *Charlie* fue *Bobby*, un Fox Terrier encontrado por Bess en la calle. El animal se encontraba delante de una carnicería en Harlem, con la mirada clavada en los jugosos filetes expuestos por el dueño del establecimiento. Bess pidió al carnicero que dejara llevárselo a casa y se lo regaló al marido, quien comenzó a entrenarlo para formar parte de su espectáculo. El mago le enseñó a escapar de un par de esposas en miniatura y de una camisa de fuerza confeccionada a medida por Bess, de la que conseguía librarse con extremada destreza. El número de escapismo de *Bobby* fue uno de los destacados de la decimocuarta edición de la cena anual de la Sociedad Americana de los Magos, celebrada en 1918, cuando presidía la entidad. *Bobby* murió poco tiempo después, el 15 de diciembre de 1918, y recibió una cariñosa esquela escrita por Houdini y publicada en la revista *MUM*. En los ocho años en que convivieron juntos, fue tratado como el hijo que el matrimonio nunca había tenido. [N50]

En Moscú —ciudad que albergaba los mejores teatros, las taquillas más generosas y la audiencia más elegante del país—, Houdini intentó desmarcarse de la competencia con una función que combinaba números de escapismo y magia. Su estreno, programado para el 4 mayo de 1903, tuvo lugar en el Yar, un prestigioso restaurante que llegó a ocupar un codiciado puesto entre los mejores de Europa. Frecuentado por la alta sociedad moscovita, contaba con un gran salón privado con techos dorados y ocres de mármol italiano, dotado de un escenario para actuaciones de variedades. Un conocido periodista de la época describió el Yar como un local de gran lujo, pero con una cierta atmósfera decadente. «Si quieres ver de cerca los vestidos más lujosos de Europa y los diamantes más caros del mundo o probar la mejor comida de Rusia, tienes que conocer el Yar. Allí encontrarás a los millonarios de Moscú rodeados de parásitos en busca de dinero fácil». [N51]

La prensa moscovita la clasificó como «la función principal» en el Yar, y *La Gaceta de Moscú* escribió que «nadie se interesa más por bailarines y cantantes. Todo el mundo está esperando a que el señor Houdini aparezca en el escenario». Aunque la alta sociedad moscovita ansiaba ver su presentación, algunos periódicos locales describían un aumento de cierta tensión días antes de su estreno. El mismo diario publicó una supuesta conversación entre dos integrantes de la alta sociedad de Moscú. «¿Será pecado asistir a su espectáculo?», se cuestionaba una mujer. «¿Qué pasa si sus trucos son realizados mediante la ayuda de poderes maléficos? Al fin y al cabo, el artista es un extranjero». Houdini reaccionaba a estos comentarios con su característico humor irónico «Los rusos —explicó— son muy supersticiosos y se encuentran doscientos años atrasados a su época». Su *show* fue un éxito, sobre todo porque el mago supo enfrentarse con notable soltura a uno de los obstáculos más comunes en una presentación realizada en tierras foráneas: el idioma. Una exhibición escénica de dos o tres horas requiere buena dosis de cháchara y, para disfrutar por completo de la función, el espectador tenía que comprender lo que le estaban diciendo. Houdini tenía la fortuna de saber improvisar, y con una chuleta escondida en la manga logró conectar con el público sin la necesidad de recurrir a un intérprete. De lo contrario, su presentación hubiera perdido la espontaneidad y mermaría su capacidad de atraer la atención de los espectadores.

Tal y como había ocurrido en Alemania, el mago escapista estuvo bajo la constante vigilancia de las autoridades rusas, sobre todo después de unas polémicas declaraciones hechas en público: «No existe en este mundo un cuerpo policial capaz de atarme». Houdini solía utilizar a menudo este tipo de falacia exagerada ante los agentes como simple instrumento de publicidad, pero tal osadía en Rusia le causó graves trastornos. El artista fue conducido a la comisaría para hacer averiguaciones, mientras su director le buscaba por la ciudad, preocupado porque no había aparecido en el teatro a la hora acordada. Lejos de intimidarse, Houdini buscó sacar partido de la situación tratando de convencer a los agentes de que le dejasen escabullirse de sus instalaciones, del mismo modo que hiciera con Scotland Yard. El artista tenía la mirada puesta en un vehículo negro de la policía que había visto circulando por las calles de Moscú. Se trataba de un vagón blindado tirado por caballos, utilizado para las deportaciones a Siberia y que se había ganado la fama de ser un vehículo a prueba de fugas o «un sombrío vagón cuyo formato se parecía a una caja fuerte con ruedas», acorde con la descripción hecha por el artista. Estaba herméticamente cerrado, poseía una pequeña ventana enrejada por donde pasaba el aire y no había instalaciones sanitarias. Al llegar a Siberia, su interior era lavado con una potente manguera y varios galones de lejía. [N52]

Previendo un fiasco y ansioso por enviarlo a Siberia, el jefe de la policía secreta, inspector Gaspadne Lebedoeff, aceptó el desafío, y el 11 de mayo, media hora antes del horario acordado, Houdini se dirigió al patio del cuartel, donde fue desnudado y registrado minuciosamente. En realidad, el verbo *registrado* quizá no sea el más adecuado si tenemos en cuenta la forma en la que mago fue tratado por los agentes rusos. «El cierre que conserva la puerta bloqueada necesita de dos llaves», le reveló Lebedoeff. «Una para cerrarla y otra para abrirla. Pero hay una cosa que quizá no sepa, señor Houdini: la llave que abre la puerta está bajo custodia del alcalde de la prisión de Sackolin (o Sakhalin) en Siberia. Que yo sepa, nadie en Moscú tiene una copia, así que si usted no logra salir, tendremos que llevarle a Siberia para liberarlo». Con esta revelación, el desafío propuesto tenía otro elemento de riesgo muy importante. La distancia entre Moscú y Sackolin era de mil quinientos kilómetros —recorrido que a bordo de aquel vehículo podría llevar hasta veinte días—. Para que no descubriesen el secreto de sus habilidades, Houdini pidió a los agentes que arrimasen el vagón a la pared, de modo que la única ventana existente quedara pegada al muro de la comisaría. El mago no tardó mucho en zafarse de los grilletes que ataban su cuerpo, pero la puerta del furgón era un desafío bastante duro. Durante casi quince minutos, Houdini emprendió una solitaria lucha para salir del vagón mientras escuchaba a los agentes riéndose fuera. Sin embargo, los chistes y las sonrisas cesaron súbitamente cuando la puerta del furgón comenzó a abrirse lentamente, dando paso al escapista, que abandonaba el vehículo sonriendo con socarronería. En lugar de los aplausos que solía recibir tras vencer en un desafío, el inspector ordenó que desnudasen y registrasen a su asistente, Franz Kukol, pero la policía no encontró nada que lo delatara. «Ellos pensaron que (Franz) tenía algo —escribió a un amigo, meses más tarde—, pero lo único que encontraron fue la llave de su casa. Los agentes probaron a abrir el vagón con ella, pero pronto se dieron cuenta de que se trataba de una llave vulgar y corriente». [N53] Lebedoeff se negó a firmar un escrito que certificara su victoria, al considerar que, en realidad, estaría firmando un certificado de incompetencia, algo que la policía rusa jamás admitiría. Lebedoeff ya había prohibido la presencia de la prensa para evitar una situación embarazosa, pero a pesar de sus precauciones por intentar encubrir su proeza, la noticia corrió como la pólvora y causó tanta repercusión que su contrato fue ampliado cuatro meses adicionales, llamando la atención incluso de los Romanov, la familia imperial rusa.

> Se supone que la cárcel más segura del mundo es un vehículo de transporte blindado utilizado para trasladar a los prisioneros a una cárcel siberiana. A pesar de tratarse de una especie de «caja fuerte sobre ruedas», he logrado escabullirme de su interior en menos de veinte minutos. Antes de entrar al vehículo, fui sometido a un cacheo por la policía secreta rusa, la más dura que jamás había visto. Tras haber logrado semejante prodigio, la administración del jardín zoológico, donde yo me encontraba actuando, tuvo el detalle de doblarme el sueldo que habíamos previamente acordado. [N54] Harry Houdini

Romanov y Rasputín

La Rusia imperial era un coloso atado a tradiciones superadas hacía siglos. Sus zares llevaban una vida de lujo incomparable a la de cualquier otra familia real europea, contrastando brutalmente con la realidad de la población, una sociedad agraria subdesarrollada y mísera. Las grandes duquesas, hijas del zar, solían caminar arrastrándose por

Litografía conmemorativa de la proeza de Houdini en Rusia, que ilustra al mago a punto de ser encerrado en un vagón de prisioneros, cercado por agentes de la policía rusa en un patio empedrado y cercado por altos muros.

los salones de baile debido al peso de los diamantes que adornaban sus vestidos, y su intensa vida social era la más espectacular de toda Europa. [N55] El icono más representativo de la opulencia de los Romanov son los famosísimos huevos de Fabergé. En la Pascua de 1883, el zar Alejandro III le encargó a Peter Carl Fabergé —uno de los orfebres más destacados de su tiempo— la realización de una joya en formato de huevo para regalarle a su mujer, la zarina danesa María Fyodorevna. El encargo consistía en un huevo con cáscara de platino que contenía uno más pequeño en su interior, de oro. Al abrirse este último, se encontraba una gallina en miniatura, también de oro, que tenía en su cabeza una réplica de la corona imperial rusa. Su diseño, ingeniosidad y belleza agradaron tanto a la zarina que Alejandro III ordenó la fabricación de un nuevo huevo de Pascua cada año para la zarina, estipulando dos condiciones imprescindibles: que fuesen únicos y que reservasen una sorpresa en su interior. Los siguientes huevos fueron inspirados en los distintos estilos artísticos europeos: barroco, rococó, neoclasicismo y modernismo, así como en obras de arte que el orfebre contempló en sus viajes por el continente. De los sesenta y nueve huevos producidos por la Casa Fabergé, solo se conservan sesenta y uno, esparcidos por el planeta en museos y colecciones privadas. El más valioso de todos, el «huevo de la coronación», mide solo doce centímetros, pero se estima que en una subasta no saldría por menos de dieciocho millones de dólares, es decir, cada centímetro de esta codiciada joya supera la espeluznante cifra de un millón de dólares. [N56]

Sin embargo, no todo era lujo, felicidad y derroche bajo el suntuoso techo del Palacio de Invierno de San Petersburgo. La pareja real tenía cuatro hijas y un único varón, el zarevich Alexis, heredero del trono y portador de una condición especial que los Romanov mantenían bajo secreto: la hemofilia, una enfermedad que impide la buena coagulación de la sangre y que afecta predominantemente a individuos de sexo masculino. Las personas con hemofilia no sangran más rápido de lo habitual, pero pueden sangrar durante un período más prolongado. Una pequeña herida, que para la mayoría de las personas resulta insignificante, para un paciente con hemofilia puede constituir un problema grave. Al tratarse de una enfermedad de origen genético, no existe ningún tratamiento, aunque actualmente existen medidas sencillas y eficaces capaces de reducir la tendencia hemorrágica del organismo afectado, una realidad inexistente en la época de los Romanov. Aparte del drama familiar, la hemofilia de Alexis también podría causar un serio trastorno político. Si se revelaba públicamente, la continuidad de la dinastía Romanov podría estar seriamente amenazada, de modo que la única opción de la zarina fue recurrir a lo que verdaderamente creía que podría funcionar: el auxilio de fuerzas espirituales. Alejandra intentaba aplacar sus aflicciones refugiándose durante horas en la capilla del palacio, pero a pesar de ser una fiel devota y cristiana practicante, sus oraciones no parecían ser suficientes para solucionar su drama, por lo que buscó ayuda en personas de índole y postura cuestionables, como médiums charlatanes y falsos profetas. Cuando comenzaron a surgir las primeras noticias de la llegada a Rusia de un prestidigitador extraordinario, capaz de escapar de cualquier atadura mediante la ayuda de fuerzas sobrenaturales, la zarina ordenó que acudiera a su presencia inmediatamente. Le había impresionado especialmente un relato que le habían hecho sobre *Metamorfosis*, el clásico truco en el que cambia de sitio con Bess en un viejo baúl. Muchos pensaban que Houdini tenía el poder de desmaterializarse, deshaciéndose en partículas para salir del baúl que se encontraba herméticamente cerrado por robustas cadenas y candados. No podría haber otra explicación. «Houdini es capaz de transformarse en cualquier cosa, sea persona, objeto o animal, y con la misma facilidad volver a su forma natural», afirmaba un conocido diario ruso, que le había puesto el nombre de pila de «Volshebnik», una especie de mago de la mitología rusa.

Houdini fue invitado a ofrecer una actuación privada para la familia real en el Palacio de Invierno de San Petersburgo y la impresión que provocó no pudo ser más impactante. La pareja real le sugirió que fijara residencia definitiva en el país y le ofreció el puesto de consejero, pero el mago prefirió rechazarlo cortésmente, aunque se sintiera muy halagado por semejante honor. Su objetivo en la vida era convertirse en el artista más famoso del mundo y no en el mejor amigo de una zarina.

> La zarina, con toda su devoción por el misticismo, se negó a creer que había una explicación científica y mecánica para mis efectos de ilusionismo. Imploró que me quedara en el país, de modo que pudiese beneficiarse de mis supuestos dones, pero decidí declinar su gentil invitación. Harry Houdini

La negativa de Houdini no desanimó a la zarina, que continuó su periplo en búsqueda de un salvador. En 1905, conoció a Grigori Rasputín, un misterioso campesino siberiano que se había autoproclamado como un *starets* (hombre santo) y estaba dotado de unos maravillosos poderes de curación que empezaban a causar una gran conmoción en la capital del imperio. En un primer momento, Alejandra tuvo que afrontar cierta resistencia por parte del zar, que no quería que se envolviera con curanderos, pero San Petersburgo vivía una inusitada moda del ocultismo —tal y como estaba ocurriendo en otras capitales europeas— y Rasputín, con sus enigmáticos ojos azules y aparentes facultades psíquicas, encajaba a la perfección con este movimiento que parecía haber hipnotizado a la élite moscovita. No tardó mucho tiempo en que se le abriesen las puertas del Palacio de San Petersburgo, a través de la intermediación de una amiga de la familia real, Ana Virugova, que aseguró a la zarina que el brujo podría curar la grave enfermedad de Alexis. Rasputín fue llevado a los aposentos del joven zarevich, que se encontraba bastante agitado aquella noche. El famoso milagrero se arrodilló a los pies de su cama y se puso a rezar hasta que el niño comenzó a relajarse y caer en un sueño profundo. Al día siguiente, al despertar, el dolor que le afligía había desaparecido completamente, un milagro que dejó impactada a toda la familia. Aunque su proeza no tiene una explicación racional, hoy en día se puede afirmar que Rasputín poseía un extraordinario poder de sugestión o conocía técnicas avanzadas de hipnosis que tranquilizaron al pequeño Romanov. El caso es que la zarina se convenció rotundamente de que aquel hombre había sido tocado «por la gracia de Dios» y que podía realizar verdaderos milagros. El emperador, por su parte, también se lo creía. Decía a su círculo más cercano que aquel hombre le hacía sentir una calma repentina, casi anestésica. «Este campesino ha sido enviado por Dios para proteger a la dinastía real», afirmaba.

Rasputín fue proclamado consejero espiritual de la familia real y pasó a reunirse con obispos, miembros de la nobleza y militares de alto rango. Todos querían conocer al campesino de Siberia que poseía el don de curar las dolencias, fuesen físicas o espirituales. Pero lejos de la mirada de los Romanov, el brujo siberiano se convertía en una persona completamente distinta, asumiendo un carácter manipulador y agresivo. Surgían rumores de su libertino estilo de vida e incluso llegaron a insinuar una supuesta aventura amorosa con la mismísima zarina. Aunque nunca se encontraron evidencias que apoyasen esta teoría, la aristocracia se había dado cuenta de que Rasputín parecía haber aprisionado a la familia real en un trance hipnótico. Su creciente poder acabó generando un gran resentimiento entre los funcionarios leales al gobierno e hicieron saltar las alarmas entre sus más allegados. La situación alcanzó tal extremo que Houdini llegó a recibir un telegrama invitándole a regresar al país y desenmascarar al brujo siberiano, pero el mago escapista optó por declinar amablemente la invitación, evitando de esta forma que su nombre se viera involucrado en enredos reales.

Su decisión seguramente le acabó salvando la vida, si consideramos los acontecimientos que se avecinaban. En 1914, Rusia entró en la guerra formando parte de la Triple Entente, enfrentada a las potencias centrales europeas, mejor preparadas y organizadas. Como consecuencia, el ejército ruso fue aniquilado cerca de la frontera con Alemania ya en los primeros meses de la contienda, teniendo como resultado pérdidas territoriales, materiales y humanas. Mientras tanto, en las grandes ciudades rusas, el desabastecimiento, el desbarajuste en la red de transportes y la inflación crearon un gran malestar. No faltaron interlocutores que advirtieron al zar de la hecatombe que estaba a punto de desatarse con la indignación del país, el agravamiento acarreado por la maligna influencia de Rasputín y las desastrosas interferencias de la zarina. El gran duque Nicolás Mikhailovich, conocido por sus convicciones liberales, le escribió una expresiva carta donde le rogaba zafarse de Rasputín y llevar a cabo las reformas propuestas por la duma antes de que fuera demasiado tarde, pero Nicolás II prefirió ignorar todas las advertencias.

El 17 de diciembre de 1916, Rasputín fue objeto de una emboscada pergeñada por el príncipe Félix Yusupov, hijo de la mujer más rica de Rusia y casado con una sobrina de Nicolás, Irene. Para poner su plan en marcha, el príncipe contó con la colaboración del gran duque Demetrio Romanov, primo de primer grado de Nicolás, y de Vladimir Purishkévich, un monárquico antisemita de extrema derecha. La intención del trío era salvar la monarquía eliminando a Rasputín y confinando a la zarina en un hospital de lunáticos, como se solían llamar antaño. [N57] Conocedor de su afición por la buena gastronomía, Yusupov tuvo la idea de invitarle a una cena en los sótanos del palacio, situado en el malecón del río Moika. Allí fue preparada una gran mesa con diversos entrantes y bebidas, todos previamente envenenados con una cantidad de cianuro suficiente para matar a un caballo. Rasputín, encantado con la soberbia decoración de la mesa, se puso a comer los tentadores dulces espolvoreados con veneno mientras hablaba animadamente con Yusupov, que trataba de controlar sus nervios, puesto que estaba a punto de atentar contra la vida de su interlocutor. Sin embargo, el veneno ingerido por el brujo no fue suficiente para matarlo, dejándole solamente confuso y mareado. Dispuesto a rematar a su oponente, Yusupov cogió su pistola Browing y le abatió tras efectuar varios disparos. El príncipe se acercó al cuerpo y lo sacudió para comprobar su estado. En ese momento, Rasputín abrió los ojos, encendidos por el odio y se puso de pie, echando espuma por la boca. El cuerpo atiborrado de cianuro había adquirido una fuerza irracional y se lanzó en contra de su verdugo, agarrándole del cuello. Casi sin aliento, Yusupov aún tuvo fuerzas para pedir ayuda a Purishkévich, que prefirió esperar, con un arma cargada, a que Rasputín saliera corriendo por la puerta del sótano para acribillarle a balazos, pero el brujo se escapó por otra puerta, que daba a un patio trasero del palacio, y se echó a correr. Purishkévich logró alcanzarle, le disparó tres veces, dos de ellos fallaron, pero el último le alcanzó en el hombro, haciéndole girar y finalmente caer sobre la nieve. Lentamente, Purishkévich se acercó al «brujo inmortal» y le remató impetuosamente con un tiro en la cabeza. Para deshacerse del cuerpo, le envolvieron en una alfombra, le metieron en un coche y le arrojaron por un agujero en el hielo del congelado río Neva desde el puente Bolshoi Petrovski. Una autopsia realizada pocos días después de haber sido encontrado reveló que Rasputín había muerto por ahogamiento. Ni el cianuro ni los disparos pudieron con él. [N58]

Con la muerte de Rasputín, el príncipe Yusupov y sus compinches consiguieron librar a la familia real de las garras de un peligroso manipulador, pero nada pudieron hacer para frenar la insurrección de la población contra la monarquía. Las aplastantes derrotas de los ejércitos rusos en la guerra contra Alemania y las sangrientas represiones ordenadas por el gobierno en todo el país hicieron estallar una revolución sin precedentes. Con la formación del nuevo gobierno, los Romanov fueron llevados a Ekaterimburgo —el centro de la militancia bolchevique en los Urales—, donde quedaron confinados en compañía de cuatro fieles sirvientes en un pequeño palacete de modestas instalaciones llamado Casa Ipátiev —el inmueble sería conocido por los bolcheviques como «La casa del destino especial»—. A pesar de no sufrir ningún tipo de vejación, los Romanov vivían de forma precaria y pasaban buena parte del tiempo encerrados en sus habitaciones, aunque tenían permiso para circular por la casa y su finca. El zar pasaba gran parte del día cortando leña como forma de entretenerse y, por primera vez, tuvo contacto directo con el cruel y difícil mundo real, después de cincuenta años viviendo en una burbuja de lujo, lejos de cualquier privación. En la medianoche del 17 de julio, el zar y su familia fueron llevados al sótano con el pretexto de que se les iba a hacer una fotografía antes de partir de regreso a la capital. Nicolás II colocó al heredero en sus rodillas mientras tomaba asiento al lado de la zarina, las hijas se sentaron atrás y los sirvientes y el médico a los costados, de pie. Cuando la familia se había colocado para la instantánea, el responsable de su custodia, Yákov Yurovski, entró en el sótano, revólver en mano, junto a un pelotón de soldados armados, y les comunicó que el pueblo les había condenado a muerte. El zar recibió un disparo a bocajarro, muriendo al instante. Los demás integrantes de la familia real, junto con los sirvientes y el médico real, fueron fusilados y rematados a golpes de bayonetas. Sus cuerpos fueron arrojados a una mina abandonada hasta el día siguiente, cuando Yurovski —temiendo que sus cuerpos pudiesen ser recuperados— ordenó el traslado y destrucción de los cadáveres con fuego y ácido.

En 1981, la iglesia ortodoxa rusa en el exilio decidió canonizar a todos los integrantes de la familia Romanov y los proclamó neomártires —título concedido a todos los mártires de la época moderna y contemporánea, creado por la iglesia rusa para distinguirlos de los mártires de la antigüedad—. En 1998, trascurridos ochenta años de su ejecución, los restos mortales del último zar de Rusia y de su familia —encontrados por dos investigadores en la década de los setenta— recibieron sepultura en la cripta de la catedral de San Pedro y San Pablo en San Petersburgo. La saga de los Romanov ha sido objeto de muchas leyendas, la más conocida afirma que su hija Anastasia y su hermano Alexei habrían sobrevivido al fusilamiento, puesto que en la fosa común donde fueron hallados solo había nueve esqueletos (todos identificados por exámenes forenses y pruebas de ADN).

Los Romanov, canonizados por la iglesia ortodoxa rusa.

Nota del autor

La gira de Houdini en Rusia duró cinco meses y no solo le sirvió para incrementar sus ingresos y su reputación, sino también su fluidez en el idioma. «Ahora hablo ruso como un turco», bromeó. También contribuyó de manera significativa al fortalecimiento de su mítica aura de invencibilidad. Sus supersticiosas audiencias tenían la certeza de estar ante un prodigio sobrenatural, y fue *Metamorfosis* quien le afianzó semejante poder. «Mi público estaba constituido por personas que vivían doscientos años atrasados a su época —escribió en su diario— y estaban firmemente convencidas de que podía desmaterializarme como un fantasma». Pese al éxito cosechado en las tierras del zar, Houdini fue testigo involuntario de muchos episodios de abusos perpetrados por las autoridades rusas. El escapista solo se tranquilizó cuando el tren en el que viajaba cruzó la frontera. «Al dejar Rusia sentí como si hubiese acabado de escapar de una prisión», lo confesó en su diario. Jamás volvería a poner los pies en los dominios del zar.

En noviembre, Houdini regresó al Reino Unido para cumplir una intensa agenda de *shows* en distintas capitales británicas, algo que se extendería durante dos años. El mago escapista estrenó su temporada el 9 en el teatro Pavilion de Leicester y la semana siguiente se dirigió a Halifax, donde se presentó en el People's Palace, cerrando el año de 1903 en el teatro Empire de Huddersfield, donde tuvo la oportunidad de promocionar su función escapando de los calabozos de una comisaría local con solo un taparrabos. Allí, supo que varios artistas locales se presentaban en teatros más pequeños imitando sus trucos, fenómeno que solía repetirse con relativa frecuencia en otras ciudades. El escapista no admitía este tipo de postura por considerar un acto desleal y nada noble. En Huddersfield, su ira fue todavía mayor cuando se enteró de que uno de estos imitadores utilizaba un nombre artístico parecido al suyo y, para colmo, se había endeudado hasta las cejas con muchos establecimientos comerciales de la ciudad. Para defender su reputación, decidió poner un anuncio en un periódico local que decía:

> Al caballero que responde al nombre de Houdina u Houdiana y que, por alguna inesperada distracción, ha dejado la ciudad de Huddersfield sin pagar las deudas que debía a la señora Scott de la calle Peter, le ruego amablemente que le envíe» el importe debido. Ha sido muy poco delicado por su parte montarse un disfraz utilizando un nombre parecido al mío para después marcharse sin pagar sus cuentas. Declaro que no me haré responsable de ninguna de las deudas contraídas por este señor. [N59] HARRY HOUDINI.

Nunca se supo si el tal Houdina acabó saldando sus deudas con la señora Scott.

Tras celebrar la llegada del año nuevo de 1904, Houdini reanudó su gira inglesa, comenzando por Sheffield, donde se presentó en el Empire Palace, del 18 al 23 de enero. Su espectáculo fue muy publicitado en la ciudad tras la noticia de que el mago habría logrado escapar del ala de máxima seguridad de la prisión local, donde se encontraba la celda de Charles Peace, condenado a morir en la horca en 1879, «el criminal más peligroso que el Reino Unido jamás tuvo», escribió en sus notas. Peace se ganaba la vida enmarcando cuadros, solía enviar a sus hijos a la escuela dominical y coleccionaba pájaros. Pero por la noche se convertía en un peligroso ladrón cuyas violentas acciones habían dejado a la ciudad en vilo. A pesar de haber sido arrestado en numerosas ocasiones, el criminal nunca permanecía mucho tiempo detenido. Houdini fue desnudado, registrado por los agentes y finalmente esposado. El comisario le introdujo en el interior de una celda que poseía un cierre de bloqueo triple y puso sus ropas en otra celda distinta, que contaba con el mismo tipo de cerradura. Un portal de hierro macizo que daba acceso a toda el ala también fue cerrado. El mago tardó cinco minutos en escapar, recuperar sus ropas y reaparecer antes los agentes, que se quedaron asombrados. Su hazaña copó los titulares de varios diarios de la ciudad, y esa noche, tal y como se esperaba, una multitud se agolpó frente a la entrada del teatro en pocos minutos. «Mi gran logro fue destacado en casi todos los periódicos», escribió en su diario, orgulloso de sí mismo. «Esto me convierte en uno de los artistas extranjeros más conocidos de Inglaterra. Mi foto aparece en todas las portadas». [N60]

Houdini versus las esposas Mirror

Tras concluir su agenda de *shows* en Liverpool y Birmingham, Houdini estrenó en el Hippodrome de Londres el 29 de febrero de 1904. Diseñado por el arquitecto británico Frank Matcham, el Hippodrome abrió sus puertas el 15 de febrero de 1900 como un teatro de atracciones circenses y de espectáculos de variedades. Con vistosas columnas de mármol y un gran salón de estilo náutico, el Hippodrome es uno de los pocos teatros de comienzos del siglo XX que todavía siguen en actividad. Localizado en la abarrotada esquina de la Charing Cross Road y Leceister Square, ha sido convertido en un casino. En su noche de estreno, intentó escapar de las esposas que habían inmovilizado al conde De Lorge quince años antes, cuando estuvo encarcelado en La Bastilla; otros dos pares de esposas que fueron utilizadas por Jack Sheppard —un conocido criminal inglés que consiguió escapar cuatro veces de tres cárceles distintas— y un juego completo de objetos de retención que sumaban un total de sesenta kilos de hierros; le llevó veintisiete minutos zafarse de todo. [N61] A pesar de haber recibido críticas positivas de la prensa especializada, el mago escapista no fue capaz de llenar el Hippodrome, un hecho poco común en sus giras por las islas británicas. A fin de intentar aumentar la venta de entradas, Houdini ofreció una presentación especial para la prensa en la sede del *Weekly Dispatch* de Londres, donde utilizó un par de esposas antiguas cedidas por el museo Chamber of Horrors y algunos grilletes utilizados por los prisioneros de La Bastilla. El *show* privado fue un éxito, pero no tuvo la repercusión esperada. Cierta noche, cuando se presentaba en el Hippodrome, fue interrumpido por la inesperada presencia de un espectador en el escenario. Se trataba de un reportero del *Daily Mirror* que había ido al teatro con la intención de desafiarle con un par de esposas especiales. Visiblemente molesto por la indeseable intervención de un intruso durante su función, el artista examinó rápidamente las esposas y las rechazó, alegando no ser reglamentarias. Ante su negativa, el reportero reveló que había recorrido todo el Reino Unido buscando un par de esposas cuya apertura fuese imposible sin el uso de llaves o herramientas. Dijo, además, que sus investigaciones le llevaron a conocer a un hombre llamado Nathaniel Hart, un experimentado herrero de Birmingham, que afirmaba haber dedicado más de cinco años en la concepción del par de esposas más sofisticado jamás inventado. Solamente una persona, un conocido llavero británico, había sido capaz de abrirlas; aun así, la proeza le costó casi cuarenta y ocho horas. «Tras oír la opinión de algunos especialistas que confirmaron estar delante de un artilugio extraordinario, mi editor me propuso acudir al Hippodrome y desafiar al "rey de las esposas", título que usted mismo se ha adjudicado con toda la justicia, o por lo menos me gustaría creerlo —le dijo el reportero—. Sin embargo, si se niega a probarlas, lo único que puedo concluir es que usted no es tan bueno como piensa».

Sorprendido por la osadía del reportero, Houdini intentó defenderse. Si quería conservar su reputación, tendría que aceptar el desafío, a pesar de no haberle gustado el aspecto de aquellas esposas. El mago conocía todo sobre estos objetos y sabía que prácticamente todas las esposas poseían mecanismos similares, pudiendo ser desbloqueadas después de cumplir una serie de procedimientos. Las Mirror, sin embargo, tenían un diseño más complejo que el de un par de esposas comunes. Se trataba de un modelo único, compuesto por trece gachetas, y cuyo formato era el de una letra «B», donde las muñecas estaban dispuestas sobre una barra horizontal y no había copias para estudiarla previamente. Además, la única llave que podría desbloquearla estaba bajo custodia del reportero que le había desafiado.

> No puedo aceptar el desafío propuesto por el caballero porque tengo serias limitaciones de tiempo esta noche. Sin embargo, estoy a dispuesto a intentarlo si el director del teatro acepta concederme una sesión extra por la tarde, cualquier día de la semana que viene. Será necesario que invierta una importante cantidad de tiempo para liberarme, pero no me cabe la menor duda de que seré capaz de conseguirlo. Harry Houdini.

Esposas *Mirror*.

El director del Hippodrome, señor Parker, validó el desafío y propuso la fecha del 17 de marzo, día de Saint Patrick, para la celebración del evento, «que ganó destaque en todos los diarios londinenses y causó un gran alboroto en la ciudad, generando una publicidad mucho mayor de la que yo pudiera haber conseguido en mis presentaciones de escapismos en las prisiones», escribió en su diario. En la noche citada, cuatro mil espectadores asistieron pacientemente a seis actuaciones previas, mientras esperaban el evento principal. Cuando Houdini apareció en el escenario, fue recibido por una ovación digna de un monarca. «Estoy listo para ser esposado», anunció solemnemente. Un representante del *The Mirror* subió al escenario llevando las esposas, saludó al mago y enseguida invitó a un grupo de voluntarios para llevar a cabo los debidos escrutinios y confirmar que no había fraude. Los invitados dieron el visto bueno, el representante esposó a Houdini, introdujo la llave en el cierre y la giró seis veces. El gran mago escapista, giró la mirada hacia el proscenio y dijo a la audiencia:

> Damas y caballeros. Ahora estoy maniatado a unas esposas especiales, diseñadas por un mecánico británico que ha invertido cinco años de su vida en fabricarlas. No sé si podré liberarme de ellas, pero les aseguro que lo haré lo mejor que pueda. [N62]

Houdini se dirigió al interior de su cabina, un asistente cerró el telón y la orquesta comenzó a tocar, mientras el mago daba inicio a los trabajos de liberación. Eran las 15:15 de la tarde. Durante largos minutos, el público se fijó en el telón, que se balanceaba como si alguien estuviese luchando contra un enemigo invisible. Este momento caracterizaba perfectamente sus exhibiciones. Muchos de sus escapes eran realizados detrás del telón mientras el espectador esperaba pacientemente el desenlace. ¿Se podría imaginar, hoy en día, asistir a un espectáculo de magia y pasar gran parte del tiempo mirando anonadado a un telón moviéndose? Seguramente, la gente de aquella época era bastante más paciente que la de hoy, y Houdini sabía jugar con la tensión y la expectativa de la audiencia. Los pocos minutos que él aparecía sobre el escenario compensaban con creces el largo tiempo en el que estaba oculto lejos de los ojos de los curiosos.

Tras veintidós minutos de intensa lucha, Houdini apartó un tanto el telón con la cabeza y se asomó a mirar hacia el patio de butacas. La gente, jubilosa, empezó a gritar: «¡Lo ha conseguido, lo ha conseguido!», una manifestación espontánea que hizo que el maestro golpease el atril con su batuta varias veces, interrumpiendo súbitamente la ejecución del número musical que la orquesta tocaba. Pero se trataba de una falsa alarma. Las esposas seguían intactas y firmemente atadas a sus muñecas. Tenía el pelo chorreando de sudor y su traje estaba completamente arrugado. «Les ruego un poco de paciencia. Me gustaría saber si podrían traerme un vaso de agua y un cojín para descansar las rodillas», irrumpió con la mirada puesta en el representante del periódico. «No tenemos la mínima intención de someter al señor Houdini a una sesión de tortura. Dicho esto, por nuestra parte no existe ningún impedimento en cederle el cojín que solicita». Un asistente entró en el escenario con un gran cojín de seda, acompañado de Bess, que llevaba un vaso de agua al que Houdini le dio un buen sorbo hasta vaciar su contenido. El telón se cerró otra vez y el mago escapista dio inicio al segundo asalto de su refriega contra las esposas.

Transcurrido un breve periodo de tiempo, Houdini se asomó por segunda vez al escenario —todavía esposado— y se dirigió al representante del *Mirror* con una petición inusual. «¿Tendría la amabilidad de abrir las esposas solo un momento, de modo que yo pudiera quitarme el abrigo? Me está entorpeciendo los movimientos». El representante estuvo a punto de atender su petición, pero pensó que podría tratarse de una de sus ingeniosas artimañas. Si Houdini tuviera la oportunidad de comprobar cómo eran desbloqueadas las esposas, quizá podría descubrir el funcionamiento de su mecanismo e intentar alguna trampa. «Lo siento, pero no puedo atender su petición. Si abro las esposas, consideraré que usted ha perdido el desafío», contestó. Antes semejante respuesta, cualquiera volvería resignado a su cabina y continuaría intentando zafarse de las esposas, pero él acabó optando por una decisión bastante osada. Allí mismo, sobre el escenario, lejos de la privacidad de su cabina y la vista de todos, empezó a retorcerse y contorsionarse hasta conseguir alcanzar uno de los bolsillos y con los dientes sacó de allí una pequeña navaja. Acto seguido, se quitó la levita por encima de la cabeza e irrumpió en un frenético movimiento de brazos y hombros, destrozándola con la navaja entre los dientes, hasta hacerla girones. Su inesperada reacción llevó al público a la locura, que gritaba frenéticamente en su apoyo. Houdini respiró hondo, miró al patio de butacas y se refugió una vez más detrás del telón, con su enemigo metálico atado a las manos. El mago ya llevaba casi una hora y diez minutos, y la tensión era tal que los músicos apenas podían concentrarse, lo que acabó obligando al maestro a interrumpir la orquesta por segunda vez. Estaban todos con la mirada puesta en aquel felpudo telón que ocultaba a un hombre que trababa una violenta disputa contra un par de esposas. Tan embebecido estaba en su tarea que pareció haberse olvidado de que no se encontraba solo, porque no dejó en todo este tiempo de chapurrear entre dientes consigo mismo, murmurando maldiciones y pequeños gritos de motivación; daba la impresión de que él mismo se daba ánimos. De pronto, y cuando menos se esperaba, apareció con las esposas en las manos, con un aspecto penoso, aparentando varios centímetros menos de estatura y considerablemente menos engreído, pero invicto. «Fueron necesarios cinco años para concebir un revolucionario modelo de esposas que tardé poco más de una hora en quitarme», se jactó, orgulloso de su proeza. Cuando apareció sin las esposas, la audiencia ya estaba a punto de irse y él lo sabía; al aparecer con aquellas esposas, y según los diarios de la época, algunos hombres subieron al escenario para abrazarlo mientras las mujeres agitaban sus pañuelos desde el patio de butacas.

Bajo la atenta mirada del público que abarrotó el Hippodrome de Londres, Houdini es esposado por un representante del diario londinense *The Mirror*. En la secuencia, el mago escapista rompe su chaqueta con la intención de facilitar sus movimientos, reacción que llevó al teatro a la locura.

El método utilizado por Houdini para zafarse de aquel complicado reto aún se desconoce y sigue siendo un misterio para sus biógrafos. Se pensaba que este secreto sería revelado en su libro *Handcuff Secrets*, publicado en 1910, pero no fue así. Existe una teoría que afirma que todo fue una ingeniosa estrategia de *marketing* acordada previamente entre Houdini y el periódico londinense y existen algunos detalles curiosos que refuerzan esta tesis. Para comenzar, las esposas Mirror no son ajustables como ocurre con prácticamente cualquier modelo corriente, así que no deja de ser una tremenda casualidad que el modelo utilizado en este desafío encajara perfectamente en las muñecas del artista. El otro detalle curioso es el hecho de que estas esposas no pueden ser abiertas sin las llaves, lo que nos lleva a especular con una serie de hipótesis: 1) Bess le coló una llave junto con el vaso de agua que le trajo durante el desafío. 2) La llave pudo haber sido colocada en el interior del cojín utilizado por el mago escapista para arrodillarse. Están aquellos que creen que las esposas Mirror fueron invención del propio artista, quien se limitó a esperar casi una hora detrás del telón el momento oportuno para entrar en escena, en pleno clímax (de hecho, cuando apareció liberado de las esposas, el público estaba a punto de irse y él lo sabía). El momento en el que destrozó su chaqueta con la navaja fue una simple dramatización para añadir tensión al número. En cualquier caso, su proeza ocupó no solo todos los titulares, sino también las mesas y las barras de *pubs* londinenses durante un buen tiempo. [N63]

El desafío de las esposas Mirror acabó desatando una frenética búsqueda de entradas para asistir al espectáculo de Houdini, que tuvo un espacio por tiempo indefinido. Sin embargo, cuando terminó su contrato original, el 2 de abril, el mago empezó a presentar graves síntomas de fatiga. Diagnosticado con una fuerte gripe, que podría desembocar en una neumonía, el artista se vio forzado, por primera vez en su carrera, a cancelar algunas de sus presentaciones por motivos de salud. Confinado en la habitación de un hotel, el mago pasaba el tiempo organizando programas, retratos, recortes de periódicos y notas que fue acumulando en sus últimos viajes mientras era entrevistado por un periodista. La charla rindió un interesante reportaje que contaba detalles no solo de su vida, sino también de su interesante colección. Pocos días después de su publicación, el artista recibió un inesperado telegrama de un hombre llamado Henry Evanion. En la misiva, el remitente decía ser un coleccionista de documentos relacionados con el mundo de la magia y del ilusionismo y, tras haber leído el reportaje publicado sobre Houdini, pensó que podría ser una buena idea contactarle con el objetivo de vender parte de su acervo por un buen precio. El mago contestó rápidamente, invitándole a reunirse con él en el vestíbulo del hotel a la una de la tarde del día siguiente. Cuando llegó el horario acordado, el misterioso vendedor no apareció. «Pensé que, como suele ocurrir con muchos que me piden una entrevista, aquello no era más que un capricho pasajero de algún fan», concluyó Houdini, dejando entrever cierta frustración. A eso de las cuatro de la tarde, el médico que supervisaba la evolución de su estado de salud le sugirió que bajara para dar un breve paseo por el jardín. «Le ruego me disculpe, señor Houdini —le interpeló el portero cuando abandonaba el ascensor—, en el vestíbulo principal hay un anciano esperándole desde hace casi tres horas. Cuando llegó, se hizo el despistado circulando por el salón y solo después de que pasara un buen rato se acercó al mostrador de la recepción, preguntándome por usted. Como se trataba de un sujeto de aspecto un tanto extraño, no me atreví a dejarle subir». Mientras Houdini cruzaba el gran vestíbulo del hotel, un señor calvo y bigotudo se levantó de su butaca y le saludó. Era Henry Evans Evanion, un retirado ilusionista, ventrílocuo y humorista, que había dedicado gran parte de su vida a recorrer los escenarios británicos bajo el nombre artístico de Evanion. Su exitosa carrera le permitió actuar ante la familia real británica, incluyendo la reina Victoria y el príncipe de Gales (más tarde rey Eduardo VII) entre otros integrantes de la nobleza europea, un logro que le permitió añadir en sus carteles el codiciado título de «El prestidigitador real». [N64]

He venido a su encuentro, señor Houdini —le dijo Evanion—, tan solo para enseñarle una pequeña muestra de mis tesoros». Con sus manos temblorosas, el viejo mago sacó de una carpeta litografías antiguas y muy raras de algunos de los más importantes iconos de la edad dorada de la magia, como Robert-Houdin, Katterfelto, Pinetti, Breslaw y Anderson. Durante casi medio siglo, Evanion invirtió cada rato libre de su vida recorriendo los infinitos pasillos de los museos británicos, donde recogió cualquier material impreso relacionado con el mundo del entretenimiento popular victoriano, reuniendo una valiosísima colección que incluía más de cinco mil artículos. «Ya no pude escuchar nada más; estaba completamente en estado de *shock*», escribió en su diario. «Solo recuerdo taparme los ojos con las manos, como si hubiera sido deslumbrado por el resplandor de una repentina lluvia de diamantes. Aquel viejo hombre tenía en manos un tesoro que, si no era incalculable, podría decirse que era inimaginable. Ante aquel asombroso hallazgo, el tiempo simplemente paró y dejó de existir». Houdini acompañó a su nuevo amigo hacia la puerta de salida del hotel, donde permanecieron unos instantes contemplando la llovizna del atardecer, cada uno a un lado del umbral. El escapista le dio las gracias al viejo ilusionista por haberle permitido acceder a semejante tesoro y se despidió. Al día siguiente, sin el permiso de su médico, Houdini se montó en un taxi y pidió al conductor que le llevara al número 12 de la calle Metlhey, donde Evanion vivía con su esposa en un mugriento sótano. Allí, los dos amigos perdieron la noción del tiempo, disfrutando de sucesivas tazas de café mientras apreciaban las piezas publicitarias más relevantes de los últimos cien años. «Cuatro horas después, mi hermano Hardeen y mi médico —visiblemente disgustado— aparecieron en escena y me arrastraron de vuelta al hotel», lamentó. [N65]

Había pasado poco tiempo desde aquel primer encuentro y Houdini ya se había hecho con gran parte de la colección de Evanion, un alivio para un jubilado que pasaba por aquel entonces una grave crisis financiera. El tiempo pasó, los dos amigos no volvieron a encontrarse hasta que, durante su gira en la ciudad de Wigan, el mago escapista recibió un telegrama inesperado de la señora Evanion, que decía que su marido estaba perdiendo la batalla contra un cáncer de garganta y podría morir en cualquier momento. Houdini volvió rápidamente a Londres para visitarlo y se encontró con un Evanion muy debilitado y casi imposibilitado de hablar. «Estoy muy preocupado con lo que le pueda pasar a mi mujer después de que yo me vaya», le dijo. «Usted no se preocupe. Me encargaré personalmente de que no le falte de nada», le aseguró Houdini. Más tranquilo, Evanion pidió que cogiera una caja que se encontraba sobre la mesa del comedor y que la abriese. En su interior había una colección de carteles y otros papeles muy raros, entre ellos una octavilla que anunciaba el espectáculo de Robert-Houdin en Londres. «He separado especialmente esta caja para usted como recuerdo de nuestra amistad y de mi gratitud». Años más tarde, el escapista afirmaría que aquel material representaba «la joya central de su colección privada». Evanion murió pocos días después de este encuentro, el 17 de junio de 1905. Houdini se encargó de todos los gastos de su entierro y, a pesar de haber anunciado su muerte en las esquelas de los principales diarios londinenses, nadie acudió a su funeral, con excepción de su mujer y dos sobrinas. «Pobre Evanion —escribió en su diario—, creo que este hombre ha sido el mayor coleccionista de material de magia del mundo». La señora Evanion falleció poco tiempo después, y una vez más, el artista se hizo cargo de todos los gastos de su funeral. [N66]

> He oído decir que Houdini fue el último refugio de muchos indigentes, sobre todo aquellos que ejercían —o habían ejercido— algún oficio en el mundo del espectáculo. Su caridad iba incluso más allá de la vida terrenal. Si llegaba a enterarse de que la lápida de algún viejo mago necesitaba ser reparada, se encargaba inmediatamente del asunto y la mandaba arreglar. Willie Davenport en Australia, Bosco en Alemania y muchos otros excompañeros de profesión fueron agraciados con sus actos piadosos. Tenía muchos pensionistas a su cargo, algunos que ni siquiera conocía. Cierta vez, un extraño le abrazó en plena calle y al preguntar airado de quién se trataba, recibió la siguiente respuesta: «Soy el hombre cuyo alquiler usted lleva pagando los últimos diez años. [N67] ARTHUR CONAN DOYLE

Al día siguiente de concluir una corta temporada de dos semanas en Sheffield y Brighton, Houdini embarcó en el navío Deutschland, acompañado de Bess y su Hermano Theo, rumbo a Nueva York para disfrutar de unas deseadas vacaciones de verano. En el viaje, el artista coincidió con Martin Beck, quien había estado en Inglaterra buscando a diferentes artistas para la nueva temporada del circuito Orpheum. A este le causó extrañeza que su excontratado estuviera viajando en segunda clase. Era consciente de que sus extraordinarios números de escapismo le habían rendido en las islas británicas unos ingresos antes impensables para un artista de magia y, por ello, merecía disfrutar de mejores estancias. «Le investo a usted y a su señora a subir a primera clase, me encargaré de conseguirles una cabina», le invitó su exmánager. «Le agradezco la gentileza, señor Beck, pero me temo que voy a tener que rechazar su oferta», le contestó Houdini, consternado. No había en todo el navío una zona cómoda capaz de aliviar sus mareos. Para él, daba igual estar en la primera o segunda clase. Lo pasaría mal de cualquier manera. Y eso que, por aquel entonces, los viajes de navío eran un lujo comparados con la precariedad de los transportes terrestres de la década de 1870, muy bien descritas en las cartas de Harry

Kellar, uno de los magos más importantes de los Estados Unidos: «En un carro sin ballestas tirados por dieciocho bueyes, es muy posible que tanto la anatomía de una persona como su paciencia acaben por desmoronarse». [N68]

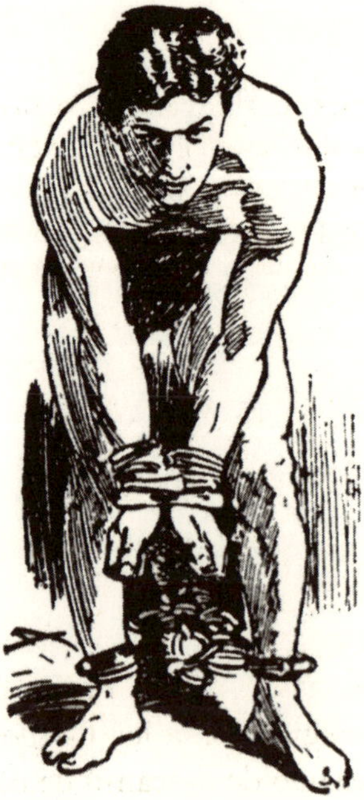

CAPÍTULO 5

HOUDINI DESAFÍA EL MUNDO

«Después de tantos años recorriendo Europa y los Estados Unidos, aún hay quienes me gritan y me llaman fraude. Sin embargo, hay ocasiones en las que pienso que debería estar agradecido por todo este escepticismo radical. Es esto lo que, en realidad, alimenta mi existencia». HARRY HOUDINI

1904-1909

Tras una larga gira de cuatro años y medio por todo el continente europeo, los Houdini regresaron a los Estados Unidos para disfrutar de un merecido periodo de descanso de once semanas. Al llegar a Nueva York, fueron recibidos en el muelle con fiesta, aplausos y muchos abrazos por parte de ambas familias. Cecilia les preparó una merienda y se pusieron a charlar animadamente durante horas acerca de su aventura europea. La pareja había dejado atrás una vida de sacrificios, poco dinero y un futuro incierto, y después de años durmiendo en pensiones baratas, comiendo sobre la cama y sin poder contar ni siquiera con un baño privado, buscaban ahora un hogar al que considerar propio y decorarlo a su gusto para sentirse de verdad en casa. Houdini compró una propiedad rural de siete hectáreas en la ciudad de Stamford, en Connecticut, y un hermoso chalé adosado de cuatro plantas y veintisiete habitaciones en la calle 278 Oeste, cerca de la Universidad de Columbia, en Harlem, «la casa más magnífica que un mago jamás tuvo», decía Houdini, confiado en que bajo el techo de su nuevo hogar todos los días serían aplacibles y felices. La casa todavía existe, y el barrio donde se encuentra ubicada se llama actualmente Morningside Heights, cuyo principal punto de referencia es la catedral de Saint John the Divine (la más grande del mundo anglicano y la cuarta del cristianismo). [N1]

Construida en 1895, el inmueble nunca había sido ocupado por otros moradores y aún necesitaba numerosas reformas. La casa, sin embargo, no había sido elegida al azar. Se encontraba localizada en una región habitada predominantemente por inmigrantes de origen alemán. Houdini creía que su madre se sentiría más cómoda en un lugar donde los vecinos hablaban su idioma. Debido a la extensa agenda que tenía que cumplir en varios estados americanos, la pareja disfrutó poco de la nueva casa, que quedó al cuidado de su hermana Gladys, quien se trasladó especialmente para hacer compañía a la matriarca. El otro hermano, Leopold, que había terminado la carrera de médico en el Bellevue Hospital Medical College en 1899, pidió permiso para montar una consulta en una de las habitaciones, solicitud que Houdini aceptó encantado. Y aún quedaban muchas estancias libres que Houdini trató de llenar con su extensa biblioteca de misterio y magia, que años más tarde se convertiría en la mayor colección privada del mundo de este género. El mago se había vuelto un lector compulsivo —seguramente una forma de compensar su escasa educación escolar— y se empeñó en acumular semejante cantidad de libros con un determinado fin: «Cuando caiga en la cuenta de que soy demasiado mayor para ejecutar mis números, trataré de ocupar mi tiempo libre escribiendo libros de magia. Y no tendré que salir en búsqueda de material de consulta, todo lo que necesite ya estará a mi disposición, dentro de mi propia casa». Al cabo de pocas semanas, Houdini ya había abarrotado la casa con un sinfín de objetos, documentación y armatostes, pero era el sótano el lugar que albergaba su tesoro más preciado: decenas de cajas con cierres, grilletes, esposas, llaves y ganzúas. Había llegado el momento, además, de cumplir con un antiguo deseo de su madre: reunir los restos mortales de los seres queridos en un nicho familiar. Un equipo de enterradores fue contratado para exhumar los huesos de su padre, abuela y de su hermano mayor, Herman, muerto en 1885, y trasladarlos al cementerio judío Machpelah, localizado en el distrito de Queens, Nueva York. Houdini siguió de cerca todo el procedimiento de exhumación de sus parientes y pidió que lo dejasen a solas con ellos antes de volver a enterrarlos. «Me quedé allí parado, observando los restos de mi pobre padre y de Herman. No quedaba nada más que sus cráneos, huesos y despojos, aunque los dientes de Herman se encontraban en perfecto estado de conservación». A pesar de retarla constantemente, Houdini sentía un enorme respeto por la muerte. En julio, su hermano Hardeen le acompañó a una visita sentimental a Milwaukee y Appleton, donde coincidieron con antiguos vecinos y visitaron locales que solían frecuentar de niños. De allí se fueron a Chicago para encontrarse con otro hermano, Nat, quien en aquella época vivía en la ciudad. Una nota enviada a Bess desde Chicago sugiere que la pareja atravesaba un momento complicado, aunque la distancia parecía haber suavizado la tensión. «Llegaremos el martes por la mañana y desembarcaremos en la estación Grand Central, por si quieres recibirnos. Tengo ganas de besarte delante de la audiencia tal y como solíamos hacer en los viejos tiempos». Bess atendió su solicitud y les fue a recoger a la estación en el horario acordado. «Se puso uno de sus vestidos favoritos, uno de color azul pálido. Estoy inmensamente feliz de verla. La eché mucho de menos en el viaje», escribió en su diario. [N2] Para Houdini, su relación con Bess estaba basada, en cierto modo, en el matrimonio de sus padres. Samuel y Cecilia tenían sus diferencias, como cualquier pareja corriente, pero se querían mucho y el respeto entre ambos se percibía de forma inmediata. Precisamente, este ejemplo también debía haber contribuido a formar su concepto del matrimonio y esto se materializaba en las incontables notas cariñosas dedicadas a su mujer, recogidas en decenas de páginas dejadas por el mago.

Aunque llegó a gozar de cierta fama en Europa, Houdini aún no era una celebridad en los Estados Unidos, y el público que le había aplaudido entusiasmado cinco años antes en los teatros de Beck ya casi lo tenía olvidado. Con una pequeña fortuna amasada en Europa, el escapista podría disfrutar de una vida tranquila y dedicar todo el tiempo a sus aficiones sin tener que preocuparse lo más mínimo de otras tareas cotidianas. Había logrado sobrevivir a las dificultades impuestas por la extrema pobreza, alcanzando la condición de estrella internacional, pero, aun así, no estaba satisfecho del todo. Para promocionar su espectáculo, el artista decidió repetir en América una acción osada que había sido extremadamente eficaz en Europa y que consistía en retar a personas y empresas a crear artilugios para retenerlo. Su atrevida propuesta recibió una amplia cobertura en los periódicos, generando un alud de cartas, sobre todo de algunas empresas que buscaban conseguir publicidad gratuita. Una fábrica de herramientas de Pensilvania le desafió a intentar salir del interior de un robusto y macizo torno industrial de hierro. Otra empresa de Chicago le propuso escapar de su producto estrella, una valija de correo aéreo con costuras reforzadas que se cerraba con una correa y llave, mediante un candado que se metía por un pasador. «El desafío de la valija del correo americano fue, sin duda, el más genuino que he aceptado en todos estos años. No hay nada en aquel saco que pueda ser maliciosamente manipulado o adulterado, ya que se trataba de un objeto homologado por el gobierno», explicó Houdini después de conseguir escapar en pocos minutos sin aparente esfuerzo. [N3]

Gracias a sus extraordinarias dotes físicas, Houdini venció en todos los desafíos que le fueron propuestos a lo largo de su carrera, proporcionándole una exposición publicitaria sin precedentes en el mundo del escapismo. Por otro lado, se trataba de una estrategia muy arriesgada, puesto que si fallaba, ponía en riesgo no solo su reputación, sino también su aura de invencibilidad. Para evitar semejante fiasco, estudiaba detenidamente cada uno de los desafíos propuestos antes de aceptarlos. Aquellos que no cumplían algunos requisitos básicos —poseían piezas trucadas o contenían una elevada dosis de riesgo— eran rechazados. Y no le faltaron rivales con desafíos variopintos, como el capitán de un barco que quería encerrarlo en un traje de buzo con botas de plomo y tirarlo al fondo del mar. Houdini debería escapar del traje y regresar a la orilla, pero ¡sin mojarse! En Alemania, un grupo de jinetes quería atar sus manos y brazos a cuatro caballos y luego hacerlo correr en direcciones opuestas. Como estos, surgieron otros centenares de voluntarios con desafíos tan creativos como imposibles de llevar a cabo. Aunque su talento era incuestionable, no faltó quien le tachase de fraude, una acusación injusta, ya que todos sus desafíos fueron legítimos y sus rivales tampoco eran cómplices, a pesar de que el escapista solía hacer uso de artificios para minimizar los riesgos. A veces, pedía al desafiante que llevara el objeto del que pretendería escapar horas antes del espectáculo con la excusa de encontrarle un sitio en el escenario, pero su intención en realidad era estudiar detenidamente su diseño y a veces sustituir alguna pieza difícil de sacar por otra más flexible. Se trataba de una artimaña sencilla, difícil de detectar en una inspección y que le aseguraba un desenlace a su favor.

Houdini versus el Gran Mysto

De vuelta a Inglaterra —Houdini llegó a Salford el 30 de septiembre para su estreno en el teatro Regent—, se enteró de que un artista conocido como «el Gran Mysto» estaba intentando manchar su imagen, una actitud ante la cual mostró un patente desprecio. «Mysto es un artista de *pubs*, del tipo que presenta trucos sencillos y cuyo caché básicamente depende de la generosidad del público, que suele lanzarle un par de monedas en un gastado sombrero. En realidad, se trata de un auténtico vagabundo. Cierta ocasión, llegué a donarle un par de pantalones, algunas camisetas viejas y algo de dinero. Como forma de agradecimiento, quiso enseñarme algunos efectos, pero el pobre era muy malo». [N4] Nacido en la ciudad de Bradford, el Gran Mysto, que atendía por el nombre de Jim Pickles, se había dedicado gran parte de su vida a la fontanería hasta que decidió probar suerte en el mundo artístico. Su espectáculo incluía un tétrico número de escapismo en un ataúd cerrado herméticamente que acabó llamando la atención de algunos empresarios locales, que comenzaron a compararlo con Houdini, de quien —irónicamente— era un auténtico seguidor. Al enterarse de que su ídolo se presentaría en Salford, Mysto corrió rápidamente a la taquilla del teatro Regent para asegurarse una butaca en primera fila, no con la intención de aplaudirle de cerca, sino con el objetivo de intentar descubrir el secreto de sus números. Luego, al subir el telón, cuál no fue su sorpresa al ver un ataúd idéntico al suyo, dispuesto en el medio del escenario. «¡Damas y caballeros! —exclamó Houdini, apenas entró en escena—. Les ruego me disculpen por enseñarles este objeto que, sin lugar a dudas, está completamente fuera de lugar. Soy consciente de que ustedes han venido aquí esta noche para pasarlo bien, pero les aseguro que al finalizar mi exposición, jamás nadie tendrá la osadía de incluir un elemento tan siniestro y macabro como este en un local de entretenimiento público». (El propio Houdini se contradijo años más tarde al utilizar un ataúd en su número *Enterrado en vida*).

Houdini entró en el ataúd, estiró las piernas y se acomodó lo mejor que pudo, mientras uno de sus asistentes lo encerraba con una tapa utilizando seis largos clavos. El féretro contaba además con dos agujeros por donde sacó los brazos para que fuesen maniatados por un par de esposas. Tras una minuciosa inspección realizada por un grupo de voluntarios, se colocó un biombo por delante del ataúd para que el público no tuviera acceso al secreto del efecto y, en menos de dos minutos, el mago escapista surgió en el escenario para asombro de la audiencia. Al retirar la mampara, el ataúd seguía en su sitio y con la tapa cerrada por los seis clavos, intactos. Como aquel truco no era creación suya y la intención era únicamente dejar en evidencia a su rival, Houdini no tuvo reparos en revelar sus secretos. «Las esposas estaban trucadas —explicó— y para zafarse de ellas lo único que necesité fue contraer mis muñecas. Los largos clavos que mantenían el ataúd cerrado fueron reemplazados por clavos más cortos, de modo que la tapa podía ser abierta rápidamente, sin dificultades. Así que las habilidades necesarias para ejecutar perfectamente este numerito consisten en contraer ligeramente las muñecas y levantar la tapa del ataúd. ¡Ah! Es recomendable pedir al asistente que vuelva a poner los clavos originales en su sitio por si alguien quisiera realizar una inspección». [N5] La sorpresa inicial que se había apoderado del gran Mysto al ver su mejor truco siendo expuesto ante sus ojos empezó a desvanecerse mientras la furia que hervía en su interior crecía; haciendo apretar rabiosamente los puños para no explotar. Tenía que controlarse a fin de preservar su identidad, aunque el odio le desgarraba por dentro y le inundaba hasta la mismísima esencia de su ser.

Para Houdini, sus rivales no pasaban de ser una pandilla de villanos sin escrúpulos. Tenía claro que era su deber destruirlos, aunque para ello fuera necesario cruzar los límites de la ética, rompiendo la primera regla de un mago: jamás revelar el secreto de un truco, una actitud que él mismo condenaba y consideraba un acto de deslealtad. Pero, en su caso —y solo en su caso—, esta conducta era justa y necesaria. «Me veo obligado a actuar de esta manera porque siento que es la mejor opción de la que dispongo para proteger al espectador de esta maldita horda de imitadores mendaces cuyo único objetivo es sostener sus mediocres carreras a costa de la ingenuidad y de la buena voluntad de las personas». [N6] El retumbante discurso de Houdini y sus despotriques subidos de tono no intimidaron a Mysto, que esperó pacientemente a que su exídolo terminara la función para enfrentarse a él. Cuando el público se levantó de sus asientos para dirigirse a la salida, Mysto subió al escenario, por donde accedió a un largo pasillo que daba acceso a los camerinos. Un cartel con su nombre estampado delataba el lugar en donde se encontraba su oponente. Mysto giró el picaporte hacia arriba, tiró de él para abrir la puerta y, sin mediar palabras, le propinó un fuerte y sonoro puñetazo en la cara, tirándolo al suelo. Houdini hizo ademán de levantarse, pero sus asistentes reaccionaron antes y echaron al invasor del recinto a patadas. El incidente protagonizado por los dos magos se hizo público al día siguiente y la publicidad generada le rindió a Mysto un par de invitaciones de algunos teatros de la región. La repercusión, sin embargo, duró poco. Meses después, nadie recordaba su nombre.

Houdini versus Frank Hilbert

Con la llegada del año nuevo, 1905, Houdini arrancó una gira ininterrumpida de seis meses por varios teatros británicos, comenzando por la ciudad de Woolwich. Enseguida vendrían Glasgow, Bradford, Stockton, Cardiff, Newport, Oldham, Wigan, Leicester, Sunderland, Birkenhead, Blackpool, Hastings y Leith. Allá donde fuera, hacía las delicias del público. En Cardiff, donde se presentó como cabeza de cartel en el teatro Kings, el escapista protagonizó un incidente con otro artista, Frank Hilbert, un mago fracasado que ofrecía un espectáculo titulado *The Bubble Burst*, cuyo letrero anunciaba a bombo y platillo que las artimañas utilizadas por el rey de las esposas (sin hacer mención a Houdini) saldrían a luz por primera vez en la historia. Cierta noche, durante una de sus funciones, Hilbert fue súbitamente interrumpido por un señor de barba y pelo canoso que comenzó a increparle desde el palco de butacas: «¡Eres un fraude, un maldito fraude!». Su indignación recibió el apoyo de otra espectadora, que, sosteniendo firmemente un par de esposas en las manos, exclamó: «Las esposas que usted utiliza son de procedencia dudosa. Las mías, le puedo asegurar, son reglamentarias. Así que si usted es tan bueno como dice, le desafío a ponérselas». Temiendo que el alboroto produjese consecuencias más serias, el director del teatro les invitó a subir al escenario con sus esposas y se las entregó a su rival, que acabó perdiendo el desafío tras media hora intentando quitárselas de las muñecas. Houdini, entonces, se dirigió al palco de butacas y exclamó a la audiencia: «¿Han visto? Este caballero intentó desprestigiarme. ¡Ahora se ha convertido en un don nadie!» [N7].

El ataque emprendido por Houdini aquella noche no había sido aleatorio. Hilbert era un blanco que tenía especial interés en desenmascarar por una cuestión personal. Al regresar al Reino Unido, en agosto de 1904, su mánager, Harry Day, ya tenía programada una gira completa que incluía ciudades emblemáticas como Londres, Salford, Bristol, Liverpool, Manchester y Glasgow. Esta última se vio comprometida cuando el poderoso circuito Moss Empire decidió presentar una demanda ante la justicia para cancelar su estreno en el Zoo Hippodrome, perteneciente a un circuito rival. La demanda alegaba que el Moss Empire poseía un contrato de exclusividad con Houdini que le impedía actuar en teatros de la competencia en Escocia, pero el juez dio la razón al mago escapista y durante las tres semanas siguientes Houdini fue noticia por todo el país. Como represalia, los ejecutivos del circuito Moss ficharon a Hilbert para que expusiera deliberadamente los secretos del gran escapista americano. Cuando finalmente los dos se cruzaron en la ciudad de Cardiff, Houdini ya tenía todo listo para acabar con su reputación.

Nota del autor

Houdini adoptó la costumbre de disfrazarse ya al comienzo de su carrera, siempre con el objetivo de mezclarse entre la audiencia que acudía a ver los espectáculos de sus rivales, especialmente aquellos que incluían esposas en sus actuaciones. A fin de no revelar su identidad, el mago escapista contaba con un gran abanico de personajes, y uno de sus favoritos era el anciano que se enfrentó a Hilbert en Cardiff, bautizado con el sugestivo nombre de F. Fraud (Fraude). El disfraz estaba compuesto por un una peluca y una barba canosas, un sombrero, un bastón y una nariz falsa, hecha de silicona.

Después de su paso por las ciudades de Newport, Oldham, Wigan, Leicester, Sunderland, Birkenhead, Blackpool y Hastings, Houdini terminó su gira británica de 1905 el 8 de julio en el teatro July Gaiety de Leith con un emotivo discurso en el que reveló sus planes de realizar una última gira europea antes de retirarse de los escenarios. Con treinta y un años de edad, y casi cinco de intensa actividad, Houdini empezaba a acusar los primeros síntomas de cansancio, físico y mental. Además, se enfrentaba al creciente ejército de imitadores que circulaban por ambos lados del Atlántico —algunos se limitaban a copiar y duplicar sus famosos escapes, mientras otros, aprovechando su mayor momento de fama, se anunciaban con nombres que inducían a la confusión como «Harry Rudini» o «Harry Blondini» entre otras variaciones descaradas de su nombre—. Aunque la idea de cambiar las luces del escenario por la tranquilidad de una vida corriente, encerrado en casa entre sus libros era seductora, Houdini era uno de estos artistas que necesitaba de aplausos para sentirse seguro de sí mismo. Disfrutaba de las ovaciones, de los halagos y del reconocimiento del público. Complacerlos no era más que la búsqueda de la satisfacción propia. Prueba de ello fue el momento en el que tenía previsto coger un tren aquella misma noche con destino a Southampton. Al llegar a la estación, fue recibido por una multitud que le llevó en hombros recitando un conocido poema escocés titulado «*Will ye no come back again*?», una despedida gloriosa que le hizo repensar la carrera. Houdini pudo no haber sido el mejor mago de su época (aunque, como escapista, su talento es incuestionable), pero fue, sin duda, el que mejor supo vender su espectáculo y promocionar su nombre. «Si haces algo realmente asombroso fuera del teatro, la gente hablará de ti. Si te vas a una comisaría con la arrogancia de afirmar que sus celdas no te pueden detener y lo demuestras, la gente hablará de ti. Y si tu nombre circula por la ciudad, correrá la voz y, cuando llegue la noche, el teatro en donde te presentas estará lleno a rebosar», decía con incuestionable maestría. Houdini vivió una época anterior al cine y la televisión, cuando los artistas creaban ingeniosas campañas para atraer al público a los teatros donde presentaban sus espectáculos. En París, el mago escapista puso en marcha uno de sus golpes publicitarios más creativos al contratar a siete hombres calvos para circular por las calles de la capital francesa, todos de chistera y vestidos con fracs idénticos. Al pasar por una calle transitada, la *troupe* se inclinaba ante los peatones, se quitaban las chisteras y mostraban sus respectivas calvas, cada una con una letra pintada, formando la palabra «H-O-U-D-I-N-I».

Nota del autor

La magia es una de las representaciones más antiguas de las artes escénicas. Sus orígenes se remontan más allá del antiguo Egipto, donde los prestidigitadores solían utilizar sus facultades para convencer a las masas de sus poderes sobrenaturales. A lo largo de los siglos, la magia se trasladó de los templos de la antigüedad a las calles y ferias de la Edad Media, después a las tabernas y salones hasta llegar a los escenarios de los grandes teatros. La llegada del siglo XX trajo una importante transición tecnológica que dejaría profundas huellas en distintos sectores, uno de ellos la imprenta, cuya modernización se hizo notar en la producción de litografías comerciales, el principal medio de divulgación de los grandes eventos en aquella época. Lo que comenzó con unas octavillas monocromáticas de baja calidad pronto se convirtió en llamativos carteles de colores que podían alcanzar los cuatro metros de altura, cubriendo toda la extensión de un muro o de la fachada de un céntrico edificio. Sin embargo, más que un medio de divulgación, el propósito de estos carteles era plasmar en asombrosos bocetos la sensación de misterio y sugerir al público (a veces de forma bastante exagerada) los milagros que podría contemplar por el precio de una simple entrada. Estos carteles, a menudo una mezcla de barroca tipografía y de verbo grandilocuente, se convirtieron en el soporte publicitario más utilizado en el mundo del espectáculo, incluso en los días actuales. Para promocionar la primera gran gira británica de Houdini —que duró siete meses—, fueron producidos más de treinta mil impresos entre anuncios en periódicos, carteles y un libreto llamado *America's Sensational Perplexer*, que alababa sus extraordinarias habilidades como escapista.

Esta secuencia ilustra la imagen de cuatro de los grandes iconos de la magia; data de finales del XIX y albores del XX: el Gran Raymond, Thurston, Kellar y Herrmann el Grande. Consideradas verdaderas obras de arte, las litografías producidas para promocionar los espectáculos de magia buscaban conducir al público a un mundo fantástico y místico, donde lo imposible se convertía en realidad.

Si no fuera porque echaba de menos a su familia, Houdini no hubiera tenido ninguna prisa por regresar a los Estados Unidos y, lógicamente, ofertas no le faltaban. Tenía sobre la mesa una pila de papeles ofreciéndole generosos contratos y condiciones irreprochables, pero le desmotivaba simplemente pensar en tener que cruzar el océano. Hasta que un día decidió pararse un momento para valorarlas detenidamente. La más interesante, según su criterio, procedía del circuito Keith —uno de los más importantes de los Estados Unidos y competencia directa de su exmánager y amigo Martin Beck—, pero había ciertos términos que necesitaban aclarar, sobre todo los de orden económico. El mismo día, el mago envió un telegrama con una contrapropuesta, confiado en que la fama cosechada en Europa le aseguraría sueldos más altos. Nada más lejos de la realidad: «Como usted deberá saber, el circuito Keith no tiene por costumbre montar espectáculos para un único artista; normalmente, se organizan de cuatro a cinco presentaciones por noche; por ello consideramos que el salario que usted exige es prohibitivo», le escribió un representante de la cadena de teatros, como respuesta a su propuesta económica. «Tampoco podemos organizar desafíos en las comisarías como estrategia para atraer a la audiencia», complementó. «Resulta imposible contar con la implicación de las fuerzas policiales para este tipo de cosas». [N9] En una maniobra a la desesperada para conseguir ficharlo, Keith hizo una propuesta de quinientos dólares semanales, pero Houdini no estaba dispuesto a ceder. «No tengo ninguna intención de volver a los Estados Unidos, a menos que me paguen lo exigido». Tras varias rondas de negociaciones, ambas partes llegaron a un acuerdo y el contrato fue firmado —presumiblemente por el importe demandado por el mago, que cumpliría una agenda de treinta y cinco semanas—. A pesar de la resistencia inicial, el mago escapista se sentía satisfecho por volver a reunirse con su madre, que estaba a punto de cumplir sesenta y cinco años, una edad considerada avanzada a comienzos de siglo. Cecilia tampoco hacía muchos esfuerzos para aparentar ser más joven. Andaba por las calles vestida de luto riguroso, con un ancho sombrero intentaba ocultar su cabello encanecido por la edad y su rostro demacrado por un pasado duro, abnegado y repleto de sacrificios. Su estado de salud y de ánimos también le preocupaba. Después de haberse fotografiado a su lado, el mago escribió en su diario: «Espero que no haya sido nuestro último encuentro». A fin de compensar su prolongada ausencia del hogar, Houdini se planteó llevarla a asistir no solo a sus actuaciones, sino también a sus presentaciones publicitarias en la calle, salir de compras y tomar chocolate caliente en Atlantic City o en Coney Island.

Houdini versus Robert Cunningham

Su estreno tuvo lugar en el teatro Colonial de Nueva York en el otoño de 1905 como cabeza de cartel. Se trataba de una gira de fundamental importancia para el mago escapista, que no había vuelto a pisar un escenario americano desde hacía cinco años. A pesar de haber recibido buenas críticas en ciudades importantes como Boston y Chicago, Houdini todavía no era muy popular en los Estados Unidos y aún había muchos escollos que superar, el más importante: intentar frenar la proliferación de imitadores de la peor especie que le obligaban continuamente a idear fugas cada vez más peligrosas. Uno de ellos era Robert Cunningham, conocido en el medio artístico simplemente como «Cunningham» y que se había convertido en un importante escapista del circuito, ocupando el hueco dejado por Houdini al marcharse a Europa. En sus presentaciones, Cunningham decía haber llevado su exhibición a sitios tan distantes y exóticos como la India, Tasmania o Nueva Zelanda y afirmaba haberse liberado de más de trescientos cincuenta tipos distintos de esposas en un único año, todas reglamentarias y pertenecientes a cuerpos de la policía. Se puso a sí mismo el mote de «Jail Breaker» y tenía una celda propia dispuesta sobre el escenario para demostrar sus habilidades como escapista profesional.

Como de costumbre, Houdini compró una entrada para asistir a la función de su rival, que tendría lugar en el teatro Hyde & Behmen de Brooklyn. Esta vez, el mago escapista fue acompañado de su hermano Hardeen, que serviría de cebo para atrapar a Cunningham. Tan pronto como el artista pidió voluntarios, Hardeen levantó la mano y fue invitado a subir al escenario junto con otros cuatro espectadores que habían llevado sus esposas a la función. Tras un largo y detenido examen, Cunningham aceptó ser maniatado por todas las esposas traídas al escenario, excepto las de Hardeen. «Este ejemplar no es reglamentario», alegó. (Cunningham no solo había copiado el número de Houdini, sino que también se había apoderado de su jerga). Sorprendido por la negativa, Hardeen se acercó al proscenio y dijo: «Estas esposas pertenecen a la jefatura de policía de la calle Adams y este señor se niega a ponérselas, alegando que no son reglamentarias». Enseguida, metió la mano en su bolsillo y sacó un billete. «Tengo aquí un billete de cincuenta libras del Banco de Inglaterra que donaré a una institución de caridad si usted acepta mi desafío»; Cunningham le miró con desprecio, diciendo: «Por favor, no insista, sus esposas no me interesan. Le ruego vuelva a su asiento», le pidió el escapista, desatando una ronda de atronadores abucheos desde el patio de butacas y de insultos proferidos por Houdini, que gritaba: «¡Es un fraude, este hombre es un auténtico fraude!». De repente, y sin explicación previa, el telón del escenario bajó mientras los dos hombres seguían discutiendo. Un desconocido subió al escenario, atravesó el telón y le propinó un puñetazo a Hardeen, dando inicio a una enorme confusión, siendo necesaria la intervención de la policía. Hardeen fue detenido y llevado a la comisaría, donde estuvo recluido algunas horas en el calabozo bajo la acusación de desorden público. La causa acabó siendo archivada por falta de evidencias (el juez fue convencido por Houdini de que todo aquel alboroto había sido, en realidad, una escenificación con fines publicitarios).

En enero de 1906, Houdini debutó en Washington y deslumbró a la ciudad con su vieja y exitosa fórmula de promocionar sus espectáculos escapando de cárceles, contando siempre con la cobertura de la prensa, una explosiva combinación publicitaria que solía arrasar la taquilla. Tras escapar de calabozos en Brooklyn, Detroit, Cleveland, Rochester y Búfalo, el mago recibió el reto de intentar escabullirse de un de los presidios más importantes de Washington, ubicado en la 10ª comisaría. Desafiado por el superintendente, mayor Richard Sylvester, el escapista tardó en escapar de los «invencibles grilletes» de la celda nº 3 tan solo dieciocho minutos. Dos días después, Houdini fue sorprendido por un mensaje del superintendente Sylvester: «Señor Houdini, le escribo para transmitirle mi insatisfacción con respecto al desafío propuesto por nosotros hace un par de días. Usted ha logrado escapar de nuestras instalaciones en unas condiciones que no consideramos las mejores. Por lo tanto, nos complace invitarle a repetir el desafío, esta vez, bajo un control más estricto». Aunque este mensaje podría formar parte de una escenificación orquestada por el propio artista para intentar promocionar una gran revancha, esta vez todo parecía ser auténtico. Días antes, un conocido diario local publicó una nota en la que afirmaba que un carcelero de la 10ª comisaría que no quiso identificarse habría encontrado una aguja en el suelo de la celda donde Houdini había sido encerrado. El escapista aceptó repetir el desafío, que esta vez tendría lugar en la 50º comisaría de la ciudad, considerada más segura que la anterior, conclusión que el artista dejó de manifiesto en su diario. «Sus candados son de los mejores que me he encontrado y cumplen su función con creces». A pesar de las estrictas medidas de seguridad, superó el segundo desafío de Sylvester, pasando por seis puertas cerradas en media hora. Fue en este presidio donde Houdini recibió la invitación del alcalde J. H. Harris para probar la celda más inexpugnable de los Estados Unidos, donde Charles Guiteau, el asesino del presidente James A. Garfield, cumplió su sentencia hasta ser llevado a la horca el 30 de junio de 1882. [N11]

Al día siguiente, 6 de enero, el mago escapista ya se encontraba en el despacho de Harris, listo para el desafío. Empecinado en dejarlo entre barrotes, el alcalde ordenó a un grupo de agentes que le condujeran al ala sur del presidio, conocida como «el pasillo de los asesinos», compuesta por diecisiete celdas ocupadas por prisioneros que cumplían sentencias por homicidio. Tras cruzar un largo y oscuro pasillo, el grupo se detuvo delante de la celda de Guiteau, supuestamente la más segura del ala.

> El alcalde tuvo el detalle de permitirme elegir la celda donde sería encerrado; entonces, le pedí que me llevaran a la más segura del presidio. Fui conducido al ala de máxima seguridad, donde se encontraba la celda en la cual Charles Guiteau, el asesino del presidente Garfield, estuvo confinado. «Esta es la celda más segura de todas, la nº 2», me reveló el alcalde; «Entonces es en esta donde quiero quedar», le contesté.

Charles Guiteau (1841-1882) era un abogado normal y corriente hasta hacerse mundialmente conocido por haber disparado al presidente de los Estados Unidos James A. Garfield, que logró sobrevivir, pero falleció pocos días después a causa de una infección provocada por las graves heridas. Durante el juicio, se hizo evidente que el acusado sufría severas perturbaciones mentales, al defender su inocencia alegando que la muerte del presidente había sido un encargo divino y que él no era más que un instrumento. Guiteau estaba plenamente convencido de que sería absuelto por el jurado e incluso tenía planes de presentar su candidatura a la elección presidencial de 1894, motivado por el espectáculo mediático que se produjo en recurrencia de su caso. Sin embargo, el reo fue declarado culpable y condenado a la pena de muerte. Fue ahorcado en la antigua prisión del capitolio, el 30 de junio de 1882. El condenado pidió la presencia de una orquesta completa para tocar en su ejecución, pero su petición fue rechazada por el juez.

> Si digo la verdad, pese a la excitación inicial, no me sentía a gusto en aquel lugar. Me dio mala espina encontrarme en el interior de una terrible celda que durante muchos años ha tenido inquilinos cuyos días estaban destinados a finalizar en la soga de los ahorcados. Sus paredes son de ladrillo, hormigón y acero, de no menos de tres metros de espesor, y la puerta, dotada de solidos barrotes que pesarían casi una tonelada, además de un cierre inexpugnable, uno de los más seguros jamás inventados y seguramente imposible de ser desbloqueado sin la llave. HARRY HOUDINI

Houdini se entregó a los guardias de la prisión para que lo registraran. Le desnudaron, cachearon y le inmovilizaron con seis pares de esposas en sus muñecas y una bola de hierro unida a una cadena en sus tobillos. Enseguida le metieron en la ceda de Guiteau, que en la época albergaba a un recluso llamado Walter H. Hamilton, condenado a la horca por asesinar a su mujer. Según los periódicos de la época, la presencia de Houdini causó tanto asombro que Walter prefirió agazaparse en un rincón de la celda —el recluso creía que se trataba de una entidad demoniaca que estaba allí para llevarlo al infierno—. Los funcionarios regresaron al despacho del alcalde, dejando al mago y a su atemorizado compañero de celda, confiados en que sería imposible cualquier intento de fuga. La cerradura de la celda de Guiteau era inalcanzable desde el interior, un detalle revelado posteriormente por *The Washington Post*. «Cuando la maciza puerta de barrotes se cierra, una barra de hierro se desplaza hacia fuera sujetando la cerradura»..

El mago, sin embargo, acabó superando todos los obstáculos, escapando en menos de dos minutos, reto que por sí solo ya merecía acaparar los titulares, pero el artista no había dado su presentación por terminada. En vez de vestirse y dirigirse al despacho del director, donde la prensa le esperaba, aún tuvo la petulancia de recorrer las otras alas, abrir las celdas y sacar uno a uno a los reclusos, cambiándolos de sitio, una jugada surrealista que solo dio por terminada después de abrir la celda donde estaba guardada su ropa. El escapista se vistió tranquilamente para entonces ir al encuentro de los agentes y confesar su pequeño delito. «Decidí liberar a todos los prisioneros. ¡Tenía que ver cómo estaban de exultantes!». Si el alcaide hubiera padecido una enfermedad cardiaca, seguramente se habría desplomado en el suelo. Felizmente, Houdini tuvo tiempo de aclarar las cosas a tiempo. «No se preocupe, porque están todos encerrados, aunque en diferentes celdas». El artista necesitó exactamente veintiún minutos para completar su extraordinaria proeza, tal y como publicó *The Washington Post* el 7 de enero de 1906.

> Dos asesinos condenados, cuatro esperando juicio y otros dos famosos criminales fueron liberados de sus celdas ayer en el presidio de Washington, donde pudieron disfrutar de una falsa sensación de libertad por un breve periodo de tiempo. Harry Houdini, el escapista internacional de cárceles y rey de las esposas, como él mismo prefiere llamarse, fue el protagonista de esta increíble historia. Invitado por el alcalde Harris y otras autoridades carcelarias, Houdini desbloqueó todas las puertas y cierres que encontró por delante, escapando incluso de la celda en la que Charles Guiteau

había cumplido pena tras haber sido condenado por el asesinato del presidente Garfield. Por si fuera poco, aún liberó a otros reclusos del ala cambiándolos de lugar.

Es difícil de imaginar, en los tiempos que corren, que un organismo carcelario permitiera la entrada de un mago en sus instalaciones para probar la eficacia de sus sistemas de seguridad. Pero en aquella época, la forma de pensar era distinta. La policía solía cooperar con Houdini básicamente por dos razones: primero, porque creían que serían capaces de detenerlo, un logro que demostraría la calidad de sus celdas, y segundo, porque en el caso de que el artista lograra escapar, conocerían los puntos débiles de sus instalaciones. Su habilidad en el arte del escapismo obligó a que muchos Estados americanos desarrollaran controles más rígidos, de modo que sus proezas no solían causar situaciones embarazosas. Houdini creía que prestaba un servicio de utilidad pública y que actuaba como un ciudadano que indicaba los fallos del sistema carcelario, intención que el superintendente Richard Sylvester no tardó en valorar. «Considero que esta experiencia fue válida para que pudiéramos detectar nuestra debilidades y, con ello, adoptar las medidas pertinentes para aumentar la seguridad y evitar posibles fugas». [N15]

> En todos estos años, ninguna celda fue capaz de retenerme. Tuve el honor de protagonizar fugas carcelarias de prácticamente todas las grandes ciudades del mundo y bajo condiciones muy adversas. Los comisarios, agentes, carceleros, detectives y ciudadanos que fueron testigos de estos retos saben que mis habilidades son auténticas. En todos los casos, he sido sometido a un exhaustivo cacheo, para después ser desnudado, esposado y encerrado en una celda que también había pasado por un minucioso registro. Probablemente, ningún otro hombre ha visitado tantas prisiones voluntariamente como yo. Además, me siento especialmente orgulloso de haber sido capaz de mostrarles los puntos débiles de sus sistemas, y en ese sentido, he recibido buenas respuestas de más de un carcelero. [N16]

Houdini volvería a cambiar a los reclusos de sus celdas dos meses más tarde, el 19 de marzo de 1906, al escapar de una de las celdas del conocido presidio Boston Tombs. El artista incluso tuvo la audacia de escalar la pared del presidio y salir a toda velocidad hacia el teatro Keith en un coche que le esperaba en el patio. El alcalde del Boston Tombs, William Pierce, solo se enteró de su fuga tras recibir una llamada telefónica del mago, jactándose de su portento.

> He sido encerrado en cajas, bolsas de correo cosidas, sacos de lona, ataúdes, cestas de mimbre, toneles claveteados, cajas de piano enchapadas en estaño, escritorios, cajas de cristal y una caldera de acero. Todos estos actos están detallados en los *diarios de Boston* y *Toledo* en los meses de febrero y marzo pasado. ¿Se puede imaginar una ciudad con la reputación de seriedad y dignidad que tiene Boston, volviéndose loca por Houdini? Es difícil, pero es cierto, y esto me llena de orgullo. [N17]

La espectacular fuga de la cárcel de Boston Tombs fue solo la guinda del pastel de su temporada en la ciudad. Durante dos meses, sus proezas coparon los titulares casi a diario. A principios de marzo, le desafiaron a salir del interior de una cesta de mimbre cuya tapa estaba bordeada por un robusto anillo de hierro y se cerraba mediante varios candados fijados alrededor, no habiendo, por lo tanto, otra forma de escapar que no fuese rompiendo su estructura. Ante los ojos de la audiencia y cercado por un comité de inspectores, Houdini se metió en la canasta con las muñecas maniatadas por tres pares de esposas. Acto seguido, un integrante del comité puso la tapa, que fue cerrada por medio de varios candados, todos ellos sellados. Entonces, la canasta fue cubierta por una red de pescador sujetada al suelo por pesadas cadenas. El telón bajó y así permaneció durante unos largos sesenta y dos minutos, hasta que finalmente Houdini resurgió en escena completamente libre de cualquier atadura. El mago jadeaba, tenía los brazos llenos de moratones y el pelo desaliñado, pero aún tenía fuerzas para esbozar una ligera sonrisa en los labios. Tras recibir los aplausos del público varios minutos, Houdini se retiró cojeando al camerino, donde se encerró casi media hora hasta reunir fuerzas para poder recibir a un reportero del *Boston Globe*. «Este ha sido uno de los desafíos más duros a los que me he enfrentado —le aseguró al periodista— y lo único que deseo en este momento es regresar al hotel para ver a mi esposa. La pobre ya no tiene estómago para presenciar tanto sufrimiento». Houdini mostraba una increíble resistencia al dolor físico, sometiéndose constantemente a torturas terribles. Lo

Hecha por un reportero fotográfico, esta imagen muestra los últimos momentos del escapista antes de huir de una celda. En estos desafíos, era siempre sometido a un exhaustivo registro, donde no se encontraba nada. Houdini utilizaba todo su ingenio para ocultar llaves y herramientas, ya fuera tragándoselas para después regurgitarlas en el momento oportuno u ocultarlas en distintos orificios del cuerpo o entre los dedos de los pies. Se decía que aprendió a controlarlos hasta tal punto que podía manipularlos mucho mejor que la gente común con los dedos de las manos.

retorcían y lo arrastraban de mil formas. Sin embargo, el dolor libera analgésicos creados por el propio cuerpo; la endorfina, un componente que circula en el torrente de las hormonas, y neurotransmisores que intervienen en el control del dolor y pueden incluso transformar la agonía en éxtasis.

En mayo, tras terminar su temporada en el Keith de Boston, Houdini se retiró de los escenarios para una larga temporada de descanso. Sin embargo, se encontraba involucrado en tantos proyectos paralelos que se vio obligado a posponer su estreno, previsto para el comienzo del otoño. El artista siempre tuvo la ambición de que los magos se unieran en un frente común y propagar (algunos de sus detractores dirían más bien imponer) su visión acerca del oficio de mago en el futuro. En 1906, tomó dos medidas importantes para lograr estos dos objetivos: fue elegido vicepresidente de la Sociedad Americana de los Magos (la entidad más importante del gremio en aquel país) y lanzó una revista de magia. Ya hacía tiempo que se quejaba de que *Sphinx* —una de las publicaciones de magia más influyentes de Estados Unidos— ignoraba solemnemente su existencia, publicando siempre pequeñas e irrelevantes notas acerca de sus hazañas. (En una de estas publicaciones, su nombre salió impreso como «Haudini»). Como el equipo editorial no hacía caso a sus quejas, Houdini decidió tomar las riendas del asunto, creando la revista *Conjurer's Monthly Magazine*. Su primer número, lanzado el 15 de septiembre de 1906, marcó la pauta. Houdini la utilizó como medio para desmoralizar y atacar a sus detractores, enemigos y a los imitadores que se hacían llamar «reyes de los grilletes». «La mejor manera de comprobar si usted es una persona de éxito —escribió en uno de sus editoriales— es averiguando cuánto de envidia y malicia hay en aquellas personas que le rodean, y cuyas vidas no son más que una melancólica colección de fracasos». [N18] En este mismo número, Houdini también hizo público un largo y controvertido artículo, dividido en varias entregas, donde profería duras críticas a su ídolo de la infancia, Robert-Houdin, y a un libro llamado *The Old and the New Magic*, escrito por el mago aficionado Henry R. Evans. Acorde con Houdini, el libro de Evans estaba «plagado de errores, distorsiones y una ingente cantidad de informaciones irrelevantes». En otro artículo titulado «Los secretos de las esposas, expuestos», el escapista reveló los métodos empleados por sus rivales para ejecutar sus trucos, como el empleo de un falso dedo hecho de silicona, utilizado para ocultar las llaves que abrían las esposas, una técnica inventada por él mismo. La *Conjurer's Monthly Magazine*, en cierta manera, reflejó su personalidad y estilo. Cada edición ofrecía noticias (o cotilleos) del mundo de la magia y una interesante variedad de artículos escritos por profesionales del gremio, entre ellos su hermano Hardeen, «nuestro corresponsal especial en Europa». Las numerosas faltas ortográficas y errores gramaticales delatan que la autoría de los artículos era del propio Houdini, quien solía firmarlos utilizando el pseudónimo *Herr N. Osey*. Después de dos años y doce números publicados, el escapista decidió cerrar su actividad probablemente influenciado por la falta de interés que la SAM demostró en sus ambiciones editoriales. «Su desaparición no era solo previsible, sino que era inevitable», declaró el editor de la revista *Sphinx*, A. M. Wilson, alegando que «la publicación no pasaba de ser un método de autopromoción de su propietario».

En septiembre, Houdini fue cabeza de cartel en el Chase's Polite Vodevil en Washington, situado en la avenida Pensilvania 1424 —donde antes estaba el Gran Teatro de la Opera—. Su gerente, Plimpton B. Chase, se jactaba de tener un local, según sus propias palabras, «limpio y sano, pensado para hombres refinados, sus mujeres y niños». [N19] Esta vez, el mago escapista decidió renunciar a sus reclamos publicitarios al aire libre, llamando la atención del público con un desafío distinto en cada función. El teatro, por su parte, sacaba a la prensa notas diarias anunciando cuál era el reto al que el gran Houdini tendría que enfrentarse aquella tarde. El resultado de la estrategia emprendida por el teatro le rindió los resultados esperados e incluso después de que el escapista completase su gira por la ciudad, su nombre seguía presente en las charlas de los bares.

Saltos desde puentes

Aparte del tiempo dedicado a su revista de magia, Houdini tuvo que invertir muchas horas de su escaso tiempo libre en la creación de una nueva estrategia publicitaria que reemplazara la fuga de cárceles, un evento que fue perdiendo protagonismo no solo entre la audiencia, sino también entre la prensa, su principal aliado. Para diferenciarse de otros artistas y, sobre todo, anular a sus imitadores, el mago tendría que crear un número osado, de modo que nadie se atreviera a reproducirlo. Tras innumerables borradores tirados a la basura e ideas descartadas, el artista encontró lo que buscaba en un elemento de la naturaleza que suele imponer cierto respeto: el agua (que acabaría convirtiéndose en el protagonista de muchos de sus escapes). No son pocos aquellos que han desarrollado cierta fobia como reacción a una experiencia traumática relacionada con los mares, ríos u océanos, como estar a punto de ahogarse, padecer un naufragio o ver morir a un pariente arrastrado por la corriente. Y era justamente este temor lo que Houdini quería provocar en el espectador, siguiendo la línea de su estrategia de promoción, siempre orientada a fomentar el terror y la tensión. Su idea tenía todas las características de una campaña de *marketing* cuidadosamente calculada y contaba con varios elementos de una representación teatral dramática: expectación, drama, angustia y alivio. Su nueva exhibición de escapismo también implicaba el uso de esposas y grilletes —objetos que dominaba a la perfección y que estaban fuertemente vinculados a su nombre— y sería ejecutada a cielo abierto ante los ojos del público, al contrario que las fugas de las cárceles, que no contaban con testigos presenciales. Todos estos elementos unidos desembocarían en un número que conllevaba un peligro extremo: el salto desde puentes. Houdini subiría a lo alto de un puente con el cuerpo completamente encadenado para tirarse al agua. Acto seguido, debería liberarse de los grilletes y subir a la superficie lo más aprisa posible antes de quedarse sin oxígeno o incluso morir de hipotermia. «La manera más sencilla de atraer a una multitud —solía decir— es anunciar que en un momento y un lugar determinados alguien va a intentar algo que, en caso de no conseguirlo, significaría una muerte súbita». [N20] La presencia de un hombre solitario subido en el parapeto de un puente y completamente encadenado transmitía una sensación aterradora, sobre todo en pequeños pueblos que no estaban acostumbrados a semejantes alborotos.

La perfecta ejecución de esta exhibición exigió de Houdini una dura rutina de entrenamientos físicos, que incluían muchas horas de natación y ejercicios para contener el aliento el máximo de tiempo posible en aguas heladas. La población, tal y como el artista había previsto, comparecía puntualmente a la hora anunciada para comprobar el desenlace de su osadía —incluso hubo quien acudía con la esperanza de verle fracasar—. El hecho de ver al escapista desapareciendo en la profundidad provocaba entre la concurrencia un sentimiento de temor agobiante, pero al mismo tiempo también producía una adrenalina que les encantaba. A pesar de parecer un acto suicida, el mago sabía exactamente qué estaba haciendo y que tenía todo bajo control. Su equipo, por supuesto, desempeñaba un papel importante para el éxito de su demostración. Cierta ocasión, un reportero observó que en estos saltos Houdini solo aceptaba ser maniatado por sus asistentes, que cumplían un determinado procedimiento que había sido acordado con anterioridad para facilitar su fuga bajo el agua. Todos estos cuidados, sin embargo, no eran suficientes para asegurar su integridad física, sobre todo por la cantidad de factores que no podían ser controlados, como las fuertes corrientes, las bajas temperaturas o incluso alguna roca oculta entre el lodo. A pesar de sus avisos, algunos incautos intentaron imitarlo y acabaron muriendo. Aunque novedosa, su idea no era original. Se trataba de una adaptación de un número presentado por otro artista intrépido que osaba saltar desde grandes alturas: Samuel Gilbert Scott (1813-1841), un exmarinero que se había hecho conocido por su particular hábito de saltar desde los mástiles de los navíos. Tras su paso por la Marina americana, se convirtió en doble profesional y pasó a ganarse la vida con presentaciones acrobáticas callejeras. Scott saltó desde innumerables puentes de la costa este de los Estados Unidos y alcanzó la cima de su carrera al saltar sobre las cataratas del Niágara, un hecho considerado imposible por muchos historiadores. El artista llevó su exhibición a las islas británicas, presentándose en Gales, Brighton, Cornualles, Manchester, Bolton, Plymouth, Portsmouth y Gloucester. Durante la gira, añadió algunos elementos al número, como colgarse del puente con una soga al cuello. Su última exhibición tuvo lugar en el puente Waterloo de Londres el 11 de enero de 1841. En el acto, Scott acabó ahorcándose accidentalmente, permaneciendo inmóvil varios minutos. La gente creía que aquello formaba parte del espectáculo y cuando finalmente se dieron cuenta de que algo no iba bien, el artista ya había muerto por estrangulamiento.

Consciente de la repercusión que sus saltos tenían en los medios, Houdini no tuvo reparos en reescribir sus hazañas, llenándolas de tintes dramáticos. El salto del puente de Belle Isle en Detroit es uno de los mejores ejemplos que pueden ejemplificar su afán publicitario. El mago escapista llegó a la ciudad a finales de noviembre de 1906 para una presentación de dos semanas en el teatro Temple. Como parte de

Ilustración de 1840 que muestra el momento exacto en el que Samuel Gilbert Scott salta desde un andamio montado sobre el puente Waterloo de Londres.

su campaña de promoción, anunció que saltaría del puente de Belle Isle esposado, pero las bajas temperaturas que habían congelado el río le obligarían a cancelar sus planes si no fuera por su ya conocida testarudez. «Esperaba que en Detroit hiciera frío, pero no hasta tal extremo, así que pensé que podíamos hacer un agujero en el hielo. Con tres o cuatro metros bastaría». La solución era viable, pero no eliminaba completamente el riesgo de un desenlace trágico. Tras saltar y liberarse de las esposas que le maniataban las manos, el artista tendría que salir rápidamente del agua antes de que comenzara a entrar en un proceso de hipotermia; se da cuando la temperatura del cuerpo humano baja de los treinta y cinco grados. Una diferencia de tan solo dos grados podría afectar a su cerebro. Si bajase más, el artista podría llegar a sufrir una pérdida de consciencia y morir.

El aire frío que soplaba aquella mañana de invierno del 27 de noviembre no impidió que una multitud se congregara en el lugar para ver de cerca su exhibición. En el horario previsto, el artista subió al parapeto y, maniatado, posó rápidamente para los fotógrafos, giró el cuerpo lentamente hacia el río y se detuvo durante casi un minuto para concentrarse. Acto seguido, saltó al vacío y desapareció por el agujero de unos siete metros de profundidad. Mientras la audiencia gritaba su nombre, su leal asistente, Franz Kukol, tenía la mirada fija abajo, esperando la inminente reaparición de su jefe. Pero ya había trascurrido un largo minuto y no había la mínima señal de su presencia. Cinco minutos. Los murmullos aumentaban, y el malestar entre el público empezó a gestarse. Nadie podría sobrevivir tanto tiempo sumergido en aquellas terribles condiciones. «¡Qué te apuestas a que se ahogó!», exclamó uno de los presentes en un tono irreverente y tembloroso mientras intentaban ver si algo se movía bajo las congeladas aguas del río. Cuando todos pensaban que la corriente le había arrastrado hacia la muerte, su cabeza irrumpió en la superficie. Lo hizo de manera suficientemente dramática y estremecedora como para satisfacer al más escéptico de los espectadores, que en parte esperaba ver un ahogamiento o por lo menos una emocionante escena de rescate. «La corriente me arrastró de tal forma que no podía encontrar la salida». Houdini solo se salvó porque, según su relato, pudo respirar el aire atrapado entre la capa de hielo y el agua; ladeando la cabeza logró respirar y permanecer consciente, hasta que encontró el agujero y fue sacado del agua, ocho minutos después de haberse arrojado al río.

Sin embargo, una nota publicada por el *Detroit News* el día siguiente cuenta una historia bastante distinta. «Con una cuerda atada al tobillo y las muñecas esposadas, Houdini saltó ayer a la una de tarde del puente de Belle Isle y logró liberarse de las esposas aun sumergido para luego enseguida nadar hacia un bote salvavidas ubicado cerca del puente para recogerle». La verdad es que la temperatura del río en aquella mañana rondaba los siete grados, mostrando un agua extremadamente fría, pero no lo suficiente como para permitir la formación de hielo; por lo tanto, el famoso agujero nunca existió. La versión de Houdini fue aceptada como verídica y acabó siendo replicada en muchas de las biografías escritas después de su muerte, convirtiéndose en uno de los muchos mitos que forjan la leyenda del gran Houdini. «Salté del puente convencido de que no debería hacerlo, de que caería en plancha al agua y moriría —relató—, pero en plena caída recobré mi valor». [N21] Bess no se enteró de los detalles de su proeza hasta que el marido regresó al hotel Saint Clair, donde estaban hospedados. Su reacción no podría haber sido diferente: «Saltar desde un puente en un día de verano ya es algo bastante temerario. Intentarlo en pleno invierno, llega a ser un absurdo». En aquel momento, Bess aún no lo sabía, pero su intrépido marido acababa de realizar el salto más célebre de su carrera.

A pesar de su temerario hábito de jugar con la muerte, Houdini no era un suicida, como muchos creían. Aun así, sus arriesgados saltos no siempre salían como esperaba. Cierta ocasión, en Atlantic City, se golpeó la cabeza con el fondo del mar al saltar maniatado desde el muelle. En el Misisipi, la fuerza de la corriente le arrastró hacia el fondo y el mago estuvo a punto de ahogarse. «La gente habla a menudo de que tiene miedo a morir» —explicó en una entrevista—. «Yo, por el contrario, estoy preparado para esa contingencia. Ya he redactado mi testamento e incluso he encargado el busto que adornará mi lápida. Lo hice porque creí que sería la mejor manera de contar con un modelo que me gustara». [N22]

El salto desde puentes era una proeza llamativa que solía reunir una multitud de curiosos y muchos reporteros, asegurándole el éxito de su gira en la ciudad. Tras ser esposado, Houdini se lanzaba al río, donde desaparecía entre sus oscuras y pantanosas aguas. Varios barcos solían rodearle a la espera de su regreso, momento que generaba una indescriptible tensión entre los presentes. Pero Houdini siempre volvía a la superficie, con las esposas en las manos y saludando orgulloso a su público.

Nota del autor

En el período en el que estuvo planificando su exhibición de saltos, Houdini se dio cuenta de cómo los trajes de buceo de la época eran muy pesados y difíciles de manejar, limitando el movimiento de los buceadores en aguas profundas y su capacidad de reacción en casos de emergencia. Para corregir este problema, el mago creó un traje versátil, compuesto de dos partes unidas por un anillo metálico a la altura de la cintura que podían separarse mediante un sencillo mecanismo operado por una palanca. Este sistema permitía al buceador regresar a la superficie en menos tiempo además de retirarlo sin la necesidad de ayuda de terceros. Houdini recibió la patente de su invento el 1 de marzo de 1921, pero su proyecto nunca pasó del papel debido al escepticismo demostrado por la Marina americana, que optó por no apostar por su idea.

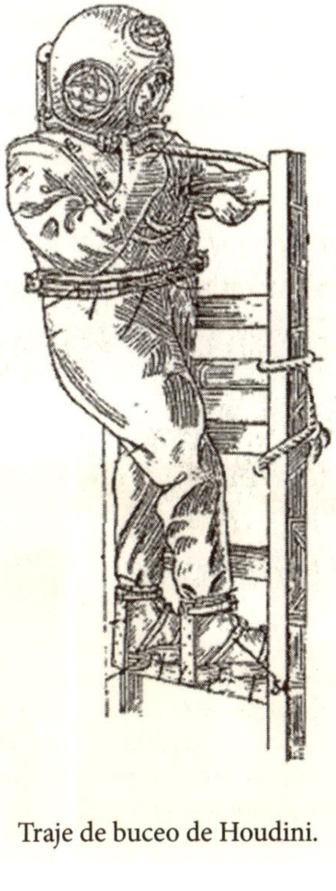

Traje de buceo de Houdini.

Houdini dedicó la mayor parte del año de 1907 a enfrentarse a nuevos y extraños desafíos: escapó de cajas fuertes, camisas de fuerza, ataúdes o una caja hecha íntegramente de cristal, entre otros objetos variopintos. «Llevo una buena racha, pero es difícil tener tantos frentes abiertos a la vez», dejó escrito. En la ciudad de Toledo, se enfrentó al reto más difícil de la temporada al intentar escapar del interior de una caldera industrial de hierro galvanizado. El proceso de soldadura para cerrarla fue un espectáculo aparte para el espectador, que contemplaba cómo las chispas chocaban contra la superficie del escenario creando un espectáculo de luces y colores. Houdini se libró de su confinamiento en una hora, y a pesar de algunos rasguños, del pelo desaliñado y la cara manchada de hollín, el mago celebró con el público un nuevo logro que añadir a su palmarés. [N23] Días después, aceptó un desafío propuesto por el equipo de fútbol americano de la Universidad de Pensilvania para intentar escapar de un balón gigante el día de su estreno en el teatro Keith de Filadelfia. En la noche del evento, el equipo compareció por completo en el teatro, todos uniformados y cargando un enorme balón de fútbol, especialmente hecho para la ocasión. Esposado, tuvo que agacharse para poder entrar por su abertura, cerrada con una cadena de latón y un candado. Treinta y cinco minutos después, estaba libre. Pocas semanas después, el artista fue atado a una escalera por cinco hombres, que tardaron quince minutos en aprisionarle por completo; se liberó en la mitad de tiempo. «Tengo que inventar otra forma de publicitar mi función; estos desafíos han rozado mi limite».

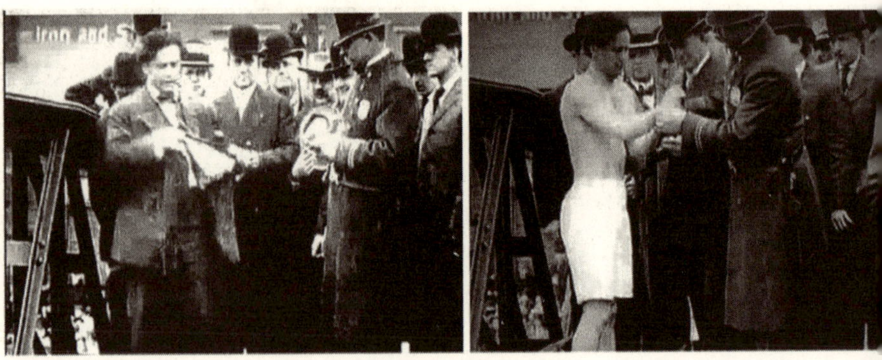

El 6 de mayo de 1907, Houdini saltó desde el puente Weighlock en Rochester, Nueva York, una exhibición muy bien documentada y que además ha sido registrada en un vídeo de dos minutos que se encuentra disponible en Internet. En este vídeo se puede apreciar al mago de traje (con pajarita incluida) delante de un agente de la Policía Local y de varios curiosos que querían acompañar en primera persona el salto del gran Houdini, en su mayoría hombres y niños. El artista empezó a quitarse la ropa hasta quedarse solo en calzoncillos —una imagen que seguramente provocó bastante alboroto entre la conservadora sociedad americana de comienzos de siglo—. Acto seguido, el agente se acercó y le maniató las muñecas con un par de esposas que habían sido exhibidas previamente para que se pudiese comprobar la legitimidad de su número. Houdini, entonces, subió al parapeto, guardó silencio un par de segundos y saltó directamente a las aguas heladas del canal Erie bajo el grito de «¡Adiós!». El mago disponía de poco tiempo para escabullirse de las esposas y salir a la superficie y así lo hizo. El público apenas tuvo tiempo de asimilar su salto: quince segundos después, Houdini ya estaba nadando en dirección a la orilla con las esposas en las manos. El escapista podía abrir esposas ordinarias simplemente golpeándolas contra las muñecas; entendía sus mecanismos tan a fondo que sabía exactamente cómo hacer para dejarlas completamente abiertas en un par de segundos. Se estima que cerca de diez mil personas ya se habían congregado alrededor del puente dos horas antes del horario previsto para el salto, anunciado para las 12:30. Pero Houdini solo necesitaba que una persona estuviera presente para ver su exhibi-

Secuencia de fotos extraídas de un vídeo realizado durante el salto de Houdini desde el puente de Rochester en Nueva York. En quince segundos, el mago superó un desafío que había congregado a 10 000 personas dos horas antes del horario previsto.

ción. «¡Madre me ha visto saltar!», escribió en su diario. La necesidad de la aprobación materna era enorme. Y se esforzó mucho para conseguir su atención. En su cabeza estaba actuando para ella y la llevó a Rochester sabiendo que podía verle morir.

En noviembre del mismo año, ofreció una exhibición en el río Misisipi en Nueva Orleans, donde saltó desde un barco de vapor ante la mirada de unas diez mil personas, que se aglomeraron bajo la lluvia para ver su hazaña. El mago fue esposado por la espalda, con los codos unidos por un par de cadenas atadas por un candado, mientras su cuello cargaba otra cadena cruzada sobre el pecho —tal y como hacían los terratenientes de la región para castigar a sus esclavos, una visión desconcertante para un pueblo que trataba de superar una de las épocas más siniestras de su reciente historia—. Para Houdini, sin embargo, todo aquel amasijo de hierros le confería una interesante ventaja: con el peso extra, su cuerpo se hundía más rápidamente, de modo que la audiencia no tendría posibilidades de descubrir el secreto de su truco. De hecho, no faltaron aquellos que se asomaron al parapeto intentando localizar al mago —sumergido en las aguas profundas y cenagosas del río Misisipi—. Tras algunos minutos de mucha tensión, Houdini volvió a la superficie triunfante, con todos los hierros en las manos. «Este río es terrible, el peor al que me haya enfrentado. Según me sumergía, más oscuras y frías eran sus aguas —confesó a un reportero local—. Cualquier día, acabaré fallando y, entonces, *kaputt*».

Houdini ofreció otras exhibiciones al aire libre durante el año de 1907 como forma de publicitar su regreso a los Estados Unidos. Pasó por ciudades importantes como Pittsburg, Harvard, Denver, San Francisco y Atlantic City, donde casi se rompió el cuello al chocar la cabeza contra un banco de arena. El mago escapista podría ser intrépido, pero no ignoraba las consecuencias de sus actos. Al comprobar las arriesgadas condiciones del salto que estaba a punto de realizar en Detroit —donde se forjó la leyenda del agujero en el hielo—, Houdini cogió un trozo de papel y escribió: *Lo dejo todo para Bess*, y lo firmó delante de su asistente Kukol, presente en calidad de testigo. [N24] Cuando se enteró de que Ricardo, uno de sus imitadores, que actuaba en Europa, murió ahogado tras saltar desde un puente en Baviera, Houdini escribió en su diario: «Quizá algún día de estos me pase lo mismo, pero si le digo la verdad, esto poco me importa». [N25]

Houdini versus Hardeen

Houdini abrió su temporada de otoño de 1907 con una nueva arma secreta contra la competencia: su hermano. Hardeen gozaba de gran éxito en Europa, especialmente después de quedarse solo en el continente tras el regreso de Houdini a los Estados Unidos. Ahora, la competencia comenzaba a calentarse en tierras norteamericanas con viejos conocidos, como Robert Cunningham, o nuevos advenedizos como Grose, un joven canadiense muy talentoso que representaba una seria amenaza a la hegemonía de nuestro protagonista. Houdini estaba actuando en el circuito Orpheum en la costa oeste y en el Keith en la costa este y ambas compañías estaban perdiendo público en beneficio de un circuito recién formado en el país, el Klaw y Erlanger. Sin el conocimiento de sus empresarios, el mago escapista emprendió negociaciones secretas con el grupo rival para que contratasen a su hermano, impidiendo de esta forma que sus rivales ocupasen sus carteles. Para que se supiera de la llegada de su hermano, Houdini reunió a un grupo de periodistas en el muelle de Nueva York para recibir junto con él al navío que traía a «su rival» de vuelta a América. «Estoy ansioso por conocer las intenciones de mi hermano con su regreso a casa», comentó cínicamente a la prensa. Al día siguiente, los diarios publicaron que los dos hermanos tuvieron una larga y franca conversación en el muelle donde finalmente hicieron las paces. «Yo me quedé muy preocupado cuando me enteré de que Hardeen iba a venir —mintió a la prensa—, pero él me prometió que no me haría la competencia directa ni tampoco desacreditaría mi nombre. Estamos muy unidos el uno al otro y me sentí mal cuando supe que acabaríamos peleando por los mismos escenarios, pero creo que este país es suficientemente grande para los dos». Pese a toda la farsa montada por Houdini, se acabó generando cierto malestar días después cuando Hardeen reveló en una entrevista que la admiración que sentía por su hermano mayor era tal que pensaba invitarle a trabajar como su asistente de escenario. «Aquello copó los titulares al día siguiente y puso a mi hermano furioso —relató Hardeen años después—. Yo tenía el derecho de presentarme como un artista superior a Houdini, pero creo que fui demasiado lejos. Le prometí que eso no volvería a repetirse y todo volvió a su cauce normal». [N26]

El escape del bidón de leche

El 6 de enero de 1908, Houdini estrenó una corta temporada en el teatro Columbia de Saint Louis. La expectación generada después de su llegada a la ciudad parecía ser grande como de costumbre, pero las audiencias demostraban haberse cansado de sus escapes. Quien fuese a su espectáculo ya sabía de antemano que encontraría un escenario adornado con esposas, grilletes, camisas de fuerzas, cajas, baúles y compartimentos de todo tipo, de los que se sabía que lograría liberarse sin dificultades. Lo que antes era novedoso e impactante, ahora se convertía en una función tediosa y previsible. El escapista era consciente de la situación y se puso a trabajar en la creación de un nuevo número que fuera capaz no solo de causar más sensación y llenar el teatro, sino también alejarlo de sus imitadores, que a esas alturas ya habían dominado el arte de liberarse de las esposas y grilletes —aunque se encontraban lejos de alcanzar el nivel del rey de las esposas—. En su afán por estar siempre un paso por delante de la competencia y motivado por el éxito de sus exhibiciones en los saltos de puentes, el artista decidió seguir apostando por el elemento agua. Para ello, el mago escapista tuvo que entrenar hasta el límite para poner los pulmones a punto. Cada día, corría a buen trote alrededor de la manzana y al llegar a casa se sumergía en una bañera, disminuyendo la temperatura del agua gradualmente con bloques de hielo, día tras día, hasta llegar a un extremo tal que su médico se vio obligado a intervenir. Con el paso del tiempo, Houdini acabó acostumbrándose. «Lo adopté como un hábito diario —lo recordó en una entrevista—, uno solo se siente bien después de un baño como este». Su prueba de resistencia no se limitaba solo a las bajas temperaturas, sino también al tiempo que soportaba completamente sumergido en estas condiciones. En un primer momento, consiguió aguantar sin oxígeno dos minutos y medio —una marca impresionante, pero muy por debajo de la que necesitaba—. A fin de fortalecer sus pulmones y, por consiguiente, superar su récord personal, Houdini intensificó su rutina diaria de entrenamiento, incrementando las horas y la intensidad de los ejercicios hasta alcanzar la espeluznante marca de cuatro minutos bajo el agua sin respirar. Todo este esfuerzo era necesario para que fuera capaz de ejecutar a la perfección el nuevo número que acababa de salir de sus innumerables bocetos. Se trataba de un reto aterrador, imposible de lograr y extremadamente inquietante. En su diario, escribió: «Este nuevo truco es el mejor de los que he inventado. Bess acaba de verlo y se ha quedado anonadada. Tal era mi entusiasmo que sin pensarlo me puse la palma de la mano sobre el pecho y me incliné hacia Bess como si quisiera corresponder a los aplausos de una multitud imaginaria. Aposté diez dólares a que ella no podía explicar el secreto de mi nuevo invento, pero no se acercó ni por asomo». [N27] Su último número de escapismo era muy emblemático porque combinaba sus principales capacidades: condicionamiento físico, fuerza mental y habilidad técnica, una fórmula que se repetiría en todos sus escapismos sobrehumanos.

El teatro Columbia de Saint Louis rozó el lleno la noche del 27 de enero —la fecha anunciada para la presentación de su nuevo y misterioso número—. Su función comenzó con una secuencia de trucos muy conocida por la audiencia: *Metamorfosis*, algunos números de ilusionismo y escapes con esposas. Todos estaban ansiosos por conocer su nueva hazaña, y el mago no tardó mucho en aplacar la impaciencia de los presentes. En un determinado momento, caminó hacia las luces de las candilejas, miró al fondo del patio de butacas y dijo: «Damas y caballeros, con mucho orgullo les presento, por primera vez, mi nuevo truco, el más espectacular jamás visto». Su discurso había sido cuidadosamente preparado para despertar la curiosidad de todos. El mago hizo un gesto con las manos, y el telón se levantó lentamente, revelando un angosto bidón galvanizado cuyo formato era idéntico a los utilizados para repartir la leche a las tiendas de ultramarinos, pero lo suficientemente grande como para acomodar a una persona en su interior. «Ahora, ustedes conocen el elemento principal de mi nuevo número. Sin embargo, todavía no se hacen una idea de lo que vendrá a continuación, así que me retiraré del escenario mientras mis leales asistentes llenan el bidón de agua hasta que rebose por los bordes». En su camerino, Houdini se quitó su frac habitual y salió al escenario —para sorpresa de todos— enfundado en un traje de baño. Acto seguido, se metió dentro del bidón y, antes de sumergir la cabeza, pidió a la audiencia que intentase contener el aliento durante un minuto. «Esta noche jugaremos a quién retiene más tiempo el aliento. ¿Lo probamos?». El público tomó aire y retuvo el aliento, pero en menos de un minuto gran parte de los espectadores ya había desistido. «Cuando aguantamos la respiración —explicó—, sentimos que los segundos pasan muy lentamente y esto nos provoca cierto agobio. Pero ustedes tienen la opción de volver a respirar cuando les apetezca, al contrario que yo, que estaré sumergido y encerrado en este bidón. Cuando llegue el momento en que ustedes sientan que no pueden más, significa que si estuviesen en mi lugar, estarían ahogándose».

Houdini narraba cada paso de su número como si tratase de un experimento, y su tono dramático cargaba aún más la tensión, incrementada por un gran reloj situado sobre el escenario que indicaría el tiempo en el que estaría metido dentro del bidón. «La gente enloquece con el reloj —decía— y nadie podía resistirse a contener su propia respiración y poder sentir lo que yo estaba experimentando al encontrarme sumergido y atrapado en un recipiente sellado. Cuando volvían a respirar, sabían que ese era el punto en que morirían si estuviesen dentro». El hecho de que pocos fueran capaces de aguantarlo contribuía a darle un mayor efecto dramático al número, provocando un ambiente de fuerte tensión en el teatro. Houdini se metió dentro del bidón con las muñecas esposadas y fue hundiendo el cuerpo lentamente hasta quedar solo con la cabeza visible. Acto seguido, Kukol se asomó detrás de la cortina blandiendo una gran hacha, una escena que impactó a los presentes. «No se asusten —advirtió—, pero si algo sale mal, mi asistente tiene instrucciones de romper el bidón. Sinceramente, si esto llega a ocurrir, espero que actúen a tiempo». El artista se concentró en silencio con los ojos cerrados durante unos veinte segundos; entonces, respiró profundamente y se fue acomodando dentro del bidón hasta quedar completamente sumergido en posición fetal —la única forma posible de acomodarse en su interior—. Con cubos en las manos, dos asistentes llenaron el bidón hasta rebosar, algo necesario para demostrarle al espectador que el mago no contaría con ningún oxígeno durante la exhibición. [N28]

Acto seguido, colocaron encima la tapa con tres pestillos, la cerraron con candados y le pusieron una cortina alrededor. La orquesta empezó a tocar *Asleep in the Deep* (Dormido en la profundidad), una siniestra canción cuyos acordes provocaban cierta tensión. Mientras tanto, los espectadores se preguntaban entre susurros si sería capaz de aguantar el tiempo suficiente como para no morir ahogado. ¿Cómo podría escapar de un bidón cerrado con candados externos? Al estar agachado dentro, no solo parecía imposible que los alcanzara, sino incluso que los viera. Todos los presentes tomaron aire al unísono y contuvieron la respiración, pendientes de los segundos que avanzaban sin piedad. Cuando las agujas del reloj superaban el primer minuto, buena parte del público necesitaba parar y tomar aire, algunos incluso llegaban a toser. Muchos dudaban que Houdini pudiese sobrevivir a este desafío, puesto que muy pocos individuos pueden quedarse tanto tiempo sin respirar. Tras retener el aliento quince segundos, el dióxido de carbono presente en la sangre empieza a aumentar rápidamente al consumirse el oxígeno vital, mientras que los vasos sanguíneos de la piel se contraen para desviar sus recursos al cerebro y al corazón. En este momento, el dióxido de carbono —que ya se encuentra en un nivel elevado— activa los reflejos respiratorios del cerebro, que empieza a implorar desesperadamente por oxígeno, forzando al cuerpo a aspirar involuntariamente. Estando sumergido, los pulmones se llenarían de agua rápidamente (en vez de aire), llevando el individuo a la muerte por ahogamiento. Esto podría ocurrir con Houdini, que, aunque tenía su cuerpo bajo aparente control y gozaba de una forma física excepcional, era consciente de que algo podía fallar.

> Con la magia puedes cortarte con una carta de la baraja o aplastarte un dedo del pie con algún truco tonto, pero en el escapismo auténtico hay un elemento de riesgo y peligro distinto que en cualquier otro campo del espectáculo. DEAN GUNNARSON, ESCAPISTA AMERICANO. [N29]

Las reducidas dimensiones del bidón de leche utilizado por Houdini en su número solo le permitían permanecer en su interior en posición fetal.

Ya había trascurrido más de un minuto y la cortina seguía cerrada y sin movimiento aparente. «Si yo estuviese encerrado allí dentro, a estas alturas estaría muerto», decía uno de los espectadores. Kukol tenía la mirada puesta en las agujas del reloj que se acercaban peligrosamente a la marca de los tres minutos. Sus dedos, que agarraban firmemente el mango del hacha, se movían con evidente nerviosismo. En un momento dado, la velada tensión se convirtió en pánico y muchos empezaban a gritar: «¡Sáquenlo de ahí!». La evidente impotencia que entrañaba su posición resultaba aterradora. Algunos espectadores se volvían histéricos, oyéndose gritos de que se acudiera en su ayuda. En su punto culminante, se escuchó un chapoteo seguido de un ruido metálico y de repente Houdini descorrió la cortina completamente empapado y jadeando, provocando una sensación generalizada de alivio en el teatro. A pesar de su evidente agotamiento, el mago aún tuvo fuerzas para levantar los brazos en señal de triunfo, siendo ovacionado por la audiencia, que no comprendía cómo había sido capaz de escapar, puesto que el bidón seguía intacto, con la tapa bloqueada y sin romper ninguno de los cerrojos. El número del bidón de leche parecía algo absolutamente imposible, de tintes sobrenaturales. «Este truco requiere una rara agilidad, que combina resistencia subacuática y paz de espíritu», explicaba Houdini. «Como ustedes pudieron comprobar, el bidón y todos los elementos utilizados en este número han sido minuciosamente inspeccionados por un comité de voluntarios, que no detectó ningún indicio de manipulación. Uno de los integrantes de este comité llegó a pedir que sacasen el bidón de su sitio, esperando encontrar alguna trampilla secreta en el escenario, pero nada de sospechoso fue encontrado».

A pesar de todo el misterio que rodeaba su nuevo número, una pequeña parte del público sabía que todo no pasaba de un truco magistral de ilusionismo. Era evidente que no había magia alguna, tan solo audacia y mucha sangre fría. No obstante, hubo quienes creían que el mago poseía poderes sobrenaturales, un mito fomentado por el propio Houdini, quien se encargaba de la producción de carteles promocionales que le presentaban como un individuo dotado de poderes de desmaterialización. En 1907, la empresa contratada para diseñar el material publicitario de su nueva temporada en Providence realizó un anuncio para los periódicos que le ilustraba en forma de humo, saliendo de una caja de embalaje con el siguiente eslogan: *Una proeza que raya lo sobrenatural.* Houdini podría haberse opuesto a este tipo de publicidad engañosa, pero percibió que podría ser una estrategia interesante para atraer la atención del espectador. Sin embargo, al ser cuestionado directamente, negaba cualquier influencia paranormal. Por otro lado, admitía que sus trucos tenían un único secreto que lo explicaba todo, incluido sus supuestos poderes. Esta postura le volvió aún más intrigante y misterioso. A pesar de ello, el bidón concebido por Houdini era sencillo —extremadamente similar a cualquier otro— y podía ser transportado fácilmente. Muchos intentaron descubrir cómo hacía para ejecutar la fuga, pero nadie se acercó a la respuesta correcta. Su bidón de leche tenía todos los requisitos de un número eficaz: seducía a la gente con una historia sencilla pero grandilocuente y escondía los hilos o las trampas que se utilizan para contarla. Como explicó Pablo Picasso: «El arte es una mentira que nos acerca a la verdad». [N30]

Nota del autor

El truco del bidón de leche le dio un nuevo impulso y además representó un punto de inflexión en su carrera, puesto que en 1908 el público aún se refería a Houdini como «El rey de las esposas», un título ya caduco y sin prestigio, dada la inmensa cantidad de «reyes» que circulaban por los escenarios americanos y europeos. Con el surgimiento de *La fuga del bidón de leche*, el escapista logró diferenciarse de la competencia, elevando el listón a un nuevo nivel, aunque sus competidores pronto copiaron el truco. Cuando el Gran Raymond encargó un bidón muy parecido a un negociante de magia sin su permiso, Houdini se negó a dirigirle la palabra durante muchos años. «Nunca me opuse a que el pequeño artista hiciera uso de mis trucos para ganarse la vida, pero cuando esta postura viene de un artista que goza de reconocida fama, creo que sea justo que pague los correspondientes *royalties* al dueño de la idea», se defendió. Raymond no tardó en reaccionar, enviándole una irónica misiva: «La verdad es que me sorprende su actitud, puesto que todos sabemos que el truco del bidón de leche ha sido creación de un inventor de Kennington, quien además ha vendido diferentes variantes a una infinidad de distribuidores y mayoristas del sector».

Raymond también resaltó que al menos diez artistas en América Latina realizaban un truco similar. «No se preocupe si, por casualidad, nuestros espectáculos coinciden en la misma ciudad. Será un placer reorganizar mi agenda, de modo que no entre en conflicto con la suya». Exasperado por la petulancia demostrada por su rival, Houdini le envió una respuesta a la altura: «Quiero creer que no es su intención insultarme. Usted sabe, mejor que nadie, que soy el inventor de mis propios misterios y trucos. Quienquiera que le haya dicho semejante falacia es un mentiroso y un canalla despreciable. No me importa que diez artistas me roben el número, pero me molesta que justo usted se haya apropiado de él sin permiso; eso sí es lo que de verdad me enoja». La disputa entre Houdini y Raymond quedó pendiente de resolución hasta que, diez años después, los dos se enzarzaron en una discusión que casi llegó a las manos. Poco después de este fatídico episodio, Raymond se disculpó públicamente con su compañero ante la asamblea del Club de Magos de Londres, entidad de la que Houdini fue uno de los fundadores y ejercía de presidente en aquella época. En el verano de 1908, cuando un artista de Ciudad del Cabo llamado F. J. Peers le escribió pidiendo autorización para realizar este truco en su país, Houdini no le puso trabas, puesto que no estaba en sus planes presentarse en Sudáfrica (por lo menos a medio plazo). La única condición que le impuso fue la de nombrarle como su creador.

Durante una larga temporada, el bidón de leche fue el protagonista absoluto en la función de Houdini hasta 1912, cuando el artista presentó un número de escapismo más osado y peligroso: *La celda de tortura acuática*. El bidón pasó entonces a un segundo plano, quedando guardada en el sótano de su residencia en Nueva York, de donde no salió hasta algunas semanas después de su muerte, cuanto todo su equipo fue heredado por su hermano, Theo Hardeen, acorde con las instrucciones dejadas por Houdini en su testamento. Hardeen trajo el bidón de vuelta a los escenarios como el número estrella de su función durante casi dieciocho años, llegando a presentarlo más veces que Houdini. La última presentación tuvo lugar el 30 de mayo de 1945 en el teatro RKO Madison de Brooklyn (Nueva York). Trece días después, el 12 de junio, Hardeen falleció de forma inesperada a los sesenta y nueve años de edad a causa de complicaciones en una operación.

En este cartel producido en Alemania, Kassner ejecuta su versión del truco del bidón de leche.

El ilusionista alemán Alois Kassner presentó una versión aumentada del bidón de leche, que le permitía introducirse en su interior de pie, pero su falta de carisma y la forma en que lo ejecutaba —sin la misma emoción que Houdini solía transmitir— le impidió convertirse en un rival a la altura. A pesar de su ingenio, el número no estaba exento de riesgo y existía la posibilidad real de muerte por ahogamiento. Al contrario que en una piscina, donde el individuo cuenta con libertad de movimiento, el bidón de leche obligaba al artista a ponerse en posición fetal en su interior, dificultando su fuga. Un mago conocido como Geneta murió ahogado al intentar escapar de un bidón que había sufrido algunos desperfectos en su traslado al teatro. El artista no tuvo el cuidado de comprobar si todo estaba en orden y cuando intentó escapar, los mecanismos que permitían la fuga estaban bloqueados. Cuando sus asistentes percibieron que algo raro estaba ocurriendo, ya era demasiado tarde. [N31]

El 13 de marzo de 1908, Houdini consiguió la proeza de reunir a más de 40 000 personas en Pittsburgh para verle saltar desde el puente que cruzaba el río Allegheny. Como de costumbre, el mago emergió en menos de un minuto con las esposas en las manos y una sonrisa triunfante. Lo que nadie sabía era que detrás de aquella sonrisa había una extraordinaria sensación de alivio. Minutos antes del salto, Houdini reveló a un periodista de *The Leader Pittsburgh* que el día anterior había enviado una carta a su hermano Hardeen, que se encontraba de gira en Europa: «El telegrama me costó trece dólares —dijo—. No sé por qué razón, pero sentí una extraña curiosidad en contar las palabras que acababa de escribir y me quedé boquiabierto al constatar que la misiva contenía exactamente trece vocablos». Su desconcierto, sin embargo, fue mayúsculo al enterarse de que la habitación donde se encontraba hospedado era la de número veintiséis (que dividido por dos son trece) y, para colmo, los números de la matrícula del coche que le acercó al puente sumaban trece. «Me siento nervioso hoy», confesó al periodista. «Tengo una extraña sensación en el cuerpo que no es nada agradable». El mago se comió una manzana para distraerse y después de comprobar que todo estaba listo para el desafío, subió al parapeto y saltó sin demora. Eran exactamente las 13:13, y un minuto y medio después de haber impactado contra el agua, el mago ya se había liberado de las esposas y nadaba hacia la orilla. «Aquel día había pequeñas embarcaciones debajo del puente, listas para actuar en caso de emergencia. A la hora de emerger a la superficie, me golpeé la cabeza contra la quilla de una de ellas y casi me ahogo del susto. Pero en aquel momento pensé en todas las casualidades del día acerca del 13 y me di cuenta de que en realidad los rumbos de tu vida dependen de las acciones que tomas, no de la suerte de un determinado número, así que me dirigí a la superficie con todas las fuerzas que tenía y con las esposas en las manos llegué a la orilla con total seguridad».

Si Houdini se sentía capaz de superar cualquier obstáculo, no se podía decir lo mismo de Bess, que demostraba síntomas de un posible agotamiento nervioso. Los catorce años consecutivos de intensas giras empezaban a hacerle mella y ya no se sentía capacitada para seguirle el ritmo. Para protegerla de un inminente colapso, Houdini decidió apartarla temporalmente del escenario y dejarla encargada del camerino, un trabajo libre de tensión, donde tendría incluso la posibilidad de descansar durante la función. «La señora Houdini no goza de muy buena salud últimamente y necesita de reposo absoluto. La vida en la carretera no es fácil», reveló el mago, que poseía una forma física estupenda, al contrario de Bess, que siempre demostró una salud frágil y, además, se dejaba llevar por supersticiones que llegaban a ser extrañas incluso para los estándares más excéntricos, sumiéndola en un estado de nervios que poco a poco le fue minando la salud. Si ella se enteraba de que alguien hubiese silbado en el camerino —no interesaba cuántos años habían transcurrido—, impedía a su marido entrar, convencida de que el recinto se encontraba bajo algún hechizo maléfico. Sentía también una especial repulsa por el color amarillo. En 1902, después de ver a su marido superar un difícil desafío en un teatro de Burnley, Inglaterra, irrumpió en su camerino y le hizo quitarse un par de calcetines amarillos que acababa de estrenar y los hizo añicos, convencida de que ellos habían sido la causa del fracaso de la función. [N32]

Houdini dio continuidad a su gira americana de 1908 estableciendo el truco de *La fuga del bidón de leche* como el número estrella de su espectáculo, una decisión que no le impidió seguir aceptando los innumerables desafíos que le llegaban a diario a través de cartas, telegramas o directamente desde el patio de butacas. Durante el primer semestre, el mago se liberó de todo tipo de trampas, como un saco de correos del gobierno, una caja de cristal fabricada por la Pittsburgh Place Glass Company y hasta un envoltorio de salchichas, que le dejó inmovilizado como si fuera una momia. Houdini también fue el blanco de contrincantes lunáticos con intenciones de atraparle en los objetos más variopintos, como los empleados de una compañía eléctrica que querían encerrarlo en una bombilla incandescente de su tamaño, de la cual debería escapar sin romper el cristal. También hubo quienes querían encerrarlo en máquinas de tortura medieval, tirarlo al aire con un cañón o atraparle en el interior de un bloque de hielo. Una de sus proezas más espectaculares en este periodo ocurrió en el mes abril, cuando la empresa Weed Chain Tire Grip of Pneumatic Tires le retó a intentar escapar de una trampa preparada con piezas de su producto más conocido, el Grip-Tread for Pneumatic Tires, una especie de neumático con una cadena incorporada que permitía al conductor mayor control de tracción, impidiendo que las ruedas motrices patinasen en determinadas situaciones, como arrancadas en suelo húmedo o en curvas cerradas. Inventado por Harry D. Weed en 1904, fue un dispositivo de seguridad innovador para la época, si tenemos en cuenta que la producción en serie de coches en los Estados Unidos había comenzado dos años antes. Al tratarse de un desafío original, Houdini lo aceptó con la única condición de conocer previamente la posición por donde las cadenas pasarían alrededor de su cuerpo. El desafío fue programado para el día 10 de abril y sería ejecutado en directo sobre el escenario del teatro Keith de Nueva York, un evento que contó con la presencia de varias personalidades del mundo automovilístico. Atado por un grupo de representantes de la Weed Chain Tire Grip, el artista tuvo los brazos y piernas inmovilizados por dos neumáticos revestidos con aros de acero, y su cuerpo envuelto —de la cabeza a los pies— por un juego de seis cadenas unidas por robustos candados. El peso combinado de las cadenas, neumáticos y candados totalizaba alrededor de doscientos kilos. [N33] En un determinado momento, el mago demostró cierta irritación por la forma en que las cadenas habían sido dispuestas alrededor de su cuello, dificultando su respiración, pero pese a las molestias, tardó veinte minutos en liberarse. Su hazaña llamó la atención no solo de la prensa, sino también de algunos críticos que cuestionaron la legitimidad del desafío propuesto por la Weed Chain Tire Grip. Se dijo que el escapista no podría haber conseguido librarse de una trampa tan compleja en un periodo tan corto de tiempo. Para callar estos rumores, Houdini propuso repetir el reto en el teatro Keith's Chesnut de Filadelfia, bajo condiciones aún más duras: esta vez, el fabricante de neumáticos empleó ocho cadenas en lugar de seis y dobló la cantidad de candados. Además, la posición de los artilugios solo sería revelada minutos antes del inicio del desafío. A pesar de todos los escollos, su destreza le permitió librarse en un tiempo incluso inferior al del reto original

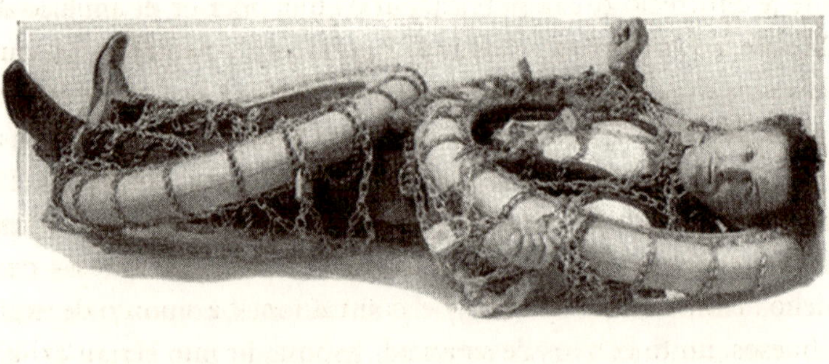

En abril de 1908, Houdini emprendió uno de sus escapes más espectaculares —visualmente hablando— al intentar escapar de un enredado de cadenas especialmente producidas para evitar accidentes en carreteras peligrosas.

El 1 de mayo, Houdini viajó a Harvard para realizar una exhibición de escapismo saltando desde el principal puente de la ciudad, un evento al que Bess llegó con retraso, obligándole a abrirse camino entre la muchedumbre hasta encontrarse con un sargento de la policía que no estaba dispuesto a dejarla pasar. «Buenos días, agente, soy Bess Houdini, la esposa del artista», le reveló. «Señorita —le contestó incrédulo—, este cuento ya no se lo traga nadie. Usted es la novena esposa que intenta colarse en los últimos diez minutos, así que le daré permiso cuando me presente su certificado de matrimonio». Mientras intentaba convencer al agente de dejarla pasar, su marido era recibido con abucheos e insultos por un grupo de estudiantes de la Universidad de Harvard. Sin entender el porqué de semejante furia, el mago se acercó a los jóvenes con el objetivo de apaciguar los ánimos. «Usted no puede presentarse aquí con un traje de baño de este color», protestó uno de los chicos. Sin saberlo, el mago llevaba puesto un traje de baño azul, el color de la Universidad de Yale, el eterno rival de los estudiantes de Harvard. «Si quiere exhibir su numerito aquí, tendrá que presentarse con nuestro color, el carmesí». Sin perder la compostura, Houdini se quitó el traje de baño y ejecutó su número completamente desnudo, para asombro del público, que no podía creer lo que acababa de presenciar. [N34]

En junio, Houdini fue elegido vicepresidente de la SAM (Society of American Magicians), puesto que asumió durante escasas semanas, cuando tomó la decisión de dimitir, una drástica actitud interpretada por la mayoría de los integrantes de la entidad como una protesta por la negativa del consejo deliberativo de convertir su revista, *Conjurer's Monthly Magazine*, en la publicación oficial de la organización. Aunque este episodio pudiera haber contribuido a su dimisión, lo que realmente le enfureció fue la publicación de una nota en el anuario de la SAM acerca de su gira en Alemania. Cuando se presentaba en la ciudad de Dresde, Houdini decidió visitar el sepulcro de Bosco, un conocido mago italiano cuya popularidad se había extendido por toda Europa en el siglo XIX. Al llegar al cementerio, el artista quedó consternado con la deplorable condición de abandono en que se encontraba su lápida. «Me enteré allí mismo —relató Houdini en uno de sus libros— de que el nicho de Bosco era alquilado y el contrato estaba a punto de expirar. Sus huesos, junto con los de su amada esposa, pronto serían exhumados y guardados en algún rincón olvidado del cementerio destinado a pobres indigentes». Para evitar semejante ultraje, el escapista se hizo con el nicho, transmitiendo su propiedad al SAM. Al publicar su anuario, la entidad reveló con detalles la loable acción de su integrante, pero tuvo la poca delicadeza de no mencionar su nombre.

Houdini arrancó su gira europea de 1908 en el circo Bush de Berlín (Alemania), donde anunció públicamente su intención de abandonar definitivamente el desafío de las esposas, una decisión arriesgada, puesto que se trataba de un evento que aún tenía fuelle para atraer la audiencia. Sin embargo, la ingente legión de imitadores que se había multiplicado por todo el continente europeo y norteamericano había anulado su valor comercial, así que el programa ofrecido en su estreno fue un combinado de trucos de escapismo con especial destaque para el bidón de leche y una interesante secuencia de efectos de ilusionismo. En aquella época, el mago solía presentar el truco de las agujas mágicas indianas, un efecto que había aprendido en sus primeros años como profesional, cuando formaba parte de la *troupe* de un teatro itinerante. El número consiste en tragarse una docena de agujas y una hebra de hilo para luego regurgitarlas debidamente enhebradas. Este prodigio se acompañaba con la música de una orquesta y un redoble de tambor sonaba cada vez que aparecía una aguja entre sus labios. Estas cosas, en letra impresa, parecen triviales, pero mantenían al público hechizado durante largos minutos. Houdini lo consideraba un buen efecto de improvisación, que solía presentar en cenas y reuniones privadas. El diario *The San Francisco Call* lo describió como «su truco más extraño», en una nota publicada el 25 de junio de 1908:

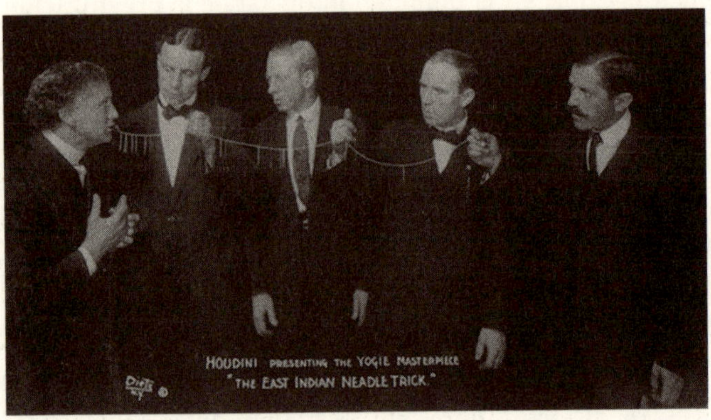

Considerado por el propio Houdini como «literalmente el más pequeño de mis trucos», el número de enhebrar agujas en su estómago solía ser exhibido por el artista en varias ocasiones, sobre todo en fiestas privadas. Posteriormente, pasó a emplear una hebra de hilo muy larga que le permitiese enhebrar más de un centenar de agujas.

Houdini se dirigió a la audiencia pidiendo agujas. Según la gente iba alzando sus manos, el mago recurría al patio de butacas recogiendo todas las que podía guardar en su bolsillo; en algunas ocasiones, llegó a conseguir más de cincuenta unidades. De regreso al centro del escenario, empezó a tragárselas una a una y a masticarlas. Los espectadores en la primera fila llegaban incluso a oír el ruido metálico de las agujas chocando contra sus dientes. Acto seguido, un gran foco de luz fue apuntado sobre el mago, de modo que el espectador no perdiera el más mínimo detalle, mientras sus asistentes se acercaban con varios metros de hilo de coser que también fueron tragados sin que demostrara la más mínima dificultad. El foco concentró toda su luz en la boca abierta del mago, que retiró lentamente más de veinticinco metros de hilo con todas las agujas enhebradas. [N35]

Houdini versus el sanguaw

De vuelta a Inglaterra, sus desafíos seguían saldándose con victorias, como de costumbre. Parecía que ninguna ligadura, cerradura o cadena podía reducirle, una hazaña de la que solía hacer bastante alarde. En noviembre de 1908, el periódico londinense *Star* lanzó un desafío propuesto por cinco marineros chinos al escapista, que aquella semana estrenaba su espectáculo en el Oxford Music Hall. El reto consistía en escapar de un *sanguaw*, una rudimentaria máquina de tortura utilizada en China para lograr confesiones o informaciones de ciertos reclusos que tenían sus pies atados a dos planchas de madera y el cuerpo completamente inmovilizado por gruesas hebillas, además de una cadena que ataba el cuello a una barra superior. A pesar de su aterradora apariencia, Houdini aceptó el desafío bajo tres condiciones: que sus pies no fuesen atravesados por clavos (una práctica común entre los torturadores chinos), la presencia de dos médicos en el escenario y la libertad de inspeccionar a fondo todo el equipo con la presencia de un reportero del *Star* como testigo. Sus peticiones fueron aceptadas y el reto fue programado para el 20 de noviembre, durante su función en el Oxford Music Hall. Llegada la gran noche, los cinco marineros subieron al escenario para montar el equipo, una especie de triángulo de bambú de grandes dimensiones. El escapista tuvo su dorso, brazos y piernas atados por hebillas, y su cuello inmovilizado por una gruesa cadena. Con un poco de esfuerzo, consiguió quitarse los zapatos, permitiendo que sus pies resbalaran entre las cintas que ataban sus piernas. Acto seguido, empezó a mover los hombros lentamente hasta liberar los brazos, un movimiento que le aseguró soltar todo el cuerpo y salir del artilugio en dieciséis minutos. «La experiencia de haber sido atado a una máquina de tortura china fue bastante desagradable. No pienso repetir un reto como este», reveló al periodista del *Star.*

La exitosa temporada en el teatro Oxford se repitió en el Euston de Londres, que agotó todas sus localidades pocas horas después de la apertura de la taquilla. El 2 de diciembre, Houdini superó un desafío que consistía en intentar escapar de un bidón de leche fabricado por la empresa William Jordan & Sons. Dos días después, el mago escapó

Cartel francés de la película *Terror Island*, protagonizada por Houdini en 1920. En una de las secuencias, el mago es capturado por caníbales y atado a una terrible trampa de madera cuyo diseño está claramente inspirado en el *sanguaw* chino.

del interior de una caja fuerte. Fue necesario instalar una viga especial bajo el escenario para soportar su elevado peso, cuyo interior podría albergar a tres personas de pie, acorde con los testigos presentes, que relataron que el mago habría tardado cuarenta y cinco minutos en escapar. En realidad, las dimensiones de la caja fuerte eran más bien reducidas y no hizo falta ninguna viga para sostener el escenario. Además de crear sus propios mitos, Houdini también contaba con la inestimable ayuda de su público, que le ayudaba a alimentar su leyenda de invencibilidad.

> En cierta ocasión, Houdini comía en un restaurante con otro mago famoso, Harry Kellar, cuando llegó un chico corriendo avisando de que cerca del lugar había descarrilado un tren. Houdini se excusó de la mesa y se dirigió corriendo a la zona del accidente. Al ver que no regresaba, Kellar fue en su búsqueda, y lo encontró entre los amasijos del tren como si fuera víctima del descarrilamiento. A la mañana siguiente, el suceso apareció en los periódicos con el siguiente titular: «Houdini escapa a la muerte en un accidente de tren».
> WILLIAM RAUSCHER, BIÓGRAFO DE HOUDINI[N36]

La llegada de 1909 trajo a Houdini una agenda de espectáculos intensa y nutrida de desafíos. En el Pavillion de Liverpool, fue desafiado a escapar del interior de un baúl de hierro lleno de agua, y en el teatro Regent de Salford, escapó de un cesto después de ser inmovilizado con gruesas cadenas. Durante su corta temporada en el Empire de Ashton-under-Lyne, un grupo de enfermeras le ató a una camilla de hospital de la cabeza a los pies utilizando varios metros de sábanas y vendajes mojadas para que las telas pesaran más. Tras comprobar que Houdini estaba completamente inmovilizado, una de ellas se inclinó y le besó los labios. Esta ha sido probablemente la única vez en que Houdini se ruborizó sobre un escenario. «Ha sido el reto más difícil de mi carrera», confesó el mago, con el tono de ironía característico de su personalidad. [N37]

En abril, Houdini zarpó con Bess para cumplir una corta temporada en el Alhambra de París, donde llevó a cabo otra de sus llamativas campañas publicitarias destinadas a promocionar su espectáculo. Su exhibición se hizo famosa cuando un pequeño periódico local publicó un artículo relatando un espectacular salto al río Sena desde la azotea de una morgue.

> Un inusitado suceso tuvo lugar ayer a las orillas del río Sena, cuando un automóvil paró de repente a las puertas de la morgue para dejar allí a un hombre vestido con un minúsculo traje de baño, escena que dejó boquiabiertos a muchos de los parisienses que se habían acercado al lugar para gozar de una placentera tarde de sol. Dos de sus compañeros le agarraron y le maniataron con un par de esposas a las espaldas, un inesperado gesto que llevó a la multitud a gritar, pidiendo la presencia policial, al creer que se trataba de una banda de lunáticos. Cuatro agentes que estaban patrullando la zona norte de Notre Dame fueron llamados al lugar cuando el loco, con la ayuda de una escalera, tomó la inesperada decisión de subirse a la azotea de la morgue, donde permaneció unos breves segundos con las manos encadenadas escuchando las órdenes de los agentes para que bajara inmediatamente. Su respuesta fue tirarse de cabeza al río, sin aviso previo. «Este hombre ha muerto», era el comentario recurrente entre los incrédulos espectadores de aquel extraordinario suceso. Cuando dos de los agentes estaban a punto de lanzarse al río para salvarlo, el loco súbitamente apareció en la superficie con los brazos liberados de las cadenas. Antes de que pudieran llegar hacia él para arrestarlo, un barco de motor le rescató, desapareciendo de allí en pocos minutos.

Lo que el periódico no mencionó fue el hecho de que lo ocurrido fue captado íntegramente por una cámara cinematográfica, una clara evidencia de que aquello no pasaba de ser una escenificación. En su defensa, Houdini alegó que la exhibición era real y, aunque todos los movimientos habían sido cuidadosamente preparados con sus asistentes, él no contaba con el permiso de las autoridades, una alegación carente de fundamentos, puesto que el resultado obtenido solo fue posible gracias a la posición de la cámara, dispuesta en diferentes puntos estratégicos a fin de capturar los mejores ángulos de la acción. Lo más probable es que su portento haya sido filmado con una sola cámara y con paradas previstas entre una acción y otra para crear toda la secuencia y los agentes eran, en realidad, actores contratados.

De vuelta a las islas británicas, Houdini reanudó su gira el 17 de mayo, presentándose en esta segunda etapa en el The Metropolitan de Londres, un precioso teatro en el que se representaban tanto dramas como óperas. De allí partió con su *troupe* hacia Portsmouth, Leeds, Wolverhampton y Aberdeen, donde aprovechó la estancia para hacer una visita al nicho de John Henry Anderson, un histriónico ilusionista escocés que tuvo gran notoriedad en el siglo XIX, no solo por sus cualidades artísticas, sino también por su capacidad de promocionar sus funciones en una época en la que los magos se limitaban a salir a escena sin preocuparse con la publicidad.

La modestia nunca fue una característica propia y prueba de ello fue el nombre elegido para anunciarse en la multitud de carteles que inundaban las ciudades donde actuaba: «El gran brujo del Norte». Caballos con pompones, malabaristas, volatineros, carromatos de colorines y bandas de música acompañaban a Anderson, que, encaramado a una carroza, saludaba a la muchedumbre, satisfecho de sí mismo, vestido con frac, chaleco de seda, pajarita, polainas, botines, guantes y un bigote ilustre y repeinado. Sus estrategias de *marketing* eran tan atrevidas que hubo quien afirmó que hasta la gran pirámide de Guiza estaba empapelada con los carteles de su espectáculo, un rumor creado por el propio mago con el objetivo de que su nombre circulara por las tabernas de las ciudades por donde pasaba. Su vida estuvo plagada de muy varias fortunas, prósperas y adversas. Y a pesar de haber hecho las delicias de millones de personas desde el golfo de México a la desembocadura del Nilo (dicen que solamente en Broadway un cuarto de millón de espectadores asistieron a su espectáculo), Anderson terminó su carrera tan pobre como cuando había comenzado, víctima de tres grandes incendios. El primero arrasó con un teatro escocés de su propiedad, el segundo abrasó un teatro en Estados Unidos, donde se encontraba de gira, y el último destrozó todo su equipo de ilusionismo en Londres. Al encontrar su sepulcro en un estado de conservación deplorable, Houdini decidió reunir fondos en el Club de los Magos para financiar su reforma y mantenimiento.

Houdini versus John Clempert

De Aberdeen, Houdini viajó hacia Brighton, donde su espectáculo tenía el estreno previsto para el día 5 de julio en el Hippodrome. Iba de camino en el tren, cuando se enteró de la presencia de un rival en la ciudad cuyo espectáculo se parecía muchísimo al suyo y además incluía un acto en el cual el osado escapista revelaba los secretos de sus números. El hombre se llamaba Clempert, había nacido en Rusia y gracias a su complexión física envidiable obtuvo cierto éxito durante un tiempo como luchador profesional. Siempre entrenando su cuerpo al máximo, decidió ganarse la vida como artista de circo. Sus carteles le anunciaban como «El hombre que no podía ser ahorcado» y mostraba su principal número, que consistía en quedarse suspendido de un trapecio por las piernas con una soga envolviéndole el cuello. Parecía inevitable que un día algo saliese mal y este día llegó en 1903, durante una presentación en Rochester, cuando el artista se lesionó la columna durante la ejecución de uno de sus osados números. Durante su convalecencia, decidió montar un acto inspirado en Houdini, donde escaparía de cárceles, esposas y otros confinamientos. Gracias a su fuerza física, las cadenas utilizadas en su función eran más pesadas, las sogas más resistentes y sus actos más arriesgados. En 1904, se unió al Warren's American Circus y bajo el mote de «*The Handcuff and Siberian Gaol Breaker*» viajó por la India, Medio Oriente y Europa. Su nueva carrera como escapista le iba muy bien hasta que un día se atrevió a exponer el truco houdiniano de *La fuga del bidón de leche.* Como los actos escénicos estaban protegidos en Inglaterra, Houdini no dudó en interponer una demanda judicial por violación de los derechos de autor, obligándole a pedir disculpas públicamente y retirarse de los escenarios de por vida. En 1927, tras la muerte de Houdini, Clempert regresó de su retiro involuntario y reanudó su carrera, pero no obtuvo el éxito esperado. Sus números ya estaban desfasados con respecto a la competencia, que había incorporado la electricidad y otros adelantos científicos para ampliar su repertorio.

Houdini continuó con su gira por las ciudades de Nottingham, Plymouth, Kilburn, Willesden, Londres y Glasgow, haciendo las delicias del público y, cómo no, sorprendiendo a las audiencias con sus desafíos extraordinarios. Pidió a los cesteros locales que confeccionaran una cesta alrededor de su cuerpo. Y salió de ella. En otra ciudad, lo encerraron en un saco sellado y salió dejándolo intacto. Desafió a todos los que encontró por delante, y nadie tuvo mejor suerte que otros anteriores. Aunque el público deseaba verle triunfar, también hubo aquellos que tenían el morbo de verle caer, puesto que la sensación de peligro inminente estaba siempre presente en cada uno de sus números y las dificultades encontradas por el mago parecían cada vez más insuperables. Comenzaba el año de 1910, y con él, la conquista de un escenario inalcanzable hasta entonces para cualquier artista: el cielo.

HOUDINI

CAPÍTULO 6

EL MAGO VOLADOR

«El encuentro con lo misterioso es la experiencia más hermosa de la vida humana. Es el origen de todo arte verdadero y de toda ciencia. Aquel que es ajeno a esta emoción, que no es capaz de asombrarse y sucumbir a su poder, es como si estuviera muerto». ALBERT EINSTEIN.

1910

El día 17 de diciembre de 1903, el mundo despertó con un titular extraordinario: dos hermanos de Ohio, Wilbur y Orville Wright, habían realizado el primer vuelo sostenido del que se tenía noticia en una aeronave más pesada que el aire. Antes de hacerse mundialmente conocidos, los hermanos Wright tenían un taller de bicicletas —que muy pronto se convirtió en su propia fábrica—: la Wright Cycle Company. Aunque el negocio generaba ingresos suficientes para mantener una vida digna, la fascinación por las máquinas modernas les empujó a intentar construir un aparato volador, un proyecto que, teniendo éxito, podría solucionar sus problemas económicos de por vida. Como su plan buscaba construir algo que no existía, los hermanos tuvieron que empezar desde cero. Se documentaron de manera exhaustiva y se pusieron a estudiar los conceptos básicos de la física, aerodinámica, meteorología y cualquier otro aspecto que pudiese estar directamente relacionado con la aeronáutica, disciplina que nació en el siglo IX a través de los estudios realizados por el científico Abbás Ibn Firnás, nacido en el antiguo Emirato de Córdoba en el año 810. A los sesenta y cinco años de edad, Ibn Firnás se lanzó desde una torre atado a unas alas de madera recubiertas por una tela de seda adornada con plumas de rapaces. El aterrizaje fue un desastre —el científico acabó desplomándose sobre un valle, fracturándose las dos piernas—, pero su vuelo fue técnicamente exitoso, puesto que logró permanecer en el aire durante un breve periodo de tiempo. La aventura de Firnás representó el primero de muchos otros intentos que motivaron miles de experimentos en los siglos posteriores hasta culminar con el exitoso vuelo de doce segundos emprendido por Orville Wright a bordo de su revolucionaria aeronave, el Flyer I.

Cuando Houdini estaba a punto de cumplir los treinta años de edad, los aviones aún eran aparatos experimentales, muy poco fiables, y no disponían de ningún dispositivo de seguridad, lo que les convertían en un artilugio extremadamente peligroso. Pero la proeza de los hermanos Wright motivó a otros pioneros a intentar convertir aquella cometa gigante en un medio de transporte seguro que lograse acortar distancias. En octubre de 1908, el francés Henry Farman completó un vuelo sin escalas de veintisiete kilómetros entre Buoy y Reims, estableciendo la primera conexión aérea entre estas dos ciudades. [N1] Un año después, el diseñador y fabricante francés Louis Blériot realizó el primer viaje sobre el canal de la Mancha, a bordo de su nuevo avión, el Blériot XI, que no disponía de un solo instrumento de navegación en su panel. Su hazaña reunía todas las papeletas para terminar de forma desastrosa. Blériot llegó caminando con el apoyo de unas muletas en compañía de su mujer, que suplicaba que no hiciera la travesía, pero sus ruegos no fueron escuchados, Blériot se subió a la carlinga de su tosco aparato y tras arrancar el motor, una de las palas de la hélice golpeó a un perro, hiriéndole mortalmente. Pese a todos los infortunios, el piloto francés alcanzó su objetivo, treinta y siete minutos más tarde, al aterrizar en el puerto británico de Dover. Recibió un premio de mil libras y obtuvo su lugar de honor entre los pioneros de la aviación. En 1911, ya se emprendían vuelos sostenibles de varias horas. El 12 de abril, el francés Pierre Prié realizó un vuelo sin escalas desde la ciudad inglesa de Hendon hasta Issy-les-Moullineaux en París. El vuelo, que tuvo una duración aproximada de cuatro horas a bordo de un monoplano Blériot, fue completado sin un solo percance. [N2]

La aviación encajaba perfectamente con el pensamiento moderno de Houdini, que pertenecía a una generación que estaba viviendo la expansión de la Revolución Industrial, un fenómeno que transformó una sociedad atada por los anticuados estándares de la cultura victoriana en un mundo dirigido por la tecnología y los imparables hallazgos científicos. El siglo XX trajo consigo inevitables cambios y una nueva etapa de avances vertiginosos en Estados Unidos y buena parte del mundo llamado «desarrollado». Si la innovación estaba de moda, Houdini se iba a asegurar su parte del pastel. A menudo, se presentaba como «un inventor que trabajaba incansablemente en la creación de nuevas formas de escapismo para su espectáculo, al igual que Stephenson para concebir la primera locomotora, Edison para inventar el teléfono y Marconi para desarrollar el telégrafo», solía decir. Entre todas estas novedades, nada parecía más sorprendente que la posibilidad de volar. Para el artista, la aviación representaba un milagro, o como lo describió con sus propias palabras: «la magia de levantar los pies del suelo». A pesar de no poseer ninguna experiencia en este campo, el escapista no tardó en darse cuenta de que este nuevo fenómeno podría encajar perfectamente con sus osadas estrategias de promoción. Si lograra elaborar algún número de exhibición utilizando un avión como protagonista, podría generar una campaña publicitaria sin precedentes en la historia del *show business*. Para ello, tenía planes de alquilar un avión de los hermanos Wright y llevar a cabo un espeluznante portento: sobrevolar la siempre abarrotada Picadilly Circus de Londres, saltar esposado en paracaídas y llegar al suelo con las muñecas libres, una idea que no fue llevada adelante porque el mago pronto se dio cuenta de que ninguna autoridad londinense arriesgaría la vida de sus ciudadanos permitiendo que un lunático sobrevolara la zona a bordo de un aparato volador poco fiable. «Todo el mundo sabe que me encanta desafiar a los cuerpos policiales, pero también es un hecho conocido que soy un fiel cumplidor de las leyes», declaró a un periodista.

Houdini vislumbró otra oportunidad de conseguir hacerse con un avión durante su temporada en el teatro Hansa de Hamburgo en noviembre de 1909. Acompañado de Bess, el mago acudió a una competición aérea que congregó a más de cien mil espectadores entre aficionados y curiosos, todos ansiosos por conocer en directo las mejores aeronaves fabricadas hasta entonces. Allí fue presentado a Antonio Brassac, un mecánico francés que conocía todos los secretos y pormenores de estas formidables máquinas, «el mejor mecánico del país», según las palabras del propio mago, que decidió contratarlo para asesorarle en la adquisición de una aeronave. [N3] Brassac se pasó todo el día recorriendo el aeródromo en busca de la máquina perfecta y regresó con dos opciones: un biplano Curtiss y un Voisin 1907. El Curtiss era un aparato premiado, que había logrado establecer un récord de velocidad (75 km por hora), pero no era estable y, por consiguiente, tampoco era seguro. Houdini acabó optando por el Voisin, más estable y menos traicionero. «Yo ni siquiera era piloto, así que preferí no exponerme a ningún riesgo innecesario», justificó. Su nuevo juguete le costó cinco mil dólares americanos (lo equivalente a 120 000 dólares en valores actuales), una cifra excesiva para satisfacer un simple capricho, pero no cabía duda de que había adquirido una máquina formidable. Se trataba del primer avión motorizado proyectado por Gabriel Voisin, cuyo diseño fue inspirado en el modelo 14-bis concebido por el aviador brasileño Santos Dumont, sobre todo la concepción de las alas en forma de caja, el timón apantallado y tres ruedas de bicicleta elegantemente arriostradas. Estaba hecho de pino y bambú, y cubierto de seda japonesa. Dotado de dos hélices y un motor Antoinette V-8 de cincuenta caballos, que le confería una autonomía de hasta quince minutos de vuelo. Orgulloso de su inversión, Houdini encargó que se pintara su nombre en el timón del aparato con grandes y llamativas letras, y trató de aprender a controlar sus mandos lo antes posible. El inicio, sin embargo, le resultó no solo difícil, sino también bastante frustrante. El mago tenía que cumplir su contrato de dos meses en el teatro Hansa, donde presentaba dos sesiones nocturnas. El único rato libre del que disponía era por las mañanas, pero la dificultad de encontrar taxistas dispuestos a llevarlo a la nave donde se encontraba guardado su avión —en un patio de armas del Ejército situado a las afueras de la ciudad— era enorme. Cuando por fin conseguía llegar al lugar, se limitaba a observar los trabajos de mantenimiento realizados por Brassac, ya que las condiciones meteorologías propias de un día lluvioso le impedían sacarlo al campo, convertido en un inmenso lodazal.

En la mañana del día 26 de noviembre, el tiempo mejoró y Houdini pudo tomar asiento para intentar sacar su juguete por primera vez. Brassac giró la hélice y el motor arrancó de inmediato, sin soltar más que una muy fina columna de humo blanca, resultado de la combustión del carburante. El mago enderezó el aparato hacia un área libre de obstáculos, y agarró firmemente los mandos para dar inicio al procedimiento de despegue. Tan pronto la aeronave levantó el vuelo, el artista respiró hondo, intentó aplacar los nervios y se puso a disfrutar del momento. El ruido del motor, la fuerza del viento y las impresionantes vistas acabaron por relajarlo por completo. Houdini consiguió completar un vuelo de dos minutos sin incidentes, con excepción del aterrizaje, que no supo concluir correctamente y que terminó con su avión volcado en el suelo, dejándolo fuera de servicio dos semanas, tiempo que Brassac tardó en conseguir los repuestos necesarios para que volviera a ser operativo de nuevo. Además de las pérdidas financieras, la falta de pericia de Houdini también le puso en franca desventaja con respecto a algunos pilotos, que diariamente superaban récords de velocidad, distancia y altitud, mientras otros conseguían realizar alguna maniobra, travesía o reto por primera vez a bordo de un aparato volador. Para Houdini, que solo había logrado emprender un vuelo con un aterrizaje desastroso, sería muy complicado conseguir ingresar en la selecta y codiciada élite de los pioneros de la aviación. Sin embargo, cuando estaba a punto de desistir de la empresa, la suerte le cambió por completo al ser presentado a Harry Rickards, un empresario australiano que se encontraba en Europa en busca de nuevos artistas para renovar el cartel de su cadena de teatros. Atraído por una generosa oferta, con billetes de navío y hospedaje incluidos, Houdini se reunió con Rickards y, tras una breve reunión, acabó aceptando su propuesta para actuar en aquel lejano país, contradiciendo una entrevista concedida a un periodista de Bristol en 1904 cuando afirmó que jamás se presentaría en un lugar demasiado alejado de Nueva York. «Me costaría mucho tiempo regresar si acaso algo ocurriese con mi madre». No fue solo la apetecible propuesta de Rickards lo que le hizo cambiar de idea, sino un propósito bastante más atrevido: Houdini quería ser la primera persona en volar en Australia, el único continente donde nadie había volado antes.

El año de 1909 llegaba a su fin, y con él, su temporada en el teatro Hansa de Hamburgo. Libre de cualquier otro compromiso, el mago pudo dedicar su tiempo y esfuerzos a su formación como piloto, movido ahora por la oportunidad de convertirse en el primer hombre en volar en Australia, pero tendría que afrontar una feroz competencia. Pocos días después de celebrar la fiesta de Nochevieja, Houdini viajó a París acompañado de Brassac, con el objetivo de conocer la fábrica Voisin y a la vez comprar repuestos para su viaje transoceánico. Al día siguiente, visitó el campo de aviación de Chalon, donde tuvo la oportunidad de conocer a dos de los aviadores más importantes del país, Hubert Latham, el primer piloto que intentó cruzar el canal de la Mancha, y Henri Farman, quien en 1908 había logrado completar un vuelo sin escalas de veintisiete kilómetros entre las ciudades de Buoy y Reims, estableciendo la primera conexión aérea entre estas dos ciudades. «Estos sí que son auténticos pilotos», escribió en su diario. Aquella tarde en el campo de Chalon aún le reservaría algunas sorpresas. Houdini acompañó desde tierra el vuelo de una mujer, *Madame* Laroche, quien desafortunadamente acabó estrellando su Voisin contra un árbol. También conoció al mejor piloto belga de aquel entonces, Charles Van den Born, quien le reveló su plan de realizar el primer vuelo sobre el continente asiático. «Posiblemente, vaya también a Australia», revelación que le provocó cierta inquietud. «Será un rival difícil de superar». Empujado —o quizá preocupado— por el reto que se había planteado, Houdini decidió llevar su avión a un campo de entrenamiento utilizado por Lathan y Farman, pero la neblina dio al traste con sus planes. [N4]

El 7 de enero de 1910, después de una temporada triunfal en Europa, Houdini se dirigió al puerto de Marsella acompañado por Bess, sus asistentes, Franz Kukol y James Vickery, y su mecánico Brassac para embarcar en el vapor RMS Malwa rumbo a Australia, una inmensa isla continental ubicada en el medio del océano Pacífico, a unos 17 000 kilómetros de Nueva York y con una diferencia de huso horario de quince horas con respecto a la costa este americana. El único medio posible para llegar al país era por vía marítima, un largo viaje de aproximadamente un mes, que podría sacar de quicio a cualquier pasajero impaciente, sobre todo a Houdini, que padecía de fuertes mareos en este tipo de travesías. Pero semejante sacrificio merecía la pena. «Espero que me salga todo bien, no solo a mí, sino también a mi máquina», anotó el mago en su diario. Su preocupación era factible. En Australia no sería posible encontrar piezas de repuesto, de modo que cualquier incidente podría echar por tierra sus objetivos de convertirse en un icono de la aviación. Este viaje representó también una inmejorable oportunidad de conocer una parte del mundo que siempre le dejó fascinado, como Egipto, donde el capitán del Malwa tenía previsto realizar una parada técnica. Cada aspecto de la sociedad egipcia, desde la educación y el derecho hasta la medicina, el nacimiento y la muerte, estaba impregnado por la magia y era determinado por las fuerzas divinas del Sol y del Nilo. [N5] Cuando el Malwa atracó en Port Said, tal era su ansiedad que el mago fue uno de los primeros pasajeros en desembarcar. «Habíamos viajado a Egipto en busca de algo pintoresco y místicamente impresionante», escribió. Mientras paseaba por sus estrechas calles, tuvo la oportunidad de ver actuar a por lo menos seis magos nativos en los alrededores del puerto. «Pasen y vean, señoras y señores, comprueben cómo la mano es mucho más rápida que la vista», decía en inglés uno de ellos con un cargado acento. Houdini sabía que los misterios y secretos de los artistas de Oriente fascinaban a los magos de todo el mundo desde hacía siglos y quizá por esta razón se sintiera defraudado con lo que encontró. «Todos presentaban exactamente los mismos trucos. Creo que debe haber una única escuela de magia en toda la ciudad y allí todos aprenden lo mismo, utilizando las mismas herramientas. Cuando has visto a uno, ya los has visto a todos». Houdini buscaba impresiones folclóricas, pero se encontró con un mundo colonizado y «de muy aburrido aire europeo», diferente de las famosas leyendas del tiempo de los faraones. Su visita a Port Said es narrada a modo de ficción por H. P. Lovecraft en su célebre cuento de terror *Bajo las pirámides*.

> El viaje resultó agradable por sí mismo, sazonado por algunos de esos divertidos incidentes que suelen ocurrirle a un mago cuando se encuentra lejos del escenario. Yo había querido mantener mi nombre en secreto para gozar de un viaje tranquilo, pero acabé traicionándome por culpa de un compañero de profesión. Su afán de asombrar a los pasajeros con trucos vulgares me llevó a reproducir sus hazañas ante su público, pero logrando un efecto nítidamente superior, lo que acabó por destruir mi sincera intención de seguir el viaje de forma anónima, una imprudencia que debería haber previsto antes de desenmascararme en un buque cargado de turistas. Lo único que conseguí con mi estúpida exposición fue propagar mi identidad adondequiera que fuera, privándonos del plácido anonimato con el que siempre habíamos soñado. Así que, en lugar de hacer un viaje para ver cosas nuevas, acabé convirtiéndome, por mi culpa, en el objeto de curiosidad de los demás. [N6]

Mientras el Malwa cruzaba el océano Índico, los Houdinis se preparaban para el baile de disfraces organizado por el capitán del buque. Con su frac de mago un poco arrugado y sintiéndose un poco fuera de lugar, Houdini intentó mostrarse a gusto para no decepcionar a su mujer, que había invertido horas confeccionando su vestido de reina de las hadas y tenía ganas de fiesta. Bess se divirtió como hacía mucho que no lo hacía, destacando entre los pasajeros que bailaban embobados un *fox-trot* en el gran salón de gala del navío. Cuando regresaba a su mesa para llenar su copa de champán por enésima vez, cayó desplomada en el suelo. Houdini la cogió en brazos y la llevó directamente a su cabina. «Estaba bailando con el capitán», explicó después, dejando entrever que estaba celoso, aunque en su diario trató de minimizar el incidente. «Bess se desmayó a mi lado —escribió—, la levanté y la llevé a cama. Es la primera vez que algo así ocurre. La verdad es que estaba muy excitada con el baile y pasó horas trabajando en su disfraz. Cuando la fiesta alcanzó su momento cumbre, se puso a bailar frenéticamente hasta que se desmayó». Houdini ocultó el hecho de que su mujer se había pasado con la bebida, seguramente con la intención de protegerla. Al día siguiente, ya se había recompuesto, al contrario que su marido, que seguía padeciendo los mareos provocados por un viaje en alta mar. Houdini ya había perdido seis kilos y, acorde con Bess, solo comía bien en tierra, cuando el navío paraba en las conexiones programadas. [N7]

El 5 de febrero de 1910, Houdini y su *troupe* desembarcaron en el puerto de Adelaida, donde les esperaba el agente encargado de su agenda. «Dentro de dos horas, saldrá un navío con destino a Melbourne, señor Houdini —le advirtió el agente—, me encargaré personalmente de que su equipaje sea trasladada con seguridad al muelle correspondiente». Pero el mago prefirió optar por otro tipo de transporte. «Si no le importa, prefiero ir en tren», le contestó. Y así fue. Ese mismo día, cruzaron los ochocientos kilómetros que separan Adelaida de Melbourne, un largo y tedioso viaje de aproximadamente dieciocho horas, donde por lo menos pudieron contemplar la vasta inmensidad del desierto australiano, un exótico paisaje que pareció haber renovado los ánimos del mago. Al llegar a Melbourne, Houdini estaba relajado y listo para actuar, libre de cualquier secuela provocada por el viaje en barco. [N8]

Houdini estrenó su temporada australiana el 7 de febrero en el New Opera House de Melbourne. Su *show* formaba parte de un nutrido programa de dos horas en dos actos; el primero incluía presentaciones de música, comedia y teatro, con la participación de artistas fijos de la casa como Fred Bluett, Clyde Cook o George Sorlie. Después de un breve intervalo, arrancaba el segundo acto, que ofrecía una presentación especial con la presencia de artistas extranjeros, casi todos especialistas en un tipo de arte escénico —trapecistas, ventrílocuos o ilusionistas, como Houdini, que era el cabeza de cartel de aquella noche—. Antes de su salida al escenario, el público asistió a un cortometraje que mostraba al mago esposado por la policía, escapando de camisas de fuerza y saltando desde puentes. Consciente del poder de persuasión del cine, la exhibición de estas pequeñas películas fue idea del propio Houdini para preparar al espectador e introducirle en la función. Terminada la película, las luces del teatro se apagaron hasta dejar la sala completamente a oscuras; el telón rojo comenzó a subir y los primeros acordes de la orquesta invadieron el ambiente, subiendo de tono gradualmente junto con las primeras bombillas de las candilejas. Vistiendo una inmaculada camiseta almidonada, un collar y un traje de noche, el mago encandiló a la audiencia con sus clásicos números de escapismo con esposas y grilletes y llegó al clímax con *Metamorfosis*, un número que nunca había sido presentado en Australia. Cuando el *show* terminó, la gente le siguió aplaudiendo de pie, obligándole a salir tres veces al escenario. Al día siguiente, la prensa especializada calificó su actuación como «el espectáculo más sorprendente jamás visto en el hemisferio sur».

Cuando Houdini llegó a Australia, muchas de sus proezas ya eran sobradamente conocidas por el público de aquel país y había expectación por ver al escapista en acción. Una de sus exhibiciones más esperadas era el salto desde puentes, una hazaña que se negó a realizar nada más llegar, debido a los riesgos que no estaba dispuesto a afrontar. «Me han dicho que sus aguas están infestadas de tiburones, así que no puedo arriesgarme a ser devorado por ellos». Pero el mago acabó siendo vencido por el clamor popular y anunció que saltaría desde el puente más alto de Melbourne, el Queen's Bridge, que cruza el Yarra, un lodoso río que de vez en cuando era visitado por estos terribles escualos. Desprovisto de toda prenda, salvo unos calzones, y con diez kilos de cadenas y candados que le mantenían completamente inmovilizado, el mago se lanzó de cabeza desde una altura de seis metros del parapeto a las aguas heladas del Yarra el 17 de febrero de 1910, bajo la mirada atenta de alrededor de veinte mil personas, «una terrible multitud», observó el mago, impresionado. Mientras el público esperaba ansioso que apareciera, un hombre todo vestido de negro se acercó al equipo que trabajaba con Houdini y preguntó: «Perdone que les moleste, ¿ustedes tienen alguna relación con este señor que acaba de saltar desde el puente?». Al recibir una respuesta afirmativa, el misterioso hombre de negro sacó una tarjeta del bolsillo y se la dejó a uno de sus asistentes, diciéndole secamente: «Por si no vuelve». Más tarde, se dieron cuenta de que se trataba de un agente funerario local. Parecía que todos eran conscientes del alto riesgo de los números ejecutados por Houdini, que, felizmente, no necesitó acudir a los servicios fúnebres ofrecidos por aquel tipo de aspecto tétrico. Segundos después del salto, su vasta cabellera ondulada surgió entre las olas del Yarra, sonriendo, con las cadenas en una mano y las esposas en la otra. [N9] Aunque acabara de vencer, una vez más, su envite personal contra la muerte, el misterioso hombre de negro no se fue con las manos vacías. La zambullida de Houdini hizo emerger a la superficie un cadáver que se encontraba enterrado en el lecho del río. Cuando el escapista se dio cuenta de lo ocurrido, tuvo que ser subido a bordo de un bote, paralizado por el susto. [N10]

Vestido con traje de baño azul y cargado con diez kilos de cadenas y candados, Houdini salta del parapeto a las aguas lodosas del Yarra, con los ojos siempre abiertos, atento a la presencia de tiburones. Felizmente, no había ninguno en los alrededores para asistir a una más de sus inigualables proezas.

Cartel publicitario de *Metamorfosis*, un llamativo número que se convirtió en uno de sus escapes clásicos. Creado en el siglo XIX por el mago británico John Nevil Maskelyne, consistía en encerrar a una persona esposada dentro de un baúl cambiando de lugares milagrosamente con su asistente, que se encontraban fuera del baúl. Se cree que Houdini ejecutó este número más de diez mil veces en toda su carrera.

Con la incorporación de su esposa Bess, el tiempo de ejecución de *Metamorfosis* se redujo a unos increíbles tres segundos. En este bonito cartel de finales del siglo XIX, los retratos fueron estratégicamente dispuestos para complementar a la pareja: una sólida cadena para Houdini y un delicado lazo para Bess.

En sus primeros años, Houdini se presentó como «El rey de las cartas» y este es, posiblemente, el primer cartel producido para publicitar su función. Para ahorrar dinero, Houdini pidió al diseñador que le dejara un gran espacio en blanco en la parte superior, de modo que le permitiera añadir *a posteriori* las fechas y los lugares de sus presentaciones.

Producido por la empresa U.S. Lithographic Co. Russell-Morgan Print, este cartel anunciaba a Houdini como una superestrella europea a la vez que lanzaba un desafío al público para que se llevasen sus propias esposas a la función. Retar al espectador fue un hábito que conservó hasta el final de su carrera. Se trataba no solo de una creativa estrategia de *marketing*, sino también de un desafío justo, puesto que las esposas no formaban parte de su colección privada y por ello no podrían estar trucadas. El público, por su parte, se lo agradecía doblemente: además de pagar para ver a un escapista legítimo, tendrían la oportunidad de formar parte del espectáculo.

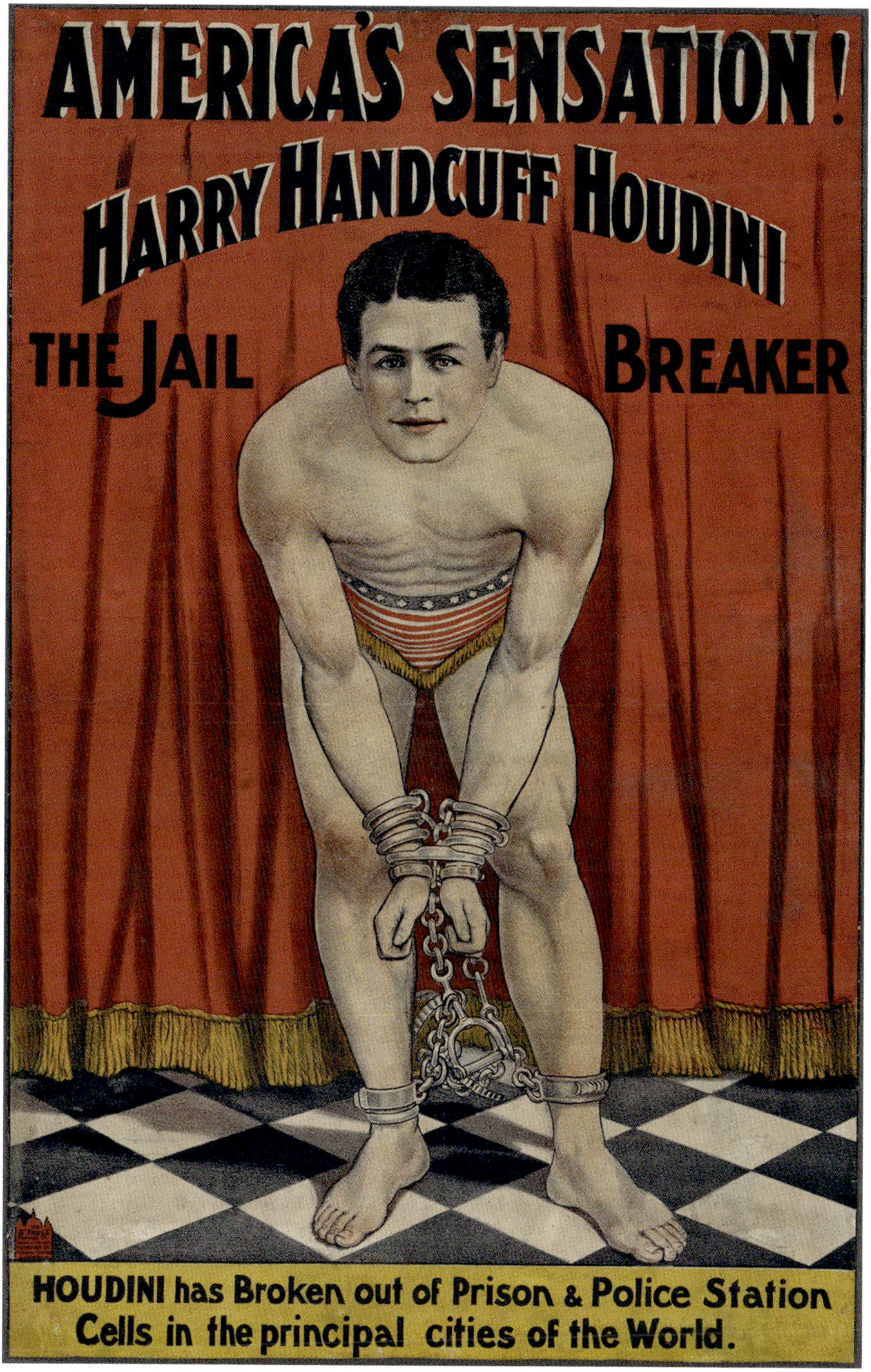

Este cartel, producido por la empresa St. Paul's Printing Co, promocionó su primera gira europea cuando aún se autodenominaba Harry «Handcuff» Houdini y retaba a los comisarios de policía a que le retuviesen en sus calabozos. Tan rápidos y extraordinarios eran sus escapes que incluso a aquellos que tuvieron la oportunidad de verlo en directo les resultaba difícil de creer. Su predilección por escapar de cárceles se convirtió en una efectiva estrategia de publicidad. Sus proezas eran ampliamente recogidas en la prensa local, provocando un conveniente «efecto llamada» hacia los teatros. En este cartel, Houdini aparece llevando un pantalón con los colores de la bandera americana, al estilo Rocky Balboa.

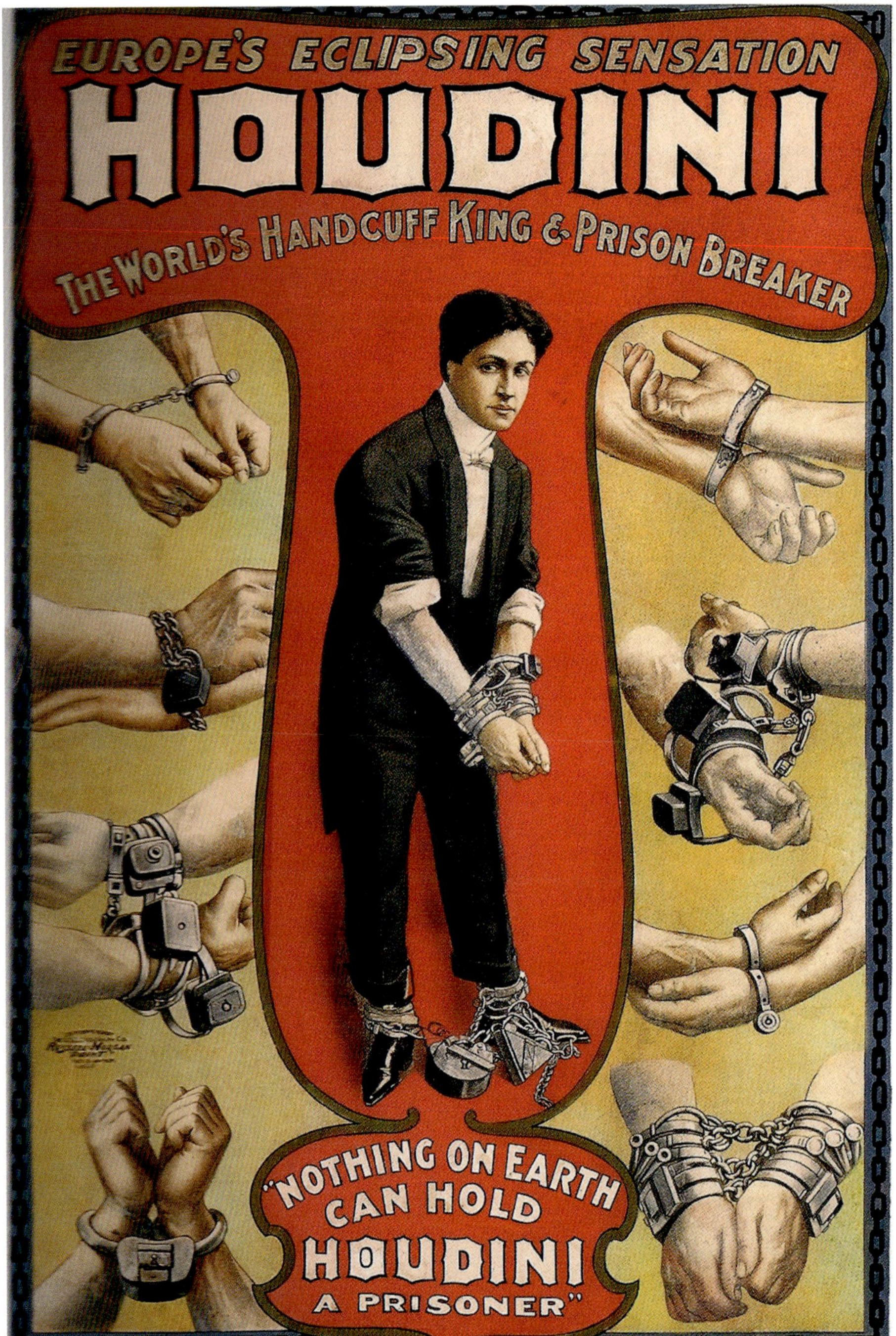

Aunque las esposas no eran un elemento propiamente escénico, Houdini creía en su potencial para atraer al público. Muy temprano se dio cuenta de que en cuanto siguiera presentando trucos con cartas y pañuelos sería uno más del montón y no destacaría, así que decidió invertir en una actividad que se le daba bien: el escapismo. El diseñador encargado del magnífico cartel decidió añadir cadenas a la cenefa y ocho pares de muñecas esposadas alrededor de la figura de Houdini, vestido elegantemente con un frac impecable.

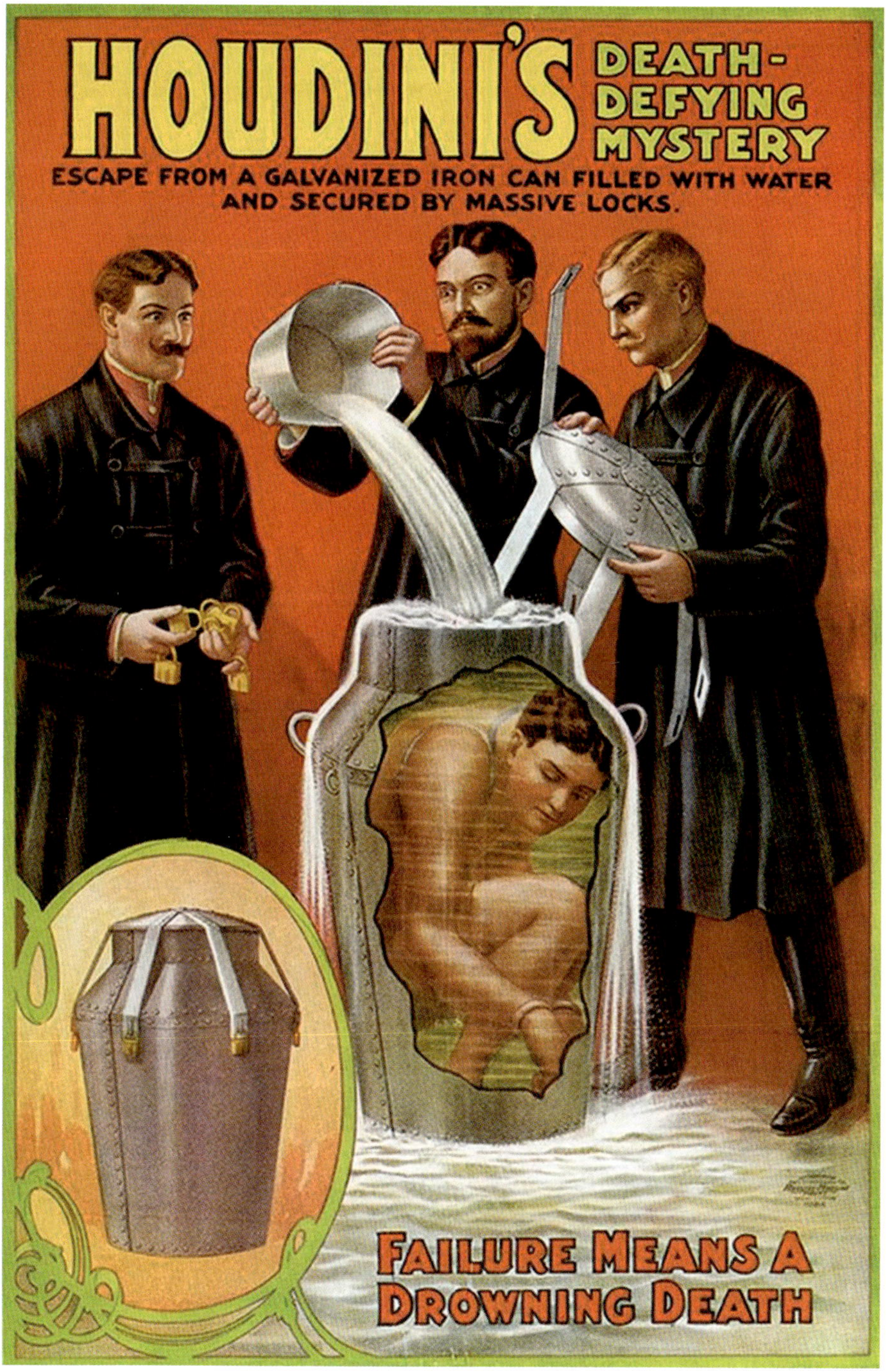

Con el impactante eslogan «Fallar significa una muerte por ahogamiento», Houdini presentó al público en 1908 un número de escapismo que tenía como protagonista un bidón de leche, ilustrado en este cartel, que muestra el exacto momento en el que sus asistentes terminan de llenarlo con agua para enseguida sellarlo con fuertes candados. ¿Cómo conseguirá escapar de semejante trampa? Antes de meterse en su interior, el mago pedía a la audiencia que intentara contener la respiración durante el tiempo que tardaba en escapar, mientras un gran reloj mostraba el paso de los minutos. El hecho de que pocos fueran capaces de hacerlo contribuía al dramatismo del número.

Cartel francés de *The Master Mystery* (1919). En esta serie producida para el cine, Houdini interpreta el papel de Quentin Locke, un osado agente del Departamento de Justicia norteamericano con dotes de escapismo. La trama cumplía con un patrón muy popular de la época, donde había una abundancia de enemigos dotados de diferentes y peculiares capacidades, siempre liderados por un villano misterioso cuya identidad era desconocida. En *The Master Mystery*, este villano se llamaba The Automaton y fue el primer robot que apareció en la gran pantalla, cuando esta palabra ni siquiera existía.

La celda de tortura acuática está considerada por muchos de sus biógrafos como el número de escapismo más peligroso de su carrera. Su concepción consumió varios prototipos hasta llegar al diseño definitivo y exigió tres años de entrenamiento exhaustivo antes de ser ejecutado públicamente. Este cartel, diseñado especialmente para publicitar su nuevo invento, se abstuvo de mostrar el tanque, sus candados y pasadores para enfocar exclusivamente el rostro del artista, embargado por la angustiante sensación de una inminente muerte por ahogamiento.

Cartel ilustrativo del 13º episodio de *The Master Mystery*, su primer gran trabajo en el cine mudo. Se estrenó en la gran pantalla en 1919 con un formato de serie en el que cada episodio terminaba con una situación de tensión extrema, con Houdini siendo atraído hacia una trampa mortal. Entonces, aparecía un letrero diciendo *continuará* , un poderoso reclamo que obligaba al espectador a regresar a la semana siguiente para enterarse de cómo lograba salvarse el héroe.

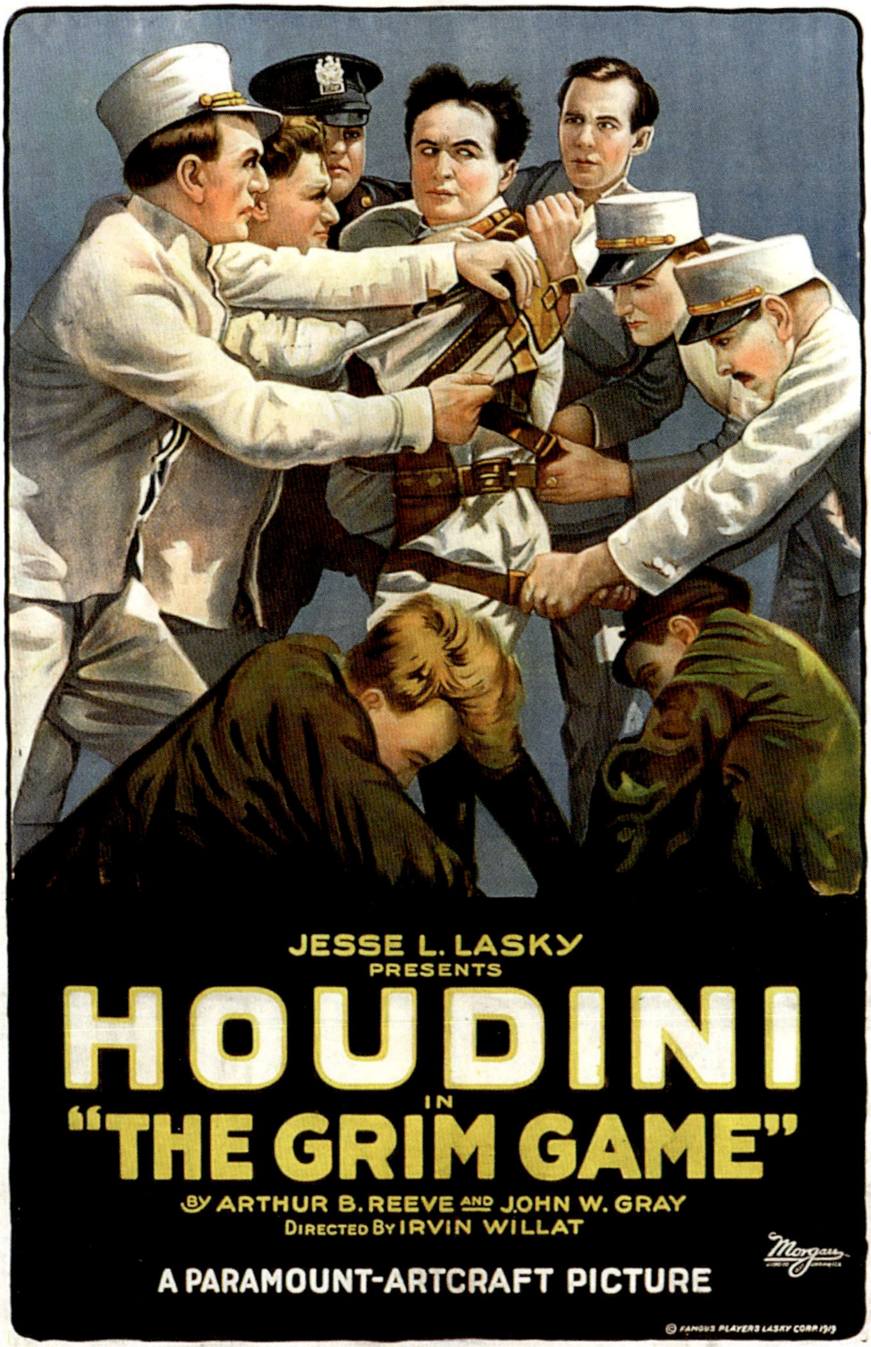

Cartel del primer largometraje de Houdini, *The Grim Game*, producido por la Paramount-Artcraft Picture, en 1919. La composición de este cartel concuerda con la pose habitual de Houdini, la de un hombre corriente retenido por la autoridad. La trama, que no tenía más objeto que resaltar sus increíbles dotes como escapista, cuenta la historia de Harvey Hanford, un hombre encarcelado injustamente bajo la acusación de haber cometido un asesinato. Empleando sus poderes para escaparse de los calabozos en los que se encontraba encerrado, Hanford da inicio a una alucinante persecución a los verdaderos culpables, que tienen a su prometida capturada.

Tras el rotundo éxito de *The Grim Game*, Houdini recibió una propuesta para protagonizar un nuevo largometraje, *Terror Island* (1920), de James Cruze. La trama cuenta la historia de Harry Harper (Harry Houdini), un inventor y filántropo que decide emprender un arriesgado viaje subacuático a una isla en los mares del sur con el objetivo de rescatar al padre de su prometida, un millonario mantenido en cautiverio por una tribu de indios salvajes. A pesar de la originalidad del guion y de la inclusión de un elemento tan peculiar como un submarino, el público la consideró exageradamente melodramática.

Este imponente cartel de más de dos metros de alto se hizo conocido entre sus seguidores como *Houdini for president* y solía ocupar las fachadas de los edificios más emblemáticos de Nueva York. Aunque se mantenía ajeno a la política nacional, Houdini ocupó altos cargos en importantes entidades relacionadas con el mundo de la magia en Estados Unidos y Europa. Fue elegido presidente del club de Magos de Londres en 1911 y presidente de la Sociedad Americana de los Magos en 1917. En 1919, asumió la presidencia de la Martika Magic Company (la tienda más antigua de magia de los Estados Unidos) y en 1921 estuvo al frente de su propio estudio de cine, la Houdini Picture Corporation. En 2002, el servicio postal de los Estados Unidos utilizó esta misma imagen para emitir un sello homenajeando al mago escapista, atendiendo a una antigua demanda de la Sociedad Americana de los Magos.

Este elaborado tríptico ilustra, paso a paso, la ejecución del arriesgado número *Enterrado en vida*, que empieza con Houdini siendo inmovilizado con una camisa de fuerza e introducido en una urna de cristal cuya tapa es atada por tres fuertes correas. Acto seguido, la urna es colocada en el interior de un gran tanque bajo tierra. Momentos más tarde, Houdini aparece libre. El mago escapista nunca llegó a ejecutar este número en público, a pesar de su incuestionable reclamo comercial. «Muy peligroso. El peso de la tierra es insoportable».

Este escalofriante cartel fue creado en 1925 para promocionar el acto más polémico de su nuevo espectáculo «3 shows en uno». Más que una función de ilusionismo, se trataba de una charla informativa en la cual el mago hacía mofa de los médiums y de sus ilusos clientes, reproduciendo a la perfección sus efectos y explicando cómo se basaban puramente en el engaño. La exposición de las supuestas facultades psíquicas de los espiritistas, que tanto atraían la atención del ciudadano común en aquellos tiempos, resultó un éxito de taquilla.

Considerado como uno de los eventos más señalados de su última etapa como ilusionista, su conferencia contra el espiritismo explicaba cómo un individuo influenciado por la sugestión podría ser fácilmente engañado en las oscuras y tramposas habitaciones donde tenían lugar sesiones especialmente organizadas para invocar los espíritus. «Es el deber de todo ciudadano desenmascarar trampas y fraudes, y el engaño más despreciable, que es el de los médiums que usan el espiritismo como una forma de atrapar al crédulo», solía decir en sus exposiciones.

Houdini versus la Willsmere Certified Milk Company

A pesar de su estruendoso estreno, el público australiano tuvo que esperar hasta su función del 26 de febrero de 1910 para ver por primera vez en directo el truco del bidón de leche, «el mejor número de escapismo que he visto en mi vida», reveló el mago australiano Charles Waller, maravillado con la habilidad y el carisma del artista. El número era, de hecho, incuestionablemente llamativo y cargado de misterio, y hubo quien intentó empañar su encanto amenazando revelar el secreto de su ejecución. El 9 de marzo, un diario de Melbourne publicó una noticia titulada «Houdini, desafiado», cuyo autor declaró que «habiendo presenciado su desempeño en el misterioso número del bidón, creo que el secreto de su truco reside en su capacidad de ver a través del agua», concluía ingenuamente. La nota, firmada por el encargado de una empresa láctea local llamada Willsmere Certified Milk Company, le proponía al mago intentar escapar del mismo bidón bajo dos condiciones especiales: el agua sería sustituida por leche y el bidón solo podría ser llenado por dos empleados de la lechera. Houdini aceptó el reto con todas las condiciones impuestas por el desafiante, sabiendo que saldría vencedor y con ello fortalecería su imagen ante la opinión pública. En la noche del desafío, el mago apareció en el escenario con su impoluto frac y, como de costumbre, se dirigió al público para explicar los detalles del desafío y los riesgos implícitos. Antes de dar inicio al número, uno de sus asistentes puso un gran reloj sobre el escenario, mientras otro se posicionaba cerca del bidón blandiendo una gran hacha. «Mis asistentes han sido rigurosamente entrenados para abrir el bidón a hachazos en el caso de que yo fuese incapaz de salir de su interior en un determinado periodo de tiempo», explicó. Según lo pactado, la empresa lechera envió al teatro a dos de sus empleados, que llenaran el bidón con la leche producida en sus instalaciones. Vestido con su conocido traje de baño, el escapista se metió en su interior, permaneció alrededor de treinta segundos de pie para concentrarse y, acto seguido, se fue agachando lentamente hasta quedar completamente sumergido. Los empleados añadieron más leche hasta que rebosara por los bordes, sellaron el recipiente con seis candados y bajaron el telón. En menos de tres minutos, Houdini ya estaba fuera del bidón, que seguía en el mismo sitio, lleno de leche en su interior y con los candados intactos. Los empleados de la Willsmere —que aseguraban conocer el secreto de Houdini— no sabían qué hacer. La audiencia se levantó para aplaudirle de manera estusiasta mientras el artista inclinaba la cabeza en señal de agradecimiento, salpicando leche por todo el escenario.

Houdini versus Ralph C. Banks

El 22 de febrero, el avión de Houdini llegó a Melbourne, desde donde fue llevado a Digger's Rest, una zona rural situada a treinta y dos kilómetros al norte de Melbourne, un lugar idóneo para volar, debido a la ausencia de obstáculos como edificios, rocas y principalmente colinas. El aparato fue montado por Brassac en un patio de Plumpton's Field, una propiedad privada rodeada por grandes eucaliptos. «Tengo el avión ideal para cumplir mi reto y el mecánico perfecto para ayudarme a conseguirlo», se jactaba, confiado. Por otro lado, el mago no podía ignorar dos factores que podrían poner en riesgo su anhelado objetivo. El primero, las condiciones meteorológicas: el verano australiano no era tan suave como esperaba y los vientos fuertes soplaban todo el día, haciendo inviable cualquier intento de despegue. El segundo era la indeseable presencia de un fuerte competidor, Ralph C. Banks, un empresario de Melbourne que había importado un avión fabricado por los hermanos Wright con la intención de obtener el mismo reconocimiento deseado por el escapista americano. La prensa local apostaba por el modelo de los hermanos Wright, que —según sus especialistas— reunía las mejores condiciones para triunfar en Digger's Rest. Hasta que surgió un tercer rival en Sídney, un piloto de coches de carreras llamado F. C. Custance, que había logrado realizar un vuelo de cinco minutos y medio a bordo de un monoplano Blériot, completando un recorrido de 4.8 km. Su proeza, sin embargo, no fue reconocida por no haber cumplido algunos requisitos. Su avión debería despegar por medios propios, sin la ayuda de catapultas o rampas, debería sostener el vuelo durante cierto tiempo y por encima de una determinada altitud y, finalmente, debería aterrizar correctamente, sin dañar el aparato. Custance no consiguió alcanzar la altitud exigida ni tampoco contaba con testigos para certificar su proeza. Presionado,

Houdini quería despegar lo antes posible, pero lo único que escuchaba de su mecánico era: «Hay demasiado viento». [N11] Durante varios días, el artista salió por la mañana temprano del hotel donde estaba hospedado en Melbourne para dirigirse a Digger's Rest con la esperanza de encontrar condiciones climáticas favorables que le permitieran despegar y, para no depender de taxistas, decidió aprender a conducir, pero su conducción era tan temeraria que solo Brassac se atrevía a subir en su coche. Mientras tanto, Ralph Banks intentaba despegar con su avión la mañana del 1 de marzo a pesar de los fuertes vientos que sacudían la región. Su osadía le costó caro. Su avión no se sostuvo en el aire y acabó cayendo pocos segundos después del despegue. Banks sufrió algunas heridas leves, pero su avión quedó completamente destruido. [N12] «Aunque la tarde se mostró extremadamente borrascosa, yo me sentía particularmente confiado. Tanto que podría subirme a la cabina del avión en cualquier momento y llegar al cielo, pero mi ímpetu era siempre frenado por mi cauteloso asistente», registró en su diario.

Finalmente, el 16 de marzo, el tiempo mejoró y Brassac dio el visto bueno para que el mago hiciera su primer intento. Su Voisin fue llevado a la pista con un llamativo H-O-U-D-I-N-I estampado en el timón. El escapista tomó asiento, luciendo los accesorios imprescindibles de un piloto profesional: bufanda, gafas de aviador y gorra, y trató de relajarse, moviendo lentamente la cabeza en círculos, mientras su mecánico trataba de arrancar el motor. Brassac giró la hélice un par de veces hasta que un potente rugido hizo despertar el aparato, haciendo vibrar toda su estructura. El escapista agarró firmemente la palanca de dirección y dio inicio a la maniobra de despegue, acelerando la aeronave gradualmente. Muy pronto, iba trotando por la pista hasta que finalmente se elevó para el despegue con cierta dificultad, debido a la resistencia provocada por un fuerte viento que reducía la ya escasa potencia del motor Antoinette V8 de cincuenta caballos, explotado al máximo por el piloto. Tras mucho esfuerzo, el mago consiguió mantenerlo estable hasta alcanzar una altitud de ocho metros. Entonces, más confiado, sometió al avión a una maniobra más arriesgada, un viraje de trescientos sesenta grados grados sobre la pista. Con calma, Houdini hizo una amplia curva y, tras completar la maniobra, inició el descenso. Su Voisin aterrizó suavemente, las ruedas tocaron el suelo y, cuando el aparato por fin se detuvo, un grupo de espectadores presentes corrieron en su dirección agitando sus sombreros para felicitarle por su magnífica e histórica hazaña. «Salí de la cabina, pero en cuanto saqué una pierna por la puerta, me llevaron en volandas sin que yo tuviera que hacer ningún esfuerzo», recordó el mago en su diario.

Houdini intentó realizar otro despegue el mismo día, logrando realizar un segundo vuelo que cubrió un recurrido de aproximadamente tres kilómetros, aunque el aterrizaje fue desastroso. Los nervios pudieron con él y el avión acabó estrellándose de la forma más humillante posible: con el morro enterrado en el suelo y la cola levantada hacia arriba. A pesar del susto, el piloto salió ileso, y el avión no tuvo desperfectos importantes. El día 21, el mago escapista —ahora también pionero de la aviación australiana— realizó un tercer vuelo, con una duración de tres minutos y treinta y siete segundos, cubriendo un recorrido de 3.2 km a una altitud estimada de treinta metros. Confiado, decidió arriesgarse más allá de lo necesario, enderezando su Voisin hacia un área rocosa, donde hizo un gran círculo. Acabó aterrizando con seguridad cerca de un pequeño grupo de testigos, siendo recibido con gran entusiasmo. «Cuando despegué por primera vez, estaba seguro de que acabaría estrellándome contra un árbol, pero afortunadamente no llegó a ocurrir. Lo más curioso es que, una vez arriba, la tensión y los nervios se desvanecieron. Mis músculos se relajaron, entonces intenté ponerme cómodo y me dispuse a disfrutar del paseo», escribió en su diario. Su proeza fue formalmente registrada en un documento firmado por algunos testigos, incluido su propio rival, Ralph Banks. La Liga Aérea Australiana incluyó el nombre del artista en su libro de récords y le entregó un vistoso trofeo que pasó a ocupar un sitio destacado en su biblioteca privada de Nueva York. «Quizá el mundo se olvide de mis hechos como artista de escapismo, pero jamás se olvidará de que he sido el primero en volar en Australia», profetizó el mago a un periodista. [N13] En 2010, al celebrarse el centenario de su proeza, los correos australianos emitieron un sello conmemorativo en homenaje a su mítico despegue en Digger's Rest.

La carrera de Houdini como aviador duró lo suficiente como para satisfacer su capricho y escribir su nombre en la historia de la aviación. A pesar de haber emprendido otros vuelos en Australia, su interés por el fascinante mundo de la aeronáutica duró poco. Brassac recibió órdenes para desmontar y empaquetar el Voisin, que fue enviado a Inglaterra, donde sería utilizado como medio de publicidad e incluso de locomoción por el país, pero la idea perdió fuelle y el aparato jamás volvió a ser montado. «Volar se ha convertido en un hábito bastante común y por eso lo dejé —alegó el mago, que añadió—: además, ya no requería la capacidad o el coraje que me parecían necesarios». Sin embargo —y conociendo su carácter—, la repentina falta de interés demostrada por Houdini sugiere que él estaba más interesado en promocionarse que en dominar el arte de volar. Una vez cumplido el primer objetivo, el siguiente perdió totalmente su valor.

Nota del autor

El 19 de junio de 1920, una curiosa noticia publicada en *Los Angeles Times* afirmaba que Houdini tenía planes de realizar un vuelo en solitario de París a Nueva York, una aventura considerada de altísimo riesgo por aquel entonces. Un año antes, los aviadores británicos John Alcock y Arthur Brown hicieron el primer vuelo transatlántico sin escalas a bordo de un bombardero Vickers de la Primera Guerra Mundial, desde la isla de Terranova (en la costa noreste norteamericana) hasta la ciudad irlandesa de Clifdenen. El vuelo tuvo una duración de quince horas y cincuenta y siete y les supuso un premio de diez libras esterlinas, ofrecido por el periódico *Daily Mail*, y el título de caballeros, concedido por el rey George V. En esta época, Houdini había relegado su carrera de mago a un segundo plano para asumir una nueva identidad como hombre de aventuras (había llegado a anunciar públicamente que se estaba preparando para una lucha contra un tiburón blanco). Conociendo la personalidad de nuestro protagonista, es muy probable que sus planes de cruzar el Atlántico no pasaran de ser puro fanfarroneo con el único objetivo de llamar la atención de la prensa. Houdini sabía sobradamente que los vuelos transatlánticos eran extremadamente peligrosos incluso para dos pilotos de experiencia comprobada como Alcock y Brown, que tuvieron que enfrentarse a graves percances durante el viaje, como los recurrentes fallos en el motor, la escasa visibilidad y las bajas temperaturas. Para repetir semejante hazaña, Houdini tendría que ser un aviador altamente cualificado o tendría que contar con la ayuda de un piloto experimentado para acompañarlo. Quizá fueran estos los factores que acabaron convenciéndole para regresar a América en barco, donde tuvo la oportunidad de entretener a los pasajeros. Su mecánico aeronáutico, Antonio Brassac, no apareció junto a otros pioneros de la aviación, y esto demuestra lo arbitraria que es la fama. Brassac enseñó a Blériot a volar, y estuvo directamente implicado en la construcción del avión que le llevaría a cruzar el canal de la Mancha. Sin embargo, mientras una legión de aviadores batía récords en Europa, Brassac permaneció aislado casi un año, dedicado en exclusiva a los caprichos de Houdini. [N14]

La siguiente parada de su gira australiana tuvo lugar el 28 de marzo en Sídney, donde hizo su estreno en el teatro Sídney Tivoli con un programa que comenzaba con una serie de números de música y baile presentados por artistas locales y con la participación de la orquesta Tivoli, regentada por el maestro Emmanuel Aarons. El primer acto contó con la participación de artistas internacionales como el mago Mr. Alan Shaw, conocido como «El rey de las monedas», y los hermanos Willie —una *troupe* de acróbatas pertenecientes al elenco del teatro Hippodrome de Londres—, concluyendo con la presentación del comediante Ted Dawnson. La función de Houdini, prevista para el segundo acto, era esperada con gran expectación por el público, que asistió al mismo espectáculo presentado en Melbourne, con excepción del cierre, cuando el mago hizo un discurso que resumía de forma breve su gira australiana. «Aunque mis números son realizados por otros artistas, me gustaría decirles que soy yo el creador original de todas estas hazañas», reivindicó el mago, que sorprendió al público con la noticia de retirarse de los escenarios para dedicarse exclusivamente a la aviación, un plan que, como sabemos, nunca cuajó. «El título que solía ostentar con mucho orgullo, el de rey de las esposas, desgraciadamente se ha convertido en algo banal. Quisiera relanzar mi nombre como aviador, una vez que he logrado convertirme en uno de los pioneros de la aviación». Tras abandonar el escenario, bajo efusivos aplausos, la noche se cerró con la presentación del *The Three Mascottes* y Mr. George Sorlie, un artista perteneciente al elenco fijo del teatro. Aunque el programa de la noche contaba con la participación de muchos artistas, fue Houdini quien acaparó los titulares de la prensa al día siguiente. Su espectáculo arrasó en taquilla, convirtién-

Trofeo concedido a Houdini en una ceremonia organizada
por la Liga Aérea Australiana el 29 de abril de 1910.

dose en una de las funciones más destacadas de la temporada. El día 9 de abril, el mago reemplazó *Metamorfosis* por *La fuga del bidón de leche*, tal y como lo había hecho durante su estancia en Melbourne. [N15]

Ignorando todos los avisos acerca de la posible presencia de tiburones en aguas australianas, Houdini decidió realizar por lo menos un salto de exhibición en cada ciudad en la que se presentase y había llegado el momento de hacerlo en Sídney (aunque esta vez lo haría en una piscina). El lunes 11 de abril, los anuncios de su increíble hazaña aparecieron en toda la prensa local: «Houdini, el escapista más famoso del mundo, se presentará en los baños municipales el 14 de abril a las 13:30». Acorde con el anuncio, el mago sería encadenado por una gran cantidad de hierros, que le arrastrarían hacia al fondo de la piscina por el peso de los hierros, impidiéndole emerger mientras no se liberase. Al contrario de lo ocurrido en Melbourne —y en otras ciudades australianas—, los espectadores tuvieron que pagar un *shilling* para asistir a la exhibición, una medida —acorde con los organizadores del evento— necesaria para asegurar el aforo máximo y la seguridad de los presentes. El local elegido para el evento era conocido como Dom o Domain Bath y había sido proyectado para que el público pudiera refrescarse durante el verano, pero acabó convirtiéndose en el lugar favorito de los atletas para la práctica de la natación, actividad deportiva que se tornó muy popular a comienzos del siglo XX. Estos baños estaban ubicados en el lado oeste de la bahía de Woolloomooloo, cerca de donde se encuentra hoy la famosa Ópera de Sídney, y fueron construidos sobre una plataforma de hormigón donde antes había una piscina antigua llamada Andrew Boy Charton Swimming Pool. En la época, la piscina estaba rodeada por un graderío con capacidad para acomodar una audiencia de hasta 1700 espectadores y tenía una torre de salto de seis niveles. A las 12:30, cuando una multitud ocupaba cada hueco disponible en el recinto, el escapista apareció con su traje de baño azul, acompañado por dos asistentes que le esposaron e inmovilizaron los brazos con una cadena dispuesta alrededor de su torso. El artista subió la escalera hasta llegar al segundo nivel, de diez metros de altura, y se posicionó en la plataforma de salto, donde permaneció concentrado durante un escaso minuto —tiempo suficiente para permitir que los fotógrafos presentes registrasen el momento para la posteridad—. Entonces, saltó de la plataforma, impactando contra el agua como si de una roca se tratara, salpicando a todos los lados y descendiendo a una velocidad vertiginosa. Cuarenta y cuatro segundos después, el mago emergió triunfante con las esposas y grilletes en las manos. A pesar del éxito, las cadenas que le apresaban le obligaron a realizar el salto de forma completamente incorrecta, provocándole dos llamativos moratones en los ojos y algunos dientes rotos.

Nota del autor

Houdini nunca ocultó su aversión por los coches. Decía que jamás sería un buen conductor porque se distraía con extrema facilidad. «Conducir en carretera —explicaba— puede llegar a ser una actividad extremadamente monótona, y eso disminuye sensiblemente mi atención». En sus incontables giras por Estados Unidos y Europa, el artista prefería viajar cómodamente en coche-cama y aprovechar para leer y descansar. Pero llegó un momento de su carrera en la que su atribulada agenda de compromisos le obligó a adquirir, en 1904, un Humber de catorce caballos fabricado en Beeston, Nottingham. Sin embargo, a juzgar por lo que se sabe, el hecho de tener un vehículo propio no le animó a coger el volante con la frecuencia que le gustaría. Durante meses, su coche estuvo más tiempo en el garaje que en la calle.

Este Humber (modelo 1904) fue el coche elegido por Houdini para moverse por las ciudades en donde se presentaba. Nunca se supo qué hizo el mago con el vehículo.

CAPÍTULO 7

EL PRECIO DE LA FAMA

«Hace tiempo que no me alimento como me gustaría. Cuando era niño, no teníamos dinero; ahora que soy famoso, no tengo tiempo».HARRY HOUDINI

1910-1914

En septiembre de 1910, Houdini estaba de vuelta en Reino Unido para estrenar una temporada que se extendería durante casi un año. El mago había dejado Australia agotado y su nueva gira por las islas británicas no le motivó lo suficiente para ilusionarle. Además, su incesante búsqueda de nuevos números estaba minando sus fuerzas. «No habrá esposas», fue su frase recurrente entre los periodistas. «Harry se está matando de tanto trabajar —escribió Bess en 1911—; se le ve tan mayor que hasta su piel ha adquirido un tono grisáceo». La prensa también comenzó a hablar de sus primeras canas. Públicamente, el mago anunciaba su intención de retirarse, mientras que en privado decía lo contrario. «Es muy difícil mantenerse en lo alto. Es un trabajo muy complicado. Necesito inventar algo nuevo para que mi trabajo reluzca otra vez». A fin de conservar la frescura del espectáculo y atraer de nuevo al público, el mago escapista tuvo la idea de incorporar cortometrajes exhibiendo sus vuelos en Australia y sus saltos desde puentes, pero no todos los directores recibieron este artificio positivamente. «Te he contratado para que actúes —le reprochó un empresario de la noche londinense—, mi teatro no es un cine». [N1] Y aún había más escollos que superar. En 1910, había por lo menos cincuenta imitadores que se habían apropiado indebidamente de sus trucos, muchos de ellos adquiridos ilegalmente en tiendas o a través de marchantes de material de ilusionismo, como fue el caso de un artista llamado Empress, que presentaba un acto que incluía números de escapismo utilizando camisas de fuerza, grilletes, cajas de todo tipo e incluso un bidón de leche.

En la época de Houdini, los magos encontraban muchas dificultades para proteger sus creaciones, al contrario de lo que ocurría con artistas de otros segmentos. Si un individuo se proponía grabar una canción que no le pertenecía, estaba obligado por ley a pagar los derechos al autor original de dicha obra. Los magos, por otro lado, dedicaban años al desarrollo de un número que, al mostrarse exitoso, era copiado y ejecutado por un rival al día siguiente, de modo que no es de extrañar que Houdini fuese tan rígido en este sentido. Su inmensa popularidad dio alas a un buen puñado de imitadores que usaban el mismo atuendo y llegaban al colmo de imitar incluso su peinado —aunque la inmensa mayoría no pasaba de copias de poca credibilidad—. Otros, más osados, se apropiaban hasta de su nombre artístico, adoptando variaciones descaradas para confundir al espectador, como Nordini, Whodini, Cutini o Boudini. De todas las variaciones adoptadas por sus imitadores, Undina —una escapista de Berlín— era, sin lugar a dudas, la más brillante. Cuando su nombre era pronunciado, sonaba prácticamente igual al de su mentor, pero había un detalle aún más interesante: en la mitología alemana, Undina es la ninfa de las aguas, un título que ayudaba a asociarla a su número más célebre, la celda de tortura acuática, una creación exclusiva de Houdini, quien logró llevarla a los tribunales alemanes e impidió que siguiera utilizando este número bajo la acusación de plagio. En pocos meses, su carrera acabó.

> En 1900, nadie podía imaginar que un simple par de esposas podría servir como elemento de un número de ilusionismo. Ahora siento una tremenda angustia al constatar la cantidad de carteles que hay esparcidos por las ciudades anunciando «reyes de las esposas», un lamentable hecho que acabó obligando a que me presentara como «El rey de las cárceles», pero en poco tiempo este título me fue arrebatado también. Por otro lado, en Inglaterra nadie se atreve a robar

> tu nombre o crear algo que suene parecido. En las islas británicas, cada artista procura adoptar un nombre original y casi todos logran tener éxito en sus carreras, algo que los alemanes deberían tener en cuenta. Soy partidario del refrán «Viva y deje vivir», pero hay ciertas cosas que son difíciles de tragar.HARRY HOUDINI

También hubo imitadores que prefirieron alejarse de su figura, adoptando otros nombres, como la artista alemana Minerva, viuda del Mago Vano, de quien heredó todo su equipo tras su muerte para montar un espectáculo en solitario. Inspirada en Houdini, Minerva saltaba esposada desde los parapetos de puentes, dominaba la técnica de liberarse de una camisa de fuerza y tenía como número principal una exhibición de escapismo utilizando un barril lleno de agua, una variante del bidón de leche de Houdini. Uno de los números de escapismo más famosos del mago Raymond el Grande —que ganaría una tremenda notoriedad en los Estados Unidos— se llamaba *Metempsicosis*, una copia descarada de *Metamorfosis*, presentado por primera vez en 1893. Otro artista del escapismo, cuyo nombre la propia historia trató de borrar, solía presentar una versión cutre del número de la fuga del bidón de leche. En su versión original, Houdini escapaba de un bidón lleno de agua, mientras que su rival presentaba un bidón vacío. Su número consistía en ser encerrado en el recipiente metido en un saco de lona, una estrategia que no aportaba ninguna emoción al número. También hubo un Houdini negro, de nombre artístico Wonderfull Williams, que ganó cierta notoriedad por sus habilidades como escapista. Los carteles que promocionaban su función eran muy osados para la época: exhibían al artista acorralado en una habitación vacía, completamente encadenado de la cabeza a los pies. Solo medio siglo después de la abolición de la esclavitud en los Estados Unidos, la imagen de un hombre negro encadenado generaba una sensación desconcertante ante la audiencia.

Si una imitación es, como dicen, «la forma más sincera de adulación», Houdini debería sentirse profundamente honrado, pero, en realidad, todo aquello le molestaba, de modo que casi no hubo día en el que no se quejase de la imparable proliferación de imitadores. «En Reino Unido existen por lo menos cincuenta reyes de las esposas en actividad. Si tiras una piedra hacia arriba, probablemente caerá sobre alguien que tiene una esposa en el bolsillo y una idea de escapismo en la mente», explicó cierta vez a un amigo. No obstante, lo que más le molestaba era constatar que sus elaborados trucos eran copiados por oportunistas de pésima calidad, que no poseían la menor preparación física o conocimiento para ejecutarlos correctamente. Houdini temía perder público y que la reputación de los magos —y, por tanto, la suya— saliera perjudicada; al fin y al cabo, cuando uno paga una entrada para asistir a un espectáculo donde todo sale mal, seguramente no vuelva a asistir a otro similar. Los únicos magos que Houdini apreciaba eran, irónicamente, los que ya estaban muertos. El escapista tenía la costumbre de visitar sus sepulcros, llegando incluso a contratar los servicios de especialistas para reformar aquellos que se encontraban en pésimo estado. Si sus rivales estaban muertos, pensaba, dejaban de ser rivales.

A pesar de sus críticas y de los constantes esfuerzos emprendidos para mantenerse en un nivel superior al de la competencia, Houdini tenía respeto por algunos magos, como por ejemplo, Harry Kellar (1849-1922), considerado por el escapista como su padre profesional. «En mi opinión —declaró en una ocasión—, Kellar —el creador de la maravilla de la levitación, la princesa Karnae— es el artista más grande que el mundo jamás vio». Hijo de inmigrantes alemanes, Kellar fue el primer prestidigitador americano en obtener reconocimiento mundial en una época dominada por ilusionistas europeos. Maestro del despiste, sorprendió al público con sus grandiosas puestas en escena que incluían levitaciones milagrosas, decapitaciones y cabezas flotantes. Otro artista que se ganó el respeto de Houdini fue

Hay un viejo y conocido refrán popular que dice: «En la vida nada se crea..., todo se copia» y estos intrépidos rivales de Houdini no tuvieron reparos en copiarle no solo sus trucos de escapismo con esposas, sino también su emblemática pose publicitaria. A modo de comparación, Houdini aparece en la tercera foto. Sus «compañeros de profesión» son, de izquierda a derecha: Brindamour, el Gran Deville, Stanley Sokeitous, Oudini y Leon Hormori.

T. Nelson Downs (1867-1938), un creativo mago americano conocido como «El rey de las monedas», gracias a su pasmosa capacidad de hacerlas desaparecer y reaparecer en sus manos por arte de birlibirloque. Houdini y Downs solían encontrarse a menudo para hablar de temas relacionados con su profesión, manteniendo siempre una relación de amistad sincera y cordial. Houdini también tenía buenas relaciones con Howard Thurston (1869-1936), que se convirtió en el heredero profesional de Kellar tras recibir su varita mágica en su gira de despedida. Conocido como «El rey de las cartas», Thurston y Houdini tenían varias cosas en común: ambos eran masones. Thurston fue el vicepresidente de la Sociedad Americana de los Magos durante el periodo en el que Houdini presidió la entidad y ambos tenían una estrecha relación con Harry Kellar. Como Thurston no era un artista de escapismo y Houdini raramente presentaba números clásicos de magia, nunca se produjo una competencia directa entre los dos, permitiéndoles llevar una relación amigable, aunque un poco distante. Por lo menos en Estados Unidos, Thurston era más famoso que Houdini, algo que fue cambiando por la forma en que los dos promocionaban sus nombres. La estrategia utilizada por Thurston tenía como objetivo primordial llenar los teatros donde se presentaba. Houdini, por otro lado, buscó asociar milimétricamente su nombre a las proezas que realizaba para convertirse en leyenda. Hoy, pasado casi un siglo de la época dorada de estos dos grandes magos, podemos deducir que la estrategia elegida por Houdini fue más eficaz. Fuera de los Estados Unidos, poca gente conoce a Thurston. [N2]

Además de tener que lidiar con imitadores de poca monta, Houdini tuvo que competir con magos de muy buen nivel, que buscaban números cada vez más peligrosos con el objetivo de atraer la audiencia, como la inclusión de animales salvajes en sus funciones. Howard Thurston tenía un número que consistía en encerrar a su asistente en un armario oculto detrás de la cortina. Cuando se abrían las puertas del mueble, la mujer había desaparecido y en su lugar había un león rugiendo. La asistente volvía a aparecer segundos después en el lado opuesto del escenario, sentada sobre una enorme jaula de pájaros. [N3] Otros ilusionistas incluyeron en sus actos armas de fuego, espadas y hasta explosivos. A finales del siglo XIX, un peligroso número ganó notoriedad en los escenarios de Europa y Estados Unidos: el *Bullet catch* (la bala atrapada), un antiguo y peligroso truco de ilusionismo que consistía en atrapar con los dientes una bala de plomo disparada por un arma de fuego. Aunque los magos que protagonizaron este truco insistan en que el secreto se resume en tener reflejos asombrosamente rápidos, el número de la bala atrapada es un reto teóricamente imposible. La velocidad de salida de un proyectil de una pistola o revolver común puede alcanzar los 340 m/s, mientras que las balas de fusiles y ametralladora superan ampliamente esta cifra, con velocidades entre 600 y 1000 m/s. En términos prácticos, si situamos a un tirador y a un ilusionista en esquinas opuestas de un escenario —que puede tener un ancho entre paredes de alrededor de treinta metros—, el tiempo necesario para reaccionar a un disparo efectuado por una pistola común sería de un cincuentavo de segundo.

Para ejecutar este número sin incidentes, es necesaria sangre fría, muchas horas de entrenamiento y la puesta en marcha de medidas de prevención para evitar eventuales imprudencias, posibles defectos en las armas o incluso la posibilidad de un sabotaje. El truco de la bala atrapada es la ilusión que más vidas se ha cobrado desde tiempos inmemoriales, incluyendo nombres conocidos del mundo de la magia. Uno de los primeros episodios del que se tiene noticia se remonta al siglo XVI. Un mago francés llamado Couleu de Lorraine perdió la vida en 1500 al ser mortalmente herido por un disparo efectuado por un asistente insatisfecho. En 1782, Edmund De Grissy disparó a su propio hijo en el escenario, y DeLinski mató a su mujer en 1824, cuando una bala de verdad fue cargada accidentalmente en su escopeta. Lo mismo ocurrió con Michael Hatal y Otto Blumenfeld, que se olvidaron de sustituir los proyectiles reales por balas de fogueo. Peor suerte tuvo otro artista conocido como «El mago negro del oeste». Su mujer, que padecía graves trastornos psicológicos, cambió deliberadamente las balas de cera utilizadas en el número por munición real con el objetivo de asesinar a su marido en el escenario, delante de la audiencia. Después de tantos incidentes, el truco se ganó la reputación de maldito y actualmente poquísimos ilusionistas profesionales se atreven a ejecutarlo.

En 1918, Houdini perdió a un compañero de profesión, víctima del truco de la bala atrapada. Su nombre artístico era Chung Ling Soo, un gran maestro del ilusionismo, cuya mayor ilusión era él mismo. Su nombre verdadero era William Ellsworth Robinson, nacido en Nueva York en el seno de una familia muy humilde. Trabajó como asistente de Alexander Herrmann y Kellar, hasta probar suerte con un espectáculo. En 1900, decidió mudarse a Londres, donde supo sacar provecho de los exotismos y de la popularidad de los ilusionistas orientales para convertirse en uno de ellos, adoptando la apariencia y los atuendos de un mago chino, adornando su función con sofisticados y bonitos ornamentos orientales. Nacía Chung Ling Soo, personaje que Robinson encarnó escrupulosamente: solo se ponía llamativos atuendos orientales, ocultaba su nacionalidad estadounidense y nunca hablaba en público —mucho menos en el escenario— sin utilizar un intérprete. Semana tras semana, las audiencias llenaban los teatros para asistir a sus exóticos prodigios artísticos, convirtiéndole en uno de los artistas más demandados de Londres. Para desmarcarse de su competencia, Ling Soo incluyó en su función el peligroso truco de la bala atrapada, que logró presentar con éxito en incontables ocasiones. El día 23 de marzo de 1918, se presentaba en el teatro Wood Green Empire, al norte de Londres, cuando a mitad de su función sonó un redoble y el recinto fue súbitamente tomado por dos soldados chinos armados con escopetas. «Por favor, no se preocupen. Estos hombres no son soldados reales, son sus asistentes —reveló el gerente del teatro, intentando aplacar los ánimos de la audiencia—; están aquí para ayudar en la ejecución de un extraordinario número. Para ello, quisiera pedir la presencia en el escenario de un voluntario». El ilusionista sacó dos balas de plomo del bolsillo y se las entregó a la persona elegida. «Le ruego los estudie detenidamente y escriba con un rotulador sus iniciales, de modo que puedan ser identificados después del disparo». Los tiradores recibieron las balas marcadas de las manos del voluntario, cargaron sus anticuados rifles y los cebaron con pólvora y estopa. Acto seguido, se dirigieron a una esquina del escenario y se colocaron en posición de tiro, con los cañones apuntados hacia el pecho del artista, situado al lado opuesto, como si fuese un condenado a muerte. Algunos magos atrapaban la bala con los dientes, mientras otros preferían utilizar las manos. Chung Ling Soo prefería atraparla con un plato de porcelana china, sosteniéndolo delante del pecho a modo de diana. Durante catorce años, Soo recibió disparos que le hacían tambalear, como si estuviese herido, pero al mover el plato horizontalmente entre sus manos, la audiencia podía oír el rodar de las balas sobre la loza. Triunfante, Ling Soo se acercaba al proscenio y enseñaba los proyectiles en los que era posible identificar las marcas hechas por los voluntarios. Pero aquella noche algo salió mal. Cuando los dos asistentes dispararon, se produjo un estruendo ensordecedor, mucho más fuerte de lo habitual, algo que nunca había ocurrido en otras ocasiones. El plato saltó por los aires, roto en mil pedazos; la expresión del mago se transformó en gestos de dolor, mientras se desplomaba en el suelo sobre un enorme charco de sangre. «*Oh, my God. Something's happened. Lower the curtain!*» (¡Oh, Dios mío. Algo ha pasado. Bajad el telón!). Fue la primera vez en veinte años que habló en inglés en público. También fue la última. La bala atravesó su pecho y salió por la espalda, impactando violentamente contra la pared de ladrillos del escenario. Chung Ling Soo fue llevado al hospital local, pero fue tarde: falleció horas después. Tenía cincuenta y seis años de edad. [N4]

Fueron muchos los interrogantes que se plantearon acerca de su muerte. No se sabe a ciencia cierta si realmente fue un accidente, suicidio fríamente premeditado o un asesinato ingeniado por su círculo íntimo. Los rifles fueron confiscados por la policía para ser analizados. No solo la justicia, sino también la prensa y su público exigían una explicación para una tragedia que jamás debería haber ocurrido sobre el escenario de un tradicional teatro inglés. La respuesta —así como el secreto del truco— no tardó en salir a la luz. El acto siempre comenzaba con su mujer dando a examinar las balas a un comité de voluntarios y las marcaban para que quedaran completamente identificadas. Al volver al escenario, secretamente, las cambiaba por otras y entregaba las marcadas a su marido. Los rifles, por su parte, tenían un canal de limpieza, donde estaba la clave para la producción del efecto. Pese a que un proyectil real se cargaba en el cañón principal, la explosión venía de la pólvora y los rellenos cargados en el canal de limpieza, especialmente modificados. De esta forma, cuando se efectuaba el disparo, no salía el proyectil, sino una nube de humo provocada por la pólvora introducida en este canal. Con los años, la pólvora se fue filtrando gradualmente por las ranuras del tornillo, acumulándose en el cañón sin que nadie se diera cuenta. En aquella infausta noche, cuando el asistente disparó el gatillo, la pólvora prendió ambas cámaras y el ilusionista cayó abatido. Fue una trágica fatalidad, provocada por la falta de mantenimiento. Pocas semanas después de su muerte, Houdini anunció que ejecutaría el truco de la bala atrapada en una noche benéfica, una locura de la que su mánager intentó disuadirlo, sin éxito. El único que logró convencerle fue Harry Kellar, a través de un telegrama conmovedor.

> Querido amigo, si me lo permite, quisiera darle un valioso consejo. No intente capturar una bala al vuelo, aunque esté seguro de su capacidad de hacerlo con éxito. Siempre habrá

> otros trucos de alto riesgo menos peligrosos, y no podemos permitirnos el lujo de perderle. Usted ha construido una carrera que le permitirá mantenerse en la cumbre mucho tiempo, de modo que debería evitar involucrarse en un emprendimiento que ponga su vida en riesgo. Por favor, Harry, escuche a su viejo amigo Kellar, que le quiere como a su propio hijo y olvide esta locura. [N5]

La preocupación de Kellar tenía fundamento. Houdini era conocido por no rechazar un buen desafío y su carrera había ganado fama internacional con números que implicaban riesgos que no podían ser ignorados. Era muy típico de su personalidad. Le gustaba hacer cosas muy difíciles, que parecían estar fuera de los límites de lo posible, y él sabía que el número de la bala atrapada atraía la curiosidad por el morbo que generaba al espectador. Pero había un problema que Houdini tenía muy en cuenta: para ejecutar el truco de la bala era necesaria la participación de una segunda persona, y el escapista no se fiaba de nadie. Con excepción de *La celda de tortura acuática* —que contaba con la presencia de Jim Collins, armado con un hacha de bomberos para romper el cristal en caso de urgencia—, todos sus trucos no dependían de terceros. Permitir que un extraño o, peor aún, un asistente de su confianza disparase una escopeta en su dirección era un riesgo que Houdini no estaba dispuesto a asumir.

Nota del autor

Antes de hacerse conocido como «El rey de las esposas», Houdini se autodenominaba «El rey de las cartas». Su destreza con la baraja encantaba a todos, desde niños a ancianos; nadie era capaz de descubrir cómo conseguía manipular los naipes tan hábilmente. Cortaba la baraja en montones y procedía a intercambiarlos una y otra vez, volteándolas de una forma que parecía ser caótica, pero en realidad estaba meticulosamente orquestada para acabar dejando las cartas en su orden original. Su destreza, sin embargo, a veces le traía algunos imprevistos; el más grave tuvo lugar en Coffeville, Kansas, en su gira con la compañía del Dr. Hill. Una noche, después de haber terminado una función, el mago fue abordado por dos hombres en plena calle. «Tengo una propuesta para usted», le dijo uno de ellos. «Estamos dispuestos a pagarle una buena suma para que nos acompañe a entrar en este pequeño casino y nos ayude a manipular las barajas, de modo que mañana podamos ganar todos los juegos». Le ofrecieron cien dólares por el servicio, «una cuantía que me vendría muy bien», dejó escrito en su diario, pero el mago creía que su honor valía bastante más que la estafa que aquellos dos impresentables estaban tramando, así que les contestó sin titubear: «Les agradezco la confianza, pero quisiera que ustedes entiendan que si nos pillan, mi carrera estará acabada, así que me veo obligado a declinar su propuesta». Aunque aquella no era la respuesta que esperaban oír, la dupla liberó a Houdini, dejándole regresar al hotel donde estaba hospedado. Horas más tarde, el mago escapista despertó sobresaltado al sonar el teléfono de forma inesperada. Era una llamada de la recepción, avisándole de que debería acudir a la oficina de correos a recoger un telegrama urgente de Nueva York. Temiendo que fuese alguna noticia con respecto a la salud de su madre, Houdini se dirigió corriendo, sin saber que estaba caminando hacia una peligrosa trampa. El mago fue interceptado en una esquina por los dos hombres armados, obligándole a acompañarles a la casa de juegos. Con una pistola encañonando su espalda, Houdini se puso a estudiar el mecanismo del cerrojo de la puerta del pequeño casino y acabó por dar con un resorte oculto, que hubo de ceder a sus esfuerzos. Entonces la puerta abrió, dando libre acceso al salón de juegos. Con una rapidez asombrosa, el mago escapista logró entrar solo al recinto y cerrar la puerta, dejándoles fuera. El hombre que empuñaba la pistola aún tuvo el reflejo de efectuar un disparo y acertar en una de las manos del artista. La bala permaneció alojada ahí de por vida, así que, de forma no intencionada, Houdini acabó ejecutando el truco de la bala atrapada... con las manos.

Harry Kellar pudo haber disuadido a Houdini de ejecutar el truco de la bala atrapada, pero no consiguió impedirle realizar una exhibición quizá aún más arriesgada. Durante su temporada en el teatro Empire de Kilburn, Houdini fue desafiado a liberarse de una cuerda cuyos nudos serían atados por cuatro marineros. Se trataba de un desafío común y relativamente fácil para el artista si no fuese por un detalle importante: Houdini tendría que estar atado frente a la boca de un cañón de la Marina británica y debería zafarse de las cuerdas en

Cartel de Chung Ling Soo presentando el número que acabaría poniendo fin a su vida.

menos de veinte minutos, el tiempo que la mecha tardaba en quemarse y disparar un pesado y mortífero proyectil de ocho libras. El desafío fue aceptado sin reservas por el mago, y antes de que terminara su temporada en el Kilburn ya estaba todo organizado: fornidos marineros con disposición para atarle sin piedad, un cañón naval con munición, una gruesa cuerda y una multitud exultante. «Me he liberado de centenas de kilómetros de cuerdas, pero nunca delante de la boca de un cañón a punto de disparar», bromeó sin demostrar la menor preocupación. [N6] «Los marineros demostraron desde el principio que tratarían de cumplir su parte con honor. Me ataron firmemente al cañón utilizando todos sus conocimientos para que mi huida fuese imposible. Tras terminar su trabajo, encendieron la mecha y me dieron veinte minutos para escapar». [N7]

Pero, pese a su aparente buen humor, no todo era fiesta en el campo de tiro. Preocupado por el inminente desastre que estaba a punto de venírsele encima, un agente de la policía se acercó al escapista con la intención de disuadirle de sus absurdas intenciones. «Yo no debería permitirle llevar a cabo semejante locura, que no es peligrosa solo para usted, sino también para todos los espectadores aquí presentes. Si llega a ocurrir algún incidente grave, le debo informar de que usted será arrestado», le amenazó. Sin poder contener la sonrisa, Houdini le contestó irónicamente, «Agente, si esto no termina como espero, tendrá que juntar mis pedazos primero». La situación exigía una acción rápida y, si quería escapar vivo, tendría que poner en práctica todos sus conocimientos. «Esto va en serio; si no me libero a tiempo, tendrán que llamar a un forense», advirtió el mago, que dio inicio a su lucha personal contra la imparable mecha, quitándose los zapatos y desatando los nudos, para lo que utilizó los dedos de los pies. Acto seguido, empezó a contorsionarse para liberarse de las cuerdas que ataban sus brazos firmemente al torso. Seis minutos tardó en soltarse de la boca del cañón en el que le habían amarrado. De haber tardado catorce minutos más, la explosión le hubiera convertido en un rompecabezas humano. Después de haber logrado liberarse, la llama de la mecha siguió su avance y exactamente a los veinte minutos de haber sido encendida, se escuchó el fuerte estampido de un cañonazo, asustando a todos los presentes.

Desde Kilburn, Houdini y su *troupe* trasladaron todo su equipo hasta la ciudad de Poplar, donde tenían programada una corta temporada en el teatro Hippodrome. De allí continuaron su gira por las islas britanicas, pasando por Willesden, Islington, Clapham, Liverpool, Manchester, Holborn, Glasgow, Edimburgo y Newcastle. Durante el recorrido, Houdini escapó de cajas claveteadas, sacos precintados, bidones herméticamente sellados y todo tipo de grilletes. En febrero de 1911, llegó a la ciudad británica de Leeds para su estreno en el teatro Empire, donde presentó el número de *La fuga del bidón de leche*, pero esta vez con el recipiente lleno de cerveza, cumpliendo con el desafío propuesto por los socios de la cervecería Joshua Tetley & Son. Como Houdini era abstemio, acabó desmayándose durante la exhibición, siendo salvado a tiempo por su asistente, Franz Kukol, que, al darse cuenta de que algo iba mal, decidió sacarlo rápidamente del interior del recipiente. A pesar del susto, Houdini repitió en diciembre de 1911, esta vez en la cervecería Columbus de Ohio. Mejor preparado, el mago logró salir del bidón sin incidentes.

El escape de la celda de tortura acuática

La fuga del bidón de leche fue el primer número de Houdini que contenía un elemento real de riesgo. Fue además un ingenioso invento que atrajo la atención de artistas de escapismo de poca monta, que acabaron robándole el truco, una situación recurrente que el mago tenía muchas dificultades de frenar. La única solución encontrada para seguir en la cresta de la ola en el escapismo fue crear un número cuya ejecución fuese tan aterradora que nadie tuviera la osadía de imitarle. Hacía tiempo que el mago tenía en mente una exhibición de escapismo utilizando un bloque de hielo. En su primer boceto, Houdini se sumergiría con un traje de buceo en un tanque de cristal, permitiendo al espectador ver su interior. Acto seguido, uno de sus asistentes introduciría una solución química que congelaría rápidamente el agua, formando un sólido bloque. En este momento, se bajaría el telón y empezaría la cuenta atrás para que el mago pudiera zafarse de esta helada trampa mortal. Al estimar que su escafandra le podría proporcionar un suministro de oxígeno de diez minutos —tiempo suficiente para escapar sin incidentes—, Houdini dio la luz verde para que su ingeniero, Collins, se pusiera a trabajar en la construcción del tanque, un proyecto que tardó meses en ser concluido, pero que nunca fue presentado en público debido a los frecuentes problemas que surgieron durante la fase de prueba. La solución química tardaba alrededor de cuarenta minutos en congelar el agua, demasiado tiempo; además, una fuerte gripe le obligó a abandonar definitivamente el número. En otra idea, Houdini era esposado e introducido dentro de un saco impermeable que sería arrojado en un tanque de agua. El telón bajaba y, pocos segundos después, el mago surgía en el escenario, completamente seco. El efecto visual era atractivo, pero el número no transmitía el dramatismo tan característico de su espectáculo. [N8] Después de descartar varias ideas, el artista concibió lo que muchos consideran el número de escapismo más peligroso de su carrera: *La celda de tortura acuática*, un proyecto que generó varios prototipos hasta llegar a su diseño definitivo y que exigió tres años de entrenamiento exhaustivo antes de ser ejecutado públicamente. Su nuevo «juguete» pronto se convertiría en uno de los iconos más emblemáticos de la historia del escapismo.

> *La celda de tortura acuática* es una creación mía, un proyecto en el que he invertido no una hora, un día, una semana o un mes. Fueron necesarios años de cálculos y bocetos hasta lograr el nivel de perfección deseado. Su construcción llevó dos años y necesité un año más hasta tener el coraje suficiente para meterme en su interior. ¿Usted cree que es fácil? Imagínese sumergido cabeza abajo en una cámara llena de agua con los brazos y piernas completamente inmovilizados. Pienso haber llegado a la cima de mis creaciones y no sé si seré capaz de crear un número tan arriesgado como este. Después de conseguir convertirme en piloto y volar en un biplano, tengo autoridad para decir que volar es una cosa de niños, comparado con este número. [N9]

La genialidad de Houdini radicaba en que conocía los temores de la gente, sabía de la aversión al dolor, al encarcelamiento y a la posible muerte por ahogamiento. Y así fue como, combinando los miedos más instintivos de las personas, nació un número peligroso y aterrador, que llamaría la atención de la audiencia, siempre movida por el morbo. No pasó mucho tiempo para que una ilusión tan espectacular apareciera gráficamente ilustrada en carteles a todo color, que incrementaban las ventas de entradas. Fabricada en Inglaterra, la celda de tortura acuática consistía en un tanque —similar a una pecera— de un metro y medio de alto diseñado por el propio Houdini, que tuvo que invertir cerca de diez mil dólares en su construcción, una exorbitante suma para la época, convirtiéndola en la pieza de ilusionismo más cara jamás producida hasta entonces. Hecha en madera de caoba pulida y con capacidad para mil litros de agua, el habitáculo tenía el lado frontal de cristal temperado, de modo que no solo el público podría verle siendo sumergido, sino también sus asistentes podrían acompañar su ejecución y —en caso de emergencia— romper el cristal con un hacha y salvarle de morir por ahogamiento. Para transportarla, era necesario desmontarla en tres partes acomodadas en cajas hechas a medida, dotadas de un forro especial para protegerla de golpes. Houdini estuvo a punto de construir una segunda celda para sustituir la original en caso de accidentes —en cierta ocasión, el cristal frontal estalló debido a la alta temperatura del agua—. Su primera presentación pública tuvo lugar el 29 de abril de 1911, el último día de su temporada en el teatro Hippodrome de Southampton. Curiosamente, la audiencia estaba compuesta por una única persona —presente en calidad de testigo—

para que el mago pudiera patentar la celda y de esta forma protegerla de las garras de plagiadores sin escrúpulos. Houdini recibió el certificado de propiedad de su invento el 2 de mayo de 1912 y lo presentó públicamente el 21 de septiembre del mismo año en el Circo Busch de Berlín. En 1914, el número recibió el llamativo nombre de *Water Torture Cell*, aunque el escapista solía referirse a ella como *USD* (sigla de Upside-Down o «patas arriba»).

El verano de 1911, llevó a Houdini de vuelta a los Estados Unidos, donde le esperaba una larga gira que incluiría varias ciudades americanas. Esta vez, el transporte y la logística se estaban convirtiendo en un importante trastorno; el mago tuvo varios escollos que superar. En su primer viaje transatlántico como profesional en 1900, su equipo se resumía básicamente en el baúl de *Metamorfosis* y su utilería de magia clásica, que podía ser almacenada perfectamente en su interior. Ahora, el mago necesitaba un contenedor de grandes dimensiones para transportar el bidón de leche, la celda de tortura acuática —que no solo era aparatosa, sino también muy frágil— y decenas de cajas que guardaban innumerables elementos de escenario, libros, documentos y la vasta colección de vestidos y zapatos de Bess. Y si antes los Houdini viajaban solos, ahora venían acompañados de un gran séquito y entre los muchos que llegaron y se fueron, solamente tres asistentes permanecieron fieles y les siguieron por todo el mundo: Franz Kukol, James Vickery y James Collins. El veterano del trío era Kukol; nacido en Austria y exoficial del Ejército de aquel país, fue contratado por Houdini en marzo de 1900, poco tiempo antes de convertirse en un artista popular. Durante ocho años, se dedicó exclusivamente al mago escapista hasta que este decidió abandonar gradualmente los números de esposas y las exhibiciones de fugas en las cárceles para invertir su tiempo y dinero en números basados en artilugios mecánicos. Vickery y Collins se incorporaron a la *troupe* en 1908. El primero solía estar más presente en el escenario, disfrazado de detective, enfermero de manicomio o cualquier otro personaje que fuese necesario incluir en el acto teatralizado por Houdini. Mecánico y ebanista profesional, Collins sabía trabajar hábilmente con diversos materiales y era capaz de fabricar cualquier armatoste que Houdini necesitase para su espectáculo. Además, era muy proactivo y solía aportar ideas nuevas, tomándose muy en serio los proyectos encargados por su jefe. Houdini solía jactarse de lo bueno que era eligiendo a sus ayudantes por corazonadas. «Simplemente camino entre los aspirantes, les echo un ojo muy por encima y elijo a un único individuo entre la multitud que se presenta para el puesto. Nunca metí la pata», presumía. El mago podía tener criterios no convencionales para elegir a sus asistentes, pero sabía lo que quería, y la lealtad estaba por encima de todo, siendo, por lo tanto, un requisito innegociable. Al ser contratado, su nuevo fichaje tendría acceso, aunque limitado, a los secretos que millones de personas anhelaban conocer y, por ello, tenía que firmar un contrato de confidencialidad en el que se establecía la obligación de guardar secreto respecto a toda información que obtuviese en función de su puesto, sobre todo la forma en que eran desarrollados los números de escapismo. Al contrario que las modernas cláusulas contractuales utilizadas por las empresas de hoy en día, plagadas de términos jurídicos impronunciables y complicados, el contrato redactado por Houdini estaba cargado de un fuerte apelo emocional y hacía hincapié en valores éticos, como el respeto y la lealtad. «Juro solemnemente por mi sagrado honor y como hombre que soy que, mientras viva, jamás revelaré los secretos de Harry Houdini. Juro además que jamás le traicionaré. Ayúdame, por lo tanto, Dios todopoderoso, a conservar firmes mis convicciones». [N10]

Su obsesión —casi paranoica— con la lealtad de aquellos que le rodeaban es algo sobradamente conocido por su esposa, desde el tiempo en el que se conocieron. Un día, al anochecer, faltando pocos días para su boda con el mago, Bess fue llevada a un puente donde se encontraba Theo, quien en la época formaba un dúo con nuestro protagonista. «Bess y Theo —irrumpió Houdini con un tono solemne—, levantad las manos al cielo y jurad que me seréis eternamente leales y que jamás me traicionaréis. Que Dios os bendiga». Se les dio a entender que era un asunto de la más transcendental importancia y que no deberían tomárselo a la ligera. «Aquella noche me entró un miedo en el cuerpo que prefiero no recordar», decía con buen humor la esposa de Houdini en una entrevista. «El cielo nuboso, aquel puente aislado que cruzaba un enorme pantano de aguas oscuras y luego estos juramento cargados de dramatismo me pusieron los pelos de punta. Es evidente que aquel Houdini —que conocía hacía tan solo un par de semanas— me parecía un loco, y su hermano no era distinto. Con la mirada puesta en el río, me preguntaba por qué estaba allí sola, en un lugar tan siniestro con dos desconocidos. Pero mi marido supo captar mis miedos y de inmediato trató de sosegarme. Aun así, solo me relajé cuando salimos de allí y llegamos a una zona de calles iluminadas». Houdini proclamaba juramentos como un señor feudal y con ello consiguió establecer un inquebrantable lazo de lealtad, aunque ninguno de sus asistentes conocía el funcionamiento completo de sus trucos. «Cada uno tiene una función específica en mi *show* —decía con convicción—, así que nadie es capaz de explicar cómo funcionan». No se trataba de una medida exagerada. Muchas de las grandes invenciones de Robert-Houdin fueron pirateadas por su fiel mecánico, Legrand, que acabó arrestado por la policía francesa por fabricar y vender equipos de ilusionismo de su jefe sin su permiso. Otras creaciones del prestidigitador francés fueron a parar a manos de rivales como John Henry Anderson, Robin, Robert Heller y Compars Herrmann. Nunca se pudo probar si estos tuvieron acceso al secreto de los trucos a través de Legrand o de otra fuente, pero el caso es que nadie se molestó en dejar de usarlos aun a sabiendas de que habían sido inventados por otro mago que todavía seguía en activo. Houdini tuvo mejor suerte con sus asistentes, cuyos esfuerzos fueron vitales para su éxito y ellos no solo lo reconocían, sino que también valoraban al jefe que tenían. «Yo cobraba un sueldo normal, pero en innumerables situaciones fui agraciado con bonificaciones y regalos sustanciales sin mayor motivo aparente que el agradecimiento. Que yo sepa, ningún otro mago fue tan generoso con sus empleados como Houdini», declaró cierta vez Jim Collins. Houdini fue un jefe exigente y temperamental —las broncas a su equipo eran frecuentes y los despidos no eran raros—; sin embargo, sus asistentes más veteranos sabían que su ímpetu era superficial y pasajero. Al día siguiente, cualquier incidente ya estaba olvidado. «Houdini fue uno de los hombres más amables y considerados que he conocido en mi vida. Y le puedo asegurar que, en todos estos años, he conocido a mucha gente, más de la que me hubiera gustado», [N11] declaró Dorothy Young, una de sus últimas asistentes, en una entrevista concedida para una cadena de la televisión americana.

Nota del autor

El trío de asistentes, Franz Kukol, James Collins y James Vickery, fue incluido en el testamento de Houdini, quien les dejó quinientos dólares, una suma considerable para la época. En 1914, Kukol fue convocado para reincorporarse al Ejército cuando Alemania declaró la guerra a Inglaterra. Como no tenía interés en abandonar su puesto ni tampoco implicarse en el conflicto, intentó obtener la ciudadanía americana, que le fue rápidamente denegada con el sello *Información insuficiente.* Su situación acabó complicándose y el exoficial austriaco fue declarado desertor en Alemania y extranjero en situación ilegal en los Estados Unidos, por lo que tuvo que vivir clandestinamente bajo la identidad de Frank Williamson, un nombre inventado que le permitiría vivir de incógnito en medio de la sociedad americana por lo menos durante los años de guerra. Kukol abandonó el equipo de Houdini en 1920 por razones que se desconocen; aparentemente, no hubo conflictos entre los dos y eso se hace evidente en el testamento del mago. Collins fue el único de sus asistentes que estuvo presente en la habitación del mago cuando este murió en 1926, y Vickery formó parte del grupo de personas que llevó su ataúd en hombros el día de su funeral. Tras la desaparición de Houdini, Collins y Vickery fueron contratados para trabajar con su hermano Hardeen. [N12]

Houdini habitualmente insuflaba grandilocuencia a sus funciones, de modo que le resultasen inolvidables al espectador. Todos los que le conocieron en la intimidad destacaron la intensidad de su mirada y una seguridad extraordinaria. El artista había logrado sobrevivir a las penurias de la pobreza y los malos tiempos, cumpliendo con su plan de convertirse en una estrella de su época. Pero aún no estaba satisfecho. Su obsesiva búsqueda de retos y apuestas más altas le estaban poniendo en un camino peligroso. En el comienzo del otoño, Houdini se enfrentó con lo que podría ser considerada la fuga más rara de su carrera: escapar de las entrañas de un monstruo marino, cuya apariencia se asemejaba a la de una criatura extraña, resultante del cruce de una ballena con una tortuga gigante. El animal había sido atrapado por pescadores en Cape Cod, una península localizada en el extremo este del estado de Massachusetts. Pesaba alrededor de setecientos kilos y podría tener más de quinientos años, acorde con lo relatado por los periódicos locales, quienes lo bautizaron con el irónico nombre de *What-is-it?* (¿Qué es esto?). Cuando el desafío se hizo público, ningún especialista marino apareció para identificar a la criatura o catalogarla aunque, en realidad, en el comienzo del siglo XX los biólogos marinos eran tan raros como los monstruos acuáticos. Tomando como referencia la única foto sacada en la época, se puede concluir que la misteriosa criatura fuera una tortuga laúd (*Dermochelys Dermochelyidae*), la mayor de su especie, pudiendo alcanzar una longitud de 2,3 metros y más de seiscientos kilos. Su hábitat natural son los mares tropicales o subtropicales y es la única especie de su familia. [N13] El animal fue embalsamado e iba a ser expuesto al público cuando un grupo de diez conocidos empresarios de Boston (uno de ellos taxidermista), decidió desafiar a Houdini —que se presentaba en la ciudad— a intentar escapar de su interior. La noticia se esparció rápidamente, copando los titulares de los diarios de la ciudad, y las comparaciones con la saga bíblica del profeta Jonás no tardaron en aparecer. En el libro de Mateo 12:40, el Señor vino a Jonás y le dijo: «Levántate y vete a Nínive, la gran ciudad, y predica, porque la maldad de su gente es muy grande a mis ojos». La ciudad de Nínive era la capital del Imperio asirio, y, puesto que los asirios eran enemigos del reino de Israel, Jonás creía que el Señor no habría de salvar a este pueblo, a causa de sus pecados y, además, la ciudad estaba muchos cientos de kilómetros al norte, y el viaje sería largo y dificultoso. Por ello, Jonás decidió desobedecer al Señor. Se fue, en cambio, a Joppe, donde embarcó en un buque que navegaba hacia Tarsis, un país en el confín occidental del mar Mediterráneo. El Señor supo lo que Jonás había hecho y adónde caminaba, y para castigarlo, envió una gran tormenta sobre el mar, que sacudió el barco entre las rugientes olas. Los marineros estaban atemorizados, porque creían que el barco iba a zozobrar, y para aligerar la carga echaron por la borda la mercancía y se pusieron a rezar, cada uno a su dios. Mientras tanto, el patrón se fue a Jonás, que estaba en la bodega, y le gritó angustiado: «¿Cómo estás durmiendo a estas horas? ¡Levántate y ruega a tu dios, como hemos hecho nosotros! Quizá te oiga y podamos salvarnos». Jonás oró, pero la tormenta continuó. Los marineros decidieron reunirse para descubrir quién era el causante de la tempestad y la suerte cayó sobre Jonás. Lo agarraron y lo echaron por la borda. Y en se momento, se calmó el mar. Ahora bien: el Señor no abandonó a Jonás. Le salvó la vida. Hizo que una gran ballena se lo tragara. Y durante tres días y tres noches estuvo Jonás en el vientre de la ballena. Jonás entonces pidió al Señor que se apiadara de él y le perdonara. El Señor le escuchó y ordenó a la ballena que vomitara a Jonás sobre tierra seca. Y la ballena obedeció. [N14] «Este será probablemente el desafío más difícil de mi carrera», reconocía el mago en una entrevista concedida a un periódico local; «llegué incluso a recibir un telegrama de uno de mis hermanos implorando que no lo hiciera». Pero Houdini aceptó el desafío con la única condición de que la criatura contara con alguna ventilación en su interior.

El día del desafío, programado para el 26 de septiembre de 1911, miles de personas fueron a las calles de Boston para ver de cerca el traslado del monstruo, que saldría de las dependencias de Long Warf hasta el teatro B. F. Keith, un recorrido de pocos kilómetros. Mientras tanto, Houdini se preparaba en su camerino, acompañado del vicegobernador de Massachusetts, Louis Frothingham. Cuando la criatura fue colocada en el centro del escenario, el teatro ya estaba abarrotado. Una abertura en su vientre hecha con un bisturí facilitaría la entrada de Houdini en la criatura, cuyo interior había sido sometido a una profunda limpieza: sus órganos y vísceras fueron retirados y la carcasa recibió un tratamiento con arsénico para mantenerlo preservado, una técnica muy común entre los taxidermistas. El mago fue introducido con las muñecas y tobillos atados a través de la abertura, que sería cerrada por sus asistentes mediante una cremallera industrial. Se bajó el telón y la audiencia se puso a la espera, ansiosa por conocer el desenlace de aquel desafío, considerado por muchos como una locura. Después de quince minutos, el artista resurgió en el escenario, empapado en grasa, mientras la criatura seguía en la misma posición, intacta. En vez de esperar los inminentes aplausos del público, Houdini corrió hacia una zona ventilada en busca de aire fresco. Había salido de las entrañas de la criatura sintiendo un fuerte mareo, provocado por el olor de los productos utilizados en el embalsamiento del animal. Al día siguiente, un creativo titular ocupaba la portada de un periódico local. «Mientras el profeta bíblico tardó tres días en obtener la libertad, Houdini logró la misma hazaña en tres minutos». [N15]

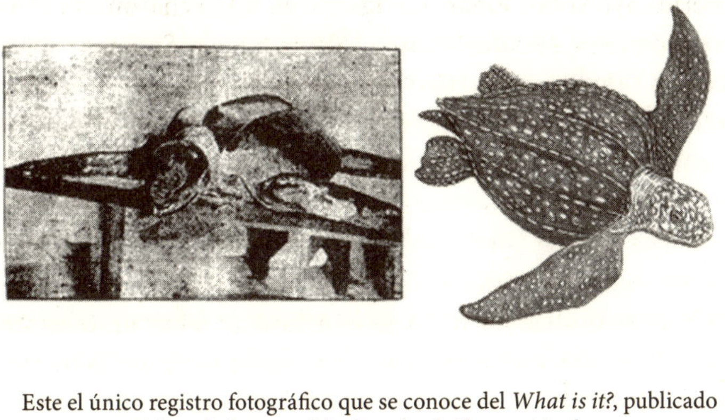

Este el único registro fotográfico que se conoce del *What is it?*, publicado por un periódico de Boston. A la derecha, la ilustración de una tortuga laúd, cuya forma y tamaño guarda muchas similitudes.

En noviembre, Houdini sufrió un grave percance en el teatro Temple de Detroit cuando intentaba escapar del interior de una bolsa. «Un accidente de lo más peculiar», lo describió. El desafío era rutinario, uno más entre los centenares de los que solía escabullirse casi a diario, pero esta vez las correas que le ataban parecían inusuales y estaban demasiado apretadas. El mago estuvo orinando sangre las dos semanas siguientes, pero prefirió ignorarlo, cumpliendo su agenda en Pittsburgh hasta que los dolores se hicieron insoportables, obligándole a acudir al hospital. La presión de las correas le había dañado un vaso sanguíneo de uno de los riñones. El médico que le atendió se quedó sorprendido al saber que el artista había dado continuidad a sus extenuantes números, haciendo caso omiso a la gravedad de su lesión. «Debo informarle de que si usted continúa trabajando a este ritmo, se estará suicidando. Pienso que debería aceptar el hecho de que sus días como artista temerario han llegado a su fin. Si no cambia sus hábitos, lo más probable es que esté muerto dentro de un año». El mago se levantó de la silla y, cuando estaba a punto de girar el picaporte de la puerta para abandonar la consulta, movió la cabeza hacia el médico y le advirtió: «Usted no me conoce». [N16] Houdini consideraba fundamental conservar su aura de invencibilidad, pero tampoco podía negar que, a pesar de aún no haber completado los cuarenta años, ya no era un adolescente lleno de energía, capaz de realizar las más pasmosas peripecias. Aunque contra su voluntad, el artista decidió cancelar algunas presentaciones y regresó a su residencia de Nueva York para recuperarse. El médico le aconsejaba descanso absoluto hasta que la lesión quedara completamente cicatrizada, una tarea difícil de cumplir debido a su carácter inquieto, apaciguado gracias a los esfuerzos de Bess y de su madre. El mago escapista aprovechó el tiempo libre para dedicarse a la creación de nuevos números, contestar cartas y ponerse al día en la lectura. Con el paso del tiempo, el sangrado se detuvo y Houdini pudo regresar gradualmente a su rutina habitual. En diciembre, estrenó en el teatro Keith de Columbus, Ohio, aunque el riñón no se había curado del todo. «No quiero que esto se convierta en una preocupación permanente», escribió en su diario. Pero al contrario de lo que deseaba, el riñón acabó siendo objeto de constante cuidado durante años, obligándole a dormir con una almohada debajo del lado izquierdo para proteger la zona de la presión y del peso de su cuerpo. Aun así, y contradiciendo todas las recomendaciones médicas, Houdini continuó ofreciendo su maltrecho cuerpo para ser puesto a prueba en toda clase de desafíos, aunque más limitados. «El doctor me ha permitido volver a trabajar con la condición de no realizar ningún número de escapismo con camisas de fuerzas o cualquier otro artilugio que ejerza presión sobre mis riñones», escribió a uno de sus empresarios. Años más tarde, el médico que le había vaticinado una corta vida recibió un sobre remitido por el mago escapista con fotos suyas, recortes de noticias relatando sus arriesgadas proezas y una nota adjunta que decía: *Todavía sigo vivo y fuerte.* Esta fue la manera encontrada por Houdini para demostrarle a su médico que su fortaleza era una de las cosas que la medicina no podía comprender. [N17]

En 1912, Houdini estaba pensando en una nueva exhibición para atraer al público y promocionar su espectáculo en el teatro Hammerstein's Roof. «He pasado numerosas noches sin dormir, haciendo decenas de esbozos hasta concebir un número que motivara a la gente a comprar entradas para asistir a mi función». En este periodo, el artista concluyó que los escapes subacuáticos eran lo más emocionantes, sobre todo porque la audiencia acudiría al teatro atraída por el morbo de contemplar en directo a un hombre que podría acabar muerto por ahogamiento en el escenario. Houdini sabía, mejor que nadie, que una tragedia de estas características no debería producirse bajo ninguna circunstancia, puesto que sus números eran concebidos cumpliendo una serie de requisitos de seguridad y control. Para estimular la curiosidad del público y volver a acaparar la atención de la prensa, el mago se encerró en su biblioteca con la firme intención de crear una exhibición llamativa y original. En un primer boceto, llegó a pensar en un número en el que sería esposado y encerrado en una caja, arrojada a las cataratas del Niágara. Felizmente, el sentido común prevaleció y el mago concluyó que este número ya era suficientemente bueno como para ser ejecutado desde un puerto. Con la ayuda de Collins, Houdini concibió una caja de embalaje que sería claveteada, atada con cuerdas y sumergida en el mar y la presentó el 7 de julio de 1912 en el muelle seis del East River de Nueva York, donde una multitud se reunió para asistir al estreno de su arriesgada exhibición. La caja utilizada para este número estaba hecha con recias tablas de madera, machihembradas, más gruesas en los extremos. Estaban unidas por una liga de hierro y había pasado por un minucioso escrutinio en búsqueda de paneles falsos, tornillos o trampillas. Su equipo, que ya tenía todo listo para esposarle, no contaba con la llegada de la policía, que les impidió llevar a cabo su plan, obligándoles a trasladar todo su equipo a Governors Island, situada fuera de la jurisdicción de la policía neoyorquina. Allí, finalmente, el mago fue maniatado tras haber sido cacheado por un comité que certificó que el mago no llevaba oculta ninguna llave o ganzúa. Acto seguido, fue introducido en el interior de la caja —que contaba con algunos agujeros hechos con un taladro de mano que permitirían la entrada de agua a fin de acelerar su inmersión—. Houdini se tumbó en su interior, mientras sus asistentes clavaban la tapa y terminaron de atarla con correas a su alrededor. Para poder escapar de su interior, el mago tendría que forzarla de alguna manera y eso sería comprobado por el estado de las correas y de los clavos. Una inmensa grúa se acercó para izarla y bajarla lentamente a las heladas aguas del Atlántico hasta quedar completamente sumergida, ante la mirada atónita del público presente. El vodevil acababa de empezar. La audiencia se divertía con todo aquel espectáculo inusitado, pero los minutos fueron pasando y la superficie del agua seguía calmada y serena, reflejando claramente, como si de un espejo se tratara. Houdini no daba señales de estar vivo y ningún ser humano podría durar mucho tiempo sin oxígeno. Incluso Bess, que conocía mejor que nadie sus capacidades físicas, comenzaba a preocuparse. «¿Por qué arriesgar la vida de esta manera a cambio de que su nombre ocupe las portadas de los diarios?», se cuestionaba, afligida. [N18]

> Cuando era un niño de cuatro o cinco años, Houdini estuvo a punto de ahogarse mientras nadaba en el río Fox, cerca de Appleton, donde creció. Una teoría es que sus escapes subacuáticos son intentos de revivir aquella experiencia una y otra vez. Al conseguir sobrevivir una vez más, Houdini creía que lograría librarse del trauma de su infancia. [N19] KENNETH SILVERMAN, BIÓGRAFO.

Pero el mago no defraudó, surgiendo súbitamente del fondo del mar, con los brazos levantados exhibiendo las esposas desbloqueadas. Había tardado dos minutos y medio exactamente en reaparecer, una eternidad para aquellos que habían intentado aguantar la respiración mientras el artista se encontraba sumergido. La caja fue inspeccionada cuidadosamente y no fue encontrado ningún vestigio de forzamiento. «Si la gente supiera lo cerca que llego a coquetear con la muerte, nadie volvería a acusarme de conseguir publicidad gratuita», se quejaba a un amigo. El secreto de este truco estaba en los clavos. Días antes de la exhibición, Houdini mostraba la caja a un comité de inspectores que certificaban la presencia de clavos largos y paneles bien sujetados. Horas antes de la exhibición, sus asistentes quitaban uno de los paneles, reemplazaban los clavos por otros más cortos y ponían de nuevo el panel en su sitio. Cuando entraba en la caja, Houdini le daba un simple codazo al panel, que cedía sin dificultades. Aunque el número estaba milimétricamente controlado, existía el peligro de que la caja quedase atrapada en el barro, impidiéndole salir. «Apenas he conseguido retener el aliento mientras Houdini permanecía sumergido —reveló Joe Rinn, un amigo del escapista que había sido invitado a acompañarle al muelle aquel día—, así que reconozco perfectamente el riesgo que él acaba de asumir». El mago repitió la proeza delante de una audiencia de cerca de quince mil personas dos años después, más precisamente el 15 de julio de 1914. Esta vez consiguió el permiso de las autoridades para ser arrojado desde un remolcador a las aguas del Battery Park, un conocido parque neoyorquino. El mago escapista consiguió escapar en sesenta segundos, rebajando sustancialmente la marca de 1912. ¿Y cómo lograba escapar de semejante confinamiento? Para Arthur Conan Doyle, el creador de Sherlock Holmes, no había dudas: el mago utilizaba fuerzas sobrenaturales para desmaterializarse. «Si meto un escarabajo en una botella herméticamente sellada y esta criatura consigue escapar, yo, que soy una persona corriente y no un ilusionista, solo podría llegar a dos conclusiones: que el escarabajo había roto las leyes de la materia o que estaba en posesión de facultades superiores a lo convencional». La respuesta para este misterio no podría ser más mundana: en el interior de la caja bastaba que Houdini hiciera un cierto movimiento para que un resorte saltara y con ello quedar desencadenado.

El 21 de septiembre de 1912, Houdini debutó en el circo Busch de Berlín, donde presentó al público por primera vez lo que se convertiría en la más espectacular de sus evasiones, la celda de tortura acuática, un tanque con capacidad para mil litros de agua en el que introducían al escapista cabeza abajo con sus tobillos por fuera atrapados por cepos. Se cerraba la urna con varios candados y se tapaba todo con unas cortinas para que nadie supiera cómo diantres se escabullía el artista. Al subir el telón, el espectador debía de quedar totalmente boquiabierto ante semejante artilugio y Houdini sabía que su triunfo residía en su capacidad de asombrar a las multitudes. El número siempre comenzaba con los marciales sones de *Pompa y circunstancia*, mientras el escapista entraba al escenario arremangándose y lanzando miradas

Cuando la competencia empezó a copiar descaradamente sus zambullidas, Houdini emprendió nuevas acciones publicitarias, más osadas y peligrosas. En esta secuencia, sacada del muelle de Nueva York en 1914, el mago es encerrado en una caja de madera, donde tendrá que liberarse. En los laterales de la caja fueron añadidos dos tubos de plomo para asegurar una rápida inmersión en las aguas del Atlántico. Minutos después, resurgía libre de cualquier atadura. Cuando izaba la caja de vuelta, sus cerrojos seguían firmemente cerrados.

fulminantes a la audiencia. El sentido aplauso solo quedó interrumpido cuando el escapista comenzó a explicar el funcionamiento de su nuevo invento y los riesgos que estaban a punto de afrontar.

> Damas y caballeros, lo que estoy a punto de mostrarles puede resultar demasiado intenso para algunos. Si entre ustedes hay alguien sensible o que sufra de problemas cardiacos, le ruego abandone el recinto ahora. No me cabe duda de que seré capaz de ejecutar perfectamente este número, pero accidentes ocurren y existe la posibilidad de que esta osada exhibición acabe convirtiéndose en la lenta y agónica muerte de un hombre por ahogamiento. HARRY HOUDINI.

Todo este discurso previo no era más que una escenificación para aumentar el clima de tensión en el recinto y terminar de asombrar a la audiencia, que era inducida a temer por la vida del mago. Sus palabras eran tan convincentes que siempre había alguien que decidía abandonar la sala. «Existen varios tipos de espectador —decía Houdini—, pero hay dos que sobresalen: el que disfruta con el cosquilleo del engaño y el que no tiembla hasta sentir los nervios quemándole el estómago. Me gusta jugar con todos, pero debo confesar que disfruto más cuando me encuentro con este último». La amenaza de la muerte era una constante en el mundo de Houdini y él creía que esto se hacía necesario para forjar la mística que se había criado acerca de su invencibilidad. «Además —complementaba—, ¿quién puede resistirse a un buen calambre en el espinazo?».

> Si quieres que la gente crea en ti, primero debes creer en ti mismo. Si sabes que puedes hacer milagros y eres sincero en todo lo que haces, el éxito está prácticamente asegurado. HARRY HOUDINI[N20]

La celda se colocaba aislada en el centro del escenario, lejos de cualquier atrezo. Para demostrar que este número no contaba con ninguna trampilla oculta, Houdini solía invitar a un integrante de la audiencia para que le indicara dónde le gustaría que fuera colocado el tanque. También animaba a la gente a traer sus propios candados. Mientras dos de sus asistentes la llenaban con una manguera de alta presión, el mago se retiraba a su camerino para ponerse el traje de baño. A su regreso, se tendía en el suelo y le sujetaban los tobillos en cepos de madera con cierres metálicos que se atornillaban a un enorme armazón sostenido en el aire gracias a un sistema de poleas que lo elevaba hasta posicionarlo sobre la celda, donde era sumergido lentamente bocabajo, hasta que el armazón que sostenía los cepos descendiese lo suficiente como para formar la parte superior de la celda. Sobre este se ajustaba una rejilla metálica, se accionaban sus cierres y los voluntarios que se encontraban en el escenario le colocaban los candados. El espectador podía ver a través del cristal como sus cabellos ondeaban debajo del agua y como las burbujas de aire eran expelidas por su nariz y boca. En aquel momento, Houdini se encontraba suspendido cabeza abajo sin posibilidad de acercarse a la parte de arriba para tomar aire. Se trataba de una imagen dura y perturbadora de difícil asimilación.

Acto seguido, se bajaba el telón y, tal vez para crear suspense, la orquesta tocaba su tema favorito para este tipo de acto, *Asleep in the Deep* (Dormido en la profundidad), escrita por Arthur J. Lamb y Henry W. Petrie en 1897, cuyo refrán decía: «*Danger is near there. Beware! Beware! Beware! Beware! Many brave hearts are asleep in the deep, So beware! beware!*». (El peligro está cerca, ¡cuidado! ¡Cuidado! ¡Cuidado! ¡Cuidado! Muchos corazones valientes están durmiendo en la profundidad, así que, ¡cuidado! ¡Cuidado!). Mientras esperaba ansiosamente el desenlace del número, la gente susurraba, destacando los riesgos a los que el mago se enfrentaba, al mismo tiempo que miraban atentamente el gran reloj, que ya se había convertido en uno de los objetos más emblemáticos de un escenario houdiniano, cuya función era marcar el tiempo que el mago permanecería sumergido. Transcurrían los minutos, la audiencia entraba en tensión y ya podían oírse los primeros murmullos de alarma; ¿hasta cuándo podría durarle el aire? Comenzaron a suplicar que le dejaran salir, a pesar de que el artista no había dado la señal de socorro convenida. Jim Collins, con el hacha en las manos, esperaba recibir la orden de romper el cristal y salvar a su jefe de una muerte segura, pero tras un largo periodo de tensión, se pudo notar un suave movimiento detrás del telón. Cuando algunos espectadores comenzaban a gritar, las cortinas se abrieron y Houdini apareció, chorreando, pálido y exhausto, pero exhibiendo su mejor sonrisa junto al inmaculado tanque de donde se suponía que había salido, con todos los candados intactos. El público, que estaba paralizado, estalló en una explosión mezcla de alivio y júbilo. La fuga de la celda de tortura acuática no era tan rápida como ocurría en *Metamorfosis*, pero aun así se ejecutaba a una velocidad sorprendente si tenemos en cuenta que el mago se encontraba sumergido cabeza abajo y con los tobillos atados. El periodo trascurrido desde el momento en el que bajaban el telón hasta su aparición en el escenario podía variar desde los dos minutos hasta unos espeluznantes treinta segundos. La realidad era que solía escapar al poco de entrar; a veces se sentaba durante un rato a leer el periódico mientras la orquesta tocaba para imprimirle mayor emoción al número. Entonces, levantaban la cortina y aparecía Houdini, culminando el acto. Dean Gunnarson, discípulo de Houdini y escapista profesional, sigue presentando este número actualmente y su testimonio es arrebatador:

> El sufrimiento es patente. Primero, viene el dolor de ser suspendido por los tobillos; después, la dificultad de aguantar la respiración al encontrarse cabeza abajo, además de la terrible presión del agua en el fondo de la cámara. Eso sin contar las veces que los vasos sanguíneos de los ojos se rompen en la ejecución de este número. Muy a menudo me pongo a pensar las veces en las que Houdini tuvo que pasar por toda esta angustia para presentar un número tan cruel. [N21]

A pesar de todo el sufrimiento y de su innegable peligro, *La celda de tortura acuática* se convirtió en su número estrella, sobre todo porque exhibía una situación aterradora e imponente que provocaba una sensación generalizada de ansiedad en la audiencia. El agua, las cadenas, una celda de cristal y un hombre atado cabeza abajo, sin posibilidad de respirar. Son muchos factores terribles concentrados en un único truco que, sin embargo, mostraba a la perfección la esencia de Houdini; este número cumplía a rajatabla una pauta desconcertante de nacimiento, muerte y resurrección. De hecho, fue a partir de este número que su nombre empezó a circular entre los seguidores del espiritismo, quienes le atribuían poderes sobrenaturales, la única opción posible para explicar su fuga de una cámara llena de agua y sellada herméticamente. «El clímax de todos mis trabajos —decía Houdini— es *La celda de tortura acuática.* Creo que jamás seré capaz de crear algo tan difícil y peligroso». [N22] El mago ejecutó este número con exclusividad hasta al final y, a pesar del riesgo que corría, nunca falló; y solo décadas después de su muerte —cuando el secreto de su mecanismo fue revelado— algunos escapistas se atrevieron a ejecutarlo.

> La celda de tortura de Houdini es un escape que, personalmente, es el que menos me gusta presentar, por la dificultad y el sufrimiento. Creo que es lo que más valoro de lo que hacía Houdini. A mí me han colgado cabeza abajo y con camisas de fuerza más que a ninguna otra persona viva. Pero estos cepos de madera, este sufrimiento, ese agobio. Después te levantan y te meten en este tanque de agua cabeza abajo y el agua te entra por la boca y por la nariz y te desorienta. Crea un nivel de excitación totalmente distinto, incluso en el espectador de hoy en día, acostumbrado a la adrenalina. Como escapista, te contoneas intentando soltarte y este esfuerzo físico produce endorfina, pero también las produce el público y los aplausos. Entiendo lo que sentía Houdini, que se hiciera adicto y nunca quisiera dejarlo. DEAN GUNNARSON, ESCAPISTA AMERICANO.[N23]

La noche del 3 de febrero de 1913, cuando se presentaba en Leeds, Inglaterra, Houdini fue desafiado por un artista local llamado S.R. Campion, quien le propuso escapar de la celda bajo las siguientes condiciones: los candados serían cedidos por el desafiante y no podrían ser examinados previamente, la celda debería estar posicionada en una zona específica del escenario indicada por Campion y el agua utilizada debería estar limpia. Además, el desafiante estableció un tiempo límite de cuatro minutos para la fuga y sus candados deberían permanecer intactos en el mismo sitio. Para Houdini, ninguna de estas condiciones afectaba a su desempeño. La procedencia de los candados era irrelevante, así como el lugar donde la celda debería estar situada o el grado de pureza del agua. Además, el tiempo impuesto por el contrincante para completar la fuga era ridículo para el mago, que necesitaba menos de un minuto para salir de su interior. Houdini no solo aceptó el reto, sino que lo superó, escapando antes del tiempo establecido y cumpliendo con todas las condiciones impuestas por su contrincante. [N24]

Nota del autor

El escape de la celda de tortura acuática era tan aterrador que incluso hoy mucha gente cree erróneamente que fue la causa de su muerte, un mito que Hollywood lleva reforzando desde 1953, con el lanzamiento de *El gran Houdini*, la primera película dedicada al mago escapista, dirigida por George Marshall y protagonizada por Tony Curtis y Janet Leigh. En este largometraje, el mago escapista sucumbe en el escenario encerrado en la cámara, que en la película recibió el exótico nombre de *Pagoda*. Se trataba de un recurso de guion utilizado con frecuencia para proporcionar un final dramático al héroe de la trama, puesto que en la vida real Houdini tuvo una muerte menos cinematográfica. El mismo artificio se repitió en dos series para la televisión: *The Great Houdinis* (1976) y *Houdini* (1998). A pesar de sus riesgos inherentes, la verdad es que el mago escapista sobrevivió a la celda de tortura acuática cientos de veces a lo largo de trece años. Houdini era un individuo de carácter extremadamente perfeccionista, y sus números eran meticulosamente ensayados y planeados. Después de su muerte, la celda quedó bajo la custodia de su hermano, Hardeen, que nunca llegó a utilizarla en su espectáculo (quizá él fuese demasiado alto para meterse en su interior o simplemente prefería el número del bidón de agua, más sencillo y menos arriesgado). En 1971, la celda fue cedida al Houdini Magical Hall of Fame, en Canadá, donde fue expuesta al público hasta 1995, cuando fue destruida por un incendio. A pesar de los desperfectos provocados por el fuego, la celda pudo ser restaurada a partir de repuestos originales de la época. El 31 de octubre de 2004, fue llevada a subasta en el Museo Liberace de Las Vegas y vendida al famoso mago escapista y seguidor de Houdini, David Copperfield, por el importe de trescientos mil dólares, la mayor cifra jamás pagada por un objeto relacionado con el mundo de la magia. Copperfield ha logrado dejar la celda prácticamente igual a su estado original, gracias a las muchas intervenciones y restauraciones a las que ha sido sometida. Actualmente, este icono de la historia de Houdini forma parte de su vasta colección privada de objetos de magia.

Atado por los tobillos por un cepo cerrado, Houdini es conducido al interior de la celda llena de agua, bajo la atenta mirada de sus asistentes. Con este espeluznante truco, el mago escapista logró, una vez más, dejar atrás sus rivales. Además, no escatimó esfuerzos para publicitar su nuevo número, encargando la producción de una serie de carteles con un titular impactante: «Una hazaña que raya lo sobrenatural».

En enero de 1913, Houdini regresó a Inglaterra, listo para presentar su nuevo truco. A fin de preparar a la audiencia para semejante acontecimiento, el mago publicó una nota en la *Strand Magazine* a bombo y platillo. «Me complace comunicar a todos los mánagers y profesionales del *show business* que en breve presentaré en los escenarios británicos mi nuevo invento, la celda de tortura acuática, la mayor proeza de mi carrera. Además, me gustaría enfatizar que poseo la patente de este truco firmada por el lord Chamberlain el 2 de mayo de 1912, así que no permitiré que nadie viole mis derechos». [N25] El hecho de contar con un abanico de presentaciones impactantes no le impidió continuar con sus extenuantes desafíos. En Hull, escapó de un *seabag*, una especie de camisa de fuerza antigua destinada a inmovilizar marineros borrachos o amotinados. Su única condición para realizar esta fuga fue la ausencia de cintas o cuerdas alrededor del cuello para evitar el peligro de estrangulación. Tardó veinte minutos en liberarse. Al día siguiente, durante una rueda de prensa, un periodista le comentó lo asombroso que era constatar como su expresión facial reflejaba la dureza de sus portentos. «Teniendo en cuenta la cantidad de retos que me proponen, no creo que vaya a tener una larga vida», contestó. Sus funciones, que siempre se anunciaban como desafíos a la muerte, eran comentadas todos los días, ocupando un lugar destacado en los principales rotativos británicos. Los periodistas de estos diarios, que esperaban que se superara en cada ocasión, no perdieron un solo día de su gira por la cadena de teatros Empire de Cardiff, Swansea, Edimburgo, Sheffield y Nottingham, el teatro Palace de Hull o el New Cross de Londres.

En mayo, Houdini recibió una propuesta del director del Hammerstein's Roof Garden de Nueva York para una corta función de dos semanas. En principio, el mago pensó en rechazarla, puesto que la travesía transoceánica llevaría casi los mismos días que la temporada propuesta por el teatro neoyorquino. Por otro lado, se trataba de una excelente oportunidad para visitar a su madre, que contaba entonces con setenta y dos años y una frágil salud. Tras un breve periodo de reflexión, el mago decidió aceptar la oferta y en pocos días emprendió el viaje a América acompañado de Bess en el navío Kronprinz Wilhelm. Durante el viaje, fue sorprendido por un telegrama de un tal capitán Smith, que quería desafiarle a escapar del calabozo de su navío, el Success, anclado en el muelle de Nueva York. «Todavía me encuentro en medio del océano y ya me llegan desafíos», se lo comentó a la esposa. «Lo acepto —contestó enseguida— con la condición de que se trate de un desafío justo». Una nota publicada el 1 de junio en el *Nueva York Evening Telegram* hacía público el reto, con fecha concretada para el día 4. Houdini fue encerrado en una celda de hierro utilizada para el traslado de reclusos de un presidio a otro. El mago se liberó en menos de una hora y aún tuvo la audacia de lanzarse al mar para llegar al muelle a nado. La proeza contribuyó a promocionar su espectáculo en el Hammerstein, que contaría con la presencia de su madre, cómodamente instalada en una de las butacas de la primera fila, donde asistiría el estreno en América de *La celda de tortura acuática*, un número que fue muy publicitado y que colaboró para el lleno del teatro aquella noche. «Este acto, por sí solo, ya compensa el precio de la entrada, no solo por su originalidad, sino también por la sensación que provoca en la audiencia», escribió un crítico del *The New York Times*.

Al terminar la temporada, Houdini y su esposa hicieron acto de presencia en una cena ofrecida por el ilusionista Ching Ling Foo (no confundir con Chung Ling Soo) en su piso del hotel Bellevue, donde compartió mesa con Howard Thurston, heredero del legado de Harry Kellar, Theo Bamberg, miembro de una tradicional familia holandesa de magos, y Francis Werner, expresidente de la SAM. Al día siguiente, zarparon con su *troupe* de regreso a Europa, donde tenían previsto actuar ante el rey de Dinamarca en una función especial programada para el mes de julio. Su madre y hermanos les acompañaron para despedirse en el puerto de Nueva York, como solían hacer siempre que el artista se iba de gira al continente europeo. Después de despedirse de sus hermanos, Harry permaneció un largo periodo de tiempo abrazado a su madre, que le decía: «Mi amado hijo, quizá yo no esté viva cuando regreses». Con los ojos enrojecidos, Harry intentó confortarla, recordándole que ella siempre decía lo mismo en sus despedidas. Al separarse, Cecilia le cogió de la mano y le dijo: «*Geh doch en Nahmen de Gott*». (Que te vaya todo bien; vete con Dios). Harry sonrió, miró a su alrededor y se dirigió a otras familias que se despedían de sus parientes en el muelle, exclamándoles: «Miren, señoras y señores, mi madre me está empujando para que me vaya». Cecilia bajó la cabeza negativamente, con una sonrisa tímida y contestó «*Nein, Nein, nicht so*», haciéndole un gesto para que embarcara ya. Le dio un último abrazo y le pidió que le trajese unas zapatillas de lana. Houdini asintió con la cabeza, le besó en el frente y en las manos y, cuando se encontraba subiendo la pasarela, volvió a bajar corriendo para abrazarla.

Permanecieron así algunos segundos hasta que Cecilia le dio unas palmaditas en la espalda en señal de cariño y le susurró al oído que se fuera ya. Bess registró este singular episodio en su diario. [N26]

> Algunas de las personas presentes en el muelle miraban con ternura cómo Harry agarraba a una señora mayor vestida de negro, abrazándola y besándola sin parar. Acto seguido, le decía adiós y caminaba en dirección al barco, pero pronto desistía y volvía a sus brazos, hasta que ella le ordenó que se fuera, a fin de no perderlo. Cada vez que viajábamos, Harry era siempre el último pasajero en embarcar.

Harry no era el único hijo que demostraba cariño por su progenitora. En su ausencia —que solía prolongarse durante meses o incluso años— su hermano Theo solía llevarla de paseo a menudo. Algunos días después de que Houdini se fuera, Theo la llevó a Asbury Park, una localidad costera de Nueva Jersey, donde estrenaría una corta temporada el 14 de julio en el teatro Lyric. Su espectáculo incluía números con las esposas, camisas de fuerza y escapismos subacuáticos, un guion casi idéntico al de su hermano mayor, quien gozaba de un permiso especial para ejecutar estos números tan exclusivos. Cierta noche, al terminar su función, Theo llegó al hotel y encontró un gran alboroto en la habitación donde se encontraba su madre. Cecilia acababa de sufrir un ictus y su estado era grave. Su cuerpo estaba paralizado y ella era incapaz de hablar. Ante semejante gravedad, Theo llamó a su hermana Gladys y le suplicó que cogiera, el día siguiente, el primen tren que saliera de Nueva York. Por la tarde, los dos hermanos se reunieron con el médico encargado de su caso, el doctor Ackerman, quien les dio un pronóstico poco alentador. Con su hermana presente apoyándole, Theo pudo cumplir su agenda y continuó trabajando, siempre atento a cualquier novedad con respecto al estado de salud de su madre. En la noche del 16 de julio, Theo abandonó el teatro al terminar y volvió corriendo al hotel, donde su madre recibía atención médica. Al entrar en la habitación, Cecilia hizo un gesto para que se acercara, intentó decirle algo, pero ya no tenía fuerzas suficientes. Cuando las agujas del reloj marcaron las doce y cuarto de la noche, dio su último suspiro y murió en sus brazos. [N27]

Mientras tanto, en el otro lado del Atlántico, Houdini se presentaba en el Cirkus Beketow, un teatro que había sido concebido para albergar espectáculos tanto en invierno como en verano, proporcionando un ambiente cómodo y agradable para el espectador durante todo el año. Su director, Beketow, había asistido a la presentación del escapista en Alemania y, tras comprobar su éxito, decidió contratarlo para abrir la temporada de verano de 1913. Houdini fue recibido por un público entregado desde el principio, incluidos dos integrantes de la familia real danesa, los príncipes Aage y Axel. El cambio de siglo trajo a Copenhague un crecimiento sin precedentes en su historia, nutrido por el imparable desplazamiento de la población oriunda de las zonas rurales, que buscaba mejores oportunidades de trabajo en la capital danesa, un hecho que acabó provocando una mayor demanda de entretenimiento de calidad. Houdini aprendió algunas palabras en danés, cumpliendo con su principio personal de dirigirse a la audiencia en su propio idioma. «Lograré presentar mi acto completo en danés», se jactó a su amigo, el también ilusionista T. Nelson Downs. «Mi fluidez en este idioma es cien por cien mejor que mi alemán; se trata de una lengua muy divertida que me permitirá hacer un gran discurso de introducción».

A las pocas horas de su estreno, Houdini concedía una entrevista a un periódico local en su camerino cuando le avisaron de la llegada de un telegrama en su nombre procedente de Asbury Park. Al principio, el mago pensó que se trataba de una misiva corriente, pero no podía siquiera imaginar que aquel trozo de papel traía una aterradora noticia, que le produciría un dolor del que jamás se recuperaría. Houdini abrió el sobre y, antes de que pudiera terminar de leer su contenido, cayó desplomado al suelo. Sorprendidos con la inesperada reacción de su jefe, sus asistentes le cogieron por los brazos y le llevaron en volandas hasta el sofá. Mientras se le aplicaba una compresa fría en la frente, Houdini murmuraba: «Madre, mi querida madre, pobrecita…». Sin entender bien lo que sucedía, Bess se agachó al suelo para recoger el telegrama recién llegado y se encontró con la noticia más terrible que un hijo puede recibir. «Madre murió anoche en Nueva Jersey de forma repentina y tranquila». Sin saber qué hacer, Bess se quedó paralizada en el mismo lugar un buen rato. «Harry no emitía ningún sonido y yo tampoco me atrevía a decirle nada; incluso llegué a pensar que no debía haber entrado en aquel camerino». Cuando llegó el médico, el artista tenía el rostro crispado por el dolor y su cuerpo estaba rígido. El doctor le auscultó detenidamente el corazón, le tomó el pulso y, para comprobar lo que acababa de constatar, sacó el tensiómetro de su maletín y le midió la tensión. «Este hombre presenta un cuadro de hipertensión —le dijo a Bess— y me parece prudente que lo llevéis a un hospital». Pero Houdini se negó a abandonar la estancia y pidió que lo dejasen solo en el camerino, donde se derrumbó en un doloroso llanto. Toda la armadura de la que le había equipado su aura de invencibilidad le sirvió de poco en aquel momento. El mayor escapista de todos los tiempos parecía un niño desamparado. Sus lágrimas se habían convertido en una extraña mezcla de dolor y remordimiento. Sin condiciones de subir al escenario, su presentación fue cancelada, dando lugar a una función con caballos amaestrados.

Al día siguiente, Harry se reunió con el director, quien gentilmente le liberó de sus compromisos en Copenhague. Tal era su estado de estupor que Bess se vio obligada a tomar las riendas de asunto. Se encargó de comprar los billetes de regreso a América, preparar las maletas y llevarle a la estación de tren. El desamparado artista apenas podía hablar, consumido por el dolor y la culpa. Era tan dura la expresión de su rostro que se hubiera dicho que estaba cincelada en mármol, mientras que sus ojos palidecían de profunda tristeza a medida que las horas avanzaban. La pareja viajó a la ciudad alemana de Bremerhafer, donde embarcó en el navío que les llevaría de vuelta a Nueva York —que irónicamente tenía el mismo nombre de su madre, SS Kronprinzessin Cecilie—. Su hermano Theo recibió instrucciones de posponer el entierro para que Harry pudiese verla por última vez, contrariando la ley judía, que recomienda el entierro en un plazo máximo de cuarenta y ocho horas, evitando de esta forma que la impureza producida por el contacto del cadáver contamine el ambiente; aunque se permiten demoras en contados casos, con fundamentos suficientes para ser consideradas excepciones. Al llegar a Bremen, el mago se acordó de la última petición de su progenitora y con los ojos anegados en lágrimas compró un par de zapatillas de lana, talla seis.

Houdini llegó a Nueva York el 29 de julio, a tiempo de despedirse de Cecilia por última vez, y tan pronto entró en su casa se fue directo al salón principal, donde fue instalada una capilla ardiente. «Se veía tan delicada y relajada que parecía dormida. Solo una pequeña mancha en la mejilla empañaba su rostro angelical, el mismo que me dio amor toda la vida. Ahora ya no responde a mi llamada, pero sé que Dios la ha llevado al paraíso para que pueda disfrutar de una paz que no tuvo aquí en la tierra —escribió en su diario—. Mañana, madre descansará al lado de su mejor amigo, por el que llevó duelo hasta el último día de su vida, y estoy seguro de que si existe un lugar de paz en el más allá, ambos estarán allí felices, aunque nos hayan dejado a nosotros destrozados y llenos de tristeza». En una conversación privada con su hermano, Houdini quiso saber más detalles acerca de su muerte. Cecilia no había muerto en soledad, sino acompañada por sus hijos, un hecho que le sirvió de aliento en aquel momento tan difícil. Sin embargo, Hardeen le dijo algo que le marcaría de por vida. «En sus últimos instantes, madre intentó decir unas últimas palabras con el fin de hacértelas llegar a ti —le dijo, mientras Houdini le miraba con asombro—, pero no fue capaz de terminar la frase». Este significativo episodio le haría embarcarse en una obsesiva e imposible misión que consistía en descubrir qué era aquello tan importante que Cecilia quiso decirle. [N28]

El mago puso cuidadosamente en el ataúd las zapatillas que había prometido traer a su madre y pasó toda la noche a su lado, asumiendo el papel de *shomerin*, nombre dado, según la tradición judaica, a la persona que acompaña el cuerpo hasta el momento de su entierro. Los *shomerin* no pueden ingerir alimentos, agua o emprender cualquier otra acción en presencia del fallecido por considerarse una falta de respeto grave y una burla. El desconsuelo se había apoderado de él de tal manera que la única acción que se le ocurrió fue arrimar el oído contra el pecho de Cecilia con la improbable esperanza de poder escuchar alguna vibración que pudiera llevarle a pensar que el corazón aún seguía latiendo, pero lo único que sintió fue un silencio profundo y un vacío arrebatador. Al día siguiente, cuando la última pala cayó sobre el ataúd de Cecilia, Houdini salió del trance traumático que lo mantenía prisionero y estalló en un llanto desgarrador. Quería lanzarse sobre la tierra que cubría el inerte cuerpo de su amada madre, como si buscara rescatarla del mundo de los muertos, pero sabía que sus esfuerzos serían inútiles. Amparado por Hardeen y Bess, el mago se fue calmando. Tenía que aceptar que aquello era ley de vida y no había absolutamente nada que hacer. Terminada la ceremonia, sus amigos y familiares se despidieron de Houdini, que prefirió quedarse el último para estar un rato a solas. Durante casi una hora, mantuvo la mirada fija en la tierra recién removida que pesaba sobre los restos de su madre querida, sin saber qué pensar o qué sentir. «Harry, vámonos —le dijo Bess—, hay un coche esperándonos». El mago alzó la vista hacia el cielo, suspiró profundamente y abandonó el cementerio caminando a pasos lentos por las hileras de las tumbas, mientras intentaba asimilar la tragedia que acababa de suceder.

A fin de aplacar el dolor, Houdini pasó a visitar diariamente la tumba de su madre. Se sentaba sobre el montículo de tierra como si la proximidad física pudiera restablecer el contacto con ella, y pasaba horas mirando la piedra del nicho, ora pensando, ora entablando una conversación imaginaria, creyendo que, de alguna forma, ella podía oírle. «Más tarde o temprano —escribió a su hermano—, mis lágrimas se secarán, pero sé que mi corazón seguirá dolido por la pérdida de nuestra querida madre». El mago concluyó su escrito con una petición inusitada. «Cuando llegue el momento de mi muerte, en que mi alma, al expirar, salga de esta vida, quisiera que mi cabeza reposara apoyada sobre un cojín negro cuyo relleno se constituya de las cartas escritas por mi madre, de modo que sean enterradas conmigo». Aquella muerte lo destrozó. Houdini perdió toda su energía y se dejó sumergir plenamente en un profundo luto que se hacía visible a través de sus gestos y posturas. Bess decía que «toda su alegría juvenil se había desvanecido por completo».

> El amor que sentía por su madre, ahora fallecida, parecía la pasión dominante de su vida, que nunca tuvo vergüenza de expresar en innumerables ocasiones de manera pública. No me cabe duda de que se trataba de un sentimiento sincero, pero, al mismo tiempo, extraño para nuestra sangre occidental, más fría. ARTHUR CONAN DOYLE[N29]

La devoción que Houdini profesaba a su progenitora está ampliamente documentada. El mago la veía como una santa y se sentía orgulloso de haber cumplido el deseo de su padre de cuidarla y protegerla. En sus primeros años como profesional de la magia, le hizo llegar la mitad de los ingresos que lograba reunir a duras penas, aun sabiendo que aquella mísera suma no sería capaz de cambiar la vida de nadie, mucho menos la fracción destinada a Cecilia. Para el artista, su madre era la única persona en el mundo de quien podía fiarse plenamente y pensaba, además, que ella no tenía por qué compartir su amor con nadie que no fuera con él, con excepción de su padre, de quien aparentemente tenía celos, tal y como dejó entrever en un relato registrado en su diario personal el día siguiente de su muerte: «Su tristeza me hacía sentir un enorme abismo, así que pedí a madre que parase de llorar, con lo que ella me contestó: "*Wenn du hast ein Huml achtundzwanzig jahre alt del wirst du auch weinen*" (Si hubieras vivido en el paraíso durante veintiocho años, también llorarías)». [N30] El amor que un hijo puede llegar a sentir hacia su madre puede alcanzar dimensiones infinitas, pero en el caso de Houdini este sentimiento rozaba la obsesión. En la obra *El arte de amar*, del psicoanalista alemán Erich Fromm, hay un párrafo que podría haber sido perfectamente redactado por el mago escapista:

> Cuando el niño crece y se desarrolla, se vuelve capaz de percibir las cosas como son; la satisfacción de ser alimentado se distingue del pezón, el pecho de la madre. Eventualmente, el niño experimenta su sed, la leche que le satisface, el pecho y la madre, como entidades diferentes. Aprende a percibir muchas otras cosas como diferentes, como poseedoras de una existencia propia. En ese momento, empieza a darles nombres. Al mismo tiempo, aprende a manejarlas; aprende que el fuego es caliente y doloroso, que el cuerpo de la madre es tibio y placentero, que el biberón es duro y pesado, que el papel es liviano y se puede rasgar. Aprende a manejar a la gente; que la mamá sonríe cuando él come; que lo alza en sus brazos cuando llora; que lo alaba cuando mueve el vientre. Todas esas experiencias se cristalizan o integran en la experiencia: me aman. Me aman porque soy el hijo de mi madre. Me aman porque estoy desvalido. Me aman porque soy hermoso, admirable. Me aman porque mi madre me necesita. Para utilizar una fórmula más general: me aman por lo que soy, o quizá más exactamente, me aman porque soy. Tal experiencia de ser amado por la madre es pasiva. No tengo que hacer nada para que me quieran. El amor de la madre es incondicional. Todo lo que necesito es ser su hijo. [N31]

Houdini guardó luto muchos años. Algunos de sus amigos más cercanos decían que durante mucho tiempo el mago no hablaba de otro tema que no fuera algo relacionado con su progenitora y transmitía la sensación de haber perdido la concentración en la ejecución de sus números, una dura secuela que acabó superando con el paso del tiempo. «Todo parecía haberse convertido en polvo y cenizas. Me sentía solo, hundido en una penosa agonía». Durante mucho tiempo, se levantó cada mañana sintiendo el dolor de una herida abierta y profunda, como si Cecilia hubiera muerto la noche anterior. Todos los días, sin apenas desayunar, se marchaba temprano rumbo al cementerio para estar a solas con ella casi toda la mañana. «Si sigues así, sin comer, enfermarás», le reñía Bess, que no quería malhumorar a su marido, pero le preocupaba que comiera tan poco. La lápida de Cecilia estaba cubierta de guijarros y piedrecitas, casi todas llevadas por Houdini, que las apilaba ordenadamente cada vez que llegaba por la mañana, como si estuviera organizando el decorado de una habitación. Es una costumbre judía dejar guijarros sobre las tumbas como muestra de que alguien las ha visitado. Queda así patente que el difunto ha recibido muchas visitas y que, por lo tanto, no ha sido olvidado. Al contrario de los arreglos florales, ampliamente utilizados por los cristianos en sus visitas a los camposantos, un guijarro o piedra significa un recuerdo más permanente, pues no se deterioran ni se desvanecerán, a diferencia de las flores. Esta curiosa costumbre no está contemplada en las leyes judaicas del *avelut* (duelo), que marcan los procedimientos que se deben cumplir desde que una persona fallece hasta que se cumple un año de su óbito. Hay distintas explicaciones de esta costumbre; sin embargo, la más conocida es la que dice que al enterrar a sus difuntos en el desierto, los antiguos miembros de la comunidad judía cubrían los cuerpos con piedras para protegerlos de los animales salvajes.

En esta foto, Houdini aparece al lado del nicho de su madre, sepultada en el cementerio judaico Machpelah en Queens, Nueva York. El mago tenía el hábito de visitar las tumbas de sus familiares y de algunos amigos magos, donde se dejaba fotografiar para la prensa.

Nota del autor

Poco tiempo después de la muerte de Cecilia, Houdini no tardó en caer en la cuenta de que no podría seguir viviendo en su casa de Nueva York, donde todo le recordaba a su madre. El mago esperó a que se cumpliera el *shloshim* —período de treinta días en el cual la familia del fallecido guarda duelo hasta reincorporarse a sus trabajos— para comenzar a embalar un voluminoso equipaje y trasladarse a la residencia de su hermano Theo en Flatbush, donde vivirían casi cuatro años, hasta febrero de 1918, cuando finalmente decidieron regresar a la casa de Nueva York. Durante este periodo, Houdini compró una parcela en el cementerio judaico lo suficientemente grande para poder albergar los nichos de todos sus familiares (incluso el suyo, aunque todos seguían vivos y con salud) y aprovechó la oportunidad para encargar la edificación de un imponente mausoleo de piedra conocido por los arquitectos como exedra (construcción descubierta, de planta circular, con asientos y respaldos fijos en la parte interior de la curva), contrariando la tradición judaica, que recomienda la construcción de lápidas sencillas y modestas. Está claro que toda la disposición demostrada por Houdini en la planificación de este llamativo emprendimiento le sirvió como terapia para intentar calmar su aflicción. Una de las funciones principales de una tumba —aparte de resguardar los restos humanos de un individuo— es servir de consuelo para la familia, ayudándoles a soportar el dolor de su pérdida a través de visitas y ofrendas florales y, para ello, no es necesario realizar grandes inversiones, al contrario de lo que creía el mago escapista, quien no escatimó esfuerzos en levantar un monumento lo suficientemente grande como para ayudarle no solo a superar su dolor, sino también para satisfacer su ego.

Sin consultar a nadie, el mago no solo determinó el orden y la disposición de cada nicho en la parcela, sino también tomó la decisión de quién sería enterrado allí. Sus hermanos y hermana eran, por supuesto, bienvenidos, pero sus parejas no podrían acompañarles en esta última morada, con excepción de Bess. Su hermano pequeño Leo, el único de la familia que obtuvo un diploma universitario (en Medicina), fue excluido del panteón familiar a raíz de un embrollo digno de un culebrón mexicano. Conocido por su carácter mujeriego, un día anunció que se casaría con Sadie, su cuñada y exesposa de su otro hermano, Nat, escandalizando a toda la familia, sobre todo a Houdini, que sospechaba que ambos ya mantenían una relación desde la época en la que Sadie estaba casada con Nat. Peor que eso, el mago creía vehementemente que esta relación prohibida podría haber contribuido —aunque indirectamente— a la muerte de Cecilia. Esta hipótesis se vio reforzada por un ambiguo comentario de Theo en su diario. «El tiempo cura las heridas, pero tendrá que pasar mucho tiempo para poder sanar este terrible golpe que mi madre intentó ocultarme». Houdini no solo le excluyó del nicho familiar, sino también de su testamento, fechado el 20 julio de 1914, un año después de la muerte de Cecilia.

> El peligro, para mí personalmente, no tiene la mínima importancia, puesto que en mi mente el factor miedo es inexistente. Todos los riesgos que he asumido a lo largo de mi carrera y han sido muchos— fueron asimilados de forma natural. Mientras la mayor parte de la gente dice temer a la muerte, yo me considero preparado para enfrentarme a ella, ya que se trata de un suceso inevitable y que está fuera de nuestro control. Además, ya hice mi testamento y tengo incluso mi busto de mármol listo para ser colocado en mi nicho. Me pareció una buena idea encargarlo ahora, así puedo asegurarme de que será exactamente como me gustaría que fuera. [N32]

En esta fotografía, tomada en 1907, Houdini rodea con un brazo a Bess y con el otro a su madre y las llama «mis dos amores».

El 31 de agosto de 1913, Houdini zarpó de Nueva York rumbo a Hamburgo, donde empezaría una nueva gira por todo el continente europeo. Encerrado en su cabina durante todo el trayecto, el mago pasó gran parte del tiempo revisando su agenda y organizando papeles. En un momento dado, metió la mano en el bolsillo de su chaqueta y sacó el billete del viaje que estaba haciendo. En el reverso escribió: *Tras la pérdida de mi madre*. Su estado de ánimo estaba reflejado en la primera carta enviada a Hardeen, redactada mientras cruzaba el Atlántico. «Theo, todo eso es muy duro. No lo puedo superar. A veces, me siento mejor, pero cuando finalmente creo que estoy más tranquilo, vuelvo a estar mal». Su regreso a los escenarios le devolvió la sonrisa y, aunque se le veía muy tocado y con dificultades de concentración, el público que acudió al teatro Apollo en Nuremberg el 1 de septiembre —un mes y medio después de la muerte de Cecilia— tuvo la oportunidad de presenciar a un Houdini fortalecido, intentando recobrar la normalidad. Para el mago, el punto álgido de su función se dio durante la ejecución de *La celda de tortura acuática*; «funcionó a la perfección», escribió en su diario; por otro lado, el peor momento vino a su entrada al camerino. «Sentí un gran escalofrío; es como si volviera a vivir la gran tragedia que azotó mi vida».

Dos días después de su estreno en tierras germánicas, Houdini recibió una notificación de denuncia por parte de las autoridades de aquel país por haber realizado una exhibición de salto con esposas en el lago Dutzend sin permiso. El mago fue multado con cincuenta marcos por bañarse en el agua, otros cincuenta por no haber solicitado un permiso previo para realizar la exhibición y veinte marcos más por caminar sobre la hierba. El artista no solo apeló la sentencia, sino que también quiso convertir a la Policía Local en el hazmerreír de la prensa al revelar que el comisario tenía sobre la mesa un meticuloso plan para impedirle saltar y detenerlo in fraganti, pero se equivocó de fecha y envió una dotación especial al lago un día después de lo ocurrido. La prensa también señaló con ironía el hecho de que mientras la policía intentaba impedirle saltar, el órgano municipal encargado del tranvía había puesto coches adicionales a disposición de la población para acudir al evento prohibido, ejemplificando la total falta de coordinación existente entre los organismos locales. Todavía sumido en un profundo dolor por la muerte de su progenitora, Houdini se mostró ajeno a sus problemas judiciales y la consecuente repercusión mediática y ni siquiera mencionó lo ocurrido en una carta enviada a

Hardeen, escrita en la misma semana de los hechos. «Vengo actuando de forma un tanto mecánica y me siento tan solo que no sé exactamente qué hacer. Espero que con el tiempo mis lágrimas ardientes se sequen, aunque sé que mi corazón seguirá dolido por nuestra madre querida». [N33]

En septiembre, Houdini viajó a Francia, donde dio continuidad a su gira europea en el Alhambra de París. En el país galo, tuvo la oportunidad de aumentar su colección de artículos de magia, al comprar un lote de cartas del famoso mago francés Philippe y el equipo de escenario de Hermalin, un mago británico que se tornó conocido por proyectar su imagen en el escenario a través de un juego de luces y espejos, un recurso inédito en su época. El escapista envió sus compras a Inglaterra y se fue de vacaciones con Bess a Montecarlo. La pareja necesitaba un descanso, y los juegos de azar siempre los entretuvieron —sobre todo a Bess, quien se perdía entre ruletas y cartas, gastándose su dinero con mucha mayor profusión de lo que hubiera debido—. Mientras tanto, Houdini decidió pasar buena parte de la tarde en un lugar que se correspondía mejor con su actual estado de ánimo: el cementerio de los suicidas. Fue la única parte del viaje que el mago describió con riqueza de detalles.

> Día triste. Visité el cementerio donde están enterrados todos los suicidas, gente que en su gran mayoría se arruinó la vida en los casinos y que perdió el rumbo. Una sensación horrible me envolvió la primera vez que vi estas tumbas, y me puse a pensar en los seres humanos que se han quitado la vida por motivos que podrían haberse evitados. Parece que ahora los casinos se encargan de esta pobre gente, incluso corriendo con todos los gastos para trasladar sus restos mortales de vuelta a sus países de origen, todo para evitar cualquier repercusión negativa. Me han dicho —y no sé si esto es cierto— que al encontrar un cuerpo tendido en la calle, suelen meterle algunos billetes en los bolsillos para que la gente no piense que el pobre miserable se ha suicidado por problemas económicos. Lo que sé es que una vez enterrado, los restos mortales descansan durante siete años, y después son acondicionados en cajas debidamente identificadas, guardadas en un gran almacén hasta que algún familiar las reclame. Me impresionó encontrar la tumba de un matrimonio que se había suicidado a la vez. [N34]

La tasa de suicidios es mayor entre las personas adictas a los juegos de azar (conocidos como ludópatas) y se hace especialmente notable en ciudades que albergan una cultura de juegos de este tipo, como es el caso de Las Vegas, la capital estadounidense del suicidio, una terrible acción que estuvo muy presente en la mente de Houdini durante un breve periodo de tiempo, aunque las razones que ensombrecían su espíritu no tenían la mínima relación con los casinos. La primera crisis parecía superada, pero dos años más tarde, la muerte y el recuerdo de Cecilia retornaron con fuerza a su mente.

> Cuando me dices que la palabra de tu madre es sagrada, debo decirte que te envidio porque aún la tienes. Hace veintitrés meses que he perdido a la mía y el tiempo aún no ha logrado cicatrizar las heridas; mi pelo incluso se ha vuelto canoso. Me siento especialmente afectado en días señalados, como su cumpleaños o algún festivo familiar, como Navidad, pero mi hora llegará cuando menos espere. HARRY HOUDINI

Con pensamientos tan oscuros, fue un milagro que Harry no se suicidara, sobre todo porque su trabajo implicaba una gran dosis de riesgo mortal. Louis J. Bragman, uno de los primeros profesionales que estudió el perfil psicológico del artista, señaló —con mucho acierto— que sus números escénicos representaban una forma de pseudosuicidio, aunque, en realidad, parecían más bien una resurrección que un intento de quitarse la vida.

De vuelta al Reino Unido, Houdini estrenó en abril de 1914 su nuevo espectáculo, *The Gran Magical Revue*, una función de una hora que incluía trucos de ilusionismo creados por referentes de la magia clásica, como el Crystal Cash Box, uno de los números más emblemáticos de Robert-Houdin, una elección curiosa, puesto que Houdini ya tenía en mente escribir un libro dedicado a atacar a su mentor. De hecho, una crítica publicada en un diario local sugirió que Houdini «se había hecho con una réplica del equipo de Robert-Houdin con la misma pretensión que un cazador se alimenta de su presa para absorber sus poderes». El público que acudió a la noche del estreno también pudo asistirá a la ejecución de *Adiós, Invierno y Hola, Verano*, un número creado por el mago británico Charles Morritt, que muestra a un hombre —representando el invierno— desapareciendo del escenario para dar lugar a una hermosa hada con alas de mariposa, y *El cubo expansivo*, un ingenioso efecto creado por el mago francés Buatier de

Kolta, que consistía en aumentar veinte veces el tamaño de un cubo de veinte centímetros, de cuyo interior surgía finalmente una joven sentada, con las piernas cruzadas. La función terminó con *Metamorfosis*, trayendo de vuelta a Bess a los escenarios por primera vez desde su gira por Australia. «Bess sigue trabajando con la misma ilusión de siempre», escribió en su diario. Houdini presumía de su nuevo acto y decía que los críticos lo adoraban, «el mejor *show* de misterio jamás presentado», se jactaba, pero la realidad era distinta de lo que él imaginaba. La crítica lo clasificó con un *ok*, diciendo que el público esperaba reencontrarse con un intrépido escapista y no un mago clásico. Sin inmutarse, Houdini quitó las partes más ilusionistas de la función y trajo de vuelta sus temibles portentos: «Si los ingleses quieren escapes, tendrán escapes —gruñó en una carta dirigida a su amigo Goldston—, pero le aseguro que presentaré un inolvidable espectáculo de magia antes de que me muera». [N35]

CAPÍTULO 8

EL MUNDO EN GUERRA

«El supremo arte de la guerra es doblegar al enemigo sin luchar». SUN TZU, GENERAL CHINO, 490 A. C.

1914-1920

Se puede decir —aunque resulte difícil definir su origen— que el estallido de la Primera Guerra Mundial fue el resultado de un cúmulo de decisiones equivocadas de carácter político y territorial llevadas a cabo en los últimos sesenta y cinco años, a partir de mediados del siglo XIX. En su libro *The War that Ended Peace* (*La guerra que acabó con la paz*, sin traducción al castellano), la historiadora canadiense Margaret MacMillan enumera las principales causas que condujeron al continente europeo y sus aliados a la Gran Guerra de 1914: la carrera armamentística, la rivalidad económica, el imperialismo, con sus disputas por las colonias, el nacionalismo exacerbado y su odio hacia los extranjeros. No obstante, lo que convirtió la guerra en un hecho inevitable fue la sed de sangre de los mandos militares y la falta de líderes con mano dura para evitar lo peor. [N1]

Al encontrarse con un continente dominado por negros nubarrones que auguraban la cercanía de un grave conflicto bélico, Houdini decidió anticipar su regreso a Estados Unidos. El 18 de junio de 1914, mes y medio antes del inicio de la guerra, el mago ya se encontraba a bordo del SS Imperator, un inmenso buque alemán con un mascarón de proa, algo raro para un moderno transatlántico de tres chimeneas (el mascarón representaba un águila coronada con las garras clavadas en un globo terráqueo). El navío llevaba a varios pasajeros ilustres de vuelta a América, entre ellos Theodore Roosevelt, también conocido como Teddy, o simplemente T. R., el vigesimosexto presidente de Estados Unidos. Considerado uno de los políticos más influyentes de la historia americana por su dedicación a la hora de modernizar socialmente el país a través de la aprobación de importantes leyes progresistas, su figura es recordada junto con la de otros tres presidentes emblemáticos, George Washington, Thomas Jefferson y Abraham Lincoln, en una monumental escultura de granito ubicada en el monte Rushmore en Dakota del Sur. El «coronel Roosevelt», como le gustaba ser llamado, también era especialista en escapismos imposibles. El 14 de octubre de 1912, el entonces candidato a la presidencia recibió un disparo en un hotel de Milwaukee cuando se encontraba en plena campaña. La bala le acertó en el tórax, pero su impacto fue amortiguado por un estuche de acero para gafas y el discurso de cincuenta páginas que llevaba en uno de los bolsillos de su chaqueta. Al comprobar que las heridas recibidas eran superficiales, Roosevelt decidió seguir su discurso —que duró más de noventa minutos— antes de ser trasladado al hospital, donde llegó con la camiseta completamente empapada de sangre. Los médicos comprobaran a través de una placa de rayos X que la bala se encontraba alojada en un músculo del tórax, pero como su extracción podría traer complicaciones, decidieron no retirarla. Roosevelt la llevó consigo de por vida. Aunque de forma involuntaria, Roosevelt había escapado de algo muy parecido a *La bala atrapada*, un peligroso número de ilusionismo que había acabado con la vida de varios magos a lo largo de muchos siglos. [N2]

La presencia del expresidente a bordo animó al capitán del navío a ofrecer un evento en su honor, y Houdini —que ya gozaba de estatus de celebridad— fue convocado para ayudarle en la tarea, presentando algunos de sus números para una selecta audiencia en el íntimo entorno de uno de los salones del navío. El mago empezó con un par de trucos sencillos, utilizando pañuelos y monedas, siempre bajo la atenta mirada de Roosevelt, que intentaba captar el secreto del truco. «Era impresionante la capacidad que el presidente demostró en observar cada uno de mis movimientos mientras manipulaba las cartas. Era difícil confundirle», recordó Houdini en su diario. Al concluir el primer acto de su función, Roosevelt se acercó al mago y le propuso ofrecer a los presentes una sesión espiritista a modo de exhibición, petición a la que Houdini asintió con la cabeza. Se le ocurrió un ardid muy explotado en la época para sorprender al expresidente, que consistía en distribuir previamente algunos papelitos entre los espectadores para que escribieran alguna pregunta que deseasen que fuera respondida. Una vez escritos y sellados son recogidos y quedan a disposición del mago, que, abriendo uno a uno los sobres cerrados, va dando las respuestas que son dictadas por una entidad espiritual. [N3]

> Damas y caballeros, me gustaría contar con su colaboración para el siguiente número. En aquella mesa, ubicada en la esquina del salón, ustedes encontraron algunos folios, lápices y sobres. Les ruego que cojan un folio y escriban una pregunta, cualquier pregunta, la primera que se les ocurra. A continuación, les ruego que cierren el sobre y lo introduzcan en mi sombrero.

Todos, incluido Roosevelt, se dirigieron a la mesa, escribieron sus preguntas y las depositaron en el sombrero. Acto seguido, el mago se acercó a la mesa, miró con el ceño fruncido hacia el interior del sombrero y, con los ojos cerrados, escogió un sobre al azar. Al darse cuenta de que el mago había elegido el suyo, el expresidente miró a su asesor sonriendo, se encogió de espanto y le preguntó: «¿Qué vendrá ahora?». Houdini introdujo el sobre entre dos pizarras dispuestas sobre un escenario improvisado, se dirigió a Roosevelt y le preguntó: «¿Usted sería tan amable de revelar a los presentes cuál era su pregunta?». Visiblemente a gusto con el juego propuesto por el mago, el estadista contestó enseguida: «La pregunta es: ¿Dónde estuve las pasadas Navidades?». Houdini reclinó ligeramente la cabeza en señal de agradecimiento, separó las dos pizarras y, para asombro de los presentes, en una estaba dibujado un mapa que correspondía a un viaje que el presidente había emprendido por Sudamérica con una leyenda que decía *Cerca de los Andes*. En la esquina inferior de la pizarra, había un detalle más, este espeluznante: la firma de W. T. Stead, un periodista británico que había muerto dos años antes en el naufragio del Titanic, cuya ruta era la misma que todos estaban haciendo en aquel momento. Roosevelt no podía creer lo que acababa de presenciar. Las gotas de sudor y un escalofrío que recorría todo su cuerpo, de la cabeza a los pies, delataban su asombro. A la mañana siguiente, Houdini recibió la invitación de acompañar al presidente en su caminata matutina por la cubierta del navío. Durante el paseo, T. R. puso una de sus manos sobre los hombros del mago y preguntó si el diseño del mapa en la pizarra había sido obra de un espíritu. «No, señor presidente. Aquello fue Hocus Pocus», le contestó, sin poder contener la sonrisa. «La forma en que le he engañado ha sido vergonzosa», confesó Houdini, que reveló el secreto de su inquietante proeza en su diario:

> El día en el que fui a la oficina de la Hamburg-American Steamship Company para comprar los billetes del viaje, el taquillero me reveló que el presidente estaría a bordo. Mientras tomaba el camino de regreso al hotel, me quedé pensando en si aquella información podría ser útil para algo grande. Yo siempre solía ofrecer un corto espectáculo cuando me encontraba a bordo, a fin de distraerme, y días antes del viaje ya tenía algo preparado cuando el *London Telegraph* publicó un reportaje sobre un viaje que el coronel había hecho a Sudamérica. Entonces, cogí un taxi y fui a la redacción del diario para intentar conocer más detalles a través de un amigo reportero. Regresé al hotel con un interesante material, incluido un mapa que no fue publicado y que me sirvió como fuente de inspiración para preparar la sesión espiritista. Tal era el nivel de información que yo disponía que no me costó convencer al público de que mis conocimientos procedían de una fuente sobrenatural. [N4]

El encuentro de Roosevelt y Houdini fue registrado en una única foto tomada a bordo del navío durante el viaje de regreso a los Estados Unidos. En la instantánea, el mago aparece al lado del expresidente y otros cinco hombres cuyas identidades son desconocidas. Sin embargo, siempre que el artista relataba detalles acerca de su encuentro con Roosevelt, solía enseñar una foto distinta, donde solo se podía apreciar su imagen y la del presidente. ¿La desaparición de los otros hombres habría sido producto de un truco de ilusionismo de Houdini? Un siglo antes de que las grandes editoriales retocaran las fotos de las portadas de sus revistas, Houdini ya conocía la repercusión que una buena imagen podía provocar en la audiencia, así que la respuesta para aclarar lo que había ocurrido con aquella misteriosa foto residía en su incansable búsqueda de autopromoción. Para aparentar una supuesta cercanía con el presidente, el artista contrató los servicios de un laboratorio fotográfico para trucar la foto, eliminando la indeseable presencia de extraños.

El fotógrafo encargado de eliminar los cinco hombres del entorno de Houdini y su nuevo amigo también se encargó de reconstruir el brazo izquierdo de Roosevelt que no aparece en la foto original además de rehacer un nuevo fondo manualmente, un impresionante trabajo en una época en la cual no existían ordenadores ni mucho menos programas de manipulación de imágenes.

Nota del autor

Houdini y Bess celebraron a bordo del SS Imperator su aniversario de veinte años de casados. El evento reunió a algunos amigos de la pareja en el salón principal del navío, donde pudieron degustar un exquisito menú compuesto de caviar beluga, patatas, *meunière* de lenguado, cocido de pollo, ensalada de espárragos con salsa holandesa, *rôti* de jamón, melocotón melba y postre. El navío atracó en Nueva York el 25 de junio, tres días después del asesinato del archiduque Francisco Fernando, heredero del trono austrohúngaro, a manos de Gavrilo Princip, integrante del grupo ultranacionalista La Mano Negra. La muerte de Princip sumada a una cadena de errores diplomáticos conllevarían la primera acción bélica destacable de la Primera Guerra Mundial: la declaración de guerra del Imperio austrohúngaro a Serbia el 28 de julio de 1914. En menos de veinticuatro horas, Belgrado fue bombardeada en una acción puntual, pero suficientemente legítima como para activar un complejo engranaje de alianzas europeas antagónicas que causaría un desastre imparable. Temiendo ver su nombre asociado al enemigo —sobre todo por el hecho de haber nacido en Hungría, principal aliada del Imperio alemán—, Houdini decidió poner en marcha una serie de espectáculos benéficos cuya recaudación sería donada íntegramente a la Cruz Roja. También organizó presentaciones en bases americanas y promocionó la venta de los *liberty bonds*, para ayudar a financiar el Ejército americano. Al finalizar el conflicto, el mago había logrado vender dos millones de dólares en *bonds*. Su colaboración en el esfuerzo de guerra no se centró solo en el ámbito financiero, ya que en sus presentaciones para las tropas, el mago enseñaba a los soldados técnicas de escapismo y de permanencia bajo el agua en situaciones de emergencia.

Al llegar a Nueva York, Houdini trató de incorporar a su rutina al menos una visita diaria al cementerio de Machpelah. A veces iba acompañado de sus hermanos o de Bess, pero casi siempre iba solo. El silencio de las tumbas, roto por el canto de los pájaros o el roce de las hojas a sabor del viento, parecía suavizar un poco el dolor. «Hoy pienso visitar a mi madre», escribía en su diario cada día. «Ya pasaron dieciséis meses y cinco días desde que mi amada madre se puso a dormir y todavía me siento solo». En la estación, donde abordó el tren que le llevaría de vuelta a casa, Houdini se sentía como un niño abandonado, sin rumbo y completamente perdido. «Aquí estoy, solo y desamparado en la estación, sin saber cuándo llegará el próximo tren y si con él podré volver a reunirme con mi amada madre». [N5]

El muro de ladrillos

En julio, Houdini abrió su tercera temporada de verano en el Hammerstein's Roof de Nueva York, ofreciendo maravillas cada vez más espectaculares. El mago escapista pasaba por un momento de importante transición en su carrera, puesto que había dejado atrás su fase como «rey de las esposas» para convertirse en una estrella del escapismo, y no defraudó. Aquellos que vieron sus actuaciones en este periodo de su carrera decían que superaban todo lo que había hecho nunca. Un gran dispositivo publicitario fue puesto en marcha para promocionar su nueva temporada, empezando por la exhibición de un número subacuático en las aguas del Battery Park de Nueva York, donde fue sumergido dentro de una caja de madera sellada de donde salió en pocos minutos. Aunque su nueva temporada incluía *La celda de tortura acuática*, la gran novedad que Houdini trajo a los escenarios americanos fue un equipo de albañiles —lo último que la audiencia esperaba encontrarse en un teatro—. A medida que la orquesta tocaba, el equipo trabajaba incansablemente, levantando ladrillo a ladrillo un sólido muro de tres metros de alto sobre una gran alfombra en el escenario para no dañar la tarima. «¡Damas y caballeros! —exclamó al público tras entrar súbitamente en el escenario—, como podrán comprobar, he encargado la construcción de un impenetrable muro de ladrillos perpendicular a las butacas para que ustedes puedan ver uno de sus extremos. Con mis poderes, seré capaz de atravesarlo antes de que ustedes puedan parpadear tres veces. Quisiera decirles que esta

La crítica del *Boston Globe* publicada el 2 de agosto vino acompañada por una interesante ilustración que captó el momento en el que un grupo de espectadores forma un semicírculo alrededor de un muro que Houdini afirma tener el poder de atravesar.

estructura está siendo erigida por algunos de los mejores albañiles de la ciudad y, para demostrarlo, me gustaría invitar a un comité para que se acerque y compruebe su calidad». Los voluntarios que subieron al escenario tuvieron la oportunidad de verificar la solidez del muro, golpeándolo con martillos suministrados por los asistentes de Houdini, mientras otros buscaban alguna trampilla oculta. Cuando todos estaban convencidos de su impenetrabilidad, el mago les pidió que se congregasen delante del muro formando un semicírculo.

Ahora le tocaba al gran mago escapista —el hombre que logró evadirse de todas las cárceles del mundo, librándose de grilletes, esposas, candados y barrotes— demostrar delante de una audiencia de centenares de personas que ni siquiera una pared de ladrillos era capaz de detenerle. Dos asistentes subieron al escenario con dos biombos, que fueron puestos en los dos lados del muro. Houdini se posicionó detrás de uno y levantó uno de los brazos, dejando su mano expuesta. Enseguida, hizo un gesto al patio de butacas y gritó: «Ahí voy». El biombo era inmediatamente retirado y, para sorpresa de todos, el mago había desaparecido. Tal y como había prometido, antes de que el espectador pudiera parpadear tres veces, su mano aparecía detrás del segundo biombo, del otro lado del muro. «¡Llegué!», exclamaba. El público no conseguía entender cómo Houdini había logrado pasar de un lado al otro del muro —mucho menos el comité de inspectores que se encontraba a tan solo dos metros de distancia de los biombos—. Según los testimonios, entre los presentes hubo risas nerviosas y crecientes murmullos de asombro. Algunos llegaron a creer que Houdini tenía el poder de desmaterializarse a su antojo, puesto que no había una explicación racional para semejante hazaña. El efecto visual proporcionado por este número dejó a mucha gente impresionada, sobre todo a la crítica, tal y como describe una nota publicada por el periódico *Boston Globe* el 2 de agosto de 1914.

> La última proeza de Houdini aún no ha podido ser resuelta —ni siquiera por magos veteranos—. El famoso escapista insiste en decir que se trata solamente de un truco y nada más, pero él es el único que conoce el secreto que se esconde tras este maravilloso número. El desafío está lanzado para los más perspicaces, que tendrán que observarle desde cerca si desean encontrar alguna explicación, puesto que se trata de un truco que requiere mucha atención. Houdini lo presentó recientemente en Nueva York y se trata del efecto más

> desconcertante jamás visto en la ciudad. Llama la atención la ausencia de la omnipresente parafernalia houdiana —solamente un gran muro de ladrillos, construido en directo, de modo que el público podía ver ambos lados—. Un hombre «atravesará una pared», sin mover un único ladrillo. ¿Es posible aproximarse al muro para examinarlo detenidamente? La respuesta es sí. También se puede examinar la tarima del escenario y asistir a la presentación a una distancia de dos metros. Houdini podrá invitarle a acercarse en compañía de un grupo de personas muy preparadas y observadoras a ambos lados del muro y todos se quedarán anonadados por la falta de una explicación razonable. [N6]

Pese a la repercusión positiva, el número del muro de ladrillo fue desechado por Houdini pocos meses tras su estreno. Su montaje era complicado y los costes prohibitivos, puesto que era necesario contar con la mano de obra de un grupo de albañiles para levantar un muro nuevo delante de la audiencia todas las noches. Por otro lado, el misterio de este truco siguió intrigando a mucha gente durante años. Un integrante de la SAM, llamado Saram R. Elison, fue invitado por Houdini a asistir a su ejecución desde una posición privilegiada en el escenario. Elison, que se había granjeado cierta fama por lograr descubrir el secreto de trucos de magos de la talla de Herrmann, Keller y Thurston, quedó desconcertado con lo que vio y no fue capaz de entender cómo lo hacía. Una entrevista concedida por él al *Boston Globe* resume su perplejidad.

> Con el paso del tempo, acabaremos descubriendo el secreto de Houdini, pero de momento se trata de un desafío difícil de superar. Muchos magos experimentados observaron la ejecución de este número incontables veces y no encontraron respuestas. El muro ya fue examinado por centenares de voluntarios y ningún ladrillo ha sido manipulado. El muro en sí no es un truco. Es real y es construido delante del público dos veces al día con ladrillos y morteros corrientes. Para desmentir algunos rumores que cuestionaban su calidad, Houdini aceptó un desafío propuesto por un grupo de albañiles profesionales pertenecientes al Bricklayers Union n.º 34, que se ofrecieron a subir al escenario del Hammerstein y construir «el muro más sólido jamás visto». Houdini

> asintió, el tabique fue construido y el mago lo atravesó sin ninguna dificultad. Ningún ladrillo fue tocado y nadie detectó nada sospechoso. [N7]

Con este nuevo número de ilusionismo, Houdini logró renovar el aura de misterio que le rodeaba. Cada noche, el mago hacía las delicias del público, permitiéndoles inspeccionar cada centímetro de la construcción, «hecha con ladrillos comprados en una ferretería de barrio», solía insistir. Su éxito siempre fue alimentado por la intriga y sobre todo por la falta de respuestas. Si había algo que el artista buscaba, más que aplausos, era el desconcierto del espectador ante lo inexplicable.

En diciembre, cuando se presentaba en el teatro Keith de Washington D. C., Houdini fue invitado a la Casa Blanca para una audiencia privada con el presidente Woodrow Wilson, un encuentro que le provocó un profundo impacto. «Guardaré el recuerdo de mi visita al presidente Wilson con todo el honor que la ocasión merece», dijo a los periodistas. «He estado delante de los líderes de casi todas las naciones civilizadas, pero nunca he conocido a un gobernante tan amable y tan humano como el presidente de mi tierra natal». El encuentro produjo, además, una curiosa anécdota: a la hora de despedirse, el presidente —que estaba bajo presión debido a la guerra que acababa de estallar en Europa— le dijo al mago: «Señor Houdini, debo decir que envidio su extraordinaria capacidad de escapar de situaciones imposibles. A veces me gustaría ser capaz de hacer lo mismo». Wilson había sido elegido como el presidente que debía mantener a los Estados Unidos al margen de la guerra, una promesa que estaba volviéndose cada vez más difícil de cumplir.

Nota del autor

En 1914, Houdini reveló la intención de saltar esposado desde la azotea del Woolworth de Nueva York, el edificio más alto del mundo hasta entonces. «Mi idea es saltar en paracaídas esposado y llegar al suelo libre de cualquier atadura», reveló el mago en una entrevista en el diario *New York Press* el 8 de julio. No era la primera vez que intentaba una locura de este tipo. En Londres había dicho a un reportero que le gustaría saltar esposado desde un avión de los hermanos Wright sobre Picadilly Circus y en París hizo una declaración similar, afirmando que la hazaña se llevaría a cabo desde la última planta de la Torre Eiffel. [N8] A pesar de la publicidad que un reto como este podría generar, ningún alcalde se atrevió a concederle permiso para semejante locura, obligándole a renunciar a sus temerarios planes. El portento ideado por Houdini es conocido hoy como *salto base*, una modalidad de paracaidismo que consiste en saltar desde un objeto fijo en vez de una aeronave en vuelo (la sigla BASE es una alusión a las cuatro categorías de sitios donde puede ser practicado: «Building, Antenna, Span & Earth» (o en castellano: Edificio, Antena, Puente y Tierra). El «Earth» se refiere más bien a un acantilado. Si Houdini hubiese obtenido autorización para saltar desde la azotea del Woolworth, seguramente su osadía hubiera tenido un desenlace fatal. Se trata de un deporte extremadamente arriesgado, recomendado a un grupo restringido de paracaidistas muy cualificados. Además, el paracaídas de 1914 era muy rudimentario, al contrario de los modernos paracaídas de *salto base*, especialmente diseñados para este fin, dotados de una aerodinámica y de materiales desconocidos en aquella época. Otro factor de alto riesgo que Houdini aparentemente no tuvo en cuenta es la altura del Woolworth (doscientos cuarenta metros), considerado insuficiente para un salto seguro de *salto base*.

La camisa de fuerza

El año nuevo de 1915, empezó para Houdini con una agenda llena de espectáculos. La temporada arrancaba en el teatro Keith de Toledo en Ohio, pasando por Grand Rapids, Detroit, Rochester y Nueva York. Después de una semana en Montreal, el mago escapista pasó dos meses presentándose en los teatros más importantes de la costa este americana, incluyendo las ciudades de Syracuse, Providence,

Pittsburgh y Baltimore. Alzado a la fama que siempre buscó, Houdini siguió mejorando sus números y complicándolos cada vez más, como muestra de coraje, creatividad y valor. En junio, celebró con Bess su vigesimoprimero aniversario de boda en Atlantic City, donde aprovechó la estancia para organizar una exhibición pública, escapando del interior de una caja lanzada desde el muelle delante de una muchedumbre de diez mil personas. Sin embargo, el evento más importante de la temporada ocurrió el 8 de septiembre, cuando Houdini logró reunir a cinco mil espectadores en Kansas City para asistir a una exhibición de escapismo que traía como novedad un nuevo elemento de retención: una camisa de fuerza.

La noticia de este insólito evento recorrió la ciudad como la pólvora, congregando a cientos de personas en la principal avenida de la ciudad. El mago se encontraba sobre una gran plataforma de madera posicionada frente a la acera. Una brisa levantó ambas hebras de su pajarita y, con un gran megáfono, el escapista saludó a la audiencia agitando su sombrero, gesto que fue recibido por una gran ovación. Houdini reía y bromeaba con la primera fila de espectadores, los más cercanos a la tarima, mientras deslizaba sus brazos en la camisa de cuero y lona, tendida por tres voluntarios. Dos le sostenían los brazos, y un tercero trataba de cerrar firmemente cada una de las hebillas que mantendrían su cuerpo completamente inmovilizado. Acto seguido, el mago se sentó sobre la plataforma y estiró las piernas para que le atasen los tobillos con un cable de acero que fue enganchado a una grúa para suspenderle bocabajo. Le izaron cabeza abajo hasta la azotea del edificio, pasando por delante de las ventanas, abarrotadas de curiosos que murmuraban entre sí sin entender exactamente lo que estaba ocurriendo (el mago solía elegir edificios que albergaban oficinas de grandes diarios, garantizando, de esta forma, la cobertura en primera plana y lo llevaba a cabo siempre al mediodía, asegurando asimismo una calle llena de espectadores a la hora del almuerzo). «Levantadme lo más alto que podáis», ordenaba a sus asistentes. «Si me caigo, quiero estar seguro de que será mi fin. Prefiero que mi exhibición sea un fiasco antes que quedar paralítico y ser una carga para mi familia». De hecho, era la explosiva mezcla de peligro, incredulidad y morbo ante su posible muerte lo que hacía que la gente atestara las calles, provocando importantes retenciones en el tráfico y atrayendo a muchos carteristas, que hacían su agosto.

El izado se detuvo cuando el gancho que sostenía su cuerpo alcanzó la novena planta del edificio. Entonces, comenzó la lucha. Bajo una atestada calle, Houdini empezó a retorcerse, zarandeándose frenéticamente como una anguila mientras el público le jaleaba. En realidad, el escapista solo necesitaba de pocos segundos para librarse de la camisa de fuerza, pero si lo hacía demasiado rápido, la audiencia no creería en la legitimidad del desafío, así que decidió tardar más de lo habitual. Entre los «oooh» y los «aaah» procedentes del público, Houdini logró pasar uno de los brazos sobre su cabeza, permitiéndole abrir las hebillas y liberarse de las correas. La camisa de fuerza se deslizó sobre el torso, el mago la agarró con una de las manos y la sostuvo en el aire con los brazos extendidos invitando al aplauso para luego dejarla caer sobre la multitud. Aunque no se trataba de un truco de ilusionismo, la audiencia reconocía el gran esfuerzo físico, la flexibilidad y la destreza demostrada por el artista para escapar de un artilugio tan imponente como aquel, conocido por su capacidad para retener a personas de índole violenta. Houdini trató de avivar aún más su leyenda diciendo que para llevar a cabo esta proeza era necesario dislocarse el hombro, teniendo que soportar un extremo dolor físico. El *outside stunt*, como se conocía su exibición, no tardó en ocupar los titulares de los periódicos, atrayendo enormes multitudes y una legión de fotógrafos y reporteros. En los siguientes tres años, decenas de miles de personas saldrían a las calles para presenciar ese número que siempre tenía lugar en las ciudades donde estrenaba su espectáculo, de modo que todos supiesen que había llegado. «La publicidad es vital para el vodevil. Si la gente no conoce al artista que se presentará en los teatros de sus ciudades, ellos no acudirán al espectáculo. En este país, recibo más publicidad gratuita que nadie», se jactó cierta vez delante de un grupo de periodistas. [N9]

Según Houdini, el número de la camisa de fuerza nació en 1896 en su gira por algunas ciudades de la costa este canadiense. El mago intentaba organizar un espectáculo por cuenta propia y decidió empezar por Saint John, la principal ciudad de la provincia de New Brunswick, donde conoció una institución que cuidaba de personas con discapacidad intelectual y graves trastornos psicológicos, el St. John's Provincial Lunatic Asylum. Mientras era conducido por el director del manicomio a través de sus largos y estrechos pasillos, Houdini se detuvo frente a una de las celdas para ver su interior. Sus ojos se encontraron con una imagen que jamás olvidaría: la de un hombre atado y enfundado en una camisa de fuerza como si fuera una momia, debatiéndose violentamente contra la pared, intentándose zafarse de las hebillas que ataban sus brazos firmemente cruzados sobre el pecho. Desconcertado por lo que acababa de presenciar, el mago se dio cuenta de que podría conseguir el mismo impacto ante su público al intentar escapar de un artilugio tan extraño como una camisa de fuerza. «Idea interesante», pensó. Al final de la visita, el escapista pidió a su anfitrión, el doctor James Steves, que le cediese una de aquellas camisas durante una semana a fin de conocer sus secretos. A pesar de las evidentes dificultades que implicaba la ejecución de este número, Houdini estaba convencido de que sería capaz de liberarse de sus hebillas y para ello pasó a entrenar diariamente durante horas. Tras semanas de extenuantes pruebas, estaba listo para presentarlo públicamente.

> Veía como un paciente se debatía sobre el suelo acolchado de su celda, tratando de estirar cada músculo de su cuerpo en el vano intento de liberarse de su camisa de fuerza. He deducido que si fuese capaz de dislocarse uno de los hombros, quizá consiguiese obtener cierta holgura que le permitiera liberar uno de los brazos. Jamás había visto semejante escena, y aquello me dejó una impresión tan vívida en la mente que apenas fui capaz de dormir aquella noche. En los pocos momentos en los que logré cerrar los ojos, no veía otra cosa que no fuesen camisas de fuerza, celdas acolchadas y maniacos. Mientras estaba despierto, pensaba cómo podría crear un número lo suficientemente atractivo como para que el público se interesase por ver a un hombre liberándose de un artilugio tan siniestro e impactante. [N10]

En un artículo publicado en el diario *Telegraph Journal*, el historiador canadiense Harold Wright afirmó que la visita que Houdini hizo al St. John Asylum no pasó de ser un mito más creado por el propio mago para promocionar su *show* y diferenciarlo de los numerosos ilusionistas que se presentaban en el continente norteamericano por aquel entonces. En una entrevista concedida a la revista *Ladies Home Journal*, publicada en mayo de 1911, Houdini explicó que el hospital que había visitado se encontraba en Europa, contradiciendo su primera versión de los hechos. Basándonos en su conocida capacidad de autopromoción, es posible que la historia del manicomio de Saint John haya sido simplemente producto de su imaginación. Inventada o no, el número de escapismo de la camisa de fuerza le proporcionó una extraordinaria publicidad y un importante empuje en una fase crítica de su carrera. Sin embargo, la idea de exhibir este número de escapismo colgado de una grúa surgió después de finalizar su gira británica de 1914. Houdini habría embarcado en un tren con destino a la ciudad de Sheffield para visitar a un joven de diecinueve años llamado Randolph Osborne Douglas, que había tenido una corta carrera como «Randini». El joven, siempre atento a las giras que Houdini realizaba por las islas británicas, intentaba acudir a todas las funciones que podía y, durante una de estas giras, le escribió una carta sugiriéndole ideas de su propia autoría, sin siquiera imaginar que un día su ídolo le respondería dando inicio a una nueva amistad. Después de disfrutar del tradicional té de las cinco, Houdini fue conducido por Douglas y su madre, Kitty, a la azotea de la casa, donde el joven solía practicar sus temerarios números. Allí arriba, Kitty inmovilizó a su hijo con una camisa de fuerza y enseguida le ató firmemente los tobillos con una cuerda. Douglas se lanzó inesperadamente al vacío, quedándose colgado bocabajo mientras se debatía para liberarse de aquel artilugio, una hazaña lograda en escasos minutos. Houdini se quedó tan maravillado con el impacto visual proporcionado por aquella exhibición que decidió adoptarla como forma de promocionar sus funciones. Aunque brillante, la idea de Randini no era original. Otro mago, llamado Mysterio, ya ejecutaba este número en 1913, un año antes de la visita de Houdini a Sheffield y dos años antes de presentarlo por primera vez al público. El mérito de Houdini fue añadir un importante factor de riesgo al quedarse colgado bocabajo desde un rascacielos. [N11]

> Cuando conocí a Houdini, él pronto se dio cuenta de que yo no era el típico cazaautógrafos, sobre todo después de haber conseguido impresionarlo con mis conocimientos en el arte del escapismo. Pero lo que en realidad me ha enorgullecido fue un gesto suyo que se restringe a su círculo de amigos íntimos: visitarme en persona en mi casa y comer con nosotros. Yo ya había creado varios números de escapismo y estaba a punto de empezar una carrera artística en esta área, pero estalló la guerra y me vi en la obligación de cumplir con mi deber. Acabé obligado a abandonar mis planes por motivos de salud. Un escapista de éxito necesita estar en plena forma física, como Houdini. RANDOLPH DOUGLAS, «RANDINI».[N12]

La exhibición de escapismo utilizando una camisa de fuerza se convirtió en la mayor campaña publicitaria de su carrera, sobre todo por tratarse de un número realizado delante de la audiencia, sin tapujos. Gran parte de lo que hacía en el escenario se ocultaba a la vista, y en los saltos desde puentes o escapes de cajas sumergidas utilizaba el agua como medio para enmascarar la acción. En número de la camisa de fuerza, sin embargo, era perfecto de principio a fin. La imagen del artista colgado en el aire encima de miles de espectadores atónitos se convertiría en una de sus imágenes icónicas más emblemáticas. «El ruido reinaba por doquier, al igual que el éxtasis. Todavía ahora, mientras escribo estas líneas, las calles continúan en plena ebullición y no se habla de otra cosa», escribió un periodista local en su columna diaria.

Nota del autor

La camisa de fuerza fue inventada en Francia en 1790 por un tapicero llamado Guilleret, como un encargo realizado por el hospital Bicêtre de París. Se trata de una prenda diseñada para inmovilizar los brazos de un individuo que demuestre un comportamiento extremadamente agresivo, normalmente provocado por enfermedad mental o por los efectos de una droga alucinógena. Está hecha de lona o cualquier otra tela fuerte, abierta por detrás y se cierra con cinchos y hebillas; las costuras se refuerzan con piel y las mangas, extremadamente largas, están cosidas en los extremos para retrasar y entorpecer el uso de las manos, las cuales se atan por la espalda, de modo que los brazos se mantienen cruzados sobre el pecho. Tiene además una correa por la entrepierna para evitar que la chaqueta sea tirada hacia arriba. A pesar de que no lo parezca, la camisa permite cierta libertad de movimiento, como caminar y mover un poco sus brazos, pero impide al individuo hacerse daño a sí mismo o a terceros. [N13] Las camisas de fuerza transmitían una fuerte impresión al público, ya que estaban directamente asociadas a individuos considerados de alta peligrosidad. Su uso fue muy extendido en una época en la que la medicina todavía no contaba con los modernos tratamientos a base de psicotrópicos.

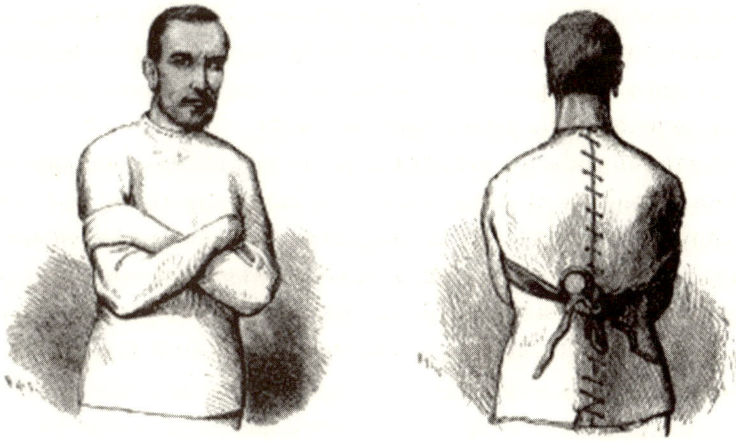

Camisa de fuerza utilizada en los manicomios americanos en 1870.

Aunque el interés de la audiencia se concentraba en comprobar si Houdini sería capaz de liberarse de una camisa de fuerza, el riesgo de esta exhibición estaba asociado a otros elementos, que eran inspeccionados al detalle por el propio artista. El arnés que le sostenía, por ejemplo, estaba hecho de un material robusto y, además, el artista estaba siempre atado a una cuerda de seguridad adicional por si la polea fallaba. Houdini solo confiaba la tarea de atarle los tobillos y levantarle del suelo a Collins y sus otros asistentes, no solo por temas de sujeción, sino también por la forma en que debería ser suspendido. Cualquier movimiento en falso podría causarle una seria fractura. Una vez arriba, el escapista aún tenía otros riesgos a los que enfrentarse. El viento podría golpearle contra la fachada del edificio o algún elemento contundente —en una ocasión, Houdini sufrió unos cuantos rasguños en el rostro después de chocar contra la repisa de una ventana—. Aparte de todos los riesgos inherentes a la exhibición, algunos sucesos insólitos ocurrían entre el público mientras el escapista se encontraba colgado a decenas de metros de altura. Cuando Houdini y su hermano Hardeen actuaban en Tacoma, Washington, el primero llevó a cabo una exhibición pública de su número de la camisa de fuerza. Al ver la cantidad de gente que se había reunido en la avenida, Hardeen pensó que era un buen momento para repartir el programa que anunciaba su espectáculo y así lo hizo. La multitud que estaba viendo la exhibición pensó que era Hardeen el que estaba allí arriba, colgado, y fueron a ver su espectáculo, provocando un sensible incremento en la recaudación de la taquilla aquella noche. Los dos hermanos estuvieron un par de semanas sin hablarse después de lo ocurrido.

Contrariamente a la creencia popular, Houdini no tenía que dislocarse el hombro para liberarse de una camisa de fuerza. Su secreto consistía en cumplir una secuencia de procedimientos: mientras estaba siendo sujetado por sus asistentes, Houdini siempre utilizaba una de las manos para ensanchar discretamente la parte delantera, proporcionándole algunos centímetros añadidos de holgura. Acto seguido, respiraba profundamente y apretaba los músculos con el fin de hacer que el tórax se agrandara tanto como fuera posible. Una vez que la camisa de fuerza estaba asegurada, el escapista relajaba los músculos y exhalaba todo el dióxido de carbono posible, incrementando aún más la holgura obtenida que había conseguido en el paso anterior. Enseguida, empujaba su brazo con fuerza hacia el hombro opuesto, permitiéndole acceder a las hebillas y desabrochar las que se encontraban en la manga con los dientes y las superiores e inferiores con las manos.

La exhibición de escapismo mediante una camisa de fuerza al aire libre fue una proeza que asombró a multitudes, que interrumpían el tráfico para acompañar desde cerca las habilidades de Houdini. Este truco no estaba exento de riesgos y provocó la muerte de varias personas que intentaron ejecutarlo.

Houdini versus Jess Willard

En octubre, Houdini se presentó en la ciudad canadiense de Winnipeg y enseguida viajó a San Francisco, donde escapó de una caja lanzada en altamar el 6 de noviembre. El día siguiente, el mago ofreció una función especial para los reclusos de la prisión de San Quentin State y, durante la semana del 21 de noviembre, se presentó en Oakland haciendo la competencia a su hermano Hardeen, que estrenaba en el teatro Pantages en la misma ciudad (Houdini ocupaba la cabeza de cartel en el teatro rival, el Orpheum). Sin embargo, el evento que acaparó los titulares de la semana fue su exhibición de escapismo con la camisa de fuerza desde lo alto del edificio Oakland Tribune el 23 de noviembre, donde sufrió heridas leves después de chocarse contra la fachada del edificio tras una inesperada ráfaga de viento. No fue el único incidente de la temporada. En el Orpheum de Los Ángeles, Houdini tuvo una refriega verbal con el campeón mundial de los pesos pesados, Jess Willard. Como es habitual en sus exhibiciones, se acercó a las candilejas y pidió que un grupo de voluntarios subiera al escenario y comprobara la legitimidad de los objetos que serían utilizados en la función. Siete hombres levantaron las manos y se posicionaron detrás del mago. «¡Necesito tres caballeros más! —anunció el artista—, y hay un hombre aquí que vale por tres. ¡Es Jess Willard, damas y caballeros, nuestro campeón!». Houdini era un aficionado al boxeo y la presencia de un campeón de la talla de Willard en el teatro tenía mucha más relevancia que la de un presidente de la República. «A la gente que admira al señor Willard, le ruego le aplaudan con entusiasmo» y el público respondió vitoreándole efusivamente. Willard, sin embargo, reaccionó de forma completamente inesperada, para sorpresa de todos. «Si me pagas lo mismo que cobran estos siete caballeros, será un placer subir al escenario», respondió con desprecio, de manera hosca. El teatro permaneció en silencio con la mirada puesta en el mago escapista, cuyo enojo era patente. El boxeador, pensaba el artista, tenía todo el derecho de rechazar su invitación, pero no podía de forma alguna intentar arruinar su reputación. «Señor Willard, le puedo asegurar que estos caballeros no cobran ni un solo centavo por estar aquí», le contestó amablemente, intentando mantener una conversación civilizada, pero Willard no quiso seguir con la trifulca y se levantó de su asiento, batiéndose en una precipitada retirada, mientras Houdini descargaba toda su rabia hacia el atleta. «Me da igual lo grande que sea. Quise hacerle un cumplido al invitarle al escenario, pero usted se lo ha tomado de una forma completamente absurda. Quiero decirle algo más, señor Willard. Yo seguiré siendo Harry Houdini cuando usted abandone los cuadriláteros. A ver quién es el primero en caer en el olvido». Un estruendo de aplausos siguió al desahogo del mago. Un sordo ruido en la galería indicó que Willard estaba tratando de dar algún tipo de respuesta, y los vítores a favor de Houdini se tornaron repentinamente en gritos y alaridos. «Veo que he cometido un error —admitió—. He pedido la presencia de caballeros, y solamente caballeros, junto a mí en el escenario». Días después, Willard envió una nota al periódico *Los Angeles Examiner* diciendo que Houdini había «montado un espectáculo aparte» porque sabía que su nombre contribuiría a promocionar su función.

El 19 de abril de 1916, los americanos se despertaron con la noticia de un ataque inminente de submarinos alemanes en la costa este. El *Washington Times* publicó una carta del presidente Woodrow Wilson enviada al gobierno alemán exigiendo la cancelación de todos los ataques programados contra navíos mercantes americanos. Pese a la gravedad de la situación, aún hubo sitio para noticias más amenas en la portada del periódico: «Más de quince mil personas ven con alegría cómo "El rey de las esposas" se libera de una robusta camisa de fuerza, colgado bocabajo en tan solo dos minutos y medio, una hazaña que congregó a la mayor multitud jamás reunida en Washington en un solo lugar, a excepción de la toma de posesión de un presidente». Acorde con el relato del periodista, Houdini fue atado con los brazos sujetos a los costados mediante gruesas bandas de cuero y hebillas. Sus manos estaban delante de él, y todas las hebillas estaban en la parte de atrás, donde no podía alcanzarlas. Acto seguido, Houdini fue izado a una altura de alrededor de veinticinco metros por encima de la muchedumbre. Tan pronto como su cuerpo quedó quieto, el público lo vio retorcerse. Al principio el mago estaba inerte, pero de repente empezó a moverse y levantarse. Finalmente, con gran esfuerzo y retorciéndose frenéticamente, el escapista logró liberarse de todas las hebillas. Entonces, la multitud aplaudió mientras observaba cómo los hábiles dedos encontraron las diferentes piezas y desataron la chaqueta. Al lograr aflojar la última correa, un rotundo volumen de aplausos estalló y cuando, finalmente, la chaqueta colgó suelta y el artista la lanzó por encima de su cabeza, el aplauso se convirtió en un rugido constante. [N15] Su exhibición en las calles de Washington no solo llenó el teatro, sino que atrajo la atención de gente importante, como el mismísimo presidente de la República norteamericana Woodrow Wilson, quien hizo acto de presencia con su esposa, quizá para alejarse algunas horas de la presión ejercida por las naciones aliadas en Europa, que exigían la entrada de los Estados Unidos en la guerra. Minutos antes de dar inicio a la exhibición, Houdini hizo una inesperada declaración a la prensa:

> Me parece a mí que estoy cerca de llegar al límite. En los últimos treinta años, más o menos, he ingeniado mil y una maneras de escapar de cualquier tipo de confinamiento y hasta la fecha no ha habido nada que pudiera detenerme. Pero llegará el día en que alguien logrará superarme, así que pienso retirarme con un expediente limpio antes de que mi invencibilidad se vea amenazada. Así que este será, muy probablemente, mi último número de escapismo. A partir de ahora, pretendo dedicar mis ratos libres a actividades relacionadas con el intelecto. ¿Ves estas canas? Significan algo. No soy tan joven como era. He tenido que trabajar duro para mantenerme a la cabeza de la profesión y no tengo dudas de que podré seguir entreteniendo el público durante muchos años. Pero lo quiero hacer de forma menos espectacular. Como escapista, creo que ya lo he dado todo. [N16]

Aunque Houdini era propenso a declaraciones grandilocuentes con el fin de llamar la atención —sobre todo de la prensa—, la exhibición pública de la camisa de fuerza fue, de hecho, su última creación en el ámbito del escapismo. A los cuarenta años, su cuerpo empezaba a resentirse, de modo que se vio obligado a tener que admitir que su condición física no era la misma y que tenía que pensar en números menos arriesgados. El mago escapista había decidido dar un giro de 180 grados en su carrera, canalizando buena parte de su imaginación y energía a otros trabajos lejos del vodevil.

En agosto, Houdini ofreció una función especial para reclusos en Sing Sing, convirtiéndose en el primer gran mago en presentarse en una cárcel desde el espectáculo montado por Alexander Herrmann en 1896. Durante tres horas, el artista logró atraer la atención de todos los presidiarios, que, al no tener acceso a una opción de entretenimiento dentro de los muros de la prisión, quedaron maravillados con simples trucos de magia, especialmente los números de escapismo presentados durante la función. Todos sus movimientos para liberarse de esposas y camisas de fuerza fueron cuidadosamente observados y sirvieron de inspiración para un pequeño grupo de reclusos que intentaron reproducirlos algunos días más tarde, en un intento —felizmente fallido— de escapar de los sólidos barrotes que les mantenían encarcelados. El escapismo no era solamente una habilidad utilizada para librarse de una cárcel física, sino también de una atadura emocional. Un pastor de una iglesia baptista que había asistido al espectáculo de Houdini en Rochester dio un sermón titulado: *El arte de escapar*, basándose en las proezas del mago. Para el clérigo: «El vicio es como una cárcel que tiene las puertas abiertas y que te invita a salir, pero parece ser que siempre hay algo que nos lo impide y esto puede afectar incluso al mejor escapista del mundo».

En abril de 1917, el presidente americano Woodrow Wilson pidió al Congreso que fuese declarada la guerra contra Alemania, no solo para derrocar al Imperio germánico, sino para salvaguardar «los derechos y las libertades de todos los pueblos libres», según sus palabras. Para Wilson, la guerra constituiría una gran cruzada en pro de la paz mundial y la autodeterminación nacional. «El mundo debe convertirse en un lugar seguro para la democracia», declaró Wilson cuando los Estados Unidos entraron por fin en el conflicto, atendiendo además a las innumerables apelaciones de sus aliados en Europa. En cuanto se enteró de la declaración de guerra —anunciada el día de su cumpleaños—, Houdini entró en acción rápidamente, reuniéndose con el consejo deliberativo de la SAM (Sociedad Americana de los Magos), donde presento una resolución —aprobada por unanimidad— que obligaba a todos sus miembros a expresar lealtad incondicional al presidente de los Estados Unidos y el deseo de contribuir para el esfuerzo de guerra. El 2 de junio, Houdini fue elegido presidente de la SAM y diez después decidió alistarse para el combate, en respuesta a un irónico artículo publicado por el periódico *New York Cliper*. «Houdini, el hombre que es capaz de zambullirse de cualquier situación, ¿conseguirá escapar del servicio militar?». A pesar de su experiencia, su petición fue rechazada. El mago acababa de cumplir los cuarenta y tres años y era, por lo tanto, demasiado mayor para el ejército, aunque su forma física y fuerza eran superiores a la de muchos de los jóvenes que formarían filas en Europa. Empecinado en contribuir a la causa de la guerra, el mago anunció que cancelaría toda su agenda para dar inicio a una gira particular, cuya recaudación de taquilla sería íntegramente destinada al ejército americano. En el teatro Hippodrome de Nueva York, Houdini ofreció una función especial para un grupo de reclutas que embarcarían hacia Europa en pocos días y les enseñó algunas maniobras corporales para escapar de cuerdas y cadenas. «Ellos tienen que tener en mente que en Europa podrán ser maniatados por el káiser y por ello es importante que sepan qué hacer para escapar», afirmó.

El 11 de noviembre, el Hippodrome de Nueva York destinó integralmente la taquilla de la noche para ayudar a las familias de los sesenta y siete marineros que murieron a bordo del SS Antilles —hundido por un submarino alemán el 17 de octubre—. El gran evento, organizado por Houdini, contó con la participación de siete magos actuando lado a lado, cada uno ejecutando su número estrella. El *show* prosiguió con la presencia de ilusionistas conocidos de la época como Raymond Hitchcock, Arnold de Biere, Julius Zancig y Takasi. [N17] El público presente aquella noche no ocultó su alegría cuando el nombre de Houdini fue anunciado para subir al escenario. El gran mago no defraudó, aunque no fueron sus emblemáticos números de escapismo los que sorprendieron a la audiencia, sino su discurso de apertura bajo las imponentes luces de la candileja del Hippodrome. «Damas y caballeros, esta noche no les presentaré ninguno de mis números. Mi puesto será ocupado por el mayor ilusionista de América, que vino especialmente desde California para contribuir a una causa noble». Fue un raro momento de humildad de Houdini, habituado a promocionarse como el mejor artista del mundo. El público, que ya sabía de antemano de quién se trataba, empezó a vitorear el nombre de Kellar, que subió al escenario bajo una gran ovación. Lejos de las tablas desde que su retirada en 1908, el «decano de los magos americanos» hizo las delicias de la audiencia con una nostálgica función, compuesta por clásicos, como *La mesa flotante* y *El armario de los espíritus*, números jamás vistos por muchos de los espectadores, en su mayoría jóvenes que nunca habían tenido la oportunidad de verle actuar en directo. Su función culminó con estrepitosos aplausos, que sacudieron la sala con tanta fuerza que a Kellar le pareció que las luces del techo empezaban a saltar. Un grupo de integrantes de la SAM subió al escenario con una litera —de aquellas que eran utilizadas para transportar a los nobles por las calles— y le invitó a sentarse en ella y ser llevado a hombros hacia la salida del Hippodrome mientras se escuchaba el tema *Auld Lang Syne*, ejecutado por la orquesta del teatro. Kellar sabía que el público difícilmente volvería a ver un certamen de esta categoría y haber formado parte de un evento de semejante magnitud le emocionó profundamente. «Me habéis proporcionado la noche más feliz de mi vida y una despedida que no podrá ser igualada por ningún otro mago», escribió Kellar en una carta enviada a Houdini. [N18] Kellar y Houdini se tenían un cariño que les vinculaba casi como padre e hijo. El decano de los magos americanos, como era conocido, fue, muy probablemente, el único mago vivo al que Houdini admiró, aunque ambos tenían posturas divergentes con respeto a su oficio. Houdini, por ejemplo, siempre dejó claro que sus números eran ejecutados a través de medios puramente naturales, gracias a una extenuante rutina de entrenamiento físico y mental. Kellar, por otro lado, era uno de esos magos que solían alterar nuestras percepciones a través de números inquietantes cuya ejecución solo era posible —según le gustaba afirmar— mediante la ayuda de fuerzas psíquicas. Los carteles utilizados para promocionar su espectáculo estaban cargados de seres míticos y sobrenaturales, teniendo siempre la figura del diablo como protagonista. Harry Kellar murió el 10 de marzo de 1922 a causa de complicaciones pulmonares. Houdini había conseguido su permiso para escribir su biografía tomando como referencia los centenares de cartas intercambiadas entre los dos y sus innumerables encuentros. Esta obra, que llegó a tener alrededor de cien páginas escritas, fue uno de los proyectos inacabados de Houdini debido a su muerte prematura, tan solo cuatro años más tarde.

Esta bonita litografía de 1894 reúne los números clásicos de Harry Kellar. A su lado figura el diablo susurrándole secretos al oído. Pese a toda la sofisticación de la edad dorada de la magia, Kellar siguió vinculando su espectáculo a las fuerzas ocultas, una conexión que muchos magos siguen explotando hoy en día.

En 1918, después de cuatro años viviendo con Hardeen y su familia, las circunstancias provocaron que se llegara a un punto de ruptura. No se sabe por qué Houdini y Bess ya no querían quedarse viviendo en Brooklyn más tiempo, pero tras un periodo de reflexión, la pareja decidió regresar a la casa de piedra rojiza de Harlem en medio de una ola de frío de una noche de febrero. Fueron necesarias veinticuatro furgonetas solo para transportar los libros de Houdini. La pareja encontró la casa medio abandonada; necesitó reformas y una profunda limpieza. En el camino de regreso a su antiguo hogar, el mago no pudo evitar acordarse de Cecilia. «Había comprado esta casa especialmente para mi amada madre, y sigo luchando para no ponerme triste por estos cinco años que ella lleva durmiendo. Aún estoy tan preocupado y dolido como entonces». [N19]

El elefante desmaterializado

Con la llegada del nuevo año, Houdini decidió convertir sus entretenidos escapes en clases magistrales. En febrero, el mago envió un escrito al secretario de Guerra, Newton Baker, ofreciendo sus servicios para organizar un curso de escapismo profesional para los soldados que irían al frente en Europa. Comenzó sus clases en los entreactos de *Cheer Up!*, un *show* patriótico de variedades creado por Houdini en el Hippodrome de Nueva York, destinado a recaudar fondos destinados a las familias americanas de los soldados muertos en la contienda. Se habilitó un despacho en el teatro en donde los oficiales podían llamar y pedir citas para llevar a sus tropas a sus funciones. Según la revista *Billboard*, «en junio de 1918, catorce meses después de la declaración de guerra americana, Houdini ya había donado más de trescientos cincuenta mil dólares en salarios no cobrados para la causa de la guerra». En una carta dirigida a R. H. Burnside, el director del Hippodrome, el artista afirmó: «Mi corazón está en este trabajo. Ya no es una cuestión de ¿vamos a ganar?, tenemos que ganar y estoy dispuesto a hacer lo que sea necesario para ayudar a que nuestros chicos logren la victoria». Una noche, Houdini se encontraba en uno de los camarotes del Hippodrome acompañado de R. H. Burnside para asistir la presentación de Charles Dillingham, cuando dos elefantes subieron al escenario. «Harry, ¿por qué no intentas hacer desaparecer una de estas criaturas?», le preguntó Burnside, sonriendo. Houdini asintió ligeramente, con la mirada puesta en el escenario, y le contestó: «Quizá un día lo haga». [N20]

El poder de hacer desaparecer un objeto es una característica de la magia clásica. Sin embargo, intentarlo con una persona o animal de gran porte es algo completamente distinto. Se trata de un atributo muy poderoso, otorgado normalmente a brujas o hechiceros, que, igual que los magos, también son capaces de desmaterializarse de repente de la nada, aunque por lo general con la peor de las intenciones. «La gente está mucho más interesada en ver las cosas desaparecer que aparecer», afirmó Houdini en cierta ocasión. «Cuando haces algo aparecer, la audiencia suele reaccionar de la siguiente manera: "Ah, seguro que lo tenía allí oculto todo el tiempo". Pero cuando haces desaparecer las cosas, esto los desconcierta». Con esta prerrogativa no es de extrañar que Houdini, con su estilo histriónico y su incansable necesidad de llamar la atención, acabase intentando ejecutar un truco de este porte, sobre todo porque sabía que semejante proeza coparía todos los titulares. Si otros magos hacían desaparecer una moneda, una carta o incluso una persona, Houdini tendría que ir a lo grande. Dos semanas después de la presentación de Dillingham, Burnside recibió una llamada de Houdini. «Si usted sigue estando interesado, estoy listo», reveló. «¿Listo para qué?», le preguntó el director del Hippodrome. «Para hacer desaparecer un elefante». Tres meses después de esta inquietante llamada, Houdini se incorporó al elenco de *Cheer Up!* y anunció públicamente su nuevo truco de ilusionismo, un titular que inevitablemente acaparó los titulares de los diarios más importantes de la ciudad, como el *New York Tribune*.

> Aquellos que se atrevan a acercarse mañana al Hippodrome podrán ver un elefante de gran tamaño, real y completamente vivo, desaparecer ante sus ojos, en un escenario brillantemente iluminado. Idealizada por Houdini en un viaje a la India hace ahora cuatro años, se trata de una de las pruebas más importantes para que un faquir obtenga el reconocimiento de sus compañeros. La nueva ilusión de Houdini ya puede ser clasificada como la «más grande» que se haya presentado jamás en un teatro. [N21]

Houdini hacía las delicias del público con números de ilusionismo excepcionales. Uno de los más impactantes fue, sin lugar a dudas, el truco de hacer desaparecer un elefante. Este registro, el único del que se tiene noticia, muestra al mago jugando con su «asistenta» en el escenario, «Jennie», un paquidermo de cinco toneladas que desaparecería segundos después, delante de los ojos desconcertados de los presentes.

El día 7 de enero, horas antes de abrir sus puertas, ya era posible notar un pequeño alboroto alrededor del teatro neoyorquino, localizado en la Sexta Avenida, en el corazón de Manhattan. Dotado de un inmenso escenario —uno de los más grandes de América—, el Hippodrome se dio a conocer por sus grandes producciones, las más espectaculares de todo el circuito del vodevil. Aquellos que llegaron pocos minutos antes del comienzo de la función encontraron colgado el cartel de localidades agotadas. Después de subir el telón, Houdini se encontraba posicionado justo en el centro del escenario, delante de un gran cajón cuyas dimensiones se parecían a las de un vagón de tren con capacidad para almacenar dos coches. Su interior, visible a la audiencia, estaba completamente vacío. El mago se acercó al proscenio, apuntó a una esquina del escenario y exclamó: «Permítanme presentarles a mi nueva amiga, ¡*Jennie*!». De pronto, y para desconcierto de los presentes, un elefante de cinco toneladas entró en escena, a pasos lentos, acompañado de su adiestrador y adornado con un simpático lazo azul de seda. El paquidermo se acercó al mago, le dio un beso con la trompa y se ganó un terrón de azúcar como recompensa por su cariñoso gesto. «Esta noche, damas y caballeros, les ruego presten mucha atención, porque usaré mis poderes para que *Jennie* desaparezca delante de sus ojos». Mientras la orquesta tocaba un tema circense, quince asistentes rotaban el cajón, de modo que el público pudiese comprobar su interior desde todos los ángulos. Acto seguido, Houdini hizo un gesto para que el adiestrador condujera al animal hacia el cajón, que fue herméticamente cerrado. «A la cuenta de tres, *Jennie* desaparecerá», anunció. El mago se dirigió a una esquina del escenario, contó hasta tres y disparó una pistola que sostenía en sus manos. Las paredes del cajón cayeron, revelando un inmenso vacío en su interior. En un primer momento, la audiencia podría sospechar que la criatura había sido conducida a una trampilla; sin embargo, el cajón se encontraba apoyado sobre ruedas, lejos de cualquier telón y aislado en el centro del gran escenario. [N22]

> Si me tocara morir mañana, no podría quejarme. He presentado mi espectáculo en prácticamente todos los escenarios del mundo civilizado, ejecutando todo tipo de números, desde el más pequeño hasta el más grande. Lo más notable fue hacer desaparecer a mi elefante *Jennie*, que pesa cinco toneladas, y lo conseguí de forma sistemática en el Hippo-

> drome. Mi hazaña más diminuta fue tragarme un par de paquetes de agujas y regurgitarlas todas... ¡enfiladas! [N23]

Nunca nadie descubrió el secreto de este número, pero no pasó mucho hasta que surgieron rivales dispuestos a apropiarse de la idea de Houdini. Tres ilusionistas anunciaron que repetirían su prodigio, pero uno de ellos, Harry Blackstone, alegó ser el inventor del número, aunque jamás ofreció evidencias que probasen su afirmación. El truco del elefante desmaterializado fue una adaptación de un número similar, concebido por Charles Morritt, un mago británico, amigo de Houdini. Se llamaba *Disappearing Donkey* y fue muy bien recibido en los escenarios ingleses. Houdini compró los derechos para presentarlo y realizó algunas modificaciones. El célebre mago escapista solo volvería a realizar este truco en 1922 en una corta temporada en el Times Square. Muy pocos teatros en Estados Unidos disponían de un escenario lo suficientemente grande como para albergar un animal de semejante porte. Más de doscientas mil personas asistieron a la desaparición de *Jennie*, entre ellos muchos magos profesionales. Hasta hoy se discute la técnica utilizada para lograr esta proeza. ¿Espejos? ¿Paredes falsas? ¡Nunca se sabrá!

Motivado por el éxito cosechado en los últimos meses, Houdini puso en marcha un antiguo proyecto: regentar en Nueva York un local dedicado a la cultura y a los *shows* de magia, una especie de teatro y museo que se llamaría El Templo del Misterio, donde el visitante caminaría por muchas salas y pasillos laberínticos guiados por una misteriosa voz que le invitaría a conocer una vasta colección de objetos y artilugios de ilusionistas antiguos y contemporáneos. «Me gustaría montarlo con lo último en descubrimientos científicos, como aquellas máquinas parlantes que se ponen en movimiento siempre que un visitante pisa en ciertas partes del suelo», soñaba, quizá inspirado por el espectáculo *Noches Fantásticas,* que Robert-Houdin presentaba cada día en su teatro personal en el centro de París, que incluía numerosos autómatas y artilugios robóticos accionados por dispositivos mecánicos. [N24] Houdini contaba con tener como socios a dos importantes productores de Broadway, Oscar Hammerstein y Charles Dillingham, creadores de *Cheer Up!*, pero la postura conservadora de los empresarios impidió formar parte del proyecto por considerarlo demasiado arriesgado.

El 11 de noviembre, los disparos de los cañones cesaron de manera definitiva en Europa a las 11 de la mañana, señalando el fin de la Primera Guerra Mundial, una masacre sin precedentes que terminó con la vida de nueve millones de personas. En los aeródromos, trincheras, albergues y en los cuarteles no se escuchaba un solo ruido que no fuera el del helado viento que movía una fina capa de niebla gris. Los soldados del frente mantuvieron sus posiciones, sin saber qué hacer, mientras se preguntaban qué destino les esperaba en el mundo más allá de las trincheras. Por un lado, tenían la certeza de haber logrado vencer a la muerte en aquella pesadilla sin fin y, por otro, que en breve se encontrarían bajo el calor de sus hogares. Sin embargo, muchos de ellos sufrirían uno de los efectos más chocantes de la posguerra: el *shell shock* (fatiga de combate), que convertiría a muchos de estos militares en personas traumatizadas, con severas discapacidades físicas e intelectuales de por vida. Los que lograron volver mínimamente sanos se encontraron en una condición de total exclusión, convertidos en civiles desempleados y sin derecho a cobrar ninguna gratificación. Por las calles de Berlín vagabundeaban hombres andrajosos, sin piernas, con las cabezas vendadas y los rostros desfigurados, machacados física y psicológicamente por los efectos de una guerra que nunca debería haber comenzado. Aunque no tuviesen la más mínima relación, el conflicto que tuvo al mundo en vilo durante largos cuatros años acabó de alguna manera desvirtuando la magia. «La Gran Guerra ha puesto patas arriba no solo todo el mundo, sino también los valores de la gente», reflexionó Will Goldston, marchante de magia y escritor. «Tras la contienda, se espera que los espectáculos sean más ruidosos y apabullantes». Su previsión fue acertada. La violencia de la guerra había enfriado la sensibilidad del espectador, que necesitaba auténticos horrores para prestar atención. Muchos magos e ilusionistas respondieron a la demanda ofreciendo espectáculos compuestos por actos cargados de sangre y vísceras, exhibiendo decapitaciones, torturas y desmembramientos. Aunque la crítica solía despreciar tales funciones los teatros colgaban el cartel de lleno cada noche. «No soy capaz de librarme de la tentación de ofrecer algo más excepcional cada año», reveló Houdini en cierta ocasión. En la década de 1920, el público esperaba que los grandes artistas de la magia y del escapismo alardeasen de sus poderes y se burlasen de la muerte, incorporando a sus funciones una buena dosis de peligro. [N25]

La carta ambiciosa

El arte de la magia consiste en sutiles sugerencias y sabias argumentaciones que conducen al público a conclusiones equivocadas. «Los mayores engaños —decía Houdini— se gestan en la mente de las personas. Mi vida profesional ha sido un registro constante de desilusiones, y muchas cosas que le parecen maravillosas a la gente son lugares comunes de mi oficio». El ilusionista, que se jactaba (a veces de forma borde) de ser el rey del engaño, probó de su propia medicina en una cena en su honor realizada en el Great Northen hotel de Chicago, donde fue presentado a Dai Vernon, por entonces un desconocido mago canadiense que intentaba hacer carrera artística en los Estados Unidos. Maestro y aspirante entablaron una animada conversación cuando, en un momento dado, Houdini le aseguró que nadie podía engañarle tres veces con el mismo truco. Al percibir la oportunidad inmejorable de hacerse conocido entre sus colegas, Vernon decidió tentar a la suerte, aun a sabiendas de que jamás se debe repetir un truco delante de la misma audiencia, qué decir ante Houdini, que se hallaba en la cima de su carrera. «Una vez es un truco; dos, una lección», recuerda el mago Alex Stone en su interesante obra *Fooling Houdini*. Pero Vernon, que tenía mucho que ganar y nada que perder, decidió ignorar esta vieja enseñanza, sacó de su abrigo unas cartas y le pidió que eligiera una, la mirara y la pusiera de vuelta en el montón. Tras un ligero toque, la carta apareció en la parte superior de la baraja. Vernon repitió la jugada no una, ni dos veces, sino siete, delante de un desconcertado Houdini, quien nunca llegó a descifrar el secreto del efecto, que recibió el sugerente nombre de *La carta ambiciosa*. La proeza de Vernon le hizo ser conocido como «El hombre que engañó a Houdini», un honorable mote del que nunca dudó sacarle provecho, convirtiéndolo en el eslogan publicitario de su espectáculo. Si la mayoría de los magos se gana la vida engañando a la gente común, Vernon había logrado subir el listón al sorprender al mago más famoso del mundo con un sencillo pero exquisito truco de cartas. El ardid utilizado por Vernon consistía en doblar el borde superior de la carta imperceptiblemente hacia arriba mientras la introduce de vuelta en la baraja, creando un hueco por el que esconderla justo debajo de la que está en lo alto. Se trataba de una operación sencilla, y cuesta creer que Houdini no fuera capaz de pillarla. Sin embargo, al repetir la jugada, Vernon recurrió a una artimaña distinta, y después a otra, desmontando así cualquier teoría que su ídolo pudiera haber elaborado sobre su proceder. [N26] A pesar de no haber disfrutado de la misma fama que el gran Houdini, Vernon es reconocido en la llamada «magia de cerca», un estilo de magia que se ejecuta a corta distancia sin parafernalia escénica, en donde el público es reducido y los trucos son interactivos (en otras palabras, delante de las narices de los espectadores). Vernon llegó a cumplir noventa y ocho años de edad y su longevidad le permitió ejercer una gran influencia en la magia durante la mayor parte del siglo XX. Falleció en Ramona (California), el 21 de agosto de 1992. Su cuerpo fue incinerado y sus cenizas descansan en el que fue su hogar veintinueve años, The Magic Castle, un conocido club de magia privado de Hollywood.

En diciembre de 1919, Houdini embarcó en el buque Mauritania con destino a Inglaterra para cumplir los contratos pendientes que habían sido firmados antes de la guerra, comenzando por el London Palladium. Pero al llegar, se encontró con un escenario extremadamente preocupante. Las tarjetas de racionamiento estaban a la orden del día y productos como la carne eran imposibles de obtener. Las mujeres que transitaban por las calles iban todas vestidas de luto y eran el retrato y el recuerdo de aquellos años trágicos. El comercio, sin embargo, seguía vivo y la demanda por artículos de lujo estaba al alza. El fin de la guerra trajo un incremento generalizado de precios y, por consiguiente, del coste de la vida. Con mayores gastos, Houdini pasó a negociar mayores salarios. El pagado por el Palladium alcanzó la impresionante cifra de 3750 dólares semanales, el mayor sueldo jamás pagado a un artista por un teatro británico. Su retorno a los escenarios de las islas era muy esperado, y su camerino se convirtió en un salón de visitas. «Hoy llegué a servir té a por lo menos veinte personas», comentó con su agente. El mago hizo su estreno el 19 de diciembre y, pese a la subida de los precios de las entradas, logró llenar el teatro. El éxito de su nueva gira fue tal que incluso algunas de sus antiguas proezas que habían sido olvidadas volvieron a llamar la atención de la crítica. Will Goldston, que se encontraba entre el público, relató que, al final de su función, Houdini tuvo que pedir gentilmente que parasen de aplaudirle después de haber retornado al escenario en cuatro ocasiones para ser reverenciado. En la misma semana, el club de magos de Londres organizó un banquete en su honor (en la época ocupaba el puesto de presidente de la entidad), donde fue sorprendido por la petición de disculpas por parte del Gran Raymond, con quien había tenido algunos roces y cruces de acusaciones por el uso indebido del número de escapismo del bidón de agua. Su entonces rival acabó asumiendo públicamente que Houdini era, de hecho, el autor del truco. [N27]

El 23 de febrero de 1920, Houdini estrenó en el teatro Empire de Edimburgo para una corta temporada de una semana. En su estancia, el mago escapista visitó la tumba de un excompañero de oficio, el Gran Lafayette. Nacido el 25 de febrero de 1871 en Múnich, Siegmund Neuburger se fue con su familia rumbo a los Estados Unidos cuando aún era niño. Comenzó la carrera imitando a un mago consagrado de la época, Ching Ling Foo (no confundir con Chung Ling Soo), y gradualmente fue construyendo una sólida carrera con creativos números de ilusionismo, cultivó también las pantomimas y las imitaciones musicales más elaboradas. En 1900, al ser invitado para presentar su función en Inglaterra, decidió cambiar su nombre artístico de Sigmund por el de Gran Lafayette. Houdini y él se conocieron al comienzo de sus carreras, cuando compartieron escenario en innumerables ocasiones. En la gira de 1899, cuando se encontraban en la ciudad de Nashville, el escapista le regaló un cachorro de Terrier llamado *Beauty*. Lafayette demostró una verdadera devoción por su nueva mascota, y se convirtieron en compañeros inseparables hasta la muerte del animal en mayo de 1911, una tragedia que el ilusionista tuvo que soportar con serenidad, puesto que aquella misma noche estrenaba su espectáculo en el Empire de Edimburgo. A pesar de haber logrado terminar su función con el público entregado, tuvo que esforzarse para no derrumbarse en varios momentos. Al día siguiente, enterró a su compañero en el cementerio Piershill de Edimburgo, pese a la resistencia inicial del alcalde, que no quería animales enterrados en el camposanto. Para ello, se impuso una única condición: el ayuntamiento cedería un nicho si su dueño aceptaba ser enterrado en el mismo lugar, tras su muerte. Cuatro días después, Lafayette presentaba uno de sus números de ilusionismo más conocidos, *La novia del león*, cuando una de las lámparas del escenario estalló y se prendió fuego, provocando un incendio que se extendió rápidamente y se apoderó del recinto en pocos segundos. Los espectadores, acostumbrados a los efectos visuales de un espectáculo de ilusionismo, pensaron que el fuego formaba parte del número y tardaron en reaccionar. Aun así, fueron evacuados rápidamente, al contrario que el elenco y algunos trabajadores que se encontraban detrás del escenario justo cuando se prendieron las cortinas. Lafayette y sus asistentes lograron escapar sin dificultad, pero mientras contemplaba aturdido el incendio desde el exterior, se dio cuenta de que dentro aún quedaban atrapados su león *Prince* y su caballo *Arizona*. En un intento a la desesperada, decidió ignorar todos los riesgos, volviendo al recinto y acabó muerto, atrapado entre los escombros. Fueron necesarias tres horas para sofocar el incendio, que acabó con la vida de once personas, incluido el propio Lafayette, que fue enterrado junto a su amada mascota bajo la atenta mirada de una conmocionada multitud de más de quince mil personas. Mientras se encontraba delante de la tumba de Lafayette, Houdini se acordó de un pacto que había hecho con su amigo y otras catorce personas, que establecía que cada uno de los implicados se comprometería a intentar comunicarse desde el más allá. Según el propio Houdini, después de invocar la presencia de su amigo, dos macetas de flores que él había llevado cayeron al suelo y se rompieron sin razón aparente. En vez de atribuir aquel extraño episodio a las fuerzas sobrenaturales, el mago escapista prefirió pensar que aquello había sido provocado por las rachas de viento que soplaban aquella tarde, un razonamiento coherente con una de sus notas escritas por aquel entonces. «Cuanto más profundizo en mis estudios acerca de lo sobrenatural, menos posibilidades tengo de creer». [N28]

Nota del autor

El cuerpo de Lafayette fue uno de los primeros en ser rescatado por los bomberos después del incendio. Algunas semanas después de haber sido incinerado, algunos operarios que estaban limpiando una zona debajo del escenario del Empire encontraron el cuerpo de otra víctima del incendio. Para sorpresa del equipo, el cadáver llevaba puesto el mismo atuendo de Lafayette y además poseía los mismos rasgos. Tras investigar el caso, se descubrió que, en realidad, el cuerpo que había sido enviado a la cremación pertenecía a un doble del famoso ilusionista. Aclarada la confusión, el verdadero Lafayette fue incinerado y sus cenizas se unieron a los restos mortales de *Beauty*, cumpliendo el acuerdo establecido entre el ilusionista y el alcalde de la ciudad días antes de la tragedia. [N29]

En junio, Houdini zarpó de vuelta a casa satisfecho con los resultados cosechados en su última gira británica. «La mejor que hice en las islas», registró en su diario. Su excelente racha se extendió incluso a bordo del navío, tras constatar que por primera vez en la vida no se sentía mareado. La brisa del océano y su bienestar le permitieron dedicarse a una nueva actividad: la literatura.

CAPÍTULO 9

LITERATURA Y CINE

«Los mejores críticos han dicho que provoco más asombro en la pantalla que sobre las tablas. Lo cual considero un cumplido». HARRY HOUDINI.

1906-1924

La pasión de Houdini por la literatura nació en su juventud, cuando empezó una modesta colección de libros y objetos relacionados con el mundo de la magia. El escapista admiraba a las personas eruditas y solía lamentarse de su escasa formación, ya que solo pudo ir a la escuela hasta el sexto curso, a raíz de los problemas financieros de la familia, lo que le obligó a trabajar desde muy joven para ayudar en la economía doméstica. Determinado a compensar esta carencia y probarse no solo a sí mismo, sino también a los demás, que podía convertirse en un hombre culto, Houdini invirtió gran parte de sus ingresos en colecciones de literatura dramática, artes escénicas y magia, convirtiendo su casa en una biblioteca. Su insaciable búsqueda de nuevos títulos le llevó a conocer a Robert Gould Shaw, un conocido coleccionista afiliado a la Universidad de Harvard, y George Pierce Baker, creador de la escuela dramática de la Universidad de Yale. Por intermediación de estos dos académicos, el mago hizo una gran adquisición de obras en una importante subasta realizada en la American Art Galleries de Nueva York, llenando su casa de miles de nuevos títulos. Houdini solía llegar cargado cada vez que volvía de sus giras internacionales y su colección atestaba su casa desde el sótano hasta el ático. «Estoy muy contento de estar de vuelta, aunque tengo que ordenar la ingente cantidad de libros que me traje de la gira. No me había dado cuenta de ello hasta que intenté meterlos en casa. Pienso que ha sido mejor haber tenido una agenda llena de compromisos; esto me ha tenido lo suficientemente ocupado como para no mirar más librerías». Muchos de sus encargos siguieron llegando incluso meses después de su muerte. «Estoy contemplando la construcción de una casa de campo exclusivamente para albergar mi biblioteca personal», escribió en 1925.

> Cuando la prestigiosa empresa Strobridge Litograph Company cesó sus actividades, me hice con un lote completo de alrededor de cinco toneladas de carteles, que se encuentran actualmente almacenados en mi bodega. Lo mismo ocurrió cuando vendieron la editorial Everett Wendel; fui el mayor comprador individual de su valiosa colección. Cierta ocasión, en Edimburgo, entré en una librería y compré todo el *stock* que tenían almacenado en la cuarta planta de su edificio, construido en el año 1700. En Iowa, antes de que el ayuntamiento derribase su viejo teatro de ópera, obtuve el permiso para retirar un lote compuesto por cuarenta años de correspondencias. Mi colección alberga una extensa colección de cartas y documentos relacionados con el mundo del teatro. Tengo cartas de Mansfield, un centenar de otras tantas de Clyde Fitch, más de cien misivas de Edwin Booth, algunas de Edmund Kean, de la familia Siddons y un gran lote de escritos de Charles Macklin, un importante artista de tragedia que vivió hasta los cien años. [N1]

Años antes de su muerte, cuando ya era una estrella internacional, Houdini solía decir: «Trabajo solamente cinco meses al año y el resto del tiempo estoy encerrado en mi biblioteca, inmerso en mis lecturas, a veces en compañía de mi bibliotecario personal, con quien mantengo largas charlas sobre literatura». Aparte de su impresionante colección de libros, carteles y programas, Houdini adquirió verdaderas joyas, como la Biblia personal de Martín Lutero, el escritorio de Edgard Allan Poe y la mayor colección privada de cartas de Abraham Lincoln. La inversión realizada en su librería personal fue tal que cuando se concluyó el inventario tras su muerte, su colección estaba valorada en seis millones de dólares en cifras actuales. En su testamento, el mago dejó su biblioteca de magia al Congreso americano —donde se encuentra actualmente— y su biblioteca de drama a Bess. Para ayudarle en la ingente tarea de cuidar y organizar su colección, Houdini contrató a un viejo amigo, John William Sargent, que llegó a ocupar el cargo de presidente de la SAM. El trabajo era ameno, pero la colección de libros del escapista crecía de tal manera que se hacía imperante la contratación de un bibliotecario profesional. Por indicación de amigos, Houdini fichó a Alfred Becks, un librero retirado de setenta y cuatro años que había pasado gran parte de su vida cuidando de la colección de la biblioteca de drama de Harvard. Becks se tomó como un reto personal la misión de clasificar y catalogar toda la colección de Houdini —tarea que tardó dos años en completar—. «El desafío más abrumador de mi vida, sin lugar a dudas», escribió en sus memorias. Por los aposentos de su amplia casa adosada había de todo: miles de títulos estampados en letras de oro en bellos volúmenes con lomo de cuero, obras escritas en varios idiomas tan exóticos como el hindú o el chino, incontables hojas de periódicos y programas teatrales antiguos, además de una colección de más de cinco mil autógrafos. «El acervo de Houdini es tan impresionante como inagotable —admitió el bibliotecario— y muchas de las obras allí reunidas son extremadamente raras y se encuentran en un excelente estado de conservación. Desgraciadamente, Houdini cometió la herejía de marcar muchos de estos ejemplares con un sello de caucho con su nombre. Con ello, muchas de estas magníficas obras no solo perdieron su valor comercial, sino también histórico». [N2]

Nota del autor

Becks fue un hombre intelectual, dedicado y amante del arte escénico, pero nunca tuvo recursos suficientes para reunir la colección de drama que anhelaba. Cierta ocasión se encontró ante la única oportunidad de obtener un precioso lote de libros de teatro en una subasta por un precio asequible. Su error fue revelar sus intenciones a Houdini, quien, el día de la subasta, decidió enviar a un emisario para pujar, utilizando un pseudónimo. Como resultado, Becks acabó perdiendo la inmejorable oportunidad de hacerse con el lote. El bibliotecario regresó a casa de Houdini cabizbajo, y este, avergonzado, ocultó los libros recién adquiridos en el sótano. En abril de 1925, su fiel bibliotecario falleció a causa de una bronquitis, después de haber pasado varios días ingresado en el Hospital Roosevelt. Vencido por el remordimiento, Houdini encargó tres grandiosos arreglos florales bajo el nombre de personas ficticias para que pareciera —a la vista de los presentes en el entierro— que Becks no había sido olvidado por sus amigos. Al regresar del funeral, Houdini volvió a casa, donde estuvo recluido un par de días, apenado por la pérdida del amigo, hasta que en un momento dado se acordó de su alijo oculto. «Creo que ahora puedo sacar los libros de su escondite». El mago bajó al sótano en búsqueda de la caja que los almacenaba, le quitó el polvo y la puso en un lugar destacado en su biblioteca. Tras finalizar la tarea, se sentó en una butaca delante de los libros y una vez más recordó al amigo perdido, cayendo en un llanto incontenible.

La idea de ser conocido en el mundo literario como escritor surgió por primera vez cuando el escapista se encontraba de gira por Europa. Allí escribió y publicó pequeños artículos sobre magia y números teatrales. Su estilo, sin embargo, era mediocre. Houdini cometía muchas faltas gramaticales y ortográficas y tenía serios problemas de concordancia verbal, una clara secuela de su escasa formación escolar. En realidad, el gran escapista no tenía exactamente lo que podemos llamar una «aspiración literaria»; estaba más bien preocupado por que su nombre se asociara al de un gran autor y para cumplir con su capricho optó por el camino más fácil y menos costoso contratando a un equipo de negros literarios. Sus «esfuerzos» tuvieron como resultado una curiosa y variopinta obra compuesta por casi una decena de títulos y muchos libretos que revelan, entre líneas, dos facetas opuestas de su compleja personalidad. Una es descarada y sin tapujos, que exponía su lado callejero y fanfarrón, el de un joven autodidacta que solo estudió hasta el sexto curso. El otro es florido, rebuscado y marcado por un tono complejo e incluso barroco, seguramente el estilo que Houdini anhelaba conseguir y del cual su padre estaría orgulloso si hubiese tenido la oportunidad de haber visto su trayectoria.

En mayo de 1906, Houdini publicó su primer libro, titulado *The Right Way to do Wrong* (*Cómo hacer bien el mal*), una obra que recopilaba y exponía las técnicas más utilizadas en el mundo de la delincuencia en los albores del siglo XX —muchas se pueden considerar obsoletas actualmente y algunas llegan a ser increíblemente ingenuas, pero eficaces por aquel entonces—. Según reconoce el propio mago, su obra tenía el objetivo de «salvaguardar al público contra las prácticas de las clases criminales, desvelando sus diferentes artimañas y explicando los diestros métodos de los que se valen para defraudar». Para darle contenido, Houdini tuvo que solicitar el permiso a los comisarios de policía para poder hablar con algunos reclusos, con quienes tuvo largas horas de entrevistas, depurando sus técnicas y estrategias. Los criminales, orgullosos por ser objeto de interés del artista más famoso del mundo, no escatimaron esfuerzos para revelar sus métodos, de los cuales muchos se jactaban. *The Right Way to do Wrong* trae además relatos interesantes sobre artistas decadentes que tragaban y regurgitaban piedras, cristales, venenos o incluso ranas con el único fin de llamar la atención de la audiencia. Su primer libro recibió buenas críticas, aunque a las autoridades no les hizo mucha gracia que alguien publicara una obra que más bien parecía un manual para los carteristas, que, según la policía, «tuvieron la oportunidad de adquirir nuevos conocimientos que aplicar en sus andaduras criminales». *The Right Way do to Wrong* fue prohibido en varios países, convirtiéndolo en una pieza rara de colección que se cotiza muy bien actualmente, sobre todo si está dedicada por el propio Houdini.

> Existe un submundo —de fraude y delincuencia— cuyo valor más preciado es la evasión exitosa de las leyes del territorio. Usted, que vive su vida en la más plácida respetabilidad, poco o nada sabe de la vida real de los habitantes de este mundo. Los registros recogidos diariamente en los juzgados, las sobrecogedoras revelaciones de fraudes y timos en los medios son prácticamente todo lo que el público conoce de este mundo del crimen. De la forma de pensar de un delincuente, de la fascinación que le mantiene atado a su vil oficio, de los miles, mejor dicho, decenas de miles de delitos sin resolución y de delincuentes impunes, poco se sabe. La finalidad de este libro es doble. Primero: salvaguardar a la

población de las prácticas de las clases criminales, revelando sus distintas artimañas y exponiendo los métodos utilizados para el fraude. «La sabiduría es poder», enseña un viejo dicho. En este caso, se puede parafrasear diciendo que «la sabiduría es seguridad». Deseo poner al público sobre aviso, de modo que la gente honesta sea capaz de detectar y protegerse de los timadores que operan bajo la falsa impresión de que es más fácil vivir de forma deshonesta que prosperar dignamente. Por último, confío en que esta obra constituya una lectura amena e instructiva y que los sucesos y experiencias, las revelaciones y enseñanzas que aquí se presentan sean de interés para el lector y sirvan para ponerle en una posición en la que quede menos expuesto a convertirse en una nueva víctima. Si mi humilde intento por recopilar y narrar estos hechos logra este objetivo, me consideraré ampliamente recompensado y sentiré que mi trabajo no ha sido en vano.
FRAGMENTO DE *THE RIGHT WAY TO DO WRONG*[N3]

En 1908, Houdini sacudió el mundo de la magia con la publicación de *The Unmasking of Robert-Houdin* (*El desenmascaramiento de Robert-Houdin*), una obra con la que Houdini pretendía bajar del pedestal al ilusionista francés, sacando a la luz una serie de evidencias que supuestamente comprobarían que sus trucos más célebres —y cuya autoría solía reivindicar— habían sido, en realidad, obra de magos pertenecientes a generaciones pasadas. Según Houdini, «si estos inventos realmente hubiesen sido producto de su ingenio, sería necesario un buen puñado de años para resolver todos sus contratiempos, llevarlos a la perfección y diseñar una presentación decente. Sin embargo, Robert-Houdin los presentó de forma inmejorable y sin un único fallo en tan solo un par de meses». *The Unmasking of Robert-Houdin* es, por lo tanto, el resultado de una «amarga decepción» que se apoderó de Houdini después de descubrir que su ídolo de juventud no pasaba de ser «un simple pretendiente, un hombre que se engrandeció en el trabajo intelectual de otros, un mecánico que hurtó audazmente los inventos de grandes maestros artesanos». En su sincero desahogo, meticulosamente expuesto en la introducción de su polémica obra literaria, Houdini se atreve a decir que las memorias de Robert-Houdin (aceptadas durante más de medio siglo como un referente) no son más que un entretenido libro de ficción. Para demostrar que sus afirmaciones no son meras especulaciones, el escapista hace un trazado histórico de los trucos más célebres de Robert-Houdin, probando que todos ellos ya existían, incluso muchos años antes del nacimiento del ilusionista francés. «Casi todos los prestidigitadores mejoran trucos o aparatos de sus antecesores; sin embargo, Robert-Houdin nunca tuvo el valor de admitir que toda su obra la había copiado de otros». [N4] Houdini describe al ilusionista francés como un «egoísta supremo», que solía exagerar sus proezas, hábito que irónicamente él mismo tenía como regla general. En realidad, este libro, aparte de intentar desenmascarar al célebre mago francés, pretendía entre otras cosas exponer públicamente todo el desprecio que sentía por sus imitadores y rivales que, con pasmosa desfachatez, le robaban los números y se arrogaban un crédito y un honor que no les pertenecía.

Como era previsible, *The Unmasking of Robert-Houdin* provocó la ira de muchos ilusionistas, sobre todo los franceses, que consideraban la obra de Houdini como un «insulto nacional». En una nota publicada pocas semanas después del lanzamiento del libro, el diario francés *L'Illusioniste* ninguneó su conocimiento de la lengua francesa y resaltó su arrogante postura sabionda, omnipresente en cada una de las páginas de su obra. Además, calificó la documentación utilizada por Houdini en sus investigaciones como «apócrifa» y de «origen dudoso». Los esfuerzos emprendidos por el escapista para desmitificar a su célebre predecesor tienen su raíz en varios factores: puede ser interpretada como una forma de alejarse de sus propias referencias o como una manifestación de su insaciable egocentrismo y la necesidad de sentirse superior a un hombre cuya obra era venerada por muchos de sus compañeros. Para Houdini, cada sector está representado por un icono absoluto: Einstein para la ciencia; Picasso para el arte; Edison para las invenciones. No había, por lo tanto, espacio suficiente para dos referentes en el mundo de la magia. Robert-Houdin tenía que desaparecer.

En 1910, después de regresar a Estados Unidos de una exitosa gira por Australia, Houdini anunció públicamente que abandonaría los números de escapismo con esposas, decisión que pilló de sorpresa a todos sus fans y rivales. Su anuncio vino acompañado del lanzamiento de un libro llamado *Handcuff Secrets* (*El secreto de las esposas*), que explicaba gran parte de los trucos que presentaba en sus funciones y describía con riqueza de detalles las técnicas utilizadas por sus imitadores. Para muchos artistas del escape, *Handcuff Secrets* representó la muerte del arte de la fuga con esposas, aunque Houdini lo interpretaba de forma distinta. El mago alegaba que los secretos revelados en su libro habían hecho las delicias de su público durante décadas y, al plasmarlos en una obra, esperaba fomentar su interés, pudiendo incluso llegar a convertir a la gente común en aficionados que podrían entretener a sus amigos y familiares en eventos privados. Pura falacia. En realidad, lo que Houdini pretendía con su obra era hacerse con el título de precursor de esta modalidad de escapismo, asegurándose definitivamente el codiciado título de «rey de las esposas» a la vez que mermaba la acción de sus imitadores, quienes tendrían que renovar sus funciones incorporando nuevos números. Sea cual fuese su propósito, el libro causó un gran ajetreo entre los cuerpos policiales, que alegaban que su obra se había convertido en un codiciado manual para los criminales, que utilizarían las técnicas allí descritas en prácticas delictivas. El diario inglés *The London Times* publicó un artículo diciendo que un ejemplar de su libro había sido encontrado en la casa de dos hermanos acusados de robo en una tintorería. En Alemania, todas las ilustraciones fueron retiradas de la edición publicada en aquel país, bajo el argumento de que su contenido ofrecía «demasiada información» sobre la manipulación de cierres y cerrojos. «No puedo entender cómo semejante libro pudo ser publicado por una editorial tan seria y respetada como la George Routledge —protestó un juez londinense—. Se trata de un libro que, sencillamente, enseña el milenario arte de robar». El tribunal acabó prohibiendo su circulación alegando que se trataba de «algo malo para la sociedad».

En 1921, Houdini publicó *Magical Rope Ties and Escapes* (*Cuerdas, nudos y escapes mágicos*), que revelaba sus estrategias para librarse de los firmes nudos de las cuerdas. «La fase más crítica del número es el momento en el que las cuerdas están siendo dispuestas alrededor de tu cuerpo», explicaba el artista. «Existe una infinidad de tipos de nudos y lazos y el secreto para librarse de todos ellos reside en la capacidad de emprender ciertos artificios mientras estás siendo atado». En este libro, Houdini revela algunas técnicas inusitadas para aflojar cuerdas y desatar nudos fácilmente, como llenar el pecho de aire, curvar los hombros, ponerse un abrigo que pudiera proporcionar una holgura añadida e incluso el uso de aceite para facilitar escabullirse de las ligaduras. La trilogía de los secretos de Houdini termina con *Houdini's Paper Magic* (*Papel mágico de Houdini*), en 1922, un compendio de trucos de la clásica magia de cerca, hecha con *origami* (arte de origen japonés que consiste en el plegado de papel sin usar tijeras ni pegamento para obtener figuras de formas variadas). A pesar de las críticas, la práctica de desvelar trucos era recurrente en la edad dorada de la magia y era utilizada explícitamente como medio de empañar el espectáculo de la competencia. Un gran mago como Harry Kellar podía estrenar un llamativo número y a la semana siguiente enterarse de que sus rivales habían hecho públicos sus métodos en la prensa. Como resultado, los magos se veían obligados a reinventarse constantemente para seguir en cabeza. Para el ilusionista Alex Stone, autor del libro *Fooling Houdini*, «la revelación de un secreto de magia tiene la utilidad positiva de impulsar la innovación, de la misma forma que la competitividad empresarial conlleva un inevitable crecimiento económico al obligar a las empresas a mejorar sus productos. La revelación de secretos —concluye Stone— fuerza a los magos a modernizar sus actuaciones e inventar material nuevo». [N5]

De su interés por los truhanes que viven de engaños, Houdini publicó, en 1920, *Miracle Mongers and Their Methods* (*Traficantes de milagros y sus métodos*). Su subtítulo ya lo dice todo: «Una completa exposición del modus operandi de las atracciones de feria como tragafuegos y encantadores de serpientes», con quien el escapista tuvo la oportunidad de convivir íntimamente en los primeros años de su carrera, cuando cruzaba el país presentándose en carpas circenses. Para escribir este libro, considerada una de sus mejores obras, el mago pasó la mayor parte del invierno de 1919-1920 encerrado en su biblioteca particular, tratando de sintetizar su larga experiencia callejera en doce cortos capítulos. «Se trata de una tarea compleja, que exige mucha concentración —advirtió a la esposa— y por ello no quiero que nadie me moleste». Bess se lo tomó tan en serio que durante todo el invierno le dejó completamente aislado en su trabajo, deslizándole bandejas de comida por la puerta sin dirigirle la palabra, a fin de no incordiarle. Su obra fue tan exitosa que muchos lectores pasaron a enviarle cartas pidiendo que sacara una obra similar desenmascarando a los médiums, que se estaban multiplicando por todo el país. «Si no lo hace, alguien lo acabará haciendo, pero este alguien debería ser Houdini», escribió un crítico literario de la revista *Variety*. La redacción del *The New York Times* se mostró tan impresionada con la exposición despiadada de los traficantes de milagros que decidió invitarle a formar parte de la comisión Seybert, un prestigioso grupo académico que se dedicaba al estudio de los médiums y de los fenómenos psíquicos.

Houdini no pudo incorporarse a la comisión por problemas de agenda; sin embargo, su escaso tiempo libre no le impidió atender al deseo de sus lectores con la publicación de *A Magician Among the Spirits* (*Un mago entre los espíritus*). Considerado como el segundo volumen de *Miracle Mongers and Their Methods*, su nuevo lanzamiento tenía la intención de alertar a la población sobre muchos médiums conocidos de la época, a quienes consideraba una banda de farsantes y embaucadores. En esta polémica obra, el mago plasmó los resultados de sus investigaciones, desvelando las artimañas empleadas por algunos médiums para producir los extraños fenómenos que luego eran atribuidos a fuerzas sobrenaturales, como los ectoplasmas, las cartas automáticas y las fotos fantasmagóricas. El libro —que no duda en calificar de obra maestra— también narra otras situaciones extraordinarias, como la plácida historia de un joven que se enamoró de un fantasma. Sin embargo, aunque Houdini haya manifestado un inmenso orgullo por este trabajo de interesante precisión histórica y significante contenido científico, *A Magician Among the Spirits* está cargado de prejuicios y contiene incluso un discurso público contra Arthur Conan Doyle y sus seguidores: «No nos corresponde probar que los médiums son deshonestos, sino que son ellos quienes deben probar que son honestos», escribió el mago, que también rinde un sincero homenaje a los hermanos Davenport, defendiendo que ambos nunca actuaron ni posaron como espiritistas, como sus detractores insistían en afirmar. El libro obtuvo buenas críticas, pero estaba lleno de erratas e imprecisiones que el mago no dudó en achacar a su editor, sobre todo por los cortes que este llevó a cabo sin consultarle. Por otro lado, no tuvo reparos en disculparse por ciertas frivolidades, atribuyéndolas «a mi necesidad de que el libro saliera pronto, porque algo me hizo sentir que mi muerte estaba próxima». [N6]

En la década de 1920, una de las revista *pulp* más populares de los Estados Unidos, la *Weird Tales*, se enfrentaba a una profunda crisis económica y decidió fichar a Harry Houdini para que escribiese relatos cortos en una de sus secciones. Para cumplir el cometido, el mago escapista contrató a dos escritores profesionales que redactaron los dos primeros cuentos; y para el tercero contó con la colaboración de un escritor de peso, Howard Phillips Lovecraft, más conocido entre sus seguidores como H. P. Lovecraft, un icono de la literatura de terror, autor de una mitología propia, como Los Mitos de Cthulhu, «una criatura extraterrestre dotada de una monstruosidad innombrable», y de un fantástico mundo poblado por abominaciones cósmicas y dioses olvidados. Houdini le encargó un cuento inspirado en un viaje que había hecho a Egipto en 1910 y eligió un título que concordaba con sus habilidades: *Imprisoned with the Pharaohs*, que en español se publicó como *Bajo las pirámides*. Su protagonista, aunque no es nombrado explícitamente, es el propio Houdini. En la trama, el mago escapista se encuentra de paso en El Cairo hacia Australia desde Europa, donde se deja engañar por un misterioso guía que acaba encerrándole en las profundidades bajo la pirámide de Guiza, donde se convierte en testigo de una extraña celebración ritual que tiene lugar en los abismos desde el advenimiento del Imperio Antiguo.

> Sin previo aviso, y sin duda como respuesta a algún sutil signo de Abdul, la banda entera de beduinos se precipitó sobre mí y, echando mano de fuertes sogas, enseguida me ataron como nunca en mi vida, dentro o fuera del escenario. Al principio me debatí, pero pronto me di cuenta de que ningún hombre puede hacer frente a unos veinte bárbaros vigorosos. Mis manos se encontraban atadas a la espalda, mis rodillas dobladas al máximo y las muñecas y los tobillos atados con cordeles imposibles de ceder. Apretaron una mordaza en mi boca y aseguraron una ajustada venda en mis ojos. Luego, mientras los árabes me cargaban sobre sus hombros y comenzaban un ajetreado descenso de la pirámide, oí burlarse a mi guía Abdul, que se mofaba y reía a gusto con su voz profunda mientras me aseguraba que pronto mis «poderes mágicos» se enfrentarían a una prueba suprema que, rápidamente, me despojaría de cualquier orgullo que pudiera haber conquistado mediante mis triunfos en América y Europa. Sabiendo al menos que me encontraba en un lugar de amplitud considerable, habiendo llegado allí desde la superficie por una abertura en la piedra, situada directamente encima, deduje que mi prisión podría ser quizás la capilla de entrada del viejo Kefrén —el Templo de la Esfinge— o algún pasillo que los guías no me habían mostrado en mi visita matutina y del que fácilmente podría escapar si lograba encontrar el camino hasta el acceso cerrado. Podría tratarse de un paseo por un laberinto, pero no sería peor que otros que había superado en tiempos pasados. El primer paso consistía en librarme de mis ataduras, mordaza

y venda, y sabía que esto no constituiría un gran trastorno, ya que expertos mejores que los árabes habían intentado retenerme de las más diferentes maneras, sin éxito. FRAGMENTO DEL RELATO *BAJO LAS PIRÁMIDES*, DE H. P. LOVECRAFT.[N7]

Sus libros alcanzaron la extraordinaria cifra de más de doscientos cincuenta mil ejemplares vendidos, un éxito rotundo para la época. Mucha gente pensaba que gran parte de su fortuna provenía de sus escritos; sin embargo, la realidad era bien distinta. «Mi aventura editorial no me trajo más que pérdidas, puesto que los vendía por debajo de su coste de producción, sin contar los cientos de ejemplares que he donado espontáneamente como forma de publicitar mi espectáculo», escribió el mago en su diario.

Nota del autor

Entre las obras publicadas por Houdini se encuentran muchos opúsculos, casi todos relacionados con temas de escapismo. Al tratarse de obras que tuvieron tiradas muy limitadas, su precio actual en las subastas de magia pueden alcanzar cifras astronómicas. Los títulos más conocidos son: *Magic Made Easy* (1898), *America's Sensational Perplexer* (1903), *The Famous Houdini* (1907), *Houdini* (1908), *Life and Adventures of Houdini* (1908), *Life History and Handcuff Secrets of Houdini* (1908), *Mein Training Mein Tricks* (1909), *The Marvelous Adventures of Houdini* (1917), *Handcuff Tricks Exposed* (1910), *Yar, the Primeval Man* (1921), *The Mystery of the Jewel* (1921), *Mysterious Mr. Yu* (1921), *The Adventurous Life of a Versatile Artist* (1922) y *Margery* (1924).

Cuando Houdini ya era mundialmente famoso y se había convertido en referente como artista del escape, muchos editores, caricaturistas e incluso lexicógrafos pasaron a utilizar su nombre como sustantivo. *Houdini* se convirtió (literalmente) en sinónimo de «experto en el arte de la evasión». La práctica de convertir un afamado apellido en sustantivo o verbo era común por aquel entonces. El diccionario ame-

Cómodamente instalado entre miles de libros, Houdini solía pasar horas aislado, leyendo obras sobre magia, ocultismo y otros temas de su interés.

ricano Funk & Wagnalls incorporó *Burke* como sinónimo de «asesinato por asfixia», una referencia directa a William Burke, un peligroso delincuente irlandés condenado a muerte por una serie de asesinatos cometidos en Edimburgo (Escocia), durante 1827 y 1828. En una reunión de los editores de la Funk & Wagnalls, la esposa de Adam W. Wagnalls, uno de los fundadores, sugirió que ya era el momento de incorporar al diccionario el nombre de un joven y respetable artista. Los editores captaron la indirecta y convirtieron el nombre del mago más famoso de todos los tiempos en el verbo *Houdinize* —incorporado a la edición de su célebre diccionario en 1920— y que significa: «Escapar o liberarse uno a sí mismo de un confinamiento, ataduras o similar, por el movimiento del cuerpo».

El 28 de junio de 1919, el salón de los espejos del Palacio de Versalles fue el escenario de la firma del tratado del mismo nombre que oficialmente puso fin al estado de guerra entre Alemania y los países aliados. El acuerdo coronaba un proceso de paz, iniciado seis meses antes, con la firma de un armisticio que acordó el cese de las hostilidades en todos los frentes. Aquel histórico evento coincidió con un periodo crucial de cambios e innovaciones que fueron puestos a prueba por la contienda. Por primera vez en la historia, las atrocidades de un conflicto armado fueron capturadas y reflejadas en vídeo de formas muy diversas: documentales, noticiarios, reportajes o películas, generando una gran demanda de imágenes en movimiento y provocando un notable aumento de producciones cinematográficas, sobre todo en Estados Unidos. El cine americano empezó su andadura justo después del fin del conflicto, motivado principalmente por una grave crisis económica que se instaló en el continente europeo. El núcleo de la industria cinematográfica mundial, que hasta entonces se concentraba en París, renacería en el otro lado del Atlántico, en el estado de California —más precisamente en Hollywood—, convirtiéndose en referente mundial en poco tiempo. En 1920, los estudios de Hollywood fueron responsables de la producción de más de ochocientas películas, alrededor del 80 % de la producción mundial. El cine aportó en Estados Unidos una forma de entretenimiento sencilla y barata, donde era posible disfrutar a través de la gran pantalla de los espectáculos más importantes del momento y conocer la realidad de países lejanos y exóticos, posibilidad que hasta entonces solo era factible a través de los libros, que aún no podían reproducir el realismo proporcionado por las escenas en movimiento. Para muchos historiadores, el cine representó la forma de arte más popular de la era victoriana.

El comienzo de la industria del cine fue bastante tímido. Por aquel entonces, las películas eran exhibidas en espacios improvisados y de forma itinerante, como una especie de «circo del celuloide». El tiempo de proyección era limitado —raramente sobrepasaba los cinco minutos— y normalmente exhibía una única escena (real o ficticia) de la vida cotidiana: una pareja besándose, un tren avanzando por las vías o un hombre paseando con su perro. Otra característica observada en las películas de esta época era el escaso —o ningún— cuidado en la posproducción: las escenas no eran editadas, las cámaras se quedaban estáticas, filmando un único plano, y el cuidado con el escenario era inexistente. Pese a todas estas limitaciones, la novedad de dar movimiento a un puñado de fotogramas secuenciales fue suficiente para atraer la curiosidad de multitudes en una época en la que había muy pocas opciones de entretenimiento para las clases menos favorecidas, como se pone de manifiesto en el siguiente fragmento extraído de la revista *Motography*:

> El cine acerca la diversión al obrero, obligado a dejarse explotar, al peón mal pagado, consumido por el agotamiento; a la madre esclava de la miseria, que trabaja en casa sin descanso de la mañana a la noche, pero que se las arregla para dormir en cualquier rincón y asistir al espectáculo por cinco centa-

> vos, su único divertimiento posible; a los miles de subempleados en todos los sectores, que no pueden permitirse el lujo de ir a salas que cobran veinticinco o treinta centavos, y que se contentan con llevar a la familia a las de cinco centavos por cabeza. [N8]

Con el tiempo, las producciones pasaron a contar con un desarrollo narrativo y una tensión dramática inéditas para el espectador de la época. Uno de los primeros cortometrajes que contaba con todos estos aspectos fue *The Great Train Robbery* (*Asalto y robo al tren*), de 1903, dirigido por Edwin S. Porter, un exempleado de los estudios de Thomas Edison, primero como ayudante de cámara y luego como jefe de su estudio desde 1902 a 1910. Con Porter se consolida la técnica narrativa de ese nuevo invento que era el cine a principios del siglo XX. Con innumerables escenas de acción y un frenético guion que dejaba al espectador sin aliento, *Asalto y robo al tren* fue la producción que dio inicio al género del *western* y quizá la primera cuyo argumento estaba inspirado en un hecho real. El 29 de agosto de 1900, el tren nº 3 de la Union Pacific Railroad fue asaltado por cuatro miembros de la banda de Butch Cassidy. Los delincuentes forzaron al conductor a bajar del tren a los pasajeros, llevándose un botín de cerca de cien mil dólares. Además de reproducir de forma fidedigna este suceso, el cortometraje de Edwin S. Porter premió al público con una de las escenas más emblemáticas del cine mudo, cuando un pistolero —interpretado por Justus D. Barnes— surge inesperadamente en primer plano disparando sus armas a la audiencia sin aviso previo, dando al espectador la sensación de estar en la línea de fuego. Muchos se asustaban y hubo quienes intentaron protegerse de las balas tirándose al suelo. *Asalto y robo al tren* obtuvo un gran éxito y contribuyó de forma notable a que el cine se convirtiera en un espectáculo masivo. Las pequeñas salas de proyección, conocidas como *nickelodeones*, se extendieron por todo el país, convirtiendo lo que antes era una afición en una potente industria. [N9] Semejante fenómeno relegó al vodevil a un segundo plano como opción de entretenimiento popular. Aquella época de innovaciones tecnológicas también trajo la popularización de los fonógrafos y el surgimiento de un colosal vehículo de comunicación que llevaba música e información en directo a millones de hogares: la radio. Mientras tanto, centenares de teatros bajaban sus telones para dar espacio a una gran pantalla. Son varios los factores responsables del declive del vodevil, pero el cine debe considerarse, indudablemente, como uno de los más importantes. En 1915, las películas se habían convertido en una opción de entretenimiento tan apreciada por el público que el empresario teatral E. F. Albee amenazó con despedir a cualquier artista de su elenco que se atreviera a aparecer en una pantalla, incluido el propio Houdini, quien recibió una advertencia directa: «Su sueldo disminuirá proporcionalmente según las veces que vea su nombre asociado con esta bazofia». Aun así, grandes nombres del teatro emigraron al cine, atraídos por salarios más generosos. Charles Chaplin, por aquel entonces un conocido artista del *music hall*, recibió una oferta de ciento cincuenta mil dólares por firmar un contrato con la Mutual Filme Corporation, cobrando un sueldo de diez mil dólares semanales, una cifra que no encontraría competencia en ningún circuito teatral.

Motivados por las nuevas oportunidades ofrecidas por el séptimo arte, muchos artistas siguieron los pasos de Chaplin, incluso el camaleónico Houdini, que debutó en la gran pantalla en 1901, cuando un conocido estudio francés, el Pathé, produjo un cortometraje titulado *Les Merveilleux Exploits du Célébre Houdini à Paris*, que exhibía una compilación de sus famosos escapes en un guion sencillo, pero eficiente para la época. Desafortunadamente, las pocas copias que existían de esta película se perdieron a lo largo del tiempo. En 1916, el mago escapista fue convidado para ocupar el puesto de consultor en la producción de un *thriller* llamado *The Mysteries of Myra*, trabajo que le permitió interpretar el papel del capitán Nemo en una adaptación para el cine mudo de *20.000 leguas de viaje submarino* de Julio Verne, pero la idea nunca salió del papel: «Creo que he pedido un sueldo demasiado elevado», admitió el mago y, de hecho, esta había sido exactamente la razón de la cancelación del proyecto, acorde con una nota publicada en febrero de 1920 por el semanario estadounidense *Variety*, dedicado al mundo del entretenimiento:

> El escapista Harry Houdini y los Estudios Universal estaban negociando la producción de la película *20.000 leguas de viaje submarino*, pero el proyecto no siguió adelante debido a discrepancias económicas. Según algunos ejecutivos de la Universal, el mago habría pedido un montante de 40 000 dólares (en valores actuales, casi un millón de dólares). Al ser cuestionado por semejante demanda, Houdini se defendió diciendo que su carrera en el vodevil estaría seriamente comprometida tras su aparición en la gran pantalla. [N10]

En los años siguientes, Houdini dedicó su tiempo a lo que realmente le importaba: sus funciones en los teatros y sus exhibiciones a cielo abierto. Sin embargo, el mago no podía ignorar la casi omnipresencia de este nuevo tipo de entretenimiento, del que podía sacar provecho para mantenerse en lo alto.

> He decidido formar parte de este mundo porque, eventualmente, empezaré a perder fuerza con el paso del tiempo, y antes de que esto ocurra, me gustaría perpetuar mis proezas. Las próximas generaciones serán escépticas y pensarán que las historias de mis números son exageradas, a menos que tengan una prueba real. Además, tendré la oportunidad de llegar a más gente sin la necesidad de desplazarme o tener que arriesgar el pellejo para promocionar mi espectáculo. Me atrevo a decir que el cine centuplicó mi poder de atracción. HARRY HOUDINI. [N11]

Además de la publicidad, el cine le podría proporcionar una jubilación digna. El mago se estaba haciendo mayor y sabía que no podría seguir el resto de su vida colgándose de las azoteas bocabajo enfundado en una camisa de fuerza. Con el paso del tiempo, el público se aburriría y trataría de buscar nuevas opciones de entretenimiento. Houdini podría responder a la demanda popular protagonizando películas de acción, cuyo argumento le permitía exhibir su capacidad de liberarse de las más inusitadas situaciones de peligro en un ambiente controlado. Todos estos factores contribuirían a que optase por dejar temporalmente su labor teatral para trasladar a la pantalla sus famosos retos y extraordinarias habilidades. Houdini dedicaría grandes esfuerzos y sumas de dinero para intentar conquistar la nueva industria que comenzaba a despuntar como fenómeno de masas, superando con creces cualquier otro género.

Houdini protagonizó cuatro largometrajes y una serie, todas mudas. En aquel entonces, existían limitaciones técnicas para sincronizar la imagen con el sonido, hándicap que no impidió que el cine conquistara su espacio como nueva forma de entretenimiento de masas. Para mejorar la experiencia de los espectadores, la proyección de las películas estaba normalmente acompañada por músicos en directo o, cuando era posible, se usaban algunos efectos sonoros para una u otra escena. Existía también la opción de narrar la película, un trabajo hecho por un locutor de radio local o, en su defecto, por el propio proyeccionista. Tras las primeras experiencias, los productores concluyeron que la mejor opción era añadir una banda sonora a la película y la exhibición de los diálogos escritos en la pantalla, que explicarían al espectador su argumento. Aunque los problemas con el audio solo se resolvieron en 1923, las películas sonorizadas no se tornarían populares hasta 1926, irónicamente el año en que Houdini murió. [N12]

> Creo que la imagen en movimiento es la cosa más maravillosa del mundo. Una de las razones por las cuales yo tengo admiración por la gran pantalla es su capacidad de emplear a cualquier persona, desde los mayores a los más pequeños. [N13]

La carrera cinematográfica de Houdini dio inicio después de un encuentro con el productor californiano B. A. Rolfe, que le invitó a protagonizar una serie de quince episodios semanales que se llamaría *The Master Mystery* (1919), un atrevido proyecto en una época en que las proyecciones se limitaban a producciones de guiones sencillos y de pocas pretensiones. *The Master Mystery*, sin embargo, tenía una concepción innovadora para la época. Cada episodio terminaba cuando Houdini era atraído a una trampa mortal; entonces aparecía el letrero de *continuará...*, obligando al espectador a regresar al cine cada semana para comprobar si el héroe había logrado escapar de la muerte y cómo pudo realizar tal hazaña. Se trata de un recurso de guion exhaustivamente utilizado por las telenovelas y series de la actualidad para mantener al espectador fiel a la trama, pero por aquel entonces era una estrategia completamente novedosa. Rolfe fichó a dos conocidos guionistas, Arthur Reeve y Charles Logue, autores de la exitosa serie cinematográfica *Perils of Pauline* (1914), para escribir la trama, que contó con muchas intervenciones de Houdini, sobre todo en las escenas de escapismo, uno de los puntos culminantes de cada capítulo. Cuando todos los episodios fueron exhibidos, algunos distribuidores decidieron crear una versión reducida para una única sesión, lo que acabó provocando la eliminación de algunas secuencias consideradas raras hoy en día. Trece de los quince episodios originales se encuentran almacenados en la UCLA Film and Television Archives y pueden ser adquiridos en formato DVD en cualquier tienda especializada. El destino de los otros dos episodios —precisamente el tres y cuatro— es desconocido y se presume que se han perdido definitivamente.

En *The Master Mystery*, Houdini interpreta el papel de Quentin Locke, un intrépido agente del Departamento de Justicia norteamericano con dotes de escapismo, que investiga a un cártel que está llevando a cabo un siniestro plan: comprar inventos y enterrarlos en un oscuro sótano, de modo que la humanidad no volviera jamás a acceder a ningún avance tecnológico. La trama cumplía con un patrón muy popular para la época, donde había una abundancia de enemigos con diferentes capacidades, liderados por un villano misterioso cuya identidad es desconocida. Sin embargo, la mayor innovación de *The Master Mystery* es la presencia de un robot (The Automaton), un tipo de personaje nunca explorado por aquel entonces y aún desconocido por el gran público. *The Master Mystery* fue la primera película de la historia en llevar un robot a la gran pantalla.

Para derrotar al enemigo y conquistar el corazón de la hermosa Eva Brent (Marguerite Marsh), el personaje interpretado por Houdini tuvo que superar numerosas trampas, desde sencillas esposas hasta una silla eléctrica (son célebres dos escenas de escapismo en esta serie: la primera muestra a Houdini colgado cabeza abajo con alambres de espino sobre un enorme caldero de burbujeante ácido, del que logra zafarse. La otra secuencia muestra un ascensor bajando en dirección al foso, donde el protagonista se encuentra completamente inmovilizado por gruesas cuerdas). Quentin Locke se parece mucho a James Bond, el eterno 007. Ambos son atraídos por villanos diabólicos capaces de crear los planes más exorbitantes, haciendo uso de rocambolescas trampas para aniquilarlos. Sin embargo, tanto Locke como Bond logran superar todas las dificultades aunque la posibilidad de huida sea inimaginable. Durante las grabaciones, Houdini se hizo múltiples moratones y se rompió tres huesos de la muñeca izquierda al caerse de una lámpara de la que estaba colgado durante una lucha. A pesar de tener que llevar una muñequera, el escapista no demostró la menor dificultad para ejecutar todas las escenas previstas en el guion y se mostró encantado con el resultado final. «He visto otras series, pero creo que la mía es la mejor jamás producida hasta ahora», le dijo en una carta a Kellar, con su habitual modestia.

Al comparar las películas de acción que son exhibidas actualmente en los cines, la trama de *The Master Mystery* es bastante lenta, y al tratarse de una película muda la sensación de lentitud se ve incrementada. Además, es llamativa la infinidad de clichés melodramáticos que aparecen en pantalla: hijas perdidas, herencias en disputa, separaciones amorosas e inesperados lazos familiares que son revelados en el último episodio. *The Master Mystery* fue un éxito de taquilla en las primeras semanas después de su estreno, pero no logró mantener la misma recaudación mucho tiempo, pese a la enorme fama de Houdini. El culpable, aparentemente, fue el propio mago, que al defender su autenticidad, siempre escapaba de los peligros con mucha facilidad, anulando el clima de tensión previsto en el guion. Algunos actores también eran capaces de realizar aparentemente las mismas proezas, por medio de los trucos y técnicas cinematográficas. A pesar de algunos puntos relativamente negativos, la serie está considerada una referencia del cine mudo, puesto que nadie nunca había visto algo de ese género en la gran pantalla. [N14]

En 1919, Houdini firmó un contrato para protagonizar un largometraje producido por la Famous Player-Lasky Corporation o FPL (actualmente Paramount Pictures), un poderoso estudio que contaba con un elenco de estrellas de primer nivel, como Mary Pickford, John Barrymore o Rodolfo Valentino. Con cuarenta millones de estadounidenses llenando las salas de cine semanalmente, la FPL fue la responsable de convertir a sus actores en estrellas de adoración pública, la proliferación de revistas de fans y la conversión de los teatros de vodevil en salas de cine. Pocos meses después de la firma del contrato, Houdini y Bess se mudaron a Los Ángeles, donde se concentraban los estudios más importantes del país. Su entorno, que mezclaba selva, desierto y parajes urbanos, proporcionaba un sinfín de escenarios para la producción de películas, además de una mano de obra no sindicalizada que aceptaba trabajar por un sueldo equivalente a la mitad de lo cobrado en la costa este americana. Houdini disfrutó trabajando en Hollywood. Conoció a Chaplin y Gloria Swanson entre otros. Se sentía cómodo en el mundo del cine aunque notaba la diferencia entre actuar en un escenario y en la gran pantalla. «Un actor normal puede hacer que el mejor artista de teatro parezca una moneda de un centavo delante de las cámaras —escribió en su diario demostrando cierta intimidación ante este nuevo reto—, especialmente si no sabe posicionarse delante de ellas». Consciente de que era un novato en este nuevo mundo, Houdini se esforzó para sentirse seguro de sí mismo. «Dicen que soy más convincente en el cine», se jactó.

Su primera película en Hollywood recibió el nombre de *The Grim Game* (1919), escrita por Arthur B. Reeve y John W. Grey, aunque Houdini reveló en una entrevista que el guion era de su autoría, pero optó por ceder los créditos a los guionistas «porque no quería que su nombre saliera en la pantalla como actor y guionista». La trama cuenta la historia de Harvey Hanford, un hombre encarcelado injustamente bajo la acusación de haber cometido un asesinato. Con sus dotes de escapismo, Hanford no escatimará esfuerzos para llevar a cabo una extraordinaria fuga y emprender una alucinante persecución de los verdaderos culpables, que además mantienen a su prometida capturada. *The Grim Game* contiene la esencia de sus producciones anteriores, es decir, el argumento era lo menos relevante. Lo que sí importaba era destacar la gran figura que en aquel momento era Houdini, demostrando sus ingenios en situaciones muy difíciles y comprometidas, habilidad que hacía las delicias de la audiencia y sus seguidores. [N15] Durante el rodaje, las cámaras captaron una secuencia no prevista en el guion, que acabó convirtiéndose en la escena de acción más osada jamás filmada hasta entonces, en la que dos biplanos aparecen sobrevolando la playa de Santa Mónica en California con Houdini colgado de uno de ellos por una cuerda a novecientos metros de altitud. «Llegué a pensar que había llegado mi fin», reveló el mago a la prensa. «Las dos aeronaves volaban una sobre la otra, y yo debía descolgarme con una cuerda desde mi avión hasta llegar a la cabina del de abajo, de acuerdo con el guion. Me balanceaba agarrado a la cuerda listo para el salto cuando de pronto una fuerte racha de viento alzó el avión inferior, los dos chocaron y las dos hélices acabaron atrapadas la una en la otra. Comenzamos a girar sobre nosotros mismos y a caer a una velocidad de vértigo. En aquel momento, pensé en lo peor, pero justo cuando estábamos a punto de estrellarnos contra el suelo, los hábiles pilotos lograron separarse y realizar un aterrizaje de emergencia. Ambos aparatos sufrieron desperfectos considerables, pero afortunadamente salimos todos ilesos».

> Se trata de una hazaña jamás realizada por nadie y no existe posibilidad humana de que alguien se atreva a repetirla. Toda su vida estuvo marcada por una una larga sucesión de inimaginables proezas, y cuando digo que una de ellas incluye saltar de un aeroplano a otro, con las manos maniatadas a una altura de novecientos metros, podemos hacernos una idea de hasta qué extremos era capaz de llegar este hombre. Arthur Conan Doyle [N16]

El director Irvin Willat tuvo la frialdad suficiente como para mantener las cámaras rodando durante el choque y descenso. Al comprobar que tenía en manos una secuencia extremadamente impactante, los productores no tuvieron reparos en incorporar el accidente a la trama. Houdini logró escapar ileso del terrible accidente porque, al contrario de lo que decía el cartel de la película, la persona colgada entre los aviones en el accidente no era él, sino un especialista, que sufrió algunas contusiones y heridas leves. Houdini lo presenció todo cómodamente desde tierra y decidió apropiarse del logro, llegando a ofrecer un premio de mil dólares a quien pudiese probar que la escena no era real; el importe nunca se pagó porque la colisión, de hecho, sucedió, pero llegó el día en que había alguien entre su público que sabía la verdad. Cierta noche, durante una función, algunos espectadores subieron al escenario para inmovilizarlo con una camisa de fuerza. Para su sorpresa, uno de los pilotos que había participado en la escena estaba entre el grupo y podría haberle descubierto. Houdini no titubeó. Le reconoció, le pasó un brazo por los hombros, le condujo hacia la luz de las candilejas y dijo: «Damas y caballeros, este es el hombre que me salvó la vida». El piloto jamás desveló la verdad, y Houdini sostuvo su versión hasta el final. [N17]

Los seguidores de Houdini tienen un sentimiento especial por *The Grim Game* por un curioso motivo: su última exhibición pública tuvo lugar a finales de la década de los cuarenta y nunca más volvió a la gran pantalla. Un mago y malabarista americano llamado Larry Weeks se hizo con el único rollo existente y no permitió que se hiciesen copias y pasó a exhibirla en su casa en raras ocasiones y solamente para un grupo restringido de amigos íntimos. Durante décadas, sus célebres secuencias estuvieron fuera del alcance de miles de seguidores e historiadores de cine hasta que en 2014 —pocos meses antes de su muerte— Weeks decidió vender su codiciado tesoro a la cadena de televisión TCM, propiedad del conglomerado Time Warner. La película fue objeto de una restauración completa y fue exhibida por primera en setenta años el 29 de marzo de 2015 en el teatro Egyptian de Hollywood para un selecto grupo de invitados, incluido John Cox, administrador del blog *Wild About Harry*, quien ha relatado la experiencia en un post publicado el día siguiente de su estreno:

> *The Grim Game* es la película mejor escrita, dirigida y filmada —además de haber sido su actuación más redonda— en que participó el mago. Es inteligente, divertida y las

> escenas de escapes son espectaculares. Además, el director, Irwin Willat, también supo jugar con la expectativa de la audiencia. Cuando Houdini se encuentra confinado en la celda de una cárcel, Willat nos ofrece una magnífica visión de un icónico Houdini encadenado, en una perfecta fusión de escapismo y cine. Es increíble como una toma concebida hace noventa y seis años aún puede excitar al público de 2015. Toda esta agitación se repitió con la escena en la que Houdini aparece colgado de una grúa enfundado en una camisa de fuerza —que levantó entusiásticos aplausos del público presente—, luego vinieron la fuga de la cárcel, el escape de la trampa para osos y como cúspide el choque entre las dos avionetas, cuya secuencia es más completa y mucho más nítida que el único y corto fragmento disponible hasta entonces. De hecho, es posible apreciar las alas rompiéndose con una realidad asombrosa. [N18]

La favorable crítica de John Cox es compartida unánimemente por casi toda la audiencia que estuvo presente en la gran *première* del 29 de marzo. *The Grim Game* es especial por muchos motivos, aparte de haber salido a la luz tras tantas décadas retenida por el simple capricho de un fanático. Se trata de la única película en la que Houdini interpreta el papel de un hombre común. En sus otros trabajos, su personaje es una versión del típico héroe: un inventor millonario, un agente secreto o un hombre del más allá. En *The Grim Game*, Harvery Hanford es un periodista corriente, que trabaja en un entorno urbano realista. Se trata de la historia de un hombre sin grandes expectativas, apartado de su familia y motivo de burla por parte de sus compañeros de trabajo. Sin embargo, posee un carácter optimista y una extraordinaria capacidad de escapar de cualquier atadura impuesta por una vida sufrida y miserable, realidad que Houdini conocía mejor que cualquiera de sus compañeros de estudio. En resumen, Harvery Hanford es la quintaesencia de Houdini, un ciudadano común con poderes de superhombre. Actualmente, *The Grim Game* está siendo exhibida en sesiones especiales en varias ciudades americanas y tendrá una versión comercial en DVD/Blu-ray en breve.

Tras el rotundo éxito de su última película, Houdini recibió una propuesta para protagonizar otro largometraje, *Terror Island* (1920), de James Cruze. La trama cuenta la historia de Harry Harper (Harry Houdini), un inventor y filántropo que decide emprender un arriesgado viaje subacuático hacia una isla en los mares del sur, con el objetivo de rescatar al padre de su prometida, Beverly Oeste (Lila Lee), un millonario retenido en cautiverio por una tribu de indios salvajes. Este secuestro, orquestado por la propia familia de Beverly, es en realidad un cebo para atraerla a la isla y robarle un tesoro descubierto por ella. Aunque la película cuente con interesantes escenas de acción —la más emblemática muestra al mago colgado por cuerdas atadas a dos árboles—, su ritmo es demasiado lento y sus habilidades como escapista son poco exploradas. En el clímax de la película, Harper consigue salvar a Beverly, que se encuentra encerrada en una caja fuerte lanzada al fondo del mar por los nativos de la isla desde un acantilado. Y a pesar de la originalidad del guion y de la inclusión de un elemento tan singular como un submarino, el público la consideró exageradamente melodramática. En una nota publicada en la revista *Variety*, un crítico de cine afirmó que *Terror Island* fue «solo una excusa para traer a Houdini de vuelta a la gran pantalla». Las críticas no afectaron al mago escapista, que la consideró «excelente», acorde con su diario, una visión con la que los estudios Larsky demostraron no estar de acuerdo, tras anunciar que no renovarían su contrato.

Sin inmutarse, el escapista regresó a Nueva York y, junto a otros tres inversores, compró la Martinka & Co, la tienda de magia más antigua del país. Como presidente y principal accionista, Houdini emitió acciones de la empresa por valor de quince mil dólares y arrendó un auditorio en el Bronx para convertirlo en una moderna sala de espectáculos, el Martinka's Magical Palace. Sin embargo, no pasó de un simple capricho temporal y, después de comprobar que no tendría el tiempo (ni el tesón) suficiente como para dedicarse a ambas empresas, Houdini acabó deshaciéndose de sus acciones. En la primavera de 1916, el mago abrió su propio estudio, la Houdini Picture Corporation, y una empresa de revelado de películas, la Film Development Corporation (o FDC), que contaba con equipos punteros y un personal capacitado. Su objetivo: reducir el coste y el tiempo de montaje de los negativos de una película cinematográfica, aumentando hasta veinte veces el volumen producido por la competencia. «Si todo sale acorde con lo previsto —afirmó el escapista—, mi estudio tendrá la capacidad de producir hasta cuatro películas al año». [N19]

En 1920, el mago se alejó de los escenarios para dedicarse íntegramente a la producción de su nueva película, *The Man from Beyond* (1922), de Burton L. King, descrita en la época como «la más extraña y extraordinaria historia de amor jamás contada en el cine». La trama cuenta la historia de Howard Hillary, un enigmático hombre del pasado que permaneció congelado en el Ártico durante cien años tras el naufragio de su velero en 1820. Rescatado por un grupo de exploradores, es incapaz de recordar su identidad, a pesar de conservar vivos los recuerdos de su novia y de sus últimos momentos juntos. Reintegrado a la sociedad americana del siglo XX, Hillary es invitado a acudir a la boda de Felice, la única hija de su anfitrión, el doctor Strange. Al llegar, Hillary reconoce en Felice los rasgos de su amor perdido y, aun sin saber que había permanecido dormido durante un siglo, interrumpe la ceremonia, provocando un gran alboroto que acaba llevándole a un manicomio. El reencuentro desata una serie de intrigas, involucrando a un novio sin escrúpulos, un padre desaparecido y una herencia codiciada por todos. Su rodaje duró dieciocho semanas; aunque contó con localizaciones extraordinarias, ubicadas en el norte del país, *The Man from Beyond* no tiene el mismo ritmo de acción que sus películas anteriores, pero ofrece escenas de escapismo memorables —rozando el género de lo paranormal— como el momento en que acaba colgado de un acantilado, sujeto solo por las puntas de los dedos, o la secuencia posterior cuando es arrastrado por la fuerte corriente de las cataratas del Niágara al intentar salvar a Felice de una muerte segura. *The Man from Beyond* tiene un elemento espiritista desconcertante para la época y está considerada como su película más personal por abordar cuestiones del mago como su búsqueda de respuestas después de la muerte. De hecho, el folleto promocional de *The Man from Beyond* promete consolar a aquellos que aún lloran por sus difuntos. «El público de todo el mundo se dará cuenta de que los seres queridos que ya se han ido al más allá no nos han abandonado», explicó en una entrevista. La película empieza con la proyección de un versículo bíblico (Juan 5:28-29) que dice: «No se asombren de esto, porque llega la hora en que todos los que están en los sepulcros oirán su voz y saldrán de allí. Los que han hecho el bien resucitarán para tener vida, pero los que han practicado el mal resucitarán para ser juzgados».

En 1923, Houdini estudiaba tres guiones diferentes para elegir su próxima producción independiente: *Il Mistero di Osiris*, otra trama de reencarnación, esta vez en el antiguo Egipto; *Yar, the Primeval Man*, que narraba las aventuras de un cavernícola, y *Mysterious Mr. Yu*, que acabó siendo la elegida, aunque el título que apareció en pantalla fue *Haldane of the Secret Service* (1923). En esta película de corte policiaco, Houdini interpreta el papel de Heath Haldane, un agente del servicio secreto que emprende una investigación destinada a localizar y arrestar a una banda de falsificadores de dinero liderados por un misterioso doctor Yu. Aunque la trama sea un poco complicada, *Haldane of the Secret Service* proporciona una aventura a ritmo acelerado, teniendo cierto parecido a las películas de James Bond, con derecho incluso de rescatar a su «chica Bond», Adele Ormsby, interpretada por la bellísima actriz del cine mudo de los años veinte, Gladys Leslie. Muchas de sus escenas fueron filmadas en su última gira europea y recoge interesantes tomas de Glasgow, Londres y París de la década de 1920. Sin embargo, las diferentes localizaciones y el buen guion no fueron suficientes para compensar la pésima interpretación de Houdini, que se muestra bloqueado e incluso tímido, sobre todo en las escenas románticas, que no resultan verosímiles. El mago, además, se quejó del acoso de muchos de sus fans, que le interrumpían constantemente durante el rodaje para pedirle un autógrafo, perjudicando de esta forma su inmersión en la trama. En el clímax de la película, el protagonista consigue zafarse de un molino de agua en movimiento, una hazaña llamativa, pero que no supera la escena de las cataratas del Niágara en *The Man from Beyond* o la alucinante secuencia de escapismo protagonizada en *The Master Mystery*. Fracaso de taquilla y de crítica, *Haldane of the Secret Service* representó su última intervención en esta industria. Su carisma sobre las tablas no llegó a la gran pantalla. No era un buen protagonista, no le interesaban las actrices y resultaba forzado. Era bueno en las escenas de lucha y hay un par de secuencias de escapismo bastante conseguidas, pero no logró dominar el medio. Aparte de las críticas, Houdini también tuvo que afrontar los problemas financieros de su productora, que tenía como socios a su hermano Hardeen y a su amigo y mentor, el mago Harry Kellar, que aún intentó recuperar parte de la inversión realizada poniendo sus acciones a la venta, aunque dejando claro a Houdini que no le responsabilizaría si perdía el dinero. «He entrado en este negocio por voluntad propia y consciente de los riesgos», añadió. «Lo que más me preocupa no es perder la FDC —le contestó Houdini—, lo que más me preocupa es perder nuestra amistad». Después de intentar diferentes e infructíferas maniobras, Kellar le aconsejó deshacerse de todo por el precio que fuese, aunque todos perdiesen dinero. «Su tiempo es demasiado valioso para desperdiciarlo en un caballo muerto», completó el decano. Pese a todo, la contribución de Houdini al desarrollo del séptimo arte no sería igualada por ningún otro representante del género mágico teatral de su época, lo que convierte sus producciones en piezas de gran interés histórico. El mago escapista supo darse cuenta de las posibilidades que el cinematógrafo ofrecía en sus espectáculos y trató de sacarle el máximo partido, al igual que otros artistas habían hecho en siglos anteriores con los avances tecnológicos que por aquel momento se producían. [N20]

Nota del autor

Con excepción de la serie *The Master Mystery*, en la que Houdini interpreta el papel del detective Quentim Locke, todos sus protagonistas en sus siguientes trabajos llevan sus iniciales, HH: Harvey Hanford (*The Grim Game*), Harry Harper (*Terror Island*), Howard Hillary (*The Man From Beyond*) y Heath Haldane (*Haldane of the Secret Service*). A pesar de no haber logrado consolidarse como actor, Houdini consideró útil su experiencia en Hollywood, aunque no se sentía a gusto en determinadas escenas, sobre todo las románticas. Al interpretar el papel de héroe, Houdini siempre salvaba a la protagonista, quien, invariablemente, se enamoraba de su paladín. En la vida real, el escapista solo se sentía cómodo besando públicamente a su esposa. En 2007, la distribuidora Kino International puso a la venta una colección de DVDs con tres películas de Houdini: *The Man from Beyond*, *The Master Mystery* y una versión incompleta de *Terror Island*, cuya copia original se encuentra actualmente bajo la custodia de la librería del Congreso americano. La película fue rodada en varias bobinas, pero algunas de ellas se han perdido (la número tres y cuatro de los siete originales que componían el total de la producción). Desafortunadamente, estas eran las bobinas que contenían sus mejores escenas de escapes. Aunque no hubiese podido llegar al Olimpo del séptimo arte, el 8 de febrero de 1960, la Cámara de Comercio de Hollywood concedió una estrella en el paseo de la fama al mago escapista a título póstumo por su contribución al cine. Su estrella está ubicada en la 7001 Hollywood Boulevard, cerca del famoso Teatro Chino Grauman. Entre sus «vecinos» están los actores Michael Douglas, Robert Stack y la comediante Phyllis Diller.

La breve andadura de Houdini en Hollywood le sirvió como escaparate para difundir mundialmente sus habilidades como mago escapista en una época en la que el cine mudo daba sus primeros pasos. En estos carteles publicitarios de la serie *The Master Mystery*, Houdini aparece como un héroe osado y romántico, capaz de superar cualquier reto. El villano, un ser mecánico llamado Automaton, fue el primer robot utilizado en la historia del cine. Su aparición en la gran pantalla surgió tres años antes de la creación de la palabra robot. [N21]

CAPÍTULO 10

UN MAGO ENTRE LOS ESPÍRITUS

«Ambos leemos la Biblia noche y día, pero tú lees negro donde yo leo blanco».
WILLIAM BLAKE, POETA INGLÉS

1918-1924

El espiritismo es la creencia en la inmortalidad del alma y en la posibilidad de comunicarse con los difuntos gracias a la mediación de personas especialmente sensibles, conocidas como médiums, las cuales transmiten presuntos mensajes del más allá en un estado psicológico de trance. [N1] Desde siempre, los vivos intentaron ayudar a los muertos y desde siempre los muertos fueron invocados para cuidar de los vivos. La creencia en la vida después de la muerte es muy antigua en la historia de la humanidad, aunque su interpretación sea distinta de una cultura a otra. Algunos hallazgos arqueológicos desvelaron que, en la prehistoria, el hombre ya organizaba rituales fúnebres para ayudar a conducir el alma de un individuo en su camino de encuentro con el mundo espiritual. Algunas pinturas rupestres confirman que por aquel entonces existían religiones rudimentarias que, aunque no contaban con altares o templos, creían en la existencia de entidades espirituales. [N2] En el antiguo Egipto existía el *ka*, un elemento metafísico, inmaterial, invisible, volátil y metafórico que permitía asegurar la supervivencia de un individuo en el mundo terrenal, confiriéndole la vida eterna en el plano espiritual. La palabra que mejor define el concepto de *ka* en nuestros días es justamente *alma*, guardando las debidas diferencias entre la concepción moderna y la interpretación mítica del antiguo Egipto. La propia Biblia relata varios pasajes relacionados con prácticas espiritistas, como la necromancia (adivinación mediante la consulta de las vísceras de los muertos) y la invocación de los espíritus, descrito en el Primer Libro de Samuel, que hace referencia a la pitonisa de Endor, una médium que convoca la presencia del espíritu del profeta Samuel ante la petición de un viejo y desesperanzado monarca, el rey Saúl. El judaísmo condenaba la comunicación con los muertos por creer que semejante osadía podría provocar la ira de Dios, mientras que la Iglesia católica ve el espiritismo como un intento de modernizar la necromancia. Por consiguiente, todos los concilios la condenaron. La encíclica *Lumen Gentium* (una de las cuatro constituciones promulgadas por el Concilio Vaticano II) se manifiesta expresamente contra cualquier evocación de espíritus.

> Cuando hayas entrado en la tierra que Yahveh tu Dios te da, no aprenderás a cometer abominaciones como las de las naciones. No ha de haber en ti nadie que practique adivinación, astrología, hechicería o magia, ningún encantador ni consultor de espíritus, ni adivino, ni evocador de muertos. Porque todo el que hace estas cosas es abominación para Yahveh tu Dios y, por causa de estas abominaciones, desaloja Yahveh tu Dios a estas naciones delante de ti. *DEUTERONOMIO* 18:9-12.

Ajenos a las prohibiciones impuestas por las sagradas escrituras, algunos miembros de la aristocracia de la Inglaterra victoriana —que disponían de mucho tiempo libre, al contrario que la clase obrera— solían organizar el tradicional té de las cinco seguido de una sesión espiritista, donde se intentaba establecer contacto con el mundo de ultratumba. Existen relatos que afirman que la propia reina Victoria era participante asidua de estos eventos, conocidos popularmente como *Tea and Table Moving* (*Té y mesas voladoras*), una moda que acabó extendiéndose por casi todas las capitales europeas. En París, Madrid, Berlín o Ámsterdam era común encontrar una gran cantidad de ventanas con sus persianas bajadas a plena luz del día —una clara señal de que en el interior de aquellas casas había un grupo de personas intentando comunicarse con los muertos—. No existía pueblo que no tuviera al médium que escribía deseos póstumos dictados por difuntos, y no había pueblo en donde no se produjesen fenómenos extraños o señales provenientes del mas allá. En los Estados Unidos, Mary Todd Lincoln —esposa del famosísimo presidente americano Abraham Lincoln— llegó a organizar incontables sesiones espiritistas en el salón rojo de la Casa Blanca con el objetivo de contactar con sus hijos —de los cuatro vástagos solo uno sobrevivió—. Estas reuniones contaban con la presencia de integrantes de la élite de la época e incluso del propio presidente, lo que contribuyó a aportar no solo mayor legitimidad al movimiento espiritista, sino también mayor protagonismo a la mujer, de la cual se creía que era el género cualificado para la comunicación espiritual, haciéndolas disfrutar de un grado de independencia y autoridad poco frecuente en los eventos sociales de aquel entonces. [N3]

El espiritismo arrastró consigo una legión de seguidores de la clase alta victoriana, convirtiendo sus aburridos eventos sociales en disputadas e intensas sesiones espiritistas. Algunas ilustraciones del siglo XIX muestran a hombres y mujeres elegantemente vestidos en medio de un caos de mesas voladoras, luces misteriosas y ruidos inexplicables.

Las hermanas Fox

En los Estados Unidos, la creencia en el espiritismo cobró fuerza y protagonismo a mediados del siglo XIX, específicamente en la región oeste del estado de Nueva York, donde el fervor religioso propició el surgimiento de distintas sectas, siendo las de filosofía espiritista las más atractivas, no solo por sus promesas de vida eterna (recurrentes en todas ellas), sino también por la posibilidad de contactar con los muertos. El cambio de siglo, sin embargo, trajo consigo inimaginables avances tecnológicos y científicos que cambiaron por completo la mentalidad de las nuevas generaciones. Para obtener la atención de estos jóvenes, muchas de estas sectas tuvieron que buscar alguna prueba verificable y palpable que les permitiera demostrar la autenticidad de sus doctrinas. Lo encontraron en Hydesville, un modesto pueblo ubicado a treinta kilómetros de la ciudad de Rochester, en el estado de Nueva York. El lugar solo constaba de unas cuantas casonas de madera del tipo más humilde. En una de ellas, se produjeron los fenómenos que, en opinión de Arthur Conan Doyle, «han sido la cosa más importante con que América contribuyera al común acervo espiritual del mundo». [N4] Allí vivía un honrado matrimonio de granjeros metodistas, cuyas hijas, Maggie y Kate, niñas de catorce y doce años, se vieron implicadas en un extraño suceso. Pocos días después de haberse instalado en su recién adquirida casa, comenzaron a oírse una serie de inexplicables ruidos como golpes y pisadas provenientes de la planta superior, los cuales pasaron a constituir una verdadera preocupación para sus habitantes, hasta que, en la noche del 31 de marzo de 1848, la más pequeña de las hermanas, Kate, decidió desafiar al poder invisible a que repitiera los golpes que ella producía con el chasquido de sus dedos, como si fuera un juego. Una tensión abrumadora se apoderó de la habitación de las hermanas mientras esperaban la respuesta en silencio. Para asombro de las dos, la entidad respondió con la misma cantidad de golpes, una clara señal de que un ente dotado de inteligencia habitaba aquella casa.

> Cada golpe tuvo su eco en otro golpe. Por humildes que fueran los operadores en cada extremo, el telégrafo espiritual había entrado en acción. En el mundo hay muchas fuerzas inexplicadas, pero allí se presentaba una que pretendía tener

> detrás de sí una inteligencia independiente de las demás. Tal era la suprema significación del fenómeno. ARTHUR CONAN DOYLE[N5]

Los Fox aparentaban ser una familia honesta —y de hecho lo eran—, pero también eran personas humildes, sin formación y, por lo tanto, más propensas a caer en el engaño. La madre, una persona de un carácter extremadamente supersticioso, decidió subir al dormitorio de las niñas por la noche para hacerle algunas preguntas, cuyas contestaciones, expresadas por medio de golpes, demostraron mayor conocimiento sobre los detalles de la familia que los que ella misma incluso recordaba. Curiosas por conocer la identidad de su nuevo amigo, Kate estableció un sistema de preguntas y respuestas que permitía entablar un diálogo más elaborado con la supuesta entidad, mediante una secuencia convenida de golpes que podrían significar «sí», «no» o una determinada letra del alfabeto. [N6] Descubrieron que estaban hablando con el espíritu de un buhonero que había sido asesinado por un móvil económico a los treinta y un años de edad en esa misma casa y cuyos restos habían sido enterrados en el sótano. Las niñas le llamaban Mr. Splitfoot, que, con posteridad, se identificó como Charles B. Rosna. Esto se repitió en presencia de una vecina y luego con más vecinos que concurrieron en masa.

> Desconozco la causa de esos ruidos y tampoco sé si fueron producidos por medios naturales. Registramos toda la casa, a horas distintas, para comprobar en lo posible si alguien se había escondido con el fin de hacer estos ruidos, burlándose de nosotros, pero nada ni a nadie hallamos que pudiera explicar este misterio. Todo ello nos ha generado no poca molestia y ansiedad. JOHN FOX, PADRE DE LAS NIÑAS.

A partir de esto, la fama de las niñas fue en aumento, los rumores de los golpes que provenían de ultratumba se extendieron como la pólvora, convirtiéndose en el principal tema de conversación de todas las tabernas, además de difundirse por otros estados, colocando al pueblo de Hydesville en el centro de atención de todo el país. Asustados por toda la repercusión, los padres de las niñas decidieron alejarlas de la casa —aparte del fuerte acoso popular, parecía evidente que los hechos se producían a merced de las dos hermanas—. Maggie se fue a vivir con su hermano, David Fox, y Kate se mudó a Rochester, donde vivía la mayor de las hermanas, Leah, casada con el señor Fish. Pese a los cambios, las molestas rarezas se ponían de manifiesto allí donde se trasladaran las niñas. Se trataba de un fenómeno tan impactante que incluso los más escépticos eran incapaces de encontrar una explicación racional, al contrario de una legión de espiritistas, que creían que las hermanas Fox habían logrado descifrar la codificación que tornara posible la comunicación con el mundo espiritual, una hazaña sin precedentes en la historia de la humanidad. Surgiría entonces el término *médium*, utilizado por el espiritismo para designar a «todo individuo sensitivo que sirve de instrumento de comunicación entre los hombres y los espíritus desencarnados mediante la alteración de su estado de consciencia». La familia y sus amigos metodistas rezaron para que estas se vieran libres de aquella influencia maligna y se emplearon ritos de exorcismo por los clérigos de distintas creencias, pero las fuerzas invisibles continuaron manifestándose.

En la noche de 1 abril de 1848, comenzaron a excavar el suelo de la bodega, llegando a una masa de agua. Los trabajos de excavación en la casa de Hydesville se reanudaron el verano del mismo año y, para sorpresa de los implicados, fue descubierta una tabla a cinco pies de profundidad. Continuando los trabajos, encontraron alquitrán, cal, cabellos y algunos huesos. El hallazgo despejaba todas las dudas: alguien había sido enterrado en el sótano de la casa de los Fox. Así lo consignó Arthur Conan Doyle, en su libro *La historia del espiritismo.*

> Tales descubrimientos despejaron para siempre la incógnita, probando de manera concluyente que se cometió un crimen en la casa, y que ese crimen fue revelado por medios psíquicos. Examinando los resultados de las dos excavaciones, es fácil reconstruir los sucesos. El cadáver fue enterrado bajo una capa de cal viva en el centro del sótano, y después, alarmado el criminal por la facilidad con que podría descubrirse el emplazamiento, exhumó el cuerpo o la mayor parte del mismo, para enterrarlo de nuevo debajo del muro, o sea, en un lugar mucho más difícil de descubrir. No obstante, el traslado se llevó a cabo con tal precipitación o, por lo menos, con tan escasa luz que quedaron señales muy evidentes de la primera inhumación. (Décadas más tarde, el *Boston Journal* confirmó, en su edición del 23 de noviembre de 1904, que había sido encontrado el esqueleto completo del hombre, dando credibilidad a la historia de las hermanas).

Los medios de comunicación se hicieron eco de la historia y en poco tiempo se dio a conocer públicamente la increíble capacidad que las niñas tenían para comunicarse con los muertos. Al darse cuenta del tremendo potencial mediático de Maggie y Katie, la hermana mayor decidió abandonar su trabajo como profesora de piano para dedicarse a tiempo completo a la nueva «carrera» de las hermanas, organizando sesiones espiritistas por todo el estado de Nueva York. Las primeras reuniones atrajeron a personas interesadas en conocer temas sin transcendencia, como el nombre de un futuro novio o las posibilidades de conseguir un nuevo trabajo. Pero bajo la tutela de Leah, las niñas pronto se convirtieron en un espectáculo de proporciones gigantescas a las que se podía acudir previo pago de ciertas cantidades de dinero. Allí se producían golpes y ruidos de procedencia misteriosa, se brindaban confesiones sobre crímenes sin resolver y se revelaban secretos bien guardados. El 14 de noviembre de 1849, se puede considerar como la fecha fundacional del movimiento espiritista moderno, cuando las hermanas Fox protagonizaron su primera experiencia pública ante cientos de personas que se reunieron en el Corinthian Hall de la ciudad de Rochester. En poco tiempo, las tres hermanas lograron incorporarse a un círculo social más alto —y mucho más crédulo—. Este ingreso en la aristocracia las obligó a adoptar una postura más teatral en sus sesiones, que en general derivaban en fiestas interminables. Durante años, las dos jóvenes hermanas ofrecieron sesiones en incontables ciudades, saliendo siempre triunfantes de todas las pruebas a las cuales eran sometidas. Se intentó lo imposible para desenmascararlas, pero no se encontró el fraude.

Con el tiempo, la necesidad de impresionar a su audiencia fue haciéndolas más y más proclives a cometer errores. Las jóvenes pasaron a sufrir severas crisis emocionales —resultado de las persecuciones sufridas, las brutales investigaciones a las que fueron sometidas y la extenuante rutina de viajes por todo el país— y acabaron desarrollando una afición obsesiva por el alcohol. Sus sesiones ya no fueron las mismas y la relación entre las tres empezó a deteriorarse significativamente, provocando un fuerte reproche por parte de Leah, al que se sumó la intervención de algunos seguidores, que desearon separar a Katie de sus hijos. Aunque la joven no se irritara ni provocara escándalos en público o en privado, se puso de acuerdo con su hermana Maggie para pergeñar un complot que redujera el control de Leah a toda costa. La ruptura acabó provocando una importante escisión en los círculos espiritistas cuando Maggie, ya fuera por venganza o por interés económico, declaró al diario *New York World* que el supuesto espíritu nunca existió, que los golpes se conseguían gracias al crujido de los dedos de los pies y todos los acontecimientos misteriosos que se produjeron en la casa de Hydesville no eran más que una simple broma alentada por el efecto que provocaban en sus padres y aterrorizaba a su supersticiosa progenitora. Insistió, además, en que su hermana Leah sabía que los golpes eran falsos y explotó, sin escrúpulos, a sus hermanas menores.

> Éramos niñas muy traviesas y nuestra única intención en aquella época era aterrorizar a nuestra querida madre, que era una persona muy buena, pero se impresionaba con extrema facilidad. Una noche, al acostarse, decidimos atar una manzana a una cuerda y lanzarla contra el suelo. La arrastrábamos de vuelta a nuestra cama para lanzarla otra vez, haciendo un extraño ruido cada vez que rebotaba y que nuestra madre podía oír desde el piso de abajo. Al ser tan jóvenes, ella jamás sospechó que fuésemos capaces de inventar un truco tan ingenioso, así que no le costó creer que ocurría algo muy extraño en nuestra casa. Nuestra hermana Leah, que ya era adulta, nos animó a seguir por el camino del engaño, y nosotras, ingenuamente, aceptamos. [N7]

La relación de Houdini con el espiritismo fue una constante que le persiguió toda su vida. Tampoco podía ser de otra manera, considerando el contexto histórico de la época, cuando se registró un notable crecimiento de las actividades de los médiums, que se complementaba perfectamente con una ferviente devoción por parte de un público incauto y deseoso de maravillas sobrenaturales. El escapista dedicó un capítulo a las hermanas Fox en su libro *A Magician among the Spirits*, donde resaltó el extraordinario control que los médiums tenían sobre su cuerpo y que les permitía producir los extraños ruidos que serían utilizados de forma fraudulenta en demostraciones públicas.

> Tal y como suele ocurrir en la gran mayoría de los casos, estos fenómenos desconcertantes e inexplicables pueden ser fácilmente reproducidos. Los golpes son simplemente el resultado de un perfecto control de los músculos de la pierna de debajo de la rodilla, regidos por los tendones del pie y

> que permiten ejecutar un movimiento con los dedos poco conocido. Semejante dominio solo es posible cuando el niño es estimulado a ejercitar estos músculos a una edad temprana, dando continuidad a estos ejercicios durante años. Con el paso del tiempo, el niño obtiene total control de la musculatura de los tobillos y de los pies, pudiendo realizar movimientos imperceptibles a nuestros ojos. Esta es la simple explicación del método utilizado para producir estos fenómenos. HARRY HOUDINI [N8]

Cualesquiera que fueran sus motivos, Maggie se retractó de su confesión un año más tarde, alegando haber sido presionada por «las altas jerarquías de la Iglesia católica», que hicieron todo lo que pudieron para que entrara en un convento. También culpó a su hermana Leah, acusándola de haberlas embarcado en un engaño que después se les fue de las manos. Con su declaración, la joven buscó un nuevo comienzo para ella y sus hermanas, pero el daño ya estaba hecho. Katie hizo caso omiso a los escándalos y siguió trabajando como médium. A pesar de negarse a hablar con la prensa, fue públicamente a rectificar la confesión de su hermana. La historia del espíritu de Hydesville, que las había catapultado a la fama, acabó arruinando la relación de las tres mujeres, que nunca volvieron a dirigirse la palabra. Leah se casó con un respetable banquero, con quien vivió cómodamente hasta fallecer en 1890, a los setenta y seis años de edad. Kate, sumida en el alcoholismo, falleció en julio de 1892 a los cincuenta y seis años. Su cuerpo fue hallado por uno de sus hijos en avanzado estado de descomposición. Maggie murió un año después en la casa de un amigo en Brooklyn. Vivía en un estado de extrema pobreza. [N9]

El fenómeno mediático de las hermanas Fox —aunque fraudulento— proporcionó al espiritismo una popularidad sin precedentes y marcó el nacimiento del espiritismo moderno, al que se adhirieron numerosas personalidades públicas, lo que motivó que una multitud de inventores, científicos y pensadores estudiaran estos misteriosos fenómenos. Sus adeptos prefirieron ignorar la confesión de Maggie y siguieron creyendo firmemente que las hermanas obraron siempre de buena fe y el movimiento logró sobrevivir, expandiéndose hasta ganar adeptos en casi todos los rincones de Estados Unidos.

El espiritismo moderno nació en 1848, cuando dos hermanas empezaron a comunicarse con un espíritu en su casa de Hydesville a través de un ingenioso sistema basado en golpes.

Nota del autor

Los fenómenos de los golpes relatados por las hermanas Fox dieron origen al término *tiptología*, que define «toda forma de comunicación entre dos o más partes, obtenida mediante una sucesión de golpes producidos en un material rígido, normalmente la madera». Según lo relatado por Katie y Maggie Fox, cuando las dos comenzaron a pensar que los ruidos que oían en su habitación eran producidos por un espíritu, decidieron combinar un código de comunicación que establecía que determinadas cantidades de golpes significaban «sí» o «no». Esta primitiva forma de comunicación evolucionó hacia un sistema más elaborado, la llamada «tipología alfabética», en la cual la cantidad de golpes significa una letra del alfabeto o un número, según lo acordado previamente entre las dos partes comunicantes. Muchos magos, como el propio Houdini, dedicaron su carrera, o parte de ella, a exponer las trampas y técnicas empleadas por supuestos médiums en sus sesiones, y aunque pudiera parecer un fenómeno antiguo, dicha controversia sigue existiendo en la actualidad.

Los magos y sus facultades psíquicas

La aparición de espíritus, fantasmas y entes místicos en los escenarios de magia es tan antigua como el propio oficio de mago. En aquellos tiempos, esta práctica estaba considerada como algo maligno porque se pensaba que todos aquellos efectos visuales solo eran posibles mediante la intervención del mismo diablo. Poco a poco, gracias a los cambios sociales y culturales que se fueron produciendo en la sociedad, la razón humana fue ganando terreno a ciertas creencias, colaborando en la percepción del fenómeno mágico como simplemente un arte, o al menos como algo completamente alejado a lo que anteriormente se pensaba. Dichos cambios comenzaron a ser más notorios a comienzos del siglo XVII, cuando estos artistas empezaron a realizar sus milagros ante el pasmo de las gentes, pero sin temer por su integridad física. [N10]

En 1794, la ciudad de París vivía unos de los periodos más turbulentos de su historia, cuando la Revolución francesa alcanzaba su apogeo en lo que se denominó reinado del Terror, en el cual miles de ciudadanos fueron acusados de «enemigos de la revolución» y fueron guillotinados sin derecho a defensa previa. A pesar de la complejidad de la situación político-social que les tocó vivir, la ciudad intentaba adaptarse a las circunstancias, buscando aparentar cierta normalidad. A finales de 1794, el Pavilion de l'Echiquier colgó un cartel anunciando el estreno de *Fantasmagoría*, uno de los espectáculos más desconcertantes de los que se había tenido noticia, protagonizado por Étienne-Gaspard Robert, popularmente conocido como «Robertson», un famoso ilusionista belga y precursor de una novedosa técnica de producir fantasmas por medios ópticos. Alrededor de sesenta personas se dieron cita en una de las salas del teatro, decorada con fúnebres cortinas negras de terciopelo y velas de casi un metro de alto. Al iniciar la función, Robertson salió al escenario y con gestos, ademanes y otros movimientos manuales, fue apagando las velas, una tras otra, envolviendo la sala en una penumbra completa. Acto seguido, se dirigió a la audiencia diciendo: «¡Damas y caballeros! Quiero que sepan que no soy un aventurero y mucho menos un timador que promete más de lo que puede ofrecer. He declarado innumerables veces a la prensa que soy capaz de resucitar a los muertos y es exactamente lo que pretendo hacer aquí esta noche y delante de sus ojos. Si hay alguien entre ustedes que quiera volver a ver a sus seres queridos, le ruego se acerque y cumpliré su deseo». Acto seguido, Robertson se arrodilló delante de un brasero con carbón encendido, donde vertió una poción misteriosa, haciendo surgir una densa humareda blanca. De su interior, comenzaron a formarse imágenes fantasmales que ora se desvanecían, ora crecían sobre el escenario o bien volvían a desaparecer. La gente se ponía nerviosa, muchos no se atrevían a mirar y hubo quien optaba por abandonar la sala para alejarse de todo aquel espanto. Si bien las proyecciones aterraban a la audiencia, el ambiente tétrico se potenciaba aún más al agregar truenos, campanillas y otros ruidos por el estilo. Aunque lo negara en su discurso de apertura, su función era un timo en toda regla, pero un timo «positivo», es decir, el ilusionista no tenía la intención de perjudicar a nadie, sino hacer las delicias del público que había pagado una entrada para verle actuar.

Para producir los efectos fantasmales de su función, Robertson hacía uso de un aparato muy conocido entre los ilusionistas de los albores del siglo XX, la «linterna mágica», precursora del actual proyector. Los fantasmas y demonios eran pintados sobre diapositivas de vidrio y la linterna se ubicaba entre el equipo y una gran pantalla translúcida, fuera de la vista de la audiencia. Al mover el aparato hacia la pantalla o alejándola de ella, las imágenes se deformaban en cuestión de segundos, de forma similar a como lo hacen los modernos *zoom*. Los espectadores de aquella época no conocían el cine y nadie tenía la más remota idea de dónde provenían aquellas imágenes fantasmagóricas que aparecían ante ellos sobre una pared, inclinándose a creer que se trataba de ánimas del purgatorio. Sin embargo, más allá de toda la parafernalia utilizada, el éxito de *Fantasmagoría* residía en una ingeniosa inmersión psicológica, la cuidada escenografía y la presencia de cómplices que reconocían la presencia de sus seres queridos en las imágenes proyectadas. En su edición de 1832, el diccionario de la Real Academia Española incluyó el término *fantasmagoría*, en los siguientes términos: «Arte de representar fantasmas por medio de una ilusión óptica».

Con su popular *Fantasmagoría*, Robertson invadía las salas parisinas con demonios y otros entes espirituales que aparecían de la nada y luego se desvanecían sin dejar huella. Las aterradoras imágenes eran meras proyecciones realizadas por un equipo precursor del cine, una técnica que sería utilizada posteriormente por muchos videntes como medio de legitimar sus poderes psíquicos.

Los hermanos Davenport

Los espectáculos basados en proyecciones fantasmagóricas no fueron superados hasta la década de 1860, cuando dos hermanos de la ciudad de Búfalo —Ira Erastus y William Henry Davenport— presentaron un intrigante número que invocaba fuerzas sobrenaturales y que se convirtió en un tremendo éxito en Estados Unidos y Europa. En su caso, no era necesario recurrir ni a efectos ópticos ni a luces especiales, pues la aparición de los fantasmas se daba en directo, delante de los espectadores. Los dos hermanos se posicionaban detrás de un biombo, sentados frente a frente y atados entre sí de pies y manos con cuerdas imposibles de desanudar Entre ellos, estaban dispuestos en el suelo algunos instrumentos musicales —normalmente una pandereta, una guitarra, un violín y una trompeta—, además de una campana. Una vez que se apagaban todas las luces y la mampara quedaba sumida en la más absoluta oscuridad, los instrumentos comenzaban a sonar misteriosamente y todo parecía cobrar vida. De pronto, y sin hallar explicación alguna, cuando volvía la luz y se retiraba la mampara, los Davenport seguían firmemente atados.

Su extraordinario número concordaba a la perfección con su época. Eran tiempos de profundos cambios sociales, económicos, sociológicos y tremendamente misteriosos, donde la sociedad demostró un enorme gusto por los terrenos de lo oculto, lo fantasmal y, obviamente, también de lo mágico, lo cual tendría su repercusión y efecto en todos los estamentos de la sociedad, influyendo también sobremanera en sus entretenimientos y pasatiempos. [N11] Pocos días después de su estreno, los Davenport decidieron cambiar su mampara por un armario, atendiendo la sugerencia de un espectador. El mueble —un imponente guardarropa de 1,80 m de alto por 2,40 m de ancho— constaba de tres puertas verticales. Cuando se abrían, se veía el interior de la cabina, pero cuando se cerraban, solo había una pequeña ventana en forma de diamante tapada por una cortina opaca. Ahora, los hermanos podrían actuar bajo la oscuridad y lejos de miradas inoportunas. Su representación comenzó como era habitual. En cada extremo se sentaba uno de los hermanos, enfrentados. Se hacían atar con una cuerda gruesa que inmovilizaba sus pies y sus manos, de manera que no pudieran moverse de la silla —algunos escépticos utilizaban nudos elaborados y los apretaban con fuerza; a veces les provocaban heridas en sus muñecas y tobillos—. En el centro del armario había una trompeta, una guitarra, un violín, dos campanas y una pandereta. En cuanto las puertas se cerraban, se apagaban las luces y los fenómenos registrados en sus funciones anteriores se repetían: los instrumentos empezaban a sonar en un tono creciente, hasta alcanzar la última fila del teatro. Al abrir las puertas, los instrumentos, antes ordenados, parecían haber sido lanzados de un lado al otro del mueble mientras los Davenport seguían firmemente atados. Finalmente, un espectador era invitado a sentarse en la zona central del armario, entre los hermanos, y al cerrarse las puertas, el voluntario era atacado por los espíritus que le tiraban con violencia del pelo y de la ropa. A poco rato, las puertas se abrían, los hermanos seguían atados mientras el espectador estaba completamente desaliñado y aturdido. [N12]

Aparte del rotundo éxito de crítica, el número de la cabina fantasma fue alardeado por los espiritistas como una evidencia incontestable de la presencia de fenómenos sobrenaturales, mientras que la crítica se limitó a describir a los Davenport como simples magos que tuvieron una idea no solo original, sino además bastante atractiva. Aunque los hermanos nunca quisieron aclarar la naturaleza de su número —jugando con la ambigüedad y dejando que el espectador sacara sus propias conclusiones—, su presentación se promocionaba como una sesión espiritista, estrategia que llevó a mucha gente a creer que los hermanos estaban dotados de poderes psíquicos, aunque también generó incontables acusaciones de fraude por parte de algunos sectores de la prensa. El secreto de los Davenport estaba en las cuerdas utilizadas, que, al contrario de lo que muchos creían, no estaban trucadas; lo que les ayudaba a desenredarse era el material de que estaban hechas (algodón), ya que tenían un trenzado que hacía que resbalaran con suma facilidad. Todo esto, unido al hecho de que un espectador común no poseía la destreza suficiente como para atar correctamente a una persona, acababa por facilitar la labor del escape. El resto era tan sencillo como preparar falsos nudos para estar atados cuando se abrieran las puertas. [N13] La exitosa carrera de los dos hermanos terminó en 1877 con la inesperada muerte de William. El secreto de su número fue un misterio durante décadas, convirtiéndoles en referentes en el mundo del ilusionismo. Para honrar al hermano fallecido, Ira encargó la construcción de un magnífico monumento conmemorativo de granito donde fue esculpida la representación del guardarropa que les llevó a la fama. Desafortunadamente, la administración del cementerio —que intentaba conservar un determinado patrón entre los nichos— no permitió su entrada, que acabó siendo instalado en el exterior del camposanto. Ira murió en 1911.

Conocido como «cabina fantasma», el armario de los hermanos Davenport acabaría convirtiéndose en un recurso muy utilizado por los médiums en sus sesiones espiritistas. De formatos y dimensiones variadas, podría ser un telón, una mampara o incluso una caja. Acorde con muchos espiritistas, estos objetos tenían la capacidad de atraer y concentrar la energía psíquica de los médiums, aunque la realidad sea bien menos transcendental. El único motivo por el cual los hermanos Davenport habían decidido introducir un armario en su función fue impedir que el público descubriese los secretos de su número.

Muchos años después de la disolución del dúo, Houdini se dirigió a Nueva York para entrevistar al hermano que aún seguía vivo, quien «compartió una vida de secretos», reveló el mago escapista. «Ira Davenport negó enfáticamente el poder espiritista de su función en su conversación conmigo, afirmando repetidamente que él y su hermano nunca habían proclamado ser médiums o pretendieron que su trabajo fuera de índole espiritista. Sin embargo, admitió que sus padres murieron creyendo que los hijos poseían poderes psíquicos». [N14] Los detalles de esta entrevista son revelados en su libro, *A Magician Among the*

El armario de los espíritus de los hermanos Davenport.

Spirits, donde Houdini añadió el facsímil de una carta firmada por Ira Davenport en la que este decía: «Nunca afirmamos públicamente que creyéramos en el espiritismo». Ira reveló además que él y su hermano contaban con un equipo de diez personas que se mezclaban entre la audiencia y que se presentaban como voluntarios para atarlos a las sillas. Los hermanos siempre tuvieron el cuidado de evitar que personas mal intencionadas tuviesen acceso a sus secretos. Pese a todo el secretismo, los hermanos Davenport fueron considerados médiums legítimos, que contaban con la ayuda de espíritus para ejecutar sus números.

La presencia de fenómenos supuestamente sobrenaturales en los escenarios no era exclusividad de los Davenport. En 1860, durante la gira americana del célebre mago escocés John Henry Anderson, «El gran brujo del norte», la presencia de extraños fenómenos era recurrente en su espectáculo, donde se podían escuchar ruidos de golpes, que, acorde con el ilusionista, eran espíritus que traían el resultado de las elecciones presidenciales disputadas entre Abraham Lincoln y Stephen Douglas —el propio Harry Houdini reconocería que la figura de Anderson había sido de gran importancia e inspiración para su posterior carrera en contra de los médiums y similares farsantes—. En la década de 1870, el popular mago británico Robert Heller presentaba una función en la que era posible ver sillas voladoras y un espeluznante número en el que palabras escritas con sangre aparecían súbitamente en uno de sus brazos. Innumerables prestidigitadores anunciaban sus exhibiciones como «Una sesión de espiritismo maravillosa» o un «Programa de espiritismo ilustrado». Robert-Houdin, el mago francés que inspiró a Houdini, incluyó en su famoso libro, *Les secrets de la prestidigitación et de la magie*, seis diferentes métodos de evocación espiritista, que solían producir voceríos provenientes del más allá, golpes inexplicables y el lanzamiento de toda la clase de objetos. [N15]

Estos magos lideraron la primera gran ola de entusiasmo espiritualista en los años 1860 y 70. Pasada la locura general, el tema fue perdiendo fuelle hasta renacer con fuerza con el estallido de la Primera Guerra Mundial, un sangriento conflicto que arrebató la vida de millones de personas. Entre los muchos que acudieron al espiritismo en busca de una respuesta que aplacara sus aflicciones estaba Conan Doyle, el creador del célebre detective Sherlock Holmes.

Arthur Conan Doyle fue el segundo de siete hermanos. Nació en Edimburgo el 22 de mayo de 1859, en el seno de una férrea familia católica de origen irlandés. Recibió en bautismo el nombre de Arthur Ignatius (por Ignacio de Loyola, fundador de la Compañía de Jesús) y Conan, en honor de su padrino, Michael Conan, un conocido artista local. Su padre, Charles Altamont Doyle, era un funcionario poco ambicioso que dedicaba sus ratos de ocio a pintar cuadros y consumir altas dosis de alcohol. Su inestable carácter, unido a la adicción etílica, le sumió en una profunda depresión y le condenó a pasar largas temporadas ingresado en hospitales psiquiátricos, condicionando seriamente la economía familiar. Pese a todo, el pequeño Doyle tuvo una infancia feliz y normal: cursó estudios de enseñanza media en el Colegio Jesuita de Stonyhurst, donde no destacó en nada, pero tampoco fracasó, aunque los juegos ocupaban para Arthur un lugar casi tan importante como el estudio de sus asignaturas. Fue en la escuela donde descubrió sus aptitudes de escritor a través de la lectura de los clásicos latinos y griegos y de la literatura inglesa y francesa, que acabaron imprimiéndole una marca indeleble. Por otro lado, su carácter firme (y a veces terco) lo llevaba a rebelarse frecuentemente contra las severas normas establecidas por los jesuitas, actitud que le costó numerosos castigos, desde ser golpeado en los nudillos con borradores hasta recibir golpes en la cabeza con varas de metal. Entre los jesuitas había una percepción de que la pena corporal tenía valor como una herramienta disciplinaria, pues se creía que era un medio rápido y sencillo mediante el cual se podía imponer orden en las clases. [N16] Después de completar sus estudios en Stonyhurst, Doyle fue enviado por sus padres a Austria para aprender alemán en Feldkirch, otra escuela jesuita, esta regida por una disciplina mucho más cercana y humana. En su regreso a Escocia, se presentó al examen general de acceso a la

Universidad de Edimburgo y aprobó con honores. Sin oponer excesiva resistencia y estimulado por su madre, acabó eligiendo la carrera de Medicina, ya que no tenía inclinación por ninguna profesión en especial, pero tampoco le disgustaba la idea de un día ser llamado doctor. Sin embargo, sentía aversión por cualquier asignatura que le obligara a coger un libro de matemáticas, una disciplina que nunca llegó a comprender.

A pesar del apoyo económico de sus padres, Doyle tuvo que solicitar algunas becas y durante los veranos intentaba obtener ingresos como asistente de varios médicos. Aún no se había graduado cuando consiguió, a través de la intermediación de un amigo, el puesto de cirujano en el Hope, un barco ballenero que haría una ruta comercial de siete meses desde Peterhead hasta el Ártico. Allí vivió experiencias inolvidables y curiosos sucesos, ignorando por completo los riesgos intrínsecos de navegar en altamar. Desoyendo el consejo de sus familiares, se enroló en una nueva expedición, esta vez rumbo a las costas africanas a bordo de un barco de vapor, pero una serie de incidentes le empujó de vuelta a tierra firme, donde podría ejercer su oficio en un entorno seguro. «Estoy a salvo y de regreso, después de pasar las fiebres de África, de estar a punto de ser devorado por un tiburón y, como punto final, de haberse incendiado el barco SS Mayumba entre Madeira e Inglaterra», escribió a su madre. Harto de pasar angustias y sufrir las inclemencias de la vida en altamar, se estableció como médico popular en Portsmouth, donde tampoco logró la estabilidad económica que anhelaba. Apenas le llegaban pacientes y los pocos que aparecían normalmente no podían pagar el importe íntegro de la consulta, incrementando aún más su frustración por una profesión que realmente no era su vocación. Al disponer de tiempo suficiente para dedicarse a una actividad más placentera, Doyle empezó a escribir novelitas, poemas y artículos de los más variados temas que enviaba aquí y allá y que de vez en cuando eran publicados, lo que le rendía un pequeño —pero incentivador— ingreso extra, hasta que llegó el momento en que tuvo que decidir entre la literatura y la medicina, ya que de lo contrario no prosperaría en ningún caso. La respuesta a sus transcendentales dudas y la calma a su agónica incertidumbre llegaron en una carta remitida por el director del *Cornhill Magazine*, donde se le comunicaba que había sido aceptada su novela corta *El relato de Habakuk Jephson* y le enviaba un cheque de veinticinco guineas. Se trataba de una prestigiosa revista literaria mensual británica, que ofrecía al lector una selección de artículos sobre diferentes temas y novelas originales de buena calidad. Cuando su trabajo fue publicado, muchos críticos supusieron que se trataba de un escrito del propio Robert Stevenson o de Edgar Allan Poe. [N17]

Su aparente éxito, sin embargo, había sido tan solo un golpe de suerte. El oficio de escritor no era tan fácil como suponía, y Doyle pasó largos meses sufriendo el desencanto de ver cómo le devolvían, uno tras otro, todos sus trabajos. Se preparó para el doctorado en Medicina, aunque esta decisión acabaría arrastrándole hacia el destino que menos anhelaba, el de ser un modesto médico de provincia que dedicaba sus ratos libres a la literatura. Lejos de resignarse, se trasladó a Londres para instalarse en un barrio distinguido donde pudiera tener éxito, pero sus planes fueron interrumpidos debido al inesperado y repentino éxito de cuatro de sus novelas publicadas, la más llamativa, *Estudio en Escarlata*, un relato policiaco que dio origen a Sherlock Holmes, un detective que poseía la extraordinaria habilidad de solventar los más misteriosos crímenes mediante la observación de pequeños detalles a los cuales muchas veces no se dan importancia, pero que a él le aportaban informaciones de estimado valor. Conan Doyle forjó la personalidad de su personaje más conocido con una racionalidad extremada y unos extraordinarios dotes de observación. Para establecer el perfil de un individuo —incluso sus gustos y personalidad—, Holmes solo necesitaba de una charla de pocos minutos. Y casi nunca se equivocaba. Con un amplio bagaje cultural y vastos conocimientos científicos, el detective de Baker Street dilucidó casos considerados irresolubles con una facilidad asombrosa. Al constatar el inesperado incremento de sus ingresos con este éxito, Doyle decidió cerrar definitivamente su consultorio médico, para dedicarse exclusivamente a escribir, como siempre había deseado.

Doyle y el espiritismo

Teniendo en cuenta la personalidad extremadamente analítica de Sherlock Holmes, sería razonable afirmar que su creador también era un hombre de perfil racional e incluso escéptico. Esto suele ocurrir porque en el mundo literario es relativamente común que un autor utilice uno de sus personajes para presentar sus ideas y valores. Nada más de lejos de la realidad. Además de extremadamente supersticioso, Conan Doyle creía en hadas, gnomos y otros seres fantásticos. Pero no siempre fue así. A pesar de haber crecido en un entorno cristiano, el novelista escoces se fue dejando seducir por el agnosticismo; creía que el universo parecía demasiado complejo para poder explicarlo sin la existencia de una fuerza superior y consideraba que la vida humana en la Tierra era un «acontecimiento finito», es decir, estaba convencido de que la muerte era el final de todo.

> Al consumirse la vela, la luz se apaga; cuando la centella se extingue, la corriente cesa; cuando el cuerpo perece, la materia desaparece. Cada cual puede sentir en su fuero interno que debe sobrevivir; ahora bien, si se tiene en cuenta el tipo medio común de hombres, ¿qué razón evidente podría descubrirse en favor de la supervivencia de su personalidad? Esto me parecía una ilusión y me hallaba convencido de que la muerte ponía fin realmente a todo, aun cuando ello no me pareciera motivo suficiente para descuidar nuestros deberes por la humanidad en el curso de nuestra existencia terrenal.
> ARTHUR CONAN DOYLE.

Sin embargo, con el estallido de la Primera Guerra Mundial, nada volvería a ser igual. El conflicto dejó un terrible saldo de nueve millones de militares muertos, junto con los millones de familias destrozadas. Doyle había perdido seis familiares, incluido su hijo, Kingsley, que logró sobrevivir al combate en el frente, pero acabó falleciendo a causa de una neumonía de la que se contagió en sus años de campaña. El sufrimiento y las pérdidas le hicieron convencerse de la existencia de un plano espiritual, y que sus seres queridos tenían que seguir viviendo después de la muerte; de lo contrario, la existencia terrenal no tendría sentido. En 1916, el autor profesó su conversión en una nota publicada en la revista *Light*, un conocido periódico editado por una asociación espiritista. «Fui enviado a la Tierra para un único propósito, el de ser el portador de la antorcha del espiritismo en el mundo». Para muchos de sus seguidores, fue difícil entender como un brillante practicante de la deducción racional se involucrara en ese movimiento tan peculiar, considerado por algunos como una superstición fraudulenta, y se embarcara en una cruzada con el objeto de ganar adeptos para su nueva creencia.

En octubre de 1917, el novelista dio su primera conferencia pública sobre espiritismo, donde presentó una amplia exposición sobre la comunicación espiritual. Conan Doyle intentaba ofrecer consuelo a las personas que buscaban una respuesta a la desaparición de sus seres queridos, resaltando que los mensajes provenientes del más allá contenían un cierto elemento terapéutico, capaz de sobrellevar el sufrimiento de una triste pérdida. [N18]

> Todos tenemos necesidades espirituales y materiales. Esta es la razón de que mucha gente plantee preguntas como las siguientes: ¿Qué propósito tiene la vida? ¿Por qué sufrimos? ¿Qué nos sucede cuando morimos? Es una pregunta que todos se hacen; y la respuesta es el misterio más importante de nuestra existencia. A veces no la queremos aceptar por temor a conocer algo que nos hará daño; nos tapamos los oídos. Y sin embargo, si escucháramos la verdadera respuesta, ¡qué alegría, qué alivio!

El momento cumbre de su conferencia llegaba cuando el escritor relataba el episodio más transcendental de su vida. Pocos meses después del fin de la guerra, Doyle fue invitado a formar parte de una sesión espiritista conducida por un famoso médium llamado Evan Powell. En un determinado momento del encuentro, Conan Doyle tuvo la sensación de haber escuchado la voz de su hijo. De pronto, sintió una mano sobre su cabeza y un beso en su frente. «Aquella noche, mi amado muchacho estuvo otra vez entre nosotros —afirmó—; mi hijo habló casi dos horas de asuntos que el médium ignoraba y se hizo tan presente que parecía estar presente en carne y hueso». Tras aquella inolvidable velada, el novelista se convirtió en un seguidor fanático del espiritismo y se dedicó a defender su nueva causa ante cualquiera que cuestionara su legitimidad, rebatiendo cada uno de los puntos esgrimidos por su interlocutor con argumentos fervorosos, pero sin discernimiento alguno y sin la fría lógica tan característica de su mayor creación literaria (Sherlock Holmes), a quien utilizó como vehículo para esparcir sus enseñanzas un tanto delirantes. [N19] Con el paso de los años, el autor pasó a invertir cada vez menos tiempo en escribir novelas para poder acudir a las sesiones de espiritismo, un pasatiempo perfectamente respetable para un escritor jubilado si hubiese acompañado sus investigaciones en parapsicología con algo que se pareciese al rigor de su personaje más célebre. En una entrevista, sorprendió al mundo al revelar que había entablado una sincera amistad con trece madres que mantenían una comunicación permanente con sus hijos muertos a través de la intermediación de un médium. [N20]

Para Houdini, el deseo de creer y el desconocimiento de las técnicas más básicas de ilusionismo podrían explicar este cúmulo de despropósitos. Sin embargo, aunque dichas creencias siguen vigentes en muchos ámbitos de nuestra sociedad actual, es importante entender el contexto de la época. Era un tiempo de grandes innovaciones, en que la gente presenció la llegada de nuevas tecnologías y, por lo tanto, vivía una verdadera transición a un mundo moderno. Con todos los grandes avances tecnológicos de principios de siglo, el contacto con los espíritus no solo se veía posible, sino como algo de carácter científico. Esto se tornó evidente con la llegada de los rayos X, una radiación de frecuencia más alta que la luz que es invisible al ojo humano, pero incuestionablemente presente en las placas fotográficas. Si había máquinas capaces de mostrar el interior del cuerpo, ¿por qué entonces no podría ser viable la comunicación con los muertos? Hoy este cuestionamiento suena ingenuo, pero entonces era factible. La sociedad de los albores del siglo XX vivía una transición entre una cultura victoriana —muy familiarizada con doctrinas psíquicas, especialmente el espiritismo y el teosofismo— y un mundo futurista rodeado de nuevas tecnologías que culminaron con el crecimiento vertiginoso de las ciudades, el surgimiento de las grandes fábricas, la popularización de los coches, del cine y de un sinfín de aparatos eléctricos. Todos estos factores hacían que la gente se cuestionara la religión. ¿Creo en mi religión o creo en la ciencia? ¿Existe alguna forma que me permita creer en ambas? Surgió la necesidad de encontrar alguna doctrina capaz de armonizar lo racional con lo irracional, dos fuerzas antagónicas y a la vez contradictorias. [N21] Para Doyle, sin embargo, no existía conflicto alguno. El espiritismo aportaba evidencias concluyentes de la posibilidad de contactar con los espíritus, demostrando, por lo tanto, que la muerte no es el fin de la vida, sino el traslado de nuestra existencia a un plano superior. «No nos quedan dudas —decía Doyle— de que nuestro paso por la Tierra no es un mero incidente biológico, sino parte de un proceso mayor».

Nota del autor

La bibliografía de Arthur Conan Doyle ha quedado totalmente eclipsada por la sombra de su personaje más famoso, Sherlock Holmes, lo cual no dejó de ser una fuente de frustración para su creador, que en repetidas ocasiones trató de matar a su hijo literario. Sin embargo, su obra es voluminosa y contempla diferentes géneros, totalizando veintiuna novelas y más de ciento cincuenta relatos, además de innumerables artículos, ensayos, memorias y tres tomos de poesías. Por lo menos veinte de sus obras están relacionadas con el espiritismo: *La nueva revelación* (1918), *Vida tras la muerte* (1918), *El mensaje vital* (1919), *Espiritualismo y racionalismo* (1920), *Las andanzas de un espiritista* (1921), *El misterio de las hadas* (1922), *El caso de las fotografías de espíritus* (1922), *Nuestra aventura americana* (1923), *Nuestra segunda aventura americana* (1924), *Meditaciones de un espiritualista* (1924), *Memorias y aventuras* (1924), *La tierra de la niebla* (1926), *Una historia del espiritualismo* (1926), *Habla Pheneas* (1927), *Nuestro invierno africano* (1929) y *El límite de lo desconocido* (1930).

La amistad entre Houdini y Doyle comenzó a partir de un intercambio de correspondencias en los años veinte, cuando ambos eran muy conocidos —quizá dos de los hombres más famosos del mundo por aquel entonces—. Houdini se preparaba para dar inicio a su nueva gira en Inglaterra y pensaba que el creador del detective Sherlock Holmes podría ser una excelente referencia para ayudar a publicitar su nuevo espectáculo en las islas británicas. Tras una intensa ronda de misivas, los dos nuevos amigos acordaron encontrarse en la residencia del escritor en Crowborough, al sur de las islas, durante la gira que el mago llevaría a cabo en Inglaterra en 1920. Conan Doyle nunca llegó a manifestarse sobre las primeras impresiones que tuvo del artista el día en el que se conocieron, pero teniendo en cuenta que el escritor le consideraba un superhombre, capaz de las mayores hazañas, es de suponerse que su primera impresión fuera un tanto decepcionante. Houdini era bajito y forzudo, tenía las piernas ligeramente arqueadas, lo que contrastaba con su amigo escritor, que medía 1,85 m y pesaba casi cien kilos. Pero en realidad, esto importaba poco. Ambos congeniaron desde el principio y la familia Doyle estaba encantada con la presencia de su ilustre invitado (Houdini acudió solo a la cita, puesto que este día Bess se encontraba indispuesta). Aquella tarde, el mago pudo ver con sus propios ojos cuán en serio se tomaba la pareja el tema de la investigación sobre parapsicología, por no hablar de su recién estrenada religión: el espiritismo. «He visitado a sir A. Conan Doyle en Crowborough. Conocí a la señora Doyle y sus tres niños. Hemos comido todos juntos», escribió Houdini en su diario. El célebre mago escapista ofreció unos trucos para la concurrencia, y Doyle le introdujo en la sociedad aristocrática británica. «Fue la persona más dulce que jamás he conocido», decía Houdini en referencia a su nuevo amigo. Doyle, por otro lado, fue más allá y describió al mago como «el personaje más enigmático con el que me he encontrado. He conocido hombres buenos e incluso muy malos, pero jamás he conocido a un hombre de contrastes tan extraños y con acciones tan imprevisibles y tan contradictorias». [N22] El sentimiento de admiración manifestado por Houdini hacia Doyle era legítimo, en especial su faceta de escritor de éxito y sofisticado hombre del mundo que se permitía moverse con comodidad entre las distintas esferas de la sociedad. Pero, al producirse aquel primer encuentro, el escritor escocés ya no es el que era y su única y obsesiva misión era la de propagar el evangelio espiritista en el que creía con pasión. Houdini pensó que sería mejor aclarar desde el comienzo su postura acerca del espiritismo: no negaba la existencia de lo sobrenatural y estaba abierto a cualquier posibilidad, siempre que le presentaran evidencias convincentes. «Mi querido amigo, no tardarás en conseguir lo que buscas», le reveló Doyle. «Existen abundantes evidencias que confirman todo aquello que defendemos». Durante los seis meses que permaneció en Gran Bretaña, Houdini asistió a alrededor de cien sesiones espiritistas. Los médiums transmitían los ya conocidos y ambiguos recados de su madre, pero ninguno se aproximaba al mensaje que tanto deseaba oír, ni ningún otro que pudiera juzgar como auténtico.

Mi amistad con sir Arthur se remonta a la época en la que yo me presentaba en el Hippodrome de Brighton, Inglaterra. Intercambiábamos correspondencia constante y discutíamos acerca de temas relacionados con el mundo espiritual, hasta que un día nos invitó, a la señora Houdini y a mí, a conocer su residencia en Crowborough. Allí se dio inicio a una hermosa relación que sigue vigente desde entonces. La amistad sincera es uno de los tesoros más preciados de la vida y me siento orgulloso de comprobar que ambos nos estamos esforzando por conservar este sagrado tesoro. En todo este tiempo estuvimos intercambiando recortes de periódicos con noticias de mutuo interés y, en muchas ocasiones, tuve la oportunidad de discutirlas personalmente. [N23]

Una semana después del primer encuentro entre los dos, Houdini escribió a Doyle para que le recomendase una médium «convincente» que pudiera mostrarle la «verdad eterna de una vez». Doyle le sugirió que se pusiera en contacto con Annie Britain, la primera persona que había conseguido contactar con su hijo fallecido. «Conocí a la señora Britain —le contestó Houdini a Doyle—. Me pareció una persona muy interesante y de momento es todo lo que le puedo decir». En su diario, sin embargo, el tono fue distinto: «La señora "B" no me convence —escribió—. Habla de forma muy genérica y dice que ve cosas, pero no lo demuestra. Me reveló que en breve un espíritu me llevará flores al escenario. Todo me pareció muy ridículo, en realidad». Durante semanas, Conan Doyle franqueó la entrada a Houdini a numerosas jornadas espiritistas, una muy llamativa tuvo lugar en la Sociedad para la Investigación Psíquica de Londres (SPR), una organización británica sin ánimo de lucro dedicada al estudio de las habilidades paranormales. El mago acudió a por lo menos seis de las cuarenta jornadas dedicadas a la investigación de las facultades psíquicas de una controvertida médium francesa llamada Marthe Bèraud, conocida entre sus seguidores como Eva Carrière. Entre sus supuestas habilidades, ampliamente verificadas por respetados científicos de su país, se destacaba la capacidad de materializar rostros de espíritus mediante la producción espontanea de ectoplasma, un fluido pegajoso que solía brotar por la boca y otros orificios del cuerpo. Eva se había hecho famosa en Argelia por haber logrado materializar la figura completa de un espíritu hindú llamado Bien Boa, de quien se decía que era un indio que llevaba muerto trescientos años. A pesar de todo el alardeo, nada de especial ocurrió en las primeras sesiones bajo la supervisión de investigadores de la SPR. Sin embargo, en la sesión a la que asistió Houdini, la médium consiguió materializar una figura distorsionada y de apariencia estropeada, que difícilmente convencería a cualquier persona moderadamente incrédula. En una carta enviada a Doyle dando cuenta del asunto, Houdini aseguró no haber visto nada de especial y describió los hechos sin explicarlos. Pero en su libro *A Magician Among the Spirits*, publicado poco tiempo después, el mago comparó los gestos de Eva Carrière con los movimientos precisos y calculados de un hábil prestidigitador.[N24] Houdini estaba lejos de equivocarse. Las materializaciones producidas por la médium parecían toscos dibujos sobre papel arrugado, elementos no demasiado difíciles de ocultar a la clase de examen empleado por los investigadores de la SPR. De hecho, los resultados obtenidos comprobaron que el misterioso ectoplasma producido por la médium no pasaba de una grosera figura de papel maché.

La relación entre los dos amigos se volvió más cercana, a pesar de sus visiones opuestas. En un principio, Doyle consideraba que los métodos empleados por Houdini para desenmascarar médiums fraudulentos eran correctos. Se trataba de gente sin escrúpulos que perjudicaba la legitimidad del movimiento, aunque tenía muchas objeciones sobre el exacerbado escepticismo del mago. Houdini, por su parte, temiendo dañar la amistad que tenía con el novelista, intentaba quedarse al margen de cualquier discusión que pudiera generar roces innecesarios. El mago no era, en realidad, un escéptico radical. Él creía en la existencia de un mundo espiritual y buscaba a la persona que pudiera establecer contacto con su fallecida y amada madre. Fue precisamente su amplia experiencia como mago ilusionista la que le hizo considerar la posibilidad de encontrar a alguien que tuviera este don. Era capaz de reconocer y desenmascarar cualquier actuación fraudulenta, así que si encontraba a un médium auténtico, sabría reconocerlo.

> Sería difícil determinar la primera vez que hablamos sobre espiritismo. Lo cierto es que, desde entonces, nunca hemos logrado ponernos de acuerdo sobre nuestras opiniones. Yo creo plenamente en la existencia de un ser supremo y en la posibilidad de la vida de ultratumba. Desde la muerte de mi querida madre, no dejo de visitar el lugar sagrado de su descanso eterno, donde suelo pedir protección y bendiciones del omnipotente todopoderoso. El primer sitio al que acudo cuando regreso de un viaje es el camposanto, donde descansan mis padres. Cuando estaban vivos, ambos prometieron en innumerables ocasiones que seguirían protegiéndome incluso después de haber dejado este mundo. Así que mi mente continúa abierta, receptiva y lista para creer y

> por ello respeto la opinión de sir Arthur y he intentado mantener una postura imparcial. Sin embargo, no puedo decir lo mismo de mi noble amigo, que se ha negado a abordar el tema desde cualquier otra perspectiva que no sea la más fanática posible. [N25]

La esposa del novelista, Jean Doyle (o Lady Doyle, como la llamaban), que también se había dejado llevar por el espiritismo, empezó a desarrollar ciertas facultades especiales, como la capacidad de redactar mensajes dictados por espíritus (conocida como escritura automática). «Parecía que alguna fuerza extraña se apoderaba de su mano y escribía mensajes que decía que procedían de los muertos», relataba enfáticamente Conan Doyle, aunque agregaba: «Hay que mirar siempre con recelo esto de la escritura automática, porque es muy fácil engañarse a sí mismo». La evidencia que buscaba llegó el día que el novelista recibió a través de su mujer un mensaje de su amigo y cuñado Malcolm Leckie, muerto en la guerra, y que hacía referencia a un episodio del que solo ellos dos podían estar enterados. Aquello acabó por disipar cualquier duda con respecto a los poderes psíquicos atribuidos a su esposa. «El mundo espiritual tiene una vibración superior a la terrenal —explicaba Doyle— y mi mujer tiene el don de conseguir índices vibratorios variables; es capaz de distinguir sonidos e imágenes imposibles de ser captadas por individuos comunes». Para respaldar su teoría, Doyle hacía referencia a la radio, «un misterioso aparato eléctrico capaz de captar ondas electromagnéticas de distintas frecuencias que tampoco vemos y, sin embargo, se convertían en voces y música una vez captadas y sintonizadas por el receptor». El escritor también atribuía las dotes de escapismo de Houdini y sus trucos de ilusionismo a poderes paranormales, reconociéndolo en repetidas ocasiones. Por mucho que el mago insistiera en que todas sus proezas eran fruto de su ingenio y de su arte, Conan Doyle veía en él la prueba indiscutible que confirmaba sus ideas. [N26]

> En cierta ocasión, mientras hablábamos, Houdini dejó escapar que existía, de hecho, un cierto poder psíquico que le ayudaba en la ejecución de sus números, una extraordinaria revelación que él estaba dispuesto a reconocer abiertamente. Me explicó que había una voz completamente ajena a su razón que le dictaba qué hacer y cómo hacerlo. Mientras siguiera las instrucciones de esta supuesta voz, su seguri-

> dad estaba garantizada. «Es tan sencillo como saltar desde una azotea —me explicó—, pero tengo que esperar la voz. Espero antes de saltar y luego me trago la cobardía que todos nosotros llevamos dentro. Cuando oigo la voz, entonces me lanzo. Una vez, salté por impulso propio y casi digo adiós a la vida». Esto fue lo más cercano a una confesión que he conseguido sacar de él y que corrobora que yo tenía razón todo el tiempo. Hoy estoy seguro de que en todos y cada uno de sus portentos hay una fuerza psíquica respaldando sus acciones. ARTHUR CONAN DOYLE [N27]

Estos testimonios —que Doyle solía manifestar a menudo— acababan poniendo a Houdini en una situación difícil. El mago no podía negar completamente su supuesta relación con lo sobrenatural, porque era consciente de que un espectáculo de magia necesita de un componente de misterio para atraer la atención del público. Por otro lado, si optara por exponer o explicar detalladamente el funcionamiento de sus números, estaría incumpliendo una de las más importantes cláusulas del código de ética de los magos: jamás revelar el secreto de sus trucos. Ante semejante dilema, el escapista decidió adoptar una defensa neutral.

> No tengo ningún inconveniente en asumir que puedo liberarme de cualquier tipo de confinamiento, pero debo resaltar que todo se realiza a través de medios físicos y no psíquicos. Mis métodos son completamente naturales y obedecen a las leyes de la física. No puedo desmaterializar o materializar objetos como muchos afirman, sino que los manipulo de una forma que cualquier individuo bien entrenado sería capaz de reproducir. Sin embargo, no estoy dispuesto a revelar mis secretos, así que pretendo llevármerlos conmigo a la tumba, por entender que no aportan beneficio material para la humanidad, sobre todo si son utilizados por personas deshonestas y sin escrúpulos. HARRY HOUDINI

Nota del autor

Fascinado por el mundo de lo oculto, Rodolfo Valentino, una de las mayores estrellas del cine mudo, fue una de las muchas celebridades de la época que militaron activamente en favor del espiritismo. «No tengo miedo a los muertos o a los fantasmas. Si te digo la verdad, no tengo miedo a nada relacionado con la ultratumba. Y no es porque no crea en ello, es justo porque creo en todo ello», reveló el actor en una entrevista. Valentino formó parte de incontables sesiones espiritistas, siempre en compañía de su segunda mujer, Natasha Rambova, que creía que su vida era conducida por tres gurús espirituales: un antiguo maestro egipcio llamado Meselope; un indio americano conocido como Black Feather, y quizá el más importante: «Jenny», alias de Virgina Mathis, la madre recién fallecida de su mejor amigo, June Mathis. En sus últimos días de vida, Valentino mencionó el nombre de Jenny en varias ocasiones, como si la estuviera invocando para ayudarle a su llegada al mundo de los espíritus. Semanas después de su muerte, muchos afirmaron haber recibido mensajes atribuidos al astro, incluida su viuda Natascha, que comenzó a celebrar sesiones en las que, según declaró públicamente, el espíritu de su exmarido se comunicaba con ella desde el más allá y le enviaba informes de la vida «en el otro lado». Su sepulcro ha sido objeto de interés de muchos médiums, que se sentían atraídos no solo por sus supuestos poderes psíquicos, sino que también esperaban recibir un mensaje de su ídolo, como Leslie Flint, quien afirmaba notar su espíritu en distintas sesiones. Los numerosos contactos con Valentino en el plano astral desataron una auténtica fiebre espiritista, a raíz de la cual comenzaron a surgir testimonios de decenas de personas que aseguraban haber visto al fantasma del actor en diferentes puntos de toda California.

Las hadas de Cottingley

Aparte del mundo sobrenatural, había otra dimensión paralela a la terrenal que intrigaba al romancista escocés: el mundo encantado, poblado por seres fantásticos como gnomos, elfos o duendes, «formas de vida que se han desarrollado por una línea de evolución diferente a la nuestra», escribió en una de sus muchas obras relacionadas con el asunto. Un importante folclorista británico llamado Joseph Ritson, especialista en hadas, las definió como «una especie de seres parcialmente materiales, parcialmente espirituales, con el poder de cambiar de apariencia y volverse visibles o invisibles conforme a su voluntad». [N28] En el plano terrenal, por otro lado, un hada es simplemente un ser mitológico presente en la literatura celta, anglosajona y alemana y es retratada como una joven de formas diminutas, dotada de alas y poderes mágicos. Se daba la circunstancia de que Doyle había recibido un encargo de la revista *Strand* para escribir un artículo sobre el mundo de las hadas y para fundamentarlo reunió una importante cantidad de relatos de personas que afirmaban haber visto a estos pequeños seres feéricos. Uno de estos relatos narraba un intrigante suceso que había tenido lugar en el pequeño pueblo de Cottingley, cerca de Bradford (Inglaterra), y tenía como protagonistas a dos primas, Elsie Wright y Frances Griffiths, de dieciséis y diez años respectivamente. Frances había llegado de Sudáfrica con su madre para pasar una temporada con la familia y su adaptación le estaba costando más de lo esperado. En una tarde de julio de 1917, Elsie pensó que sería una buena idea entretener a su prima llevándola a pasear por un hermoso valle justo detrás del pueblo, atravesado por un arroyo y poblado por frondosos pinos y arbustos. Al caer la tarde, las niñas regresaron a casa eufóricas y agitadas diciendo haber visto a un grupo de hadas paseando por el bosque, un relato que no mereció el más mínimo crédito. El padre de Elsie, Arthur Wright, no se interesaba en absoluto por este tipo de temas y, para hacerlas callar, les dejó su cámara fotográfica y les explicó su funcionamiento. Las dos jóvenes se dirigieron al bosque, llenas de ilusión, y al volver pidieron al señor Wright que la revelase en su laboratorio doméstico. La sorpresa fue mayúscula y difícil de asimilar cuando dos clisés delataron la presencia de unas curiosas figuras borrosas que se anteponían al rostro de Frances. En un primer momento, el señor Wright pensó que fuesen pájaros o mariposas y al cuestionar a la hija acerca de los seres que aparecían en las imágenes, recibió como respuesta una exclamación inesperada: «¡Oh! ¡Las hadas salieron en la placa!». Al principio, la postura de la hija le pareció graciosa y, sin darle mucha importancia, achacó la presencia de las hadas a la extraordinaria creatividad de las niñas y guardó el material en un cajón, pensando que aquellas figuras no pasaban de ser simples hojas arrastradas por el viento. [N29]

Las dos fotografías solo se harían públicas dos años más tarde, a mediados de 1919, cuando la madre de Elsie, Polly Wright, una mujer supersticiosa y aficionada al ocultismo, decidió acudir a una conferencia de la Sociedad Teosófica de Bradford, una organización esotérica fundada por Helena Blavastky, una espiritista de origen ruso que había emigrado a Nueva York para difundir la teosofía, una doctrina que aspiraba a despertar la sabiduría y el conocimiento de los misterios del universo y del ser humano. Los teósofos solían proponer teorías muy poco ortodoxas sobre reencarnación y viajes en el tiempo y se identificaban con la idea de la supremacía aria, un peligroso concepto que se extendería por toda Europa en la década de los treinta y que acabaría sirviendo de base para la aniquilación de millones de no arios a manos de los nazis en la Segunda Guerra Mundial. Aquella noche, la entidad organizaba una jornada titulada *La vida de las hadas*, la ocasión perfecta para sacar a la luz el increíble hallazgo de su hija. El momento clave llegó con el turno de ruegos y preguntas de los presentes. Polly levantó el brazo y pidió permiso para subir a la tarima y hablar con el conferenciante. Acto seguido, sacó las fotos de una carpetilla y las enseñó al público. La primera, titulada posteriormente como *Frances and the Fairies*, muestra a la niña con un grupo de cuatro hadas revoloteando con alas de mariposa a su alrededor; en la otra, *Elsie and the Gnome*, se aprecia a la prima sentada sobre la hierba al lado de un gnomo bailarín. Como se puede imaginar, los teósofos, con su tendencia a creer en casi todo, dieron crédito a la historia relatada por Polly y a la autenticidad de las fotografías presentadas. En pocos días, los inquietantes detalles del milagro de Cottingley se extendieron como la pólvora por todo el país. [N30]

Los vecinos de Cottingley recibieron la noticia con distintas disposiciones: algunos creían que los retratos estaban trucados, mientras otros defendían su legitimidad. Las fotografías fueron exhibidas en la conferencia anual de la sociedad teosófica en Harrogate y allí llamaron la atención de uno de sus líderes más relevantes, Edward Gardner, que reconoció la importancia potencial de aquel increíble material para el movimiento teosófico. Como las imágenes estaban relativamente apagadas y poco definidas, Gardner (un hombre, según Doyle, «tranquilo, equilibrado, reservado, ni excéntrico ni iluminado») decidió enviar las copias junto con la placa de los negativos originales a dos expertos de primer orden, uno de Londres y otro de Leeds, donde fueron sometidas a un peritaje a fondo. «Ambos negativos son totalmente verdaderos, sin rastro alguno de montaje, retoque ni marca ninguna», concluyeron los dos profesionales, que tampoco fueron tan lejos como para decir que las fotografías mostraban seres encantados.

No pasó mucho tiempo hasta que las instantáneas llegasen a las manos de Conan Doyle, cautivándole de inmediato. Conocido por su desmedida creencia, el escritor podría haberse convertido inmediatamente en un acérrimo defensor de las niñas; sin embargo, y aunque solía admitir ser «más bien escéptico por naturaleza», prefirió esperar hasta recibir el dictamen de un experto, enviando el material al laboratorio de la famosa multinacional americana Kodak, donde fueron sometidas a un minucioso análisis, pero el resultado obtenido fue demasiado ambiguo como para poner freno a la repercusión internacional de las imágenes. «No fueron encontradas huellas de sobreimpresión ni de ningún otro artificio —escribió Doyle—; en cambio, eran de la opinión de que, poniéndose manos a la obra con toda su técnica y todos sus recursos, podrían producir fotografías con resultados similares». Para el padre de Elsie, todo aquello no pasaba de ser una simple broma de niñas que acabó convirtiéndose en un juego distorsionado por el sensacionalismo de la prensa. «Para explicar estas fotografías de hadas no se requiere un conocimiento de los fenómenos ocultos, sino de los niños», diría más tarde en una entrevista. Por respeto a su creyente esposa y por el cariño que tenía por su única hija, el señor Wright prefirió guardar silencio, confiado en que todo se olvidaría con el paso del tiempo. Ante todas las pericias realizadas, Arthur Conan Doyle acabó dando como verdaderas las fotografías y las calificó, según sus propias palabras, de «maravillosas». El escritor creía haber encontrado la evidencia que buscaba acerca de la existencia de seres no conocidos, un hito que respaldaba sus propias convicciones sobre el más allá. En la Navidad de 1920, la revista londinense *Strand* publicó un artículo del escritor escocés titulado «Hadas fotografiadas, un suceso memorable», que incluía las instantáneas tomadas por las niñas en alta resolución. La seriedad demostrada por Conan Doyle en su artículo es tan sorprendente que podríamos decir que el novelista prácticamente se había convertido en un científico experto en seres feéricos:

> Las hadas tienen cuerpos de una densidad que, con lenguaje poco técnico, podemos definir como de naturaleza más ligera que el estado gaseoso, pero estaríamos totalmente equivocados si, por consiguiente, nos las imaginásemos inmateriales. A su manera, son tan reales como nosotros y desempeñan importantes y fascinantes funciones vinculadas con la naturaleza. Las hadas no nacen ni mueren como nosotros, aunque tengan momentos de actividad y momentos de retiro. Más bien relacionadas con los lepidópteros o con la especie de las mariposas, que tan familiar nos resulta, que con la familia de los mamíferos poseen características precisas. Tienen pocas —o ninguna— fluctuaciones sentimentales, tan solo una alegría de vivir de forma irresponsable. La forma humana en miniatura descrita por todo el mundo se debe probablemente, o si acaso en gran parte, a la fuerte influencia del pensamiento humano, que es la más viva fuerza creadora de nuestro ciclo vital. [N31]

Con el fin de preservar el anonimato de la familia, y con ello evitar que su privacidad se viese comprometida por visitas indeseadas, Conan Doyle optó por cambiar los nombres de las niñas por Alice e Iris, la familia por Carpenters y el pueblo por West Riding. La confidencialidad, sin embargo, duró tan solo dos semanas. En enero del año siguiente, la revista *Westminster Gazette*, escéptica con el caso, envió a un periodista para llevar a cabo una investigación que culminó con un reportaje que revelaba no solo los verdaderos nombres y apellidos de todos los implicados, sino también sus direcciones completas. La publicación generó una verdadera caza a las hadas y cientos de curiosos se desplazaron al pequeño pueblo de Cottingley invadiendo fincas privadas y provocando diversos disturbios. «El pueblo, antaño tan modesto, promete convertirse en el blanco de numerosas peregrinaciones el próximo verano», vaticinó el reportero de la revista *Westminster Gazette*. «El viejo refrán de Yorkshire: "Lo veo y no lo creo", sigue estando vigente en la región». El artículo de Conan Doyle, sin embargo, no alcanzó el impacto esperado. Entre sus lectores ya era ampliamente conocida su creencia fanática por el mundo paranormal.

Para ellos, creer en la vida después de la muerte, en la existencia de espíritus o en el poder de fuerzas malignas aún era aceptable, pero creer en hadas y seres mitológicos era demasiado. El semanario *Birmingham Weekly* publicó un artículo rotundo, donde atacó al novelista escocés, sugiriendo que, al menos, las niñas poseían buenos conocimientos de fotografía como para trucar las fotos. Lejos de rendirse, Doyle, que preparaba una gira por Australia, sugirió a Gardner que facilitase una cámara nueva a las niñas con la intención de que intentasen tomar nuevos retratos. Hubo que esperar largos meses para poner en marcha el plan porque Frances ya no vivía en el pueblo y era necesario que ambas niñas estuviesen juntas para que el fenómeno se produjera. «Necesitamos la fusión de las auras de las dos muchachas», explicaba Conan Doyle en su libro. Finalmente, se tomaron nuevas fotos el 26 y el 28 de agosto de 1921, con una cámara Kodak Cameo (muy difícil de trucar) y veinticuatro placas facilitadas por Gardner. El material fue entregado precintado para la compañía Illingword, que colaboró en el experimento. Pocas semanas más tarde, Gardner comunicó a Conan Doyle que los resultados obtenidos habían sido demoledores. Las niñas habían logrado tomar tres nuevas instantáneas de las hadas voladoras. La primera recibió el nombre de *Frances and the Leaping Fairy* y muestra a la niña de perfil con un hada alada cerca de su nariz; la segunda, *Fairy offering Posy of Harebells to Elsie*, exhibe un hada sobre una rama ofreciendo a Elsie un ramillete de jacintos silvestres. En la tercera foto, *Fairies and their Sun-Bath*, se produjo una doble exposición accidental que le aportaba un aspecto aún más intrigante y resultaba ser «inatacable», según la calificó Gardner. «Mi corazón está de fiesta —escribió Doyle desde Melbourne—; cuando nuestras hadas sean reconocidas como un fenómeno psíquico, todo lo demás recibirá la atención que merece. Hemos recibido continuos mensajes de varios médiums que afirman que algo grande está por venir».

En 1922, Conan Doyle publicó un segundo artículo, «The Evidence for Fairies», incluyendo los tres nuevos retratos tomados por las niñas. El escritor relató con detalles el nuevo avistamiento de estos seres, aventurando incluso su estatura, «de entre treinta y cuarenta centímetros de alto». El artículo sirvió como base para un ensayo titulado *The Coming of the Fairies* (*El misterio de las hadas*), donde el autor recoge la investigación relativa a las hadas de Cottingley y expone los hechos con claridad, permitiendo al lector juzgar la veracidad de los hechos relatados. «A los escépticos les pido que no se dejen engañar por el sofisma consistente en decir que puesto que un profesional del fraude que sea diestro en el arte de la falsificación puede reproducir un objeto semejante al original, también este, por consiguiente, se ha logrado de manera fraudulenta», se defendía el autor, que se cubría las espaldas advirtiendo al lector de que su obra no era un alegato de especialista persuadido de su autenticidad, sino una simple reunión de hechos cuya interpretación el lector gozaba de plena de libertad para aceptar o rechazar. Conan Doyle, sin embargo, estaba absolutamente persuadido de que todo era cierto, e intentaba demostrarlo continuamente en cada página. Por otro lado, los miembros de la Sociedad para la Investigación Psíquica —la primera organización parapsicológica del mundo, de la que Doyle formaba parte—, consideraron que las fotos eran un fraude e hicieron todo lo posible para desvincularse del escritor. Sus lectores tacharon el libro de «lamentable», generando una decepción aun mayor que la provocada con la publicación de *El problema final*, un relato de 1893 en el que el escritor decide poner fin a la vida de Sherlock Holmes despeñándole por las gargantas de un desfiladero suizo durante una violenta lucha corporal contra su antagonista, el malvado profesor Moriarty. La reacción de sus seguidores no se hizo esperar y, al día siguiente de la publicación del relato, miles de cartas indignadas llegaron a la editorial (una muy famosa comenzaba con un «¡Grandísimo burro!»), aparecieron decenas de esquelas en los periódicos y se sucedían interminables muestras de duelo en toda Inglaterra. Movido por la presión popular, y por la indignación de su propia madre, que le había advertido previamente de las graves consecuencias que su impulsivo acto podría tener, Conan Doyle acabó resucitando al detective con la publicación del relato, *El regreso de Sherlock Holmes*.

Pese a todo el alboroto, el interés en las hadas de Cottingley fue disminuyendo gradualmente —tal y como había anticipado el padre de Elsie—, principalmente después de la publicación del libro de Conan Doyle. Las niñas crecieron, se casaron y vivieron en el extranjero durante un tiempo, aunque las fotografías continuaron alimentando la imaginación del público. Décadas más tarde, en 1966, un periodista del *Daily Express* consiguió una exclusiva con Elsie —casada, con el apellido Hill y con casi setenta años—. En la conversación que mantuvieron en la casa de una de las protagonistas, Elsie siguió sosteniendo su versión inicial, afirmando que las fotografías eran auténticas, postura que ratificó en 1976 en el curso de una nueva entrevista.

Pero en la década de los ochenta, un asombroso descubrimiento las puso otra vez en el ojo del huracán, cuando la revista *The Unexplained* anunció que publicaría un reportaje revelando toda la verdad. Y no decepcionó. Sus reporteros habían descubierto un libro de cuentos infantiles publicado cinco años antes de la producción de las polémicas fotos, llamado *The Princess Mary's Gift Book*, en el cual hay una ilustración representando figuras femeninas bailando, increíblemente similares a las hadas que aparecen en las imágenes tomadas en Cottingley, pero sin alas. Irónicamente, este mismo libro incluye un relato del propio Doyle, titulado *Bimbash Joyce*. No se sabe si el escritor escocés tuvo acceso a uno de los ejemplares publicados, pero en cualquier caso, si contara con las mismas habilidades analíticas de Sherlock Holmes, habría concluido que las fotografías de Cottingley eran falsas. Si se hubiese empeñado en investigar mejor el asunto, también habría descubierto que Elsie llevaba años dibujando hadas, frecuentaba la Escuela de Bellas Artes de Bradford y además trabajaba en un laboratorio fotográfico creando composiciones para las familias de los soldados caídos en la guerra. Teniendo en cuenta la manera en que Doyle trataba estos asuntos, probablemente podría llegar a creer que la extraordinaria similitud entre las hadas ilustradas en el libro y las fotografiadas por las niñas de Cottingley se debía a una increíble casualidad psíquica.

> Habrá cada vez más cámaras fotográficas. Aparecerán otros casos bien autentificados. Estos pequeños seres que parecen vivir a nuestro lado, que no se distinguen de nosotros más que por una ligera diferencia de vibración, nos resultarán familiares. El simple hecho de pensar en las hadas, aunque no se las vea, añadirá encanto a cada arroyo, a cada pequeño valle y hará que sea romántico todo paseo por el campo. Creer en la existencia de las hadas hará que el espíritu materialista del siglo XX salga del atolladero, enfangado en el que se encuentra hundido, y hará que reconozca que la vida está llena de encanto y misterio. ARTHUR CONAN DOYLE [N32]

El tema volvió a ver la luz en 1983, cuando la cadena Yorkshire Television emitió un episodio de la serie *Arthur C. Clarke's World of Strange Powers*, en el que una Elsie ya octogenaria finalmente confesó que las fotos eran un montaje realizado a partir de siluetas de hadas recortadas de una revista y plantadas en el suelo con alfileres

Después de décadas de mucha polémica, Elsie finalmente admitió que las fotografías habían sido trucadas utilizando la ilustración de arriba, sacada de un libro de cuentos de 1915.

de sombrero. «Por mucho que nos esforzásemos en decir que todo no pasaba de un juego, siempre aparecía alguien dispuesto a contradecirnos. Hasta hoy sigo sin entender por qué se lo tomaron en serio... Querían dejarse engañar», concluyó, con una sabiduría que uno solo obtiene con la edad. «Luego, apareció sir Arthur y fue cuando decidimos guardar silencio. Dos niñas pueblerinas ante un hombre brillante como él...; lo único que podíamos hacer era callarnos. Además, jamás podríamos imaginar que semejante broma pudiese tener tanta repercusión. Confiábamos en que los hechos se olvidarían pronto». Frances, por su parte, siguió empeñada en sostener que la quinta foto era auténtica y que aún recordaba el día que las vio por primera vez. «Elsie confesó el fraude por sentirse agobiada tras décadas de persecución de la prensa y el interminable asedio de curiosos», alegó en su defensa. Con la tecnología disponible actualmente es fácil comprobar que las hadas de Cottingley son de hecho recortes de papel por su falta de profundidad y un contraste que desentona completamente con el resto de la imagen. También es llamativo que llevaban peinados de moda y estaban vestidas con elegantes prendas de la época, características que no concuerdan exactamente con un rústico ser de la naturaleza.

Sin embargo, en aquellos tiempos, la fotografía era un privilegio de unos pocos, y el desconocimiento de la gente común sobre las técnicas usadas era total. Además, el ansia por creer ciegamente en cualquier cosa hace que un individuo fanático siempre tenga una respuesta conveniente a mano. No en vano, nos encontramos todavía con historias de gente que ve el rostro de Jesús en una tostada o la silueta de Elvis Presley en una nube. A la hora de estudiar los fenómenos psíquicos, Conan Doyle era de aquellos que no buscaba explicación. Tenía la suya personal y se aferraba a ella. El biógrafo Andrew Lycett, por otro lado, nos ofrece otra interpretación, que también puede ser válida: Charles Altamont Doyle, el padre del escritor, era un ilustrador aficionado, y debido a sus recurrentes problemas con el alcohol tuvo que pasar grandes temporadas ingresado. En sus delirios, solía ver criaturas fantásticas y las describía a través de elaborados dibujos. Lycett cree que si pudiese probar la verdad (acerca de las hadas), sir Arthur acabaría rehabilitando la memoria de su padre y demostraría que, pese a su locura, Charles Doyle poseía una especial sensibilidad que le permitía contactar con seres espirituales. «Mucho más allá del alcance de nuestra percepción visual, existen longitudes de onda que no vemos. Así como un objetivo fotográfico puede captar numerosas estrellas que ningún ojo humano ha podido ver directamente en el cielo, existe toda una gama de criaturas vivas, cuyos cuerpos, desde nuestro punto de vista, son tan tenues y sutiles que se encuentran fuera del campo de percepción de nuestros cinco sentidos». [N33] ARTHUR CONAN DOYLE

Frances murió en 1986 a los setenta y nueve años, y Elsie en 1988, a los ochenta y ocho. Los negativos originales de las fotografías, junto con una primera edición del libro de Conan Doyle, se vendieron en

Comparación de las fotos producidas por las niñas con las ilustraciones del libro *Princess Mary's Gift Book*. A pesar del sospechoso parecido entre las dos imágenes, cada año se publican nuevos libros reivindicando la autenticidad de las imágenes tomadas en Cottingley.

una subasta pública organizada por la London's Knightsbridge por la cuantía de seis mil libras a la empresa Bonhams & Brooks.

En su correspondencia con el escritor escocés, Houdini jamás hizo referencia a lo sucedido en Cottingley, quizás porque le hubiera sido difícil mantener la actitud neutra que caracterizaba su relación con el escritor. Para el mago escapista, aquel misterio había sido fruto de una broma infantil que se les había ido de las manos a las niñas, pero esta posición acabaría por levantar más polémica y podría acabar dañando su amistad con Conan Doyle. Houdini le admiraba no solo por su carácter campechano, su buen humor y su incuestionable talento literario, sino sobre todo por su vitalidad combativa. «Por desgracia, sé perfectamente qué significa convivir diariamente con el dolor de la pérdida —dejó escrito—, ¿y quién soy yo para quitarle a alguien la ilusión del reencuentro con un ser querido?». Como decía el poeta francés Alphonse de Lamartine: «A menudo el sepulcro encierra, sin saberlo, dos corazones en un mismo ataúd».

Fotografía espectral

Sin dejarse intimidar por la negativa repercusión provocada por el caso de las hadas de Cottingley, Conan Doyle se puso a investigar un tema no menos controvertido: la psicofotografía o, como era popularmente conocida, la fotografía de espíritus, un fenómeno que se puso muy de moda en los años veinte gracias a William Hope, un carpintero aficionado a la fotografía que obtuvo cierta fama en los círculos espiritistas por su peculiar capacidad para tomar fotos de espíritus. Hope afirmaba haber conseguido capturar accidentalmente la imagen de un espíritu mientras realizaba pruebas de luz con una cámara en una habitación oscura. Poco tiempo después del revelado, se determinó que la imagen correspondía a la hermana fallecida de uno de sus mejores amigos. Fue entonces cuando fundó junto con otros seis fotógrafos profesionales el Crewe Circle, un grupo de espiritistas dedicado al estudio y a la producción de fotografías espectrales. A este grupo se unió el arzobispo Thomas Colley, entusiasta del espiritismo, y a partir de esta incorporación el círculo comenzó a hacer público su trabajo, que demostraba que no solo existían los espíritus —y nos visitaban—, sino que incluso podían ser retratados, para lo cual posaban más o menos a hurtadillas. También es llamativo comprobar que —al igual que las hadas de Cottingley— los espíritus que aparecían en las instantáneas de Hope también se presentaban con ropas a la última moda, corbatas elegantes y, en el caso de las apariciones femeninas, llevaban flequillos y cofias parisinas. Una de las primeras personas públicas que demostró interés por la actividad del Crewe Circle fue el propio Conan Doyle, que se prestó voluntariamente para servir como modelo de innumerables fotos. En una de ellas, Hope descubrió la forma misteriosa de una joven a quien Doyle identificó como su hermana mayor, muerta desde hacía más de tres décadas. La demanda de fotos espirituales se tornó muy popular con el estallido de la Primera Guerra Mundial en 1914, cuando muchas familias, desesperadas por encontrar algún signo de vida del otro lado, se aferraban a cualquier esperanza por pequeña que fuera. Y las fotografías que capturaban espíritus eran una esperanza más que visible. A pesar del carácter supuestamente loable de sus servicios, Hope cobraba honorarios prohibitivos sin garantía alguna de que apareciesen los espíritus de sus seres queridos en ellas, lo que solía ocurrir a menudo, y acababa obligando a sus clientes a tener que pagar varias sesiones fotográficas hasta conseguir captarlos.

Para los seguidores del Crewe Circle, las fotografías espectrales eran una evidencia documental e irrefutable de la existencia del mundo espiritual. Pero también era objeto de polémica entre muchos escépticos, que alegaban que se trataba de un medio fraudulento de obtener beneficios económicos a costa de la desesperación de la gente. Empecinado en tratar de desenmascarar el engaño, Houdini contrató al ilusionista DeVega —a quien consideraba una persona «difícil de engañar»— con la misión de conseguir acceso a las sesiones ofrecidas por el círculo y estudiar detenidamente el trabajo realizado por sus integrantes. Pocos días después, el escapista recibió un informe de DeVega que detallaba la forma en que actuaban Hope y su equipo. El cliente se encargaba de llevar sus propias placas fotográficas, que eran depositadas en una caja sellada, donde eran sometidas a los efluvios del médium de turno. Acto seguido, el dueño de las placas era llamado para ubicarse en una habitación oscura y atestiguar el momento en que el fotógrafo tomaba la instantánea y revelaba las placas, que en todos los casos lograba captar la imagen borrosa de un individuo relacionado con el cliente. Aunque DeVega hubiera sido capaz de detectar claras señales de fraude durante el procedimiento, no logró obtener evidencias concluyentes. [N34] No en vano, sus sospechas pusieron al Crewe Circle en el punto de mira de la Sociedad para la Investigación Psíquica, que decidió tomar cartas en el asunto, poniendo en marcha una investigación liderada por un renombrado experto llamado Harry Price, un hombre duro de convencer y que ya había desenmascarado a varias docenas de médiums fraudulentos, abriéndose hueco en el mundo de los «cazadores de fantasmas». Los resultados no tardaron en llegar. En poco más de doce horas, Price declaró haber detectado evidencias incuestionables del engaño en el material producido por Hope. Acorde con su informe, el líder del Crewe Circle lograba las imágenes insertando una placa de vidrio positivada preparada previamente con la imagen de los muertos en su cámara, que colocaba frente a la placa sin utilizar usada en la fotografía de sus clientes. Esta técnica de doble exposición no solo capturaba la imagen del cliente en cuestión, sino también la imagen fantasmal de la placa de vidrio situada delante. Cuando se revelaba el negativo, este salía con una imagen espectral de exposición incompleta al lado del fotografiado vivo. [N35] Su tajante informe había dejado al descubierto el infame método utilizado por William Hope, pero aún faltaban por recoger las evidencias necesarias para respaldar su tesis. En un intento de desacreditar el informe de Price, el Crewe Circle decidió invitarle a formar parte de una sesión espiritista especial, que comenzó con cánticos interpretados por numerosos miembros del grupo. Price había encargado unas cuantas placas y las trató con rayos X antes de entregárselas a Hope para que fotografiase lo que sucedía en una determinada sesión. El investigador acompañó detenidamente cada uno de los movimientos del fotógrafo y creyó haber visto un imperceptible acto de ilusionismo, por el cual Hope cambiaba las placas por otras de su propia colección. Su suposición era acertadísima. Aunque se pudo apreciar la presencia de varios espíritus, ninguna de ellas estaba tratada con rayos X. Su informe se hizo público en la edición de mayo de 1922 en el boletín mensual de la Sociedad para la Investigación Psíquica con el título «Cold Light on Spiritualistic Phenomena», y provocó la ira de los círculos espiritistas, que cuestionaron la credibilidad del investigador. Decían que, por una parte, los rayos X podían «desaparecer» por sobreexposición de la placa, o bien que alguien interesado en el fracaso de William Hope podía haberlas robado. Preocupado por la reputación de la fotografía espectral como un medio fiable de contacto con el más allá, Conan Doyle expresó su indignación con Harry Price, denunciando los métodos por él empleados para desacreditar a Hope. El escritor fue tan lejos como para escribir un libro apoyando el espiritismo fotográfico, *The Case for Spirit Photography* (*El caso de la fotografía de espíritus*), publicado en 1923, pero la obra fue recibida con ironía por sus lectores, todavía sobresaltados por la inexplicable ingenuidad demostrada por el novelista en su otro libro, *El misterio de las hadas.* [N36] Sin embargo, la ignorancia de la gente sobre la manipulación fotográfica en los albores del siglo XX era total. Nadie sabía cómo un espíritu debería aparecer en una fotografía y por ello se dieron por válidas. Además, era común encontrar familias que no tenían retratos de sus familiares en vida, así que el retrato de su espíritu era lo único que les quedaba para poder conservar vivo su recuerdo. Para Houdini, a una madre que acababa de perder a un hijo, y quería tener una foto de su espíritu, poco le bastaba para dejarse engañar. Una mancha con apariencia de niño en la foto o una confusa forma redondeada era suficiente para convencerla.

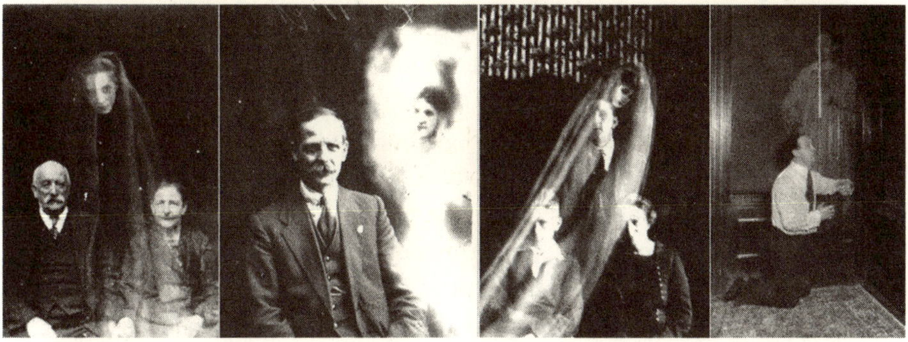

El médium William Hope y sus compañeros del Crewe Circle se hicieron conocidos en toda Europa tras haber logrado ingeniar una técnica de captura de imágenes de espíritus en fotografías. Una investigación conducida por la Society for Psychical Research comprobó que las fotos espectrales se generaban mediante una técnica de doble exposición para crear imágenes traslúcidas. Para ratificar esta teoría, Houdini produjo una foto espectral de sí mismo, la última de esta secuencia.

Muchos magos hicieron uso de fotos trucadas llenas de entes espirituales para promocionar sus espectáculos. El ilusionista francés Henri Robin utilizó esta fotografía con doble exposición, a la que añadió un fantasma como prueba de sus capacidades psíquicas.

Nota del autor

En la época victoriana, la primera providencia tomada por una familia cuando un ser querido fallecía era llamar a un fotógrafo. Por aquel entonces, era una práctica común retratar a personas en las horas posteriores a su muerte y se les podían ver increíblemente naturales en diferentes poses, haciéndoles partícipes de un último retrato individual o con sus familiares, de modo que pudiesen ser recordados para la posteridad. Las primeras fotografías *post mortem* eran planos de la cara del difunto a modo de busto, pero, con el tiempo, los retratos fueron elaborándose más, empleándose ingeniosas técnicas que trataban de conseguir que el cuerpo diera la impresión de estar sentado en sofás, sillas o incluso de pie al lado de sus parientes vivos con la ayuda de soportes de madera o hierro forjado, ocultos debajo de las túnicas. Es importante resaltar que en aquellos años el índice de mortandad era muy elevado, y la fotografía suponía un lujo que muchas familias no se podían permitir, factores que acabaron convirtiendo a miles de niños en los protagonistas involuntarios de aquellas instantáneas. En incontables ocasiones, estas eran las únicas fotografías que quedaban de ellos para el recuerdo, ocupando un lugar destacado en sus hogares. Aunque estas imágenes nos parezcan macabras, la fotografía mortuoria no era considerada morbosa por aquel entonces, debido a la ideología social de la época, en la que se concebía la muerte con un aire mucho más sentimental, llegando a ser vista en algunos casos como un privilegio. Con el tiempo, la práctica fue cayendo en desuso, convirtiéndose en algo vulgar y de mal gusto, lo que finalmente contribuyó a su olvido. [N37]

Algunos retratos póstumos se caracterizaban por los variados artilugios de los que se servían los fotógrafos para mejorar su estética visual y despojarla de la crudeza de la muerte, tal y como aparece en la última ilustración de la derecha. Todas las personas que aparecen en esta secuencia estaban muertas cuando las retrataron.

«Conan Doyle habla de la vida en el más allá», anunciaba a bombo y platillo la edición del 19 de marzo de 1922 del rotativo *The New York Times*. «El brillante autor de novelas detectivescas llegará a Nueva York en su primera parada dentro de la gira de conferencias que estará ofreciendo en nuestro país para exponer los resultados de sus investigaciones acerca de lo paranormal, un controvertido asunto que ha despertado el interés de la sociedad y de la comunidad científica». Houdini, que acabara de recortar la nota del periódico para incorporarla a su ingente archivo, había tenido el detalle de invitar a Conan Doyle y su familia a hospedarse en su casa durante su estancia en Nueva York. «Desafortunadamente, esto no será posible», le contestó el autor amablemente, «pero tengo gran interés en conocer su colección de libros y debatir con usted», le reveló Doyle, que cumplió con la promesa de su visita el 9 de mayo, tras completar su séptima y última conferencia sobre espiritismo en el Carnegie Hall, una de las salas de conciertos más emblemáticas de Manhattan. [N38] A su llegada a la casa del mago, en la calle 113 Oeste en el Harlem, hubo una foto para la prensa, muy comentada entre los reporteros a causa del llamativo contraste físico entre los dos amigos. «Parecía que teníamos a lord Kitchener (secretario de Guerra británico) entablando una animada conversación con un jinete de carreras», escribió un periodista. Pasando a través de un largo pasillo oscuro repleto de muebles, Conan Doyle se detuvo para admirar una vitrina apiñada de trofeos, encabezada por un busto de bronce del propio mago. Al llegar al salón principal de la casa, el novelista propuso un brindis por la amistad con los Houdinis y por el hermoso hogar en donde vivían.

Para Houdini, sin embargo, el momento cumbre de la visita tuvo lugar cuando el célebre escritor puso los pies en su biblioteca personal, de la que se encontraba especialmente orgulloso. «Sir Arthur demostró estar ansioso por conocer mi colección. Ver a uno de los más prestigiosos escritores del mundo buceando detenidamente entre mis libros fue épico. Parecía un niño en la mañana de Navidad», se jactó, sin saber aún la verdadera impresión de su amigo, bastante distinta a la esperada por él: «Su colección era muy escasa de libros de pensamientos positivos», confesó el escritor, al notar la ausencia de obras que trataban del espiritismo. Por otro lado, la cena ofrecida por el matrimonio Houdini fue todo un éxito. En un momento dado, quizá encorajado por las copas de vino, que apenas solía probar, el mago se inclinó discretamente y susurró al oído de su invitado: «Lo que nos une es mucho más importante que los que nos divide. Nuestras pequeñas diferencias —concluyó el mago— están ahora enterradas en el pasado». Aquella festiva noche trajo a Houdini un sentimiento de concordia y buena convivencia; sin embargo, el mago no podía imaginar el torbellino de emociones que estaba a punto de asaltarle. Llegó la madrugada y con ella una curiosa anécdota: Houdini le acompañó en un taxi hasta el hotel Ambassador. En el trayecto, mientras se encontraban ante un semáforo en rojo, el mago levantó las manos ante la mirada de Doyle e hizo que desapareciera su pulgar. «La señora Doyle casi se desmayó», escribió en su diario, sin disimular su satisfacción. La impresión del matrimonio fue mayúscula y al día siguiente Doyle le escribió una misiva en la que nuevamente atribuía el efecto a sus poderes sobrenaturales. «Su arte es real —admitía Doyle—, pero no son trucos, sino un extraordinario poder lo que le permite realizar portentos tan fantásticos como atravesar paredes y puertas. Lo de conseguir abrir los cerrojos es solo un despiste para no poner al descubierto sus verdaderos poderes psíquicos». [N39]

Aunque las palabras de Doyle le hicieron sentir halagado, la admiración que sentía por el escritor no hacía más que disminuir. El truco del pulgar era un truco de guardería y le resultaba cada vez más sorprendente constatar que la elocuencia de su ídolo parecía sostenerse sobre un castillo de arena. Para demostrar lo fácil que era ser engañado por un médium charlatán, Houdini decidió organizar una demostración en su propia casa, en presencia de su amigo y abogado personal, Bernard Ernst. El mago mostró a Doyle una pequeña pizarra, de las que se usaban en las escuelas antiguamente, con agujeros en dos de sus extremos, por donde pasaban algunos cables. Houdini la entregó al escritor para que este la examinara, y tras comprobar que se trataba de una pieza solida sin elementos ocultos, Conan Doyle suspendió la pizarra en mitad de la sala utilizando dos cabos enganchados al techo, de modo que podía balancearse libremente sin contacto con el suelo, paredes o cualquier conexión eléctrica. Los únicos objetos dispuestos sobre la pizarra fueron cuatro pequeñas bolas de corcho, un tintero lleno de tinta blanca y una cuchara común. Houdini, entonces, invitó al novelista a examinar las bolas, y para demostrar que no estaban preparadas, le pidió que eligiera dos al azar y las cortara con un cuchillo. Después de comprobar que todas eran sólidas y poseían el mismo peso y dimensiones, Doyle escogió una y con la cuchara la colocó en el tintero, donde fue sumergida hasta que su superficie quedara igualmente cubierta con el líquido. Se dejó entonces en la tinta para que absorbiera tanto líquido como fuese posible. «¿Tiene un trozo de papel en su bolsillo y algo con lo que pueda escribir?», le preguntó Houdini. El escritor sacó del bolsillo de su chaqueta un pequeño bloc de notas y un lápiz y se lo enseñó al amigo. Houdini asintió con la cabeza y le dijo: «Gracias, sir Arthur, ahora le ruego que vaya fuera de la casa, pasee por donde prefiera, tan lejos como quiera, y escriba lo primero que se le ocurra en ese trozo de papel; póngalo de nuevo en su bolsillo y vuelva a la casa. Pero le suplico que no se lo enseñe a nadie». Doyle obedeció y con un lápiz y una hoja en las manos, anduvo tres manzanas, giró una esquina y antes de escribir sobre el papel, comprobó si no había nadie alrededor. La vecindad era tranquila y en aquel momento no había nadie paseando por la calle. El escritor, entonces, extendió la hoja sobre la palma de su mano y garabateó un par de palabras. Mientras tanto, Ernst permanecía en el salón para asegurarse de que Houdini no saldría o intentara manipular la pizarra o las bolas en la ausencia del Doyle. El mago permaneció todo el rato en silencio, sentado en una gran butaca, con los ojos y los puños cerrados, en un profundo estado de concentración.

Al regresar, Houdini abrió los ojos, se levantó de su asiento y le invitó a coger la cuchara y remover la bola de corcho, que había estado empapándose en tinta blanca. Acto seguido, Doyle la puso en una esquina de la pizarra. La bola permaneció pegada allí, debido a la gran cantidad de tinta que había absorbido. Mientras el escritor se limpiaba los dedos con una servilleta, Houdini hacía gestos teatrales con las manos hasta que la bola comenzó a rodar lentamente por la superficie de la pizarra, dejando un rastro blanco. Conforme la bola rodaba, se vio que escribía las palabras: *Mene, mene, tekel upharsin*, un pasaje del Antiguo Testamento, precisamente del libro de Daniel. Doyle no podía creer lo que acababa de ver. Aquellas eran las mismas palabras que había escrito minutos antes en su paseo. Los invitados se quedaron sin habla. Houdini entonces se volvió hacia el escritor y le dijo: «Sir Arthur, he dedicado mucho tiempo a la elaboración de esta ilusión y por desgracia no le puedo decir cómo la he realizado, pero puedo asegurarle que es un simple truco, ejecutado por medios perfectamente normales. Ahora, le ruego, no llegue a la conclusión de que ciertas cosas que no ve son necesariamente sobrenaturales o realizadas por espíritus, así que tenga cuidado en el futuro al legitimar determinado fenómenos simplemente porque no puede explicarlos. Sé que lo que acabo de demostrar es muy llamativo e impactante, pero insisto en que lo he realizado mediante trucos y nada más. Le he ofrecido esta prueba para advertirle de la necesidad de cautela y, sinceramente, espero que saque algo positivo de ella». [N40] Su firme posicionamiento concordaba con la séptima ley de la obra *La Magie blanche dévoileé*, una especie de manual que incluía algunas normas que todo buen mago debía seguir, escrita por el prestidigitador francés Henri Decremps en 1784: «Nunca debe presumirse de poderes sobrenaturales al actuar delante de una audiencia culta». Pero los esfuerzos emprendidos por Houdini fueron en vano. Después de mucho insistir en que le revelara el secreto del truco, y ante su continuada negativa, Doyle llegó a la conclusión de que el mago lo había ejecutado mediante ayuda psíquica y no se le pudo persuadir de otra cosa. «Si los médiums recurren a veces a los trucos —decía Doyle—, se debe a que no siempre se hallan en disposición de ejercer sus verdaderos poderes superiores». Curiosamente, Houdini jamás volvió a presentar en público el truco de la pizarra y nadie sabe explicar el secreto que hubo tras de su ejecución.

Robert-Houdin decía que la perfecta ejecución de un truco siempre dependerá de la destreza del mago y no de los caprichos y veleidades de los espíritus. Que lo diga Sarah Bernardt, diva del teatro francés y considerada a menudo la mejor actriz de todos los tiempos, que también creía que Houdini hacía uso de fuerzas sobrenaturales para escapar de sus arriesgados encierros. Su infancia estuvo marcada por un accidente que muchos años después le acarrearía graves trastornos. Cuando era una niña, la actriz cayó por una ventana, rompiéndose la rodilla derecha, que quedó delicada de por vida. Finalmente, en 1914, a causa de una dolorosa inflamación, tuvieron que amputarle la pierna. En su última gira americana, en 1915, Sarah tuvo la oportunidad de disfrutar de una placentera tarde en compañía de Houdini, de quien era admiradora. En un determinado momento, mientras paseaban, Sarah dejó de interesarse por las vistas, se volvió cariñosamente hacia el mago y le preguntó: «Señor Houdini, usted es una persona bendecida, capaz de lograr prodigios sobrehumanos. ¿Sería usted capaz de devolverme la pierna?», le preguntó sin tapujos, mientras el coche avanzaba traqueteando por las concurridas calles de la ciudad. Aquella petición le dejó petrificado y sin habla. Su duda era genuina y a la vez dotada de una sinceridad conmovedora. No había, en ningún caso, intención de ponerle en ridículo. Se trataba de un apelo desesperado de una persona que, por imposición del destino, se veía obligada a convivir con la terrible molestia de tener un miembro de su cuerpo amputado. El propio Houdini, cuyos portentos dependían en gran parte de su condición física, hubiera visto su carrera amenazada si hubiese sufrido semejante tragedia. «¡Dios mío! —exclamó—, me duele en el fondo del alma decirlo, señora Bernardt, pero me temo que no hay nada que yo pueda hacer para ayudarla. Mis poderes son limitados y lo que usted me pide es imposible», le contestó un consternado Houdini, tratando de elegir cuidadosamente las palabras para no herir la sensibilidad de su amiga. «Lo sé», le contestó la actriz, resignada, «pero aun así quise preguntárselo porque usted es el hombre de las causas imposibles». Cayó sobre los amigos un velo de silencio que se apoderó del ambiente y ambos decidieron mentalmente que lo mejor en aquel momento era dirigir la mirada a la ventanilla del coche y observar el movimiento de los peatones. Todavía atónito por lo que acababa de escuchar, Houdini pronto se dio cuenta de que la desesperación puede realmente llevar a un individuo a creer en lo imposible al no encontrar en el plano terrenal una solución para sus angustias. Esto le había ocurrido a Conan Doyle al perder a su hijo en la guerra y ocurría ahora también con Sarah Bernardt, que no lograba superar la pérdida de su pierna. «Señora —insistió Houdini—, ¿usted estaba bromeando, no es cierto?», le preguntó visiblemente perplejo. «Jamás hablé tan en serio como ahora», le contestó con voz firme. El mago dejó escapar una discreta y acogedora sonrisa, masajeó cariñosamente la mano de la actriz y le dijo: «Señora, me temo que usted esté sobrevalorando mis facultades». [N41] Cuando este episodio se hizo público, un periódico de Nueva Orleans publicó una nota diciendo que Sarah no era lo suficientemente ingenua como para formular una pregunta tan descabellada, pero Houdini alegó que la actriz era muy supersticiosa y se defendió diciendo que jamás tendría la indecencia de inventarse una historia de ese tipo.

Desde Nueva York, Conan Doyle viajó a Boston y luego a otras ciudades como Rochester, Buffalo, Detroit, Toledo y Ohio, cumpliendo así su gira de seis semanas que no dejó a nadie indiferente. Sus conferencias reunieron a numerosos oyentes que buscaban consuelo y creían que el espiritismo era la única respuesta a la desaparición de sus seres queridos. El novelista solía desplegar un discurso marcado por proverbios espirituales y cargado de emotividad. Las audiencias —siempre grandes, atentas y variopintas— demostraban especial emoción al escuchar el relato que detallaba el esperado reencuentro que el escritor tuvo con su fallecido hijo y se asombraban con las inquietantes fotografías espectrales de William Hope, una prueba gráfica de la existencia de un mundo paralelo al nuestro, cuyas dimensiones podrían ser captadas por la lente de una cámara común, un hito sin precedentes en la historia de la humanidad, acorde con el escritor. «Había fotos de todo tipo —describió *The New York Times*—; de hombres, mujeres, paisajes y aves. En una de ellas aparecía Kingsley, el hijo de Conan Doyle muerto en la guerra; el escritor aseguraba haber tomado todas las precauciones necesarias para asegurarse de que no se trataba de un fraude antes de hacerla pública». En sus conferencias, que solían durar por lo menos dos horas, Conan Doyle no caía en el error de atraer a sus oyentes a favor de su causa. Les hacía reír con divertidas anécdotas y se ganaba los aplausos de los espectadores por el ingenio rápido con el que respondía a los siempre presentes escépticos. Por encima de todo, parecía muy cuerdo y transmitía franqueza. Acorde con *The New York Times*: «Sir Arthur no parece ser una persona que se deje llevar. Sus palabras son firmes y capaces de mantener a la audiencia profundamente atenta. Evidentemente, se trataba de un público que lloraba a sus muertos y buscaba una respuesta». [N42] Y parecía ser que sir Doyle lo veía todo de forma muy clara. «El más allá es un mundo dominado por la simpatía. Solo se reúnen en él aquellos a quienes esta une. El marido intratable y la esposa frívola no están presentes ni dominan esa inocente sociedad. Todo allí es paz y ternura. Es la larga cura de reposo después de la tensión nerviosa de la vida terrestre y antes de los nuevos acontecimientos futuros. La existencia es sencilla y familiar». Doyle repitió este credo en cada una de las ciudades americanas que se propusieron escucharle, y a pesar de lo fatigoso del viaje y del limitado beneficio económico que le reportaba tanto esfuerzo, el escritor no demostró desánimo e intentó insuflar esperanza a los numerosos espectadores que asistían a sus charlas. Unos acudían por convicción o curiosidad en los temas tratados, pero también había quienes iban interesados en la controversia provocada por sus discursos o los detractores, que le consideraban un lunático. [N43]

Tras concluir su gira de conferencias, Conan Doyle se encontró con decenas de invitaciones apiladas en su habitación del hotel Ambassador de Nueva York, entre ellas había una de Houdini, proponiéndole acudir al banquete anual de la Sociedad Americana de Magos como invitado de honor, un grandioso evento que tendría lugar en hotel McAlpin. En un primer momento, el novelista pensó en declinar la invitación, ya que los magos y los espiritistas suelen tener posturas opuestas y por ello temía posibles enfrentamientos. «Además, no sé si me sentiré a gusto en el espectáculo de ilusionismo que será ofrecido terminada la cena —le confesó educadamente por escrito—, ustedes tratan los fenómenos psíquicos como si de un simple truco se tratara, cuando, en realidad, es todo lo contrario. Se trata de un don de Dios y representa para mí lo que hay de más sagrado». A pesar de su resistencia inicial, Houdini logró convencerle para cambiar de opinión, asegurándole que su presencia convertiría la velada en un emblemático recuerdo para la historia de la SAM. Recibido con *Pompa y circunstancia*, el escritor escocés fue extremadamente amable con todos los presentes y acabó sorprendiendo a todos con la proyección de las primeras imágenes de *El mundo perdido*, una película ambientada en la prehistoria, basada en su reciente novela de mismo nombre. «Los dinosaurios retozan en el cine para Doyle», rezaba el titular de *The New York Times* la mañana siguiente. «En el encuentro anual de la SAM celebrada anoche, el escritor espiritista desconcertó a magos de fama mundial con imágenes de bestias prehistóricas, con una película de monstruos de hace millones de años, jugando, apareándose y matándose. Sean esas imágenes una broma del famoso autor a los magos o auténticas, como sus fotos de hadas, es algo que no se reveló», apuntaba el diario. Doyle le dijo a Houdini en una carta que «la proyección tenía como objetivo asombrar a aquellos ilusionistas que tan a menudo nos dejan perplejos con sus misterios. Como disponía del material y contaba con el permiso del señor Watterson Rothacker [el productor], no pude resistir la tentación de exhibirlo a sus invitados». Houdini respondió a la misiva alabando su iniciativa, que acabó acaparando más espacio en los periodicos que cualquier otro evento de la ciudad. [N44]

La carta que acabó con una amistad

El 15 de junio, tras concluir en Nueva York su agenda de conferencias, Conan Doyle pudo por fin disfrutar de una jornada de descanso en compañía de su familia y aprovechó la oportunidad para invitar a Houdini y Bess a unirse a ellos el fin de semana. El novelista no lo sabía, pero su bien intencionada y amable invitación marcaría el comienzo de una profunda desavenencia con su amigo escapista, con consecuencias dramáticas para ambos. Los dos matrimonios se citaron para encontrarse en Atlantic City (Nueva Jersey), uno de los principales destinos de veraneo de los ricos de principios del siglo pasado, conocido por ser la alternativa a Las Vegas en la costa este, con decenas de casinos y locales de ocio. Su paseo marítimo ofrecía una amplia oferta de restaurantes, tiendas y casas de espectáculo que permanecían abiertas hasta altas horas de la noche, proporcionando a los visitantes un vasto abanico de opciones de entretenimiento. Doyle creía que la radio podría ser útil en la comunicación con el mundo espiritual y su ida a Atlantic City se debía en parte en su interés por conocer una importante estación de radio local, con capacidad para transmitir su programación a largas distancias. Houdini y Bess se reunieron con los Doyle el día 17 de junio en el hotel Ambassador, donde se acomodaron en una *suite* contigua a la ocupada por el escritor escocés y su familia. Los dos amigos pasaron la última parte de la tarde del sábado jugando con los niños de Doyle en la piscina del Ambassador. El escapista les enseñó a bucear y flotar y los dejó boquiabiertos con su capacidad para aguantar la respiración debajo del agua. «En un momento dado, sir Arthur se excusó diciendo que iba a dormir su habitual siesta de la tarde», escribió el mago en su diario. «Se marchó, pero luego regresó diciendo: "Señor Houdini, mi mujer y yo estamos pensando en realizar una sesión espiritista esta noche. Parece ser que ella tiene la sensación de que podría recibir un mensaje interesante para usted. Si está de acuerdo, sería un placer contar con su presencia"». Al parecer, Lady Doyle —conocida por sus arrebatos de escritura automática— se sentía plenamente capacitada para establecer la comunicación que Houdini tanto ansiaba con su madre. «Quisiera disculparme —añadió el novelista—, pero la señora Houdini no podrá formar parte de este encuentro. Sabemos que usted y su esposa comparten cierta posición escéptica y esto podría perjudicar la energía del ambiente, así que, si no les importa, nos parecería mejor que usted, señor Houdini, viniera solo». Sonriente, Bess le contestó gentilmente: «No se preocupe, sir Arthur. Dejaré a mi marido a su cargo; estoy segura de que le encantará acudir a la sesión». Se trataba de una proposición delicada, había mucho en juego y Houdini sabía que cualquier desliz podría perjudicar seriamente la amistad y los vínculos que tanto le había costado conservar. A punto de declinar la invitación, el mago respiró hondo y profundo, hizo una rápida reflexión y decidió arriesgarse, confiando en la honestidad de los Doyle, aunque, horas después, empezase a dar señales de arrepentimiento, quizá previendo que aquel encuentro podría convertirse en un desastre para todos los implicados.

Antes de que se marchara, Bess le contó rápidamente algunos detalles de una conversación que tuvo con Jean la noche anterior y que tuvo a Cecilia como protagonista. «Hablaron del amor que yo profesaba por mi madre y de numerosos episodios divertidos, como los ratos en los que yo solía apoyar la cabeza sobre su pecho, con la única intención de oír los latidos de su corazón; pequeños detalles que significan mucho para una madre y su hijo cuando se quieren tanto como nosotros nos queríamos. Por otro lado, estas inocentes manías podrían ser de inmenso valor para que Jean hiciera uso intencional a su favor en la sesión», concluyó Houdini en su diario.

Esta foto, tomada en la playa de Atlantic City horas antes de la sesión espiritista organizada por los Doyle, muestra al novelista con una actitud relajada, contrastando con el aspecto serio y preocupado de Houdini. ¿Estaría el mago escapista previendo que su amistad con el célebre escritor escocés estaba a punto de romperse por culpa de un engaño?

Houdini llegó puntualmente al lugar de la cita, la *suite* del matrimonio en el hotel Ambassador. Los Doyle le recibieron con un largo abrazo y una sonrisa acogedora y le invitaron a entrar en el salón comedor, donde tenían todo preparado. Se procedió a bajar las persianas como medida de precaución para impedir que pasase la luz de fuera, creando un ambiente más oscuro y propicio para la sesión. El único punto de luz provenía de un quinqué que con sus titileos arrojaba trémulas sombras sobre las paredes de la estancia. «¿Estás preparada, querida?», le preguntó el escritor con una sonrisa amable. «Lo estoy», respondió Lady Doyle, y con una voz serena les rogó que tomasen asiento en torno a la mesa, sobre la que había algunos lápices y una libreta. Los tres se cogieron de las manos, inclinaron la cabeza y Conan Doyle dio inicio a la sesión con el recitado de una plegaria, que Houdini contempló de forma respetuosa.

> Dios todopoderoso, estamos agradecidos por esta nueva revelación y por esta ruptura de las paredes entre dos mundos. Tenemos sed de otro mensaje indiscutible del más allá, otra llamada de esperanza y orientación a la raza humana en este momento de gran aflicción. ¿Es posible recibir otra señal de los amigos que ya se fueron? [N45]

Houdini observó a Doyle, por el rabillo del ojo, masajear suavemente la mano de su esposa, como si estuviera transfiriendo su energía hacia ella. Por fin, decidió cerrar los ojos y concentrarse de la forma más religiosa que fuese capaz. A lo largo de su carrera, había recelado de los espiritistas, diferenciando sus números de ilusionismo de sus pretensiones sobrenaturales y, aunque sabía que compartían muchos de los trucos, aquella tarde, en su fuero interno, quería creer que estaba delante de una médium auténtica.

> Traté de eliminar cualquier pensamiento terrenal de mi mente y puse toda mi alma en la sesión. Con el corazón latiendo fuerte, me puse a la espera, intentando sentir la presencia de mi madre. Si en el mundo existe un hijo que idolatraba incondicionalmente a su madre y le dedicó todo y cualquier pensamiento para su felicidad, esa persona fui yo. Su existencia significaba mi vida, su felicidad era sinónimo de paz de espíritu y, por todo ello, quería concentrar mi atención profundamente en aquel momento. Una simple

> señal suya amenizaría todo el dolor que aún sentía mi corazón. Estaba determinado a abrazar el espiritismo si aquella noche tenía alguna evidencia lo suficientemente relevante que me hiciera disipar todas las dudas que han habitado mi mente en estos años. [N46]

Houdini tenía un motivo especial para comunicarse con su madre. Aquella noche del 17 de junio de 1922, se cumplían nueve años de su fallecimiento, información que era desconocida por el matrimonio Doyle. Si el espíritu de su madre llegase a manifestarse aquella noche, la señalada fecha sería objeto de mención. En la habitación reinaba una sensación de gran tensión y emoción. Houdini mantenía los ojos escrupulosamente cerrados y los pensamientos volcados en su amada progenitora; el silencio se hacía tan presente que era posible oír la respiración de Lady Doyle, que parecía muy alterada. Se estremecía como si hubiese sentido una corriente de aire frío penetrándole la espina mientras que sus manos, temblorosas, golpeaban la mesa, a la vez que le empezaba a vibrar la voz con la que pedía un mensaje a los espíritus con los que intentaba contactar. Tamaña intensidad hizo que el tono de sus palabras —ahora ininteligibles— subiese tanto que Conan Doyle se vio obligado a soltar la mano de Houdini para apaciguarla, acariciándole su corta melena, pero la mujer le apartó de un ligero empujón y dio un fuerte golpe en la mesa, como si una fuerza sobrenatural se hubiese apoderado de su cuerpo. Acto seguido, empezó a girar la cabeza de un lado a otro de forma poco natural, cogió el lápiz y se puso a escribir febrilmente a una velocidad vertiginosa por medio de escritura automática. En menos de un minuto, ya había arrancado del bloc la primera hoja rellena por completo. El mensaje, encabezado por una cruz, hablaba del amor que sentía hacia su hijo y de lo orgullosa que estaba por su éxito. «Fue un momento sublime. Mi mujer con la mano volando salvajemente, golpeando la mesa mientras escribía a un ritmo frenético —escribió Conan Doyle en sus memorias—; no había pausas para tomar aliento o descansar las manos. Sus labios se movían a una velocidad asombrosa, leyendo las palabras que escribía, aunque sus ojos estuviesen cerrados y sus dedos flotando sobre las palabras que fluían naturalmente». Cuando terminaba una página, el novelista escocés la arrancaba y se la pasaba directamente a Houdini, que trataba de leer detenidamente cada palabra esperando sentir la presencia de su madre.

> Mi querido hijo, gracias al cielo, al fin puedes oírme, lo he intentado muchas veces, pero ahora soy feliz. Claro que quiero hablar con mi pequeño, mi único y amado hijo. Amigos, os doy las gracias de corazón por esto, habéis contestado a mi llanto y al de él. Que Dios lo bendiga mil veces de por vida. Nunca una madre tuvo un hijo como él. Decidle que no llore más, porque en breve tendrá todas las evidencias que tanto anhelaba. Que intente escribir desde su casa, será mucho mejor y yo le ayudaré. Le quiero mucho, muchísimo. Estoy preparando un dulce hogar para él, al que algún día, cuando Dios lo quiera, vendrá. Una de mis grandes alegrías es la preparación de nuestro futuro. Soy completamente feliz en esta vida, tan plena de alegría. Mi única tristeza es que mi amado ha ignorado las muchas veces que estuve a su lado todo este tiempo, aquí, distante de mi amor, mientras seguía trabajando en esta mi nueva vida. Todo aquí es diferente, más amplio, más bonito, tan sublime y ameno y nada te duele. Además, desde aquí es posible ver a nuestros seres queridos en la Tierra y eso nos tramite una gran alegría y un gran consuelo. Decidle que le quiero más que nunca. Con el paso de los años, mi amor no hace más que aumentar y su bondad llena mi alma de alegría y gratitud. Lo único que quiero ahora es que él sepa que ya he cruzado el abismo, es lo que quería, que deseaba más que nada. Ahora podré descansar.

Houdini se reclinó en su silla y respiró hondo, con la frente empapada de sudor. Estaba asustado e, innegablemente, excitado. «¿Te gustaría preguntarle algo? —le propuso Doyle—. Así podrías comprobar que se trata efectivamente de tu madre». El mago apenas tuvo tiempo de pensar en alguna pregunta cuando Jean cogió otra vez la libreta y comenzó a escribir furiosamente.

> Puedo leer la mente de mi amado hijo, su querida mente, hay tantas cosas que quería decirle, pero me siento tan abrumada por la alegría de volver a hablar con él que casi no puedo soportarlo. Es mucha alegría la que siento, gracias, muchas gracias de corazón, amiga, por todo lo que has hecho por mí en esta maravillosa jornada. Que Dios le bendiga también, sir Arthur, por el trabajo que viene desarrollando y que es

> tan vital para nosotros, que estamos aquí y necesitamos contactar con nuestros seres queridos en el plano terrenal. Si el mundo conociera la gran verdad, la vida para los hombres y mujeres sería muy distinta. Siga adelante, sir Arthur, no permita que le detengan, su recompensa será grandiosa. Los reuní a usted y a mi amado hijo porque sentí que usted era la única persona que podría ayudarnos a superar este obstáculo, y al final tenía razón. Bendito sea, bendito sea, lo digo desde lo más profundo de mi alma, él llena mi corazón y en breve estaremos juntos. A mi hijo le espera una felicidad con la cual jamás ha soñado. Dígale que estoy con él y que en breve le demostraré lo cerca que estuve todo este tiempo. En breve abrirá los ojos. Que Dios les bendiga a todos. [N47]

De pronto, Jean soltó el bolígrafo y se desvaneció sobre la silla, agotada, mientras sir Arthur sonreía maravillado por el resultado de aquella sesión. Quince largas páginas dictadas por Cecilia —o eso es lo que querían hacer creer al mago aquella noche—. El novelista escocés obtuvo el último eslabón que le faltaba para convencer a su escéptico amigo, quien ahora ya no podía negar los hechos. La carta trasmitida por Cecilia a través de las manos de Jean debería responder a todas las inquietudes de Houdini, pero el efecto generado fue exactamente el contrario. Después de leerla detenidamente, el mago no esbozó la más mínima reacción. Su rostro denotaba total seriedad. «Supongo que estará embargado por una emoción abrumadora —pensó Conan Doyle—, algo que es completamente comprensible. Yo me sentiría igual». Sin embargo, la realidad era muy distinta. El mago escapista se encontraba plenamente dominado por un profundo sentimiento de frustración. Sentía pena de aquel pobre matrimonio que se dejaba engañar de forma ridícula, y no entendía cómo dos personas tan cultivadas podían caer en semejante trampa. Su sentimiento concordaba con el de otros sabios, como el naturalista Charles Darwin o el científico español Santiago Ramón y Cajal, quienes tampoco compartían este entusiasmo. «Pena da pensar que, en los absurdos de la moderna brujería, hayan caído hombres de ciencia como William Crookes, uno de los científicos más importantes de Europa del siglo XIX, el astrónomo francés Camille Flammarion y filósofos tan relevantes como Krause y William James. Yo confieso, un poco avergonzado, mi irreductible escepticismo», dijo el Nobel aragonés. [N48]

> El movimiento espiritista viene reivindicando una creciente adhesión de muchas mentes brillantes entre sus seguidores: científicos, filósofos, profesionales y escritores. Si estos grandes maestros escogieron acogerse a la causa por estar completamente convencidos de su verdad o si algún médium fraudulento fue capaz de engañarlos, es una cuestión de conjeturas y opiniones. Pero la realidad es que si estas notables personalidades fueron inducidas a adherirse a las filas del espiritismo es porque se han dejado guiar por mentes más poderosas y brillantes que las suyas propias. HARRY HOUDINI [N49]

La carta escrita por Jean —y supuestamente dictada por Cecilia— es, sin lugar a dudas, un hermoso documento que traduce dignamente el sentimiento de una madre amorosa hacia su hijo, repleta de frases cariñosas y, sobre todo, tranquilizadoras. «Estaba dispuesto a creer —insistió Houdini—; en realidad, quería creer, pero no pude». Para el ilusionista, el contacto con su madre nunca se produjo. Aparte de ser un documento de contenido genérico, la carta escrita por Jean poseía una serie de contradicciones y deslices que comprometían su legitimidad. El texto no era compatible con la forma de escribir o hablar de Cecilia y no mencionaba ningún tema específico que él pudiese identificar, relatando hechos sin aparente transcendencia. Le molestó especialmente que el mensaje llegase en inglés, idioma del que su madre solo conocía unas pocas palabras, prefiriendo expresarse en *yiddish*, idioma común entre las comunidades judías en los Estados Unidos. Más que un simple idioma, el *yiddish* representaba un vínculo entre los integrantes de un mismo pueblo y era un símbolo que había logrado sobrevivir a milenios de esclavitud, privaciones y penurias. Cecilia estaba casada con un rabino y era judía devota, difícilmente hubiera garabateado una cruz al principio del mensaje, donde, además, no había referencias íntimas, ni recuerdos compartidos, tan solo una mezcla de palabras incoherentes y un puñado de frases sueltas sin sentido alguno. «No digo que Lady Doyle sea una estafadora, sino una ilusa, posiblemente bajo el influjo de su engañado marido; y pese a toda la rabia y frustración que se apoderaron de mi corazón en aquel momento, preferí callarme», escribió en su diario. Se mordió la lengua con Jean, pero su furia estaba desatada. Las únicas voces que oía eran las que le impulsaban a desenmascarar sin piedad a todo aquel que se hiciera llamar médium. Este fatídico evento acabó siendo el detonante que le empujó a una nueva vuelta al ruedo en cuestiones espiritistas.

> Sir Arthur creía que la gran emoción que se había apoderado del ambiente era una señal de conexión directa con el mundo de los muertos. Sin embargo, no podía aceptar la carta recibida como verdadera porque, aunque mi santa madre hubiese vivido en América durante casi medio siglo, ella no hablaba, leía o escribía en inglés. Los Doyle pretendieron justificar este despropósito intentando explicar que el difunto se hace más culto cuanto más tiempo lleve ausente. Es decir, la carta de mi madre estaba escrita en inglés porque lo había aprendido en el cielo.

La relación entre las dos familias siguió siendo cordial en los pocos días que antecedieron el viaje de los Doyle de vuelta a Inglaterra. El 22 de junio, Houdini les invitó a la fiesta de conmemoración de su 28º aniversario de boda con Bess, un divertido evento que acabó en el teatro Carroll, donde concurrieron al espectáculo de Raymond Hitchcock. La noche fue un éxito inesperado para Hitchcock, que, al reconocer que Houdini estaba entre la audiencia, le invitó a que subiera al escenario para cerrar la función con uno de sus trucos. El mago levantó una ceja, pero accedió a la propuesta, y con su inseparable juego de coser en el bolsillo de la chaqueta realizó su clásico truco de tragarse una ingente cantidad de agujas para luego regurgitarlas enhebradas, acto que asombró a los presentes y le rindió fuertes aplausos.

Al día siguiente, Houdini y Bess fueron al muelle de Nueva York para despedirse del matrimonio Doyle, que embarcaría en el RMS Adriática de regreso al viejo continente, un suceso que tuvo amplia cobertura en la prensa neoyorquina, que destacó la intención del novelista de volver en breve para una nueva gira, esta vez por toda la costa oeste. «Todos han sido muy amables con nosotros —afirmó Jean— y tengo que admitir que estoy encantada con los americanos». Al entrar en su cabina, Doyle y su esposa se encontraron con un llamativo ramo de flores acompañado de una cariñosa nota: *Bon Voyage. Que el destino les traiga de vuelta en breve para otra agradable visita. Cordialmente, Houdini.* Aparentemente, la afinidad entre los dos no se vio afectada por sus diferencias ni mucho menos por el desastroso episodio de Atlantic City. El mago y el novelista continuaron intercambiando cartas y cumplidos, aunque Houdini tuviera que controlar sus impulsos y no echar por tierra la amistad que tenía con la familia Doyle. No obstante, el mago no fue capaz de soportarlo mucho más tiempo porque seis meses después, precisamente el 30 de octubre, el mago sacudió a la comunidad espiritista con la publicación de un artículo en el *New York Sun* titulado «Spirits Compacts Unfilled», donde relató su extendida experiencia con el espiritismo, un movimiento que no tuvo reparos en atacar:

> Mi mente está abierta a cualquier posibilidad, pero en estos veinticinco años que llevo estudiando el asunto, acudiendo a centenares de sesiones espiritistas, jamás he presenciado algo que pudiera convencerme de la posibilidad de comunicación con los seres queridos que se han ido al más allá.

Su polémica declaración desmentía rotundamente los relatos del novelista escocés acerca de los dones psíquicos de su esposa. Esta osadía sería el primer paso de una encarnizada batalla que libraría contra los espiritistas, a los que se dedicaría el resto de su vida. Las repercusiones en torno al artículo de Houdini no tardaron en llegar a oídos de los Doyle, que se sintieron profundamente traicionados al no entender el motivo de su indignación.

> Estimado Houdini. Hemos leído su artículo publicado en el *New York Sun* y debo confesar que sus palabras nos han provocado un gran malestar. Si le soy sincero, no lo esperábamos. He recibido una propuesta para publicar una réplica en un importante diario, pero sinceramente no tengo la intención de exponer mis disputas personales con un amigo en público, por lo que he declinado la invitación. Usted tiene todo el derecho de expresar su opinión, pero al afirmar no poseer evidencias claras con respecto a la vida después de la muerte, usted demuestra total incoherencia con respecto a la inolvidable experiencia que vivimos aquella noche al lado de mi esposa, cuyas facultades son reales y puras. No pretendo seguir debatiendo este tema, considero que posee todas las evidencias que necesita, así que será usted quien deba aceptarlas o rechazarlas. [N50]

Durante algún tiempo, los dos hombres intentaron mantener la compostura y la calma, tratando de ignorar el asedio de la prensa y las constantes provocaciones por parte de sus «bandos». Pero era demasiado tarde. Houdini y Doyle se sentían traicionados y heridos, mientras que, paradójicamente, los periódicos vendían más que nunca, aprovechándose del escándalo mediático causado por las desavenencias de dos figuras ilustres y antagónicas para llenar de amarillismo sus páginas con suculentos relatos que exacerbaban el morbo y generaban tema de conversación en las tabernas y los lugares de ocio. Hasta que llegó el momento en que Houdini concluyó que su misión era más importante que la amistad con el escritor y públicamente, a través de una entrevista concedida a *The New York Times*, afirmó ser capaz de duplicar cualquier fenómeno psíquico mediante trucos de ilusionismo; y aunque Doyle estuviese dispuesto a retroceder, sus convicciones estaban en juego y sus seguidores intentaban empujarles a un combate abierto. «Nuestra amistad —le escribió a Houdini— es realmente peculiar, y nuestros desacuerdos quedan aún más patentes en cada ocasión que usted me ataca, dejándome sin otra opción que defenderme, y por ello he decidido exponer la verdad de los hechos. No sé cuánto tiempo nuestra amistad podrá resistir semejante presión, lo único que sé es que no he sido yo el que ha provocado esta lamentable situación». La relación entre ambos se tensaba cada vez más y lo que había comenzado como un gentil debate de correspondencias desembocó en un cruce de acusaciones públicas. «Sir Arthur se ha negado a discutir la cuestión desde cualquier otra perspectiva que no fuese la del espiritismo —le recriminaba el mago—, y de todas nuestras conversaciones, solo cita aquellas que lo favorecen en todos los aspectos. Aquel que decida no seguirle dócilmente queda eliminado definitivamente de su círculo social». [N51]

> Estoy dispuesto a admitir que la campaña liderada por Houdini contra los médiums fue de cierta forma positiva, puesto que sus acciones provocaron el desenmascaramiento de muchos charlatanes. Por otro lado, su agresiva postura acabó generando una enorme antipatía por parte del círculo espiritista, que antes le apoyaba por su colaboración para limpiar el movimiento, lo que consideraban necesario y urgente. Sin embargo, a partir del momento que estos esfuerzos parten de un hombre que desprecia evidencias que vienen siendo demostradas desde hace tres generaciones, nos vemos obligados a llegar a la pesarosa conclusión de que estamos lidiando con una persona ignorante. Sir Arthur Conan Doyle [N52]

En 1923, Houdini rompió hostilidades abiertamente contra los espiritistas al suspender su gira para recorrer todo el país con un programa de conferencias en las que denunciaba las prácticas fraudulentas de los médiums. El mago conocía al detalle sus métodos y tenía la costumbre de colarse de incógnito en sesiones de espiritismo, a veces acompañado de un reportero o incluso de un agente de policía, y después anunciaba a los presentes que todo aquel contacto con espectros del más allá no era más que un timo. Parte del resultado de sus investigaciones están recopilados en su libro, *A Magician Among the Spirits*, publicado en 1924. [N53]

Esta imagen muestra la primera de las quince hojas escritas por Lady Doyle (a la derecha), cuyo contenido habría sido supuestamente dictado por la madre de Houdini, fallecida nueve años antes. Esta misiva representó un punto de inflexión para el mago, que acabó declarando la guerra al movimiento espiritista, al que consideraba el mayor fraude del siglo XX. Como Houdini y Doyle defendían posturas antagónicas y ninguno estaba dispuesto a ceder, la amistad acabó de manera abrupta y amarga.

Nota del autor

Algunos meses después de la muerte de Houdini, en octubre de 1926, Bess decidió que había llegado la hora de reunir fuerzas para organizar los efectos personales de su fallecido marido. Mientras clasificaba algunos ejemplares de su vasta biblioteca, descubrió una serie de libros sobre el espiritismo y otros tantos dedicados al estudio de los fenómenos paranormales. Pensando que podrían ser un buen regalo para Conan Doyle —a quien consideraba uno de los amigos más sinceros que el mago escapista jamás tuvo—, la viuda de Houdini le escribió una carta ofreciéndole los libros, pero Doyle se mostró reacio al principio. «Creo que su marido tuvo sentimientos negativos acerca de mi persona en el momento de su muerte», le contestó. Bess respondió rápidamente diciendo que no era el caso y culpó a la prensa por haber incitado maliciosamente a dos buenos amigos a odiarse mutuamente. Houdini jamás renunció a la posibilidad de ponerse en contacto con su madre, una convicción reforzada por él mismo incluso cuando se encontraba en su lecho de muerte. «Mi marido se mostró profundamente apesadumbrado con todos los comentarios periodísticos que se publicaron sobre ustedes —le escribió Bess— y habría sido el hombre más feliz del mundo si hubiese podido ponerse de acuerdo con sus puntos de vista sobre el espiritismo. Tenía por usted una admiración especial y le respetaba más que a cualquier otro hombre que hubiese conocido. Señor Doyle, cuando dos grandes hombres con diferentes puntos de vista se encuentran, normalmente, aparece una tercera persona dispuesta a distorsionar sus buenas intenciones».

En octubre de 1922, un conocido reportero de Nueva York se acercó a Houdini con la siguiente pregunta: «¿Usted todavía cree en la posibilidad de comunicarse con los muertos?». Al mago se le arrugó la frente mientras meditaba seriamente la respuesta. Entonces, bajó la mirada, tomó aliento y, después de reflexionar algunos segundos, contestó: «Mi mente está abierta». Houdini quería creer en esta posibilidad, principalmente porque quería cumplir su mayor deseo: recibir un mensaje de su fallecida y amada madre, misión que debería ser llevada con mucha cautela porque, hasta entonces, había fracasado en todos sus intentos. En los años veinte, muchos americanos compartían estas mismas dudas. Se trataba de una propuesta irresistible y para demostrarlo se organizaron sesiones espiritistas conducidas por médiums que recibían la voluntad de los asistentes. Hubo quien se negó a cobrar cualquier cuantía que fuese, pero también hubo quienes lograron amasar verdaderas fortunas con el engaño. El formato de estas sesiones seguía un guion común: los participantes eran invitados a sentarse alrededor de una mesa, se apagaban las luces y el médium abría la sesión con una plegaria. Acto seguido, se cogían de las manos e invocaban a los espíritus. En sesiones más espectaculares, una infinidad de fenómenos inexplicables se apoderaba del recinto: trompetas tocaban, objetos volaban y no era raro que surgieran voces de espíritus que afirmaban ser parientes o amigos de uno de los presentes. Las sesiones espiritistas eran una novedad en la época y las personas deseaban creer en la autenticidad de todo lo que oían y veían.

Houdini dedicó años de su vida a estos encuentros con la única intención de encontrar un médium legítimo, y no le costó mucho conocer la cruda realidad. «Nada nuevo —decía a Bess—, son todos iguales y nadie me sorprende». Al toparse con tantos embustes, decidió relegar su objetivo principal (el de contactar con su madre) a un plano secundario y se planteó una doble misión: desenmascarar cualquier fraude que descubriera y poner en aviso al público para que no fuera víctima de embaucadores. [N54]

Su lucha contra estos médiums fue extremadamente agresiva. Sin perder detalle alguno, Houdini observaba detenidamente sus movimientos, escrutaba cada gesto, registraba habitaciones y en las sesiones buscaba situarse en rincones pocos previsibles, donde fuese posible detectar el engaño. Acto seguido, desmontaba las sesiones y entraba con la policía local o en ocasiones con un periodista que se hacía con la exclusiva del suceso, garantizando, de esta forma, el descrédito del charlatán y poniendo en evidencia su eficacia implacable. Para el mago escapista, todo era una puesta en escena, una experiencia psicológica, una mezcla de privación sensorial, autosugestión y la aparente utilización de efectos ópticos. «Esta gentuza ofrece una visión distorsionada del mundo —decía—, se burlan de la fe de la gente inventando mensajes y apropiándose de los recuerdos felices de sus familias, sustituyéndolos por parodias de voces producidas en habitaciones oscuras». Cuando acudía a las sesiones disfrazado, recibía mensajes de sus hijos fallecidos —que nunca tuvo— e incluso de Bess, que seguía viva. «Hasta que no me demuestren lo contrario, consideraré que el único objetivo de los médiums es conseguir dinero de personas sensibles y desesperadas». Houdini fue un rival peligroso y representó la ruina y el descrédito de muchos médiums que osaron desafiarlo. Descubría gramófonos ocultos bajo las mesas, desenmascaraba las trompetas colgadas del techo y sacaba a los cómplices ocultos tras las cortinas. Una vez que había logrado desenmascarar al médium de turno, exponía sus métodos en concurridas charlas, en donde con frecuencia reproducía sus números a la perfección para mostrar al público que toda aquella pirotecnia espiritista no era nada más que mera narrativa ilusionista, en definitiva, un truco de magia. [N55] Houdini comenzaba con un preámbulo sobre su historia personal y avanzaba con la exhibición de diapositivas con fotos trucadas, demostraciones de cómo fabricar manos espirituales con parafina, además de una rica documentación que mostraba decenas casos de fraude comprobados. El momento más esperado era la presentación de su propia sesión espiritista, donde desvelaba explícitamente todos y cada uno de los trucos de los que se valían a menudo los médiums: mesas voladoras, juegos de luces, instrumentos misteriosos y apariciones espectrales; todo ello aparentemente sin la ayuda humana y valiéndose del ingenio, las sutilezas psicológicas, las técnicas escénicas y la alteración de la percepción. «Houdini, el mago —escribió *Billboard*— se ha convertido en Houdini, el educador».

> Después de la muerte de mi madre, me sentí motivado a investigar a fondo la doctrina defendida por los espiritistas. Solo aquellos que perdieron a sus seres queridos pueden entender el fervor de mi causa. Haré todo lo posible para hablar con mi madre otra vez y pese a todo aún creo que esto sea posible. De momento, lo único que pretendo es barrer de nuestra sociedad a esta horda de médiums sin escrúpulos, que se aprovechan de la sensibilidad y de la desesperación de las personas. HARRY HOUDINI

Nota del autor

En 1923, la contienda de Houdini había alcanzado tal repercusión que muchos espiritistas pasaron a establecer una serie de controles para impedir su entrada en las sesiones, obligándole a idear diferentes estrategias para poder seguir adelante con su misión. Para ello, contrató a una detective llamada Rose Mackenberg, que pasó a acompañarle en sus giras, visitando a los médiums locales días antes de que el mago llegase a la ciudad con su espectáculo. Houdini le enseñó a reconocer el fraude espiritual, mostrándole fotografías trucadas, megáfonos con grabaciones ocultas y los artilugios más utilizados para convencer a los más crédulos. Para lograr su objetivo, la espía ocultaba su verdadera identidad detrás de ingeniosos roles como el de Francis Fraud (*fraude* en inglés), una madre inconsolable que necesitaba desesperadamente comunicarse con su hijo fallecido, o Florence B. Rush, una viuda que buscaba saber si su marido vivía en paz en el mundo espiritual. Durante el transcurso de la sesión, intentaba discretamente buscar pruebas de una posible engañifa mientras observaba atentamente los movimientos emprendidos por el médium y casi siempre descubría el secreto de los fenómenos producidos. Cuando Houdini llegaba a la ciudad, recibía un informe completo de su experiencia con los médiums, a los cuales invitaba a asistir a su función, diciéndoles que iba a hablar sobre ellos, haciéndoles creer que se iban a poder defender, pero Houdini los desenmascaraba a todos públicamente sin piedad.

Rose Mackenberg, la espía de Houdini y sus disfraces.

Houdini versus Argamasilla

Houdini tomó para sí el papel de líder de investigaciones de fenómenos paranormales, y en uno de los muy publicitados encuentros que mantuvo con personas dotadas de habilidades extraordinarias había un hombre que afirmaba poseer visiones de rayos X. Se trataba de un ciudadano español llamado Joaquín María Argamasilla de la Cerda y Elio (quien más tarde se convertiría en el undécimo marqués de Santa Clara y el responsable de la censura cinematográfica durante el franquismo). Según Argamasilla, su potente visión le permitía leer mensajes encerrados en cajas metálicas o adivinar la hora marcada por las manecillas de un reloj de bolsillo del tipo saboneta —que tiene una tapa de metal que cubre la esfera, de modo que no es posible ver el interior sin levantarla—. Para impresionar a los testigos presentes, Argamasilla solía taparse los ojos utilizando almohadillas de algodón, a las que luego superponía un pañuelo atado a su cabeza. Después de manipular los objetos con total libertad, daba a conocer el texto del papel oculto o la hora marcada en el reloj. Sus habilidades le hicieron ganar la fama de vidente y, tras ser estudiado por científicos españoles y franceses, se fue a Estados Unidos para poner a prueba su pretendida y bien publicitada visión de rayos X ante un comité de científicos norteamericanos, tal y como lo notició el diario español *ABC* el 24 de mayo de 1924:

> Argamasilla es español. En Madrid se hizo célebre en pocos días, y su celebridad se confirmó en París, en Londres... En Nueva York, ahora. Viene acompañado de Morris David, que comenzó por presentarle en el *Herald*, donde sus redactores se quedaron absortos al presenciar la interesante escena que improvisó. Uno de ellos escribió en una cuartilla, que no mostró a nadie, la depositó cuidadosamente dentro de una caja de metal, la cerró con llave, la ató con un fuerte cordel, lacró el nudo... y Argamasilla, sin tocar la caja, con solo acercarse, leyó, a través de la envoltura de metal, lo que el reportero del *Herald* había escrito de su puño y letra... Los experimentos se han repetido, y Argamasilla no tardará en hacerse popular. [N56]

Argamasilla llegó a Estados Unidos con las mejores referencias posibles. Traía consigo cartas de presentación del Nobel de Medicina francés Charles Richet (quien había acuñado el término *metapsíquica*), del investigador psíquico Gustav Geley y de destacados científicos españoles que aseguraban que el joven «había superado todas las pruebas y demostrado de forma absolutamente concluyente que, de hecho, podía leer a través de superficies metálicas». [N57] Houdini le retó tras haberle observado actuar detenidamente en varias sesiones; «nadie puede engañarme tres veces con el mismo truco», solía jactarse. Su desconfianza hacia el supuesto vidente se puso en evidencia ya en las primeras reuniones al constatar que su contrincante tenía como norma siempre ubicarse cerca de una ventana que proporcionara buena iluminación, algo que, en su caso, no debería afectar su desempeño. El vendaje que utilizaba podía impresionar a un espectador corriente, pero no a Houdini, quien conocía más de una técnica para mirar disimuladamente por debajo del vendaje. En la prueba del reloj, el mago también se dio cuenta de que Argamasilla emprendía una rápida —y casi imperceptible— maniobra de abrir la tapa para comprobar la posición de las agujas. En una de las sesiones, Houdini le ofreció un reloj premeditadamente trucado para dificultar su apertura; el fracaso de Argamasilla fue total. Por otro lado, su habilidad de lectura de textos ocultos en cajas metálicas era un tanto más ingeniosa: Argamasilla operaba con dos tipos de cajas cuyo diseño le permitía poder ver y leer el papel almacenado en su interior. «Si no le importa, me gustaría repetir la prueba, pero esta vez utilizando una caja de mi propiedad», le sugirió el mago escapista, pero su contrincante declinó la propuesta. Obviamente, si lo hubiese aceptado, el fiasco hubiera sido igual de inevitable. Houdini no solo resolvió el misterio de Argamasilla, sino que también le puso al descubierto ante el público y la prensa, llegando incluso a utilizar sus artimañas para entretener a la audiencia en su espectáculo, donde solía distribuir un libreto en el que se destacaba la exposición de sus fraudes. Tal fue el descredito que se vertió sobre el médium español que acabó viéndose obligado a retirarse de escena, alegando una súbita e inexplicable pérdida de sus poderes. [N58]

«La creencia neurótica en el espiritismo —escribió Houdini— solo puede llevar a la demencia y a la tragedia». En sus conferencias, el mago solía narrar algunos sucesos abrumadores, como el de un estudiante de Nueva York que se enamoró del espíritu de una joven y se suicidó para estar a su lado o el de un hombre que decidió asesinar a sus hijos para atender las desesperadas súplicas de su fallecida esposa, que, según él, le había enviado un mensaje a través de un médium diciendo que los echaba de menos y quería tenerlos junto a ella. De todos los relatos ofrecidos por Houdini, quizá el más llamativo sea el de una mansión que el mago tuvo la oportunidad de visitar en 1924, conocida como «la casa encantada de Winchester».

Su historia se remonta al año de nacimiento de Sarah, 1840, una hermosa niña criada en el seno de una acomodada familia de New Haven (Connecticut). Cuando se hizo mayor, Sarah conoció a William Wirt Winchester, el único heredero de una prestigiosa fábrica de armas, la Winchester Repeating Arms Company, responsable de la fabricación de un revolucionario rifle de repetición que pronto se convirtió en el arma favorita de los soldados de la Unión que lucharon en la Guerra Civil americana. Su familia había amasado una fortuna gracias a los contratos con el ejército y las ventas a los civiles, sumando más de 700 000 unidades producidas entre 1873 y 1919. En pleno apogeo de la guerra, William y Sarah se casaron y cuatro años más tarde, el 15 de julio de 1866, Sarah dio a luz a un bebé, a quien le pusieron el nombre de Annie, una niña muy esperada por sus padres, los cuales deseaban, ante todo, que fuera feliz y tuviera prosperidad. Pero una inesperada desgracia se cernió sobre la familia: con pocos días y toda una vida por delante, Annie murió a causa de una grave y rara enfermedad infantil. La madre no fue capaz de asimilar la pérdida de su amada hija y cayó en una profunda depresión. Fueron necesarios diez años hasta que superase este durísimo golpe. Cuando finalmente empezaba a retomar su vida, Sarah tuvo que enfrentarse a una nueva tragedia cuando, el 7 de marzo de 1881, su marido, William, murió de tuberculosis. Sarah heredó la mitad de las acciones de la Winchester Repeating Arms Company además de una cuantiosa suma de veinte millones de dólares, una voluminosa fortuna que, sin embargo, no era suficiente para aliviar el dolor de una joven, solitaria y miserable viuda sin hijos. Desesperada y sin rumbo, la mujer, ahora millonaria, fue aconsejada por un amigo para buscar la ayuda de un médium. Su búsqueda le llevó a encontrar a un psíquico llamado Adam Kum, que le confirmó que su familia estaba siendo perseguida por seres extraños y eran ellos la raíz de todas las desgracias que había sufrido. «Una maldición se ha cernido sobre su familia —le reveló Kum—, que se ha llevado a su amada hija y a su querido esposo. Y van a ir por usted como fueron a por ellos». Al preguntar sobre la razón de su condena, supo que todo había sido provocado por la terrible arma creada por la familia Winchester. «Miles de personas han muerto por su culpa y ahora sus espíritus buscan venganza». Para frenarles, Sarah debería vender sus propiedades y mudarse al oeste. «Su marido le indicará el camino y la ubicación de su nueva morada —vaticinó el médium—. Allí comenzará una nueva vida y construirá un hogar no solo para usted, sino también para todos los espíritus de los caídos en la guerra. Además, la construcción de esta nueva casa jamás podrá terminar; de lo contrario, morirá».

Sarah emprendió camino rumbo a su nuevo hogar hasta llegar a la ciudad de San José (California) en 1884. Allí compró una casa de seis habitaciones y los ciento sesenta y dos acres de terreno que la rodeaban y dio inicio a un extravagante y obsesivo proyecto que culminó con la construcción de una gigantesca mansión de veinticuatro mil metros cuadrados con ciento sesenta dormitorios, dos mil puertas, diez mil ventanas, cuarenta y siete chimeneas, trece baños, seis cocinas y un número indeterminado de pasillos. En conclusión, la casa se convirtió en un inmenso laberinto concebido, quizá, para confundir a los espíritus que la atormentaban. Sarah disponía de un especial y siniestro rincón, «The Blue Room», una habitación de la cual solo ella poseía la llave y donde realizó noche tras noche durante décadas una solitaria sesión espiritista para contactar con «espíritus buenos» que le indicaban las pautas para la construcción de las nuevas habitaciones, que eran transmitidas al pie de la letra al capataz al día siguiente. Sus encargos incluían un sinfín de extrañas rarezas y reparticiones lunáticas, que iban desde pasillos que no conducían a ningún lado hasta habitaciones secretas o puertas falsas que solo daban a una pared o al vacío. Si la reforma no cumpliese con los requisitos establecidos por los muertos, Sarah ordenaba su derrumbe y el reinicio de los trabajos. Durante treinta y ocho años, veinticuatro horas al día y sin descanso, los obreros construyeron y reconstruyeron, alteraron y cambiaron, levantaron y demolieron, una tras otra, todas las partes de la casa, cumpliendo a rajatabla cada uno de los requisitos dictados desde el más allá, que también incluían ciertos lujos no muy habituales para la época como calefactores, lámparas de gas que se encendían con un botón, duchas de agua caliente e incluso tres ascensores. La incesante, insana y obsesiva ampliación de la mansión Winchester terminó el 5 de septiembre de 1922 con la muerte de su atormentada propietaria, hallada en su cama, víctima de un infarto a la edad de ochenta y tres años. La mansión aún existe, se conoce como «La mansión misteriosa de Winchester» y es usada como atractivo turístico, uno de los más concurridos de la ciudad. Al iniciar el paseo por su interior, los guías suelen avisar a los visitantes de que no se alejen del grupo y no intenten explorar el inmueble por su cuenta porque es posible que se pierdan o, peor aún, es posible que nunca los encuentren. Aunque suene a broma, la advertencia es real, puesto que hasta hoy no ha sido posible mapear la casa por completo y los guías hacen un recorrido bien definido y considerado seguro. [N59]

> He recorrido los interminables pasillos de aquella casa a medianoche, en compañía de la señora Houdini —quien ahora está convencida de que no vivimos en una casa grande—. La señora Winchester ha encargado la construcción de centenares de dormitorios, miles de puertas y ventanas e incontables vidrieras. Algunas de las ventanas costaron más de dos mil dólares. La casa también cuenta con una habitación especial en donde la propietaria solía contactar con los espíritus. Mi esposa me reveló horas más tarde haber sentido cierta opresión por la atmósfera del lugar y que en ningún momento se sintió a gusto. Ha sido la casa más grande en la que jamás he entrado y posiblemente la más grande jamás construida. [N60]

Houdini versus Margery

En enero de 1923, la prestigiosa revista *Scientific American* ofreció un jugoso premio de dos mil dólares a la primera persona que aportase una fotografía de espíritus con las condiciones de examen de la revista y dos mil y quinientos al médium que, bajo estrictos controles científicos, pudiera producir alguna manifestación de naturaleza considerada como psíquica por los eminentes miembros del jurado. El comité investigador estaba formado por un grupo multidisciplinar, siendo cada integrante un experto en su campo de actuación. Lo componían cinco científicos e investigadores: el profesor William McDougall, profesor de Psicología de la Universidad de Harvard; Daniel Comstock, antiguo miembro del departamento de Física del MIT; Walter Prince, de la Sociedad Americana para la Investigación Psíquica, y Hereward Carrington, investigador psíquico. El quinto integrante era el propio Houdini, quien ya había colaborado en ocasiones anteriores con la publicación. El editor de la *Scientific American*, James Malcolm Bird, fue designado para asumir la función de secretario del comité.

Fundada en 1845 por Rufus M. Porter, la publicación pasó de ser un sencillo boletín científico destinado a describir nuevos inventos a convertirse en 1912 en una prestigiosa revista mensual de divulgación científica. Su contenido ofrecía interesantes artículos acerca de los últimos avances en ciencia y tecnología acompañados de ilustraciones para hacer más comprensible su imaginario a los lectores. Houdini conocía a los propietarios de la revista, la familia Munn, cuya asesoría jurídica fue la encargada de registrar las patentes de algunos de sus inventos. Sus lectores también le conocían como el autor de algunos artículos, como el titulado «Handcuffed Releases Under Difficulties», publicado el 20 de julio de 1912. Su elección fue objeto de gran polémica y fue recibida con cierta resistencia por algunos medios de comunicación, que cuestionaban la presencia de un artista en un panel de expertos científicos. Los editores justificaron su inclusión al considerar que el mago poseía comprobada experiencia en la investigación de los fenómenos paranormales y además su exitosa trayectoria como prestidigitador serviría de garantía de que nadie sería engañado con trucos de ilusionismo. «Ningún científico está plenamente capacitado para investigar un fenómeno paranormal, siempre sujeto a la manipulación», afirmó tajantemente el mago en una entrevista. «Un científico no está preparado para detectar un fraude, puesto que su objeto de investigación es la naturaleza, y esta actúa siempre con honestidad. Las personas, en cambio, sí hacen trampas. Por eso, una investigación paranormal debe contar con la colaboración de otro tramposo, como un ilusionista experimentado, porque este sí puede engañar a su público argumentando que son poderes paranormales, sabiendo que solo son trucos».

Las bases del concurso eran elaboradas y requerían, entre otras exigencias, que los candidatos enviasen de antemano un informe detallado del fenómeno que sería presentado. También estarían sujetos a un minucioso registro a la entrada del recinto de pruebas y en ningún caso se permitiría que sus presentaciones tuviesen lugar en ambientes de oscuridad absoluta. Sería necesaria la unanimidad de votos para obtener el premio o, por lo menos, cuatro votos a favor. Como secretario del comité, Bird no tenía poder de voto, pero se encargaría de la preselección de los candidatos, la organización de las sesiones y la publicación de los resultados. Periodista, científico y editor de distintas publicaciones, Bird se consideraba «un tipo normal y un ser humano corriente y no un iceberg científico, como muchos les solían tachar».

Aunque el comité tuvo el cuidado de adoptar todo tipo de precauciones antes de las sesiones para evitar posibles engaños, fueron las diferencias de criterio y personalidad entre los intrigantes lo que casi acabó echando por tierra el proyecto, una situación incómoda que se dio ya en la primera jornada de pruebas. El inmenso ego de Houdini y su necesidad de ser percibido como un intelectual le hizo chocar con sus compañeros científicos en varias ocasiones. Inicialmente, tres médiums intentaron quedarse con el premio. A la médium llamada Elisabeth Allen Thomson, solo fue posible hacerle una sesión informal, pues ella y su marido fueron arrestados al poco tiempo acusados de fraude. Los otros dos eran figuras conocidas de la comunidad espiritista: George Valiantine y Josie K. Stewart. Al primero le pusieron una ingeniosa trampa: en su silla había un dispositivo que indicaba cuándo se levantaba y, curiosamente, los espíritus se manifestaban a través de un altavoz cada vez que Valiantine se levantaba de su asiento. Josie solía redactar escritos dictados por espíritus en pequeños trozos de papel, pero al estar sometido a una intensa vigilancia, no fue capaz de escribir una sola línea. Tan pronto el comité dictaminó los resultados de las pruebas, Houdini fue de inmediato a la prensa y divulgó el veredicto parcial, lo que irritó profundamente a Bird, que había dado instrucciones de no hablar con los medios de forma individual, temiendo desalentar a los eventuales candidatos al premio. Ya fuera por la indiscreción de Houdini o cualquier otra razón, ningún otro médium cualificado se ofreció a someterse a las pruebas del comité durante seis meses hasta la llegada de Nino Pecoraro, un italiano que año y medio antes había asombrado al siempre crédulo Arthur Conan Doyle con sus habilidades psíquicas. Pecoraro reproducía el número de los hermanos Davenport —entraba atado a un armario del que colgaban instrumentos musicales y, una vez cerrada la puerta, comenzaban a sonar gracias a la intervención de un espíritu—. El comité se reunió para investigar al médium italiano sin la presencia de Houdini, una intencionada maniobra perpetrada por Bird para evitar que se repitiesen incidentes como los que habían ocurrido en la jornada anterior. En las dos primeras sesiones, aun estando fuertemente atado a gruesas cuerdas, se podían escuchar trompetas, campanas y voces espectrales. Al ser informado de que el comité de la *Scientific American* había comenzado una nueva ronda de pruebas, Houdini manifestó su indignación por no haber sido convocado. Cuando se enteró de que estaban atando a Pecoraro con una cuerda de veintitrés metros de largo, protestó a través de un telegrama: *¿Veintitrés metros? ¡No se puede inmovilizar a nadie con toda esta cuerda!* Nada más llegar, la cortó en docenas de pequeños trozos y los unió con lazos intrincados y fuertes nudos. En cuarenta y cinco minutos, se puso a atar quirúrgicamente cada una de sus articulaciones. «Ningún espíritu apareció para acudir en su ayuda —escribió Houdini—; lo único que se escuchó fue al propio Pecoraro quejándose de los dolores provocados por los apretados nudos que le mantenían inmovilizado».

Considerada como «frustrante» por el comité de la *Scientific American*, la primera ronda de pruebas no logró encontrar un médium con poderes legítimos. Lo único que consiguieron fue asistir a un desfile de personajes de todo pelaje salidos de no se sabía dónde. En las semanas siguientes, otros médiums se sometieron a prueba, uno detrás de otro, y fueron todos despachados con igual celeridad. A finales de 1923, transcurridos casi seis meses de intensas investigaciones, el consenso era que el dinero de la revista tardaría en salir de la caja fuerte. «A pesar de toda la inmersión que hemos hecho en el reino del espiritismo en todos estos meses, todavía no estamos convencidos de la existencia de la comunicación con el más allá», decía Malcolm

Bird, secretario del comité. «Al parecer, pocos médiums estaban dispuestos a someterse a las duras condiciones antifraude impuestas por nosotros. Aquellos que se atrevieron cayeron luego enseguida», concluyó Houdini. A mediados de 1924, los editores de la *Scientific American* empezaron a temer que tal vez no podrían mantener el interés de los lectores mucho más tiempo. Al fin y al cabo, al lector medio de la publicación le importaba muy poco el rigor de las investigaciones, lo que buscaba era entretenerse mientras leía, así que demandaba un poco de espectáculo. Sin embargo, un cambio de criterio a estas alturas podría comprometer la continuidad del proyecto, sobre todo por parte de Houdini, que no estaba especialmente interesado en designar al ganador del concurso, sino que buscaba encontrar la verdad. Fue en medio de esta polémica cuando, un día de aquel verano, llegó a la redacción de la revista una carta diferente, proveniente de un respetable cirujano de la alta sociedad de Boston, el doctor LeRoi Goddar Crandon. En su misiva, el médico relataba que su esposa (una atractiva joven a la que llevaba más de dos décadas) poseía facultades psíquicas y había manifestado su deseo de ser investigada por el comité y, de esta forma, poder conocer el alcance de sus poderes. Se hacía llamar Margery (pseudónimo que la prensa le había acuñado en su día para no desvelar su nombre real, pero las investigaciones del *Scientific American* acabarían sacando a la luz toda su historia). Margery ofrecía sesiones de espiritismo gratuitas —al contrario que muchos médiums, que no salían de casa por menos de una considerable suma de dólares—, una actitud loable que le trajo una legión de seguidores. En sus reuniones, las mesas saltaban, los muertos hablaban en voz alta, olores nauseabundos sofocaban a los presentes y un sinfín de otros fenómenos extraños se daban cita en su residencia de Boston, lo que acabó rindiéndole el mote de «La bruja de Lime Street», en referencia a la calle del distinguido barrio en donde vivían —Beacon Hill—, conocido por sus aceras adoquinadas, sus imponentes verjas de hierro forjado, que protegían jardines privados, y sus elegantes casas alineadas cuales tomos en una biblioteca. El prestigioso vecindario era la dirección perfecta para el doctor Crandon, descendiente directo de un Mayflower, nombre del barco en que viajaron en 1620 los primeros colonizadores ingleses desde Plymouth a Norteamérica, llamados «padres peregrinos». La nave transportó a ciento dos personas, sin contar la tripulación. Fueron los primeros en establecerse en la costa de Massachusetts, donde formaron la primera colonia británica en el nuevo mundo. Su adaptación al nuevo mundo, «lleno de bosques y matorrales, con un aspecto violento y cruel», según el relato de alguno de estos pioneros, solo fue posible gracias a la colaboración de los indios locales, que les enseñaron a pescar y a sembrar maíz. Después de su primera cosecha, indios y peregrinos celebraron conjuntamente Acción de Gracias, festividad del cuarto jueves de noviembre que los estadounidenses conmemoran desde entonces. La expedición del Mayflower ocupa un lugar de honor en la historia para los norteamericanos, y sus descendientes gozan hasta hoy de cierta reputación en la sociedad. John Adams, Ulysses S. Grant, Franklyn Roosevelt y George W. Bush son algunos de los muchos presidentes americanos descendientes de los padres peregrinos.

La carta del doctor Crandon era tan extraordinaria que más bien parecía sacada de un guion de una película de terror: «Todo empezó por casualidad, como ocurre con tantas cosas importantes. Mi esposa nunca había tenido contacto con el mundo espiritista, y yo no tenía el menor interés en el asunto hasta que empecé a investigar algunos sucesos a comienzo de los años veinte», decía la carta. Atraído por la curiosidad, el doctor Crandon pensó que sería interesante hacer una sesión espiritista en su casa en mayo de 1923, para disgusto de algunos de sus colegas médicos, tradicionalmente escépticos. Sus invitados se sentaron en torno a una mesa, se cogieron las manos en corro y se mantuvieron en silencio un breve periodo de tiempo, aunque nadie esperaba otra cosa que unos cuantos escalofríos. Margery, por su parte, parecía bastante entretenida y se esforzaba para no reírse de todo aquello. «Esto es más serio de lo que te puedas imaginar», le reprendió el marido, cuando, de súbito, la mesa tembló ligeramente, sorprendiendo a todos los presentes. Lo que antes era un juego se había convertido en un peligroso experimento. «El grupo manifestó la intención de abandonar el salón, pero les pedí calma y les propuse que saliesen del corro uno a uno, en intervalos de un minuto. De esta forma, pretendía identificar quién de nosotros era el foco de aquella actividad paranormal». Gradualmente, cada uno de los asistentes fue abandonando la estancia bajo una estremecedora sucesión de golpes que se producían debajo de la mesa. Cuando le tocó a Margery levantarse de su silla, los ruidos cesaron. El doctor Crandon acababa de enterarse de que el médium era nada menos que su mujer. En un primer momento, Margery se mostró reacia a utilizar sus facultades fuera de su círculo familiar y de su reducido grupo de amigos de confianza, pero con el tiempo las invitaciones se fueron extendiendo más allá de su grupo íntimo, convirtiéndose en uno de los eventos más concurridos de Boston. A medida que estos encuentros se volvían grandiosos, también se fueron tornando inexplicablemente aterradores. La mesa se encabritaba violentamente, objetos volaban sobre la cabeza de los asistentes y misteriosas luces parpadeaban por todos los lados. Margery hablaba en tercera persona, a veces utilizando idiomas extranjeros que no conocía. En cierta ocasión, entró en un profundo estado de trance y los presentes dijeron que la oyeron hablar con diferentes timbres de voz. Una de estas voces reveló ser la de su hermano Walter Stinson, muerto en un accidente ferroviario en 1911 a la edad de veintiocho años. Sus visitas eran inesperadas, inevitables y no muy agradables. Walter solía manifestarse de forma violenta, se mofaba de los invitados y solía contar chistes groseros mientras lanzaba objetos contra cualquiera que intentara frenarle. «A veces, la voz de Walter surgía de la nada en mi oído, susurrándome secretos personales de mi familia», confesó una vez el profesor S. Ralph Harlow, un asiduo frecuentador de las sesiones de Margery. «En otras ocasiones, su voz parecía venir de un rincón de la habitación, luego resurgía más allá de la puerta o incluso desde el centro de la mesa». En muy poco tiempo, el matrimonio Crandon empezó a recibir atención de la sociedad de Boston, que acudía a sesiones cuyas formas parecerían provocativas incluso hoy. Margery solía desnudarse detrás de un biombo, se ponía solamente un kimono de seda y se dejaba registrar por algunas de las asistentas, que comprobaban que no llevaban nada escondido bajo la diminuta prenda.

En julio de 1923, desobedeciendo el reglamento del comité, William McDougall decidió investigarla por su cuenta, pero los resultados obtenidos fueron muy poco satisfactorios. El doctor Crandon ejercía un control total de las sesiones y pedía a los incrédulos que se manifestasen en voz alta. Aquellos que lo hacían no volvían a ser invitados. McDougall redactó un informe inicial con el perfil de la nueva candidata al premio de la *Scientific American*. Acorde con el investigador, los fenómenos producidos por Margery no dependían de la atmósfera de su casa en Lime Street, pudiendo ser reproducidos en lugares tan dispares como Londres y París, ciudades a las que había sido invitada para participar en múltiples conferencias. La médium se enorgullecía de haber sido sometida a las investigaciones de importantes expertos —que en realidad eran más bien de dudosa reputación— como

William Hope, el fotógrafo de los espíritus, o el mismísimo Conan Doyle, que en una declaración a la prensa explicó que «Margery era una médium muy poderosa. Y esto era un hecho incuestionable». Acorde con el novelista escocés, Margery poseía el mismo poder de las hermanas Fox de comunicarse con espíritus mediante golpes y redactaba cartas de escritura automática en nueve idiomas, aunque solo hablaba inglés. Durante su estado de trance, objetos de considerable peso como mesas y armarios se movían de sitio y era posible percibir el aroma de diferentes fragancias —desde frescos florales hasta olores muy desagradables—, una clara señal de que el espíritu que se había asomado no se encontraba a gusto en el local. [N61]

De entre todo el abanico de fenómenos producidos por Margery, el más perturbador, sin lugar a dudas, era el ectoplasma. Del griego *ektos* (fuera) y *plasma* (algo formado o moldeado), el término fue acuñado por el profesor de Fisiología de la Facultad de París, Charles Richet, para referirse a una sustancia o energía espiritual exteriorizada por médiums. Richet estudió el fenómeno después de haber participado en varias sesiones espiritistas, donde constató que algunos médiums tenían la facultad de producir una sustancia gelatinosa, a veces vaporosa, durante el estado de trance. Este fluido etérico semimaterial (tal y como definió Richet) rezumaba en la oscuridad por los poros o distintos orificios del cuerpo (según testigos, en algunas ocasiones Margery producía ectoplasma por la vagina), siendo generalmente fosforescente y con un olor característico, además de ser frío al tacto. Cuando brotaba de los orificios, se comportaba como si tuviera vida propia, adquiriendo el formato de rostros de espíritus o incluso de cuerpos completos con miembros y articulaciones funcionales. Se decía que cualquier intento de tocar el ectoplasma o exponerlo a la luz podía provocar su descomposición, haciendo que se vaporizara, lo que explica la razón de que las sesiones fueran conducidas en ambientes de luminosidad escasa. Houdini, no obstante, afirmaba que la ausencia de luz jugaba un papel esencial para hacer creer a la gente en la presencia de espíritus o de ectoplasma y servía como un subterfugio para ocultar maniobras oscuras del médium. El propio mago se había hecho con algunos fragmentos de ectoplasma recogidos en las innumerables sesiones en las que estuvo presente y encontró trazas de muselina, clara de huevo, jabón y papel. Sin embargo —y para aumentar el misterio en torno a esta extraña sustancia—, el doctor en Medicina, Schrenk Notzing, realizó un examen microscópico de una muestra de ectoplasma por encargo de Richet y constató la presencia de albúmina (la principal proteína de la sangre y la más abundante en el ser humano), además de tejido proteínico, grasas, leucocitos, fosfatos e incluso células en formación de origen humano. [N62]

> Nada se ha cruzado en mi camino que me haga pensar que el Gran Todopoderoso permitiría emanaciones del cuerpo humano de forma tan horrible, repugnante y viciosa, tales como un genio saliendo de la botella, pañuelos que se mueven, mesas que se bambolean y cualquier otro tipo de burdas acrobacias. Fabricar ectoplasma es algo tan sencillo que resulta casi infantil explicarlo. ¿Alguna vez te has parado a pensar cuán vigoroso es el poder de la sugestión? Y si además le añadimos el ambiente oscuro y misterioso de una sesión espiritista, entonces este fenómeno se vuelve irresistible. Solo es necesario que un espectador se deje llevar por las artimañas del médium para que todo el grupo se muestre convencido de que los fenómenos allí presentados son incuestionablemente reales. HARRY HOUDINI [N63]

Nota del autor

La médium londinense Florence Cook (1856-1904) se hizo conocida con tan solo quince años de edad tras producir un ectoplasma que se convertiría en el más famoso de la historia del espiritismo. Cook materializaba la figura completa de una mujer que decía llamarse Katie King, una joven que solía aparecer con un camisón blanco ondulante, cabello castaño, tez pálida y un poco más alta que la médium responsable de traerla al plano terrenal. Su materialización alcanzó tal grado de perfección que era posible incluso interaccionar con el espíritu. Se dice que el príncipe Emil von Sayn Wittgenstein llegó a pedirle al espectro que posara para una foto, a lo cual accedió gentilmente. El fenómeno llamó la atención de importantes científicos de la época, entre ellos el prestigioso químico inglés sir William Crookes (Premio Nobel de Química en 1907), que durante tres años se dedicó a investigar con especial rigor sus incontables materializaciones. El científico no solo fracasó en su intento de demostrar que el caso no fuera un fraude, sino que acabó enamorándose perdidamente del fantasma.

Finalmente, el 23 de julio de 1924, la *Scientific American* aceptó a Margery Crandon como aspirante al premio de dos mil quinientos dólares ofrecido por la revista, una suma sustancial en 1924. A Margery se le iluminó la cara tras conocer la noticia, no por la recompensa económica, la cual ya había declarado que rechazaría. Su emoción se debía a la oportunidad de poder demostrar a la comunidad científica —conocida por burlarse de todo lo relacionado con el mundo paranormal— que había algo más allá de sus rutinarias pruebas empíricas de laboratorio. Su expectación era compartida por los integrantes del comité de la *Scientific Magazine*, especialmente por Malcolm Bird, que acabó sintiéndose más atraído por la belleza de la médium que por sus fenómenos sobrenaturales. Nuevamente, Bird decidió excluir a Houdini de la convocatoria, que se perdió todas las pruebas realizadas con la

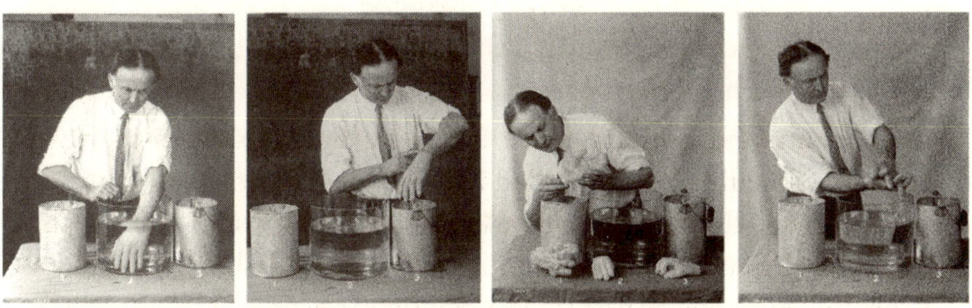

En esta secuencia, Houdini demuestra cómo son producidas las «manos espirituales» o los famosos ectoplasmas, que suelen surgir misteriosamente en las sesiones espiritistas. En su libro *A Magician Among the Spirits*, el mago describe un timo común emprendido por algunos médiums conocido como «la huella digital espiritual»: un molde en formato de mano humana es cuidadosamente preparado y en él se imprimen las huellas digitales del difunto. En una sesión espiritista, algunos objetos aparecen misteriosamente con la marca de estas huellas, fenómeno que solía causar gran repercusión entre los familiares del fallecido. «Hubo por lo menos dos casos conocidos de herencias millonarias que cambiaron de manos por culpa de este tipo de fraude —reveló Houdini en su libro—. En uno de estos casos, un juez reconoció como legítimas las huellas de un hombre que había muerto dos años antes».

médium en el primer semestre de 1924 —se excusó posteriormente alegando que el mago se encontraba de gira y que era imposible localizarle, pero su maniobra acabó generando una cierta división en el grupo, que antes parecía estar unido—. En casi todas las sesiones, algunos investigadores tuvieron la sensación de estar siendo observados. Fueron constatados cambios de temperatura, golpes sincronizados sobre la mesa y otros sucesos extraños. Incapaces de ofrecer una explicación racional acerca de los fenómenos presenciados, Comstock y Prince declararon no poseer una respuesta concluyente, mientras que McDougall optó por no emitir su opinión. Para Bird, sin embargo, los espíritus estuvieron muy activos durante el transcurso de las sesiones y los datos reunidos confirmarían la teoría de que Margery estaba dotada de facultades psíquicas legítimas y, por lo tanto, cumplía con creces los requisitos necesarios para ganar el premio. Pero antes de que pudiesen emitir una nota a los medios, Houdini logró reaccionar a tiempo y tomó cartas en el asunto, exigiendo una nueva ronda de pruebas en una carta dirigida a O. D. Munn, propietario de la *Scientific American*:

> Como legítimo integrante del comité formado por su publicación, no me parece justo que se conceda el premio a esta médium, puesto que las pruebas realizadas no contaron con la presencia de todos los integrantes del comité, tal y como establecen las bases del concurso. No dudo que la señora Margery reúna todas las condiciones para convertirse en la cosa más extraordinaria que este mundo jamás haya visto, pero también podría revelarse como la mayor decepción de los últimos tiempos. En este caso, me vería obligado a exponer sus prácticas fraudulentas, perjudicando seriamente la reputación de su revista. Por otro lado, si ella fuese capaz de demostrar su legitimidad, le puedo asegurar que seré uno de sus defensores más encarnizados. [N64]

Bird, que desde el comienzo de las investigaciones había desarrollado una cercana y sospechosa relación con los Crandon, se vio presionado a aceptar las exigencias del mago. De lo contrario, la reputación y la credibilidad de la *Scientific American* podrían verse seriamente afectadas. Houdini, por su parte —y con los nervios a flor de piel—, estaba dispuesto a desenmascararla sin piedad, desmontando, uno a uno, los fenómenos atribuidos a sus supuestos poderes, una tarea relativamente fácil para un maestro del ilusionismo. Al llegar a Boston, Houdini cenó con los siempre hospitalarios Crandon en su residencia de Lime Street, y a pesar de haber sido invitado para quedarse como huésped, una estrategia que había funcionado con otros integrantes para ganarse su simpatía, el mago prefirió irse al hotel Copley Plaza. «Es imposible emitir un veredicto imparcial y correcto después de haber dormido bajo el mismo techo y compartido la misma mesa de desayuno», argumentó. Rechazar una invitación para cenar en la casa de los Crandon ya no era una decisión tan fácil. El doctor era conocido por su nutrida bodega, de donde sacaba numerosas botellas de champanes franceses, borgoñas y burdeos para acompañar platos tan exquisitos como langostas, cochinillo asado en horno o costillas de cerdo. [N65] A esas alturas, la investigación se encontraba seriamente comprometida por la dudosa postura no solo de los Crandons, sino también de algunos de los integrantes del comité designados por la *Scientific American*. (Uno de ellos llegó a pedir un préstamo personal al doctor Crandon mientras que otro esperaba obtener fondos para financiar una de sus investigaciones). Quedó claro desde el principio que la relación de Houdini con los Crandon sería tensa, sobre todo por su notoria reputación de cazafantasmas. En una sesión realizada dos semanas antes, el espíritu de Walter se había manifestado a través de la hermana con palabras de desdén y burla contra el mago. El odio que Walter sentía por Houdini era compartido por el doctor Crandon en privado. En una carta dirigida a Arthur Conan Doyle, el médico expresó su indignación diciendo que «aquel judío descerebrado no debería gozar de ningún derecho aquí en América». [N66]

Llegó el día 23 de julio y con él la primera sesión con la presencia de Houdini. La tensión era palpable. Como algunos integrantes del comité no pudieron comparecer por distintos motivos, la sesión fue considerada no oficial. Houdini, por otro lado, acudió a la residencia de los Crandon con todo preparado a conciencia y extremó los controles. El espíritu de Walter, muy presente en todas las sesiones, solía hacer sonar un timbre oculto dentro de una caja presionando un pedal situado en la parte superior. Aquel día, el mago decidió acomodar la caja entre sus piernas y se sentó a la izquierda de Margery con la pernera derecha del pantalón remangada. En un momento dado, notó cómo la médium adelantaba su pie y tensaba los músculos al sonar el timbre. Enseguida, una voz preguntó por Houdini. Era Walter, el espíritu malhablado y grosero, que, entre insultos y palabras de bajo talante, lanzó un megáfono hacia los pies del mago e hizo que la mesa se balanceara violentamente. Nada de esto impresionó al artista, que llevaba toda una vida manipulando objetos con los pies y la boca y, por lo tanto, reconocía los trucos. Cuando se volvieron a encender las luces, Houdini no pronunció palabra sobre lo que había visto y oído. Se despidió cortésmente de todos y se marchó. Al llegar al hotel, masculló entre dientes: «Sé cómo lo hace». Al día siguiente, el 24 de julio, se organizó una segunda sesión, esta vez en el hotel donde se encontraba hospedado uno de los integrantes del comité, el profesor Comstock. Si Houdini ya estaba convencido de las artimañas de su contrincante, esta vez tuvo la certeza de que la médium hacía uso de su cabeza y hombros para crear los fenómenos que tanto inquietaban a sus compañeros del comité, tal y como dejó registrado en un libreto especialmente dedicado a este caso, publicado en 1924:

> He sido capaz de detectar cada uno de sus movimientos. En la sesión, la médium solía estirar los brazos para descansar hasta que en un momento dado me di cuenta de que ella hacía uso de este movimiento como un subterfugio para empujar la mesa con la cabeza. «Walter», que era un ente dotado de un carácter muy autocrático, nos ordenó que moviésemos la mesa que teníamos alrededor para que pudiera reunir fuerzas, pero aquello no pasaba de ser una artimaña más de la médium. Su intención, en realidad, era la de disponer de espacio suficiente para poner su cabeza debajo de la mesa y empujarla hacia arriba. Bajo la oscuridad, el efecto era bastante llamativo, pero yo sabía que se trataba de un truco; de hecho, la pillé haciendo esta maniobra por lo menos en dos ocasiones. HARRY HOUDINI

La sesión concluyó unos minutos antes de las nueve de la noche. Mientras Margery abandonaba la estancia para vestirse y salir a la calle en busca de aire fresco, Houdini reunía al comité para deliberar en privado. El mago ya disponía de todo lo que necesitaba para desenmascararla y quería hacerlo ya, si era posible, en la propia residencia de los Crandon, de manera fulminante, sin darles la mínima oportunidad de defenderse. «Desafortunadamente, el comité decidió que deberíamos regresar a Nueva York antes de tomar cualquier decisión», le contestó Bird, contrariando la voluntad de Houdini. «Además, la

Los fenómenos producidos por Margery eran atrevidos y polémicos. En esta ilustración, se puede apreciar una caja de madera entre los pies de Houdini, dotada de un interruptor, una batería y un timbre. Con la estancia a oscuras, el timbre sonó en un determinado momento. Más tarde, el mago escapista revelaría que había sentido el roce de la pierna de Margery intentando alcanzar el timbre.

señora Crandon no conocerá nuestro dictamen hasta que yo, como secretario del comité, formalice una declaración firmada describiendo al detalle cada uno de nuestros descubrimientos». Una vez más, Bird se interpuso a las demandas del mago, alegando tener en mente una estrategia más conveniente». La maniobra ideada por Bird consistía en impedir que Houdini llevase su plan adelante, pero una vez más el mago consiguió reaccionar a tiempo. La edición de septiembre de la *Scientific* incluiría un artículo de Bird titulado «La maravillosa *mediumnidad* de Margery», pero O. D. Munn impidió su publicación ordenando a la redacción que su texto fuese retirado. El incidente fue un mensaje directo al editor de la revista: «Es necesario seguir con los trabajos hasta que sea posible alcanzar un consenso unánime». Dispuesto a propinarle su golpe de gracia, Houdini construyó con la ayuda de su asistente James Collins una caja de madera antifraude herméticamente cerrada, que fue determinante para neutralizar los engaños de la médium. El mueble, lo suficientemente grande como para acomodar a un adulto en su interior, permitía el contacto físico con los participantes a la sesión, pero restringía el movimiento de la cabeza y los pies. Con su credibilidad en juego, los Crandon no tuvieron otra opción que aceptar el armatoste ingeniado por Houdini.

La tercera sesión tuvo lugar el 25 de agosto en una de las habitaciones del hotel Charlesgate de Nueva York. Los testigos presentes relataron que el espíritu de Walter —indignado con la humillación a la cual su hermana era sometida— habría hecho saltar por los aires la tapa de la caja durante la sesión e, incitado por el odio, llamó al mago «maldito bastardo» y vaticinó que muy pronto moriría. En la sesión siguiente, Jim Collins reforzó las bisagras de la tapa y añadió cerrojos, de manera que fuese cerrada con candados. Al poco de caer Margery en trance, apareció Walter otra vez protestando: «¡Houdini, sinvergüenza! ¿Por qué has puesto una regla dentro del gabinete?». Sin entender la pregunta, Houdini ordenó que la caja fuese abierta y al abrirla, encontró una regla articulada y supuso que la médium tenía la intención de usarla para pulsar el botón del timbre y mover objetos. Houdini acusó gravemente a Margery, y los Crandon por su parte inculparon a Collins, el asistente del mago. Preocupado con la virulencia de la sesión, Conan Doyle alertó de los peligros de provocar a un ente espiritual mediante una nota publicada en un diario londinense.

> Houdini debería prestar más atención a ciertas señales y con ello tener en cuenta que se enfrenta a poderes que, llevados al límite, podrían ser extremadamente peligrosos. Pero le conozco bien y sé que sus convicciones son demasiado fuertes para hacerle desistir de sus extravagantes desafíos. No puedo concebir, por ejemplo, que una persona se presente a una sagrada sesión espiritista con una absurda caja que más bien parece una jaula preparada para aprisionar a un gorila, no a una dama especialmente amable como Margery. Sin embargo, las fuerzas que siempre la apoyaron han expresado todo lo que pensaban acerca de aquel impresentable artilugio, rompiendo con violencia todos los candados y lanzando su tapa lejos, liberando a la médium de su forzado confinamiento. [N67]

Toda la polémica de las últimas jornadas traspasó la esfera privada para copar los titulares de los periódicos neoyorquinos. Habiendo demostrado que Margery era una charlatana, Houdini esperaba ansioso el dictamen oficial de la *Scientific American*, denegándole el premio. Pero, al igual que en muchos otros juicios, el comité solo llegó a un consenso tras interminables discusiones y disputas. Los cinco hombres que formaban parte del comité jamás se sentaron juntos al mismo tiempo con la médium, creándose una serie de desacuerdos en relación con lo que cada uno había visto e interpretado. Los enfoques también diferían. Algunos se tomaron el concurso con una actitud científica —basándose en la observación y la prueba empírica—, mientras que otros se dejaron llevar por la emoción de las circunstancias. El secretario del comité, Walter Prince (que asumió el puesto después de la dimisión de Bird), estimaba que el dictamen definitivo se conocería en pocas semanas, pero pasaron meses sin que la revista se hubiese manifestado. A estas alturas, el público esperaba la decisión con la misma expectación que si hubiese sido el veredicto de un juicio por el asesinato de una celebridad. La impaciencia de Houdini con los miembros del comité y su secretario acabó poniendo al descubierto algunas desavenencias que hasta entonces habían sido privadas.

Después de haber publicado una nota inconcluyente en octubre, el comité llegó a un dictamen definitivo el 11 de febrero de 1925. Walter Prince incluso llegó a sugerir una nueva ronda de pruebas antes de la publicación del resultado final, propuesta que los Crandon solo aceptarían si Houdini era excluido. Con o sin el mago, la última palabra pertenecía al editor de la publicación, que se negó rotundamente a seguir con aquella empresa que ya causaba serios trastornos a la revista. Por cuatro votos a uno, los integrantes decidieron denegar el premio a la médium —el único voto a favor de Margery fue el de Hereward Carrington— y la publicación ocupó la portada de la *Scientific American* con este titular: «El comité decide que Margery ha fallado». El reportaje decía que «a pesar de que la joven se ha convertido en la médium más famosa desde Palladino, sus dones no lograron convencer al comité». A pesar de que el resultado era el esperado por Houdini, había una única frase en el dictamen que le enfureció: «Aun habiéndose observado asombrosos fenómenos para los cuales, en muchos casos, no es fácil hallar explicación, nada de lo que presenció esta comisión puede considerarse como fenómenos sobrenaturales demostrados». Se trataba de una frase extremadamente ambigua que distorsionaba la realidad de los hechos. Margery se había apoyado en toda una serie de artilugios fraudulentos para hacer valer su condición psíquica y una conclusión tan neutral como aquella la libraría de cualquier culpabilidad. «No sé si ustedes se hacen una idea de lo importante que es todo esto —se quejó el mago a Prince—, pero cuando me lo pregunten, yo siempre afirmaré vehemente que la señora Crandon es un embuste y que había evidencias claras de fraude en todos los fenómenos que he presenciado». Poco tiempo después de haber dado por concluida la investigación, Houdini publicó un libro en el que dejaba al descubierto los engaños y maniobras de Margery para hacer valer sus supuestas facultades. «Ustedes han ofrecido su testimonio —advirtió el artista a Walter Prince— y ahora yo ofreceré el mío por mi cuenta». En su libro, el mago relata que pese a que sus piernas estuviesen atadas, Margery podía mover la pantorrilla o emplear los dedos de los pies para producir ciertos fenómenos. «Con un poco de práctica, las extremidades de los pies son exactamente igual de ágiles que las manos». La médium también había utilizado la mano libre para colocarse el megáfono en la cabeza como un gorro y la había sacudido para que saliese despedido hacia Houdini. Para hacer que la mesa levitase en la oscuridad, se valía de su cuello, largo y flexible, y mientras los invitados le sujetaban los brazos, ella metía la cabeza bajo la mesa y la subía. Conan Doyle calificó el libro de Houdini de bazofia y le dirigió un durísimo texto en el que exigía que renunciara a la investigación psíquica. Por su parte, Houdini le acusó de senilidad y le amenazó con llevarle a los tribunales. Si todavía quedaba algo de amistad entre el mago y el novelista, el caso Margery lo echó todo a perder. [N68]

El plazo establecido por la revista *Scientific American* a quien quisiese aportar evidencias tangibles de fenómenos paranormales expiró el 31 de diciembre de 1924, sin ganadores. Los lectores fueron informados de que aquello no implicaba vacilación alguna por parte de la publicación en su compromiso con la investigación de fenómenos psíquicos y que todas las solicitudes pendientes serían investigadas a su debido tiempo, publicándose sus resultados esporádicamente. El asunto, sin embargo, fue cayendo en el olvido, así como su protagonista. [N69] A pesar de haber logrado convertirse en un icono del movimiento espiritista, la sociedad se dividió con relación a la legitimidad de sus facultades. Por un lado, los espiritistas veían a Margery como una verdadera mártir que fue sometida a exhaustivas y humillantes pruebas, realizadas por hombres cuyo único propósito era ponerla en ridículo. Por otro, estaban los investigadores psíquicos que estaban convencidos de que la médium era de hecho un fraude. El doctor Crandon —más preocupado por su reputación en su círculo de amigos de Boston que por las supuestas habilidades de su esposa— decidió alejarla de los medios y del acoso popular. «Seguiremos estudiando sus poderes con la misma seriedad de siempre», se defendió el médico, «sin la intervención de nadie ajeno, mucho menos de un rey de las esposas», concluyó de forma peyorativa. Pese a todos los intentos de mantener su reputación intacta, el concurso organizado por la *Scientific American* supuso el comienzo de la caída de la médium. Margery entró en un estado de profunda depresión después de la muerte de su marido en 1939 y buscó refugio en el alcohol, vicio del que nunca logró librarse. Si en su momento álgido llamaba la atención por su figura esbelta y belleza jovial, la señora Crandon de los años treinta aparentaba ser mayor de lo que realmente era. Uno de sus vecinos la describió como «una pequeña mujer que caminaba arrastrándose, metida en su abrigo». Margery demostraba una personalidad extremadamente inestable, rozando la bipolaridad. En una de sus últimas sesiones espiritistas, estaba tan perturbada que llegó a subir a la azotea de la casa y amenazó con saltar al vacío. [N70]

> Infeliz y sintiéndose despreciada, veía como su energía se desvanecía día a día, primero por la larga enfermedad del doctor Crandon y después por sus propios problemas. Sin embargo, y aunque no lo creyera, su fama se había extendido por todos los rincones del planeta, demostrando que sus extraordinarias habilidades seguirían ejerciendo una fuerte influencia sobre el pensamiento físico y espiritual del futuro. MARK W. RICHARDSON, AMIGO ÍNTIMO DE LA FAMILIA CRANDON

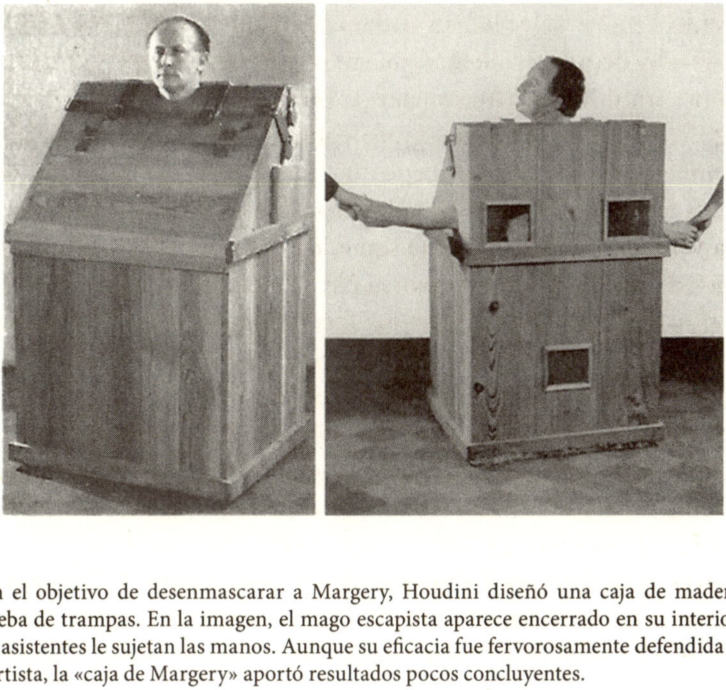

Con el objetivo de desenmascarar a Margery, Houdini diseñó una caja de madera a prueba de trampas. En la imagen, el mago escapista aparece encerrado en su interior, y dos asistentes le sujetan las manos. Aunque su eficacia fue fervorosamente defendida por el artista, la «caja de Margery» aportó resultados pocos concluyentes.

Margery murió el 10 de noviembre de 1941 a los cincuenta y tres años de edad, consumida por el alcoholismo. Se sentía profundamente deprimida no por su decadencia, sino por la presión ejercida por sus pocos seguidores, que le exigían que siguiese intentando demostrar sus facultades al mundo. Sus supuestos poderes psíquicos se habían convertido en una maldición y en la principal causa de su declive físico y mental. Una médium conocida de la época, Eileen Garret, observó que «sus mejores amigos eran sus peores enemigos». [N71]

Congreso americano

Con Margery derrotada, Houdini dio continuidad a su cruzada contra el espiritismo con una inesperada demostración en Washington. El 26 de febrero de 1926, el mago compareció ante un subcomité del Congreso para defender el proyecto de ley H.R 8929, que convertiría en delito penal la práctica de sesiones espiritistas o el cobro por servicios relacionados con la futurología, con penas que podrían llegar a seis meses de prisión o multas de doscientos cincuenta dólares. Se trataba de una propuesta polémica que, malinterpretada, podría violar garantías constitucionales de libertad religiosa y de culto. En su defensa, los espiritistas argumentaban que Houdini no podía, sin infringir preceptos contenidos en la Constitución, exigir que se limitara la expresión de determinadas creencias, con el pretexto de que no coincidían con su credo. Durante cuatro días de intensas audiencias, estuvieron presentes centenares de seguidores del movimiento dispuestos a defender su doctrina, entre ellos médiums, clarividentes, astrólogos e incluso gitanos. Uno de los momentos más emblemáticos de la sesión ocurrió cuando el mago, convocado a declarar delante de un congresista, comenzó a recibir insultos de algunos de los presentes, que afirmaban haber recibido mensajes de sus seres queridos y que él no tenía el derecho de privarles a hablar con sus muertos.

> Por favor, quiero que entiendan que, enfáticamente, no tengo la mínima pretensión de atacar a ninguna religión. Siempre he respetado la fe de las personas, independiente de su ori-

> gen, pero esta cosa a la que llaman espiritismo, que hace uso de las habilidades de un supuesto médium para comunicarse con los muertos, es un fraude en toda regla. Se proclaman clarividentes, pero solo son buitres que viven de la miseria de los que padecen y anhelan reencontrarse con los que ya no están. Personalmente, he llegado a la conclusión de que existen dos clases de médiums: los degenerados mentales, que deberían estar sometidos a constante vigilancia, y los que son simples estafadores. Washington está tomada por videntes, astrólogos y adivinos de todo tipo, y por tan solo veinticinco dólares cualquiera puede obtener una licencia para trabajar en este tipo de actividad. Si sus poderes fuesen auténticos, no necesitarían de licencia. Para esos estafadores va mi reto: diez mil dólares para el médium cuyos trucos no sea capaz de desvelar. HARRY HOUDINI [N72]

En las audiencias, Rose Mackenberg, la detective favorita de Houdini, reveló que los servicios ofrecidos por muchos espiritistas eran muy demandados y que algunos senadores allí presentes ya habían intentado conocer su futuro a través de astrólogos. La mujer de uno de ellos dio su testimonio afirmando que en treinta y cinco años jamás supo de la existencia de ningún charlatán. «He conocido a muchos médiums y les puedo asegurar que absolutamente todos estaban dotados de facultades para prever el futuro a través de mensajes enviados por los muertos», afirmó. Otro testigo relató que incluso el presidente Calvin Coolidge había organizado sesiones espiritistas dentro de la Casa Blanca. Los Coolidge habían perdido a un hijo precozmente y, arrastrados por la misma desesperación de tantas otras familias que padecían el mismo dolor, procuraron establecer contacto con el fallecido mediante la intervención de medios psíquicos. El expresidente jamás se pronunció al respecto. Janes B. Coates, una de las videntes más conocidas de la capital norteamericana, fue una de las convocadas para dar su testimonio. En un momento dado, el senador Clarence J. McLeod le pidió que definiera la palabra *místico*. Jane se levantó de su asiento, se dirigió al centro de la sala y dijo: «*Místico* es un individuo que posee una sensibilidad más apurada que la de personas comunes». Satisfecho con la respuesta, el congresista le formuló una segunda pregunta: «¿Usted cree que el señor Houdini podría encajar en la categoría de *místico*?». Janes miró al mago directamente a los ojos, giró la cabeza hacia el congresista y dijo: «Yo no tengo dudas de que el señor Houdini es uno de los mayores místicos vivos de la actualidad». Cuando le fue preguntado si los trucos que él presentaba se debían a «poderes psíquicos», el mago contestó con total honestidad: «He logrado todo por medios naturales. Pero reconozco que hay trucos que nadie sabe cómo se hacen». Los extraños fenómenos que tenían lugar en una sesión espiritista eran prácticamente los mismos que Houdini presentaba sobre el escenario y esta era la raíz de todo su resentimiento. A los magos, de modo general, no les gusta que su público piense que sus números son obra de entes sobrenaturales. Un mago desea, en realidad, que se reconozca que sus ilusiones son el resultado de mucho entrenamiento y disciplina. «El trabajo intelectual se hace extremadamente necesario y la concentración significa más que todo lo demás en su conjunto. Es la presentación del truco lo que interesa y no el truco en sí mismo», declaró en una entrevista. Aunque engañaba a todos, el mago escapista realmente no engañaba a nadie. Houdini no pretendía invocar la ayuda de los espíritus de ninguna dimensión. No fingía disponer de poderes paranormales. Simplemente, había inventado un magnífico repertorio de trucos para deleite de su maravillado público. No había engaño punible porque la gente paga precisamente para ser engañada. [N73]

Los debates concluyeron el día 21 de mayo de 1926, culminando con el rechazo a la propuesta de Houdini. La Primera Enmienda americana que protege los derechos a la libertad de religión y de expresión fue lo que impidió que saliera adelante, pero su batalla contra el espiritismo había dañado considerablemente la imagen de este colectivo y de sus prácticas. «Creo que los congresistas estaban más interesados en mis habilidades como ilusionista que en las artimañas de los médiums», lamentó el mago. El informe final de estas jornadas se encuentra disponible para consulta en el archivo digital del Congreso americano bajo el título *Fortune telling: hearings before the Subcommittee on Judiciary of the Committee on the District of Columbia, House of Representatives, Sixty-ninth Congress, first session, on H.R. 8989. February 26, May 18, 20, and 21, 1926*. Se trata de un documento interesante; sin embargo, el lenguaje burocrático y la abundancia de términos jurídicos a lo largo de sus páginas no pueden transmitir al lector la misma sensación de calor, pasión y locura que se desató entre las partes implicadas en aquellos turbulentos días de intenso debate. [N74]

CAPÍTULO 11

UNA GIRA PARA OLVIDAR

«Anuncias en el periódico que vas a intentar una locura el martes al mediodía y mil personas aparecerán. Súmale la posibilidad de morir y vendrán tantos que no cabrá un alfiler». HARRY HOUDINI

1925-1926

En 1926, Houdini ya se había establecido como una estrella internacional. Era millonario y dadivoso: derrochaba su riqueza a cada instante con donaciones, caprichos para Bess y libros para su biblioteca personal; y como por magia, recuperaba todo el dinero en una única temporada. Sin embargo, a pesar del éxito y fama conseguidos después de tres décadas de escapes sobrecogedores en las salas de vodevil de todo el mundo, Houdini aún tenía pendiente una deuda consigo mismo y con su público: el montaje de un gran *show* en Broadway, la milla de oro del teatro internacional. El mago, que siempre había aspirado a la respetabilidad escénica y se veía como parte del mundo escénico, contó con la colaboración del conocido empresario L. Lawrence Weber para ayudarle a emprender un bonito regreso a la magia con el montaje de un espectáculo de tres actos que resumiría todas las corrientes que se habían dado a lo largo de su carrera. El primer acto —el menos impactante de los tres— consistía en una presentación de magia escénica, incluyendo algunos artilugios mecánicos y una serie de trucos clásicos que habían hecho famosos a muchos de sus predecesores como Robert-Houdin, Harry Kellar y su ídolo de infancia,

Dr. Lynn, creador de *Palingenesia*, un efecto cómico que consistía en descuartizar a un hombre que posteriormente era recompuesto. En el segundo acto, Houdini incluía sus escapes, destacando la aterradora celda de tortura acuática. Pero la parte más llamativa de la fórmula era su disertación contra el espiritismo. La llamaba «Do Spirits Return?» (¿Regresan los espíritus?), una conferencia tremendamente interesante en la que demostraba cómo las personas eran engañadas en las habitaciones donde tenían lugar sesiones de invocación de los muertos. En este acto, Houdini hacía mofa de los médiums y de sus ilusos clientes, reproduciendo sus trucos y explicando cómo se basaban puramente en el engaño. «A veces nos reímos de las viejas historias de brujas que cabalgan sobre escobas voladoras cruzando el cielo —decía Houdini a los presentes—, pero... ¿qué podría ser más ridículo que un ser querido nuestro, ya muerto, aparezca ante nosotros como un aberrante ectoplasma? Si verdaderamente desean comunicarse con nosotros, ¿por qué recurren a mesas flotantes o golpecitos y encima nos cobran por cada golpe? ¿Son nuestros muertos empresarios del más allá? Esto va contra toda ética. Pero es el deber de todo ciudadano desenmascarar trampas, fraudes y el engaño más despreciable, que es el de los médiums que usan el espiritismo como una forma de atrapar al crédulo». [N1]

Su nuevo espectáculo recibió el nombre de «3 shows en uno», y se estrenó en la ciudad de Baltimore, donde fue acogido con gran expectación por la crítica teatral, que esperaba asistir «al espectáculo de entretenimiento más bonito de su género». De Baltimore, Houdini se trasladó a la Meca del *show business* americano, Broadway, donde tendría que compartir espacio con las obras consagradas de Bernard Shaw y Henrik Ibsen, una dura competencia para un mago bajito y de piernas arqueadas. Desprovisto del atractivo de las grandes figuras del teatro neoyorquino, Houdini se ganó al público con su destreza escénica, su histriónica personalidad y sus números incomparables. El mago no escatimó en recursos para convertir su estreno en una gran producción y despliegue técnico, donde la planificación fue la protagonista. Cada uno de los números era cronometrado, y cada fallo, por insignificante que fuese, era anotado y revisado para ser posteriormente corregido. Una banda sonora fue especialmente compuesta para la función, que contó además con ocho asistentes de escenario, tres de ellos familiares suyos: Bess (presentada como «Miss Beatrice Rahner», como un homenaje a su época de museo de diez centavos); su sobrina política, Julia Sawyer, una joven de veintiún años, a quien Houdini clasificó como «perfectamente apta para *Metamorfosis* debido a su baja estatura», y Julia Karcher, tía de Sawyer, que actuó en los bastidores como figurante. La primera temporada de «3 shows en uno» fue un éxito de crítica, lo que le proporcionó la motivación necesaria para cumplir las diez temporadas que tenía previsto. A punto de cumplir los cincuenta y dos años, Houdini no esperaba encontrarse aún en la carretera, pero era consciente de que la época de los incómodos trenes de tercera clase y las malas noches en pensiones o albergues de poca monta formaban parte de un pasado remoto. La pareja ahora viajaba en un tren exclusivo y no entraba en ningún hotel que no contase, con por lo menos, cuatro estrellas en la fachada.

Houdini versus Rahman Bey

En 1926, Hereward Carrington, el único integrante del comité de la Scientific American que aún defendía las facultades psíquicas de Margery (aparte del enamorado Bird), presentó al público del teatro Selwyn de Nueva York a un nuevo artista de escapismo, dotado de una fortaleza —física y mental— que podría superar la de un envejecido Houdini. Se trataba de Rahman Bey, un joven de veintiséis años que se definía como un auténtico faquir egipcio con superpoderes que le permitían tener un control absoluto de su cuerpo y mente. Para Carrington, era sumamente importante resaltar el origen natal de su pupilo porque, por aquel entonces, cualquier referencia al mundo oriental estaba directamente relacionado con el misterio, el exotismo y también la magia. No había duda de que en aquella época las imágenes del antiguo Egipto estaban bien presentes en el imaginario popular y ello se debía a los recientes descubrimientos realizados en el desierto por una expedición británica. El asunto empezó a copar los titulares cuando la prensa comenzó a airear rumores de una maldición que se había cebado con la vida de varias personas relacionadas con el descubrimiento en la ciudad de El Cairo de la tumba de Tutankamón, un faraón perteneciente a la dinastía XVIII de Egipto, que reinó de 1336 a 1327 a. C. Su sepultura fue descubierta en 1922, pero se abrió un año después, y, según decían las gentes supersticiosas, el espíritu del faraón muerto había dejado caer su maldición sobre aquellos que presenciaron la apertura de su sarcófago, una leyenda que cobró fuerza con la extraña muerte del financiador de la expedición, lord Carnarvon, cinco meses más tarde, en el hotel Savoy de El Cairo (dicen los rumores que en aquel instante se apagaron todas las luces de la ciudad y que, simultáneamente en Inglaterra, su perro emitió un doloroso aullido y cayó muerto). Doce años después de aquel histórico hallazgo, la cifra total de muertos relacionados con Tutankamón sumaba veintiuno; en las décadas posteriores, más personas relacionadas de manera distinta con la momia murieron o sufrieron accidentes en circunstancias extrañas. [N3] Y así de misterioso era Rahman Bey, que exhibía su talento con una serie de actos espeluznantes como tragarse un sable o atravesar sus carrillos con objetos punzantes. Su acto cumbre era además el más polémico de todos: se encerraba en un ataúd de zinc precintado, luego lo enterraban en la arena, donde permanecía sepultado durante un periodo de tiempo alarmante. Los médicos quedaban desconcertados, ya que el faquir apenas había consumido oxígeno y que estuviese vivo era una proeza, que explicaba que era posible gracias a la consecución de un estado de animación suspendida en el que dejaba de respirar. Houdini no creía los poderes que Rahman Bay alegaba poseer. El mago ya había hecho muchos de estos trucos y había incluso revelado los secretos en sus escritos. «Por experiencia propia, puedo afirmar que cualquier persona puede permanecer encerrado en un recinto sin oxígeno por un largo periodo de tiempo, siempre que esté plenamente relajado y sea capaz de controlar la respiración».

Su respuesta era, en realidad, un mero intento de despreciar los portentos de su nuevo rival, resultado de una guerra de egos. Cada vez que un escapista sale airoso de un arriesgado número, se reafirma, se siente como un Dios, porque ha sido capaz de superar un desafío considerado imposible para el más común de los mortales. Y esta presunción es muy peligrosa, porque puede acarrear un desenlace trágico. Según la ciencia, un individuo sano puede soportar una situación de confinamiento en un féretro enterrado bajo tierra entre diez minutos y una hora. Todo dependerá de la cantidad de oxígeno disponible dentro del féretro. Cuanto más pequeño sea el individuo, más tiempo aguantará, pues al ocupar menos espacio tendrá más aire que respirar. De todas formas, si una persona es enterrada viva, su muerte será inevitable. Aun si lograra abrir el ataúd sellado, a casi dos metros de profundidad, la tierra sería tan pesada y densa que el pecho no podría expandirse. De poderse mover, la tierra entraría en su nariz y boca, bloqueando las vías respiratorias, una situación desesperante que el propio Houdini sufrió. En varias ocasiones, trató de enterrarse vivo como prueba para la creación de un nuevo número de escapismo y así sustituir la cámara de tortura acuática, pero nunca consiguió realizar la proeza, debido a su extrema dificultad. El féretro utilizado en la prueba tenía una tapa falsa, pero el mago no consideró el peso de la tierra. Lo único que se recuerda de aquel fatídico episodio fue haber clavado las uñas en ella y haber sentido su monumental peso. «Comencé a abrirme camino desesperadamente y, al notar que la tierra se movía, mis asistentes corrieron a rescatarme antes de que muriera asfixiado. Con las ansias que tenía de salir de aquel terrible soterramiento, acabé con las uñas ensangrentadas y las manos en carne viva». El experimento le atemorizó lo suficiente como para no volver a intentarlo nunca más. «Otro intento con el truco del enterrado en vida. Muy peligroso. El peso de la tierra es insoportable», escribió en su diario.

En julio, Bey presentó una versión más osada de su número. Esta vez, sería sumergido en el fondo del río Hudson en una urna de estaño herméticamente sellada y allí permanecería durante una hora. Su anuncio atrajo a una multitud al muelle neoyorquino, pero el evento terminó súbitamente y de forma inesperada. Cinco minutos después de que el ataúd tocara el fondo del río, un timbre de emergencia instalado en su interior fue accionado por el faquir. El féretro fue izado rápidamente por sus asistentes, que tardaron quince minutos en retirar todos los clavos que mantenían el féretro sellado. Al abrirlo, Bey tenía el rostro pálido y su cuerpo temblaba. Alegó no recordar haber accionado el timbre, ya que se encontraba en estado de trance, pero se jactó por haber conseguido estar encerrado durante veinte largos minutos. La postura arrogante de Bey —y lógicamente la competencia de un rival más joven que osaba pisar su terreno— empezó a molestar a Houdini, que ya había hablado de personajes similares a Bey en su libro *Miracle Mongers and their Methods*, donde revela las técnicas de trucos milenarios como los de los tragafuegos, los encantadores de serpientes y otros artistas exóticos. Decidido a desmoralizarlo, el que fue antaño rey de las esposas anunció en la prensa que «si este dichoso faquir lo desea, que me traiga cualquiera de sus ataúdes y les aseguro que puedo permanecer encerrado en su interior por el mismo periodo de tiempo, con la diferencia de que yo no necesito apelar a ningún estado de trance». Bey, por su parte, contestó a la propuesta de Houdini con una arriesgada osadía: en julio de 1926, permaneció encerrado en una urna metálica bajo el agua de la piscina del hotel Shelton de Nueva York una hora —estableciendo el mayor récord en un entierro acuático—, un portento que copó los titulares de muchos periódicos de prestigio, entre ellos el propio *The New York Times*. [N4]

Sintiéndose desafiado, Houdini decidió repetir la hazaña de su contrincante utilizando un ataúd fabricado con el mismo material; lo haría en el mismísimo local donde el faquir había establecido su récord personal, de modo que nadie pudiese decir que contaba con algún tipo de ventaja, pero, pese a su comprobada experiencia e incuestionable disposición, la verdad es que Houdini entraba en la competición con cierta desventaja. Bey era veintiséis años menor y tenía una condición física superior. Consciente de sus limitaciones, Houdini decidió llevar a cabo una prueba preliminar en casa bajo la supervisión de un médico. El mago escapista se acomodó en el féretro —dotado de una tapa de cristal—, realizó una serie de ejercicios respiratorios para absorber el máximo de oxígeno posible y, acto seguido, hizo una señal para que lo encerraran. Logró permanecer cuarenta y cinco minutos encerrado en el interior del féretro, hasta notar que el oxígeno comenzaba a escasear. En vez de desesperarse —una reacción natural en cualquier individuo—, Houdini se mantuvo tranquilo y concentrado durante todo el transcurso de la prueba, y su única preocupación era la de mantener el ritmo respiratorio en el menor nivel posible. En este momento, se dio cuenta de que el pánico podría acortar la vida de aquellos que se encontraran atrapados largos periodos de tiempo en recintos cerrados, como cajas fuertes. Transcurrida una hora y diez minutos, dio la señal para que la tapa fuese retirada. El médico le examinó y le encontró en un buen estado, sin alteraciones significativas. El 4 de agosto tuvo lugar una segunda prueba, esta vez sumergido en una piscina en el interior de una urna de tapa metálica. En un primer momento, Houdini relató haber notado un importante descenso de la temperatura —resultado del contacto de la superficie metálica del ataúd con el agua fría—. Después de permanecer cincuenta minutos encerrado, empezó a sentirse agitado y estuvo a punto de hacer sonar la alarma para que lo izasen, pero pudo controlarse y aguantar cuarenta minutos más, superando la marca obtenida en la prueba anterior. Ahora se sentía preparado para afrontar el desafío real.

> Esta vez me sentí más cómodo, a pesar del frío. Había mucha humedad en el interior del féretro, que, según mis cálculos, debía de estar alrededor de diez centímetros por debajo del nivel de la piscina. En los primeros cincuenta minutos, he intentado relajarme tomando conciencia de mi respiración, pese a mi evidente irritación. Me sentí especialmente molesto porque el ataúd no paró de moverse durante buena parte de la prueba. Transcurridos setenta minutos, he dado la señal para que me sacaran, tarea que duró otros veinte minutos, el tiempo necesario para traerlo de vuelta a la superficie y quitar los treinta y dos tornillos que lo mantenían sellado. Al salir de su interior, me embargó una fuerte e inesperada sensación de frío. HARRY HOUDINI [N5]

El 5 de agosto fue la fecha elegida para el evento, que reunió a periodistas de todo el país en el hotel Shelton de Nueva York. El mago llegó al local con un semblante tranquilo y relajado —había disfrutado de un ligero desayuno a base de zumos y frutas, un régimen que había adoptado desde el comienzo de los entrenamientos y que le había hecho perder cinco kilos—. El mago entró en la casa de la piscina, seguido por sus asistentes, que llevaban un ataúd metálico especialmente hecho para la ocasión, más bonito y con medidas superiores a las utilizadas en la fase de pruebas. Antes de dar inicio a la exhibición, le examinaron y comprobaron su tensión arterial, ritmo cardiaco y nivel de oxígeno en la sangre. Se calculaba que, una vez sellado, el escapista dispondría de una reserva de aire limpio de cinco minutos. Luego, pasaría a respirar aire «reciclado» que, con el tiempo, se convertiría en dióxido de carbono, una sustancia altamente tóxica. «Si me muero —advirtió a los periodistas—, será básicamente debido a que Dios lo quiso y a mi propia estupidez al preparar este número». [N6]

A las 12:09 de la mañana, se tendió en el féretro, cuya tapa se atornilló y se soldó y fue siendo sumergido lentamente hasta el fondo de la piscina. En un primer momento, Houdini se sintió molesto por un repentino calor que sintió en el interior del ataúd, que además no paraba de moverse, resultado del esfuerzo emprendido por los asistentes para mantenerlo debajo del agua. Sin embargo, transcurridos algunos minutos, la urna se estabilizó y el mago pudo, por fin, concentrarse. El féretro disponía de un teléfono para comunicarse con el exterior, permitiendo, de esta forma, que sus asistentes pudiesen controlar la exhibición desde la superficie. Cuando el reloj alcanzó la marca de los cincuenta minutos, el mago recibió una llamada de Collins. «Señor Houdini, hemos llegado al primer tramo de tiempo previsto. ¿Cómo se siente?». Pasados unos largos segundos, el escapista finalmente contestó: «Me encuentro bien, Jim. Intentaré quedarme un rato más». Cuando faltaban poco más de diez minutos para completar una hora y media sumergido, Houdini llamó para avisar de que una rendija estaba dejando pasar agua. «¿Cuánto tiempo cree que puede aguantar?», le preguntó Collins, visiblemente preocupado. «No lo sé», le contestó el mago con un tono de voz neutral, sin revelar su estado de ánimo en aquel momento. «Cuando alcancé la marca de una hora y veintiocho minutos —confesó más tarde— empecé a sentir dificultades para respirar. Comencé a ver luces amarillas y tuve cuidado para no quedarme dormido. Luego decidí que era hora de izarme de vuelta a la superficie». Houdini llamó a Collins y le dio luz verde para el rescate. Al salir, sintió una mezcla de euforia e irritación. Había superado una prueba muy dura, que implicaba el confinamiento en un ataúd oscuro y sin oxígeno. «Houdini tuvo que soportar la tortura de un entierro acuático», decía la prensa de la época. «¿Usted también entró en trance para soportar tanto tiempo encerrado, señor Houdini?», le preguntó un periodista. «No necesito esas patrañas», contestó secamente. Un médico le tomó el pulso y constató un preocupante incremento en el ritmo cardiaco. Su rostro, acorde con los testigos presentes, presentaba una «palidez mortal» (según el propio Carrington, «Houdini había acortado apreciablemente su vida a causa de este número de resistencia»). Los partidarios de Rahman Bey levantaron algunas sospechas al afirmar que el mago contó con un cilindro de oxígeno oculto en el interior del féretro, una acusación que le irritó profundamente. «La gente sabe cómo soy. No me hace falta apelar a ninguna artimaña», se defendió. «Lo importante es tener calma, no respirar hondamente ni realizar movimientos innecesarios». Un examen posterior realizado en la urna demostró que el mago no había empleado ninguna ayuda artificial. [N7] La prensa española recogió la noticia de su hazaña, como queda de manifiesto en el siguiente fragmento extraído del diario *La Voz*, del 14 de agosto de 1926 (en la nota, el periódico informó erróneamente que su logro había tenido lugar en río Hudson).

> El célebre ilusionista norteamericano Houdini había prometido que realizaría, por medio de incontables subterfugios, hazañas tan extraordinarias, si no mayores, que las que afirmaba que efectuaría el faquir egipcio Rahman Bey, que en

la actualidad se encuentra en Nueva York. Estas manifestaciones fueron tomadas en serio por el faquir egipcio, quien declaró que descendería al fondo del Hudson, metido en un ataúd herméticamente cerrado y atado. Entonces, Houdini aseguró que él estaba dispuesto a ejecutar el mismo ensayo. En efecto, se encerró en un féretro, que fue descendido al fondo del río, a una profundidad considerable. Houdini había encargado que subieran el ataúd a la superficie al cabo de hora y media. Y así fue. Cuando se abrió, saltó del interior Houdini sonriente, como antes de meterse en aquel estrecho recinto. El doctor Carrington, miembro de la Sociedad de Investigaciones Psíquicas que asistía al experimento, declaró que no comprendía cómo Houdini era capaz de emprender semejante hazaña bajo condiciones tan duras. El acto de Houdini tiene por objeto reforzar la campaña que viene sosteniendo contra los faquires, místicos, espiritistas y otros embaucadores. El faquir egipcio Rahman Bey solo permaneció en el fondo del Hudson dieciocho minutos, al cabo de los cuales tocó la campana de aviso para que le elevaran a la superficie. Su fracaso después de la prueba de Houdini ha sido completo. [N8]

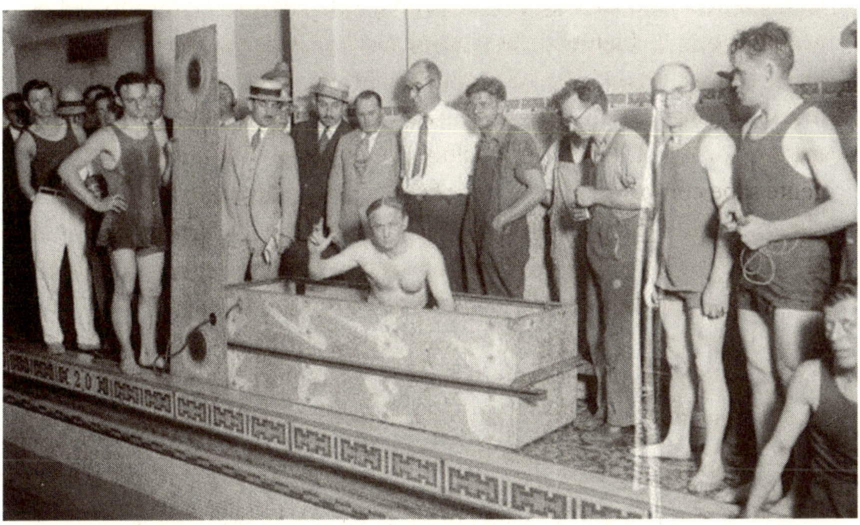

En esta foto, sacada al borde de la piscina del hotel Shelton, Houdini saluda a la prensa minutos antes de ser sumergido en el interior de un féretro metálico.

La hazaña de Houdini representó una derrota sin paliativos para Rahman Bey, que tuvo que aceptar el hecho de que su número estrella había sido superado por un escapista que le superaba en edad y se encontraba físicamente menos preparado. Tal y como había ocurrido con muchos de los rivales que intentaron derrotar a Houdini, el nombre de Bey fue siendo retirado gradualmente de los carteles de muchos teatros hasta desaparecer por completo. [N9]

Nota del autor

El ataúd utilizado por Houdini en la piscina del Shelton quedó en exposición durante muchos años en una de las alas del hotel neoyorquino, que actualmente pertenece a la cadena Marriott, bajo el nombre New York Marriott East Side. La piscina donde se llevó a cabo la prueba permaneció operativa hasta finales de los años noventa, cuando la dirección del hotel decidió cerrarla. Houdini llegó a repetir la hazaña dos meses después en la piscina de la YMCA de Worcester (Massachusetts), pero no obtuvo la misma repercusión. En febrero de 1956, el ilusionista James Randi presentó el mismo número en directo, en el programa de la tele norteamericana *The Today Show*, con el objetivo de superar el récord establecido por Houdini treinta años antes. Randi permaneció ciento cuatro minutos en una urna sellada de metal, sumergida en una piscina de un hotel londinense. En la década de los noventa, un mago americano conocido como «el Increíble Joe» anunció a bombo y platillo que ejecutaría en directo el número *Enterrado en vida*. Se trataba indudablemente de un peligroso desafío, puesto que ni siquiera un maestro del escapismo de la talla de Houdini tuvo la osadía de llevarlo a escena. Para aumentar la dificultad del número, Joe ordenó que sus asistentes añadiesen cemento al manto de arena que taparía la urna. Fue una decisión fatal. La urna no aguantó el peso del cemento, soterrando mortalmente al mago. Cuando su equipo se dio cuenta de que el cemento sólido se había roto, ya era tarde. [N10]

Aparte del desafío del hotel Shelton, Houdini intentó relajarse en verano antes de regresar a la carretera y reanudar su gira en el otoño. «Creo que me merezco un descanso», escribió. Pero, como siempre, el «descanso» significaba una oportunidad para invertir su energía en otros intereses ajenos a su espectáculo y esto significaba involucrarse en distintos emprendimientos, sobre todo en la rama literaria. Por aquel entonces, reunía documentación (con la colaboración del autor H. P. Lovecraft) para un nuevo libro, cuyo título provisional era *The Cancer of Superstition*, una obra que abordaría la esclavitud a que muchos se someten adoptando hábitos irracionales como correr al otro lado de la calle al ver un gato negro o creer que el simple hecho de derramar sal puede ser una señal de mal presagio. El mago escapista pasó todo el mes de septiembre entre pilas de libros sobre astrología y brujería, estudios bíblicos, enciclopedias y diferentes traducciones de antiguos textos griegos y hebreos. También redactó un artículo sobre masonería y ocultismo y reveló a Bess la intención de escribir una autobiografía, mientras celebraban su aniversario de treinta y dos años de casados en un prestigioso restaurante de Nueva York. «La lluvia nos impidió ir a Coney Island, el lugar en donde nos conocimos y solíamos volver para recordar nuestro primer encuentro». Bess aún no lo sabía, pero dos meses antes Harry había redactado sus últimas voluntades, donde dejaba constancia de algunas indicaciones para que su esposa pudiera vivir una jubilación tranquila. Guardado cuidadosamente en una caja fuerte, el documento estaba dentro de un sobre junto con algunos negativos fotográficos cuyo contenido y destino son desconocidos hoy en día. Algunos de sus biógrafos especulan con que estos negativos registraban momentos íntimos del matrimonio, sus paseos alrededor del mundo o quizá instantáneas de la rutina de la pareja en el ámbito doméstico. Lo poco que se sabe sobre sus vidas privadas está registrado en numerosas notas de afecto que aún sobreviven. Bess y Houdini formaban una pareja muy unida, habían logrado superar juntos numerosas dificultades y algunas crisis que llegaron a amenazar seriamente su relación, principalmente en los primeros años de su matrimonio. Tras la muerte de su madre, Bess se convirtió en la única persona en todo el mundo con quien podía contar incondicionalmente.

Quizá movido por este sentimiento de dependencia afectiva (y quizá aún traumatizado por la pérdida de su madre), el mago se desesperó al enterarse de que su esposa había sufrido una intoxicación alimentaria grave, resultante de un envenenamiento por tomaína durante su gira en la ciudad de Providence (Rhode Island) en octubre. El mago escapista trató de cumplir su agenda de *shows* mientras Bess permaneció de reposo en el hotel, acompañada por Sophie Rosenblatt, una enfermera de Nueva York que ya le había asistido en una ocasión anterior. En la noche del 8 de octubre, la persistente fiebre alta y el inminente peligro de convulsiones obligaron al mago a permanecer en un duermevela, donde se mezclaban cortos intervalos de sueño con súbitos despertares, una situación atípica que le dejaría completamente agotado toda la semana. Finalmente, la fiebre cedió en la mañana del sábado, permitiéndoles tomar el tren hacia la ciudad de Albany, donde estrenaría su espectáculo el lunes por la noche. Houdini intentó dormir en el viaje, pero las vibraciones disonantes del vagón entre una parada y otra le mantuvieron despierto todo el recorrido. El artista, que siempre tuvo un sueño ligero, comenzó a dormir con un antifaz y un pequeño cojín sobre el lado izquierdo del dorso. La lesión en el riñón, sufrida años antes en Detroit, aún le molestaba. La semana de su estreno en Albany fue igual de agitada. El martes, el mago reservó un billete de regreso a Nueva York con la intención de reunirse con su abogado Bernard Ernst, que le asesoraba ante diversas demandas interpuestas por líderes del movimiento espiritista, que reclamaban indemnizaciones por calumnia y difamación que superaban el millón de dólares. Durante el viaje de vuelta a Albany, Houdini se esforzó para mantener los ojos abiertos mientras estudiaba la documentación que le fue entregada por su abogado, pero no dejaba de dar cabezadas. Intentaba resistir, pero sus parpados acabaron cerrándose.

Al llegar a Albany, cariacontecido y entumecido tras el incómodo viaje de tren, Houdini supo que el estado de salud de su mujer había mejorado, a pesar de que tuviera prohibido levantarse de la cama. Pocas horas después, el incansable escapista ya se encontraba vestido con su impoluto frac y listo para su presentación en el tradicional teatro Capitol. Cuando la orquesta empezó a tocar el tema de apertura de su espectáculo, las cortinas se abrieron y Houdini caminó con pasos firmes hacia el centro del escenario, exhibiendo una gran sonrisa y una disposición fabulosa —en su rostro no había nada que delatara su verdadero estado—. Pero no todo salió a la perfección aquella noche. Durante su función, algo falló y el mago sufrió el primer accidente de escenario de toda su carrera. En el momento en el que realizaba uno de sus números más solicitados, el escape de la celda de tortura acuática, uno de los cables que le sujetaban se retorció, fracturándole uno de los tobillos. El mago intentó levantarse, pero impedido por el dolor, tuvo que apoyarse en Collins. Acto seguido, miró al público, forzó una sonrisa y en tono de broma les preguntó: «¿Acaso alguno de ustedes es medico?». Las cortinas se cerraron y el mago fue llevado a su camerino, donde ya había un espectador esperándole. «Soy el doctor Brannock —le dijo—; si usted me lo permite, yo podría examinarle». Después de realizar una serie de comprobaciones, el médico sospechó que el mago podría tener un hueso fracturado y le recomendó dirigirse inmediatamente al hospital para que le hiciesen una placa. «De acuerdo, doctor, pero primero tengo que terminar mi presentación. Collins, vete preparando las cosas para el tercer acto, el *show* debe continuar». Houdini prosiguió con la función en una silla, tratando de aguantar el dolor; horas más tarde, llegó al Memorial Hospital de Albany acompañado por su asistente. Las sospechas del doctor Brannock se confirmaron. El mago se había fracturado el tobillo y debería guardar reposo absoluto, recomendación que prefirió ignorar, siguiendo con su agenda. Cada tarde tenía que estar de pie un mínimo de tres horas y con ello demostró una resistencia al dolor descomunal. «He logrado salir airoso de incontables peligros y justo en el momento en el que tenía todo bajo control, me fracturé el tobillo», lamentaba, resignado. El incidente tuvo cierta relevancia en los medios de comunicación y fue celebrado por muchos seguidores del espiritismo, que interpretaron el episodio como una señal de su inminente muerte. Un amigo cercano del mago, llamado Fulton Oursler, recibió un telegrama de un médium que decía: «Las aguas están negras para Houdini», una afirmación que reforzaba las palabras de Walter, el hermano de Margery, que un año antes había hecho una previsión por la cual el escapista moriría en menos de un año. Pero Houdini seguía vivo y cumpliendo sus compromisos profesionales, a pesar del tobillo vendado y los terribles dolores que tenía que soportar sobre el escenario. Por otro lado, el incidente de Albany fue, sin lugar a dudas, el preludio de un desastre de mayores proporciones, la chispa que daría inicio a un encadenamiento de extraños sucesos que acabaría culminando en un desenlace trágico.

Houdini versus Whitehead

El 18 de octubre, Houdini inició su temporada en el teatro Princess en Montreal con un programa de dos funciones diarias. El mago llegó al hotel cojeando y con un semblante cansado —durante el viaje en tren, el estado de salud de Bess empeoró, con episodios recurrentes de vómitos y fiebre, provocados por la intoxicación, que no parecía remitir—. Al día siguiente, ofreció una conferencia sobre espiritismo en la Universidad McGill, atendiendo a la invitación del profesor William D. Tait, jefe del Departamento de Psicología. Delante de un auditorio abarrotado de jóvenes estudiantes, Houdini comenzó su exposición con una breve disertación sobre la magia y el escapismo:

> La ejecución de mis números exige nervios de acero, destreza y coordinación. Les aseguro que todo se hace por medios naturales, aunque muchos insisten en decir lo contrario. Desafortunadamente, la gran mayoría de las personas no tiene la capacidad de verlo. Si pudiesen educar sus ojos, les aseguro que podrían ver claramente que aquello que muchos llaman «milagro» no es más que un sencillo truco. Para ser un artista de escape, por otro lado, uno debe condicionarse a ignorar el miedo. Es importante tener en cuenta que en muchos de los casos es nuestro cerebro el que provoca el dolor. Si sabemos controlarlo, podremos realizar verdaderos hechos milagrosos. Para ilustrar esta afirmación, podemos tomar a los faquires de la India como ejemplo. La creencia es que el faquir posee un espíritu fuerte, que le permite sobrellevar las carencias y fuertes dolores corporales. Entre sus prácticas más habituales destacan tenderse sobre camas de clavos, con las puntas hacia arriba, hacer ayunos extremos, caminar sobre las brasas sin quemarse y encantar a las serpientes cobra con una flauta. Los escapistas tenemos muchas cosas en común con los faquires; nuestro secreto reside en la capacidad de autocontrol y eso se consigue mediante técnicas de relajación y mucho entrenamiento, permitiéndonos de esta forma soportar no solo el dolor físico y el sufrimiento, sino también ciertas situaciones de peligro real.

Su conferencia terminaba con el tema más polémico y quizá el más esperado: los fraudes espiritistas. Empezó diciendo que comprendía la necesidad de aquellos que seguían el espiritismo como religión, pero despreciaba a los estafadores que se aprovechaban de las personas más vulnerables. «En este sector existe una industria que explota a los ignorantes y a los demasiado crédulos y ha crecido de una forma colosal; es capaz de generar unos beneficios que ascienden a miles de millones de dólares cada año. Existen tres tipos de médiums —reveló—: los que se dejan engañar, los que son psicópatas y luego los que son criminales».
HARRY HOUDINI [N11]

Finalizada la charla, algunos estudiantes presentaron sus respetos a Houdini, quien, complacido, les invitó a asistir a su espectáculo. Un estudiante de Bellas Artes llamado Samuel J. Smilovitz se acercó con un boceto en lápiz del ponente que acababa de finalizar mientras escuchaba su presentación. Impresionado con la calidad de sus trazos, el mago le invitó a visitarle a su camerino para que le hiciera otro diseño, mejor elaborado. El joven artista aceptó la invitación y horas más tarde se dirigió al teatro Prince, acompañado de un amigo llamado Jacques Price. Tras una breve espera, Houdini llegó con Bess, su enfermera Sophie y una secretaria. «Querida, me reuniré con estos chicos en mi camerino. ¿Por qué no aprovecháis y coméis algo mientras?», le sugirió a la esposa, que aceptó la propuesta, ya que aún no estaba del todo recuperada y se sentía debilitada. Su estado de ánimo y su abatimiento eran compartidos por su marido; y era patente que ambos habían perdido energía y no estaban en su mejor momento. En el camerino, Houdini se aflojó la pajarita, se tumbó en un sofá enfrente de los chicos y se puso a revisar la correspondencia mientras Smiley le retrataba. «Disculpadme por reclinarme, se excusó el artista, pero necesito descansar lo máximo que pueda. Me he roto un tobillo en una presentación y estoy intentando disimular la cojera en mis actuaciones en Montreal». Smiley ya había notado en la conferencia que el mago escapista no aparentaba la invencibilidad y la fortaleza de la que tanto había oído hablar. Parecía cansado y abatido, tenía la frente pálida, el ceño fruncido y el semblante taciturno. Sin embargo, y pese a todo, el buen ambiente reinaba en el recinto. Houdini demostró estar de buen humor y les brindó algunas anécdotas de su vida: habló de su corta carrera en el cine, de los viajes alrededor del mundo, de su relación con Arthur Conan Doyle y de su contienda personal contra los espiritistas embaucadores. De pronto, alguien tocó la puerta, la abrió discretamente y asomó la cabeza un fornido hombre de aspecto juvenil. Se trataba de J. Gordon Whitehead, uno de los tantos universitarios que habían asistido a la conferencia y que durante la disertación le había hecho varias consultas. Como parte de la respuesta, recibió prestado un libro con la condición de que se lo devolviera antes de su partida. [N12] «He venido a devolverle el libro, señor Houdini», dijo el joven, después de saludar a los presentes y acercarse al sofá donde el mago se encontraba tumbado. Hechas las presentaciones, Whitehead hizo una cortés inclinación de cabeza hacia Houdini, con quien empezó una muy amena conversación sobre literatura. «He leído tantos libros de detectives y ya he desentrañado tantos misterios que puedo reconstruir la trama de cualquier novela policiaca con tan solo escuchar tres o cuatro párrafos dispersos de la misma», se jactó el mago. Whitehead, que llevaba un libro de detectives en su maletín, quiso probar su supuesta capacidad hasta entonces desconocida del gran público y, después de haber leído un par de fragmentos, Houdini le dijo de qué trataba la trama, el título de la obra y su autor, dejando a los estudiantes asombrados.

Los dos siguieron hablando sobre otros temas relacionados con la literatura cuando en un momento dado Whitehead quiso saber la opinión del mago acerca de los milagros mencionados en la Biblia. «Yo prefiero no discutir o comentar sobre asuntos de esta naturaleza», se excusó. Whitehead, entonces, decidió dirigir el tema a otro nivel. «Me gustaría entonces proponerle una pequeña reflexión, si usted me lo permite. ¿Qué pensaría nuestra generación si sus hazañas hubiesen tenido lugar en los tiempos bíblicos? ¿Lo interpretaríamos hoy como milagros?». Un inquietante silencio se apoderó del ambiente. Houdini no sabía qué contestarle y los otros dos chicos tampoco parecían entender la naturaleza de semejante cuestionamiento. «Creo que me estoy perdiendo en mis devaneos. Cambiemos de tema, señor Houdini», dijo Whitehead, al constatar que su pregunta no tenía mucho sentido. «He oído que usted es capaz de soportar los más terribles golpes en el abdomen sin sentir dolor. ¿Esto es cierto?». La pregunta sorprendió a Smilovitz y Price, que estaban más interesados en las experiencias personales del mago escapista que precisamente en sus dotes físicas. Whitehead, sin embargo, aún se encontraba bajo los efectos de la conferencia de Houdini. Su extraordinaria preparación física y su capacidad para soportar el dolor habían suscitado el interés de los presentes a la charla. «El secreto para soportar cualquier castigo físico reside en una rutina de entrenamientos muy dura y una vida alejada del alcohol y del tabaco. Y le aseguro, además, que, pese a mi edad, aún me veo igual de fuerte que hace una década y todavía me encuentro en disposición para enfrentarme con cualquier desafío que me propongan», le contestó sonriendo. «Quisiera comprobar si su resistencia física es tan legendaria como se dice», le desafió Whitehead, mirándole a los ojos. Relajado como estaba en el sofá mientras leía su correo, el mago aceptó el reto. No había terminado de levantarse cuando el joven estudiante —en un arrebato completamente impulsivo— le propinó cuatro fuertes puñetazos en el abdomen sin que el mago tuviera tiempo de prepararse, hasta que los otros dos jóvenes le detuvieron. «¿Estás loco? ¡Basta, basta», le gritó Smilovitz sin poder creer lo que acababa de presenciar. Whitehead reculó mientras Houdini volvía a tumbarse sobre el sofá enroscándose de dolor, pero su orgullo le hizo disimular, aparentando que el impacto no había sido de tal magnitud. Con esto, los ánimos se calmaron, Smilovitz terminó su dibujo, lo firmó y se lo entregó al mago. «Usted me ha retratado con un aspecto un poco desfavorecido —se quejó el artista—, aunque debo reconocer que no me encuentro muy bien». Houdini pasó buena parte de la tarde aislado en el camerino quejándose de dolores abdominales, una actitud poco común para un hombre que había pasado toda una vida sometiendo al cuerpo a los más duros castigos. Pero ahora, el invencible escapista se había convertido en una persona corriente, un hombre común, el más mortal de los mortales. El mago, que hace pocas horas solo cojeaba a causa del tobillo fracturado, ahora se contorsionaba de dolor y apenas podía moverse. «Tengo que relajarme y dejar de pensar en ello», masculló. Entonces, respiró profundamente y salió al escenario, donde un público lleno de euforia le esperaba para una noche de magia y maravillas. Houdini cumplió religiosamente el guion previsto con mucha dificultad, tratando de hacer todo lo posible para disimular el dolor y mantener su sufrimiento en el más estricto secreto. [N13]

Al final, nadie consigue escapar de sí mismo y Houdini acabó siendo víctima de su propia fanfarronería. Tal y como testimonió Conan Doyle en cierta ocasión: «Un rasgo destacado de su carácter era una vanidad tan evidente e infantil que resultaba más graciosa que ofensiva». Las horas posteriores empeoraron la condición física del escapista y el primer indicio de que algo no iba bien ocurrió en la cena, durante la cual no paró de frotarse el estómago, llamando la atención de la enfermera de Bess. «Parecía estar molesto desde hacía horas —reveló Rosenblatt— y se quejaba continuamente». Para ocultar las dolencias a su esposa, aún convaleciente, Houdini organizó una fiesta con champán en su habitación para celebrar su temporada canadiense, un pequeño evento privado que contó con la presencia de la enfermera de Bess y su sobrina, Julia Sawyer. Horas más tarde, durante la madrugada, Houdini se despertó con fuertes calambres en el estómago. Bess intentó tranquilizarle con un suave masaje en la zona afectada, pero los resultados fueron insignificantes. Después de haber pasado una noche en vela, quejándose del dolor que sufría, su mujer insistió en que visitara a un médico, pero aquel día era el último de su temporada en la ciudad. Temiendo que le impidiesen salir al escenario, el mago escapista se negó a ir al hospital, completó las dos últimas funciones en la ciudad y tomó el tren hacia Detroit, donde le esperaban para una temporada de dos semanas en el teatro Garrick, en el que ya se habían agotado todas las entradas.

Durante el largo viaje, el dolor se hizo insufrible incluso para él, acostumbrado a convivir con innumerables molestias. Fue cuando decidió revelar a Bess que había recibido unos puñetazos en el estómago durante la visita de tres estudiantes a su camerino y desde entonces comenzó a padecer unos dolores abdominales cada vez más profundos. Su confesión hizo saltar todas las alarmas; Bess le suplicaba que considerara la hospitalización, pero al ver que se negaba tajantemente a ser ingresado, decidió tomar cartas en el asunto y, en una parada en la estación de London (Ontario), envió un telegrama urgente a George H. Atkinson, el representante del mago en la ciudad, relatando los últimos acontecimientos. Al llegar a Detroit ya había un médico esperándole en el teatro, y nada más verlo llamó a una ambulancia. Se le diagnosticó apendicitis aguda (probablemente ya padecía una incipiente infección de apéndice antes del incidente y los puñetazos la agravaron), pero Houdini se negó a ser trasladado a un hospital y, pese a la gravedad de la situación, perseveró en su idea de seguir adelante. Llamó al director y le dijo que no se preocupase. «Actuaré aunque sea la última vez». [N14]

Ajeno al drama que se producía en los bastidores, la audiencia que había llenado el Garrick el 24 de octubre se puso a silbar ante la ausencia de Houdini, cuya actuación ya llevaba casi cuarenta minutos de retraso. De pronto, la orquesta empezó a tocar *Pompa y circunstancia* (el tema de apertura de su *show*) y los silbidos se convirtieron en efusivos aplausos. Pero mucho más estruendosa fue la aclamación del público cuando las cortinas se abrieron y Houdini salió al escenario, visiblemente abatido. «Acabamos de llegar de un largo viaje desde Montreal y estamos un poco cansados», reveló, sin tapujos. Pero tal y como la energía del sol ejerce un poder sobre las plantas, las luces del escenario parecían haber restaurado mínimamente su vitalidad. Sonriendo, se dobló las mangas para mostrar que no ocultaba nada en la chaqueta y dio inicio a su actuación. Logró concluir todos los números previstos aunque dependiendo de la ayuda de sus asistentes en varias ocasiones y, acorde con el testimonio de algunos espectadores, parecía perdido y tenía prisa por terminar su exhibición. Houdini se arrastraba detrás del escenario y al final de cada acto se desplomaba en el camerino. Sus asistentes hacían todo lo posible para mantenerle despierto, le ponían agua fría y le aplicaban masajes, pero la fatiga no hacía más que aumentar y su agonía casi lo paralizaba. Aun así, reunió fuerzas para levantarse y volver al escenario. El espectáculo debía continuar. Se negó a cancelar la actuación aunque terminaba a duras penas cada número.

Si aún había dudas acerca de su invencibilidad, aquella noche Houdini demostró ser una persona dotada de superpoderes: completó su presentación de dos largas horas a pesar de tener cuarenta grados de fiebre. Pero no hay humano capaz de soportar semejante sufrimiento y, llegado a un momento extremo, el mago cayó en la cuenta de que, por primera vez en su vida, había alcanzado el límite de sus fuerzas. «Diles que cierren las cortinas, Collins, no puedo seguir de esta forma», ordenó a su asistente, en un tono de voz prácticamente inaudible. Justo en el momento en el que el telón tocó la tarima del escenario, el mago se desplomó sobre los brazos de Collins y fue llevado a toda prisa al camerino. Tras recobrar la consciencia, minutos más tarde, pidió que le llevasen de vuelta al hotel para que pudiera ducharse y descansar, aun esperanzado con que los dolores remitirían. «Harry, por favor, permítenos llevarte al hospital», le suplicó Bess, con el rostro hinchado de tanto llorar, pero su marido se negó una vez más, rotundamente. «Entonces, ni tú ni nadie saldréis de este teatro. He solicitado la presencia de un médico, que llegará en cualquier momento», le dijo con una mirada fulminante, de aquellas que le hacían recular siempre que su mujer demostraba estar enojada. Poco tiempo después, alguien tocó la puerta y la abrió discretamente. Se trataba de Daniel Cohn, el médico que se encargaría de examinarle. Su diagnostico fue rápido y preciso: apendicitis. No había elección, el paciente debería ser llevado al quirófano rápidamente, pero su testarudez seguía siendo inquebrantable. Cuanto más intentaban convencerle para que cambiara de idea, más firme se ponía, desoyendo la razón y tentando a la muerte. La increíble (e incluso infantil) cabezonería demostrada por Houdini en aquel momento extremadamente delicado llega a bordear lo inexplicable. ¿Por qué echar todo a perder poniendo su propia vida en riesgo justo cuando disfrutaba de los mejores años de su vida y con planes de una jubilación cómoda y tranquila? ¿Qué le costaba atender las súplicas de su esposa y terminar de una vez con toda aquella agonía, que no era solo suya, sino también de todos los que le rodeaban? Mirándolo desde la distancia, aquella terquedad nos parece irracional e inadmisible, pero para Houdini aquel episodio febril y doloroso no pasaba de ser un obstáculo pasajero, como muchos tantos otros que había logrado superar a lo largo de su vida. Quizá su inflado ego le impidió bajar la guardia y asumir que, al contrario de lo que su público creía, él también era un individuo común, con debilidades tan humanas como el miedo y el desasosiego. Lo cierto es que, aunque agotado, Houdini fue capaz de soportar la presión hasta que finalmente cedió después de una larga conversación al teléfono con Hardeen y con su médico personal de Nueva York, el doctor William Stone. Unos minutos después, dos camilleros entraron en un camerino abarrotado de gente y pusieron a Houdini en la camilla, mientras los demás observaban, sin saber si el escapista más grande del mundo lograría, una vez más, burlarse de la muerte. [N15]

Houdini fue ingresado en el hospital Grace de Detroit en la madrugada del día 25 de octubre y sometido a una cirugía con un cuadro grave de apendicitis aguda. El apéndice es una minúscula proyección del colon que se sitúa en la parte derecha inferior del abdomen; todavía no se sabe muy bien para qué sirve. Lo que se conoce con certeza es que cuando el contenido intestinal con sus bacterias queda atrapado en esta diminuta estructura, el apéndice se infecta y causa apendicitis aguda. Es muy probable que Houdini ya tuviese el problema días antes de recibir los puñetazos de Whitehead, es decir, independientemente de lo sucedido en el camerino del teatro Princess de Montreal, el mago hubiera acabado sufriendo una crisis tarde o temprano. Sin embargo, los golpes propinados por el estudiante canadiense pudieron haber provocado una perforación del apéndice, haciendo que su contenido saturado de gérmenes drenase en la cavidad peritoneal, provocando una peritonitis aguda. Y es de muy mal augurio a menos que el paciente se trate urgentemente con cirugía, una decisión que debe ser tomada de inmediato y a la cual Houdini se resistió hasta caer vencido por el dolor y por las súplicas de su esposa. [N16]

El mago fue sometido a una apendicetomía (extracción del apéndice), pero poco se pudo hacer para detener lo inevitable. Se había producido una terrible infección en la cavidad abdominal que los cirujanos se afanaron en limpiar inútilmente irrigando la zona con una solución salina hasta en dos ocasiones. En una época anterior a los antibióticos, una infección como la de Houdini era prácticamente una sentencia de muerte, pero había esperanzas porque el paciente no era un mortal corriente. Todos pensaban, incluso él mismo, que, dada su extraordinaria fortaleza física, su organismo podría tener posibilidades de sobrevivir a aquel episodio. En su ingreso, el mago mostró ser un paciente colaborativo y gentil. Siempre que una enfermera aparecía para realizar tareas tan simples como secarle el sudor de la frente o darle un sorbo de agua, Houdini le miraba a los ojos, sonreía y le daba las gracias. Hizo, además, una petición bastante singular a los médicos: «Por favor, les ruego que mantengan a mi esposa alejada durante mi estancia, creo que será mejor para todos. Es la mujer más peculiar que he conocido en mi vida». Su petición fue atendida, y Bess —aún convaleciente de la intoxicación alimentaria y emocionalmente debilitada a raíz de los últimos acontecimientos— guardó reposo absoluto en una habitación distinta a la del mago. [N17]

A fin de ofrecer una estancia lo más cómoda posible, los médicos le permitieron elegir algo diferente para comer. En una determinada noche, al recordar su infancia en Appleton, se le ocurrió pedir un *chop suey*, un revuelto de legumbres crudas, queso *cottage* y salsa de yogur, un plato de la cocina china muy popular en algunos hogares de los emigrantes judíos. El doctor Daniel Cohen, uno de los integrantes de la junta médica que le atendía, se acercó a un restaurante cercano y regresó con el plato elegido. Houdini lo disfrutó como nunca, comiéndolo lentamente y prestando atención a sus sabores y texturas. «Si muero —le advirtió al médico mientras comía—, no se sorprenda si los falsos espiritistas declaran este día fiesta nacional».

En la mañana del 26 de octubre, Theo, Nat y Gladys cogieron el primer tren desde Nueva York para prestar su apoyo al hermano convaleciente. Su visita coincidió con la llegada del doctor George LeFevre, un renombrado especialista que, por casualidad, regresaba de un congreso en Montreal. «Habéis hecho un viaje innecesario —les dijo Houdini a sus hermanos—, ya me encuentro mejor y en pocos días estaré recuperado y de vuelta a los escenarios». Su estado, sin embargo, no era tan bueno como él creía. Le estaban administrando un suero experimental de cuya composición nunca se supo el origen y, a pesar de haberse convertido en objeto de controversia hasta hoy, se trató de una medida desesperada por salvarlo. Mientras tanto, un aluvión de cartas y telegramas llegaban a la recepción del hospital, con mensajes de solidaridad y apoyo de miles de fans de todo el mundo. «Tengo total confianza en su plena recuperación —decía el mensaje enviado por el mago Howard Thurston—; su espléndido físico, aliado con una poderosa fortaleza mental, le servirán de gran ayuda en este momento tan delicado». El jueves 28, los médicos se reunieron con Houdini para informarle de que su recuperación no evolucionaba según lo esperado y que sería necesario pasar por el quirófano otra vez. «Ustedes son médicos, así que hagan lo que consideren oportuno». En todo el tiempo que estuvo ingresado, el mago jamás pensó que fuera a morir. En sus momentos de lucidez, hablaba de la reanudación de su gira y de la creación de nuevos números. El equipo médico volvió a operarle el día 29 y no hicieron mucho más que irrigar su abdomen otra vez. Tras una dolorosa agonía, Houdini reconocía en su lecho de la habitación 401 sentirse derrotado. «Estoy cansado de luchar. Creo que esto me va a vencer», balbució al oído de su hermano Hardeen, casi sin fuerzas. El telón final cayó a la 01:26 una fría tarde de un lunes de Halloween, 31 de octubre, un final extrañamente mundano para un semidiós de cincuenta y dos años. Por primera vez en su vida, el último escape de Houdini de las garras de la muerte había fracasado. [N18]

El día después de su muerte, sus asistentes se pusieron a embalar todo el equipo y utilería de su espectáculo, con excepción del ataúd de zinc con tapa de cristal que había sido diseñado por el propio mago para el número *Enterrado en vida*, jamás ejecutado en público por ser considerado de alto riesgo. Irónicamente, Houdini lo acabaría utilizando, pero de una forma que nadie esperaba. Su funeral fue digno de un jefe de Estado y representó la renovación de su devoción por su madre. En su testamento, había pedido que todas las cartas de Cecilia se colocasen bajo su cabeza a modo de almohada y, desde entonces, son objeto de interés de muchos historiadores, aunque se trate de una documentación inaccesible. El cuerpo del artista llegó la mañana del día 2 a la estación Grand Central de Manhattan, donde fue recibido por miles de seguidores que lo escoltaron hasta el lugar donde estaba instalada su capilla ardiente. Se pensó que su funeral fuese celebrado en el Hippodrome, escenario de muchos de sus emblemáticos espectáculos, pero era sabido que Houdini había dejado instrucciones escritas donde expresaba el deseo de recibir el último adiós en el gran salón de los Elks en la calle 43 Oeste, cerca de Broadway. Allí se rindió honores a la figura del mago escapista más famoso del mundo, que culminó con el bonito y simbólico ritual de la varita rota. De pie, delante de toda la sala, el presidente de la SAM ofreció un breve discurso de honor en memoria del mago y después alzó una varita de madera sobre su cabeza con ambas manos y entonó estas palabras:

> En el momento de tu iniciación en la Sociedad Americana de los Magos, te entregamos la varita, que representa el emblema ancestral del misterio y simboliza el poder mágico que un día fue tuyo mientras hiciste uso de tus conocimientos y de tus habilidades. Ahora, su poder la ha abandonado,

> lo que la convierte en tan solo una vara corriente, despejada de todo significado y autoridad. Un objeto inútil, sin tu mano para empuñarla. [N19]

Acto seguido, el presidente de la entidad hizo una breve pausa, paseó la mirada por los rostros de los congregados y descendió sus manos hasta la altura del pecho. Su cara se congestionó con una mueca de esfuerzo cuando su cuerpo se afanó en partir el cetro. La madera cedió finalmente y su chasquido desprendió unas sonoras astillas. Hasta la muerte de Houdini, la SAM no contaba con ritos fúnebres en su estatuto. La primera vez que se realizó la ceremonia de la varita rota (en inglés *The Broken Wand Cerimony*) fue en su funeral y, desde entonces, se convirtió en uno de los eventos más emblemáticos de la SAM. Su ejecución requiere un protocolo de acciones muy específicas: la varita debe haber sido fabricada con un tipo de madera ligera y económica, debe ser negra con los extremos blancos y debe poder romperse fácilmente con las manos (puede haber casos en que el bloque de madera sea demasiado sólido. Cuando esto ocurre, es necesario debilitarla antes de la ceremonia practicándole una incisión en el centro).

Nota del autor

Muchos magos americanos de la era dorada de la magia eran masones, incluido Houdini. Existe una conexión ancestral entre la magia y estas antiguas hermandades. Nada menos que diecinueve de los presidentes que han tenido la SAM fueron masones, y cada año estos últimos celebran reuniones secretas, a puerta cerrada, conocidas como logia invisible, en sus convenciones nacionales. La logia masónica de Mill Valey nº 356 publicó un interesante artículo en su página de internet titulado «Masones y magos», donde describe detalladamente la meteórica trayectoria de Houdini en el intrigante mundo de la masonería. Según el artículo, el escapista fue iniciado en la Logia Santa Cecilia nº 568 de Nueva York el 17 de julio de 1923 (recibe el nombre de logia toda entidad jurídica que congrega un número limitado de masones, con un mínimo de siete maestros, sujetos a las leyes y reglamentos previstos en los principios de la masonería universal). El 31 de julio del mismo año, Houdini ascendió al grado de *compañero* (un aumento de grado representa en la masonería el premio por la evolución que un individuo obtiene por esfuerzo propio) El 21 de agosto fue elevado a *maestro*, y finalmente, en 1924, fue invitado a ingresar en el consistorio con el título de *maestro secreto*, el cuarto y último grado en el rito escocés, del cual formaba parte. Houdini fue un integrante activo y se hizo cargo de incontables eventos, como la organización de *shows* benéficos con el objetivo de recaudar fondos para causas sociales. En octubre de 1926, semanas antes de su muerte, el mago escapista recibió una invitación para formar parte de la Antigua Orden Árabe de los Nobles del Santuario Místico, conocida como «Shiners». Se trata de una organización masónica conocida por mantener hospitales para niños y sus integrantes suelen llevar en la cabeza un fez (tocado rojo de origen marroquí). Thurston, Carter, Chung Ling Soo, Blackstone, Kellar y el hermano de Houdini, Hardeen, son algunos de los muchos magos americanos que estuvieron activamente involucrados en la masonería. [N20]

Durante el transcurso del sepelio, Bess se mantuvo serena —aunque medicada— hasta perder las fuerzas cuando el féretro de Houdini fue bajado a la fosa en el cementerio judío de Machpelah, ubicado en el número 80-30 de Cypress Hill, distrito de Queens (Nueva York). La viuda, que vestía un sencillo vestido negro y llevaba un sombrero con velo que ocultaba sus ojos llorosos, sacó de un pequeño bolso que colgaba de su brazo pétalos de rosas que lanzó sobre el ataúd. Hardeen se colocó a su lado para sujetarla, ya que por momentos parecía que iba a desplomarse. Una vez depositada la última pala de tierra, la familia abandonó el camposanto. La ahora viuda caminaba lentamente, encorvada y con gran dificultad, con su cuerpo aún temblando.

A pesar de que su muerte fue recibida con alegría por muchos círculos espiritistas, Arthur Conan Doyle lamentó profundamente lo sucedido. «El anuncio de su muerte me ha sorprendido —confesó el novelista—. Le admiraba mucho y no puedo entender cómo el final pudo llegar para alguien tan joven y tan sano. Fuimos grandes amigos y estábamos de acuerdo en todo menos en el espiritismo». Esto fue, según Doyle, el gran pecado del mago, que le acabó costando la vida. Se insinuó que su inesperada muerte había sido obra de una venganza sobrenatural, pero fue su negativa a ser hospitalizado el desencadenante de su deceso. En realidad, sí existe una explicación para su cabezonería: Houdini estaba acostumbrado a convivir con el dolor. Sus arriesgados escapes solían culminar con moratones, golpes, luxaciones y torceduras, así que para el mago escapista el dolor era su pan de cada día. Su orgullo sin límites y el mismo ímpetu que tanto le ayudaron a forjar su leyenda fueron los factores que le acabaron traicionando, convirtiéndose en las verdaderas causas de su muerte.

«Non obiit, abiit», (No murió, se fue).
Epitafio romano.

CAPÍTULO 12

ROSABELLE CREE

«La función primordial de la magia es alimentar la mente de misterio y, por ello, es fundamental que todos los misterios sean inexplicables para siempre». HARRY KELLAR

1926-1936

Al quedarse sola, Bess de pronto se vio perdida, sin nada a qué asirse. Desde la temprana edad de los dieciocho años, la entonces cantante del grupo Floral Sisters pasó a vivir dentro de la mágica burbuja de Houdini, un pequeño universo poblado por un restringido círculo de individuos con papeles muy bien delimitados de los que no se toleraba la más mínima desviación. Durante décadas, sus allegados dejaron de vivir sus propias vidas para convertirse en actores secundarios de la historia del gran Houdini, una peligrosa dependencia que les dejó sin rumbo y sin ocupación tras su inesperada desaparición. ¿Qué hacer ahora que se había muerto la abeja reina? La primera persona que se preocupó por la situación de Bess fue el fiel abogado de Houdini, Bernard Ernst, que era consciente de la incapacidad de la viuda para organizar el legado y la herencia dejada por su marido. El mago escapista había amasado una enorme fortuna, pero la falta de planificación hizo que gran parte de todo ese dinero se perdiera tan rápido como fue obtenido. Sus empresas cinematográficas se habían tragado océanos de dólares y se encontraban en una situación caótica, con importantes demandas judiciales pendientes de resolución. Centenares de copias de sus películas habían sido distribuidas sin control alguno, lo que le impidió cobrar los derechos de autor correspondientes, y aún quedaban demandas de indemnizaciones por parte de distintas entidades espiritistas americanas y decenas de pleitos pendientes. Para saldar todas estas deudas, Bess tenía la opción de deshacerse de su biblioteca personal (valorada en miles de dólares por aquel entonces), pero prefirió echar mano de parte de sus ahorros para cubrir estos gastos, respetando la voluntad de su fallecido marido, que quería que sus libros fuesen donados a la biblioteca del Congreso Nacional en Washington (donde se encuentran actualmente), aunque permitió que amigos cercanos se llevasen algunos ejemplares para sus colecciones privadas. Ernst nunca quiso cobrar por sus trabajos, por respeto a la memoria de su fallecido amigo, a pesar de los insistentes ruegos de Bess para pagarle. En su testamento, el mago cedió a su hermano Hardeen toda su utilería de magia, con la expresa condición de que los quemara después de su muerte. Hardeen no cumplió su deseo y vendió varios de los artefactos a Sidney Hollis Radner, un fervoroso admirador de Houdini (dicen las malas lenguas que Hardeen utilizó el dinero recaudado para pagar algunas deudas de juego). Radner escogió algunas piezas para un museo, en el Niágara, en memoria del gran mago. Entre las piezas elegidas estaba la celda de tortura acuática, destruida en 1995, en un incendio de grandes proporciones.

A pesar de los importantes desembolsos realizados para regularizar una serie de cuestiones administrativas y jurídicas, Bess no se quedó desprovista de recursos ni tampoco tuvo que enfrentarse a dificultades económicas. Durante años, su marido invirtió considerables sumas en seguros de vida cuyas cláusulas aseguraban a su única beneficiaria el doble de la indemnización en el caso de muerte accidental. Una de las compañías de seguros contratada por el mago, la New York Life Insurance, llevó a cabo una rigurosa investigación para determinar lo que realmente había sucedido en Montreal y Detroit y, después de recoger innumerables testimonios y estudiar los informes redactados por la junta médica que cuidó del mago, los peritos determinaron que, de hecho, Houdini había muerto a consecuencia de la agresión sufrida en el abdomen. Todas las demás compañías de seguros que tenían pólizas del mago se acogieron al mismo informe y aceptaron pagar las indemnizaciones debidas, que, juntas, sobrepasaron el medio millón de dólares, descontados impuestos. Una pequeña fortuna que permitiría a la viuda del mago más famoso del mundo vivir el resto de sus días cómodamente. Transcurrido algún tiempo y después de haber resuelto gran parte de los trámites burocráticos, Bess empezó a sentirse lo suficientemente segura de sí misma como para tomar ciertas decisiones. Ante la realidad de tener que regresar a la casa de la calle 113 Oeste, la que había sido la residencia del matrimonio casi treinta años y que albergaba demasiados recuerdos a los que no deseaba enfrentarse, la viuda de Houdini decidió embalar toda la colección del esposo, vender el inmueble y rehacer su vida en una nueva residencia ubicada en la avenida Payson, en el otro extremo de la ciudad. Allí, durante un breve periodo de tiempo, se dejó llevar por el alcohol y la depresión. Un registro de esta triste fase de su vida está recogido en su diario personal. «He pasado toda la tarde en el cementerio. Volví a casa temprano. Ha sido un día tranquilo, me tomé solamente una copa». [N1] Afortunadamente, no tardó mucho en darse cuenta de que su vida no podía seguir de esta manera y durante un tiempo la viuda del mago se involucró en distintos emprendimientos. Abrió un salón de té llamado Mrs. Harry Houdini Rendevouz, al mismo tiempo que organizaba la gira de MagiGals, un grupo de magia compuesto solo por mujeres, cuyo número estrella consistía en un escape concebido por Houdini que nunca había sido presentado en público: *El hombre de hielo*. A pesar del relativo éxito de sendos emprendimientos, Bess no era capaz de implicarse como le gustaría ni tampoco tenía perfil de emprendedora. La ausencia de su marido parecía haberle quitado las ganas de seguir adelante. «Puede que la soledad de la soltería sea aburrida, pero la soledad de la viudez es insoportable», confesó a una amiga. Un día, la viuda decidió que había llegado el momento de hacer público un secreto que acabaría desatando una enorme polémica, sobre todo entre un determinado grupo de individuos por el que Houdini no sentía el más mínimo cariño: la comunidad espiritista.

Houdini versus la muerte

En 1927, Bess explicó en una entrevista a un conocido diario neoyorquino que, meses antes de su muerte, Houdini le había revelado que temía que su fallecimiento acabara convirtiéndose en un objeto de especulación para los espiritistas o, peor aún, que estos mancillasen su figura asegurando apariciones fantasmales y presencias en sesiones espiritistas de distinta índole. Con el fin de protegerla del engaño —y empecinado en no dejar al mundo sin un último reto—, el mago decidió idear un golpe de efecto que pondría a los médiums embaucadores definitivamente contra las cuerdas. [N2]

> Todo el mundo sabe que los Houdini siempre tuvieron la mente abierta con respecto a la comunicación con los muertos. Harry intentó contactar con su madre poco tiempo después de su fallecimiento y, aunque no tuvo éxito, siguió creyendo en su propósito. Él sabía que, al eliminar el fraude, todo lo que quedaba era la más pura verdad y era justamente en este pilar en donde sostenía su búsqueda. Antes de la muerte del mago, los Houdini crearon un elaborado código compuesto por diez palabras que fue celosamente guardado en una caja fuerte. Aquel que sobreviviera al otro intentaría contactar con este, y para ello debería recibir del médium estas diez palabras, de modo que pudiera comprobar la autenticidad del mensaje y a la vez la existencia del mundo espiritual. Quiso el destino que Houdini se fuera primero y ahora nos toca ayudar a nuestra Bess a cumplir los sagrados términos de su pacto. EDWARD SAINT, AMIGO PERSONAL DE BESS

Esta ingeniosa estrategia creada por Houdini no era nueva. Al morir su madre, el tema de la comunicación *post mortem* se convirtió en una verdadera obsesión para el mago, que estableció pactos con sus amigos para que aquel que muriera antes tratara de comunicarse con los demás mediante códigos que el médium debería reproducir, demostrando de esta forma que la comunicación era auténtica.

> He hecho pactos con catorce personas y acordamos que si existiese alguna forma de comunicarse desde el más allá, los que llegasen a morir primero intentarían establecer contacto. De momento, nadie ha recibido una sola palabra. El primero de esos pactos fue hecho hace más de veinticinco años, y estoy seguro de que si una de estas personas hubiese podido contactarnos, lo hubiera hecho. Uno de estos pactos

> se acordó con mi secretario privado, el difunto John W. Sargent, un hombre de edad avanzada. Estábamos muy unidos, y uno de mis recuerdos más vívidos fue la semana en la que él sería sometido a una delicada cirugía. «Houdini, este podría ser el final —me confesó—, y si esto es cierto, no interesa lo que pase en el otro mundo, volveré con un mensaje para ti, siempre y cuando esto sea posible. Si puedo venir, sabrás que soy yo porque te haré llegar evidencias tan contundentes que no habrá margen para las dudas». Sargent murió al día siguiente y eso ya hace tres años. Desde entonces, sigo pendiente de una señal suya, porque si existe un hombre capaz de enviar un mensaje de ultratumba, ese hombre es Sargent. Nuestras mentes estaban tan unidas que yo podría captar la más mínima huella de su presencia. Nadie puede acusarme de no estar dispuesto a recibir esta señal, porque habría sido la evidencia más importante de la existencia del mundo espiritual que yo podría tener. HARRY HOUDINI [N3]

Bess se aferró al último resquicio de fe que tenía y siguió con el plan previsto, ofreciendo una recompensa de diez mil dólares al médium que lograra recibir el mensaje con el misterioso código. Varios médiums alegaron haber recibido un mensaje del más allá, pero nadie fue capaz de aportar una evidencia contundente. En Chicago, surgieron varios relatos afirmando que el mago fallecido había sido visto paseando por la avenida principal de la ciudad; en Kansas City, una médium convocó a la prensa local para divulgar una carta que había sido dictada por Houdini, mientras que en Long Beach, otra médium afirmaba haber recibido la única carta legítima del mago escapista. Otros relatos de apariciones, cartas y diferentes acciones emprendidas por el mago tuvieron eco en lugares tan lejanos como Nueva Zelanda, El Cairo o Moscú. Es irónico constatar que la única persona con quien Houdini no se molestó en contactar hubiese sido justamente la que más amó en vida, su esposa.

> Estos sucesos pueden haber ocurrido y será la señora Bess quien los juzgará. Sin embargo, creemos y muchos médiums famosos también que si Houdini realmente apareció en varios países, manifestándose de diversas formas en todo este tiempo, entonces solo nos queda esperar a que venga al encuentro de su pequeña viuda de pelo plateado, la pequeña dama con

> quien estuvo casado treinta y tres años. Mientras se encontraba en el lecho de muerte en Detroit, Houdini se dirigió a la esposa con una lucidez impresionante y le dijo: «Bess, querida, un día volveré para reencontrarme contigo, aunque para ello sea necesario pasar por el infierno». EDWARD SAINT [N4]

Durante más de un año, Bess vio desfilar un buen número de espiritistas que aseguraron haberse puesto en contacto con el espíritu de Houdini, pero ninguno de ellos aportó las evidencias que ella esperaba. Llegaron a publicar historias falseando incluso un supuesto testimonio de Bess para hacer creer que ella había admitido que el código había sido revelado, pero este nunca llegó a manos de la viuda y nadie pudo reclamar el dinero. [N5] Sin embargo, cuando sus esperanzas estaban a punto de extinguirse definitivamente, ocurrió un hecho inesperado que revirtió la situación: la entrada en escena de un misterioso hombre llamado Arthur Ford, líder de la Primera Iglesia Espiritista de Nueva York. El reverendo decía que el 8 de febrero de 1908, un espíritu de nombre David Fletcher, con el cual solía contactar, le había confesado que una mujer, a la que nunca había visto antes, estaba impaciente por transmitir un mensaje a su familia en la Tierra. La mujer en cuestión era nada menos que Cecilia, la madre de Houdini, y su mensaje hacía referencia a una palabra aparentemente sin sentido:

> Durante muchos años, mi hijo estuvo a la espera de un mensaje de mi parte. Para acreditar su autenticidad, dicho mensaje debería tener una palabra cuyo significado solo entendería él. Ahora que él está aquí conmigo puedo decírsela, la palabra es *FORGIVE* (*PERDONA*). Les ruego que la escriban en mayúsculas y que se la enseñen a su esposa. Ella es la única persona en este mundo que conoce su significado. Estoy segura de que mi nuera, Beatrice Houdini, confirmará que todo lo que les digo es cierto.

Aunque se tratara de una persona completamente desconocida, su declaración impactó a Bess de tal manera que en pocos días el reverendo recibió una amable carta de la viuda del mago confirmando que el mensaje recibido «parecía verídico». Bess aclaró que *PERDONA* era, de hecho, la palabra que Houdini siempre esperó recibir de su fallecida madre, y si algún médium lo hubiese transmitido mientras aún estaba vivo, su percepción acerca del espiritismo hubiese cambiado por completo. Dicha palabra estaba relacionada con un grave incidente familiar que había quebrantando la paz entre sus hermanos, cuando el mago se enteró de que su cuñada Sadie —casada con su hermano Nat— mantenía una relación afectiva con otro de sus hermanos, Leopold, con quien acabó uniéndose después de abandonar al primero. Obviamente, este escandaloso suceso acabó por destruir no solo la armonía de la familia, sino también la unión de los hermanos. Enojado con todo lo ocurrido, Houdini rompió relaciones con Leopold, aunque estaría dispuesto a perdonarlo si su madre se lo suplicaba, pero Cecilia murió antes de que este asunto pudiese ser resuelto. La pregunta de cómo Arthur Ford pudo haber logrado captar el mensaje de Cecilia tiene una explicación bastante mundana: el 13 de marzo de 1927 —casi un año antes de su revelación—, un conocido rotativo publicó una entrevista concedida por Bess en la que ella enfatizaba que cualquier comunicación auténtica proveniente de su suegra debería incluir la palabra *perdona*. Ante las incuestionables evidencias de fraude, la viuda de Houdini decidió cancelar temporalmente el premio de diez mil dólares, siguiendo el consejo de algunos amigos cercanos. Arthur Ford no se intimidó por las acusaciones de sus rivales y volvió a la carga meses más tarde con otro mensaje, esta vez del propio Houdini, compuesto de diez palabras obtenidas en el transcurso de ocho sesiones que se prolongaron durante semanas. El 8 de enero de 1929, el médium compareció a una reunión en la residencia de Bess acompañado por tres testigos. «Señora Houdini, entiendo que usted pueda haberse sentido muy molesta por las últimas notas publicadas por la prensa —se defendió el médium— y yo tampoco quiero ser el causante de su dolor. Acudo humildemente a su presencia con la única intención de entregarle un mensaje cuyo contenido no acabo de entender y estaría muy agradecido si pudiera ayudarme a descifrarlo». La primera palabra del mensaje era *Rosabelle*, obtenida en las primeras sesiones. Días más tarde, Fletcher, el espíritu guía de Ford, le reveló otras nueve palabras, aparentemente inconexas: *Answer, Tell, Pray, Answer, Look, Tell, Answer, Answer, Tell.* Bess reconoció la secuencia como parte de un código secreto ideado por la pareja, que les permitía poder presentar un espectáculo de espiritismo fraudulento. Cada palabra tenía un equivalente numérico que a su vez representaba la posición de una letra en el alfabeto, de tal modo que cuando se nombraba una palabra del código se le atribuía un número que revelaría su posición alfabética y mostraría la palabra deseada.

1. Pray = A
2. Answer = B
3. Say = C
4. Now = D
5. Tell = E
6. Please = F
7. Speak = G
8. Quicky = H
9. Look = I
10. Be Quick = J

Para no tener que memorizar el alfabeto completo, Houdini decidió adjudicar dos dígitos a las letras restantes y se llegaba a ellas por una combinación de dos palabras claves. Por ejemplo, para la letra R (que es la decimoctava letra del alfabeto), se utilizaban las palabras *Pray* (1) y *Quickly* (8). La primera palabra, *Rosabelle*, no estaba codificada y poseía especial significado para la pareja. Formaba parte del título de una canción de finales del siglo XIX, titulada *Sweet Rosabelle*, que se había hecho popular en la época en que Houdini y Bess se conocieron y que solían cantar en los escenarios. Quedaba pendiente, por lo tanto, completar el mensaje con las nueve palabras clave obtenidas por el reverendo. Para evitar filtraciones accidentales, ni siquiera Bess conocería el mensaje exacto, sino que detectaría el uso del código y encontraría sentido en unas palabras sin relación aparente entre sí. Utilizando la codificación ideada por la pareja, la segunda palabra sería la siguiente:

Answer (2) = B
Tell (7) = E
Pray, answer (1 y 2) = 12 L
Look (9) = I
Tell (7) = E
Answer, answer (2 y 2) = 22 V
Tell (7) = E

El mensaje completo enviado por Houdini era *Rosabelle believe* (*Rosabelle cree*), una combinación perfecta de palabras que demostraban la continuidad de la vida después de la muerte. Al darse cuenta de que había conseguido lo que su fallecido marido jamás había logrado en vida (obtener un mensaje del más allá), Bess estalló en un profundo llanto y entre sollozos certificó la autenticidad del mensaje. La noticia no tardó en divulgarse y no hubo medio que no se hiciera eco de la misma. Arthur Ford no desaprovechó la conmoción generada y convenció a la viuda para que firmara una declaración en la que confirmaba que él había comunicado el mensaje correcto, así como la metodología para descodificarlo. «Independientemente de cualquier manifestación contraria, deseo declarar que el mensaje, en su totalidad y en la secuencia acordada, que me ha sido entregado por el señor Arthur Ford, es el mensaje correcto convenido entre el señor Houdini y yo». La noticia, sin embargo, fue recibida con cautela por la sociedad espiritista. Las reiteradas rectificaciones de Bess provocaron más conjeturas sobre la actitud del propio médium, quien, por otro lado, fue acusado de estar aprovechándose de una mujer solitaria. Hubo incluso quien afirmaba que el reverendo habría ofrecido publicidad y ventajas económicas a la viuda si esta confirmaba la existencia de vida después de la muerte, acusación que fue vehementemente rechazada por ambos. Pero las sospechas eran procedentes, y muchos periodistas decidieron investigar el caso a fondo. ¿Por qué Bess decidió retomar vínculos con Ford, sabiendo que él ya le había intentado engañar un año antes cuando afirmó haber recibido un mensaje de su fallecida suegra? Algunos biógrafos de Houdini creen que todo esto se debió al estado emocional de la viuda, que no había sido capaz de superar la muerte de su marido y se encontraba enferma y mentalmente confusa. El desaliento por no haber dado con un solo médium legítimo que le pudiese transmitir el mensaje esperado pudo haber sido el factor que la llevó a abrir una nueva esperanza y rendirse ante las revelaciones de Arthur Ford. [N6]

La prueba definitiva del engaño salió a la luz cuando un periodista descubrió una biografía publicada por Harold Kellock un año antes de la revelación de Ford. La obra, titulada *Houdini, His Life-Story*, estaba basada en datos facilitados por la propia viuda y revelaba por primera vez el código que la pareja utilizaba en sus primeros espectáculos. En una carta enviada a su abogado, Bernard Ernst, Bess declaró que había firmado la declaración solicitada por Ford conscientemente, pero resaltó no creer que el mensaje hubiese llegado mediante intervención espiritual. «Solamente afirmé que las palabras que me han entregado eran las que yo esperaba recibir». Según Ernst, cuando Bess firmó el documento confirmando la legitimidad del mensaje, se encontraba postrada en su cama después de una caída en la escalera, se encontraba bajo los efectos de fuertes fármacos y, por lo tanto, no debería saber lo que estaba haciendo. Profundamente afectada por la pérdida de su marido, Bess comenzó a desmoronarse, pues nunca se había enfrentado a un escándalo semejante, al contrario que Houdini, que siempre demostró una especial maestría en lidiar con la prensa. Incapaz de afrontar la presión popular, Bess se retractó públicamente y pidió que no intentaran contactarla después de su muerte. «Cualquier mensaje atribuido a mi persona será un fraude en toda regla. Cuando me vaya —afirmó rotundamente—, me habré ido para siempre». Acto seguido, se encerró en sí misma con sus angustias y comenzó un periodo de confusión emocional y reclusión. En enero de 1929, el reverendo fue llevado a juicio por su propia congregación, acusado de prácticas fraudulentas y acabó siendo cesado definitivamente de sus funciones.

Nota del autor

A pesar de ser tratadas con cierto escepticismo, hubo casos en que las cartas redactadas mediante escritura automática eran extremadamente elaboradas. Además de poseer información relevante y detallada, la caligrafía y la firma del mensaje eran idénticas a los del fallecido, y llegaron incluso a influir en procesos judiciales, como fue el caso de un juicio por asesinato ocurrido en la ciudad brasileña de Porto Alegre en 1979. En una decisión inédita, una carta escrita por un médium fue utilizada para lograr la absolución del acusado. El juez responsable del caso alegó que: «Había necesidad de dar credibilidad a los mensajes, a pesar de que en la justicia aún no se habían producidos casos en que la propia víctima, después de su muerte, viniera a revelar y proveer de datos al juez para la sentencia». Hoy en día, el poder judicial brasileño recurrentemente acepta este tipo de documentos como prueba del proceso, a pesar de la resistencia de muchos sectores jurídicos, que van en contra de esta jurisprudencia. Los más conservadores alegan que un juicio debe ser conducido por el sentido común y que la sentencia debe estar siempre fundamentada por criterios científicos y no según las creencias del magistrado.

Después de pasar meses de encierro voluntario, Bess decidió que había llegado el momento de cambiar la fría ciudad de Nueva York por los aires cálidos de Hollywood, ciudad donde había vivido inolvidables momentos al lado de Houdini en su breve pasaje por el mundo del cine mudo. Allí se dedicó a promocionar el legado de su fallecido marido con la ayuda de Edward Saint, un exmago del vodevil que había sido recomendado por un grupo de amigos de Bess para trabajar como su mánager. Alto y paliducho, con una vasta perilla plateada cuidadosamente peinada a modo de Mefistófeles y una calva reluciente, Saint era en realidad una especie de guardián de la viuda, con la misión de cuidarla y protegerla de las garras de personas de mala fe. Con el paso del tiempo, ambos comenzaron a sentir un afecto mutuo y pronto pasaron a vivir juntos. Independientemente de la relación entre los dos, lo cierto es que la presencia de Saint en la vida de Bess se hacía urgente y necesaria, porque la viuda ya demostraba una peligrosa inclinación hacia la bebida. Sumida en una espiral de depresión después de la desaparición de Houdini, se llegó incluso a especular con que la infeliz viuda estuvo a punto de quitarse la vida. Edward Saint fue extremadamente leal a Bess y además desempeñó un papel fundamental en la preservación de la memoria del famoso mago escapista. Miles de documentos, fotografías, archivos de periódicos y muchos objetos personales del artista podrían haber desaparecido si no hubiese sido por la intervención de Saint, que, además, colaboró en proyectos de gran relevancia relacionados con la obra de Houdini. El más polémico y mediático de todos fue sin duda la organización de una sesión espiritista para celebrar el décimo aniversario de su muerte. La reunión tendría lugar en la cumbre de una montaña, «la más cercana posible al cielo», acorde con el plan ideado por Bess, que también intentaría contactar con los espíritus de Howard Thurston —fallecido meses antes— y Charles Carter. «Ahora que Houdini, Carter y Thurston están juntos del otro lado, estoy dispuesta a poner en marcha, aquí en Hollywood, un esfuerzo supremo para invocar la presencia de estos tres grandes magos», reveló Bess en una entrevista. Pero, a medida que el proyecto fue tomando forma, la idea de contactar con el trío fue descartada para que todos los esfuerzos se concentrasen en Houdini, y el lugar del evento fue sustituido por algo

En la noche de Halloween de 1936, Bess y su agente Edward Saint organizaron una sesión espiritista con motivo de la celebración del décimo aniversario de la muerte del gran Houdini. Tras innumerables intentos, esta sería la última oportunidad de lograr obtener un mensaje del mago escapista.

más accesible: la azotea del hotel Knickerbocker de Hollywood, un lugar que contaría con una estructura para congregar hasta trescientos invitados y posibilitar la transmisión radiofónica en directo para todo el mundo. [N7]

El 31 de octubre de 1936 —día del señalado evento— trajo una noche fría, pero lo suficientemente clara como para dejar a la vista una hermosa e iluminada luna. El selecto grupo que ocupó las gradas especialmente montadas para la ocasión sentía que sus dientes rechinaban y que tiritaban de frío, víctimas no solo de las bajas temperaturas, sino también de los nervios. A las ocho en punto, los invitados a la invocación se unieron a Bess y Saint en torno a una mesa redonda, se cogieron las manos en corro y se mantuvieron en silencio, esperando ansiosos una señal del famoso mago escapista. Entre los invitados estaban Charles W. Fricke, juez de la suprema corte de California; Earl Rybolt, presidente de la Asociación Los Mágicos; William W. Larsen, editor de la revista *Genii*; Jacob Hyman, el primer compañero de escenario de Houdini y su amigo de adolescencia; Floyd G. Thayer, un conocido negociante de artículos de magia; el reverendo doctor Acorn, presidente de la Asociación Americana de Iglesias Espiritistas; Gerald Kosky, vicepresidente de la SAM; Caryl S. Fleming, presidente de la Asociación de Magos del Pacífico, y el Dr. Vernon Herbst, psiquiatra e investigador de ciencias ocultas, además de dos periodistas. Otras doce sesiones arrancarían simultáneamente en diferentes ciudades de Estados Unidos, Canadá, Inglaterra y Australia. Hardeen estaba al frente de la sesión de Nueva York, mientras que Harry Day (su primer agente en Inglaterra) fue el encargado de la sesión londinense. Sobre la mesa, Edward Saint había dispuesto una serie de objetos que se esperaba que Houdini pudiese manipular: un par de esposas, pequeñas pizarras con tizas, una trompeta y una campana. Un dúo de magos se coló a la sesión ofreciendo a Edward Saint la posibilidad de ingeniar algunas ilusiones con el fin de evitar un posible fiasco. «Las manifestaciones que produciremos serán tan impactantes que nadie podrá pasarlas por alto», le aseguró el líder del dúo, pero Saint se negó rotundamente a formar parte de semejante ultraje. «La sesión se llevará a cabo dentro de la más estricta rigurosidad», contestó vehementemente. «Aquí no hay margen para el fraude».

La sesión comenzó con la ejecución de *Pompa y circunstancia*, tema de apertura del último *show* de Houdini. Acto seguido, alguien apagó el gramófono y se detuvo la música. Solo se oía el murmullo de la concurrencia. Todos los ojos se volvieron hacia la mesa central, donde Edward Saint ya se encontraba listo para ofrecer un breve discurso previo a la invocación. El compañero de Bess hablaba con una entonación extremadamente dramática, llegando a sollozar en algunas ocasiones, según los testigos presentes.

> Inclinemos ahora nuestras cabezas para orar. Oh, mente suprema del universo, suplicamos: permita que el espíritu de la sabiduría venga a nosotros, que estamos aquí reunidos esta noche, cada uno a su manera, pero todos en búsqueda de la verdad. Permita que su espíritu de comprensión nos conduzca y traiga la luz de la verdad a todos los amigos que, de forma honesta y sincera, forman círculos y reuniones psíquicas en todo el mundo. Ayúdenos. Enséñenos el camino que conducirá a la cuestión más importante de la humanidad: la comunicación espiritual. Rogamos con toda la humildad y ofrecemos nuestra gratitud. Guiadnos, por favor. Amén. A los espíritus desencarnados, aquellos que comprehenden las misteriosas leyes que dirigen el mundo de los muertos, les saludamos. Nos hemos reunido en la hora citada y hemos cumplido todos los requisitos necesarios para permitir que todos ustedes puedan honrarnos con su presencia. Ustedes, miembros del mundo de los espíritus, conocen desde hace mucho tiempo cuáles son nuestras intenciones en esta importante cita que estamos celebrando aquí esta noche. Manifiéstense de alguna forma, les suplicamos. Direccionen sus fuerzas y sus conocimientos en Houdini para que él pueda venir. Es el espíritu de Houdini el que deseamos contactar. Houdini, ¿estás aquí? ¿Estás aquí, Houdini? Por favor, manifiéstate de alguna forma. Si es necesario, utiliza nuestra energía y cumple la promesa hecha hace tantos años. ¡Hace mucho que te esperamos aquí, Houdini!

Prácticamente sin tomar aliento, Saint siguió con su invocación con incuestionable y conmovedora determinación.

> Nunca has podido presentar las evidencias que un día prometiste y esta es la noche de las noches. El mundo te está escuchando, Harry, tu mundo, tu público. Y Bessie está aquí, tu Bessie, que formó parte de tu vida treinta y tres años. Ella

> está aquí, Harry, suplicando de corazón por la señal previamente acordada entre vosotros. Significa mucho para ella y para todos nosotros, para el mundo. Harry, estamos todos en búsqueda de la verdad. Por favor, manifiéstate tocando la trompeta. Levántala, levántala. Di algo, Harry. Estamos observando y esperando a Harry. Haz que levite la mesa, muévela. Di el código, Harry, por favor. Haz sonar el timbre. Permítenos transmitir la buena nueva para el mundo. Hazlo, Harry, por favor. Por favor. Houdini, estamos esperando. Bessie está esperando. Oh, espíritus, vuestra religión está basada en el amor, y es por un amor de treinta y tres años, que ya alcanzó incluso la eternidad, que yo suplico por una prueba. Por el amor de esta pequeña viuda de pelo plateado. Por el amor y por la estima de sus incontables amigos.

Bess esperaba, con patente agonía, una señal del más allá. Era posible oír el tráfico de la Hollywood Boulevard, y algunas notas de un saxofón tocadas por algún huésped del hotel, pero nada se manifestaba en la fría azotea del Knickerbocker.

> ¡La evidencia, Harry! Houdini Houdini... Tu hermano Dash te está escuchando; Dash Hardeen se ha unido a otro círculo formado en Nueva York, a cinco mil kilómetros de distancia. Se ha unido a nosotros en busca de la verdad. No solo él, sino también un círculo en Baltimore. Filadelfia te escucha, así como Providence. En Chicago está Leonard, que fue uno de tus protegidos, hay otro círculo en Portland, Maine. Y en la fiel ciudad de Detroit, en Victoria, Canadá; Takoma, Rockford, Oakland y San Francisco. Todos se han unido en todo el mundo por ti, Harry. El coronel Harry Day, miembro del Parlamento británico, ha formado un círculo en Londres, Inglaterra. El coronel Day era tu amigo de infancia más cercano. Houdini, tienes que venir. Y en la zona inferior del mundo, Australia, el país donde has hecho historia, también se han unido a nosotros. Estamos suplicando a los cielos en una única voz desde todos los rincones de la Tierra y de nuestros corazones. Manifiéstate aquí esta noche. Queremos la evidencia, la verdad en nombre de la humanidad. Si la comunicación con el más allá es posible, por favor, enséñanosla. [N8]

Edward Saint intentó contactar con el mago durante más de una hora hasta darse cuenta de que sus esfuerzos eran inútiles. Houdini no regresaría desde el reino de los muertos. Esta histórica y frustrante sesión representó para Bess el final de una espera de dos largos lustros. Desde la desaparición del mago, la perseverante viuda mantuvo una vela encendida al lado de la fotografía del esposo como un enlace simbólico que les unía entre la vida terrenal y la espiritual. Además, todos los domingos, durante dos horas, se encerraba en la intimidad de la habitación a la espera de la visita de aquel hombre que fue su compañero más de tres décadas. Houdini le había asegurado que volvería y llegó incluso a dejarle orientaciones precisas para que no dudara de su retorno, pero la promesa nunca se cumplió. Ahora le tocaba apagar la llama que había iluminado su esperanza durante todo este tiempo. Antes de emprender cualquier acción prematura, Saint se acercó a Bess y le preguntó: «Señora Houdini, ya pasamos de la medianoche. El plazo de diez años acaba de expirar. ¿Cuál es su decisión?». Bess se levantó con dificultad de su silla y con una voz de patente resignación, le contestó:

> Desafortunadamente, Houdini no ha demostrado la mínima señal de su presencia. Mi última esperanza se ha desvanecido. No creo que pueda volver, ni a mí ni a nadie. Tras haber cumplido fielmente mi pacto con Houdini durante diez años, recurriendo a toda clase de médiums y sesiones espiritistas, ahora deseo manifestar mi opinión personal y positiva de que es imposible establecer cualquier comunicación espiritual con el más allá, independientemente de su naturaleza. Yo no creo en fantasmas o espíritus. El santuario de Houdini ha permanecido iluminado todo este tiempo. Ahora, respetuosamente, ha llegado el momento de apagar la llama. Diez años son suficientes para esperar por cualquier hombre. Todo ha terminado. Buenas noches, Harry. [N9]

Epílogo

Sintiéndose sola e incapaz de valerse por sí misma tras la muerte de Edward Saint en octubre de 1942, Bess decidió mudarse a una modesta residencia de ancianos en Los Ángeles, pocos meses antes de que se le diagnosticara una grave enfermedad cardiaca. Aunque pasaba buena parte del día sedada, hubo momentos de consciencia en los cuales se hizo evidente que la enfermedad no había acabado con su capacidad de decir lo que pensaba: «Hoy por la mañana la enfermera vino a mi habitación con una silla de ruedas. Lo que le dije que hiciera con aquello aún es tema de conversación entre sus compañeras», le contó a Hardeen en una carta. [N1] Por aquel entonces, sus pensamientos se habían trasladado hacia su juventud. Las pocas visitas que recibía observaron que Bess se sentía más cómoda al rememorar su época circense con Houdini que de los últimos años en los que su marido estuvo empecinado en acabar con los espiritistas. En febrero de 1943, tomó la inesperada decisión de abandonar la residencia y con ello evadirse de la tediosa rutina en la que se había convertido su vida. Llamó a su hermana y pidió que la acompañara en un viaje de tren hacia Nueva York, «donde todo comenzó», según sus palabras. Desgraciadamente, no tuvo fuerzas para completar su anhelado objetivo. Murió el 11 de febrero de 1943 durante el viaje, cuando el tren se acercaba a la ciudad de Needles (California) a causa de un paro cardiaco fulminante. Su nicho ya estaba listo en el mausoleo de la familia Houdini/Weiss en Queens y actualmente se encuentra allí, con su nombre de bautizo (Wilhelmina Beatrice) y su fecha de nacimiento. La fecha de defunción, sin embargo, no fue esculpida en el granito porque sus restos mortales acabaron recibiendo sepultura en otro cementerio, el Gate of Heaven, localizado en Hawthorne (Nueva York). Aunque había expresado el deseo de descansar eternamente al lado de su marido, su hermana Marie Hinson (que estaba con Bess en el viaje que culminó con su muerte), afirmó que ella habría reafirmado su devoción a la

El deseo de Houdini de reposar al lado de su amada esposa se vio incumplido por cuestiones religiosas. Por esta razón, su fecha de defunción permanece indefinida todavía en la actualidad.

Iglesia Católica y por ello no se le permitió compartir su descanso con el gran escapista, enterrado en un cementerio judío, un argumento poco convincente y hasta hoy inexplicable. Los únicos que podían haber intercedido a su favor eran el exasistente de Houdini, Jim Collins, y su compañero Edward Saint, pero ambos ya estaban muertos. El matrimonio Houdini, que se había convertido en una de las parejas más sólidas del mundo artístico de aquella época, acabó separado por cuestiones religiosas, por lo menos en el plano terrenal.

Acorde con la Torá (uno de los libros sagrados del pueblo judío), Dios lo ordenó en Éxodo 20:4: «No harás para ti escultura ni semejanza alguna de lo que está arriba en el cielo, ni de lo que está abajo en la tierra, ni de lo que está en las aguas debajo de la tierra». En una visita al cementerio judío de Machpelah en Queens (Nueva York), se puede constatar que todos los que allí se encuentran sepultados han obedecido rigurosamente este mandamiento de la ley judaica, con excepción de Houdini, que, en detrimento de sus convicciones religiosas, encargó un grandioso mausoleo coronado con su busto en granito. Se trataba de una atrevida demostración de su infinita personalidad egocéntrica y de su extraordinario ingenio. En invierno, cuando la nieve cubre todas las lápidas alrededor, solo su imponente busto es visible. Incluso después de muerto, Houdini ha sido capaz de eliminar a la competencia, asegurándose para sí todo el protagonismo.

Conocido por su resistencia sobrehumana, la súbita muerte de Houdini generó un alud de rumores y sospechas de todo tipo. Como no hubo autopsia, y era sabido que el mago era objeto de amenazas continuas en su ferviente campaña de difamación contra los médiums embaucadores, pronto se difundió el rumor de que el artista podría haber sido asesinado por una facción vinculada al movimiento espiritista, que solía utilizar arsénico para deshacerse de sus enemigos. Esta hipótesis cobró fuerza después de que algunos periódicos de la época publicaran que, durante su permanencia en el hospital Grace de Detroit —y justo cuando mostraba síntomas de mejoría pocos días antes de morir—, los médicos le sometieron a un tratamiento alternativo en el que le aplicaron un suero experimental del que nunca se supo la composición. Las sospechas también se extendieron a la intoxicación sufrida por Bess días antes de la muerte de Houdini. Los síntomas de una intoxicación alimentaria suelen desaparecer rápidamente, la mayoría de los afectados se recuperan en un par de días y no presentan complicaciones duraderas, pero Bess permaneció enferma durante semanas. [N2]

Motivados por todos estos rumores, algunos descendentes del mago escapista decidieron reabrir el caso ochenta y un años después de su deceso. En marzo de 2007, su sobrino nieto, George Hardeen, y Anna Thurlow (descendiente de la mismísima Margery, una de sus principales rivales de la época) anunciaron en una conferencia de prensa en Nueva York que reclamarían a la justicia estadounidense la exhumación de los restos mortales de Houdini para que fuesen sometidos a un análisis forense. «Su repentina desaparición sacudió a toda la nación en la época; el suceso sigue siendo un misterio por las circunstancias que rodearon su muerte y por ello creemos que ha llegado el momento de poner en marcha una investigación seria para, quién sabe, llegar a una respuesta que aclare definitivamente el asunto», explicó Hardeen (cuyo abuelo Theodore era hermano de Houdini), que además agregó que «nuestra expectativa es encontrar rastros de arsénico en sus huesos, lo que confirmaría la tesis del envenenamiento». Para esta empresa contarían con la colaboración del doctor Michael Baden, investigador que ha trabajado en estudios que buscaban aclarar la muerte de otros personajes ilustres como John F. Kennedy o Martin Luther King. Su petición, sin embargo, encontró resistencia por parte de la familia de Bess, que, en una carta conjunta enviada al Museo Houdini de Pensilvania, manifestó su oposición a la exhumación, alegando que todo no pasaba de un intento por promocionar el libro *The Secret Life of Houdini* de William Kalush y Larry Sloman, donde se especulaba sobre la teoría del envenenamiento por parte de simpatizantes del espiritismo. Finalmente, la solicitud de exhumación fue desestimada por un tribunal competente.

La edad dorada de la magia, que hizo las delicias del público por casi tres siglos —y de la que Houdini fue protagonista absoluto en las dos primeras décadas del siglo XX—, se fue desvaneciendo gradualmente, asfixiada por los sindicatos, las cláusulas de los seguros, los ingentes costes de mantenimiento y la feroz competencia ejercida por las nuevas opciones de entretenimiento. La gente no se había cansado de la magia, pero a las grandes compañías ya no le quedaban escenarios sobre los que presentarse. Los teatros convertían sus camerinos en almacenes y la aparición de una gran pantalla sobre el telón trasero del escenario fue para muchos magos el último clavo que faltaba para sellar el ataúd del vodevil. En vez de pagar el sueldo de una compañía completa de artistas, los teatros pasaron a adiestrar a un muchacho para que accionase el proyector a cambio de un sueldo irrisorio. El golpe definitivo llegó por casualidad dos semanas después de la muerte de Houdini, cuando la National Broadcasting Corporation (NBC) estableció la primera red de emisiones radiofónicas. La programación inaugural incluyó actuaciones de Weber & Fields, Eddie Cantor y Will Rogers, todos ellos estrellas reconocidas del vodevil. Con su presencia al frente del micrófono podían entretener a millones de radioyentes y el salario de las nuevas estrellas de la radio se disparó a niveles estratosféricos. El público podía entonces elegir entre vestirse, tomar el tranvía hasta el centro y comprar su entrada para el vodevil o bien permanecer en casa cómodamente y escuchar gratis la radio. Para los pocos artistas que consiguieron incorporarse a la era de la radio la transición fue muy provechosa, pero los miles que no lo lograron sufrieron un golpe devastador que los abocó a la ruina. [N3]

La sesión espiritista organizada por Bess y Edward Saint en 1936 fue concebida como un último intento de contacto con el espíritu de Houdini. Pero las sesiones no se detuvieron y acabaron convirtiéndose en toda una tradición de Halloween hasta hoy. Pese a los cientos de sesiones y a las leyendas que corren sobre su regreso, no existen pruebas fidedignas de que Harry Houdini haya escapado a la única certeza que tiene el ser humano: la muerte.

Mausoleo de la familia Houdini/Weiss en el cementerio Machpelah. Sobre una exedra, un imponente busto de Houdini aparece destacado. Cada detalle de su construcción, así como la disposición de los nichos familiares, se realizó acorde con sus indicaciones y caprichos.

«No, estimado lector, no es mi propósito contarle cómo abro cerrojos, cómo escapo de una celda en cuyo interior he sido encerrado tras haber sido desnudado por completo y maniatado con pesados grilletes. No es mi intención contarle en este libro cómo escapo del baúl o de la caja fuertemente atada y claveteada en la que he sido confinado, ni cómo descerrajo cualquier esposa reglamentaria que pueda fabricarse. No todavía. Puede que algún día lo cuente, y entonces lo sabrá. Por el momento, prefiero que todos aquellos que me vean saquen sus propias conclusiones».

REFERENCIAS Y NOTAS

CAPÍTULO 1

REFERENCIAS BIBLIOGRÁFICAS

N1. CORRSIN, Stephen *D. Jews in America: From New Amsterdam to the Yiddish Stage*. Giles, 2012.

N2. "First Amendment". Nova York: *Cornell University Law School Legal Information Institute*, 2003.

N3. GRUNBERGER, Michael. *From Haven to Home*. George Braziller, 2004.

N4. FURLONG, Monica. *Emma Lazarus*: Poet of the Jewish People. Arthur James, 1997.

N5. COX, John. Wildabouthoudini.com, 14 de junio de 2013.

N6. Fênix Revista de História e Estudos Culturais Vol. 10 Ano X nº 2, 2013.

N7. GOTTLIEB, Robert. *Lives and Letters*. Farrar, Straus and Giroux, 2011.

N8. CULLITON, Patrick. Houdini - *The Key*. Los Angeles: Kieran Press, 2010.

N9: COBB, Vicky. *Harry Houdini, a Photographic Story of a Life*. DK Biography, 2005.

N10. SALTMAN, David. www.houdinifile.com, 23 mayo de 2012.

N11: COBB, Vicky. *Harry Houdini, a Photographic Story of a Life*. DK Biography, 2005.

N12. CULLITON, Patrick. Houdini - *The Key*. Los Angeles: Kieran Press, 2010.

N13. SALTMAN, David. www.houdinifile.com, 6 de junio de 2012.

N14. DOCTOROW, E.L. *Ragtime*. Roca Editorial, 2012.

N15. SUTHERLAND, Tui T. *Who was Houdini*? Grosset & Dunlap, 2002.

N16. KALUSH, William, SLOMAN Larry. *The Secret Life of Houdini*. Atria, 2007.

N17. BRANDON, Ruth. *The Life and Many Deaths of Harry Houdini*. Secker & Warburg, 1993.

N18. HOUDINI, HARRY. Entrevista al periódico The Magician Annual, 1910.

N19. BRANDON, Ruth. *The Life and Many Deaths of Harry Houdini*. Secker & Warburg, 1993.

N20. SUTHERLAND, Tui T. *Who was Houdini*? Grosset & Dunlap, 2002.

N21. CARLSON, Laurie. *Houdini for Kids*. Chicago Review Press, 2009.

N22. CULLITON, Patrick. Houdini - *The Key*. Los Angeles: Kieran Press, 2010.

N23. Ibídem.

N24. SALTMAN, David. www.houdinifile.com. 27 de febrero de 2014.

N25. KALUSH, William, SLOMAN Larry. *The Secret Life of Houdini*. Atria, 2007.

N26. Ibídem.

N27. The Washington Times, 7 de enero de 1906.

N28. SHAVELSON, Melville. *The Great Houdinis!* Fawcett Crest, 1976.

N29. CARLSON, Laurie. *Houdini for Kids*. Chicago Review Press, 2009.

CRÉDITOS DE LAS FOTOGRAFÍAS E ILUSTRACIONES

Wikimedia Commons
Archivo del autor
Wikimedia Commons
Archivo del autor
Library of Congress (VARSHOUD 3D02098)
Wikimedia Commons

CAPÍTULO 2

REFERENCIAS BIBLIOGRÁFICAS

N1. SABADEL, Miguel Ángel. www.masabadell.wordpress.com, 16 de marzo de 2011.

N2. RINN, Joseph F. *Sixty Years of Psychical Research*. The Truth Seeker Company, 1950.

N3. TAYLOR, Troy. *Houdini Among The Spirits*. Dark Haven Entertainment, 2009.

N4. HOUDINI, Harry. *The Unmasking of Robert-Houdin*. The Publisher's Printing Company, 1908.

N5. HIGHER, Read. *Houdini A Life Worth Reading*. CreateSpace Independent Publishing Platform, 2014.

N6. FLEISCHMAN, Sid. *Escape! The Story of the Great Houdini*. Collins Publishers, May 2008.

N7. CARNEGIE, Dean. www.themagicdetective.com, 12 de diciembre de 2011.

N8. FLEISCHMAN, Sid. *Escape! The Story of the Great Houdini*. Collins Publishers, May 2008.

N9. SILVERMAN, Kenneth. *Houdini!!! The Career of Ehrich Weiss*. Harper Collins, 1996.

N10. SUTHERLAND, Tui T. *Who was Houdini?*. Grosset & Dunlap, 2002.

N11. GOTTLIEB, Robert. *Lives and Letters*. Farrar, Straus and Giroux, 2011.

N12. CHRISTOPHER, Milbourne. *Houdini The Untold Story*. Thomas Y. Crowell Co., 1969.

N13. CAVENEY, Mike; STEINMEYER, Jim; JAY, Rick. *Magic. 1400s.1950s*. Taschen Books, 2013.

N14. COBB, Vicky. *Harry Houdini, a Photographic Story of a Life*. DK Biography, 2005.

N15. The Adelaide Daily Herald. 16 de abril de 1910.

N16. HIGHER, Read. Houdini *A Life Worth Reading*. CreateSpace Independent Publishing Platform, 2014.

N17. KALUSH, William, SLOMAN Larry. *The Secret Life of Houdini*. Atria, 2007.

N18. HOUDINI, Harry. *The Right Way to Do Wrong: An Exposé of Successful Criminals*. Boston, 1906.

N19. Swordswallow.com.

N20. HOUDINI, Harry. *The Right Way to Do Wrong: An Exposé of Successful Criminals*. Boston, 1906.

N21. Ibídem.

N22. "Dead Men Talking", History Channel, 2007.

N23. GOTTLIEB, Robert. *Lives and Letters*. Farrar, Straus and Giroux, 2011.

N24. CAVENEY, Mike; STEINMEYER, Jim; JAY, Rick. *Magic. 1400s.1950s*. Taschen Books, 2013.

N25. El Paso Herald, Saturday, November 25, 1922, pg. 23.

N26.SILVERMAN, Kenneth. *Houdini!!! The Career of Ehrich Weiss*. Harper Collins, 1996.

N27. CULLITON, Patrick. Houdini - *The Key*. Los Angeles: Kieran Press, 2010.

N28.Encyclopedia.chicagohistory.org.

N29. KALUSH, William, SLOMAN Larry. *The Secret Life of Houdini*. Atria, 2007.

N30. TAYLOR, Troy. *Houdini Among The Spirits*. Dark Haven Entertainment, 2009.

N31. HIGHER, Read. *Houdini A Life Worth Reading*. CreateSpace Independent Publishing Platform, 2014.

N32. SHAVELSON, Melville. *The Great Houdinis!* Fawcett Crest, 1976.

N33. TAYLOR, Troy. *Houdini Among The Spirits*. Dark Haven Entertainment, 2009.

N34. CULLITON, Patrick. Houdini - *The Key*. Los Angeles: Kieran Press, 2010.

N35. GOTTLIEB, Robert. *Lives and Letters*. Farrar, Straus and Giroux, 2011.

N36. COX, John. Wildabouthoudini.com, 7 de diciembre de 2010.
N37. ZOLOTOW, Maurice. *The Great Balsamo.* Pyramid Books, 1954.
N38. Wikipedia.com.
N39. KALUSH, William, SLOMAN, Larry. *The Secret Life of Houdini.* Simon & Schuster, 2006.
N40. BRANDON, Ruth. *The Life and Many Deaths of Harry Houdini.* London: Secker & Warburg, Ltd., 1993.
N41. CHRISTOPHER, Milbourne. *Houdini The Untold Story.* Thomas Y. Crowell Co., 1969.
N42. COX, John. Wildabouthoudini.com, 30 de julio de 2011.
N43. CANELL, J.C. *The Secrets of Houdini.* London: Hutchinson & Co., 1931.
N44. FLEISCHMAN, Sid. *Escape! The Story of the Great Houdini.* Collins Publishers, May 2008.
N45. LEVACK, Brian. *The Witch-Hunt in Early Modern Europe.* Routledge, 2006.
N46. CAVENEY, Mike; STEINMEYER, Jim; JAY, Rick. *Magic. 1400s.1950s.* Taschen Books, 2013.
N47. GALEANO, Eduardo. *Los hijos de los días.* Siglo XXI de España Editores, 2012.
N48. CAVENEY, Mike; STEINMEYER, Jim; JAY, Rick. *Magic. 1400s.1950s.* Taschen Books, 2013.
N49. COBB, Vicki. *Harry Houdini.* DK Publishing, Inc., 2005.
N50. FLEISCHMAN, Sid. *Escape! The Story of the Great Houdini.* Collins Publishers, May 2008.
N51. Dead Men Talking, History Channel, 2007.
N52. SUTHERLAND, Tui T. *Who was Houdini?* Grosset & Dunlap, 2002.
N53. KALUSH, William, SLOMAN, Larry. *The Secret Life of Houdini.* Simon & Schuster, 2006.
N54. The Washington Times, January 07, 1906.
N55. Wikipedia.com.
N56. KRASKE, Robert. *Harry Houdini Master of Magic.* Scholastic, 2000.
N57. BRANDON, Ruth. *The Life and Many Deaths of Harry Houdini.* London: Secker & Warburg, Ltd., 1993.
N58. STEINMEYER, Jim. *Hiding the Elephant.* Carroll & Graf, 2003.
N59. HOUDINI, Harry. *The Right Way to Do Wrong*: An Exposé of Successful Criminals. Boston,1906.
N60. Ibídem.
N61. TAYLOR, Troy. *Houdini Among The Spirits.* Dark Haven Entertainment, 2009.
N62. MÁRQUEZ, L. Enrique. "¿Regresó Houdini después de la muerte?" *El Escéptico*, verano 2001.
N63. Ibídem.
N64. GAMEZ, Luis Alfonso. "El Campeón del Espiritismo". *Magonia.com*, 24 de julio de 2014.
N65. Ibídem.
N66. TAYLOR, Troy. *Houdini Among The Spirits.* Dark Haven Entertainment, 2009.
N67. The Magician Annual. London, 1909-10.

OTRAS REFERENCIAS

American Legends: The Life of Harry Houdini. Charles River Editors, 2013.
GIBSON, Walter. *The Master Magicians.* Lyle Stuart, 1984.
SAVORY, Tanya. *The Amazing Harry Houdini.* Townsend Press, 2009.
SILVERMAN, Kenneth. *Houdini!!! The Career of Ehrich Weiss.* Harper Collins, 1996.
STEINMEYER, Jim. *Hiding the Elephant.* New York: Carroll & Graf, 2003.

CRÉDITOS DE LAS FOTOGRAFÍAS E ILUSTRACIONES
Archivo del autor
Wikimedia Commons
Archivo del autor
Appleton Public Library
Library of Congress (LC-USZ62-14867)
State Library of Victoria
Library of Congress (LC-USZ62-21467A)
Library of Congress (LC-USZ62-112423)
Library of Congress (LC-USZ62-112417)
Wikimedia Commons
Archivo del autor
Wikimedia Commons
Library of Congress (LC-USZC4-13421)

CAPÍTULO 3

REFERENCIAS BIBLIOGRÁFICAS

N1. La Verdad, 8 de Julio de 2013.
N2. Dead Men Talking, History Channel, 2007.
N3: COBB, Vicky. *Harry Houdini, a Photographic Story of a Life*. DK Biography, 2005.
N4. MCN Arte (www.mcnarte.com).
N5. KALUSH, William, SLOMAN, Larry. *The Secret Life of Houdini*. Simon & Schuster, 2006.
N6. CULLITON, Patrick. Houdini - *The Key*. Los Angeles: Kieran Press, 2010.

OTRAS REFERENCIAS

CANNELL, J.C. *The Secrets of Houdini*. Hutchinson & Co., 1931.
CHRISTOPHER, Milbourne. *Houdini A Pictorial Life*. New York: Thomas Y. Crowell Co., 1976.
COBB, Vicki. *Harry Houdini*. DK Publishing, Inc., 2005.
COX, Clinton. *Houdini Master of Illusion*. Scholastic Press, 2001.
FLEISCHMAN, Sid. *Escape! The Story of The Great Houdini*. Greenwillow Books, 2006.

CRÉDITOS DE LAS FOTOGRAFÍAS E ILUSTRACIONES
Wikimedia Commons
Archivo del autor
Archivo del autor

CAPÍTULO 4

REFERENCIAS BIBLIOGRÁFICAS

N1. CAVENEY, Mike; STEINMEYER, Jim; JAY, Rick. *Magic. 1400s.1950s*. Taschen Books, 2013.
N2. BRANDON, Ruth. *The Life and Many Deaths of Harry Houdini*. Secker & Warburg, 1993.

N3. FLEISCHMAN, *Sid. Escape! The Story of the Great Houdini.* Collins Publishers, May 2008.
N4. COX, John. Wildabouthoudini.com, 14 de junio de 2013.
N5. BRANDON, Ruth. *The Life and Many Deaths of Harry Houdini.* Secker & Warburg, 1993.
N6. TAIT, Derek. *Houdini: The British Tours. Plymouth*: Driftwood Coast Publishing, 2011.
N7. Unlocking the History. History Channel, 2004.
N8. GOTTLIEB, Robert. *Lives and Letters.* Farrar, Straus and Giroux, 2011.
N9. SILVERMAN, Kenneth. *Houdini!!! The Career of Ehrich Weiss.* New York: Harper Collins, 1996.
N10. SILVERMAN, Kenneth. *Houdini!!! The Career of Ehrich Weiss.* New York: Harper Collins, 1996.
N11. KALUSH, William, SLOMAN Larry. *The Secret Life of Houdini.* Atria, 2007.
N12. CAVENEY, Mike; STEINMEYER, Jim; JAY, Rick. *Magic. 1400s.1950s.* Taschen Books, 2013.
N13. COX, John. Wildabouthoudini.com, 8 de junio de 2012
N14. Dead Men Talking, History Channel, 2007.
N15. SILVERMAN, Kenneth. *Houdini!!! The Career of Ehrich Weiss.* New York: Harper Collins, 1996.
N16. Ibídem.
N17. CHRISTOPHER, Milbourne. *Houdini The Untold Story.* New York: Thomas Y. Crowell Co., 1969.
N18. SILVERMAN, Kenneth. *Houdini!!! The Career of Ehrich Weiss.* New York: Harper Collins, 1996.
N19. SHAVELSON, Melville. *The Great Houdinis!* Fawcett Crest, 1976.
N20. CHRISTOPHER, Milbourne. *Houdini The Untold Story.* New York: Thomas Y. Crowell Co., 1969.
N21. HOUDINI, Harry. *Handcuff Secrets.* George Routledge & Sons, 1910.
N22. KALUSH, William, SLOMAN Larry. *The Secret Life of Houdini.* Atria, 2007.
N23. CHRISTOPHER, Milbourne. *Houdini The Untold Story.* New York: Thomas Y. Crowell Co., 1969.
N24. BARTOLOMÉ, Óscar. "El genio de Méliès". *El-parnasillo.com.*
N25. SANTOS, Javier Fernández. *Magia y Cine.* Universidad Complutense de Madrid, 2003.
N26. CHRISTOPHER, Milbourne. *Houdini The Untold Story.* New York: Thomas Y. Crowell Co., 1969.
N27. HOUDINI, Harry. Conjurer's Montly Magazine, vol. 1. 15 septiembre de 1906.
N28. BRANDON, Ruth. *The Life and Many Deaths of Harry Houdini.* Secker & Warburg, 1993.
N29. Los Angeles Herald, 29 de septiembre de 1907.
N30. PELLICER, José M. González. "¿Casualidad o causalidad?" *Revista de Derecho UNED*, núm. 16, 2015
N31. Los Angeles Herald, 29 de septiembre de 1907.
N32. Northern Daily Telegraph, 24 de octubre de 1902.
N33. Ibídem.
N34. Los Angeles Herald, 29 de septiembre de 1907.
N35. Ibídem.
N36. HOUDINI, Harry. *The Adventurous Life of a Versatile Artist.* 1922.
N37. HODGSON, William Hope. *Night Pirate.* Soft Books, 1987.
N38. San Francisco Bulletin, 31 de agosto de 1907.
N39. KALUSH, William, SLOMAN *Larry. The Secret Life of Houdini.* Atria, 2007.
N40. CULLITON, Patrick. Houdini - *The Key.* Los Angeles: Kieran Press, 2010.
N41. TAIT, Derek. Houdini: *The British Tours.* Plymouth: Driftwood Coast Publishing, 2011.
N42. STEINMEYER, Jim. *Hiding the Elephant.* New York: Carroll & Graf, 2003.

N43. HOUDINI, Harry. *The Unmasking of Robert-Houdin*. The Publisher's Printing Company, 1908.
N44. KALUSH, William, SLOMAN Larry. *The Secret Life of Houdini*. Atria, 2007.
N45. COX, John. Wildabouthoudini.com, 31 de mayo de 2014.
N46. CULLITON, Patrick. Houdini - *The Key*. Los Angeles: Kieran Press, 2010.
N47. COX, John. Wildabouthoudini.com, 31 de mayo de 2014.
N48. New York Times, 28 de abril de 1903
N49. COX, John. Wildabouthoudini.com, 27 de julio de 2011.
N50. GIBSON Walter; Young, Morris N. *Houdini on Magic*. Dover Publications, 1953.
N51. SILVERMAN, Kenneth. *Houdini!!! The Career of Ehrich Weiss*. New York: Harper Collins, 1996.
N52. SHAVELSON, Melville. *The Great Houdinis!* Fawcett Crest, 1976.
N53. KALUSH, William, SLOMAN Larry. *The Secret Life of Houdini*. Atria, 2007.
N54. Los Angeles Herald, 29 de septiembre de 1907.
N55. CARTER, Miranda. *The Three Emperors*. Penguin, 2010.
N56. El Mundo, 9 de enero de 2004.
N57. CARTER, Miranda. *The Three Emperors*. Penguin, 2010.
N58. RADZINSKY, Edvard. *Rasputin*: The Last Word, W&N, 2000.
N59. TAIT, Derek. *Houdini: The British Tours*. Plymouth: Driftwood Coast Publishing, 2011.
N60. SILVERMAN, Kenneth. *Houdini!!! The Career of Ehrich Weiss*. New York: Harper Collins, 1996.
N61. TAIT, Derek. Houdini: *The British Tours*. Plymouth: Driftwood Coast Publishing, 2011.
N62. CHRISTOPHER, Milbourne. *Houdini The Untold Story*. New York: Thomas Y. Crowell Co., 1969.
N63. Dead Men Talking, History Channel, 2007.
N64. MagicPedia (www.magicpedia.com)
N65. HOUDINI, Harry. *The Unmasking of Robert-Houdin*. The Publisher's Printing Company, 1908.
N66. TAIT, Derek. *Houdini: The British Tours*. Plymouth: Driftwood Coast Publishing, 2011.
N67. SANDFORD, Christopher. *Houdini and Conan Doyle*. Gerald Duckworth & Co, 2011.
N68. CAVENEY, Mike; STEINMEYER, Jim; JAY, Rick. *Magic. 1400s.1950s*. Taschen Books, 2013.

OTRAS REFERENCIAS

CHRISTOPHER, Milbourne. *Houdini The Untold Story*. Thomas Y. Crowell Co., 1969.
GIBSON, Walter. *Houdini on Magic*. Dover Publications, 1953.
GRESHAM, William Lindsay. *Houdini: The Man Who Walked Through Walls*. Henry Holt & Co., 1959.
HENNING, Doug. Houdini: *His Legend and His Magic*. Times Books, 1978.

CRÉDITOS DE LAS FOTOGRAFÍAS E ILUSTRACIONES

Archivo del autor
Archivo del autor
Archivo del autor
Wikimedia Commons
The Adventurous Life of a Versatile Artist
Library of Congress (LC-USZC4-3277)
The Adventurous Life of a Versatile Artist
Aliksandar Ainetdinov
Archivo del Autor
The Daily Ilustrated Mirror, 18 de marzo de 1904

CAPÍTULO 5

REFERENCIAS BIBLIOGRÁFICAS

N1. Wikipedia.com
N2. KALUSH, William, SLOMAN Larry. *The Secret Life of Houdini*. Atria, 2007.
N3. HOUDINI, Harry. Conjurers' Monthly Magazine nº1, 15 de septiembre de 1906
N4. TAIT, Derek. *Houdini: The British Tours*. Plymouth: Driftwood Coast Publishing, 2011.
N5. BRANDON, Ruth. *The Life and Many Deaths of Harry Houdini*. Secker & Warburg, 1993.
N6. Ibídem.
N7. TAIT, Derek. Houdini: *The British Tours*. Plymouth: Driftwood Coast Publishing, 2011.
N8. CAVENEY, Mike; STEINMEYER, Jim; JAY, Rick. *Magic. 1400s.1950s*. Taschen Books, 2013.
N9. SILVERMAN, Kenneth. *Houdini!!! The Career of Ehrich Weiss*. New York: Harper Collins, 1996.
N10. COX, John. Wildabouthoudini.com, 16 de noviembre de 2010.
N11. COX, John. Wildabouthoudini.com, 14 de marzo de 2015.
N12. Los Angeles Herald, 29 de septiembre de 1907.
N13. The Washington Post, 7 de enero de 1906.
N14. Ibídem.
N15. CHRISTOPHER, Milbourne. *Houdini the Untold Story*. New York: Thomas Y. Crowell Co., 1969.
N16. HOUDINI, Harry. *The Right Way to Do Wrong: An Exposé of Successful Criminals*. Boston, 1906.
N17. NoticiasHoudini.es. Los Angeles herald. 29 de septiembre de 1907.
N18. HOUDINI, Harry. Conjurers' Monthly Magazine nº1, 15 de septiembre de 1906
N11. COX, John. Wildabouthoudini.com, 12 de abril de 2015.
N20. FLOREZ, Fernando Castro. "Sainetes y otros desafueros del arte contemporáneo". *Cendeac*, 2007.
N21. Detroit News, 27 de noviembre de 1906.
N22. CLARKE, Herschell. "Half an Hour with Houdini". *The Picture Show*, 1919.
N23. CHRISTOPHER, Milbourne. *Houdini The Untold Story*. New York: Thomas Y. Crowell Co., 1969.
N24. TAYLOR, Troy. *Houdini Among The Spirits*. Dark Haven Entertainment, 2009.
N25. SILVERMAN, Kenneth. *Houdini!!! The Career of Ehrich Weiss*. New York: Harper Collins, 1996.
N26. KALUSH, William, SLOMAN Larry. *The Secret Life of Houdini*. Atria, 2007.
N27. CULLITON, Patrick. Houdini - *The Key*. Los Angeles: Kieran Press, 2010.
N28: COBB, Vicky. *Harry Houdini, a photographic story of a life*. DK Biography, 2005.
N29. Dead Men Talking, History Channel, 2007.
N30. CAVENEY, Mike; STEINMEYER, Jim; JAY, Rick. *Magic. 1400s.1950s*. Taschen Books, 2013.
N31. CULLITON, Patrick. Houdini - *The Key*. Los Angeles: Kieran Press, 2010.
N32. KALUSH, William, SLOMAN Larry. *The Secret Life of Houdini*. Atria, 2007.
N33. HOUDINI, Harry. *America's Sensational Perplexer*. Leicester, 1903.
N34. CHRISTOPHER, Milbourne. *Houdini The Untold Story*. New York: Thomas Y. Crowell Co., 1969.
N35. The San Francisco Call, 25 de junio de 1908.
N36. Dead Men Talking, History Channel, 2007.
N37. GIBSON, Walter B. *The Original Houdini Scrapbook*. Corwin Sterling Publishing Co., 1976.

OTRAS REFERENCIAS
GIBSON, Walter. *Houdini's Escapes*. Blue Ribbon Books, Inc., 1930.
STEINMEYER, Jim. *The Last Greatest Magician in the World*. Tarcher, 2012.

CRÉDITOS DE LAS FOTOGRAFÍAS E ILUSTRACIONES
Archivo del autor
Archivo del autor
Wikimedia Commons
Appleton Public Library
The Adventurous Life of a Versatile Artist
Archivo del autor
The Adventurous Life of a Versatile Artist
Archivo del autor
Library of Congress
Library of Congress (LC-USZ62-66375)
Archivo del autor

CAPÍTULO 6

REFERENCIAS BIBLIOGRÁFICAS
N1. FERGUNSON, Norman. *The Little Book of Aviation*. The History Press, 2013.
N2. Ibídem.
N3. TAYLOR, Troy. *Houdini Among The Spirits*. Dark Haven Entertainment, 2009.
N4. SILVERMAN, Kenneth. *Houdini!!! The Career of Ehrich Weiss*. Harper Collins, 1996.
N5. FLEISCHMAN, Sid. *Escape! The Story of the Great Houdini*. Collins Publishers, mayo de 2008.
N6. LOVECRAFT, H.P. *Imprisoned with the Pharaohs*. Weird Tales, mayo-julio de 1924.
N7. RICHARDS, Leann. *Houdini's Tour of Australia*. Ginninderra Press, 2006.
N6. SILVERMAN, Kenneth. *Houdini!!! The Career of Ehrich Weiss*. New York: Harper Collins, 1996.
N9. CAVENEY, Mike; STEINMEYER, Jim; JAY, Rick. *Magic. 1400s.1950s*. Taschen Books, 2013.
N11. CHRISTOPHER, Milbourne. *Houdini The Untold Story*. Thomas Y. Crowell Co., 1969.
N12. COX, John. Wildabouthoudini.com, 18 de marzo de 2010.
N12. RICHARDS, Leann. *Houdini's Tour of Australia*. Ginninderra Press, 2006.
N14. BRANDON, Ruth. *The Life and Many Deaths of Harry Houdini*. Secker & Warburg, 1993.
N15. RICHARDS, Leann. *Houdini's Tour of Australia*. Ginninderra Press, 2006.

OTRAS REFERENCIAS
GIBSON, Walter. *The Original Houdini Scrapbook*. Corwin Sterling Publishing Co., 1976.
LUTES, Jason. *Houdini the Handcuff King*. Hyperion, 2007.
MACNAB, Bruce. *The Metamorphosis: The Apprenticeship of Harry Houdini*. Goose Lane Editions, 2012.
RICHARDS, Leann. *Houdini's Tour of Australia*. Ginninderra Press, 2006.

CRÉDITOS DE LAS FOTOGRAFÍAS E ILUSTRACIONES
State Library of Victoria
Library of Congress (LC-USZ62-112410)
Archivo del autor

CAPÍTULO 7

REFERENCIAS BIBLIOGRÁFICAS

N1. SILVERMAN, Kenneth. *Houdini!!! The Career of Ehrich Weiss*. Harper Collins, 1996.
N2. STEINMEYER, Jim. *Hiding the Elephant*. Carroll & Graf, 2003.
N3. CAVENEY, Mike; STEINMEYER, Jim; JAY, Rick. *Magic. 1400s.1950s*. Taschen Books, 2013.
N4. Ibídem.
N5. COX, John. Wildabouthoudini.com, 12 de mayo de 2011.
N6. CARNEGIE, Dean. www.themagicdetective.com, 31 de agosto de 2014.
N7. GIBSON, Walter B. *The Original Houdini Scrapbook*. Corwin Sterling Publishing Co., 1976.
N8. TAYLOR, Troy. *Houdini Among The Spirits*. Dark Haven Entertainment, 2009.
N9. COX, John. Wildabouthoudini.com, 21 de septiembre de 2012.
N10. GOTTLIEB, Robert. *Lives and Letters*. Farrar, Straus and Giroux, 2011.
N11. Unlocking the History. History Channel, 2004
N12. CULLITON, Patrick. Houdini - *The Key*. Los Angeles: Kieran Press, 2010.
N13. Wikipedia
N14. Sagrada Biblia, MT 12;40. Edimedia, 2013.
N15. COX, John. Wildabouthoudini.com, 28 de junio de 2013.
N16. www.artofmanliness.com, 20 de diciembre de 2010.
N17. TAYLOR, Troy. *Houdini Among The Spirits*. Dark Haven Entertainment, 2009.
N18. SHAVELSON, Melville. *The Great Houdinis!* Fawcett Crest, 1976.
N19. Dead Men Talking, History Channel, 2007.
N20. HOUDINI, Harry. *The Right Way to Do Wrong: An Exposé of Successful Criminals*. Boston, 1906.
N21. Dead Men Talking, History Channel, 2007.
N22. GOTTLIEB, Robert. *Lives and Letters*. Farrar, Straus and Giroux, 2011.
N23. Dead Men Talking, History Channel, 2007.
N24. TAIT, Derek. *Houdini: The British Tours*. Plymouth: Driftwood Coast Publishing, 2011.
N25. KALUSH, William, SLOMAN Larry. *The Secret Life of Houdini*. Atria, 2007.
N26. SILVERMAN, Kenneth. *Houdini!!! The Career of Ehrich Weiss*. Harper Collins, 1996.
N27. TAYLOR, Troy. *Houdini Among The Spirits*. Dark Haven Entertainment, 2009.
N28. Vv.Av. "Sherlock Holmes Contra Houdini". *La Felguera*, 2014.
N29. DOYLE, Arthur Conan Doyle. *The Edge of the Unknown*. Fredonia Books, 2001.
N30. SILVERMAN, Kenneth. *Houdini!!! The Career of Ehrich Weiss*. Harper Collins, 1996.
N31. FROMM, Ehrich. *El Arte de amar*. Ediciones Paidós, 2007.
N32. KALUSH, William, SLOMAN Larry. *The Secret Life of Houdini*. Atria, 2007.
N33. BRANDON, Ruth. *The Life and Many Deaths of Harry Houdini*. Secker & Warburg, 1993.

N34. STEINMEYER, Jim. *Hiding the Elephant.* Carroll & Graf, 2003.
N35. The Picture Show Magazine, 20 de marzo de 1920.

OTRAS REFERENCIAS

EPSTEIN, Beryl Williams. *The Great Houdini: Magician Extraordinary.* Scholastic Books Services, 1965.
GIBSON, Walter. *Houdini's Fabulous Magic.* Chilton, 1960.

CRÉDITOS DE LAS FOTOGRAFÍAS E ILUSTRACIONES

Archivo del autor
Archivo del autor
SeaWorld.org
Wikimedia Commons
Library of Congress (LC-USZ62-112434)
Library of Congress
Library of Congress (LC-USZ62-112416 DLC)

CAPÍTULO 8

REFERENCIAS BIBLIOGRÁFICAS

N1. MACMILLAN, Margareth. *The War that Ended Peace.* Profile Books, 2014.
N2. BROWN, Craig. *Hello Goodbye Hello.* Simon & Schuster, 2013.
N3. CAROLUS. "Houdini y la vida después de la muerte". *Hipotesis-carolus.blogspot.com.es,* 2014.
N4. CULLITON, Patrick. Houdini - *The Key.* Los Angeles: Kieran Press, 2010.
N5. SILVERMAN, Kenneth. *Houdini!!! The Career of Ehrich Weiss.* Harper Collins, 1996.
N6. Boston Globe, 2 de agosto de 1914.
N7. Ibídem.
N8. COX, John. Wildabouthoudini.com, 18 de octubre de 2012.
N9. CHRISTOPHER, Milbourne. *Houdini The Untold Story.* Thomas Y. Crowell Co., 1969.
N10. KASSON, John F. *Houdini, Tarzan and the Perfect Man.* Hill and Wang, 2001.
N11. COX, John. Wildabouthoudini.com, 5 de septiembre de 2009.
N12. CULLITON, Patrick. Houdini - *The Key.* Los Angeles: Kieran Press, 2010.
N13. GOFFMAN, Erwing. *Internados.* Amorrortu, 2007.
N14. Cómo escapar de una camisa de fuerza. Wikihow.
N15. Noticiashoudini.es. The Washington times, 19 de abril de 1916.
N16. CARNEGIE, Dean. www.themagicdetective.com, 1 de abril de 2013.
N17. HOUDINI, Harry. *A Magician Among the Spirits.* Harpers & Brothers, 1924.
N18. Harry Kellar (1849-1922). *American Experience,* 8 de junio de 2006.
N19. KALUSH, William, SLOMAN Larry. *The Secret Life of Houdini.* Atria, 2007.
N20. CULLITON, Patrick. Houdini - *The Key.* Los Angeles: Kieran Press, 2010.
N21. New York Tribune, 6 de enero de 1918.
N22. STEINMEYER, Jim. *Hiding the Elephant.* Carroll & Graf, 2003.
N23. New York Tribune, 28 de diciembre de 1919.
N24. CAVENEY, Mike; STEINMEYER, Jim; JAY, Rick. *Magic. 1400s.1950s.* Taschen Books, 2013.
N25. Ibídem.
N26. QUO, Nº 212 - mayo de 2013.
N27. CHRISTOPHER, Milbourne. *Houdini The Untold Story.* Thomas Y. Crowell Co., 1969.

N28. TAIT, Derek. Houdini: *The British Tours*. Plymouth: Driftwood Coast Publishing, 2011.
N29. The Magical World. Vol. 2, No. 3, mayo de 1911, page 35.

OTRAS REFERENCIAS

MOSES, Arthur. Houdini Periodical Bibliography. Humble: H&R Magic Books, 2006.

CRÉDITOS DE LAS FOTOGRAFÍAS E ILUSTRACIONES

Library of Congress (LC-USZ62-112437)
The Boston Sunday Globe, 2 de agosto de 1914
Archivo del autor
Appleton Public Library
Library of Congress (LC-USZC4-12756)
Library of Congress (LC-USZ62-112421)

CAPÍTULO 9

REFERENCIAS BIBLIOGRÁFICAS

N1. BRANDON, Ruth. *The Life and Many Deaths of Harry Houdini*. Secker & Warburg, 1993.
N2. SILVERMAN, Kenneth. *Houdini!!! The Career of Ehrich Weiss*. Harper Collins, 1996.
N3. HOUDINI, Harry. *The Right Way to Do Wrong: An Exposé of Successful Criminals*. Boston, 1906.
N4. HOUDINI, Harry. *The Unmasking of Robert-Houdin*. The Publisher's Printing Company, 1908.
N5. STONE, Alex. *Fooling Houdini*. Harper Collins, 2013.
N6. FRESAN, Rodrigo. "El Arte de la Fuga". *Página|12*, 2000.
N7. LOVECRAFT, H.P. *Imprisoned with the Pharaohs*. Weird Tales, mayo-julio de 1924.
N6. CHRISTOPHER, Milbourne. *Houdini The Untold Story*. Thomas Y. Crowell Co., 1969.
N8. BRUNETTA, Gian Piero. *Historia Mundial del Cine I*: Estados Unidos. Akal, 2011.
N9. BORDWELL, David y KRISTEN, Thompson. *Film History, an Introduction*. McGraw-Hill, 2013.
N10. COX, John. Wildabouthoudini.com, 17 de junio de 2015.
N11. CLARKE, Herschell. *Half an Hour with Houdini*. The Picture Show Magazine, 1919
N12. WITMARK, Isidore. *The Story of the House of Witmark*. Davies Press, 2007.
N13. CLARKE, Herschell. *Half an Hour with Houdini*. The Picture Show Magazine, 1919
N14. WOLLSTEIN, Hans J. All Movie Guide.
N15. SANTOS, Javier Fernández. *Magia y Cine*. Universidad Complutense de Madrid, 2003.
N16. ERNST, Bernard M. L. *Houdini and Conan Doyle*. Kessinger Publishing, 2003.
N17. CLARKE, Herschell. *Half an Hour with Houdini*. The Picture Show Magazine, 1919
N18. COX, John. Wildabouthoudini.com, 31 de marzo de 2015.
N19. SILVERMAN, Kenneth. *Houdini!!! The Career of Ehrich Weiss*. Harper Collins, 1996.

N20. SANTOS, Javier Fernández. *Magia y Cine*. Universidad Complutense de Madrid, 2003.
N21. CAVENEY, Mike; STEINMEYER, Jim; JAY, Rick. *Magic. 1400s.1950s*. Taschen Books, 2013.

OTRAS REFERENCIAS

KASSON, John F. Houdini, *Tarzan and the Perfect Man*. Hill and Wang, 2001.
RAPAPORT, Brooke Kamin. *Houdini Art and Magic*. New York: The Jewish Museum, 2010.
SOLOMON, Matthew. *Disappearing Tricks*. University of Illinois Press, 2010.

CRÉDITOS DE LAS FOTOGRAFÍAS E ILUSTRACIONES

State Library of Victoria
Library of Congress

CAPÍTULO 10

REFERENCIAS BIBLIOGRÁFICAS

N1. LANTIER, Jacques. *O Espiritismo*. Edições 70, 1980.
N2. IMBASSAHY, Carlos. Religião. FEB, 2002.
N3. SANDFORD, Christopher. *Houdini and Conan Doyle*. Gerald Duckworth & Co, 2011.
N4. CONAN, Doyle. *Historia del Espiritismo*. Fed. Espírita Española, 2015.
N5. Ibídem.
N6. WEISBERG, Barbara. *Kate And Maggie Fox And The Rise Of Spiritualism*. Harperone, 2004.
N7. HOUDINI, Harry. *A Magician Among the Spirits*. Harpers & Brothers, 1924.
N8. MÁRQUEZ, L. Enrique. "¿Regresó Houdini después de la muerte?" *El Escéptico*, verano 2001.
N9. WEISBERG, Barbara. *Kate And Maggie Fox And The Rise Of Spiritualism*. Harperone, 2004.
N10. SANTOS, Javier Fernández. *Magia y Cine*. Universidad Complutense de Madrid, 2003.
N11. Ibídem.
N12. MELECHI, Antonio. *Servants of the Supernatural: The Night Side of the Victorian Mind*. Arrow, 2009.
N13. El Escéptico - nº 14. Verano 2002.
N14. HOUDINI, Harry. *A Magician Among the Spirits*. Harpers & Brothers, 1924.
N15. SILVERMAN, Kenneth. *Houdini!!! The Career of Ehrich Weiss*. Harper Collins, 1996.
N16. Operamundi-magazine.com, 10 de febrero de 2013.
N17. URCELOY, Jesús. *Sherlock Holmes. Las Mejores Aventuras*. Alianza, 2012.
N18. PRIORI, Mary del. *Do outro lado: A história do sobrenatural e do espiritismo*. Planeta, 2014.
N19. FRESAN, Rodrigo. "El Arte de la Fuga". *Pagina|12*, 2000.
N20. LORENZO, Nuria Hernández de. *El país de la bruma*. Anaya, 1996.
N21. Unlocking the History. History Channel, 2004
N22. LYCETT, Andrew. *The Man Who Created Sherlock Holmes*. Weidenfeld & Nicolson, 2011.
N23. HOUDINI, Harry. *A Magician Among the Spirits*. Harpers & Brothers, 1924.
N24. MAYRATA, Ramón. Thecult.es, 10 de Enero 2014.
N25. GAMEZ, Luis Alfonso. "El Campeón del Espiritismo". *Magonia.com*, 24 de julio de 2014.

N26. HOUDINI, Harry. *The Right Way to Do Wrong: An Exposé of Successful Criminals*. Boston, 1906.
N27. HOUDINI, Harry. *A Magician Among the Spirits*. Harpers & Brothers, 1924.
N28. RITSON, Joseph. *A Dissertation on Fairies*, 1831.
N29. CARBALLAL, Manuel. "El Final de las hadas de Cottingley". *Thecult.es*.
N30. URRERO, Guzmán. *Conan Doyle y el misterio de las hadas de Cottingley*.
N31. DOYLE, Arthur Conan. "El Misterio de las Hadas". *El barquero*, 1998.
N32. Ibídem.
N33. FRIAS, Fernando L. "Las Hadas recortables que sedujeron a Conan Doyle". *El Escéptico*, 1999.
N34. BERINGHEL, Sebastián. "El Código Houdini". *Elespejogotico.blogspot.com.es*, noviembre de 2012.
N35. TIMBERLAKE, Howard. "The Intriguing History of Ghost Photography". *BBC Future*, 2015.
N36. POLIDORO, "Massimo. Photos of Ghosts". *Csicop.org*, diciembre de 2013.
N37. DIAZ, Julio Pérez. *Mortalidad infantil y fotografía post mortem*. Apuntes de Demografia, 2011.
N38. SANDFORD, Christopher. *Houdini and Conan Doyle*. Gerald Duckworth & Co, 2011.
N39. Ibídem.
N40. POLIDORO, Massimo. Skeptical Inquirer. Vol. 30, 4 de julio de 2006.
N41. HOUDINI, Harry. *A Magician Among the Spirits*. Harpers & Brothers, 1924.
N42. SANDFORD, Christopher. *Houdini and Conan Doyle*. Gerald Duckworth & Co, 2011.
N43. Sherlock-Holmes.es
N44. GAMEZ, Luis Alfonso. "El Campeón del Espiritismo". *Magonia.com*, 24 de julio de 2014.
N45. KALUSH, William, SLOMAN Larry. *The Secret Life of Houdini*. Atria, 2007.
N46. HOUDINI, Harry. *A Magician Among the Spirits*. Harpers & Brothers, 1924.
N47. Ibídem.
N48. RAMON Y CAJAL, Santiago. *Pensamientos, anécdotas y confidencias*. Espasa, 1952.
N49. HOUDINI, Harry. *A Magician Among the Spirits*. Harpers & Brothers, 1924.
N50. HOUDINI, Harry. *A Magician Among the Spirits*. Harpers & Brothers, 1924.
N51. Doyle vs. Houdini: "Una cuestión de espíritus". *Revista Cactus*, 23 de mayo de 2014.
N52. DOYLE, Arthur Conan. *The Edge of the Unknown*. Echo Library, 2006.
N53. MAYRATA, Ramón. "Conan Doyle, Houdini y las almas descarnadas". *Ramonmayrata.com*, 2014.
N54. MÁRQUEZ, L. Enrique. "Houdini, un capítulo de su lucha contra el fraude". *EOE 3*, 1991.
N55. Doyle vs. Houdini: "Una cuestión de espíritus". *Revista Cactus*, 23 mayo de 2014
N56. ABC. 24 de mayo de 1924.
N57. Portaldemagia.net. 30 de agosto de 2009.
N58. El Escéptico. Nº 11. Primavera- verano 2001.
N59. Cabolovo.com. 11 de mayo de 2009.
N60. HOUDINI, Harry. *A Magician Among the Spirits*. Harpers & Brothers, 1924.
N61. "The Margery Mediumship". *Journal of the SPR*, 1925.
N62. BLANCO-SOLER, Sol. *¿Hay alguien ahí?* Booket, 2014.
N63. GIBSON, Walter B. *The Original Houdini Scrapbook*. Corwin Sterling Publishing Co., 1976.
N64. HOUDINI, Harry. *Exposes the tricks used by the Boston Medium Margery*. Adam Press, 1924.
N65. KUZMESKUS, Elaine. *The Medium who baffled Houdini*. Aventine Press, 2015.

N66. SILVERMAN, Kenneth. *Houdini!!! The Career of Ehrich Weiss*. Harper Collins, 1996.
N67. SANDFORD, Christopher. *Houdini and Conan Doyle*. Gerald Duckworth & Co, 2011.
N68. MAYRATA, Ramón. "Conan Doyle, Houdini y las almas descarnadas". *Ramonmayrata.com*, 2014.
N69. GANGEMI, Joseph. *Inamorata*. Penguim Books, 2005.
N70. STASHOWER, Daniel. *The Medium and the Magician*. American History Magazine, 1999.
N71. Ibídem.
N72. SANDFORD, Christopher. *Houdini and Conan Doyle*. Gerald Duckworth & Co, 2011.
N73. PELLICER, José M. González. "¿Casualidad o causalidad?" *Revista de Derecho UNED*, núm. 16, 2015
N74. FLEISCHMAN, Sid. *Escape! The Story of the Great Houdini*. Collins Publishers, May 2008.

OTRAS REFERENCIAS

BLUM, Deborah. *Ghost Hunters*. Arrow, 2007.
BRANDON, Ruth. *The Spiritualists*. Alfred a Knopf, 1983.
BRANDON, Ruth. *The Life and Many Deaths of Harry Houdini*. Secker & Warburg, Ltd., 1993.
DOYLE, Arthur Conan. *History of Spiritualism*. Echo Library, 2006.
DOYLE, Arthur Conan. *Memories and Adventures*. Wordsworth Editions, 2007.
PEARSALL, Ronald. *The Table Rappers*. M. Joseph, 1972
FRALEY, Craig. Houdini: *Magic Mediums & Murder*. Craig Fraley, 2014.

CRÉDITOS DE LAS FOTOGRAFÍAS E ILUSTRACIONES

L'Illustration, 1853
University of Rochester Library
Library of Congress (LC-USZ62-67780)
Library of Congress (LC-USZ62-112378)
A Spell for a Fairy by Alfred Noyes, published in Princess Mary's Gift Book (1915)
A Spell for a Fairy by Alfred Noyes, published in Princess Mary's Gift Book (1915)
PublicDomain.org
Archivo del autor
Berkeley. University of California
Archivo del autor
Archivo del autor
Exposing the Weird Secrets of Mediums and Spirits, Rose Mackenberg, 1929
Library of Congress (LC USZ62-112375)
Exposes the tricks used by the Boston medium "Margery", 1924.
Exposes the tricks used by the Boston medium "Margery", 1924.

CAPÍTULO 11

REFERENCIAS BIBLIOGRÁFICAS

N1. CAROLUS. "Houdini, el escéptico". *Hipotesis-carolus.blogspot.com.es*, 2007
N2. SANTOS, Javier Fernández. *Magia y Cine*. Universidad Complutense de Madrid, 2003.
N3. "Howard Carter y la maldición de Tutankamon, la leyenda". *Arquehistoria.com*, mayo de 2012.
N4. CULLITON, Patrick. Houdini - *The Key*. Los Angeles: Kieran Press, 2010.

N5. "Houdini Last Trick". *Lettersofnote.com*, 2013.
N6. BRANDON, Ruth. *The Life and Many Deaths of Harry Houdini*. Secker & Warburg, 1993.
N7. HERNANDEZ, Raúl. "La Magia de Harry Houdini". *Revista Caos*, 4 de marzo de 2013.
N8. "Permanece hora y media sumergido en el fondo del río Hudson". *La voz*, 14 de agosto de 1926.
N9. "Houdini in sealed coffin". *Washington Post*, August 6, 1926.
N10. "Accidentes en trucos de magia" *Revista Quo*, nº 212, mayo de 2013.
N11. KALUSH, William, SLOMAN Larry. *The Secret Life of Houdini*. Atria, 2007.
N12. MÁRQUEZ, L. Enrique. *¿Regresó Houdini después de la muerte?* El Escéptico, verano 2001.
N13. KALUSH, William, SLOMAN Larry. *The Secret Life of Houdini*. Atria, 2007.
N14. GALDUF, Ampa. "La muerte de un mito del escape". *Arquehistoria.com*, mayo de 2013.
N15. COX, John. Wildabouthoudini.com, 11 de noviembre de 2011.
N16. CHAPUNOFF, Eduardo. *¡Cómo evitarse caerse muerto!* Xlibris, 2010.
N17. GALDUF, Ampa. "La muerte de un mito del escape". *Arquehistoria.com*, mayo de 2013.
N18. KALUSH, William, SLOMAN Larry. *The Secret Life of Houdini*. Atria, 2007.
N19. STONE, Alex. *Fooling Houdini*. Harper Collins, 2013.
N20. "Masons and Magicians". *The Mill Valley Masonic Lodge No. 356.*

OTRAS REFERENCIAS
BELL, Don. *The Man Who Killed Houdini*. Ontario: Vehicle Press, 2004.
YOUNG, Dorothy. *Touring With Houdini*. Ocean Grove: Penrod Press, 2003

CRÉDITOS DE LAS FOTOGRAFÍAS E ILUSTRACIONES
New York American, 1926

CAPÍTULO 12

REFERENCIAS BIBLIOGRÁFICAS
N1. BRANDON, Ruth. *The Life and Many Deaths of Harry Houdini*. Secker & Warburg, 1993.
N2. BERINGHEL, Sebastián. "El Código Houdini". *Elespejogotico.blogspot.com.es*, noviembre de 2012.
N3. TAYLOR, Troy. *Houdini Among The Spirits*. Dark Haven Entertainment, 2009.
N4. Houdini Audio Seance, archive.org.
N5. "Doyle vs. Houdini: Una cuestión de espíritus". *Revista Cactus*, 23 de mayo de 2014.
N6. MÁRQUEZ, L. Enrique. "¿Regresó Houdini después de la muerte?" *El Escéptico*, verano 2001.
N7. CHRISTOPHER, Milbourne. *Houdini The Untold Story*. Thomas Y. Crowell Co., 1969.
N8. Archive.org
N9. COX, John. Wildabouthoudini.com, 31 de octubre de 2014.

OTRAS REFERENCIAS
BELL, Don. *The Man Who Killed Houdini*. Vehicle Press, 2004.
MOSES, Arthur. *Houdini Speaks Out*. Xlibris, 2007.

RANDI, James y, BERT, Randolph Sugar. *Houdini: His Life and Art*. Grosset & Dunlap, 1977.

FLEMING, Caryl S. *The Tenth and Final Houdini Seánce*. Goldston's Magical Quarterly, 1936.

LARSEN, William. *The Final Houdini Seance*. Genii Magazine, Vol. 21, No. 2, October 1956

CRÉDITOS DE LAS FOTOGRAFÍAS E ILUSTRACIONES
Library of Congress (LC-DIG-ppmsca-23994)

EPÍLOGO

REFERENCIAS BIBLIOGRÁFICAS

N1. GRAU, Abel. "¿Fue Houdini envenenado?" *El País*, 25 de marzo de 2007.

N2. CAVENEY, Mike; STEINMEYER, Jim; JAY, Rick. *Magic. 1400s.1950s*. Taschen Books, 2013.

N3. SANDFORD, Christopher. *Houdini and Conan Doyle*. Gerald Duckworth & Co, 2011.

CRÉDITOS DE LAS FOTOGRAFÍAS E ILUSTRACIONES
Archivos del autor
Wikimedia Commons

COLOFÓN

CRÉDITOS DE LAS FOTOGRAFÍAS E ILUSTRACIONES
Ilustración de Perroantonio en Fanzine ÇhøpSuëy. www.chopsuey.es

LÁMINAS EN COLOR

CRÉDITOS DE LAS FOTOGRAFÍAS E ILUSTRACIONES
L1. Library of Congress (LC-USZC2-1505)
L2. Archivo del autor
L3. Library of Congress (LC-USZC4-3282 DLC)
L4. The New York Public Library
L5. The New York Public Library
L6. Archivo del autor
L7. Library of Congress (LC-USZC4-1950)
L8. Harry Ransom Center
L9. The New York Public Library
L10. Wikimedia Commons
L11. Wikimedia Commons
L12. Wikimedia Commons
L13. Library of Congress
L14. Wikimedia Commons
L15. Library of Congress (LC-USZ62-14085)
L16. Harvard Theatre Collection

La primera edición de este libro se terminó de imprimir, por encargo de Editorial Almuzara, el 1 de junio de 2016; tal día de 1851 nace Isaac Peral, científico, marino y militar español, teniente de navío de la Real Armada e inventor del submarino.

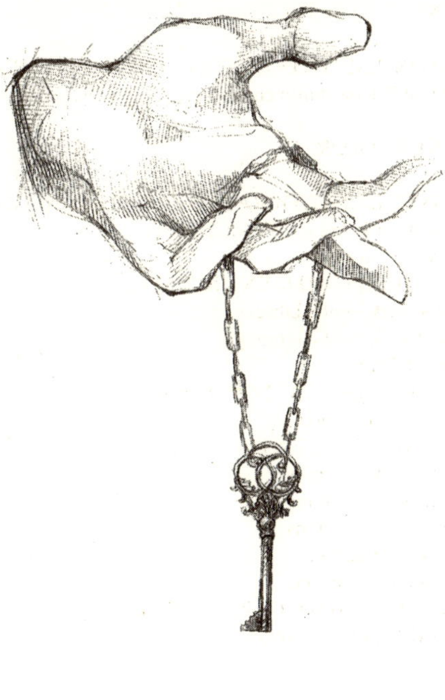